suhrkamp taschenbuch
wissenschaft 1345

»Das Lebenswerk von Karl Kraus in den 37 Jahrgängen der Zeitschrift *Die Fackel* gilt heute als das klassische Beispiel einer kritisch-literarischen Begleitung der Zeitläufte, jener Zeitläufte, in denen sich das Unheil des 20. Jahrhunderts, Weltkriege und Faschismus, anbahnte. Bisher kaum berührt ist dabei, daß sich durch dieses Werk eine Auseinandersetzung mit rechtspolitischen, rechtsdogmatischen und prozessualen Strafrechtsproblemen als ununterbrochene Linie hindurchzieht. Merkel hat als rechtsphilosophisch und -theoretisch gebildeter Jurist, als Essayist und Journalist die doppelte Vorbildung, um diesen ›weißen Fleck‹ zwischen Literatur und Recht zu bearbeiten; er hat auch das zu diesem Thema und dem Gegenstand angemessene Engagement, um ein den Leser durch Klarheit der Linienführung, kritische Durchblicke und, natürlich, eine reflektierte und elegante Sprache fesselndes Werk zu schreiben. Den in mehreren Richtungen entfalteten Grundlegungen folgt ein Durchgang durch die von Karl Kraus behandelten strafrechtlichen Probleme und Deliktbereiche. Das geht vom Sittlichkeitsstrafrecht (in vielen Varianten) zum Wirtschafts- und Pressestrafrecht, zur Kindesmißhandlung und zum Strafverfahren. Hier entfaltet sich fast eine Chronik der Zeitgeschichte; viele Wertvorstellungen haben sich gewandelt, die menschlichen Grundkonstellationen (Gesellschaft, Polizei und Justiz) weit weniger.« (Gerhard Dilcher, *Neue Juristische Wochenschrift*)

Reinhard Merkel, geboren 1950, hat im Suhrkamp Verlag zusammen mit Rainer Hegselmann den Band *Zur Debatte über Euthanasie. Beiträge und Stellungnahmen* (stw 943) und zusammen mit Roland Wittmann den Band *›Zum ewigen Frieden‹. Grundlagen, Aktualität und Aussichten einer Idee von Immanuel Kant* (stw 1227) herausgegeben.

Reinhard Merkel

Strafrecht und Satire im Werk von Karl Kraus

Suhrkamp

Die Deutsche Bibliothek – CIP-Einheitsaufnahme
Merkel, Reinhard :
Strafrecht und Satire im Werk von Karl Kraus /
Reinhard Merkel. –
1. Aufl. – Frankfurt am Main : Suhrkamp, 1998
(Suhrkamp-Taschenbuch Wissenschaft ; 1345)
ISBN 3-518-28945-4

suhrkamp taschenbuch wissenschaft 1345
Erste Auflage 1998

Druck: Wagner GmbH, Nördlingen
Printed in Germany
Umschlag nach Entwürfen von
Willy Fleckhaus und Rolf Staudt

1 2 3 4 5 6 – 03 02 01 00 99 98

Inhalt

In memoriam Werner Kraft
(1896–1991)
sine quo non

Vorwort

> Nur diejenigen Künstler sind wirkliche und menschlich wahrhaftige Künstler, die es begreifen, daß *im Augenblick der Zeit* eine gründliche Reform der Strafgerichtsbarkeit viel wichtiger ist als alle Kunstwerke auf der Welt.
>
> Ferdinand Ebner, *Schriften* I, S. 942

Die vorliegende Arbeit versucht, einen bis heute nahezu weiß gebliebenen Fleck in der Rezeptionsgeschichte des Werkes von Karl Kraus zu beschriften. Zwei auf den ersten Blick eher disparate Sphären der Geistesgeschichte umfaßt das Thema: die der ideen- und dogmengeschichtlichen Entwicklung des Straf- und Strafprozeßrechts im ausgehenden 19. Jahrhundert, und die eines literarischen Lebenswerks von über 25 000 gedruckten Seiten, das heute zu den klassischen Zeugnissen der deutschsprachigen Literatur dieses Jahrhunderts gerechnet wird.

Damit ist eine Erklärung für den Umfang der Arbeit angedeutet. Es gibt auf einer vergleichbaren Ranghöhe wohl keinen anderen literarischen Autor des 20. Jahrhunderts, dessen Werk so eng und vielfältig mit den politischen und gesellschaftlichen Vorgängen seiner Zeit verbunden wäre, so gesättigt mit Dokumenten ihrer Kämpfe und Pathologien und so intensiv durchströmt von den begleitenden Affekten seines Verfassers wie das des Mannes, der zwischen 1899 und 1936 37 Jahrgänge und 922 Nummern der Zeitschrift *Die Fackel* hat erscheinen lassen und den weitaus größten Teil davon selbst geschrieben hat.

Die Intensität dieser intellektuellen und emotionalen Teilnahme an den öffentlichen Geschehnissen seiner Zeit kennzeichnet auch seinen Umgang mit Problemen des Strafrechts und der Strafjustiz. Konkreter, realistischer, sachnäher als in den geläufigen Formen belletristischer Befassung mit strafrechtlichen Themen werden im Werk der *Fackel* die Sphären Strafrecht und Literatur miteinander und mit ihren gesellschaftspolitischen Hintergründen verknüpft. Damit war der vorliegenden Untersuchung ein plausibler Aufbau nahegelegt. Ein genaues Verständnis der ganz erheblichen strafrechtlichen Anteile am Lebenswerk von Karl Kraus ist mit der bloßen Wiedergabe seiner entsprechenden Äußerungen und etwa noch der Rekonstruktion ihrer realen Substrate nicht zu erreichen (obwohl selbstverständlich auch diese Arbeit notwendig war und für sein *Gesamt*werk hier zum erstenmal unternommen wird). Erforderlich für ein solches Verständnis ist vielmehr zunächst eine eingehende Verdeutlichung des politik- und ideengeschichtlichen Horizonts, vor dem sowohl die strafrechtlichen Kämpfe und Entwicklungen jener Zeit als auch der spezifische intellektuelle Standort des *Fackel*-Autors Farbe und Konturen erhalten.

Dies ist der Gegenstand des ersten Kapitels der Arbeit. Dessen relativ erheblicher Umfang ist nicht nur dem Anliegen geschuldet, den strafrechtsgeschichtlichen Hintergrund der Jahrhundertwende bis in die gewissermaßen atmosphärischen Befindlichkeiten der Wissenschaft und der Justiz hinein zu erhellen, sondern auch und vor allem dem Umstand, daß sein Thema die straf- und strafprozeßrechtsgeschichtlichen Entwicklungen *zweier* Staaten, Deutschlands und Österreichs, zu umfassen hat.

Das zweite Kapitel versucht, die politischen Konturen des Werkes der *Fackel* und ihres Autors zu skizzieren, soweit sie mit den politischen Grundlagen der strafrechtlichen Auseinandersetzungen jener Zeit zusammenhängen.

Im dritten Kapitel werden die nachweisbaren persönlichen Einflüsse von seiten der Wissenschaft auf die strafrechtstheoretischen Grundorientierungen von Karl Kraus dargestellt: die Franz von Liszts und die des österreichischen Dogmatikers Heinrich Lammasch.

Vor diesem Hintergrund buchstabiert das vierte Kapitel die rechtsphilosophischen Prämissen aus, die den zahlreichen strafrechtlichen Einzelinterventionen des Satirikers normativen Halt und logische Konsistenz geben und deren prinzipielle Zielrichtungen bestimmen: eine sowohl liberale Reform als auch soziale Fortentwicklung des materiellen Rechts und die Erfüllung der noch unerledigten Aufgaben aus der liberalen Reformzeit des Strafverfahrens seit der Mitte des 19. Jahrhunderts.

Damit ist die Bühne aufgeschlagen für eine Analyse der konkreten Anwendungen, die der Satiriker in mehr als drei Jahrzehnten seines öffentlichen Schreibens von jenen theoretischen

Grundlagen gemacht hat. Dies ist das Anliegen des fünften und umfangreichsten Kapitels, das alle wichtigen straf- und strafprozeßrechtlichen Einzelthemen der *Fackel* untersucht.

Einige Bemerkungen zu der Art des fachwissenschaftlichen Umgangs mit den beiden Disziplinen, die prima facie für ein solches Thema zuständig sind, erscheinen mir notwendig. Die Arbeit erhebt keinen Anspruch innerhalb des methodischen Bereichs der Literaturwissenschaft. Wohl behauptet sie, ein literarisches Gesamtwerk unter einem bestimmten Gesichtspunkt vollständig zu untersuchen. Aber dieser Gesichtspunkt ist weder ein philologischer noch einer der Literaturkritik, obwohl aus beiden Bereichen die inzwischen ins Riesenhafte gewachsene Sekundärliteratur zu Karl Kraus herangezogen wird, soweit dies notwendig oder zweckmäßig erschien. Auch eine Differenzierung und Bewertung der zitierten Texte des Satirikers nach ihrem literarischen Rang unterbleibt völlig. Daß es zwischen den frühen und den künstlerisch reifen Arbeiten von Karl Kraus solche Unterschiede gleichwohl in erheblichem Ausmaß gibt, sei hier lediglich angemerkt. Die relativ eingehende Analyse des literarischen Formprinzips der Satire schließlich, die als Exkurs im vierten Abschnitt unternommen wird, hat keine primär philologische, sondern eine normative Orientierung: Nicht eine Semiotik des Satirischen, sondern die Klärung seiner internen Bindungen an die Logik des moralischen Räsonnements (und damit an eine der Grundlagen des Strafrechts) ist ihr Anliegen.

Anders verhält es sich mit den strafrechtstheoretischen und dogmatischen Analysen selbst. Sie sind der Maxime verpflichtet, die Äußerungen des Satirikers zu Problemen dieser Sphäre sachlich ernst zu nehmen und an den Argumenten und Kriterien der fachwissenschaftlichen Diskussion zu messen, obwohl Karl Kraus dafür keine spezialisierte Kompetenz besaß. Daß seine Texte auch in diesem Sinn so ernst genommen zu werden verdienen, wie sie gemeint waren, hoffe ich zeigen zu können.

In einer frühen Schrift Johann Georg Hamanns, des antithetischen Zeit- und Ortsgenossen Immanuel Kants, in seiner »Beylage zu Dangeuil« von 1756, steht der Satz: »Es giebt eine Art Menschenhasses, der keine Krankheit der Galle noch der Einbildung, sondern eine Schwermut der Vernunft ist [...].« Das ist der Haß des echten Satirikers. Ein Anliegen dieser Untersuchung ist es zu zeigen, daß noch die rigidesten Verdikte des Karl Kraus über Strafrecht und -justiz seiner Zeit ihre Legitimation an den Maximen einer aufgeklärten Vernunft und an der Idee eines besseren Strafrechts zu beglaubigen versuchen. Wie weit das ge- und wo es mißlungen ist: dies zu klären ist das Thema.

Eine Anmerkung zur Zitierweise: Die Krausschen Schriften werden primär nach der *Fackel* zitiert, und zwar regelmäßig direkt im Anschluß an das jeweilige Zitat im Text, unter Angabe der Anfangsnummer des jeweiligen *Fackel*-Heftes und, durch Schrägstrich davon getrennt, der Seitenzahl. Beispiel: S. 64 der Fackel 572–576 vom Juni 1921 erschiene als »(572/64)«. Soweit die zitierten *Fackel*-Passagen in die Bücher von Karl Kraus übernommen wurden, zitiere ich zusätzlich nach den Buchausgaben. Dabei sind die heute von Christian Wagenknecht herausgegebenen »Schriften« die Vorlage, die mit »S«, der jeweiligen Bandnummer und, ebenfalls durch Schrägstrich davon getrennt, der Seitenzahl zitiert werden. Die in solchen Doppelzitaten durch das =-Zeichen hergestellte Gleichung mit den entsprechenden *Fackel*-Passagen ist dabei regelmäßig nur eine annähernde, weil Kraus die Texte bei der Übernahme in seine Bücher grundsätzlich und mehr oder weniger stark überarbeitet hat.

Abkürzungen

a. A.	anderer Ansicht
AA	Akademie-Ausgabe von Immanuel Kants Gesammelten Schriften und Briefen, 1. Abteilung: Werke, Berlin 1902 ff.
a.a.O.	am angegebenen Ort
ACR	Archiv des Criminalrechts
ACR, NF	Archiv des Criminalrechts, Neue Folge
Allg. Ö. GerZ.	Allgemeine Österreichische Gerichts-Zeitung
Altmann/Jacob	Ludwig Altmann, Siegfried Jacob, Kommentar zum Österreichischen Strafrecht, 2 Bde. (zit.: I und II), 1928 und 1930
ArchKrim	Archiv für Kriminologie
ArchKrimAnthr	Archiv für Kriminalanthropologie und Kriminalistik
ARSP	Archiv für Rechts- und Sozialphilosophie
ARWP	Archiv für Rechts- und Wirtschaftsphilosophie
AuV	Franz von Liszt, Aufsätze und Vorträge, 2 Bde. (zit.: I und II), 1905
BayObLG	Bayerisches Oberstes Landesgericht
BGH	Bundesgerichtshof
BGHSt	Entscheidungen des Bundesgerichtshofs in Strafsachen
BVerfGE	Entscheidungen des Bundesverfassungsgerichts
DJZ	Deutsche Juristen-Zeitung
DVjschrLit	Deutsche Vierteljahresschrift für Literaturwissenschaft und Geistesgeschichte
EGGVG	Einführungsgesetz zum Gerichtsverfassungsgesetz
Finger, Lehrbuch	August Finger, Das Strafrecht (Compendien des österreichischen Rechts), 2 Bde., 3. Aufl., 1912–1914
Fschr.	Festschrift
GA	Goltdammer's Archiv für Strafrecht
GewO	Gewerbeordnung
Grünhut's Z	Zeitschrift für das Privat- und das öffentliche Recht der Gegenwart, hg. von C. S. Grünhut (Österreich)
GuG	Geschichte und Gesellschaft (Zeitschrift)
GVG	Gerichtsverfassungsgesetz
HZ	Historische Zeitschrift
IKV	Internationale Kriminalistische Vereinigung
I. N.	Inventarnummer des Karl-Kraus-Archivs der Wiener Stadt- und Landesbibliothek

IVR	Internationale Vereinigung für Rechts- und Sozialphilosophie
JBl	Juristische Blätter (Österreich)
JR	Juristische Rundschau
JuS	Juristische Schulung
JW	Juristische Wochenschrift
JZ	Juristenzeitung
KH [Nr. der jeweiligen Entscheidung]	Plenarbeschlüsse und Entscheidungen des k.k. Obersten Gerichts- als Cassationshofes, 1876–1899 (Nr. 1–2268) sowie »Neue Folge«, 1900–1919 (Nr. 2269–4584)
KpV	Immanuel Kant, Kritik der praktischen Vernunft
Krit. Vjschr.	Kritische Vierteljahresschrift für Gesetzgebung und Rechtswissenschaft, Neue Folge
KSA	Friedrich Nietzsche, Kritische Studienausgabe, 15 Bde., 1980, (zit. mit Bd.-Nr. und Seitenzahl)
Lammasch, Grundriß	Heinrich Lammasch, Grundriß des Strafrechts (Grundriß des österreichischen Rechts, 2. Bd., 4. Abtlg.), 4. Aufl., 1911
LK/[Bearbeiter]	Strafgesetzbuch, Leipziger Kommentar, zit. mit jeweiliger Auflage und Erscheinungsjahr
LuK	Literatur und Kritik (Österr. Monatsschrift)
MdS, RL	Immanuel Kant, Metaphysik der Sitten, Rechtslehre
MdS, TL	Immanuel Kant, Metaphysik der Sitten, Tugendlehre
Mitt. IKV	Mitteilungen der Internationalen Kriminalistischen Vereinigung
MSchrKrim	Monatsschrift für Kriminologie
MSchrKrimPsych	Monatsschrift für Kriminalpsychologie und Strafrechtsreform
NACR	Neues Archiv für Criminalrecht
NFP	Neue Freie Presse (Wien)
NJW	Neue Juristische Wochenschrift
NSchr. Str.Komm.	Niederschriften über die Sitzungen der Großen Strafrechtskommission, 14 Bde., 1956–1960
ÖGL	Österreich in Geschichte und Literatur (Zeitschrift)
ÖJGG	Österreichisches Jugendgerichtsgesetz
ÖJZ	Österreichische Juristenzeitung
ÖR	Österreichische Rechtsprechung in Strafsachen, 1910–1918 (Nr. 1–755), Beilage zur ÖZStR; zit. mit jeweiliger Entscheidungsnummer
ÖStPO	Österreichische Strafprozeßordnung vom 23. Mai 1873

Ö. Zentr. Bl. JP.	Österreichisches Zentralblatt für die juristische Praxis
ÖZStR	Österreichische Zeitschrift für Strafrecht
OGH	Oberster Gerichtshof
PreßG	Preßgesetz
Preuß. Jahrb.	Preußische Jahrbücher
RG	Reichsgericht
RGBl	Reichsgesetzblatt (Österreich)
RGSt	Entscheidungen des Reichsgerichts in Strafsachen
RStGB	Strafgesetzbuch für das deutsche Reich
RStPO	Strafprozeßordnung für das deutsche Reich
RUrhG	Reichsurhebergesetz
Sch.-Schr./[Bearbeiter]	Adolf Schönke und Horst Schröder, Strafgesetzbuch, Kommentar, 24. Aufl., München 1992
SchwZStR	Schweizer Zeitschrift für Strafrecht
SSt	Sammlung der Entscheidungen des österreichischen Obersten Gerichtshofes in Strafsachen (seit 1921); zit. mit Bandzahl und Entscheidungsnummer
StG	Österreichisches Strafgesetz von 1803; revidiert, ergänzt und neu verkündet am 27. 5. 1852
StGB	Strafgesetzbuch
StGB NB	Strafgesetzbuch für den Norddeutschen Bund
StPO	Strafprozeßordnung
StrRG	Strafrechtsreformgesetz
VD, BT	Vergleichende Darstellung des deutschen und ausländischen Strafrechts, Besonderer Teil, hg. von Birkmeyer u. a., Bde. I–IX, Berlin 1906 (zit. mit Bd.-Nr. und Seitenzahl)
Verm. Schr.	Vermischte Schriften
ZfP	Zeitschrift für Politik
ZRP	Zeitschrift für Rechtspolitik
ZStW	Zeitschrift für die gesamte Strafrechtswissenschaft

Erstes Kapitel
Hintergründe: Politik, Ideengeschichte und Strafrechtsentwicklung im 19. Jahrhundert

1. Liberalismus und autoritärer Staat

Im Vorwort zu seiner 1925 erschienenen Studie über *Liberalismus und Strafrecht im 19. Jahrhundert* schreibt Herbert Dannenberg: »Das öffentliche Recht eines Staates ist der Niederschlag der politischen Ideen, die zur Zeit der Rechtssetzung herrschend waren.«[1] Das ist ein einleuchtender und häufig formulierter Gedanke. Eberhard Schmidt präzisiert ihn 1931 mit Blick auf den Zusammenhang von »Strafrechtsreform und Kulturkrise« so: »Strafrecht und Strafprozeßrecht werden [...] stets besonders charakteristische Symptome dafür sein, wie in einem Staate das Verhältnis des Staates zum Einzelnen gedacht ist, mit welchen Ansprüchen der Staat dem Einzelnen gegenübertritt, welche staatsbürgerliche Haltung der Staat vom Einzelnen erwartet.«[2] Denn, so heißt es schon in Adolf Merkels Straßburger Rektoratsrede vom 30. April 1889: »Der Geist des Strafrechts ist identisch mit dem Geiste, in welchem die Gesellschaft, oder diejenigen, welche jeweils über ihre Machtmittel verfügen, den endlosen Kampf mit dem ihren Interessen, Überzeugungen oder Einrichtungen sich nicht anpassenden Individuum führen.«[3] Plausi-

1 *Dannenberg* (1925), Liberalismus und Strafrecht, S. III.

2 *Eb. Schmidt* (1931), Strafrechtsreform, S. 5.

3 *A. Merkel* (1980), Zusammenhang, S. 8. – Vgl. zu diesem Zusammenhang auch *Radbruch* (1987), Einführung, in: *ders.*, Ges.ausg. Bd. 1, S. 213, 302 f. und passim; *ders.*, Politische Prognose, in: MSchrKrim 5 (1908/09), S. 1 ff.; *R. Schmidt* (1912), Strafrechtsreform, insbesondere S. 177 ff.; *Tesar* (1914), Staatsidee; *ders.* (1930), Freiheitsidee, S. 62 ff.; *Schaffstein* (1934), Politische Strafrechtswissenschaft; *Eb. Schmidt* (1965), Geschichte, insb. S. 324 ff.; *ders.* (1956), Rückblick, S.B 5; *Blasius* (1976), Bürgerliche Gesellschaft, S. 93 ff.; *Marxen* (1975), Liberales Strafrecht; *I. Müller* (1980), Rechtsstaat; *Naucke* (1987), Zusammenhang Politik und Strafrecht, in: *Hassemer* (Hg.), Strafrechtspolitik, S. 15 ff.

bel erscheint vor diesem Hintergrund die Schlußfolgerung Drehers: »Man kann, wenn man ein so eminent soziales Phänomen wie das Strafrecht in seiner historischen Entwicklung betrachtet, es nur im Zusammenhang mit den großen Strömungen der Zeitgeschichte sehen. Aber man kann auch die Zeitgeschichte nicht voll verstehen, wenn man nicht die Entwicklung dieses Phänomens Strafrecht sieht, dessen Bedeutung man leicht unterschätzt.«[4]

Selten dürfte die wechselseitige Durchdringung von sozialer, politischer und rechtlicher Entwicklung so exemplarisch deutlich und wirksam geworden sein wie im Deutschland der zweiten Hälfte des 19. Jahrhunderts. Das gilt natürlich nicht nur im Hinblick auf das Strafrecht und *seine* gesellschaftlichen Voraussetzungen und Wirkungen. Im Gesamtwerk der großen juristischen Kodifikationen jener Epoche schuf sich das Selbstbewußtsein des bürgerlichen Zeitalters seine Symbolgestalt und die effiziente Maschinerie seiner Verkehrsformen.[5] Was Kant im § 46 seiner *Metaphysik der Sitten* als Attribut der »bürgerlichen Selbständigkeit« definiert hatte, war – ausgesprochen oder nicht – zum kanonisierten Kriterium des politischen Individuums avanciert:

[...] Existenz und Erhaltung nicht der Willkür eines Anderen im Volke, sondern seinen eigenen Rechten und Kräften als Glied des gemeinen Wesens verdanken zu können, folglich die bürgerliche Persönlichkeit, in Rechtsangelegenheiten durch keinen Anderen vorgestellt werden zu dürfen.[6]

Der Sinnhorizont, in dem dieses Selbstbewußtsein seine Orientierungen fand, erhielt einen stolzen Namen: Fortschritt. Max Weber hat einmal vom Vaterland gesprochen, das »nicht das Land der Väter, sondern der Nachfahren« zu sein habe.[7] In die-

4 *Dreher* (1972), Bemühungen, S. 38; ganz ähnlich, wenn auch in der antiquierten Diktion und Perspektive der »Historischen Rechtsschule«, bereits *Biener*, in: NACR 10 (1828), S. 476 ff., S. 605 ff., v. a. S. 633.

5 *Blasius* (1978), Bürgerliches Recht, in: *Berding u. a.* (Hg.), Fschr. Schieder, S. 213 ff.; *Wieacker* (1967), Privatrechtsgeschichte, S. 430 ff.; *ders.* (1974), Sozialmodell, S. 9 ff.; *Zycha* (1972), Reformen, in: *Böckenförde* (Hg.), Verfassungsgeschichte, S. 341 ff.

6 *Kant* (1907), MdS, RL, AA VI, S. 314.

7 *Weber* (1980), Staatsform, in: Ges. Pol. Schr., S. 454.

sem Geist, mit dieser Gewißheit wurden der modernen industrialisierten Gesellschaft in Deutschland rechtliche Fundamente unterlegt, deren Prinzipien sich bis in die Gegenwart als haltbar erwiesen.

Politisch und ideengeschichtlich kam in den Gesetzeswerken des »bürgerlichen Rechts«[8] der Liberalismus zu seinem Höhepunkt und Abschluß. Die gedankliche Waffe im Kampf gegen die Privilegienordnung der alten Ständegesellschaft war das Konzept des »Rechtsstaates« gewesen: die Überzeugung, daß Freiheit durch Recht gesichert werden könne und müsse.[9] Aber mit der Durchsetzung seiner Ideen in bürgerlich rechtsstaatlichen Formen schien das Programm des Liberalismus und damit dieser selbst weitgehend obsolet geworden zu sein. Seine parteipolitischen Agenturen wurden jedenfalls von der politischen Dynamik, die sie entbinden geholfen hatten, bis zur parlamentarischen Bedeutungslosigkeit zersplittert und zerrieben.[10] »Der Liberalismus«, schreibt Friedrich Meinecke 1927, sei

8 Damit ist hier nicht nur das Zivilrecht gemeint, sondern, wie bei Historikern üblich, alle Kodifikationsleistungen des liberal-konstitutionellen Rechtsstaats.

9 Vgl. *Blasius,* Bürgerliches Recht (wie Anm. 5), S. 216; *Schieder* (1980), Krise, in: *Gall* (Hg.), Liberalismus, S. 188. – Allerdings darf hier nicht übersehen werden, daß der Rechtsstaatsbegriff kein spezifisch liberales Konzept geblieben, sondern sehr schnell auch für die Zwecke des machtstaatlichen Konservatismus reklamiert worden ist. Nicht nur Freiheit, sondern auch Herrschaft ließ sich eben in einer komplizierter werdenden Lebenswelt am plausibelsten rechtsförmig sichern. Vgl. hierzu Friedrich Julius *Stahls* berühmte Bemerkung aus dem Jahre 1837 in seiner »Philosophie des Rechts«, Bd. 2/2, S. 137: »Der Staat soll Rechtsstaat seyn, das ist die Losung und ist auch in Wahrheit der Entwickelungstrieb der neueren Zeit. Er soll die Bahnen und Gränzen seiner Wirksamkeit wie die freie Sphäre seiner Bürger in der Weise des Rechts genau bestimmen und unverbrüchlich sichern und soll die sittlichen Ideen von Staatswegen, also direkt, nicht weiter verwirklichen (erzwingen), als es der Rechtssphäre angehört, d. i. nur bis zur nothwendigsten Umzäunung.«

10 Vgl. hierzu aus der nicht mehr überschaubaren Literatur nur *Gall*, Liberalismus, in: HZ 220 (1975), S. 324 ff., insbes. S. 346-354; *Bracher* (1985), Ideologien, S. 94 ff.; *Engelberg* (1985), Bismarck, 1. Bd., S. 673-726; *Wehler* (1983), Kaiserreich, S. 80 ff.; *Sheehan* (1983), Liberalismus, S. 213-257.

eines der wichtigsten Fermente unseres geistigen Daseins. Aber ein solches, das derart aufgegangen ist in den Gesamtorganismus unseres Lebens, daß man es entweder ignoriert oder als selbstverständlich behandelt [...] (Der Liberalismus) hat, von einem ersten, vorläufigen Beobachtungspunkt aus gesehen, so vollständig gesiegt, daß er sich überflüssig gemacht zu haben scheint [...].[11]

Die Erfüllung und damit der Verlust seiner wichtigsten programmatischen Ziele war allerdings nur eine der beiden entscheidenden Ursachen für den Niedergang des parlamentarischen Liberalismus. Die andere lag in der Unfähigkeit oder Weigerung großer Teile der Liberalen, auf die rapiden und krisenhaften Veränderungen in der Folge der Hochindustrialisierung seit 1850 anders zu reagieren als mit einem dogmatischen Festhalten an ebenderen Voraussetzungen. Die beiden ideengeschichtlichen Hauptelemente des Liberalismus – das Laissez-faire-Credo des emporgekommenen Bourgeois und der naturrechtliche Humanismus des aufgeklärten Citoyen – traten auseinander und gerieten zunehmend gegeneinander in Bewegung. Kapitulation im Politischen und ein konzessionsloses Beharren auf den eigenen materiellen Interessen – das wurde zur vorrangigen Maxime des bürgerlichen Bewußtseins.[12] Die schwere ökonomische Krise in den Jahren nach 1873 machte deutlich, daß die wirtschaftsliberale These, wonach das egoistische Handeln des einzelnen über die quasinaturgesetzliche »invisible hand« des Marktes stets das gesellschaftliche Gesamtinteresse fördere[13], eine Illusion war. »Es zeigte sich«, schreibt Karl Dietrich Bracher,

daß Liberalismus und Humanismus, Einzelrechte und Menschenrechte unlöslich miteinander verflochten waren: Die notwendigen Reformen

11 *Meinecke* (1968), Liberalismus, in: *ders.*, Pol. Schr., S. 414; s. auch *Blasius* (wie Anm. 5), S. 215: »So ist der Liberalismus als politische Kraft zwar von einem ihm äußerlichen sozialökonomischen Formenwandel erdrückt worden, dieser aber war gleichsam in der eigenen normativen Substanz vorgeprägt.«

12 Ebenso *Bußmann* (1968), Liberalismus, in: *Böhme* (Hg.), Reichsgründungszeit, S. 93; *Winkler*, Nationalismus, in: GuG 4 (1978), S. 5 ff.

13 Diesen Gedanken hat bekanntlich schon *Bernard de Mandeville* in seiner Bienenfabel von 1705 formuliert. Das für den Liberalismus maßgebende Fundament der These legte *Adam Smith* in seinem »Reichtum der Nationen« von 1776, wo auch der Begriff der »invisible hand« geprägt wird; vgl. *Smith* (1975), Reichtum, Bd. 2, S. 216.

gegen die Übel der Industrialisierung und des Machtmißbrauchs erforderten immer neue Eingriffe in die freie Entwicklung. Das liberale Dilemma lag klar zutage.[14]

Zu lösen war es mit klassisch liberalen Mitteln nicht. Im Maße seines Abrückens von den ursprünglichen Forderungen eines vernunftrechtlichen Humanismus zugunsten der opportunistischen Verteidigung seiner ökonomischen Privilegien zog sich der Laissez-faire-Liberalismus die häßliche Physiognomie des Zynismus zu. Man arrangierte sich auf dem Boden einer liberalen Wirtschafts- und Zivilrechtsordnung mit den politischen Relikten des autoritären Staates und hielt sich im übrigen hinsichtlich der inhumanen Folgen der Industrialisierung für unzuständig.[15] »Der Liberalismus«, schrieb Josef Edmund Jörg schon 1867, »hat seine Seele aus Manchester und hier allein ist er sterblich. Man versteht den herrschenden Liberalismus nicht, wenn man ihn auch heute noch als volkstümliche Freiheitsliebe auffassen will wie vor Zeiten. Dieser Liberalismus ist vielmehr nichts anderes als die politische Dogmatik derjenigen socialen Classe, welche von der modernen Nationalökonomie geschaffen worden ist.«[16] Der amerikanische Philosoph John Dewey hat 1935 den ökonomischen »Triumph der Interessenpolitik«[17] als »Degeneration« des Liberalismus zu dessen »Pseudo«-Variante gekennzeichnet.[18] Sie vor allem ist es gewesen, was bei großen Teilen der traditionell liberalen Klientel, besonders im Bildungsbürgertum und der »Intelligenz«, die Auffassung populär machte, »die poli-

14 *Bracher,* Ideologien (wie Anm. 10), S. 95; ähnlich *Grimm*, Recht und Politik, in: JuS 1969, S. 503.

15 Vgl. exemplarisch ein Zitat aus der freihändlerischen Zeitschrift »Der Zollverein« vom 24. Januar 1866, dessen halb gespielte Naivität sich bereits aus einem beachtlichen Reservoir an saturiertem Zynismus ergänzt: »Ist es nicht ein Fortschritt, daß ein antiliberales Ministerium dieselben wirtschaftlichen Grundsätze auf seine Fahnen schreibt, für welche sonst nur die liberale Partei kämpft?«; zit. nach *Zunkel* (1962), Rheinisch-westfälische Unternehmer, S. 207.

16 Zit. nach *Sheehan,* Liberalismus (wie Anm. 10), S. 190; vgl. auch *Wehler,* Kaiserreich (wie Anm. 10), S. 100 ff.; *Born* (1972), Strukturwandel, in: *Böckenförde* (Hg.), Verfassungsgeschichte, S. 458.

17 *Sheehan*, a.a.O., S. 257.

18 *Dewey*, Future of Liberalism, in: Journal of Philosophy 32 (1935), S. 225 ff.; vgl. auch *Bellamy* (1989), Defining Liberalism, in: ARSP-Beiheft 36, S. 23 ff.

tische Betätigung sei für einen achtbaren Bürger keine angemessene Aufgabe mehr«.[19]

Während so der Liberalismus die umfassende Durchsetzung seiner ökonomischen Doktrin mit dem Verlust seines Gesichts und seiner parlamentarischen Macht bezahlte, erlitt der Konservatismus der alten monarchisch-militärischen Ordnung ein gewissermaßen umgekehrtes Schicksal. Als Bismarck 1879 nach den Depressionsjahren der Weltwirtschaftskrise von 1873 und nach dem Abbruch des »Kulturkampfes«[20] seine politische Mesalliance mit den Liberalen beendete und zu den ideologischen Ursprüngen des konservativen Junkers zurückkehrte[21], war die ursprüngliche Hoffnung der Liberalen erkennbar gescheitert: durch die Reichsgründung und die moderne Dynamik des Wirtschaftslebens einen selbsttätigen, »naturwüchsigen« Prozeß der gesellschaftlichen Demokratisierung in Gang setzen zu können. Wolfgang Mommsen hat für die Entwicklung der folgenden Jahrzehnte das Schlagwort »Modernisierung ohne Demokratisierung« geprägt.[22] Aber der machtstaatliche Konservatismus als der unmittelbare politische Sieger dieses Konflikts stand längst als dessen historisch endgültiger Verlierer fest. Die Lücke, die Bismarcks Sturz 1890 hinterließ, gab plötzlich den Blick frei auf die blaß gewordenen Konturen einer verjährten politischen Ideenwelt, für die und vor der er gestanden hatte. Max Weber hat diesen Sachverhalt in seiner Freiburger akademischen Antrittsrede festgehalten:

Bis in die Gegenwart hinein hat im preußischen Staat die Dynastie politisch sich auf den Stand der preußischen *Junker* gestützt. [...] Sie haben

19 *Sheehan*, a.a.O., S. 257.

20 Dazu *Schmidt-Volksmar* (1962), Kulturkampf; *Gall* (1980), Bismarck, S. 469 ff.; *Becker* (1983), Kulturkampfpositionen, in: *Pflanze* (Hg.), Probleme, S. 47 ff.; *Engelberg* (1990), Bismarck, 2. Bd., S. 104 ff.; zu den spezifisch strafrechtlichen Auswirkungen des Kulturkampfes vgl. *Scholle* (1974), Strafjustiz und Kulturkampf; aus Bismarcks persönlicher Sicht vgl. das 24. Kapitel seiner »Gedanken und Erinnerungen«.

21 *Sheehan*, a.a.O., S. 214-223; *W. Mommsen* (1978), Kaiserreich, in: *Berding u. a.* (Hg.), Fschr. Schieder, S. 239 ff.; *Engelberg*, Bismarck, 1. Bd. (wie Anm. 10), S. 290-337 (zu Bismarcks antiliberalen Wurzeln); *Gall*, Bismarck, a.a.O., S. 526-591.

22 *W. Mommsen*, a.a.O., S. 245.

ihre Arbeit geleistet und liegen heute im ökonomischen Todeskampf, aus dem keine Wirtschaftspolitik des Staates sie zu ihrem alten sozialen Charakter zurückführen könnte. Und auch die Aufgaben der Gegenwart sind andere als solche, die von ihnen gelöst werden könnten. Ein Vierteljahrhundert stand an der Spitze Deutschlands der letzte und größte der Junker, und die Tragik, welche seiner staatsmännischen Laufbahn neben ihrer unvergleichlichen Größe anhaftete und die sich heute noch immer dem Blick vieler entzieht, wird die Zukunft wohl darin finden, daß unter ihm das Werk seiner Hände, die Nation, der er die Einheit gab, langsam und unwiderstehlich ihre ökonomische Struktur veränderte und eine andere wurde, ein Volk, das andere Ordnungen fordern mußte als solche, die er ihm geben und denen seine cäsarische Natur sich einfügen konnte.[23]

In diesem charakteristischen Wechselspiel von Sieg und Untergang der beiden großen politischen Strömungen des 19. Jahrhunderts vollzog sich die Metamorphose des »liberalen bürgerlichen Verfassungsstaat(s) zur modernen Massendemokratie«.[24] Auch an der Rechtsgeschichte des ausgehenden 19. Jahrhunderts ist dies ablesbar: Auf dem bürgerlich-konstitutionellen Fundament und im Schatten der großen liberalen Kodifikationen des Privat- und des Wirtschaftsrechts entstand ein neuartiger Typus von Schutzgesetzen, die nicht mehr den abstrakten Idealen von Freiheit, Gleichheit, Autonomie, sondern der Behebung von deren sozialen Defiziten verpflichtet waren.[25] Eine neue kritische Rechtstheorie und -dogmatik durchdrang inzwischen zunehmend auch die klassisch-liberalen Gesetzeswerke mit dem revisionistischen Geist ihrer Aufmerksamkeit für die »soziale Frage«. Von unterschiedlichen politischen Standpunkten aus artikulierten Anton Menger und Otto von Gierke die sozialstaatliche Kritik am deutschen Zivilrecht, vor allem an dem entstehenden Bürgerlichen Gesetzbuch.[26] Für den Bereich des Strafrechts steht hier exemplarisch der Name Franz von Liszts.[27]

23 *Weber* (1980), Nationalstaat, in: Ges. Pol. Schr., S. 19 f.

24 *Schieder* (1980), Krise, in: *Gall* (Hg.), Liberalismus, S. 188.

25 Zu nennen sind hier vor allem die ersten Sozialversicherungsgesetze; dazu ausführlich *Zöllner* (1981), Landesbericht Deutschland, in: *Zacher/Köhler* (Hg.), Sozialversicherung, S. 51-179.

26 *Menger* (1904), Bürgerliches Recht; *ders.* (1905), Soziale Aufgaben; *v. Gierke* (1889), Soziale Aufgabe; vgl. dazu auch *Wieacker*, Privatrechtsgeschichte (wie Anm. 5), S. 453 ff.

27 Dazu unten, S. 113 ff.

In Österreich[28] verlief die politische und ideengeschichtliche Entwicklung der zweiten Hälfte des 19. Jahrhunderts in ähnlichen Formen und nach einer ähnlichen historischen Logik wie in Deutschland. Gewiß gab es vielerlei einzelne Besonderheiten. Sie hingen vor allem mit den spezifischen Umständen des Vielvölkerstaates und mit der traditionellen Dominanz des »Dreigestirns der Armee, der Beamtenschaft und der römisch-katholischen Kirchenfürsten«[29] zusammen. Auch mischte – vor allem in der Ministerialbürokratie – der überlebenskräftige Geist des Josephinismus während des gesamten 19. Jahrhunderts der liberalen Entwicklung ein Ingredienz von aufgeklärtem Absolutismus österreichischer Prägung, also ein durchaus konservatives Element bei.[30] Auf die Modernisierungsdynamik des Industriezeitalters übte die schwerfällige und kaum steuerbare Maschinerie des polyethnischen Staatskolosses jedenfalls eine Art natürlicher Bremswirkung aus.[31] Aber insgesamt waren auch in Österreich die Jahrzehnte nach der Niederlage gegen Preußen bei Königgrätz 1866 und nach dem »Ausgleich« mit Ungarn[32] 1867 die klassische Ära des Liberalismus: die Zeit seiner endgültigen Durchsetzung im ökonomischen und konstitutionellen, seiner Metamorphosen im sozialen, seiner Spaltungen und seines Niedergangs im politischen Bereich.[33]

28 Damit ist im folgenden stets nur die sogenannte cisleithanische Reichshälfte der Doppelmonarchie, also im wesentlichen diese ohne Ungarn gemeint.

29 *Charmatz*, Probleme, in: ZfP 2 (1909), S. 254.

30 *Valjavec* (1944), Josephinismus; zur spezifisch österreichischen Form des aufgeklärten Konservatismus vgl. *Nyíri* (1988), Konservative Theorie, in: *ders.*, Am Rande Europas, S. 10-39.

31 Dazu *Neck*, Wirtschaftliche und soziale Probleme, in: ÖGL 10 (1966), S. 462 ff.; *Glettler* (1986), Nationalitätenproblem, in: *Berner/Brix/Mantl* (Hg.), Wien um 1900, S. 185 ff.; *Brix* (1986), Sprachenpolitik, in: *Berner/Brix/Mantl* (Hg.), a.a.O., S. 176 ff.; *Janik/Toulmin* (1985), Wittgensteins Wien, bearb. von *R. Merkel*, S. 41 ff.

32 Dazu *Lentze* (1963), Ausgleich, in: Verfassung Österreichs, hg. vom Inst. für Österreichkunde, S. 101 ff.; *Brunner*, Öster.-ungar. Ausgleich, in: *Böckenförde* (Hg.), Verfassungsgeschichte (wie Anm. 16), S. 63 ff.

33 Instruktiv dazu *Matis* (1972), Österreichs Wirtschaft, S. 342 ff.; *ders.* (1974), Sozioökonomische Aspekte, in: *Wehler* (Hg.), Fschr. Rosenberg, S. 243 ff.

In dem runden Jahrzehnt jenes neoabsolutistischen Zwischenspiels nach 1851, das die demokratischen Konzessionen der Märzrevolution von 1848 weitgehend zurücknahm, herrschte auch in Österreich – analog der »Modernisierung ohne Demokratisierung« in Deutschland (und stärker als dort) – eine charakteristische »Parallelität von Liberalismus im wirtschaftlichen und Unfreiheit im politisch-staatsbürgerlichen Bereich«.[34] Erst die sogenannte »Dezemberverfassung« von 1867 stellte mit ihren fünf »Staatsgrundgesetzen«[35] die politische Ordnung endgültig auf die Grundlagen eines konstitutionellen Rechtsstaates.[36] Hans Kelsen hat 1923 in seinem *Österreichischen Staatsrecht* darauf hingewiesen, wie tragfähig dieses rechtsstaatliche Fundament gewesen ist: daß nämlich »sehr bedeutende Verfassungseinrichtungen der österreichischen Monarchie in die Republik hineinragen und [...] diese auch dort, wo sie für ihre neuen Verhältnisse neue Einrichtungen schuf, sich oft bewußt an analoge Rechtsgebilde des alten Österreich anlehnte«.[37]

Dem Erlaß der Dezemberverfassung folgten – bis zum Ende des liberalen »Bürgerministeriums« Adolf von Auerspergs (1879) – zwölf Jahre der unangefochtenen liberalen Dominanz im österreichischen Reichsrat. Sie waren freilich begleitet und gefolgt von zahlreichen Spaltungen der liberalen Parteien, die deren inneren Zerfall manifest machten.[38] Härter und umfassender als in Deutschland wurde der parlamentarische Liberalismus

34 *Ogris* (1975), Rechtsentwicklung, in: *Wandruszka/Urbanitsch* (Hg.), Habsburgermonarchie, Bd. II, S. 541; vgl. auch *Matis*, Sozioökonomische Aspekte, a.a.O., S. 243 f.

35 Die »Staatsgrundgesetze« über: »die Abänderung des Grundgesetzes über die Reichsvertretung vom 26. Februar 1861«; »die allgemeinen Rechte der Staatsbürger«; »die Einsetzung eines Reichsgerichts«; »die richterliche Gewalt«; »die Ausübung der Regierungs- und Vollzugsgewalt«. Zur Bezeichnung »Staatsgrundgesetze« vgl. *Bernatzik* (1911), Österr. Verfassungsgesetze, S. 390.

36 Vgl. dazu *Stourzh*, Dezemberverfassung, in: ÖGL 12 (1968), S. 1 ff.; *Walter* (1972), Österr. Verfassungsgeschichte, S. 227 ff.; *Lentze*, a.a.O., S. 101 ff.

37 *Kelsen* (1923), Staatsrecht, S. V; vgl. auch *Kaniak*, Monarchie in der Republik, in: ÖJZ 25 (1970), S. 309 ff.

38 Vgl. *Fuchs* (1949), Geistige Strömungen, S. 7 f., S. 35 ff.; *Harrington-Müller* (1972), Fortschrittsklub, S. 27 ff.; *Desput*, Politische Parteien, in: ÖGL 20 (1976), S. 316 f.

in Österreich nach 1890 mit den politischen Kräften des heraufziehenden Zeitalters der Massendemokratien konfrontiert und von ihnen aufgerieben.[39] Doch auch in Österreich fand der Niedergang des parteipolitischen Liberalismus vor dem Hintergrund einer in ihren Institutionen und Verkehrsformen weitgehend liberalisierten Gesellschaft statt. Auch hier waren beim Abtreten des Liberalismus von der parlamentarischen Bühne seine Ordnungskonzeptionen in den jedenfalls für ihn wichtigsten Rechtsgebieten durchgesetzt.[40] Und wie in Deutschland wandten Gesetzgebung und Rechtswissenschaft gegen Ende des Jahrhunderts ihre Aufmerksamkeit zunehmend von der konsolidierten Basis des liberalen Verfassungsstaates ab und den neuen sozialstaatlichen Notwendigkeiten zu.[41]

II. Das deutsche Strafrecht: Kampf für den liberalen Rechtsstaat

Auch das Strafrecht der Epoche fügt sich in diesen allgemeinen geschichtlichen Horizont, freilich mit charakteristischen Friktionen, Verzögerungen und Unschärfen. Wendet man sich ihnen

39 *Boyer* (1981), Radicalism in Imperial Vienna, insb. S. 316-421; *Schorske* (1982), Wien, S. 111-168; *Janik/Toulmin*, Wittgensteins Wien (wie Anm. 31), S. 59 ff.

40 Damit kollidierte – jedenfalls in der Sicht der österreichischen Liberalen – die Tatsache keineswegs, daß bis zur Einführung des allgemeinen, gleichen und direkten Wahlrechts im Jahre 1907 in Österreich das undemokratische »Kurienwahlrecht« in Kraft war; denn dieses begünstigte den politischen Vorrang der gehobenen deutsch-österreichischen Mittelschicht, also des Rekrutierungspotentials der Liberalen, erheblich. Dazu paßt die gespaltene, großenteils ablehnende Haltung des »Fortschrittsklubs« im Reichsrat gegenüber den Wahlreformbestrebungen der Sozialdemokraten; vgl. *Jenks* (1950), Electoral Reform; *Harrington-Müller*, a.a.O., S. 137 ff.; *Leuthner*, Wahlreform, in: März 1 (1907), S. 163 ff.

41 Nach längeren Vorarbeiten, insbesondere des katholischen Sozialtheoretikers Karl von Vogelsang, und gegen Widerstand der Liberalen begann 1882/83 mit der Änderung der Gewerbeordnung eine weit ausgreifende Sozialgesetzgebung in Österreich; vgl. dazu *Otruba*, Sozialgesetzgebung, in: ÖGL 12 (1968), S. 370 ff.; *Hofmeister* (1981), Landesbericht Österreich, in: *Zacher/Köhler*, Sozialversicherung (wie Anm. 25), S. 453 ff.

zu, dann tritt zudem zwischen der deutschen und österreichischen Entwicklung ein deutlicherer Unterschied hervor als in dem bisher skizzierten Bild. Die Linien dieser Kontraste – sowohl des allgemeineren zwischen Straf- und sonstiger Rechtsgeschichte als auch des besonderen zwischen deutschem und österreichischem Strafrecht – sollen im folgenden etwas schärfer gezogen werden. Denn nicht zuletzt sie eröffnen die Spielräume für jenen satirisch-polemischen Impetus des Karl Kraus, der sich in 37 Jahrgängen der *Fackel* immer wieder auf das Strafrecht bezieht.

Um die Mitte des 19. Jahrhunderts hatten sich in der Strafgesetzgebung der deutschen Einzelstaaten die konstitutionell-rechtsstaatlichen Prinzipien des Napoleonischen Code pénal von 1810 und des Feuerbachschen Strafgesetzbuchs für Bayern von 1813[42] im wesentlichen durchgesetzt: die Bindung der staatlichen Strafgewalt an strikte Voraussetzungen, Formen und Grenzen.[43] »Gerechte Vergeltung, psychologischer Zwang durch die gesetzlich festgelegten Strafdrohungen, also generalpräventive Abschreckung, nüchterne Feststellung dessen, was bei Strafe verboten ist, und Bewährung des Rechtes durch gleichmäßige, stetige, von richterlicher Willkür freie Anwendung des gesetzlichen Strafrechts, das sind die wichtigsten Tendenzen, die aus allen partikularen Strafgesetzbüchern jener Zeit zu entnehmen sind.«[44]

Interesse und Kampfbereitschaft der Liberalen für die Reformen des Strafrechts artikulierten sich in dessen drei Sphären – Strafgesetz, Strafprozeß und Strafvollzug – allerdings in charakteristischer Weise unterschiedlich. Die von John Dewey getadelte »Degeneration« des Liberalismus, die Abkehr von den universalistischen Maximen des aufgeklärten Humanismus zugunsten einer Interessen- und Machtorientierung der eigenen Doktrin, gibt hierfür einen erhellenden Hintergrund. Freilich fällt dabei auf die legislativen Kompromisse und Selbstvergessenheiten der liberalen politischen Parteien ein anderes Licht als auf die rechtsdogmatischen und -theoretischen Diskussionen der Wis-

42 Dazu *Radbruch* (1957), Feuerbach, S. 84 ff.; *Thierfelder*, Feuerbach, in: ZStW 53 (1933), S. 403 ff.; *Kaufmann* (1984), Feuerbach, in: Fschr. Spindler, Bd. III, S. 181 ff.; *Bohnert* (1982), Feuerbach.

43 *Eb. Schmidt*, Geschichte (wie Anm. 3), S. 321 ff.

44 A.a.O., S. 314.

senschaft. Jene legen den prinzipiellen Verdacht einer taktischen Subordination des politischen Credos unter gegnerische (oder auch eigene) Machtinteressen nahe; diese dagegen entwickeln gerade die innere Kraft, Reichweite und Konsistenz der klassischliberalen Strafrechtskonzeptionen bis an deren Grenzen. Und das heißt: bis zum fühlbaren Beginn der Notwendigkeit, auf die veränderten Probleme einer anderen Zeit mit neuen Theorien zu antworten.

1. Das Reichsstrafgesetzbuch von 1871

Das läßt sich exemplarisch verdeutlichen. Am 15. Mai 1871, viereinhalb Monate nach der Vereinigung der süd- und norddeutschen Staaten zum Deutschen Reich, wurde dessen einheitliches Strafgesetzbuch verkündet. »Wie sein Vorbild, das Preußische Strafgesetzbuch von 1851«, schreibt Eberhard Schmidt, »beruht das Reichsstrafgesetzbuch völlig auf der Gedankenwelt des liberalen Rechtsstaates des 19. Jahrhunderts«.[45]

Das stimmt bei genauerem Hinsehen freilich nur cum grano salis.[46] Bei der parlamentarischen Lesung seines unmittelbaren (und sachlich identischen[47]) Vorgängers, des Strafgesetzbuchs für den Norddeutschen Bund, hatte es eine politische Kontroverse gegeben, an der zunächst das gesamte Gesetzeswerk zu scheitern drohte – bis schließlich die Liberalen kapitulierten: einen mit hohem symbolischen Einsatz geführten Grundsatzstreit um die Beibehaltung (bzw. Wiedereinführung[48]) der Todesstrafe. 22 Jahre zuvor, am 8. Dezember 1848, zu einer Zeit also, in der die Kompromisse der machtpolitischen Opportunität für den deutschen Liberalismus noch nicht zur Strategie geworden waren,

45 A.a.O., S. 344; ebenso *Eser* (1988), Hundert Jahre, in: Fschr. Maihofer, S. 110.

46 Wobei sich die Einschränkung weniger auf das rechtsstaatliche als vielmehr auf das liberale Element dieser Konjunktion bezieht.

47 Zu den redaktionellen Änderungen vgl. *Schwarze* (1879), Commentar, S. 3 ff.

48 Vier Länder hatten im Anschluß an die Beschlüsse der Frankfurter Nationalversammlung von 1848 (vgl. dazu die folgende Anm.) die Todesstrafe abgeschafft: Oldenburg, Bremen, Sachsen-Anhalt und Nassau; Sachsen folgte 1868.

hatte die »Frankfurter Nationalversammlung« in ihrer zweiten Lesung der »Grundrechte des deutschen Volkes« die Todesstrafe mit einer Mehrheit von 256 gegen 176 Stimmen abgeschafft.[49] Freilich übernahm in der Folge nur ein kleiner Teil der deutschen Staaten die »Grundrechte« unmittelbar in das jeweils eigene Landesrecht. Ein Bundesbeschluß vom 23. August 1851 zog schließlich den Anspruch einer verfassungsgesetzlichen Verbindlichkeit der Frankfurter Grundrechte ausdrücklich zurück. Von den drei großen deutschen Staaten, von Preußen, Österreich und Bayern, waren sie ohnehin ignoriert worden.[50]

Am 1. März 1870 beschloß der Reichstag des Norddeutschen Bundes mit einer liberalen Mehrheit von 118 gegen 81 Stimmen, die Todesstrafe aus dem vorgelegten Entwurf des Norddeutschen Strafgesetzbuches zu streichen.[51] In einer langen Rede, deren Mischung aus Demagogie, Scharfsinn und Rhetorik sie als charakteristische Leistung des Bundes- und späteren Reichskanzlers ausweist, hatte Bismarck zuvor den unverzichtbaren symbolischen Rang der Todesstrafe für eine monarchisch verfaßte Staatsordnung deutlich gemacht.[52] Gustav Radbruch hat 1929 in der 7. Auflage seiner *Einführung in die Rechtswissenschaft* mit sicherem Gespür den entscheidenden Satz dieser Rede herausgegriffen und (nicht ganz exakt) zitiert: »Eine menschliche Kraft, die keine Rechtfertigung von oben in sich spürt, ist allerdings zur Führung

49 § 9 der »Grundrechte« lautete: »Die Todesstrafe, ausgenommen, wo das Kriegsrecht sie vorschreibt oder das Seerecht im Falle der Meuterei sie zuläßt, sowie die Strafen des Prangers, der Brandmarkung und der körperlichen Züchtigung sind abgeschafft.« Vgl. dazu instruktiv und mit ausführlichen Quellenbelegen *Rittler*, Todesstrafe, in: JBl 70 (1948), S. 114 ff.

50 *Rittler*, a.a.O., S. 117. – Dazu, daß dies nicht ohne erhebliche theoretische Kontroversen abging, vgl. *Goltdammer* (1851), »Materialien« zum preußischen StGB von 1851, Teil I, S. 84 ff. In Preußen gab letztlich das Votum v. Savignys, des Justizministers, den Ausschlag, der schwerwiegende negative Auswirkungen auf das »Rechtsbewußtsein der Nation« befürchtete, falls man die Todesstrafe aufhöbe; zit. bei *Goltdammer*, a.a.O., S. 86.

51 Übrigens unter anderem auf Antrag des wegen seiner Attacke auf die Wissenschaftlichkeit der Jurisprudenz (1846) unsterblich gewordenen Julius Hermann v. Kirchmann; vgl. Politische Reden *Bismarcks* (1893), Bd. 4, S. 325.

52 Politische Reden *Bismarcks*, a.a.O., S. 325-334.

des Richtschwertes nicht stark genug!«[53] Das ist die klassisch konservative Legitimation der staatlichen Strafgewalt: ihre autoritäre Beglaubigung im Begriff jener »höheren Macht«, die ganz natürlich als »Gottheit« insinuiert und verstanden wird, deren souveräner Glanz aber wie selbstverständlich abstrahlt auf ihre weltliche Stellvertretung: den Staat. Friedrich Julius Stahl hat 1837 dieser Auffassung ihre – auch für Bismarck[54] – verbindliche Form gegeben: »Aber diese äußere Strafgerechtigkeit kann doch ihrem Wesen nach keine andere seyn als die Strafgerechtigkeit Gottes. Sie ist die Herstellung des Reiches, d. i. der Herrlichkeit des Staates durch die Vernichtung oder das Leiden dessen, der sich wider sie empört hat.«[55]

Mit der Drohung, der von Preußen dominierte Bundesrat[56] werde die gesamte Vorlage des Strafgesetzbuches scheitern lassen und das große Ziel der Rechtseinheit für ein kommendes Deutsches Reich werde damit von der liberalen Mehrheit im Reichstag aufs Spiel gesetzt, erzwang Bismarck schließlich am 24. Mai 1870 die zunächst verweigerte Zustimmung des Parlaments zur Beibehaltung der Todesstrafe: für den vollendeten Mord und für den Mordversuch gegen das Bundesoberhaupt oder einen der Länderregenten.[57] Und auf diesen letzteren Fall vor allem kam es an. Bismarcks Zugeständnis an die liberalen Gegner der Todesstrafe war gering, ja aus seiner Sicht praktisch bedeutungslos. Die Einwilligung in die Beschränkung der absoluten Strafdrohung auf die beiden genannten Verbrechen kann ihm schon deshalb nicht besonders schwergefallen sein, weil er die ganze Frage als eine der staatlichen Machtsymbolik[58] ansah und nicht als Problem der

53 A.a.O., S. 332. Das Zitat bei *Radbruch* in »Einführung« (wie Anm. 3), S. 303.

54 Zu Stahls Einfluß auf Bismarck s. *Gall*, Bismarck, S. 58 f., S. 84. Zu Parallelen und Differenzen im Rechtsdenken beider Männer vgl. *Kober* (1961), Rechtsanschauung Bismarcks, S. 259 ff.

55 *Stahl* (1837), Philosophie des Rechts, 2. Bd., 2. Abtlg., S. 372.

56 Von 43 stimmberechtigten Mitgliedern des Bundesrats stellte Preußen allein 17; vgl. *Pollmann* (1983), Norddeutscher Bund, in: *Pflanze* (Hg.), Probleme, S. 228 f.

57 Vgl. dazu *Rubo* (1879), Kommentar StGB, S. 74. Bei Rubo ist die gesamte parlamentarische Debatte über die Todesstrafe ausführlich und mit Belegen aus unveröffentlichten Quellen dokumentiert; vgl. a.a.O., S. 44-75.

58 Gerade diese war aber für ihn von eminenter Bedeutung. Das zeigt

Strafrechtspflege oder des ausreichenden Schutzes für den rechtstreuen Bürger.[59] Die Todesstrafe auch für *erfolglose* Attentate auf den Herrscher entspreche einfach der Notwendigkeit, »nicht nur einem Grundprincip der constitutionellen Monarchie unsere Huldigung zu bringen, der Monarchie überhaupt, und ein Bekenntniß der Verehrung abzulegen, die wir dem Haupt des Gesalbten schulden«.[60] Deutlicher, nämlich zynischer, klingt allerdings Bismarcks wirkliche Sicht dieser Dinge, wie er sie wenige Tage vor der entscheidenden Reichstagsabstimmung, am 19. Mai 1870, in einem Brief an Moritz von Blanckenburg skizziert:

In politischen Verbrechen bin ich für ausgiebige Tödtung, bei militärischem Einschreiten und Standrecht ohne Rückfrage an den Monarchen, aber gegen posthume gerichtliche Hinrichtungen und Processe, von wegen der Eitelkeit und des falschen Märtyrertums in dieser modernen Welt. [...] Ein Compromiß, welches den wirklich ausgeführten Versuch mit dem Tode bedroht, wäre mir ganz angenehm und würde proprio motu mein Bestreben sein, wenn es nicht unvermeidlich wäre, alle die kleinen Fürsten in gleicher Weise wie die wirklichen Monarchen zu behandeln. Ich halte die ganze Frage nicht sehr praktisch, d. h. die Hochverrathsfrage; man trifft die eigentliche materia peccans damit nicht, nur Irrenhauscanditaten, wie Sand, Tschech, Sefeloge[61], die dann auf dem Schaffott zwei Jahre später aus Narren zu Märtyrern wurden. Erinnerst Du Dich, andre Hochverräter erlebt zu haben als die beiden letztgenannten und etwa die Burschenschafter? Ich im Augenblick nicht, und doch steht da der Feind nicht. Es ist ein theoretischer Streit.[62]

die Tatsache, daß er am 23. Mai 1870, trotz einer langwierigen Erkrankung, die ihn wochenlang von Berlin ferngehalten hatte, eigens deshalb zur Schlußdebatte über die Todesstrafe aus Varzin in den Reichstag kam, weil die Durchsetzung seiner Position nach einem vermittelnden Antrag des Abgeordneten (und Juristen) Planck zweifelhaft geworden war; vgl. *Rubo*, a.a.O., S. 72.

59 Obwohl er in seiner Reichstagsrede vom 1. 3. 1870 gerade dieses Argument mit demagogischer Eindringlichkeit stark zu machen versuchte; vgl. Politische Reden *Bismarcks* (wie Anm. 51), S. 328, 332, 334. Überzeugend gegen Bismarcks Schutzargumente sein liberaler Gegenspieler Eduard Lasker, abgedruckt bei *Rubo*, a.a.O., S. 52-64.

60 Politische Reden *Bismarcks*, a.a.O., S. 379.

61 Zu Sand und Tschech vgl. *Treitschke* (1927), Deutsche Geschichte, 2. Teil, S. 510 ff., und 5.Teil, S. 262 ff.

62 Abgedr. in: *Kohl* (1891), Bismarck-Regesten I, S. 393.

Viel mehr dürfte es für die Liberalen auch nicht gewesen sein: ein Streit um und eben *nur* um eines ihrer langsam ins Historische verblassenden Ideale. Darauf ließ sich leichter verzichten als auf die fast greifbare Reichseinheit, deren Schicksal Bismarck mit dem der Strafgesetzvorlage verband und die die Liberalen schließlich selbst schon Jahrzehnte länger als der Kanzler angestrebt hatten. Aber noch andere Einschränkungen der These Eberhard Schmidts vom »völligen Beruhen« des RStGB auf »der Gedankenwelt des liberalen Rechtsstaates« lassen sich zeigen. Karl Binding hat dies schon 1869 an Vorschriften und Grundsätzen des StGB-Entwurfs für den Norddeutschen Bund demonstriert, die (mit geringfügigen Modifizierungen) ins RStGB übernommen wurden.[63] Vor allem die autoritär-etatischen, polizeilich-präventiv orientierten und deshalb mit unbestimmten Tatbestandsmerkmalen weit ausgreifenden Staatsschutznormen[64] sind in rechtsstaatlicher Perspektive – mit einem älteren Wort Mittermaiers – bestenfalls eine »Art von Transactionssystem«, in dem »Altes und Neues sich vermischen«.[65] Prägnant und sachlich treffend heißt es bei Binding: »Es ist ein Ueberbleibsel aus mit Recht vergangenen Zuständen, daß den Staaten viel zu schnell die Hand zur Strafe zuckt; der norddeutsche Entwurf ist nicht ganz frei von gleicher Gereiztheit und tritt mit sich selbst dadurch in einen bedauerlichen Widerspruch.«[66]

63 *Binding* (1869), Entwurf in seinen Grundsätzen.

64 Besonders die §§ 70 ff. StGB NB (entspr. §§ 83 ff. RStGB); § 92 StGB NB (entspr. § 110 RStGB), in dem immerhin nach Bindings scharfer Kritik das Merkmal des Aufforderns zum Ungehorsam »gegen die Gesetze oder Verordnungen« durch »gegen Gesetze oder *rechtsgültige* Verordnungen« und das der »Anordnungen der Obrigkeit« durch »die von der Obrigkeit *innerhalb ihrer Zuständigkeit* getroffenen Anordnungen« ersetzt wurde. Wichtig auch § 113 StGB NB (entspr. § 131 RStGB), der das »Verächtlichmachen« von »Staatseinrichtungen« oder von »Anordnungen der Obrigkeit« pönalisierte und dessen völlige Streichung Binding vergeblich forderte; vgl. *Binding*, a.a.O., S. 11 ff., S. 16 f., S. 25. Zu den rechtsstaatlich-liberalen Defiziten des RStGB vgl. auch *Kern* (1933), Rechtsstaatsgedanke, S. 4 f.; ebenfalls *Schroeder* (1970), Staat und Verfassung im Strafrecht, S. 86 ff.

65 *Mittermaier*, Zustand der Strafproceßordnung, in: ACR, NF 1853, S. 529.

66 *Binding*, Entwurf (wie Anm. 63), S. 10.

Daß die Gesamtentwicklung des liberal rechtsstaatlichen Strafrechts in der zweiten Hälfte des 19. Jahrhunderts durchzogen war von solchen Widersprüchen, findet – im bewußten Kontrast zur »üblichen, zu fortschrittsgläubigen Sicht«[67] – zunehmend die Aufmerksamkeit neuerer strafrechtsgeschichtlicher Forschungen.[68] Freilich reichen diese Widersprüche nicht weiter als die Friktionen und Metamorphosen innerhalb des parteipolitischen Liberalismus selbst. Und nicht nur dort, wo man zugunsten politischer Kompromisse auf strafrechtsreduzierende Reformen *verzichtete*, sondern auch dort, wo man sie durchsetzte, kollidierten die legislativen Ergebnisse gelegentlich mit den klassisch-liberalen Forderungen des aufgeklärten Vernunftrechts. Das betrifft vor allem den Bereich einer aggressiv definierten ökonomischen Freiheit; exemplarisch: den Kampf des Wirtschaftsliberalismus gegen die Strafbarkeit des Wuchers. »Ein mit den Regeln der Staatsklugheit nicht leicht zu vereinigender Überrest des Hasses gegen Zinsen überhaupt«, so hatte Feuerbach, noch oder schon schwankend, »das Verbrechen des Zinswuchers« in seinem Lehrbuch apostrophiert.[69] Die Philosophie des englischen Utilitarismus, vor allem Jeremy Benthams *In Defense of Usury* von 1787, wurde zur philosophischen Beglaubigung einer liberalen Bewegung, die in der Aufhebung *aller*, nicht nur der strafrechtlichen Wuchergesetze eine Art glücklicher Konvergenz von wirtschaftspolitischen und sozialethischen Interessen sah. Gewiß hielt man den Wucher nicht für ein an sich moralisch bedenkenfreies Verhalten. Aber man hing im Anschluß an Bentham der Illusion an, die Freigabe des Wuchers werde die wirtschaftliche Selbsterziehung der Individuen fördern und dadurch sowohl die Dynamik der ökonomischen Entwicklung als auch zuletzt ein Eindämmen des Wuchers gewährleisten. In Preußen beschloß die »Kommission des vereinigten ständischen Ausschusses« 1848 einen Antrag auf Streichung des Wucherpara-

67 *Frommel* (1987), Strafjustiz und Polizei, in: *Simon* (Hg.), 26. Rechtshistorikertag, S. 181.

68 Außer *Frommel* etwa *Naucke* (1986), Vordringen des Polizeigedankens, in: *Dilcher/Diestelkamp* (Hg.), Symposion für A. Erler, S. 177 ff.; kritisch zu Nauckes sehr weitreichender These einer »Verpolizeilichung« des Strafrechts im 19. Jahrhundert *Stolleis* (1986), Anmerkungen, in *Dilcher/Diestelkamp*, a.a.O., S. 188 ff.

69 *Feuerbach* (1847), Lehrbuch, § 436, S. 709.

graphen aus dem damals erörterten Strafgesetzentwurf.[70] Der Vorstoß blieb für das preußische Strafgesetz von 1851 noch erfolglos. Bis 1867 scheiterten verschiedene ähnliche Versuche des liberal dominierten Abgeordnetenhauses am konservativen Widerstand des Herrenhauses. 1867 wurde schließlich der von Eduard Lasker eingebrachte Gesetzesentwurf zur Beseitigung sämtlicher Wuchergesetze nach fast einstimmiger Annahme im Parlament vom Bundesrat genehmigt und am 14. November als Bundesgesetz publiziert.[71] Es wurde 1870 durch Artikel 80 der Verfassung des Norddeutschen Bundes zum Reichsgesetz erklärt. Das StGB für das Deutsche Reich von 1871 enthielt daher keinen Wuchertatbestand mehr.

Die damit hergestellte allgemeine Zins- und Wucherfreiheit hatte schwerwiegende Folgen. »Die wucherische Ausbeutung«, schreibt Richard Schmidt,

> [...] wurde mit der Aufhebung der alten Wuchergesetze nicht nur nicht zum Stehen gebracht, sondern im Gegenteil zu gewaltigem Umfang gesteigert; in manchen Gegenden Deutschlands [...] enthüllten sich gerade jetzt Bilder eines unerhörten ruinösen Treibens der Wucherer, dem sich die Gerichte unter der Herrschaft der neuen Rechtssätze selbst dienstbar zu machen gezwungen waren.[72]

Die manchesterliberale Doktrin vom Gemeinwohl als einer Funktion der möglichst schrankenlosen individuellen Egoismen war (jedenfalls in diesem Punkt) empirisch ad absurdum geführt. Im Juni 1880 trat ein neues »Gesetz betreffend den Wucher« in Kraft und fügte die §§ 302 a–d (a. F.) in das Strafgesetzbuch ein: nicht mehr als das alte abstrakt-formalistische Zinstaxensystem, sondern bereits als moderne, auf alle Formen ausbeuterischer Kreditgeschäfte konkret und flexibel reagierende Regelung. Sie

70 Übrigens gegen den Widerstand Savignys, der allerdings das Unpraktikable der geltenden »Zinstaxenregelung« zugestand; vgl. *Goldschmidt* (1864), Gutachten 6. Dt. Juristentag, S. 239 f.; ausführlich *Isopescul-Grecul* (1906), Wucherstrafrecht, S. 147 ff., S. 154; ebenfalls *R. Schmidt* (1906), Wucher und Ausbeutung, in VD, BT, Bd. VIII, S. 161 ff., S. 169 ff.

71 Vgl. *Isopescul-Grecul*, a.a.O., S. 155 f.

72 *R. Schmidt*, a.a.O., S. 172. – Zu der auch heute noch andauernden Skepsis gegen Wucherstrafgesetze vgl. die kontroverse Diskussion im Sonderausschuß für die Strafrechtsreform (1976), Sten. Prot. des Dt. Bundestags, 7. Wahlperiode, S. 2565 f.

wurde 1893 auf die Pönalisierung des Sachwuchers ausgedehnt (§ 302 e).[73]

Auch in anderen Regelungen des RStGB von 1871 und seiner ersten Novellierungen (Dezember 1871 und März 1876[74]) ließe eine genauere Analyse die Spuren jener zweifachen prinzipiellen Kompromißbereitschaft der Liberalen hervortreten: das Arrangement mit dem autoritären Staat zugunsten ihrer Macht- und die Abstriche vom Programm des aufgeklärten Humanismus zugunsten ihrer Wirtschaftsinteressen.[75] Geradezu sinnbildlich spiegelt diesen Sachverhalt die (rechtlich und tatsächlich unbedeutende) Regelung der »unterlassenen Hilfeleistung« im § 360 Nr. 10 RStGB. Seine sehr schnell zum Terminus technicus avancierte Bezeichnung als »Liebesparagraph«[76] drückt die ironische Distanz des bürgerlichen Selbstbewußtseins zu dem Ansinnen einer strafrechtlich gestützten Hilfspflicht gegenüber dem Mitmenschen aus. In der generalisierten Form, die es im heutigen § 323 c StGB erhalten hat, wäre dieses Ansinnen dem liberalen Egoismus des ausgehenden 19. Jahrhunderts nicht akzeptabel erschienen. Nicht die Verletzung einer allgemeinen sozialen Hilfspflicht bei Unglücksfällen, sondern der Ungehorsam gegen-

73 S. die Materialien zur Wuchergesetznovelle 1893 in GA 41 (1893), S. 230 ff.; zum Gesetz von 1880 s. *v. Schwarze* (1881), Wuchergesetz.

74 Dazu *Rubo*, StGB (wie Anm. 57), S. 1053 ff.

75 Beide Front- bzw. Kompromißlinien zwischen Konservativen und Liberalen werden plastisch sichtbar in der Auseinandersetzung zwischen Bismarck und Lasker über den vom Bundesrat vorgelegten Entwurf einer Strafgesetznovelle am 3. 12. und am 14. 12. 1875, etwa in den folgenden charakteristischen Sätzen Bismarcks: »Ja, meine Herren, wenn die Sicherheit, der öffentliche Friede, die Ehre, die körperliche Gesundheit, das Leben des Einzelnen so gut geschützt wäre durch unser Strafgesetz, wie unsere Geldinteressen, dann hätten wir gar keine Novelle nöthig!« Und (zur Begründung der 1876 ins StGB eingefügten Strafdrohung gegen die »Verletzung der Amtsverschwiegenheit im auswärtigen Dienst«): »Was mir da zur Wahrung meiner Verantwortlichkeit unentbehrlich ist, meine Herren, das muß ich nachgerade wissen, und in dem Verlangen, daß mir das gewährt werde, [...] kann ich mich dadurch nicht irren lassen, daß mir gesagt wird, das widerspräche juristischen Theorien. Mit juristischen Theorien läßt sich auswärtige Politik nicht treiben.« (Politische Reden *Bismarcks*, wie Anm. 51, Bd. 6, S. 313 f. und S. 320).

76 Z. B. *v. Liszt* (1903), Lehrbuch, 12./13. Aufl., S. 616.

über der Obrigkeit, nämlich die Mißachtung eines Polizeibefehls zur Hilfeleistung, ist daher Gegenstand und Strafgrund des § 360 Nr. 10 RStGB. Darauf wurde von liberaler Seite erheblicher Wert gelegt. Als in Österreich 1874 der vom damaligen Justizminister Julius Glaser stammende Entwurf für ein neues Strafgesetz vorgelegt wurde, beanstandete Binding in einer ausführlichen Besprechung nachdrücklich die Strafdrohung gegen das Unterlassen einer »Rettung aus Lebensgefahr« (§ 488 des Entwurfs):

Warum soll Jemand bei Strafe verpflichtet sein, einen Menschen zu retten, der sich in frivolster Weise in Gefahr stürzt? Den in Noth befindlichen Nebenmenschen hilfreich beizuspringen, ist zwar eine ethische Pflicht, aber eine solche κατ' ἐξοχὴν, eine solche, die gerade deshalb nie eine Rechtspflicht werden sollte [...].[77]

2. *Justizgesetze und Reichsstrafprozeßordnung von 1877*

Entschlossener als im Bereich des materiellen Strafrechts kämpfte der politische Liberalismus um die Durchsetzung seiner Ziele in der Gerichtsverfassung und der Strafprozeßordnung.[78] Auch dies erscheint auf dem Hintergrund einer zunehmend schärferen Konturierung der eigenen Interessen durch das aufsteigende Bürgertum einleuchtend.[79] Unschuldig verdächtigt, verhaftet, angeklagt zu werden, davor konnte auch der rechtstreue Bürger nicht sicher sein. Schon 1748 hatte Montesquieu im XII. Buch seines *Geistes der Gesetze* geschrieben:

Nichts auf der Welt interessiert das Menschengeschlecht mehr als die Erkenntnisse über die sichersten Richtlinien für Strafurteile, zu denen man in einigen Ländern gelangt ist und in anderen noch gelangen wird. Die Freiheit kann einzig und allein auf die Anwendung dieser Erkenntnisse gegründet werden. In einem Staat, der in dieser Hinsicht über die bestmöglichen Gesetze verfügt, wäre ein Mann, dem der Prozeß gemacht wird und der morgen gehängt wird, freier als je ein Pascha in der Türkei.[80]

Bei den Liberalen des 19. Jahrhunderts, exemplarisch etwa bei

77 *Binding*, Österreichischer Entwurf, in: Grünhut's Z. 2 (1875), S. 679.
78 Ähnlich *Eb. Schmidt*, Geschichte (wie Anm. 3), S. 324.
79 Das zeigt eindringlich und mit zahlreichen Nachweisen *Haber*, Strafprozeßgeschichte im Vormärz, in: ZStW 91 (1979), S. 590 ff.
80 *Montesquieu* (1980), Geist der Gesetze, S. 250 f.

Carl Welcker im einflußreichen *Staatslexikon*, lautete das Echo auf Montesquieu so:

Im ganzen Rechtsgebiete, vielleicht im ganzen politischen Gebiete, gibt es nichts wichtigeres, als den Strafproceß. Seine gute oder verderbliche Einrichtung entscheidet am Meisten über alle heiligsten und wichtigsten Güter – noch weit mehr als selbst das Strafgesetzbuch.[81]

Wichtig waren daher Verfahrensformen und -garantien, die gegen die Verurteilung eines unschuldig Verdächtigten hinreichende Sicherungen boten. Der gemeinrechtliche schriftliche und geheime Inquisitionsprozeß mit seiner »fast schrankenlosen Gewalt des Inquirenten«[82], in dessen Person sich die Funktionen des Anklägers, Verteidigers und Richters vereinigten[83], bot dafür keine Gewähr. Zachariae hatte 1846 die prägnante Forderung nach »schützenden Formen« der Strafprozeßordnung als Kampfbegriff gegen den Inquisitionsprozeß eingeführt und geläufig gemacht.[84] Aber schon vor 1820 waren innerhalb der Rechtswissenschaft Zweifel an der Angemessenheit des richterlichen Rollen-Synkretismus laut geworden. Paalzow schrieb 1818 vom »Widersinn« eines Verfahrens, in dem »der Richter [...] die Rolle des Anklägers, des Angeklagten und des Richters in einer Person spielt«. Und er fährt fort: »Auf der Schaubühne trägt man nicht einmal gern einem und dem nehmlichen Schauspieler verschiedene und sich entgegengesetzte Rollen auf, es sei denn aus Noth, und in der wichtigsten Sache, wo es auf Ehre, Freiheit und Leben ankommt, macht man sich darüber gar keine Bedenken.«[85] »Namentlich seit dem Einsetzen der Demagogenverfolgungen«, schreibt Eberhard Schmidt, wurde der Inquisitionsprozeß »als eine untragbare Einrichtung empfunden«.[86]

81 *Welcker* (1843), »Criminalprozeß«, in: *Rotteck/Welcker* (Hg.), Staatslexikon, 15. Bd., S. 274. – Zu Welcker s. *Müller-Dietz* (1968), Karl-Theodor Welcker.

82 So eine vielzitierte Kapitelüberschrift bei *Zachariae* (1846), Gebrechen, S. 91.

83 Dazu prägnant *Feuerbach*, Lehrbuch (wie Anm. 69), § 623, S. 843.

84 *Zachariae*, a.a.O., S. 93.

85 *Paalzow* (1818), Inquisitionsprozeß, S. 135, zit. nach *Haber*, Strafprozeßgeschichte (wie Anm. 79), S. 608. Zur Krise des Inquisitionsprozesses bereits während der zwanziger Jahre *Küper* (1967), Richteridee, S. 167 ff.

86 *Eb. Schmidt*, Geschichte (wie Anm. 3), S. 324; s. auch *Haber*, a.a.O., S. 600 ff.

Weniger klar waren die genauen prozessualen Formen, in denen den »untragbaren« Zuständen am besten abgeholfen werden sollte. Um die Jahrhundertmitte waren die inzwischen politisch durchgesetzten Kampfparolen der liberalen Reformbewegung – Anklageverfahren, Mündlichkeit, Unmittelbarkeit, Öffentlichkeit, freie Beweiswürdigung, Schwurgerichte[87] – jedenfalls im Prinzip in der Wissenschaft kaum noch bestritten. Aber auf der Abstraktionshöhe dieser Formeln gab es hinreichend Spielraum für sehr unterschiedliche dogmatische und legislative Konzeptionen; und innerhalb dieser wiederum genügend Möglichkeiten für weitere politische Auseinandersetzungen um den mehr oder weniger liberalen Verlauf der Grenzlinie zwischen den Interessen des Staates an einer möglichst unbehinderten Handhabung der Strafverfolgung und den Schutzinteressen des Beschuldigten, aber auch des Verletzten, im Verfahren.

Dies alles macht die angespannte, gelegentlich erbitterte Härte des »Kampfes um die Justizgesetze«[88] im neugegründeten Reich zwischen 1872 und 1876 verständlich.[89] Dabei ging es kaum um deren zivilrechtliche Teile (Zivilprozeß- und Konkursordnung), sondern ganz überwiegend um die StPO und die ihr zugeordneten Abschnitte der Gerichtsverfassung. Nach jahrelangen Verhandlungen und vielfältigen Umgestaltungen des ursprünglichen StPO-Entwurfes Heinrich von Friedbergs aus dem Ministerium

87 Dazu eingehend *Küper*, a.a.O., S. 169 ff.; *ders.* (1984), Freie Beweiswürdigung, in: Fschr. Peters, S. 23 ff.; *Fögen* (1974), Gerichtsöffentlichkeit; *Schwinge* (1926), Schwurgerichte. – Aus der Literatur der strafprozessualen Reformzeit exemplarisch *Mittermaier*, Deutscher Strafprozeß, in: ACR, NF (1842), S. 61 ff., S. 259 ff.; vgl. auch die Auswahl der strafprozessualen Reformliteratur des 19. Jahrhunderts bei *Eb. Schmidt* (1944), Staatsanwaltschaft und Gericht, in: Fschr. Kohlrausch, S. 279, Anm. 51.

88 Vgl. »W.« (=*W. Wehrenpfennig)*, Der Kampf um die Justizgesetze, in: Preuß. Jahrb. 39 (1877), S. 98 ff.

89 Dazu allgemein die noch immer lesenswerte Darstellung bei *Blum* (1893), Deutsches Reich, Bd. 1, S. 139 ff.; *Laufs* (1983), Lasker, S. 99 ff. Zur spezifisch juristischen Genesis von GVG und StPO vgl. vor allem *Hahn* (1879-1881), Materialien zu den Reichsjustizgesetzen, Bde. I und III; vgl. auch die ergänzende Dokumentation von *Schubert* (1981), Gerichtsverfassung; *ders./Regge* (1989), Entstehung StPO; *Landau* (1977), Reichsjustizgesetze, in: Vom Reichsjustizamt zum Bundesministerium der Justiz, S. 161 ff.

des preußischen Justizministers Leonhardt blieben in dem zähen Ringen zwischen Reichstag und Bundesrat im November 1876 zunächst 42 und nach weiterem Hin- und Herwandern der Vorlage noch immer elf gravierende Differenzpunkte übrig. Bismarck bezeichnete sie gegenüber dem Reichstag »namens der Verbündeten Regierungen« am 12. Dezember 1876 als »unannehmbar«. Daraufhin begannen die später mit der Aura des »Historischen« umgebenen Kompromißverhandlungen zwischen Leonhardt und den Führern der Nationalliberalen im Reichstag, von Bennigsen, Lasker und Miquel. Sie führten am 16. Dezember 1876 zu dem berühmten Kompromiß, den der Reichstag am 21. Dezember in seiner dritten Lesung der Justizgesetze annahm.[90]

Tatsächlich kann die historische Bedeutung dieser Einigung sowohl für die Entwicklung von Gerichtsverfassung und Strafprozeß als auch für die politische Gesamtentwicklung im Bismarckschen Reich kaum überschätzt werden. Wie sehr der Kampf um die strafrechtlichen Teile der Justizgesetze mit dem ideologischen Lebensnerv des Liberalismus verbunden war, das zeigt – fast deutlicher noch als das »verschlungene und wechselvolle Ringen«[91] selbst – die Tatsache, daß der deutsche parteipolitische Liberalismus über diesem »letzten großen Kompromiß«[92] der liberalen Ära endgültig auseinanderbrach. Die Fortschrittspartei verwarf in scharfen Tönen den »Verrat«, die »Gesinnungsverleugnung«, das »Unglaubliche« der nationalliberalen Einigung mit Bismarck und riß damit eine nicht mehr zu schließende Kluft zwischen den beiden großen liberalen Fraktionen des Reichstags auf.[93] Bismarcks unnachgiebige Härte in einzelnen Streitfragen zum Strafverfahren warf andererseits bereits den Schatten seiner innenpolitischen Abrechnung mit dem Liberalismus voraus, die

90 Dazu *Landau*, a.a.O., S. 204 ff.; *Schubert*, a.a.O., S. 962 ff.; *John* (1888), StPO, 1. Bd., S. 1-72, insbes. S. 58 ff., sowie zu allen Einzelheiten die Dokumentensammlung bei *Hahn*, a.a.O. – Speziell zu den Kompromißverhandlungen und zu Bismarcks Rolle im Hintergrund *Schubert*, a.a.O., S. 104 ff. m. w. N.

91 *Laufs* (a.a.O.), S. 104.

92 *Oncken* (1910), R. v. Bennigsen, Bd. 2, S. 292.

93 *Blum*, Deutsches Reich (wie Anm. 89), S. 145; vgl. auch *Oncken*, a.a.O., S. 291 ff.; *Wehrenpfennig*, Justizgesetze (wie Anm. 88), S. 98 ff.; *Langewiesche* (1988), Liberalismus, S. 168.

in der Reichstagsrede vom 9. Juli 1879 ihren polemischen Ausdruck und Abschluß fand.[94]

Man hat in wissenschaftlichen Erörterungen zur Strafprozeßgeschichte des 19. Jahrhunderts gelegentlich gegen deren Reduktion auf einen ausschließlich politischen Erfolgsverlauf liberaler Ideen den Hinweis auf die prozeßdogmatische Entwicklung der Wissenschaft gesetzt: Sie habe ideologie- und politikfern und nur der Rationalität optimaler Sachlösungen verpflichtet die Instrumente des modernen Strafprozesses ausgebildet, dessen Grundgedanken eben mehr oder weniger zufällig mit den liberalen Ideen konvergierten.[95] Das ist kein sinnvoller Gegensatz der Perspektiven. Beide Blickwinkel lassen unterschiedliche Aspekte des Gesamtgeschehens hervortreten, zwischen denen kein plausibles Verhältnis von Vor- und Nachrang konstruiert werden kann. Richtig ist, daß es nach dem ersten Drittel des 19. Jahrhunderts vor allem rationale prozeßpsychologische Erwägungen waren, was der Strafprozeßerneuerung *auch* den »Charakter einer eminent wissenschaftlichen Reform«[96] gab. Aber gerade nach der festen Etablierung eines sowohl liberaleren als auch rationaleren Fundaments des Strafprozesses seit der Jahrhundertmitte wurde deutlich, daß in zahllosen Einzelfragen der alte Streit um die mehr oder weniger liberale Gestaltung als ewig junger und unerledigter wieder auflebte. Evident ist zudem, daß jedenfalls alle *Gesetzes*initiativen durch das politische Nadelöhr zwischen Liberalismus und monarchischem Ordnungsstaat hindurchmußten und daß sie diesen Weg selten ohne politisch er-

94 Daß diese Härte allein Ausdruck eines politischen Machtwillens war und nicht etwa der Sorge um die angemessene Lösung von Sachproblemen entstammte, macht eine Bemerkung Bismarcks gegenüber dem Reichstagsabgeordneten Völk vom 9. 12. 1876 deutlich: Er sei in Sachen Justizgesetze »noch mehr Dilettant als ihm vorgeworfen worden sei in Beziehung auf die Zollfrage«; zit. bei *Poschinger* (1895), Bismarck und die Parlamentarier, S. 210.

95 Am deutlichsten *Eb. Schmidt*, Staatsanwaltschaft (wie Anm. 87), S. 263 ff. (dessen Ausführungen allerdings nicht zuletzt von dem Motiv bestimmt waren, in einer Zeit des hemmungslosen Liberalismus-Hasses den rechtsstaatlichen Strafprozeß so gut wie möglich – also eben ohne Berufung auf den Liberalismus – zu verteidigen). Differenzierter als *Schmidt*, aber mit ähnlicher Tendenz *Küper*, Richteridee (wie Anm. 85), S. 168 f.

96 *Küper*, a.a.O., S. 168.

zwungene Veränderungen unterschiedlichen Ausmaßes überstanden. An einigen der zwischen Reichstag und Bundesrat – und in Wahrheit zwischen Bismarck und dem Liberalismus – bis zuletzt erbittert umstrittenen Probleme läßt sich dies exemplarisch zeigen.

Das betrifft vor allem die Stellung der Staatsanwaltschaft in dem Interessensdreieck zwischen öffentlicher Anklage, Gericht und der Sphäre des Verletzten einer Straftat. Genauer: das Problem, in diesem politisch sensiblen Bereich ein rechtsstaatliches Equilibrium herzustellen aus den jeweiligen Regelungsalternativen: Weisungsgebundenheit innerhalb einer hierarchischen, dem Justizminister unterstellten Behörde vs. (quasi-richterliche) Unabhängigkeit; gerichtliche Kontrolle vs. Unabhängigkeit von der Justiz; Legalitätsprinzip vs. Opportunitätsprinzip; Anklagemonopol vs. (prinzipale und/oder subsidiäre) Privatklage.

In dem Vierteljahrhundert vor Beginn der Auseinandersetzungen um die Reichsjustizgesetze waren in fast allen deutschen Staaten[97] mittels unterschiedlicher Verbindungen dieser Regelungsmöglichkeiten Staatsanwaltschaften eingeführt worden.[98] Es zeigte sich freilich schnell, daß gerade dem parteipolitischen Liberalismus, der im Kampf gegen den Inquisitionsprozeß noch ohne genauere Differenzierung »die Staatsanwaltschaft« als notwendiges Instrument einer Trennung von Strafverfolgung und Strafjustiz gefordert hatte, die neue Einrichtung einen Januskopf bot.[99] Denn in den logischen Raum, den die genannten Regelungsalternativen eröffneten, ließen sich sehr unterschiedliche Varianten einschreiben, darunter solche, die den liberalen Intentionen ganz erheblich zuwiderliefen. Das wird etwa an der Kombination deutlich, die in Preußen mit Gesetz vom 17. Juli 1846 eingeführt wurde: Weisungsgebundenheit + Unabhängigkeit von

97 Ausnahmen: die beiden Mecklenburg und die beiden Lippe; vgl. *Carsten* (1932), Geschichte der Staatsanwaltschaft, S. 49.

98 *Carsten*, a.a.O., S. 34 ff.

99 Das dürfte im übrigen bereits vorher gelegentlich befürchtet worden sein; *Haber* bemerkt in seiner Studie zur Strafprozeßgeschichte im Vormärz, daß die Staatsanwaltschaft als öffentlicher Ankläger »nicht ganz so einhellig« gefordert worden sei wie die Verwirklichung der anderen Grundsätze des reformierten Strafprozesses (wie Anm. 79, S. 595).

der Justiz + Opportunitätsprinzip + Anklagemonopol.[100] Das ist eher eine höhnische Persiflage des liberalen Programms als seine Verwirklichung. In Savignys einflußreicher Denkschrift aus dem Jahre 1846 über *Die Prinzipien in Beziehung auf eine neue Strafprozeß-Ordnung*[101], die im übrigen in plausiblen Tönen der Logik und der Rechtsstaatlichkeit die Notwendigkeit der Staatsanwaltschaft begründet, findet sich zugleich und offenbar völlig unbefangen die Voraussetzung eines durchgängigen Opportunitätsprinzips, und zwar vornehmlich zugunsten politischer Handlungsfreiheit:

> [...] wiederum bei anderen, namentlich bei politischen Vergehen, hat man oft zu wünschen, daß sie von Anfang an mit Stillschweigen übergangen worden wären. Der Richter kann nicht aus derartigen Gründen eine Denunziation unberücksichtigt lassen. Dem öffentlichen Ministerium[102] dagegen steht frei, sei es nach eigenem Ermessen, oder nach eingeholter höherer Weisung, die Anklage zu unterlassen, wenn sie nicht angemessen erscheint.[103]

Evident ist, daß über eine solche »negative« Strafjustizkontrolle per Kombination von Anklagemonopol, Opportunitätsprinzip und Weisungsgebundenheit »die Regierungen durch die Einführung der Staatsanwaltschaft nur an Macht gewonnen hatten, da sie die Einrichtung, die zum Schutze des Angeklagten gegen Willkür des Inquirenten gedacht war, dazu benutzten, ihren eigenen Einfluß auf das Strafverfahren, ihre Machtstellung gegenüber den Gerichten zu erhalten oder noch zu stärken«.[104] Gegen An-

100 *Carsten*, a.a.O., S. 25. – Es gab zwar für die Staatsanwaltschaft eine grundsätzliche Anklagepflicht, die aber durch Weisungen der Regierung in weitestem Umfang eingeschränkt werden konnte, also praktisch kaum über das Opportunitätsprinzip hinausreichte.

101 Ungedruckte Denkschrift (1846), auszugsweise veröffentlicht in GA 6 (1858), S. 469 ff., und GA 7 (1859), S. 577 ff.

102 Das heißt: der Staatsanwaltschaft, die zur Zeit ihrer Einführung in Deutschland noch häufig nach ihrem Vorbild, dem französischen Ministère public, benannt wurde; vgl. *Eb. Schmidt*, Geschichte (wie Anm. 3), S. 325 f.

103 *Savigny*, GA 7 (1859), S. 585.

104 *Carsten*, a.a.O., S. 33. – Auf diesem Hintergrund mutet die zu undifferenzierte und daher zu euphemistische Darstellung bei *Eb. Schmidt*, Geschichte (wie Anm. 3), S. 330 ff., von der »Aktivierung der Rechtsidee« durch die Einführung der Staatsanwaltschaft durchaus erstaunlich an. Kritisch gegen Schmidt *Blankenburg/*

klagemonopol, Weisungsabhängigkeit und Opportunitätsprinzip und vor allem gegen ihre Verbindung richteten sich daher in den fünfziger und sechziger Jahren des 19. Jahrhunderts die heftigsten Angriffe der liberalen Kritik.[105] Denn die Staatsanwaltschaft war, wie die *Nationalzeitung* 1858 schrieb, dadurch zu einem »Institut« geworden, »mit welchem eine herrschende Partei sich einfach über die bestehende Rechtsordnung erhebt«.[106]

In den Verhandlungen zwischen Bundesrat und Reichstag über die Justizgesetze zwischen 1874 und 1876 kristallisierte sich aus dem Kaleidoskop der zahlreichen schon vorgetragenen Abhilfevorschläge zunächst ein Grundkonsens: Weisungsabhängigkeit und Anklagemonopol wurden beibehalten, zur Sicherung einer rechtsstaatlichen Gleichmäßigkeit der Strafverfolgung aber das Legalitätsprinzip eingeführt.[107] Erbitterten Streit löste allerdings das von der Justizkommission des Reichstags in den StPO-Entwurf eingefügte Klageerzwingungsverfahren zur justiziellen Sicherung des Legalitätsprinzips und der Rechte des Verletzten aus.[108] Der preußische Justizminister Leonhardt hatte in einem schriftlichen Votum vom 20. 11. 1876 zwar eine vorsichtige Bereitschaft zum Einlenken gegenüber dem Reichstag in dieser Frage angedeutet.[109] Bismarck dagegen, nach eigenem Urteil »Dilettant« in Sachen Justizgesetze[110], lehnte am 12. Dezember 1876 im Bundesrat einen solchen Versuch, die »negative« Kontrolle der Strafjustiz durch die Staatsanwaltschaft (und damit durch die Regierung) über das Klageerzwingungsverfahren zu beschneiden, kategorisch ab. Das folgende Zitat stammt aus dem Bericht eines Augen- und Ohrenzeugen, des Bundesratsmitglieds Krüger aus Hamburg:

Treiber, Einführung der Staatsanwaltschaft, in: Leviathan 1878, S. 161 ff.; ebenfalls kritisch, mit etwas anderer Akzentuierung *Frommel*, Strafjustiz (wie Anm. 67), S. 179 ff.

105 Ausführlich dazu *Carsten*, a.a.O., S. 47 ff.

106 Zit. bei *Carsten*, a.a.O., S. 44.

107 § 134 Abs. 2 des Entwurfs, später § 152 Abs. 2 RStPO.

108 §§ 148-148 e des Kommissionsentwurfs, später §§ 170 ff. RStPO (heute §§ 172 ff. StPO). – Vgl. zu den Verhandlungen der Justizkommission und der Kontroverse mit dem Bundesrat vor allem *Hahn*, Materialien (wie Anm. 89), Bd. III/2, S. 1538 ff.; S. 1630 ff.; S. 1655 ff.; S. 1839 ff.; S. 2080 ff.

109 Abgedr. in *Schubert/Regge*, StPO (wie Anm. 89), S. 650 ff.

110 Vgl. Anm. 94.

§§ 169–174 wurden von dem Reichskanzler mit besonderer Ausführlichkeit bekämpft [...] Die vorgeschlagene Unterordnung des Staatsanwalts unter das Gericht sei prinzipwidrig, und komme auf eine Art Popularklage hinaus. Warum solle der Richter die Zulässigkeit der Anklage besser beurtheilen als der Staatsanwalt? zumal noch zwei Beschwerde-Instanzen offen ständen, der Ober-Staatsanwalt und der Justizminister. Die Besorgniß liege nahe, daß der Recurs an den Richter in dem aufgeregten Parteileben als ein erweitertes Verläumdungsmittel benutzt werde. Nicht in der richterlichen Entscheidung liege hier die Gefahr, sondern darin, daß frivole Anklagen öffentlich bis zu dieser Entscheidung getrieben werden könnten. Solche Anklagen würden an die Stelle verläumderischer Preßartikel treten [...] Außerdem komme als weitere Folge in Betracht, daß die Minister-Anklage – ein Gebiet, das sonst nur mit Vorsicht betreten werde – in die Hand jedes politischen Gegners gelegt werde. Die Beschränkung des Klagrechts auf den »Verletzten« werde wenig nutzen, weil man z. B. durch die Maigesetze[111] sehr viele Verletzte erhalten habe. [...] In unserem Parteileben würde das Anklagerecht reichliche Nahrung finden. Die gerichtliche Verhandlung sei nur Mittel, der Zweck sei die *Publicität*, das Aufsehen der gerichtlichen Verhandlung, um dadurch die Stellung der Beamten und Staatsmänner unmöglich zu machen. [...] Wegen dieser politischen Tragweite müsse Preußen darauf bestehen, daß die erwähnten Paragraphen entschieden zurückgewiesen würden.[112]

Doch ließ sich eine solche Totalablehnung gegenüber der im Grundsatz ebenfalls konzessionslosen Haltung der liberalen Reichstagsmehrheit nicht durchsetzen. Das Klageerzwingungsverfahren überstand die Kompromißverhandlungen vom 14. und 16. Dezember 1876 – mit jener Einschränkung, die Bismarck vorher als unzureichend beanstandet hatte: Der Entwurf der Justizkommission des Reichstags hatte noch für *jeden* »Antragsteller« im Sinne des § 169 RStPO (heute § 171 StPO) – also für jeden, der eine Strafanzeige erstattete, und damit potentiell für jedermann[113] – die Möglichkeit der Anrufung des Gerichts vorgesehen; die endgültige Gesetzesfassung sprach dieses Recht nur dem »Verletzten« zu.[114] Ein Popular-Antragsrecht, das zwar kei-

111 Gemeint sind die »Kulturkampfgesetze« vom Mai 1873 und Mai 1874; dazu *Scholle*, Strafjustiz und Kulturkampf (wie Anm. 20), S. 23 ff.

112 Zit. bei *Schubert/Regge*, StPO (wie Anm. 89), S. 664 f.

113 Daher Bismarcks nicht ganz abwegiges Monitum, der Reichstagsentwurf des § 170 laufe »auf eine Art Popularklage hinaus«.

114 Das ist die seither und bis heute gültige Regelung (§ 172 StPO); zu

ne Popularklage gewesen, aber in seiner politischen Symbolik (nicht in seiner prozessualen Wirksamkeit) in ihre Nähe gekommen oder geschoben worden wäre, war auch vielen liberalen Juristen suspekt. Vor Verabschiedung der Justizgesetze hatte Binding mit Argumenten, die denen Bismarcks nicht unähnlich waren, das noch mögliche (und dann abgelehnte) Institut der subsidiären Popularklage ein drohendes »nationales Unglück« genannt:

Lassen wir die Meute nur los und die korrumpirtesten Zeiten der römischen Republik und des Kaiserreichs werden wiederkehren! Die gewerbsmäßigen Kläger, das »unum maximum humanae vitae malum, delatorum execranda pernicies«, wie sie Tacitus nennt, werden wie Pilze nach dem Regen aufschiessen: mit gedungenen Zeugen, selbstgefertigten Indizien, vielleicht auch lediglich gestützt auf den dehnbaren Wortlaut eines elastischen Gesetzes-Paragraphen [...]. Wer exponirt steht im Staate und viel Feinde hat, kann dann einen zweiten Lebensberuf darin finden, unnütze Anklagen der schmutzigsten Sorte mit relativ geringem Nutzen zu bekämpfen.[115]

Aufschlußreich an Bismarcks Votum gegen das Klageerzwingungsverfahren erscheint die Nähe zu den Instrumenten einer mißbrauchten Pressefreiheit, in die er es schiebt. Seine Skepsis, ja sein Haß und seine Verachtung gegenüber der Presse klingen an.[116] (Sie werden später zu den entscheidenden Gründen für die lebenslange Bismarckverehrung von Karl Kraus gehören.)

Geradezu als ein Charakteristikum des Kompromisses über die Justizgesetze wird gelegentlich hervorgehoben, daß es Bismarck dabei gelungen ist, »die Streichung aller Privilegien für die Presse«[117] durchzusetzen. Das haben die Nationalliberalen in der dritten und abschließenden Reichstagsberatung über die Geset-

dem auch in der Gegenwart fortdauernden Streit um den Umfang des antragsberechtigten Personenkreises der »Verletzten« vgl. *Löwe-Rosenberg/Rieß*, 24. Aufl., Rdnr. 2 zu § 172.

115 *Binding* (1876), Drei Grundfragen, S. 4 f.

116 Vgl. dazu und zu der genau kalkulierenden Taktik, mit der er die Presse gleichwohl als politisches Instrument handhabte, *Naujocks*, Bismarck und die Regierungspresse, in: HZ 205 (1967), S. 46 ff.; *Fischer-Frauendienst* (1963), Bismarcks Pressepolitik; *Schulze* (1929), Presse im Urteil Bismarcks, S. 69 ff.

117 *Laufs*, Lasker (wie Anm. 89), S. 103; s. auch *Landau*, Reichsjustizgesetze (wie Anm. 89), S. 205.

zesvorlagen am 20. Dezember 1986 selbst eingestanden: »Meine Herren«, so der Nationalliberale Wehrenpfennig, Mitherausgeber der *Preußischen Jahrbücher*, »ich leugne nicht, wir haben in den Preßangelegenheiten so gut wie nichts erreicht [...].«[118] Was man zu erreichen versucht hatte, waren drei Regelungen, die von der Justizkommission des Reichstags in die ursprüngliche ministerielle Vorlage eingefügt worden waren: zunächst die legislative Verhinderung eines sogenannten »fliegenden« (ambulanten) Gerichtsstands bei Pressedelikten, der sich aus § 7 Abs. 1 RStPO (Gerichtsstand der Tatbegehung) ergeben konnte, nämlich die örtliche Zuständigkeit *jedes* Gerichts, in dessen Bezirk eine Druckschrift verbreitet wurde[119]; nach dem von der Kommission eingefügten Abs. 2 sollte dagegen die Deliktshandlung nur am Erscheinungsort des Druckwerks als begangen gelten und daher nur dort der Gerichtsstand begründet werden.[120] Dann das Zeugnisverweigerungsrecht für Redakteure, Drucker und Verleger bezüglich der Identität des Verfassers, Herausgebers oder Einsenders einer inkriminierten Schrift.[121] Schließlich,

118 Zit. bei *Hahn*, Materialien (wie Anm. 89), Bd. III/2, S. 2042.

119 Vgl. *Eb. Schmidt* (1957), Lehrkommentar StPO II, Rdnr. 7 zu § 7.

120 Aufschlußreich ist in diesem Zusammenhang, daß die Liberalen behaupteten, der zunächst geforderte § 7 Abs. 2 habe nur deklaratorischen Charakter, sein Inhalt sei schon in dem richtig verstandenen Abs. 1 mitgeregelt, der von der Rspr. auch so interpretiert werde; deshalb habe man der Streichung des Abs. 2 trotz des hohen politisch-symbolischen Rangs aller die Presse betreffenden Regelungen zustimmen können (vgl. die Rede Laskers vom 20. 12. 1876, bei *Hahn*, a.a.O., Bd. III/2, S. 2029 f.). Dieser Optimismus erwies sich schnell als irrig: Mit Entscheidung vom 17. 6. 1892 fixierte das RG die ständige Rspr., wonach bei Pressedelikten jedes Gericht örtlich zuständig sei, in dem die Druckschrift verbreitet wurde (RGSt 23, S. 155 ff., 158 f.). – Mit Gesetz vom 30. 6. 1902 wurde § 7 Abs. 2 wieder in die RStPO eingefügt; er entsprach der heute geltenden Regelung. Vgl. dazu auch die bissige Bemerkung Ludwig Thomas, man habe »den *Sinn* eines Gesetzes durch ein neues Gesetz vor dem Reichsgericht schützen« müssen (*Thoma*, Gegen die Staatsanwälte, in: März 1, 1907, S. 243).

121 § 44a des Kommissionsentwurfs (= § 54, des Reichstagsentwurfs 2. Lesung); vgl. dazu die Debatten bei *Hahn*, a.a.O., Bd. III/2, S. 2038 ff.; *Schubert/Regge*, StPO (wie Anm. 89), S. 29 ff. – Die heutige Regelung des § 53 Abs. 1 Ziff. 5 ist durch die Novelle vom 27. 12. 1926 (damals als Ziff. 4) eingefügt worden.

und gleich zwei neuralgische Sphären von hohem symbolischen Streitwert miteinander verbindend: die Zuständigkeit von Schwurgerichten für alle Pressedelikte. In einem Gespräch mit dem bayerischen Nationalliberalen Völk erklärte sich Bismarck vor den Kompromißverhandlungen zwar nicht gegen die Schwurgerichte an sich, aber strikt gegen jede Privilegierung der Presse; und er deutete an, daß er über diesen Punkt notfalls das gesamte Gesetzeswerk zu Fall zu bringen geneigt sei.[122]

Der Kompromiß sah schließlich folgendes vor: Die Zuständigkeit der Schwurgerichte in Pressedelikten wurde generell beseitigt; allerdings sollte im Einführungsgesetz zum GVG bestimmt werden, daß die bereits bestehenden landesgesetzlichen Vorschriften über die Zuständigkeit der Schwurgerichte für Pressedelikte von dieser Regelung unberührt blieben, also die Zuweisung von Pressedelikten an die Schwurgerichte auf die Gebiete beschränkt bleibe, wo sie bereits bestand. Dies wurde dann in § 6 EGGVG gesetzlich fixiert; er bezog sich vor allem auf die großen süddeutschen Länder, auf Bayern, Württemberg und Baden.

Bismarcks Abneigung gegen die Geschworenengerichte ging freilich über deren Zuständigkeit in Presseverfahren hinaus. Schon im April 1850 hatte er als Abgeordneter der zweiten preußischen Kammer von den Schwurgerichten als einer »Garantie gegen die Bestrafung politischer Verbrecher« gesprochen.[123] Daß sich allerdings auf diesem Hintergrund der Argwohn des cäsaristischen Monarchisten vor allem gegen die Schwurgerichtsverfahren in Pressesachen richten mußte, liegt auf der Hand. Seit Kant war auch in Deutschland der Begriff der politischen Vernunft zunehmend enger an die Freiheit ihres »öffentlichen Gebrauchs«, und zwar im Modus dessen, was bei Kant »räsonieren« heißt, gebunden worden.[124] Die Presse als das Instrument dieses

122 Vgl. *Schubert*, GVG (wie Anm. 89), S. 105 f.

123 Politische Reden *Bismarcks* (wie Anm. 51), Bd. 1, S. 396. Daß dies einer damals geläufigen Vorstellung entsprach, zeigt ein Satz Friedrich Oscar *v. Schwarzes* in seiner Streitschrift gegen die Schwur- und für die Schöffengerichte von 1865: »Man hat sogar offen ausgesprochen, daß man in der Jury einen Schutz gegen die Verurtheilung wegen politischer Verbrechen durch die ständigen Gerichte erblicke [...]«; *v. Schwarze* (1865), Schwurgericht, S. 107.

124 Locus classicus ist die berühmte Abhandlung »Beantwortung der Frage: Was ist Aufklärung« (1912), AA VIII, S. 36 f. Vgl. zur »räso-

öffentlichen und damit zumindest seiner Form nach demokratischen politischen Räsonnements mußte eo ipso als Gegner eines starken monarchischen Prinzips erscheinen. Es überrascht nicht, daß in den meisten (vor allem in sämtlichen nord-) deutschen Ländern während der »Reaktionszeit« nach 1850 den Schwurgerichten die Kompetenz in Presseverfahren wieder entzogen wurde.[125] Ebensowenig überrascht es, daß zuvor die ansonsten vergleichsweise verurteilungsfreudigen deutschen Schwurgerichte[126] in Verfahren wegen Pressevergehen durchschnittlich auf über 80 Prozent Freisprüche kamen.[127] Was allerdings Bismarcks Pressehaß angeht, so gab es dafür neben dem politischen auch gewissermaßen kulturelle Motive: Das damals schon prosperierende Phänomen einer schäbigen, auf alle niedrigen Instinkte spekulierenden Massenpresse flankierte den Primäraffekt des politischen »Tat-« mit dem Ekel des klassisch gebildeten »Geistesmenschen«.

Aber »der Kampf um die Schwurgerichte«[128] war als *politischer* Streit zu Beginn der siebziger Jahre längst entschieden: zu ihren Gunsten. 1849 hatte Artikel 10, § 179 Abs. 2 der Verfassung der Frankfurter Nationalversammlung ausdrücklich die Institution der Schwurgerichte garantiert. In den darauffolgenden Jahren waren sie in fast allen deutschen Staaten eingeführt worden.[129] Sie überstanden im großen und ganzen auch – wenigstens

nierenden Öffentlichkeit« im Sinne Kants *Habermas* (1990), Strukturwandel, S. 178 ff.

125 Vgl. *Landau* (1987), Schwurgerichte und Schöffengerichte, in: *Schioppa* (Hg.), The Trial Jury, S. 289.

126 Vgl. die Statistiken in GA 4 (1856), S. 170 ff.; S. 706 ff.; Bd. 6 (1858), S. 789 ff.; Bd. 9 (1861), S. 171 ff. Der erste Artikel in GA 4 schließt mit der Feststellung: »Es sind also von den Schwurgerichten 16 bis 19 % mehr verurteilt worden als nach dem damaligen schriftlichen Verfahren« (S. 188). – Zum Ganzen auch *Landau*, a.a.O., S. 287 ff.

127 *Landau*, a.a.O., S. 289.

128 So der Titel der grundlegenden Studie von *Schwinge* (1926), die diesen Kampf allerdings nur bis zur Frankfurter Nationalversammlung untersucht.

129 Vgl. dazu die Übersicht bei *Hahn*, Materialien (wie Anm. 89), Bd. I/1, S. 32 f. – Ausnahmen waren: Sachsen-Altenburg, Mecklenburg-Schwerin, Mecklenburg-Strelitz, Lippe, Schaumburg und Lübeck. In Hamburg und Bremen gab es Schöffengerichte. Vgl. da-

als Institution, wenngleich mit mehr oder weniger erheblich beschnittenen Kompetenzen – die Restaurationszeit der fünfziger Jahre.[130]

Seit 1798 hatte es in den linksrheinischen Provinzen Deutschlands Schwurgerichte gegeben. Die nach der napoleonischen Invasion zu Beginn des 19. Jahrhunderts auch anderen deutschen Ländern aufgezwungene Einrichtung der Jury blieb dort flüchtige, mit dem siegreichen Ende der Befreiungskriege revidierte Episode.[131] Aber das linksrheinische Bürgertum verteidigte auch nach 1815 und trotz des damals zur nationalen Ehrenpflicht stilisierten Franzosenhasses »seine« Schwurgerichte gegen den Plan der Regierung in Berlin, in allen Provinzen des vergrößerten preußischen Königreichs das »Allgemeine Preußische Landrecht« von 1794 (wieder) einzuführen.[132] 1816 setzte der Staatskanzler Hardenberg gegen den ursprünglichen Plan des Justizministers von Kircheisen die Installierung einer »Immediat-Justiz-Kommission« im Rheinland durch. In ihrem Schlußgutachten von 1819 sprach sich diese uneingeschränkt für die Beibehaltung des rheinischen Schwurgerichts aus.[133] Das »rheinische Bürgertum«, schreibt Schwinge, ging aus dem Kampf »schließlich als Sieger gegen die altpreußisch-feudal-aristokratische Reaktion hervor«.[134]

Mit dem Gutachten der Immediat-Kommission war die Bühne

zu *Binding* (1904), Strafprozeßrecht, S. 88, sowie *Eb. Schmidt*, Geschichte (wie Anm. 3), S. 337.

130 Auch insofern gab es zwei Ausnahmen: In Sachsen und in Österreich wurden die Schwurgerichte zunächst wieder abgeschafft; dazu *C. J. A. Mittermaier* (1865), Erfahrungen, S. 5.

131 S. *Böttges* (1979), Laienbeteiligung, S. 13.

132 Vgl. *Schwinge*, Kampf (wie Anm. 128), S. 22 ff. In welchem Grad das linksrheinische Bürgertum die Schwurgerichte tatsächlich als *seine*, nämlich vor allem seinen Gruppenegoismen dienende Einrichtung ansah, das machen die Untersuchungen von *Blasius* deutlich; vgl. *ders.* (1974), Geschworenengerichte, in: Fschr. Rosenberg, S. 148 ff., v. a. S. 152 ff.; ausführlicher *ders.* (1976), Bürgerliche Gesellschaft und Kriminalität, S. 115 ff.

133 Zum Ganzen dieser Auseinandersetzungen *Landsberg* (1914), Gutachten der Immediat-Justiz-Kommission; *Schwinge*, a.a.O., S. 20 ff.; *Böttges*, a.a.O., S. 13 ff.; *Landau*, Schwurgerichte und Schöffengerichte (wie Anm. 125), S. 242 ff.

134 *Schwinge*, a.a.O., S. 19; vgl. auch ebd. S. 36 ff.

aufgeschlagen für eine Auseinandersetzung, die in Deutschland und später auch in Österreich länger als ein Jahrhundert auf sehr charakteristische Weise den Interferenzraum zwischen Strafprozeß und Politik mit einem hohen Aufwand an Scharfsinn und an Lärm besetzt halten sollte. Feuerbach hatte schon 1812 seine *Betrachtungen über das Geschworenengericht* mit dem Satz begonnen:

Der Begriff eines Geschwornen-Gerichts kann nicht anders als nach politischen Ansichten bestimmt und entwickelt werden; denn nur Ideen der Staatsweisheit sind es, aus welchen sich bei allen Völkern die Einrichtung der Geschwornen-Gerichte entwickelt, wodurch sie sich befestiget, nach welchen sie sich ausgebildet hat.[135]

1830 überschrieb (um hier nur ein weiteres typisches Beispiel anzuführen) Zentner das zweite Kapitel seines Buches über das Schwurgericht mit: »Jury als politisches Institut«.[136] Daß es »nicht die sachliche Bedeutung des Schwurgerichts, sondern das politische Moment war«[137], das über seine Durchsetzung im 19. Jahrhundert entschied, unterliegt heute (und unterlag im Grunde schon damals[138]) keinem Zweifel. Spätestens seit 1819 waren die Geschworenen, in einer pointierten Formel Schwinges, »ein Glaubensartikel der liberalen Partei«.[139]

Freilich hatte bereits Feuerbach auch und vor allem die Frage nach der prozeßrechtlichen Qualität und Angemessenheit des Schwurgerichts gestellt, sie von der politischen Problematik streng getrennt – und vernichtend abschlägig beantwortet.[140] Das hat später gelegentlich die Tatsache verdunkelt, daß er gleichwohl aus Gründen seines republikanischen »Glaubensbe-

135 *Feuerbach* (1813), Betrachtungen, S. 1. Feuerbachs Satz wird noch 37 Jahre später von *Rudolf v. Gneist* an den Anfang seiner Abhandlung »Die Bildung der Geschworenengerichte in Deutschland« (1849) gesetzt (ebd., S. 1).

136 *Zentner* (1830), Geschworenengericht, S. 376 ff.

137 *Böttges*, Laienbeteiligung (wie Anm. 131), S. 21.

138 Vgl. nur *Glaser* (1883), Hdb. Strafprozeß I, S. 262.

139 *Schwinge*, Schwurgerichte (wie Anm. 128), S. 43.

140 Vgl. die IV., V. und VI. seiner »Betrachtungen«, a.a.O., S. 112 ff., S. 167 ff., S. 201 ff. Im Kontrast dazu die II. mit der Überschrift: »Die Jury betrachtet als politisches Institut, als Theil der Staats-Constitution«, ebd., S. 47 ff. S. auch *Schwinge*, a.a.O., S. 8 ff.

kenntnisses«[141], aber auch in strikter Beschränkung auf »republikanische Staaten«, die Schwurgerichte als ergänzenden »Theil der Staatsverfassung« ausdrücklich bejahte.[142] Denn: »Durch das ausschliessende Vorrecht zu richten über Leben und Tod wäre die politische Gleichheit an Macht und Recht sogleich aufgehoben; es gäbe herrschende und unterworfene, ausschliessend befehlende und ausschliessend gehorchende Bürger.«[143] Das erscheint heute als ein durchaus seltsames Argument. Aber es macht deutlich, in welchem Grad der Frühliberalismus den politischen Wert der Jury symbolisch überlastete. Selbst der Scharfblick eines Feuerbach konnte sich nicht ohne die beiläufige Ablenkung durch das politische Klischee auf die juristischen Qualitäten, nämlich Defekte des Schwurgerichts, konzentrieren.

Feuerbachs Kritik an der Jury legte allerdings deren prinzipielle Mängel in einer Schärfe frei, die seinen Argumenten eine Nachwirkung von »klassische(r) Bedeutung«[144] sicherten. Das bezieht sich vor allem auf die Widerlegung der aus Frankreich importierten Illusion, es könnten bei der Klärung der strafrechtlichen Schuldfrage die rein faktischen Elemente eines Tatgeschehens von deren und dessen rechtlicher Qualifikation deutlich getrennt werden – eine Fiktion, die den politischen Motiven hinter der Jury mit einer Art rechtlicher Unbedenklichkeitserklärung im Hinblick auf die juristische Ignoranz der Geschworenen beisprang: Diese schade eben nicht, weil im spezifischen Geschäft der Jury, dem einer bloßen Faktenklärung, sachliche Kompetenz nicht gebraucht werde. Feuerbach zeigte zunächst schlagend, daß eine solche Funktionstrennung, wenn sie denn praktikabel oder wenigstens möglich wäre, die politische Grundidee des Schwurgerichts unterlaufen müßte: die ihm zugeschriebene Funktion »Palladium der bürgerlichen Freiheit«[145] gegen den strafenden

141 *Feuerbach* (1833), Erklärung, in: *ders.*, Kleine Schriften, S. 237; vgl. auch *ders.*, Betrachtungen, a.a.O., S. 47-63, sowie besonders deutlich *ders.* in seinem Brief an Villers vom Januar 1813, wo er sich »eigentlich [...] zu den Freunden des Geschwornengerichts« zählt (zit. bei *Schwinge*, a.a.O., S. 16).

142 *Feuerbach*, Betrachtungen, a.a.O., S. 47.

143 A.a.O., S. 48.

144 *Schwinge*, a.a.O., S. 15.

145 Der Ursprung dieses Ausdrucks ist nicht, wie gelegentlich angenommen wird, Feuerbachs Schrift von 1813 (eigentlich 1812, vgl.

Zugriff des Staates zu sein. Denn wenn die rechtliche Subsumtion der von den Geschworenen alleine geprüften und bejahten tatsächlichen Handlungen eines Angeklagten Aufgabe der beamteten Richter bliebe, dann wären diese allerdings, wie Feuerbach schreibt, nach wie vor »Herren und Meister über Schuld und Unschuld des Angeklagten«, bliebe es tatsächlich »in ihre Willkühr gestellt, die unsträflichste Handlung als Verbrechen zu bezeichnen, den Unschuldigsten schuldig zu erklären«.[146]

Aber Feuerbachs Kritik an der Trennbarkeitsthese reicht mit Recht weiter ins Logisch-Prinzipielle.[147] Eine Fragestellung, die von den Geschworenen ein Ja oder Nein ausschließlich zu den faktischen Elementen der möglichen Erfüllung eines gesetzlichen Tatbestandes verlangen wollte, müßte dessen juristische Begriffe, seine Tatbestandsmerkmale, mittels einer praktisch kaum absehbaren Analyse in eine vollständig rechtsfreie Tatsachensemantik aufzulösen versuchen – eine jedenfalls praktisch (und wohl auch logisch) nicht realisierbare Aufgabe.[148] Die Frage des »Schuldig« oder »Nichtschuldig« eines Angeklagten ist, so Feuerbach, »obgleich ihrem Gegenstande nach Thatfrage, dennoch zugleich Rechtsfrage, mithin gemischter Natur«.[149]

Das Argument hinterließ einen bleibenden, von der ganz überwiegenden Mehrzahl der Strafrechtler nach-feuerbachscher Generationen geteilten Eindruck.[150] Es hatte neben anderem zur Folge, daß die Einführung der Jury in Deutschland bereits frei war von der Illusion einer exakten Trennbarkeit von Tat- und

dazu *Feuerbach*, Erklärung, wie Anm. 141, S. 229, Anm. 3), sondern Jean Louis *de Lolmes* »La Constitution de l'Angleterre« von 1792; vgl. *Küper* (1984), Historische Bemerkungen, in: Fschr. Peters, S. 26, Anm. 19.

146 *Feuerbach*, Betrachtungen, a.a.O., S. 170.

147 A.a.O., S. 167 ff.

148 Man prüfe dies etwa an dem Versuch, ein so geläufiges Tatbestandsmerkmal wie das der »Absicht rechtswidriger Zueignung« beim Diebstahl restlos in rechtsfreie Alltagsbegriffe aufzulösen. Daß die Trennung von Tat- und Rechtsfrage nicht möglich sei, wird – in anderem (revisionsrechtlichem) Zusammenhang – freilich auch heute wieder vereinzelt bestritten, etwa von *Roxin* (1993), Strafverfahrensrecht, S. 386.

149 *Feuerbach*, Betrachtungen, a.a.O., S. 169.

150 Vgl. *Schwinge*, Schwurgerichte (wie Anm. 128), S. 12 und die dort (Anm. 4) genannte umfangreiche Literatur.

Rechtsfrage.[151] Klar spricht dies die amtliche Begründung des Entwurfs der RStPO von 1877 aus[152]:

[...] die in der Wissenschaft wie in der deutschen Rechtsübung als unhaltbar erkannte französische Anschauung einer Sonderung zwischen That- und Rechtsfragen (wird) verworfen; die Geschworenen werden mit der Entscheidung darüber betraut, ob der Angeklagte *vor dem Gesetze schuldig sei.*[153]

Damit war aber zugleich auch die offene Flanke des deutschen Schwurgerichts bloßgelegt. Bei einem Laiengremium, das alleine und möglichst ohne jeden juristischen Einfluß über die Tat- und Rechtsfrage des »Schuldig vor *dem Gesetz*« zu entscheiden hatte, waren – gemessen am Maßstab ebendieses Gesetzes – Fehlurteile sozusagen organisch vorprogrammiert. »Wo sollen auch«, schreibt Schwinge, Feuerbachs einleuchtende Kritik zusammenfassend, »ungeübte Laien die Fähigkeit hernehmen, über so schwierige Fragen und so komplizierte Rechtsbegriffe wie Kausalzusammenhang, Zurechnung, Vorsatz, Versuch usw. zu entscheiden – über solche Probleme also, die sich dem Juristen erst nach eindringlichem Studium erschlossen haben?«[154]

Eine eingehende Diskussion der Flut an Schwurgerichtsliteratur, die seit Mitte der sechziger Jahre und bis weit über den Zeitpunkt des Inkrafttretens der Reichsjustizgesetze hinaus erneut die Strafrechtswissenschaft bewegte[155], liegt außerhalb der

151 Dazu und zu den Bemühungen, die Trennung wenigstens soweit wie möglich durchzuführen, *Böttges*, Laienbeteiligung (wie Anm. 131), S. 33 ff.

152 Vgl. auch die deutliche Formulierung in § 81 GVG 1877: »Die Schwurgerichte bestehen aus drei richterlichen Mitgliedern mit Einschluß des Vorsitzenden und aus zwölf zur Entscheidung der *Schuldfrage* berufenen Geschworenen« (Hervorhebung von mir). – Der erste Entwurf des GVG (1873) hatte im Anschluß an *v. Schwarzes* einflußreiche Schrift »Das deutsche Schwurgericht und dessen Reform« (1865), keine Schwur-, sondern Schöffengerichte vorgesehen. Nach heftiger öffentlicher Kritik revidierte bereits der Regierungsentwurf von 1874 diese Entscheidung zugunsten der Schwurgerichte, die damit ihre gesamtdeutsche Karriere begannen. Zum Ganzen ausführlich *Schubert*, GVG (wie Anm. 89), S. 205 ff.

153 *Hahn,* Materialien (wie Anm. 89), Bd. III/1, S. 224.

154 *Schwinge,* Schwurgerichte (wie Anm. 128), S. 13.

155 Vgl. dazu die umfangreichen Nachweise bei *Glaser*, Hdb. Strafprozeß I (wie Anm. 138), S. 164, Anm. 2, S. 173 f., Anm. 9.

Möglichkeiten dieser Arbeit. Es lassen sich aber einige allgemeine Züge benennen, die in charakteristischer Weise einerseits die Metamorphose der Argumentation im Vergleich zur Epoche des Vormärz, andererseits den (oft undurchschaut) fortbestehenden politischen Einfluß des altliberalen Glaubensbekenntnisses auf die wissenschaftliche Debatte und schließlich die sachlichen Gründe für das Scheitern der deutschen Schwurgerichte[156] deutlich machen.

Mit der Durchsetzung der wesentlichen Forderungen des liberalen Konstitutionalismus nach 1848 begannen die alten politischen Beschwörungsmetaphern vom Schwurgericht als dem »Palladium« und »Bollwerk der bürgerlichen Freiheit« die phrasenhafte, allmählich ins Lächerliche spielende Färbung aller obsolet gewordenen Pathosformeln anzunehmen. Was davon sachlich ins Rechtstheoretische zu retten war, wurde entsprechend umformuliert. Im übrigen suchte man nach neuen Argumenten zum Zwecke einer *wissenschaftlichen* »Rationalisierung der Schwurgerichtsidee«.[157] Sie oszillierten freilich häufig diffus zwischen den Sphären von Empirie, Fiktion und Metaphysik, ohne daß ihre Urheber oder Anhänger diesen anfechtbaren, oft nur scheinrationalen Mischcharakter genau durchschaut hätten.

Das ehedem plausible Motiv des bürgerlichen Mißtrauens gegen eine geheime, schriftliche, regierungsabhängige Kabinettsjustiz hatte mit der Abschaffung des Inquisitionsverfahrens und der Durchsetzung des reformierten Strafprozesses seinen Sinn verloren.[158] Nun wendete man diese verjährte Funktion des Schwurgerichts gewissermaßen ins Positive: das *Ver*trauen des Volkes in die Strafjustiz brauche eine dauernde Sicherung, und die gewähre nur das Bewußtsein der eigenen Teilnahme.[159] Das

156 Sie wurden 1924 durch die sogenannte »Emminger-Reform« abgeschafft. Zu deren Hintergrund *Schwinge* (1979), Einleitung zum Neudruck seines »Kampfes um die Schwurgerichte«, S. IX ff.

157 *Küper*, Richteridee (wie Anm. 85), S. 222. Zu diesem Argumentationswechsel bereits *Glaser*, a.a.O., S. 262.

158 Das räumten auch die Anhänger der Jury ein; vgl. exemplarisch *v. Lilienthal*, Reform des Schwurgerichts, in: ARWP 5 (1912), S. 455.

159 Vgl. dazu und zu den im folgenden erwähnten Argumenten für die Jury exemplarisch *Liepmann* (1910), Reform des deutschen Schwurgerichts, in: *Mittermaier/Liepmann* (Hg.), Schwurgerichte und Schöffengerichte Bd. 2, insb. S. 161 ff. Liepmann war einer

Argument ließ sich in verschiedener Hinsicht ausbauen. Nur das »unmittelbare«, »unverbildete« Rechtsbewußtsein der Laien garantiere hinreichend jene Präsenz von Lebenserfahrung und -weisheit, die auch und gerade in Strafprozessen unverzichtbar und Grundlage des öffentlichen Vertrauens sei. Der Berufsrichter sei dagegen so an das Einordnen »der zu verarbeitenden Eindrükke in die Schubfächer seiner Rechtsbegriffe und Rechtsregeln«[160] gewöhnt, daß ihm der Blick für die Lebensrealität des konkreten Falles von seinen theoretischen Abstraktionen verstellt werde. Sein »Beruf selbst«, schreibt Heinze,

> macht ihm das Streben zur anderen Natur, in allem Concreten die allgemeinen Gesichtspunkte aufzusuchen und bringt ihn fortwährend in Versuchung, in der Species nur das Genus zu erblicken. Dadurch wird aber der Individualität des einzelnen Angeschuldigten und der einzelnen That leicht ihr Recht vorenthalten.[161]

Nun hatte Binding schon 1873 in einer frühen Kampfschrift gegen die Schwurgerichte in den *Preußischen Jahrbüchern*[162] mit Recht darauf hingewiesen, daß sich das traditionelle bürgerliche Mißtrauen vor der Strafjustiz keineswegs gegen den juristisch geschulten, sondern gegen den beamteten, den regierungsabhängigen Richter gerichtet hatte.[163] Daß der Berufsjurist gerade seine Fachkompetenz mit einem Mangel an Beurteilungsvermögen gegenüber konkreten Sachverhalten bezahlen, daß die Schulung im abstrakten Denken einen Verlust der Fähigkeit zur unverstellten Lebenswahrnehmung nach sich ziehen müsse: das hätte jenseits der etwas flachen Suggestivität der Behauptung eines überzeugenden empirischen Nachweises bedurft – ein Unterfangen allerdings, das schon wegen der vagen Abstraktheit der These kaum Aussicht auf Erfolg gehabt hätte bzw. haben dürfte.

Das Argument ist in hohem Grade charakteristisch für weite Teile der nachpolitischen, wissenschaftlichen (bzw. »wissen-

der scharfsinnigsten Befürworter des Schwurgerichts auch nach der Jahrhundertwende. Die Auseinandersetzung mit seinen Argumenten ist daher zur Erhellung der Thematik besonders geeignet.

160 *Liepmann*, a.a.O., S. 183.

161 *Heinze* (1865), Ein deutsches Geschworenengericht, S. 57.

162 *Binding*, Kampf um die Strafgerichtsbank, in: Preuß. Jahrb. 32 (1873), S. 117 ff.

163 *Binding* a.a.O., S. 124; ausführlicher *ders.*, Drei Grundfragen (wie Anm. 115), S. 11, 48 ff.

schaftlichen«) Jury-Debatten. Behauptungen durchaus empirischen Charakters wurden nicht mit empirischen Nachweisen, sondern dadurch gestützt, daß man idealtypische Fiktionen »des Richters« und »des Geschworenen« vollständig und einseitig auf bestimmte Rollenfunktionen reduzierte, denen man dann psychologische Attribute zuschreiben konnte, die aus so großen Abstraktionshöhen bezogen und so undeutlich waren, daß sie wohl prima facie einen Schein von Plausibilität haben mochten, aber einer exakten empirischen Überprüfung praktisch nicht zugänglich und offenbar gerade deshalb auch nicht weiter bedürftig erschienen.[164] Liepmanns Apologie der Schwurgerichte beispielsweise, die zweifellos zu den scharfsinnigsten ihrer Zeit gehört[165], ist voll von Argumenten einer solchen Struktur.

Vagheit, Abstraktheit und ein hohes Maß an unausgewiesener Fiktion kennzeichnen auch das Primärargument der Jurybefürworter, einen Gedanken, der gelegentlich als »Justus-Möser-Argument« apostrophiert wurde, weil man als seine Grundlage einen Passus aus Mösers *Patriotischen Phantasien* reklamierte: »Es soll der Richter Niemand verurtheilen, von dessen Schuld er nicht 12 verständige ungelehrte Männer von seinen Mitbürgern überzeugen kann.«[166] Die Quelle bei Möser lautet so:

164 Das gilt durchaus auch für manche Argumente der Jurygegner. Nur hatten es diese mit der empirischen Beglaubigung ihres Standpunktes insofern leichter, als der Hinweis auf die große Zahl evidenter Fehlurteile der Schwurgerichte eine unmittelbare Beweiskraft besaß, während akzeptable Entscheidungen als der intendierte Normalfall ebensowenig ein Argument *für* die Jury abgaben wie der Hinweis auf Fehlurteile von Berufsrichtern: diese waren ja, da sie (anders als die Geschworenen-»Wahrsprüche«) mit Gründen versehen werden mußten, einerseits der Überprüfung im Instanzenzug ausgesetzt, andererseits wegen ihrer Gründe in wesentlich weiterem Umfang buchstäblich diskutabel. Im übrigen waren sie – und das ist praktisch unbestritten geblieben – wesentlich seltener als Fehlurteile der Schwurgerichte.

165 Vgl. etwa die Würdigung bei *v. Lilienthal*, Reform (wie Anm. 158), S. 629 ff. Lilienthal deutet freilich hinter dem Lob für Liepmann auch eine vorsichtige Skepsis hinsichtlich dessen zu glatter Deduktion empirischer Behauptungen aus unausgewiesenen psychologischen Fiktionen an (vgl. etwa S. 632).

166 So die Formulierung *Goltdammers*, Über die Stellung des vorsitzenden Richters, in: Arch. für Preuß. Strafrecht (das spätere GA) 1

[...] was kann unbilliger und grausamer sein, als einen Menschen zu verdammen, ohne versichert zu sein, daß er das Gesetz, dessen Übertretung ihm zur Last geleget wird, begriffen und verstanden habe, oder begreifen und verstehen können? Die deutlichste Probe aber, daß ein Verbrecher das Gesetz verstanden habe, oder doch verstehen können und sollen, ist unstreitig diese, wenn sieben oder zwölf ungelehrte Männer ihn darnach verurtheilen, und durch eben dieses Urtheil zu erkennen geben, wie der allgemeine Begriff des übertretenen Gesetzes gewesen, und wie jeder mit bloßer gesunder Vernunft begabte Mensch solches ausgeleget habe.[167]

Die beiden Fassungen decken sich gedanklich nicht genau. Mösers Argument schlägt, wenn man es modern und wohlwollend interpretiert[168], eine Art verfahrenspraktischer Operationalisierung jenes strafrechtlichen Vorsatzkriteriums vor, das seit Edmund Mezgers grundlegendem Aufsatz von 1926 »Parallelwertung in der Laiensphäre« heißt.[169] Die Jurybefürworter vor und nach der Jahrhundertwende erweiterten mit ihrer äußerlich knapperen Formel das Argument allerdings in einer diffusen und strafrechtlich gefährlichen Weise: Einerseits sollten offenbar die Entscheidungen der »zwölf verständigen ungelehrten Männer« den Durchschnittsbegriff einer plausiblen »freien Beweiswürdigung« verkörpern.[170] Das bezeichnet zunächst und gerade die

(1853), S. 165. Die Formel taucht (mit unerheblichen Varianten) bei den meisten Jury-Befürwortern auf; vgl. noch *Liepmann*, Reform (wie Anm. 159), S. 179 (m. w. N.)

167 *Möser* (1949), Beantwortung der Frage: ist es billig, daß Gelehrte die Criminalurtheile sprechen, in: Patriotische Phantasien I, Nr. 59, Sämtl. Werke, Bd. 4, S. 280 f.

168 Dazu, daß man Möser in diesem Sinne *nicht* wohlwollend zu interpretieren braucht, *Binding*, Drei Grundfragen (wie Anm. 115), S. 24 f.

169 *Mezger* (1926), Strafrechtliche Tatbestände, in: Fschr. Traeger, S. 187 ff., 225 ff.; vgl. auch *ders.* (1931), Strafrecht, S. 328.

170 Historisch, wenn auch keineswegs (wie vor 1848 vielfach behauptet wurde) logisch, war die Forderung nach Schwurgerichten mit der Abschaffung der gesetzlichen Beweistheorie tatsächlich eng verknüpft; man hielt ursprünglich nur das Schwurgericht für geeignet, das Prinzip der freien Beweiswürdigung vollständig zu realisieren; dazu *Glaser*, Hdb. Strafprozeß I (wie Anm. 138), S. 259 f.; kritisch *Binding*, Drei Grundfragen (wie Anm. 115), S. 57 f.; ausführlich *Küper*, Historische Bemerkungen (wie Anm. 145).

genuine Aufgabe der Jury. Es ist dem oben zitierten Einwand Feuerbachs ausgesetzt, daß bereits dafür juristische Kenntnisse erforderlich sind. Darüber hinaus stilisiert aber diese Formel die Schuldüberzeugung der Geschworenen in zweifacher Weise: einerseits zur maßgeblichen Artikulation des für die Strafwürdigkeit einer konkreten Tat erforderlichen Unrechtsbewußtseins beim Täter; andererseits zur Prüfungs- und Verwerfungsinstanz hinsichtlich der *gesetzlichen* Bewertungen von Recht und Unrecht selbst. Anders formuliert: Das Fehlen der Schuldüberzeugung bei den Geschworenen konnte seinen Grund darin haben, daß sie *diese konkrete Tat*, aber auch darin, daß sie *solche Taten schlechthin* nicht als strafwürdig ansahen. Oder noch anders: Da die Geschworenen als Rechtsunkundige ihre Entscheidungen einleuchtenderweise nicht zu begründen hatten[171], war bei freisprechenden Urteilen nicht einmal festzustellen, ob sie dem Angeklagten Gesetzestreue oder sich selbst Gesetzesuntreue bescheinigten.

Es ist nicht schwer, zu sehen, daß damit der Jury Funktionen zugeschoben wurden, die sie weder ausfüllen konnte noch durfte. Die Behauptung, der »juristisch unverbildete« Zugang zu den Tatsachen seitens der Geschworenen realisiere am besten die Norm des »gesunden Menschenverstandes«, arbeitete mit einer doppelt unwahrscheinlichen Fiktion: daß nämlich ein zwölfköpfiges Laiengremium nicht nur das Spektrum sozialer Typen mit den ihnen entsprechenden Weltsichten, sondern auch das Normalmaß des gesellschaftlich erwartbaren Einsichtsvermögens hinreichend repräsentiere. Ausgeblendet oder jedenfalls in den Hintergrund geschoben wurde die naheliegende Tatsache, daß Geschworene nicht bloß Rollenträger in Strafprozessen und jedenfalls nicht abstrakte Idealtypen des »gesunden Menschenverstandes« waren, sondern Parteigänger von Ideologien, politischen Strömungen und Vorurteilen, anfällig für Rhetorik, Phrasen und den Druck der öffentlichen Meinung. Und schließlich: daß sie intellektuellen Schwierigkeiten vom Rang einer angemessenen strafrechtlichen Beweiswürdigung häufig einfach nicht gewachsen waren. Lakonisch und, nach fast vierzigjähriger vergeb-

171 Vgl. dazu *Oetker* (1907), Hdb. Strafprozeß III, S. 22. Gelegentlich wurde die gegenüber juristischen Laien freilich unrealisierbare Forderung nach Begründung der Jury-Wahrsprüche erhoben; kritisch dazu *Oetker*, a.a.O.

licher Polemik gegen das Schwurgericht nicht ohne resignierten Unterton, schreibt Binding in einer Besprechung des StPO-Reformentwurfs von 1909: »Ich halte noch heute [...] den unbeamteten Richter für abhängiger als den beamteten.«[172]

Analoge Einwände treffen die Fiktion, die Jury sei das Instrument einer Art objektivierten Unrechtsbewußtseins. Es ist im übrigen nicht ganz klar, an welcher systematischen Stelle im Deliktsaufbau bzw. im Prozeß ein solches Kriterium für sinnvoll, notwendig oder auch nur zulässig gehalten wurde. Am ehesten dürfte damit etwas gemeint gewesen sein, was in der heutigen Dogmatik von der Frage nach der »Vermeidbarkeit« eines eventuellen Verbotsirrtums im Sinne von § 17 S. 1 StGB erfaßt wird. Es ist allerdings verfehlt, ein so schwieriges normatives Problem[173] der Mehrheitsentscheidung eines durch Los ermittelten, also ganz buchstäblich zusammengewürfelten Laiengremiums zu überlassen.[174] Vermutlich hing das gerade von liberalen Juryanhängern gefühlte Bedürfnis, die Frage des Unrechtsbewußtseins vor einer Verurteilung überhaupt prüfen zu lassen, damit zusammen, daß dieses nach der damaligen Rechtsprechung keine Rolle spielen durfte: Auch die unrechts*unbewußte*, nur faktisch-vorsätzliche Handlung reichte danach für den Vorwurf der Vorsatzschuld aus.[175] Die Kritik an dieser Judikatur war berechtigt. Aber deren Korrektiv war bei den Geschworenen in einer äußerst problematischen Obhut. Denn das von keiner Begründungspflicht kontrollierte Rechts- und Unrechtsgefühl juristischer Laien konnte sich jedenfalls *faktisch* nicht bloß der Tat des Angeklagten, sondern auch dem Gesetz gegenüber frei bzw. an nichts als an das eigene »beste Wissen und Gewissen« (§ 288 Abs. 3 RStPO) gebunden fühlen – und tat dies auch häufig recht unbefangen.[176]

172 *Binding*, Entwurf, in: Gerichtssaal 74 (1909), S. 3, Anm. 1.

173 Dazu etwa *Jakobs* (1991), AT, S. 288 f.

174 Erforderlich war eine Zweidrittelmehrheit für die Feststellung der Schuld, und eine einfache Mehrheit für die Verneinung mildernder Umstände, die bei Stimmengleichheit als bejaht galten; vgl. §§ 262 Abs. 1, 297 Abs. 2, 307 Abs. 2 RStPO. Zum Auswahl- und Losverfahren für die (ausschließlich männliche) Jury *Oetker*, a.a.O., S. 44.

175 Vgl. RGSt 61, S. 258; 63, S. 218; prinzipielle Umkehr der Rechtsprechung in BGHSt 2, S. 194 ff., wo das Unrechtsbewußtsein als selbständiges Schuldelement anerkannt wird. Kritisch zur Rspr. des RG *Arthur Kaufmann* (1949), Unrechtsbewußtsein, S. 50 ff.

176 Das wurde auch von Anhängern der Jury nicht übersehen und teils

Zwar statuierte § 300 RStPO für den Vorsitzenden ausdrücklich die Pflicht einer *rechtlichen* Belehrung der Geschworenen. Aber daß »die Rechtsbelehrung nicht im Stande (war), der Rechtsunkenntnis der Geschworenen in jedem Falle genügend abzuhelfen«[177], darüber hatten auch die Anhänger des Schwurgerichts keine Zweifel. Weitaus gravierender erschien zudem das nicht seltene offenkundig bewußte Abweichen der Jury vom Gesetz.

Die Skepsis, die solche Erwägungen nahelegen mußten[178], konnte durch einen genaueren Blick auf die Praxis der Schwurgerichte vielfach bestätigt werden. Vor allem die komplizierte Fragestellung des Vorsitzenden an die Geschworenen[179], die freilich ihren tieferen Grund in der Rechtsunkenntnis und der dennoch bestehenden Gesetzesbindung der Laienrichter hatte, sorgte immer wieder für Mißverständnisse und Fehlurteile. Das Generalregister des Reichsgerichts für die amtliche Entscheidungssammlung seiner ersten 23 Jahre (1880 bis 1902) verzeichnet allein 105 Revisionsurteile, die sich mit der Fragestellung in Schwurgerichtsverfahren zu befassen hatten.[180] Geradezu kata-

mit eher verlegener Geste in Kauf genommen, teils ausdrücklich als Möglichkeit einer »Korrektur der Gesetze durch die Gerechtigkeit« gebilligt; vgl. exemplarisch *Glaser* (1875), Schwurgerichtliche Erörterungen, S. 90 (bei gleichzeitiger, nicht widerspruchsfreier Ablehnung eines Geschworenenstatus *supra legem*). Gegen die »Omnipotenz« der Geschworenen v. a. *Binding*, Drei Grundfragen (wie Anm. 115), S. 24.

177 So der Jury-Befürworter *Oetker*, Hdb. Strafprozeß III (wie Anm. 171), S. 589.

178 Es gab natürlich eine große Zahl weiterer Argumente für das Schwurgericht. Sie kranken aber beinahe durchgängig an denselben Problemen wie die erörterten: dem fiktiven Charakter ihrer (meist psychologischen) Prämissen über *den* Geschworenen bzw. *den* Berufsrichter und den daraus deduzierten empirischen Behauptungen, die durch keine empirischen Nachweise gestützt waren. Das wird u. a. auch daran deutlich, daß es zu allen Behauptungen von Jury-Vorzügen die exakt gegensätzlichen Behauptungen gab, die freilich oft ebenfalls außerhalb jeder empirischen Kontrolle aufgestellt wurden.

179 Bei *Oetker*, a.a.O., nimmt alleine die Erörterung der Fragestellung 252 Seiten ein (S. 117-369).

180 Vgl. *Kittel* (1970), Mitbestimmung in der Strafjustiz, S. 10. – Auch das in der RStPO vorgesehene »Berichtigungsverfahren« bei bestimmten formellen oder sachlich evidenten Fehlsprüchen kam un-

strophal mutet eine österreichische Bilanz an: »In der Zeit von 1896 bis 1920 (also bis zur Einführung der Schöffengerichte) sind nicht weniger als 843 Wahrsprüche in Offizialanklageverfahren von den Geschwornen gefällt worden, die nach der übereinstimmenden Ansicht der Anklagebehörde und des Justizministeriums als verfehlt gelten müssen.«[181]

Immerhin führte die häufige Berufung auf pseudoempirische Argumente über die psychologische Beschaffenheit des typischen Laien- bzw. Berufsrichters allmählich zu einer intensiveren Frage nach ihrer wirklichen empirischen Beglaubigung. Wolfgang Mittermaier stellte 1904 resigniert und tadelnd fest: »Eine *sorgfältige Sammlung und Prüfung* der Erfahrungen gibt es für unser heutiges Recht nicht!« und konstatiert einige Seiten weiter ironisch: »Vor 30 Jahren galt ›die Erfahrung‹ als absolut sicher zugunsten der Schwurgerichte – heute steht es gerade umgekehrt.«[182] Nun begann man nach den wirklichen »psychologischen Grundlagen« der Geschworenen als realer Berufs-, Ideologie- und Interessensträger zu suchen und nicht mehr nach metaphysisch plausiblen psychologischen Prädikaten für abstrakte Idealtypen des gesunden Menschenverstandes.[183] Die Ergebnisse waren alles andere als günstig für die Schwurgerichte. Sie stellten insofern den entmutigenden Erfahrungen mit den »Wahrsprüchen« der Jurys eine erhellende Begründung bei.[184]

Hält man heute den Streit um die Schwurgerichte seit der Reichsgründung gegen den rechtsgeschichtlichen Hintergrund der damals bereits erreichten theoretischen und dogmatischen

verhältnismäßig häufig vor; vgl. *Oetker*, Reform, in: Gerichtssaal 68 (1906), S. 92.

181 *Lohsing/Serini* (1952), Österr. Strafprozeßrecht, S. 62.

182 *W. Mittermaier*, Schwurgerichte, in: MSchrKrimPsych 2 (1904), S. 5 und S. 9.

183 Vgl. etwa *Görres* (1903), Wahrspruch. Für Österreich: *Dolenc* (1908), Psychologische Grundlagen, in: *Mittermaier/Liepmann* (Hg.) (wie Anm. 159), Bd. 1, S. 424-456.

184 *Dolenc*, a.a.O., S. 456, schließt den teilweise bizarren Reigen seiner Beispiele mit der beinahe tragikomischen Bemerkung: »Der Vorschlag, daß der Wahrspruch mit Gründen, mögen sie noch so lapidarisch gehalten sein, versehen wäre, würde bei der bekannten Unbeholfenheit des Bauern nicht zu billigen sein. Die Bauerngeschworenen dürften dieser Aufgabe gewiß nicht gewachsen sein, Monituren wären bei jeder Verhandlung auf der Tagesordnung.«

Durchformung von Straf- und Strafprozeßrecht, dann mutet vor allem eines erstaunlich an: daß gerade die liberalen Juryanhänger nicht erkannten, wie sehr das Schwurgericht ihr strafprozessuales Kardinalprinzip konterkarierte. Binding, mit Abstand der schärfste und scharfsinnigste Kritiker jeder Laienjustiz im Strafrecht[185], formulierte bereits 1876 den Kerngedanken dieses Einwands:

> Erst ein ausgebildetes System des Gesetzesrechtes ermöglicht die heilsame Trennung der richterlichen von der gesetzgebenden Gewalt in der Ausübung Beider: erst in Folge dessen wird der Richter und darf nichts anderes mehr sein als der Anwender eines Rechtes, das er nicht selbst geschaffen hat.[186]

Dann spricht er von den »Sirenenstimmen, welche die Jury preisen«, und fährt fort: »Leichten Sinnes opfern sie die Gesetze auf und in ihnen die mit unsäglicher Mühe gewonnenen Bürgen für die Unantastbarkeit der höchsten Güter unschuldig Verklagter [...].«[187] Das ist eine deutliche Reminiszenz an Zachariaes Wort von den »schützenden Formen«[188] des Strafverfahrens, also an die wichtigste und wirksamste Parole der liberalen Prozeßreformer gegen das Inquisitionsverfahren.

185 Er hielt Schöffengerichte (in ihrer damaligen Form, also mit Laienmehrheit) lediglich für das kleinere Übel; vgl. etwa *Binding*, Entwurf (wie Anm. 172), S. 3, Anm. 1.

186 *Binding*, Drei Grundfragen (wie Anm. 115), S. 24. – Das ist gewissermaßen die authentische Stimme des liberalen Gesetzespositivismus des ausgehenden 19. Jahrhunderts. Es war dies allerdings ein Positivismus, der das Prinzip aller Gesetzgebung streng an die Ideale eines aufgeklärten Vernunftrechts band und keinesfalls – wie *Küper*, Richteridee (wie Anm. 85), S. 250 ff., Binding zu Unrecht unterstellt – den Richter als bloße »Gesetzesanwendungsmaschine«, als »Subsumtions- und Deduktionsautomaten« (S. 253) auffaßte. Im Gegenteil hat Binding gerade in dem von Küper als Beleg zitierten Aufsatz »Strafgesetzgebung, Strafjustiz und Strafrechtswissenschaft in normalem Verhältnis zueinander« (ZStW 1, 1881, S. 4 ff.) das genaue Gegenteil zu Küpers Behauptung in vielfach wiederkehrenden Wendungen betont. Man vergleiche auch *Bindings* schneidende Ironie gegenüber dem Ideal von der »automatischen Rechtsanwendung«, das an seiner »eigenen Lächerlichkeit zu Grunde« gegangen sei, Hdb. des Strafrechts (1885), Bd. I, S. 24.

187 *Binding*, Drei Grundfragen, a.a.O., S. 25.

188 Vgl. oben, S. 42.

Begreift man mit Max Weber die Ausdifferenzierung und Formalisierung des Rechts als Rationalitätsgewinn[189], und zwar nicht nur im Sinne einer Effizienzsteigerung, sondern – wie es der Liberalismus des 19. Jahrhunderts tat – einer Schutzvorkehrung zugunsten der Rechtsunterworfenen, dann muß der exakt gegenläufige Effekt, den die hochgradige *Entformalisierung* des Schuldspruchs im Strafverfahren durch die Jury zwingend mit sich brachte, unmittelbar befremdlich, nämlich geradezu kontraindiziert wirken. Was die liberalen Schwurgerichtsanhänger nicht deutlich sahen oder sehen wollten, ist die Tatsache, daß die Jury die eben erst erkämpften »schützenden Formen« der StPO in zweifacher Weise unterminierte: zum einen, weil die (bei Laien unumgängliche) Freistellung von der Begründungspflicht die normgebundene Kalkulierbarkeit des staatlichen Sanktionsapparates aufhob zugunsten einer vagen Option auf die passende *Gesinnung* und den gesunden *Menschenverstand*. Zum anderen, und damit zusammenhängend, weil die Begründungslosigkeit den »Wahrspruch« jeder materiellen Überprüfung durch die Revision entzog.[190] Zu den »schützenden Formen« der StPO gehört aber auch die gesetzliche Gewährleistung des gerichtlichen Instanzenzugs, jedenfalls der Revisibilität einer Entscheidung, also der Überprüfbarkeit ihrer formellen und materiellen Gesetzmäßigkeit.[191] In dem Maße, in dem Schutzfunktionen zugunsten des Angeklagten im Strafverfahren von dessen formaler Rationalisierung übernommen wurden, mußte das ehedem plausible irrationale Heilmittel gegen ein irrationales Verfahren, mußte das Interessen- und Gesinnungs-»Bollwerk« der Jury ge-

189 Vgl. *Weber* (1989), Wirtsch. u. Gesellschaft, S. 441 ff., 468 ff.; dazu *Habermas* (1981), Kommunikatives Handeln, Bd. 1, S. 332 ff., sowie *ders.* (1992), Recht und Moral, in: *ders.*, Faktizität und Geltung, S. 541 ff.

190 Dagegen in berechtigter und aussichtsloser Polemik *Mittelstädt*, Revisionsbedürftigkeit, in: Gerichtssaal 37 (1885), S. 557. – Zu der in engem Rahmen natürlich gleichwohl bestehenden Möglichkeit einer Beseitigung von Schwurgerichtsurteilen – v. a. wegen Form- und evidenten Logikverstößen – vgl. *Oetker*, Hdb. Strafprozeß III (wie Anm. 171), S. 436 ff.

191 Die Problematik der Berufungs- als einer zweiten Tatsacheninstanz liegt anders, ist komplizierter und gehört nicht unmittelbar in den Zusammenhang meines Arguments; vgl. dazu *Tröndle*, Berufung in Strafsachen, in: GA (1967), S. 161 ff.

gen die Unberechenbarkeit der inquisitorischen Geheimjustiz selbst unplausibel, ja in hohem Grade kontraindiziert erscheinen. Das Schwurgericht, schrieb Wachenfeld 1906, »ist der letzte Ausläufer einer mächtigen Entwicklung, die viel Gutes gebracht, nun aber ihre Kulturmission beendet hat«.[192]

Das wurde außerhalb der Jurisprudenz freilich meistens ganz anders gesehen. Ob es allerdings »Ausdruck des Volksvertrauens« in die Schwurgerichte war, wenn jeder offizielle Reformvorstoß zu ihrer Umwandlung in Schöffengerichte oder Strafkammern auf die lärmende Abwehr der liberalen Presse stieß[193], ob nicht vielmehr das Schwurgericht längst als Fetisch in der Sphäre symbolischer Politik gehütet wurde, eifersüchtig und irrational, wie es dort eben geläufig ist, das mag offenbleiben. In Wahrheit dürfte es sich auch nach der Jahrhundertwende so verhalten haben, wie Böttges schreibt: »Am Ende gab nicht die juristische Auseinandersetzung den Ausschlag, es entschied, wie schon 1877, die Politik.«[194] In lapidarer Beiläufigkeit deutete der Jury-Befürworter Franz von Liszt 1906 in einem Zeitungsartikel in der *Nation* auf diesen maßgebenden Hintergrund der Debatte:

> Es wäre [...] völlig verfehlt, die Entscheidung zwischen dem Schwurgericht und dem großen Schöffengericht ausschließlich von technisch-juristischen Erwägungen abhängig zu machen.[195]

III. Straf- und Strafprozeßrecht im habsburgischen Österreich

War die historische Konstellation in Österreich, waren die politisch-ökonomische Entwicklung und die davon erzeugte soziale Dynamik mit der deutschen in ihren Erscheinungsformen und ihrer Logik weitgehend deckungsgleich, so waren es auch und ebendeshalb die strafrechtlichen und strafprozessualen Probleme, die auf solchem Hintergrund entstanden.[196] Auch in Öster-

192 *Wachenfeld* (1906), Organisation der Strafgerichte, in: *Aschrott* (Hg.), Reform des Strafprozesses, S. 18.
193 Diesen viel zu glatten Schluß zieht etwa *Liepmann*, Reform (wie Anm. 159), S. 156 f.
194 *Böttges*, Laienbeteiligung (wie Anm. 131), S. 42.
195 *v. Liszt* (1906), Reform des Strafverfahrens, S. 13.
196 Ähnlich *Löffler* (1895), Schuldformen, S. 183.

reich wurden spätestens seit den Märzereignissen von 1848 die strafrechtlichen Grundsatzfragen schärfer gestellt: nach den plausiblen Grenzlinien zwischen strafendem Staat und einer neuen, in zahlreiche bisher unbekannte Sphären ausgeweiteten bürgerlichen Handlungsfreiheit; und nach den »schützenden Formen« des Verfahrens, in dem diese Grenzen für den Einzelfall zu konkretisieren waren.[197]

Aber die gesetzlichen Voraussetzungen für eine Lösung dieser Fragen waren im Österreich des ausgehenden 19. Jahrhunderts auf eine charakteristisch gebrochene Weise von denen in Deutschland verschieden. Nach dem ersten Versuch einer reformierten Strafprozeßordnung (vom 17. Januar 1850[198]) und einer kurzen, aber deutlichen Rückwendung zum Inquisitionsverfahren während der »Reaktionszeit« durch die Strafprozeßordnung vom 29. Juli 1853 setzte sich mit der von Julius Glaser ausgearbeiteten StPO von 1873 das konstitutionelle Österreich in einem »Triumph [...] über die Kräfte des Vormärz« durch.[199] Diese StPO gleicht in ihren Grund- und in vielen Einzelzügen der vier Jahre später erlassenen deutschen RStPO; und noch in den (gleichwohl ebenfalls zahlreichen) Verschiedenheiten wird die Identität der Perspektive und der im Hintergrund stehenden Entscheidungsprobleme deutlich. Das materielle Strafrecht dagegen lag historisch, sachlich und rechtstechnisch in großer, nämlich weit hinter die Epochenschwelle der Jahrhundertmitte zurückreichender Entfernung vom deutschen StGB. Zwar datierte es sein Inkrafttreten auf den 1. September 1852, also fast exakt auf dieselbe Zeit wie das unmittelbare Vorbild des Reichsstrafgesetzbuchs, das preußische StGB von 1851. Aber dieses Datum täuscht. Im Kaiserlichen Kundmachungspatent an der Spitze des österreichischen StG 1852 heißt es, mit dem nachstehenden Gesetz werde nur

197 S. dazu *E. v. Liszt* (der Vater Franz v. Liszts), Österr. Strafgesetzgebung, in: Gerichtssaal 3, 1. Bd. (1851), S. 13 ff., S. 277 ff.

198 Vgl. dazu den Verfasser dieser StPO Joseph *v. Würth* (1851), Die österreichische Strafprozeßordnung; *ders.*, Zur österreichischen StPO, in: Gerichtssaal 2, 2. Bd. (1850), S. 209 ff., S. 289 ff.

199 *Ogris* (1975), Rechtsentwicklung, in: *Wandruszka/Urbanitsch* (Hg.), Habsburgermonarchie, Bd. II, S. 557. – Zur Entstehung der ÖStPO 1873 *Mayer* (1876), Hdb. des österr. Strafprozeßrechts I, S. 309 ff.; *Glaser*, Hdb. Strafprozeß I (wie Anm. 138), S. 197 ff.; *Lohsing/Serini*, Österr. Strafprozeßrecht (wie Anm. 181), S. 19 ff.

eine neue, durch die späteren Gesetze ergänzte, Ausgabe des Strafgesetzbuches über Verbrechen und schwere Polizeiübertretungen vom 3. September 1803, mit Aufnahme mehrerer neuer Bestimmungen, als alleiniges Strafgesetz über Verbrechen, Vergehen und Uebertretungen für den ganzen Umfang des Reiches, mit Ausnahme der Militärgrenze, kundgemacht, und vom 1. September 1852 angefangen in Wirksamkeit gesetzt [...].[200]

Man mag angesichts zahlreicher Änderungen, vor allem im Strafensystem, die dem StG von 1852 durchaus ein anderes, humaneres Gesamtprofil geben[201], zweifeln, ob die in seinem Kundmachungspatent ausgesprochene Selbstqualifizierung, es handele sich lediglich um »eine leichte und zuverlässige Übersicht« des seit 1803 geltenden Strafrechts und seiner Novellierungen, nicht ein wenig zu bescheiden ist. Richtig ist aber, daß es seine systematischen Grundzüge und die große Mehrzahl seiner Grundbegriffe, Definitionen und Regelungen aus dem Gesetzbuch von 1803 sachlich unverändert übernahm. Bereits in die zweite Hälfte des 19. Jahrhunderts und erst recht ins 20., über dessen Mitte hinaus es in Geltung blieb[202], ragte es als ein in vielen Einzelheiten bizarres Monument einer vergangenen Epoche: der des Absolutismus.

In der markanten Ungleichzeitigkeit von materiellem und formellem Strafrecht in Österreich seit dem letzten Viertel des 19. Jahrhunderts zeigt sich stärker noch als in Deutschland die unterschiedliche Durchsetzungshärte des liberalen Bürgertums hinsichtlich »seiner« Prinzipien im Straf- und im Strafprozeßrecht. Strafverfahrensrecht ist, nach einem oft zitierten Wort Heinrich Henkels, »angewandtes Verfassungsrecht«.[203] Materielles Straf-

200 Patent vom 27. Mai 1852, RGBl Nr. 117. – Der Abdruck des Gesetzes im RGBl war, wie man schnell feststellte, in vielen Punkten fehlerhaft. Die meisten Berichtigungen erfolgten stillschweigend (und in diesem Sinne unautorisiert) durch die späteren Textausgaben v. a. der sogenannten Manzschen Gesetzessammlung; vgl. den entsprechenden Hinweis in deren 21. Auflage (1908), S. 33, Anm.

201 Ausführliche Zusammenstellung der Änderungen bei *Hye v. Glunek* (1852), Das österr. Strafgesetz, S. 10 ff.; *Passy*, Bemerkungen, in: Magazin für Rechts- und Staatswissenschaft 6 (1852), S. 209 ff., S. 317 ff.; *Herbst* (1855), Hdb. Bd. 1, S. 12 ff.; *Hoegel* (1904), Geschichte, H. 1, S. 92 ff.

202 Es wurde erst 1974 von einem gänzlich neuen, modernen StGB abgelöst (in Kraft seit 1. 1. 1975).

203 *Henkel* (1968), Strafverfahrensrecht, S. 5.

recht ist dies in weit geringerem Maß. Damit sind keine begrifflich-logischen, sondern lediglich historisch-faktische Zusammenhänge behauptet. Ihr Grund liegt in den größeren Schutz- bzw. Kontrollinteressen, die sich – für welchen *pouvoir constituant* auch immer – mit dem Strafprozeß verbinden. Da spätestens mit den Staatsgrundgesetzen von 1867 auch in Österreich der liberale Konstitutionalismus die Verfassung beherrschte, ist die gleichsam empfindlich schnelle Reaktion der Strafprozeßreform von 1873 plausibel.[204] Und wenn auch nicht plausibel, so doch erklärbar ist auf diesem Hintergrund andererseits das Arrangement mit dem zwar ungeliebten und vielfach getadelten, aber hingenommenen Strafgesetz. Dies kennzeichnet jedenfalls die Perspektive des *politischen* Liberalismus. Für die liberalen Strafrechtswissenschaftler stand allerdings seit den sechziger Jahren außer Zweifel, was Adolf Merkel in seiner Prager Antrittsvorlesung über österreichisches Strafrecht vom Oktober 1868 so formulierte:

> Es kann die Aufgabe jetzt, wenn dies auch sonst zulässig wäre, auf eine Reproduktion des Paragrapheninhaltes der geltenden Gesetze nicht von ihm [d. i. dem »Lehrer des Strafrechts«] beschränkt werden wollen, da seine Hörer diese Gesetze menschlicher Voraussicht nach nicht mehr praktisch anzuwenden haben werden.[205]

Es war ein Irrtum. Zwischen 1861, als eine kaiserliche Entschließung die Arbeiten zur Reform des Strafrechts in Gang setzte[206], und dem ersten Weltkrieg wurden nicht weniger als neun Entwürfe vorgelegt (darunter 1909 ein »Vorentwurf«, das heißt, ein zum Zwecke weiterer Diskussion nicht im Abgeordnetenhaus des Reichsrates eingebrachter, sondern der wissenschaftlichen Öffentlichkeit übergebener Entwurf).[207] Keiner versäumte es, in seinen »Erläuterungen« darauf hinzuweisen, daß die Reform des Strafrechts von 1852/1803 »unvermeidlich« oder »unabweislich

204 Was nicht bedeutet, daß sie in einem Anlauf geschafft worden wäre; vielmehr gab es zwischen 1861 (dem Beginn der konstitutionellen Ära nach der Reaktionszeit) und dem Inkrafttreten der StPO 1873 insgesamt 10 Entwürfe; vgl. dazu *Mayer*, Hdb. I (wie Anm. 199), S. 20 ff.

205 *Merkel* (1899), Zur Reform, in: *ders.*, Ges. Abhdl. 2/1, S. 131.

206 Auftrag vom 16. 2. 1861 an Hye von Gluneck; dazu *Hoegel*, Geschichte (wie Anm. 201), H. 1, S. 99 f.

207 Vgl. Erläuternde Bemerkungen (1912), S. VI ff.

und dringend« sei.[208] Realisieren ließ sie sich dennoch nicht. Man hatte vor Erlaß des StG 1852 erwogen, ein Strafgesetzbuch im Anschluß an andere partikulare deutsche Gesetzgebungen, vor allem an das preußische StGB von 1851, zu schaffen. Doch schließlich berief man sich, wie es der maßgebliche Redakteur des StG 1852, Anton Hye von Gluneck, formulierte, auf die anerkannte »Gerechtigkeit, Milde und Weisheit« des StG von 1803[209] und beließ es bei diesem als der Grundlage des neuen Rechts. Es waren die Zeiten des zurückgekehrten Absolutismus. Hye von Glunecks Argument enthält eine Art politischer petitio principii. Aber länger als ein Jahrhundert nach dem definitiven Ende dieses absolutistischen Zwischenspiels galt in Österreich noch immer dessen Strafgesetzbuch. Paradoxerweise gehörten zu den Voraussetzungen seiner Überlebensdauer gerade jene Gründe, die es schon zur Zeit seines Inkrafttretens hoffnungslos antiquiert erscheinen ließen. Das soll genauer gezeigt werden.

1. Das Strafgesetz von 1803/1852: Absolutistisches Erbe und moderne Gesellschaft

Die unmittelbare legislative Quelle des StG 1852 war das Strafgesetzbuch von 1803. Seine ideengeschichtlichen Wurzeln reichen jedoch deutlich weiter zurück: in die Ära Josephs II. Das bedeutet freilich nicht einfach ein Indiz für die womöglich noch drastischere Antiquiertheit des Gesetzes. Das Josephinische Gesetzbuch von 1787, das die in großen Teilen schon archaisch anmutende Constitutio Criminalis Theresiana aus dem Jahre 1768[210] ablöste, verwirklichte nicht nur eine Reihe von Forderungen des aufgeklärten Vernunftrechts seines Zeitalters.[211] Die

208 Beispiele von 1893 (709 der Beilagen zu den stenogr. Prot. des Abgeordnetenhauses, XI. Session, S. 1) und 1912 (Erläuternde Bemerkungen, a.a.O., S. V).

209 *Hye v. Gluneck*, Strafgesetz (wie Anm. 201), S. 9.

210 Dazu *Wahlberg* (1877), Zur Genesis der Theresiana, in: *ders.*, Ges. kl. Schr., 2. Bd., S. 115 ff.; *Hoegel*, Geschichte (wie Anm. 201), H. 1, S. 65 ff.; *Maasburg* (1880), Theresiana.

211 Dazu *Conrad* (1963), Strafrechtsreform Josephs II., in: Fschr. v. Weber, S. 56 ff.; *Wahlberg*, Revision der Theresiana und Genesis des Josephinischen StGB, in: *ders.*, Ges. kl. Schr., 3. Bd., S. 1 ff.; *Moos* (1968), Verbrechensbegriff, S. 163 ff.

»Josephina« ist vor allem das erste Strafgesetzbuch überhaupt, das die kardinalen Grundsätze eines modernen rechtsstaatlichen Strafrechts kodifizierte: das gesetzliche Tatbestandsgebot, das Rückwirkungs- und Analogieverbot (Teil I, §§ 1 und 13) sowie das Verbot unbestimmter Strafen und Strafarten (Teil I, § 19)[212], also das, wofür Feuerbach knapp 14 Jahre später in seinem Lehrbuch die kanonische Formel »nullum crimen, nulla poena sine lege«[213] fand. Man hat in der Literatur bestritten, daß diese Leistung der Josephina eine echte Pioniertat und eine Vorwegnahme des Artikels VIII aus der französischen Erklärung der allgemeinen Menschen- und Bürgerrechte von 1789 darstelle. Denn ihr Motiv liege weniger in dem Bestreben einer Sicherung des Individuums gegen staatliche (richterliche) Willkür als vielmehr in der ihr zugedachten Funktion, die ausschließliche und vollständige Herrschaft des Gesetzes, und das heißt des Gesetzgebers, also des Kaisers selbst, zu sichern. Sie sei daher eher ein rationalistischer Gipfelpunkt des Absolutismus als der Beginn seiner allmählichen liberalen Selbstrücknahme.[214] Die Frage ist für die Beurteilung von Josephs Charakter wichtiger als für die der objektiven Leistung und Wirkung seines Strafgesetzes. Kalkulierbarkeit (Schutz vor Willkür) und Gleichförmigkeit (also formale Rationalität) des staatlichen Strafens – das sind die bleibenden Vermächtnisse des Josephinischen Gesetzbuches für jede rechtsstaatliche Strafgesetzgebung des folgenden Jahrhunderts.[215]

212 *Conrad*, a.a.O., S. 66. Die Bezeichnung »Teil I...« hat ihren Grund darin, daß das Josephinische StG (wie später das von 1803 und das von 1852) die angestrebte strenge Unterscheidung von Kriminal- und sogenannten Polizei- (bzw. »politischen«, nämlich von den politischen Behörden bestraften) Delikten auch äußerlich durch eine vollständige Zweiteilung (Teil I und II, jeweils mit allgemeinem und besonderem Teil) erkennbar machte. Das führte dazu, daß zahlreiche Vorschriften in beiden Teilen exakt analog und nur nach der Schwere der jeweils pönalisierten Begehungsform unterschieden waren.

213 *Feuerbach* (1801), Lehrbuch, 1. Aufl., § 20.

214 In diesem Sinne zuerst *Stooss* (1912), Lehrbuch, S. 37 f.; ihm folgend *Eb. Schmidt*, Geschichte (wie Anm. 3), S. 256; ähnlich *Conrad*, a.a.O., S. 67 ff.; zur Korrektur dieser übertriebenen und etwas maliziösen Interpretation *Moos*, Verbrechensbegriff (wie Anm. 211), S. 167 f.

215 Erwähnenswert ist in diesem Zusammenhang auch, daß die Jose-

Was das Charakterbild des Kaisers in der Strafrechtsgeschichte freilich schwanken läßt, ist, wie Wahlberg schreibt, die »Entsetzen erregende Härte und Grausamkeit des josephinischen Systems der Freiheits-, Leibes- und Arbeitsstrafen«.[216] Ausschließlich der rabiate und damals längst zweifelhaft gewordene[217] Zweck einer Abschreckung durch übermäßige Härte bestimmte den Katalog dieser Strafen. Sie waren wahrhaftig, wie Joseph II. es ausdrücklich gefordert hatte, »weit schröckbarer und empfindlicher als der Tod selbst«.[218] Ihren gespenstischen Höhepunkt bildete das sogenannte »Schiffsziehen« in Ungarn.[219] Daß

phina als erstes Strafgesetzbuch das materielle Recht vom Strafverfahren abtrennte; letzteres wurde in einem eigenen Gesetz, der Allgemeinen Kriminal-Gerichtsordnung, geregelt.

216 *Wahlberg*, Revision (wie Anm. 211), S. 1.

217 Vgl. den Nachweis bei *Wahlberg* (a.a.O., S. 8), daß schon Thukydides die verrohende und damit die Abschreckung zuletzt unterminierende Wirkung grausamer Strafen gesehen hat.

218 Zitiert bei *Wahlberg*, a.a.O., S. 7; die Todesstrafe hatte Joseph bereits 1781 abgeschafft.

219 Dazu *Maasburg* (1890), Die Strafe des Schiffsziehens. – Interessant ist, daß weit entfernt von Wien ein anderer Aufklärer auf dieses barbarische Requisit in Josephs Herrschaftsapparat aufmerksam wurde: *Georg Christoph Lichtenberg* in Göttingen. In seinem »Göttinger Taschen Calender« von 1789 steht das folgende:
»Was Schiffziehen in Ungern für eine Strafe sei.
Die Todesstrafe ist bekanntlich in den österreichischen Staaten zwar nicht schlechterdings abgeschafft, aber doch auf äußerst seltene Fälle eingeschränkt. Statt ihrer wird nun insgemein auf Schandbühne mit Stockstreichen, auf Brandmarkung und Schiffziehen erkannt. Schwerlich sind viele Leser mit der schrecklichen Beschaffenheit der letztern Strafe bekannt; hier ist also ein umständlicher Bericht aus Ungern: ›Jeder Züchtling bekommt um den Hals einen eisernen Ring, und um den Leib einen eisernen Reif, der ihm nie abgenommen wird. Vermittelst dieses Reifes werden fünf an eine eiserne Stange befestigt, von der sie weder bei Tage noch des Nachts loskommen. Kommt einem von ihnen die Nothdurft an, so werden alle fünf damit beschäftiget. Ihre Kost ist höchst elend; das Donauwasser führen sie in einer um sich hängenden blechernen Büchse mit sich. Ihre Kleidung ist schlecht. Und werden ihnen die Kleider naß, wenn sie bisweilen bis an den halben Leib in dem Wasser gehen, so müssen sie wieder am Leibe trocknen. Des Nachts finden sie ihr Lager auf der Erde, weil man sie nicht ins Schiff zu nehmen getrauet, aus Furcht, sie möchten ihre wenigen Wärter ins Wasser

jedenfalls hiermit das im kaiserlichen Kundmachungspatent avisierte »billige Ebenmaß«[220] zwischen Tat und Strafe einer gnadenlosen Räson der sozialen Kontrolle weichen mußte, bedarf keines weiteren Belegs.

Aber nicht das Strafensystem ist es, was aus der Josephina über die Brücke des StG von 1803 in das von 1852 Eingang fand.[221] Es ist – neben manchen dogmengeschichtlichen Fossilien[222] – vor allem ein geistiger und ideengeschichtlicher Standort, die gesamte Betrachtungs- und Bewertungsperspektive einer vergangenen Epoche: *deren* Blick auf den Staat, das Individuum und ihr Verhältnis zueinander. Diese Perspektive steht im aufgeklärten Absolutismus keineswegs mehr im Schatten einer mittelalterlichen Rechtsauffassung. Rechtssicherheit, Willkürfreiheit, Proportionalität von Verbrechen und Strafe – das waren wirkliche Anliegen und, cum grano salis, auch Tendenzen des josephinischen StG

stürzen und sich losmachen. Allen Veränderungen des Wetters, der Hitze des Tages und der Kälte der Nacht, gegen welche sie sich nicht schützen können, und den Schlägen ihrer Aufseher und Antreiber ausgesetzt, müssen sie nothwendig in kurzer Zeit dahin sterben; wenigstens zeigt eine dreijährige Erfahrung, das von 450 zwei Drittel gestorben sind. Krankheiten entschuldigen nicht, und wenn einer hinfällt, so müssen ihn die vier übrigen mit sich fortschleppen, weil er an die Stange geschmiedet ist. An Arzneimittel ist auch nicht zu gedenken: ihre Natur muß sich selbst helfen, oder sie müssen crepiren. Oft werden sie in der Nacht von Schnacken so geplagt, daß ihnen der Kopf anschwillt. Die Last, die sie stromaufwärts zu ziehen haben, strengt ihre ohnehin durch alle diese Umstände geschwächten Kräfte eben so sehr an, als bergaufwärtsziehende Pferde. Will einer stille stehen, so fällt der Stock auf ihn, und er wird von dem Ringe, der ihn an die Stange fesselt, aufs Empfindlichste auf den Rücken gestoßen. Kurz, ihr Unglück übersteigt alle Schilderung. – Und diese entsetzliche Strafe bessert Niemanden, auch den Zuschauer nicht!‹« (in: *Lichtenberg*, 1845, Verm. Schr., Bd. 6, S. 424 f.).

220 Kundmachungspatent Josephs II. vom 13. Januar 1781. – Zu diesem Grundgedanken der Aufklärung vgl. *v. Liszt* (1905), E. F. Klein und die unbestimmte Verurteilung, in: *ders.*, AuV II, 138 ff.

221 Nach Josephs Tod wurden unter seinem Nachfolger Leopold II. bereits am 7. Mai 1790 die grausamsten Strafen der Josephina durch Hofdekret wieder abgeschafft.

222 Vor allem dem sogenannten »dolus indirectus«; vgl. dazu unten, S. 82 ff.

und seines Nachfolgers von 1803/1852. Nicht das Niveau der *angestrebten*, sondern das der mit damaligen Mitteln *realisierbaren* Rationalität der Strafgesetze machte das StG von 1803 bereits ein halbes Jahrhundert später zu einem hoffnungslos rückständigen System.

Deutlicher noch als die mangelnde Qualität des dogmatischen Instrumentariums prägt die hypertrophe Quantität seiner Regelungsmaterien und der als schutzbedürftig anerkannten Werte dem StG 1852[223] das Kennzeichen des absolutistischen Staates auf. Durchgängig spürbar ist der Anspruch eines umfassenden staatlichen Paternalismus. »Vernünftigkeit« der gesellschaftlichen Verkehrsformen war das Anliegen. Aber für ihre Definition, ihre Durchsetzung und ihren Schutz war – manchmal bis weit hinein in die Sphären privater Lebensgestaltung – alleine der monarchische Staat zuständig, nicht ein als autonom anerkanntes Individuum.[224] Vernünftigkeit in diesem Sinn und der um ihretwillen erzwungene Gehorsam waren weitaus wichtiger als Freiheit, die im Hinblick auf die meisten Angehörigen der »rohen Masse« nur als die Freiheit zur Dummheit und damit zur Unterminierung der staatlichen Ordnung empfunden worden wäre.

Konsequent umgab das StG die Quelle, den Garanten, das Symbol dieser hoheitlichen Vernunft – den Kaiser – mit dem stärksten strafrechtlichen Schutz. Hochverrat (mit der zwingenden Folge der Todesstrafe) »begeht, wer etwas unternimmt, wodurch die Person des Kaisers an Körper, Gesundheit oder Freiheit verletzt oder gefährdet, oder eine Verhinderung der Ausübung seiner Regierungsrechte bewirkt werden soll [...]« (§ 58 StG). Der Tatbestand erstreckte über das Merkmal des »Unternehmens« und das im Wort »soll« fixierte subjektive Merkmal der bloßen Absicht die Reichweite der Vorschrift bis tief ins Vorfeld einer tatsächlichen Gefährdung. Aber ein Verbrechen, nämlich das der Majestätsbeleidigung, mit der Straffolge

223 Die folgenden Ausführungen beziehen sich nur noch auf dieses Gesetzbuch. Auf Identität mit oder Verschiedenheit von den Regelungen des Vorläufergesetzes von 1803 werde ich von Fall zu Fall hinweisen.

224 Zu dieser Grundtendenz des aufgeklärten Absolutismus, die man später auf die Formel »Alles für das Volk, nichts durch das Volk« gebracht hat, vgl. *Walder* (1974), Aufgeklärter Absolutismus und Staat, in: *v. Aretin* (Hg.), Der aufgeklärte Absolutismus, S. 123 ff.

von ein bis fünf Jahren schweren Kerkers, beging auch, wer bloß »die Ehrfurcht gegen den Kaiser« verletzte (§ 63). Der Tatbestand war, wie Rittler 1927 anmerkte, von wahrhaft »unheimlicher Weite«.[225] Der berühmte österreichische Zivilrechtler Josef Unger (1828–1913)[226] sei einmal wegen kritischer Bemerkungen über das österreichische ABGB der Majestätsbeleidigung beschuldigt worden, weil er damit die »Ehrfurcht« vor dem allerhöchsten Gesetzgeber Franz Joseph I. verletzt habe. In den fünfziger Jahren habe ein Kutscher, der dem Wagen des Kaisers vorfuhr, wegen des Verbrechens der Majestätsbeleidigung vor Gericht gestanden.[227] Auch die anderen Institutionen der Autorität innerhalb der monarchischen Ordnung, vor allem das Beamtentum und die Kirche, waren von einer paragraphenstarrenden Schutzwehr umgeben. Die »Amtsehrenbeleidigung« des § 312, nämlich »jede wörtliche oder tätliche Beleidigung« eines Hoheitsträgers »in Vollziehung eines obrigkeitlichen Auftrages«, wurde – »wenn sich darin nicht eine schwerer verpönte strafbare Handlung darstellt« – als Übertretung bestraft. Der Tatbestand ist wesentlich weiter als der allgemeine Beleidigungstatbestand des österreichischen StG (§ 487). Äußerungen wie »Was geht Sie das an!«[228] oder »Sie kennen Ihre Instruktion nicht«[229] wurden – mit Billigung des obersten Gerichtshofs – unter § 312 subsumiert. Denn nicht die Person, gegen die sich eine Handlung oder Äußerung unmittelbar richtete, war Schutzobjekt der Norm, sondern »die öffentliche Autorität, mit der der Angegriffene bekleidet ist«.[230] Und welch langen Schatten ein solcher strafrechtlicher Geßlerhut noch bis in ganz andere politische Zeiten zu werfen vermag, das zeigt eine Entscheidung aus dem Jahre 1924: Ein Fernsprechteilnehmer, der die Störung seines Anschlusses gegenüber der Vermittlungsstelle als »Saustall« bezeichnet hatte,

225 *Rittler*, Das österr. StG 1852, in: SchwZStR 40 (1927), S. 85.

226 Zu Unger vgl. *Landsberg* (1910), Geschichte, 3/2, S. 917 ff.

227 *Rittler*, a.a.O., S. 85.

228 Vgl. KH 3054 (27. 2. 1905).

229 Zit. bei *Finger*, Lehrbuch, Bd. 2, S. 864.

230 So die grundlegende Entscheidung des OGH vom 21. 6. 1878 (Nr. 3139). Kritisch gegen einen solchen besonderen »Amtsehrenschutz« *A. Merkel* (1899), Bemerkungen über den österr. Entwurf, in: *ders.*, Ges. Abhdl. (wie Anm. 205), S. 83 f.; ebenfalls ablehnend *Liepmann* (1909), Beleidigung, S. 80 f.

wurde aus § 312 bestraft; der oberste Gerichtshof bestätigte das Urteil.[231] Im deutschen StGB, das während des Kaiserreichs beim Schutz hoheitlicher Symbole keineswegs zimperlich war[232], gab es keine vergleichbare Vorschrift. (Lediglich das Strafantragsrecht des § 196 RStGB[233] auch für den amtlichen Vorgesetzten berücksichtigte im Falle einer Beamtenbeleidigung die öffentlichen Belange über die Grenzen des normalen Beleidigungsschutzes hinaus, die im übrigen materiell auch die Schutzgrenzen für die beleidigte Staatshoheit darstellten.)

Wichtiger noch als die konturlose Weite des § 312 ist dies: Die »Amtsehrenbeleidigung« war Offizialdelikt; ein Wahrheitsbeweis war ebenso ausgeschlossen wie eine Berufung auf die Wahrnehmung berechtigter Interessen.[234] Der absolutistische Staat reagierte eben mit gereizter Empfindlichkeit auf jede symbolische Beeinträchtigung seiner Autorität, und wäre die inkriminierte Handlung noch so knapp über oder schon deutlich unter der Grenze zur Lächerlichkeit gelegen: Selbst die »Aufforderung zu grundlosen Beschwerden« bei Behörden »aus was immer für einer Absicht« wurde nach § 300 als Übertretung bestraft.

Wer »öffentlich der Religion Verachtung bezeigt«, wer »einen Christen zum Abfalle vom Christentume zu verleiten«[235] oder »wer Unglauben zu verbreiten sucht« (§ 122 lit. b, c, d), beging das *Verbrechen* der »Religionsstörung«. Wer »die Einrichtungen der Ehe, der Familie oder die Rechtsbegriffe über das Eigentum herabwürdiget oder zu erschüttern sucht«, den bedrohte § 305 wegen Vergehens mit Arrest zwischen einem und sechs Monaten; wenn er die Handlung »durch Druckschriften« beging, auch mit

231 OGH in SSt. Bd. 4, Nr. 65 (16. 6. 1924).

232 Wofür es (bzw. seine direkte Vorlage, das StGB des Norddeutschen Bundes) von Binding scharf kritisiert wurde; vgl. oben, S. 37 f., Anm. 64 und 66.

233 Heute § 194 Abs.3.

234 Vgl. KH 971 (18. 10. 1886). Zur Kritik vgl. *v. Weber* (1931), Deutsch-österr. Strafrechtsvereinheitlichung, S. 8.

235 Dieser Absatz (c) des § 122 wurde allerdings durch Art. VII des Gesetzes vom 25. Mai 1868 (RGBl. Nr. 49) ebenso aufgehoben wie der zweite Fall des § 122 d (»Ausstreuen einer Irrlehre«). Dagegen blieben die beiden anderen Tatbestandsvarianten (Abs. b und d, 1. Fall) während der gesamten Ersten Republik in Kraft; zu der jede einschränkende Interpretation ablehnenden Rspr. vgl. *Altmann/Jacob* I, S. 329 f.

der »Abschaffung«, also der Deportation, »aus dem Orte oder dem Kronlande«, wo er wohnte. Der Kassationshof hat 1901 nach § 305 wegen »Herabwürdigung der Rechtsbegriffe über das Eigenthum« einen sozialdemokratischen Redner verurteilt, der auf einer Wahlveranstaltung, völlig im Einklang mit dem damaligen Programm seiner Partei, erklärt hatte: »Wir verachten das Privateigenthum, wir betrachten es als widerrechtlich bestehend, und wir behaupten, daß wir damit genau denselben Gedanken aussprechen wie das Christenthum.«[236]

Die Reihe läßt sich, mit einer leichten Drehung des Blickwinkels, fortsetzen. Der absolutistische Staat traute seinen Bürgern nicht – und er traute ihnen nichts zu. Der bevormundende Ton des fürsorgenden Polizeistaats intervenierte drohend, sobald der einzelne auch nur gegen sich selbst unvorsichtig wurde: »Wer in Flüssen oder Teichen außer den von der Behörde dazu bestimmten Orten [...] badet, ingleichen wer zur Winterszeit außer den dazu bestimmten Strecken auf dem Eise schleifet«, wurde wegen einer Übertretung mit Arrest bestraft (§ 338). Die Verbote unvorsichtigen Verhaltens gegenüber *anderen* waren nicht abstrakt als Schutz wichtiger Rechtsgüter gegen Fahrlässigkeit geregelt; vielmehr schrieb das Gesetz in seinem Vergehens- und Übertretungsteil Personen, die sich als Träger unterschiedlichster Berufe typischerweise oder als Privatleute bei bestimmten Gelegenheiten riskant verhielten, das, was sie im einzelnen zu tun und zu lassen hatten, in einer geradezu uferlosen Kasuistik vor und buchstäblich hinter die Ohren.[237] Und in der moralisierenden Sprache, deren es sich dabei gelegentlich bediente, herrschte der Tonfall des Absolutismus: belehrend, paternalistisch, streng, manchmal der sittlichen Entrüstung schon im gesetzlichen Tatbestand deutlichen Ausdruck gebend. Von »Schanddirnen« spricht etwa § 512, der die Kuppelei bestrafte, deren sich allerdings bereits die »Unterhändler« in allen sonstigen »unerlaubten Verständnissen« schuldig machten. Wie ernst der Gesetzgeber, 1852 noch ebenso wie 1803, seine Aufgabe als Sittenwächter nahm, mag man dem § 500 entnehmen, der das 13. Hauptstück

236 KH 2594 (22. 3. 1901). Die Sachentscheidung des OGH erfolgte nach Aufhebung des von der Staatsanwaltschaft angefochtenen erstinstanzlichen Freispruchs.

237 Vgl. v. a. die »Hauptstücke« 5–11 im II. Teil des StG (= § 278–§ 486).

des II. Teils »von Vergehen und Übertretungen gegen die öffentliche Sittlichkeit« eröffnet und der von einer geradezu polypenhaft ausgreifenden Weite ist:

§ 500 Die Sorgfalt der Gesetzgebung schränkt nach ihrer Absicht den Begriff einer Verletzung der öffentlichen Sittlichkeit nicht bloß auf diejenigen Handlungen ein, welche an sich Abscheu und öffentliches Ärgernis zu erregen fähig sind; sie zieht darunter auch Handlungen, die nach ihrer Eigenschaft zur Verbreitung des Sittenverderbnisses beitragen, wie auch solche, womit Unordnungen und Ausschweifungen als gewöhnliche Folgen verbunden sind.
Nach dieser Bestimmung sind als Vergehen oder Übertretungen gegen die öffentliche Sittlichkeit in den hier ausgedrückten Fällen zu bestrafen: a) Unzucht; b) gröbliche und öffentliches Ärgernis verursachende Verletzung der Sittlichkeit oder Schamhaftigkeit; c) Betteln; d) verbotene Spiele; e) Trunkenheit; f) andere größere Unsittlichkeiten.

Sucht man daneben allerdings nach Regelungen, die sich mit sozialschädlichen Begleiterscheinungen des entwickelten Wirtschafts- und Kapitalverkehrs im ausgehenden 19. Jahrhundert und mit den rabiater gewordenen Formen des ökonomischen Wettbewerbs befassen, so findet man nichts. »Man sucht vergebens«, schreibt Rittler, »nach Strafbestimmungen gegen Kurstreibereien und Verleitung zu Spekulationsgeschäften sowie gegen die mannigfachen Formen der Warenfälschung und des unlauteren Wettbewerbs, die sich dem Betrugsbegriff nicht fügen wollen.«[238] Wie weit alle diese Materien strafrechtlicher Regulierung bedürfen, soll hier nicht untersucht werden. Sagen läßt sich jedenfalls, daß in dieser Hinsicht der österreichische Wirtschaftsliberalismus die Antiquiertheit eines Strafgesetzes, das die angesprochenen Phänomene einfach noch nicht kannte, oft nachdrücklicher verteidigte, als er dessen anderweitige Rückständigkeiten angriff. Ein umfassendes Gesetz gegen den unlauteren Wettbewerb, obwohl schon seit Jahrzehnten gefordert, trat erst 1923, eine moderne Regelung des wirtschaftlichen Markenschutzes 1928 in Kraft.[239] Der Kampf um die Strafbestimmungen gegen das »klassische« Wirtschaftsdelikt des Wuchers, das im Zeit-

238 *Rittler*, StG 1852 (wie Anm. 225), S. 91.

239 Dazu *Altmann/Jacob* II, S. 1488 ff. sowie S. 1455 ff. Einzelne Bereiche des Wirtschaftslebens waren allerdings – meist notdürftig – bereits vor und um 1900 in strafrechtlichen Nebengesetzen erfaßt; dazu *Altmann/Jacob* II, S. 1577.

alter eines paternalistischen Absolutismus selbstverständlich pönalisiert worden war[240], verlief in Österreich nach der Jahrhundertmitte zeitlich und sachlich beinahe exakt analog zu den Auseinandersetzungen in Deutschland.[241] Wenige Monate nach dem dortigen Aufhebungsgesetz für den Norddeutschen Bund stellte das Gesetz vom 14. Juni 1868 den Wucher in Österreich gänzlich sanktionsfrei. Nach ähnlich verheerenden Erfahrungen wie in Deutschland wurde 1877 zunächst in einzelnen Provinzen und 1881 in allen Kronländern der Kreditwucher wieder pönalisiert. Die Regelung geschah freilich halbherzig und, wie Altmann/Jacob schreiben, »in einer durch Schönfärberei unaufrichtig gewordenen Form, auf einer vielfach verfälschten sozialen Grundlage«.[242] Erst die Kriegsnotwendigkeiten führten im Oktober 1914 zu einer Pönalisierung aller Formen gravierender wucherischer Ausbeutung.[243]

Auch das *dogmatische* Inventar des Gesetzes spiegelt vielfach die Auffassungen und die gedanklichen Grenzen einer verjährten Epoche wider. Der Staat als Definitions- und Gewährleistungsinstanz für die bürgerliche Freiheit und Sicherheit liebte das eigenmächtige Handeln des Bürgers selbst dort nicht, wo es sich bloß um die Verteidigung unmittelbar bedrohter Interessen handelte – z. B. bei der Notwehr.[244] Anders als das RStGB, das für *jedes* rechtlich geschützte Interesse die Notwehr gegen rechtswidrige Angriffe gestattete, beschränkte das StG 1852 den Kreis der notwehrfähigen Rechtsgüter ausdrücklich auf Leben, Freiheit und Vermögen (§ 2 lit. g).[245] Bei Angriffen auf alle anderen Rechtsgü-

240 Im »Wucherpatent« von 1803.

241 Dazu *L. und J. Geller* (1908), Österr. Wucherstrafrecht, S. 25 ff.; *v. Chorinsky* (1877), Wucher in Österreich, S. 92 ff.; *Altmann/Jacob* II, S. 1584 ff. – Gegen die Pönalisierung des Wuchers v. a. *Glaser* (1883), Wuchergesetz von 1866, in: *ders.*, Ges. kl. Schr., S. 205 ff.; sowie *Jacques* (1867), Wuchergesetzgebung, insb. S. 26 ff. und 85 ff.

242 *Altmann/Jacob* II, S. 1587.

243 Ausführlich dazu *Löffler*, Wucherrecht, in: ÖZStR 5 (1914), S. 290 ff.

244 Darauf weist auch *v. Weber*, Strafrechtsvereinheitlichung (wie Anm. 234), S. 9, hin.

245 Zur Kritik dieser Beschränkung *Finger*, *Lehrbuch*, Bd. 1, S. 601. Im StG 1803 war die Notwehr noch stärker, nämlich auf die Abwehr von Tötungsdelikten eingeschränkt (und auch dort – § 127 – gere-

ter, etwa das der Ehre, wollte der Staat die unbedingte Prärogative zur rechtlichen Regelung des Konflikts behalten – auch um den Preis einer zunächst hinzunehmenden Verletzung.

Dagegen wollte er einen »Übeltäter«[246], der einmal in die Reichweite des Strafgesetzes gekommen war, möglichst nicht eher daraus entlassen, bis alle objektiven Folgen der Tat gesühnt waren, und wären sie auch außerhalb jedes plausiblen Bereichs der Schuld des Täters gewesen. § 1 S. 2, letzter HS StG 1852 enthält nahezu wörtlich die Regelung des sogenannten dolus indirectus aus dem § 3 der Josephina, der als § 1 auch ins StG 1803 übernommen worden war[247]:

Böser Vorsatz aber fällt nicht nur dann zur Schuld, wenn vor, oder bei der Unternehmung oder Unterlassung das Übel, welches mit dem Verbrechen verbunden ist, geradezu bedacht und beschlossen; sondern auch, wenn aus einer anderen bösen Absicht etwas unternommen, oder unterlassen worden, woraus das Übel, welches dadurch entstanden ist, gemeiniglich erfolgt, oder doch leicht erfolgen kann.

Rittler nennt dies mit Recht einen »Bastardvorsatz«.[248] Es ist in Wahrheit eine selbständige, rechtsstaatlich nicht zu begründende Haftungsform *außerhalb* von Vorsatz und Fahrlässigkeit: Der Erfolg, »das Übel, welches mit dem Verbrechen verbunden ist«, mußte vom Täter weder gewollt noch vorhergesehen worden,

gelt); vgl. *Moos*, Verbrechensbegriff (wie Anm. 211), S. 239. Daß das StG 1852 die Notwehr systematisch irrig unter die »Gründe, die den bösen Vorsatz ausschließen«, also nach damaliger Auffassung zu den Schuldausschließungsgründen rechnete, sei beiläufig erwähnt. Das entsprach der antiquierten, auf Pufendorf zurückgehenden Imputationslehre, wonach eine Notwehrlage zum Ausschluß der Willensfreiheit und deshalb zur Straflosigkeit des Täters führte. Von der österreichischen Rechtslehre wurde die Notwehr allerdings selbstverständlich als Rechtfertigungsgrund aufgefaßt; vgl. statt aller *Lammasch*, Grundriß, S. 50.

246 Auch dies eine im StG gelegentlich verwendete moralisierende Formulierung (vgl. etwa §§ 4 und 8).

247 Die Quelle des dolus indirectus ist freilich noch deutlich älter; auch die Theresiana enthielt in Art. 3 § 2 eine entsprechende Regelung; vgl. den Wortlaut in *Stooss/v. Künßberg* (1909), Österreichische Strafgesetzbücher, S. 28. Zur geschichtlichen Entwicklung vor allem *Löffler*, Schuldformen (wie Anm. 196), S. 147 ff., 183 ff.; ebenfalls *Moos*, Verbrechensbegriff (wie Anm. 211), S. 136 ff., 248 ff.

248 *Rittler*, StG 1852 (wie Anm. 225), S. 93.

noch auch nur für ihn vorhersehbar gewesen sein.[249] Schon Feuerbach qualifizierte dieses gemeinrechtliche Relikt als eine »nicht denkbar(e)« Konstruktion.[250] Sie enthielt deutliche Elemente einer reinen Erfolgshaftung[251] und ging damit über die Regelung einer gesetzlichen Vorsatzvermutung hinaus (wie sie etwa § 27 des Preußischen Allgemeinen Landrechts von 1794 enthielt).[252] Der »dolus indirectus« des StG 1852 entsprach, wie Moos hervorhebt, »nicht den Grundanforderungen des Schuldprinzips [...]«.[253]

Allerdings zeigt sich im Umgang der Judikatur und der Wissenschaft mit dem dolus indirectus des § 1 exemplarisch der Modus, in dem sich die Rechtspraxis mit einem antiquierten und zunehmend dysfunktionalen Strafgesetz zu arrangieren wußte: Man unterlief den ursprünglich gemeinten Sinn durch mehr oder minder gewaltsame Interpretationen, indem man sich (oft in völliger Klarheit über dieses Verfahren) die sprachlich-dogmatische Unbeholfenheit des alten Gesetzes zunutze machte, in dessen weiten und unscharfen begrifflichen Grenzen sich die jeweils gewünsch-

249 Grundlegend KH 966 (1. 10. 1888); aus der Lit. v. a. *Löffler*, a.a.O., S. 183 ff. (dort auch zu den wechselnden Interpretationen in der Lehre); *Stooss*, Dolus indirectus, in: Grünhut's Ztschr. 31 (1904), S. 1 ff.; *Finger*, Lehrbuch, Bd. 1, S. 393; *Lammasch*, Grundriß, S. 31; *Altmann/ Jacob I*, S. 30 ff.; *Nowakowski* (1959), Österr. Strafrecht, in: *Mezger, Schönke, Jescheck* (Hg.), Ausländisches Strafrecht, Bd. 3, S. 448 f.; *Moos*, a.a.O., S. 251.

250 *Feuerbach*, Lehrbuch (wie Anm. 69), § 60 a. E. Nachdrücklich zugunsten des dolus indirectus aber *Meister*, Dolus indirectus, NACR 1 (1817), S. 106 ff.

251 Freilich darf man nicht übersehen, daß auch das deutsche RStGB damals zahlreiche Einzelnormen mit Erfolgshaftungselementen enthielt, nämlich alle erfolgsqualifizierten Delikte. Eine Regelung wie den heutigen § 18 StGB, der für die Haftung wegen einer schweren Folge mindestens eine darauf bezogene Fahrlässigkeit verlangt, gab es damals nicht. (Sie wurde erst 1953, als § 56, ins StGB eingefügt.) Der Unterschied zu § 1 S. 2, letzter HS. StG 1852 ist allerdings der, daß dieser, jedenfalls seinem Wortlaut nach, eine *generelle* Erfolgshaftung einführte.

252 Gleichwohl wurde in der älteren Lehre der dolus indirectus häufig im Sinne einer präsumtio doli interpretiert; daß diese Deutung nicht richtig sein kann, zeigt *Löffler*, Schuldformen (wie Anm. 196), S. 189 f. und S. 202.

253 *Moos*, a.a.O., S. 252.

ten Deutungen unterbringen ließen – manchmal bis zur glatten Umkehr der ursprünglichen gesetzgeberischen Absicht. Hye von Gluneck etwa sah im dolus indirectus (mit der älteren Lehre) eine bloße Beweisvermutung (präsumtio doli) und sprach ganz unbefangen davon, daß »[...] wir darüber froh sein wollen und sollen, daß der Text unseres späteren, sowie des heutigen Strafgesetzes zu gutem Glücke so gefaßt ist, daß man ihm die von der späteren Doctrin geschehene richtigere, und der Gerechtigkeit entsprechendere Auffassung des sog. dolus indirectus unterlegen könne«[254]; Löffler deutete diesen im Grunde als eine (schwächere) Variante des modernen dolus eventualis[255]; die Rechtsprechung dagegen qualifizierte den dolus indirectus wortlautgemäß und richtig als eigene Haftungsform außerhalb von Vorsatz und Fahrlässigkeit[256], fühlte sich aber mit einer so gespenstisch weiten, am rein objekten Erfolg orientierten Haftung offensichtlich unwohl und beschränkte daher wenigstens deren Anwendungsbereich auf solche Delikte, in deren Tatbeständen ein dem dolus indirectus gleiches oder ähnliches Merkmal noch einmal eigens formuliert war.[257] Im Wortlaut des § 1 S. 2, letzter HS (der damit ja auch praktisch überflüssig wurde) findet diese Interpretation keinerlei Stütze. Freilich wäre ohne sie die Vorschrift von einer schwer erträglichen Gefährlichkeit gewesen.[258]

Hye von Glunecks Erleichterung über den unklaren Text des Paragraphen ist symptomatisch, der dolus indirectus insofern nur ein exemplarischer Fall. So oder ähnlich verfuhr man auch mit anderen dogmatischen Relikten und gesetzestechnischen

254 *Hye v. Gluneck* (1854), Leitende Grundsätze, S. 294, Anm.; vgl. auch *ders.*, Strafgesetz (wie Anm. 201), S. 146 ff.

255 Und zwar über das von ihm geforderte Kriterium des tatsächlichen Vorhersehens eines möglichen Erfolgseintritts durch den Täter; vgl. *Löffler*, a.a.O., S. 192 ff.; ähnlich *Finger*, Lehrbuch, Bd. 1, S. 393.

256 Eingehend KH 2714 (5. 4. 1902); der Rspr. folgend *Stooss*, Dolus indirectus (wie Anm. 249), S. 2; *Lammasch*, Grundriß, S. 31.

257 Grundlegend KH 643 (19. 5. 1884), freilich ohne Argument. Danach kommen für die Anwendung des dolus indirectus nur noch der Totschlag (§ 140) und die »schwere körperliche Beschädigung« (§ 152 StG) in Frage. Dagegen – und für die *allgemeine* Geltung des § 1 S. 2, letzter HS – *Löffler*, a.a.O., S. 199 f.

258 Noch 1959 wiederholt *Nowakowski* daher völlig selbstverständlich und ohne jede Begründung die genannte einschränkende Interpretation; vgl. *ders.*, Österr. Strafrecht (wie Anm. 249), S. 448.

Unbeholfenheiten aus der Zeit des Absolutismus im geltenden Strafgesetz.[259] Vor allem bot die vage und konturenarme begriffliche Fassung der meisten seiner Tatbestände der nachfolgenden dogmatischen Entwicklung die Möglichkeit, ihnen das jeweils gewünschte modernere und rechtsstaatlichere Profil qua »Auslegung« durch Rechtsprechung und Lehre einfach einzuschreiben.[260] Daß ein solches Verfahren freilich andere rechtsstaatliche Grundsätze, insbesondere den Grundsatz der Gewaltenteilung zwischen Legislative und Judikative, sehr problematisch berührt, liegt auf der Hand. Bereits 1806 hatte Kleinschrod in seiner eingehenden Kritik des StG unter anderem dessen »häufig unvollständige Definitionen, unbestimmte Ausdrücke und unrichtige Proportionen« gerügt.[261]

259 Vgl. etwa § 4 StG, der – auch dies ein deutliches Zeichen des Polizeistaats – jede Rechtfertigung einer Tat durch Einwilligung des Verletzten ausschloß. In Rspr. und Lit. wurden verschiedene, stets heftig umstrittene Vorschläge einer Einschränkung der Regelung entwickelt. Eine Rechtfertigung von Körperverletzungen aufgrund einer Einwilligung hat die Rspr. allerdings in gut paternalistischem Geist niemals zugelassen.

260 Dies hebt im Hinblick auf die allgemeine Verbrechenslehre auch *Moos,* Verbrechensbegriff (wie Anm. 211), S. 266, hervor, der darin ausdrücklich einen »Vorteil« sieht.

261 *Kleinschrod,* Bemerkungen, in: ACR 6, 4. Stück, (1806), S. 34. – Man hat in der österreichischen Strafrechtsliteratur den Schatten, den dieses frühe Verdikt warf, gerne mit dem Votum eines Größeren aufgehellt: Feuerbach hatte in einer Anmerkung seiner »Kritik des Kleinschrodischen Entwurfs« das österreichische StG mit dem Lob geehrt, es drücke »auf das vollkommenste die Idee aus, die ich mit einem Strafgesetzbuch verbinde« (*Feuerbach*, 1804, Kritik, Theil 1, S. 18; Anm.). Daraus und aus der Formulierung des Kaiserlichen Kundmachungspatents vom 3. September 1803: »Der Schuldige soll kein größeres Übel leiden, als zur Hintanhaltung der Verbrechen angedrohet und vollzogen werden muß«, hat man einen maßgeblichen Einfluß der Feuerbachschen Generalpräventionslehre auf das österreichische StG gefolgert (so wohl zuerst *Herbst*, Hdb., wie Anm. 201, S. 10; ebenso noch *Eb. Schmidt*, Geschichte, wie Anm. 3, S. 259). Diese Auffassung ist aus verschiedenen Gründen, vor allem aber schon deshalb unhaltbar, weil die Grundsätze des StG 1803 aus dem westgalizischen StG von 1796, teils sogar aus der Josephina übernommen wurden, also älter waren als Feuerbachs Theorie, die er 1799 in seiner »Revision« erstmals formulierte; überzeugend dazu *Moos*, a.a.O., S. 243, 265 f.

Soweit diese Präzisionsmängel für eine zeitgemäße Korrektur der Entscheidungen, die von solch unzeitgemäßen Paragraphen präjudiziert wurden, nicht ausreichten, griff die Rechtsprechung regelmäßig auf einen im Gesetz selbst vorgesehenen Notbehelf zurück, um wenigstens das jeweilige Strafmaß einigermaßen in den Grenzen von Gerechtigkeit und Humanität halten zu können: § 54 StG[262] regelte das »außerordentliche Milderungsrecht« des Strafrichters für Fälle, in denen »mehrere und zwar solche Milderungsumstände zusammentreffen, welche mit Grund die Besserung des Verbrechers erwarten lassen«. (Prozessual ergänzt wurde die Vorschrift durch den sachlich gleichlautenden § 338 Abs. 2 und 3 ÖStPO für das Schwurgerichtsverfahren.) § 54 dürfte zu den entscheidenden Überlebenshilfen des österreichischen StG gehört haben. War er 1803 (damals als § 48) noch ein kriminalpolitischer Lichtblick im ansonsten eher finsteren Strafenarsenal des Gesetzbuchs, so wurde er gegen Ende des 19. Jahrhunderts zunehmend zum rechtsstaatlichen Ärgernis. Ursprünglich als Ausnahme gedacht, war er zum immer selbstverständlicher benutzten Modus der Gesetzesumgehung geworden.[263] Birkmeyer sprach 1911 in einer Besprechung des deutschen und des österreichischen Vorentwurfs von dem »anarchischen Zustand, der in der österreichischen Strafrechtspraxis durch den Mißbrauch des sog. außerordentlichen Strafmilderungsrechtes eingerissen« sei.[264] Und der Wiener Strafrechtsprofessor Graf Gleispach kennzeichnete ein Jahr früher dieselbe Situation so:

> [Das außerordentliche Milderungsrecht] hat sich [...] für die Entwicklung der österreichischen Strafrechtspflege geradezu als verderblich erwiesen. Denn die Strenge des längst überlebten Strafgesetzes drängte dazu, die nur für außerordentliche Fälle gedachte Einrichtung in immer weiterem Umfange gegen den Geist des Gesetzes anzuwenden und schließlich gelangte die Praxis dazu, sich über die gesetzlichen Voraussetzungen ganz hinwegzusetzen. Es bleibe hier unerörtert, ob eine

262 Für Vergehen und Übertretungen sachlich analog § 266 StG.

263 *Finger*, Lehrbuch, Bd. 1, S. 825, geht so weit, »die betreffenden Bestimmungen des Strafgesetzes als durch langjährigen Gerichtsgebrauch derogiert« anzusehen. Vgl. auch die scharfe Kritik bei *Löffler*, Reform, in: ÖZStR 1 (1910), S. 140 ff., 143 ff.

264 *Birkmeyer*, Richterliches Ermessen, in: Gerichtssaal 77 (1911), S. 353.

Rechtsprechung das Lob verdient, das ihr von mancher Seite gespendet wurde, die das Gesetz zu verletzen sich zur Gewohnheit gemacht und freilich dadurch allein es ermöglicht hat, daß das Gesetz nicht schon längst durch ein zeitgemäßes ersetzt worden ist.[265]

2. Die Strafprozeßordnung von 1873: Rechtsstaatliche Leistung und Grenzen

Vor diesem Hintergrund stellt sich das Profil der österreichischen Strafprozeßordnung von 1873 auf den ersten Blick ganz anders dar. In einer kurzen anonymen Charakterisierung des Gesetzes im *Gerichtssaal* von 1874 heißt es:

> Die bedeutenden Vorzüge der österreichischen Straf-P. O., deren Verfasser der österreich. Justizminister Dr. Glaser ist, haben bereits eine ziemlich lebhafte Anerkennung gefunden. Die P. O. zeichnet sich ebenso durch die Höhe des wissenschaftlichen Elementes, auf welchem sie beruht, und durch das sichere Verständniß des practischen Bedürfnisses, wie durch die Klarheit und Stetigkeit des Ausdruckes aus.[266]

Politisch wie ideengeschichtlich durchaus plausibel, nimmt sich der damals hohe legislative Rang der ÖStPO im Rahmen der gesamten österreichischen Rechtsgeschichte des 19. Jahrhunderts gleichwohl als ein bemerkenswertes Phänomen aus. Denn anders als in Deutschland war die Epoche des Vormärz in Österreich für die dogmatische Entwicklung des Strafprozesses fast noch stärker als für die des materiellen Rechts eine Zeit beinahe vollständiger wissenschaftlicher Sterilität.[267] Das mag vornehmlich mit der

265 *Gleispach* (1910), Österr. Strafgesetzentwurf, S. 74; ähnlich *Hoegel*, Geschichte (wie Anm. 201), H. 1, S. 105. Vgl. auch die Statistik in den »Erläuternden Bemerkungen« zum Entwurf 1912, S. 91: In den Jahren um 1900 wurde regelmäßig in rund 70 Prozent der Strafurteile die Untergrenze des gesetzlichen Strafrahmens mittels des »außerordentlichen Milderungsrechts« unterschritten.

266 Gerichtssaal 26 (1874), S. 557; die Notiz, eine Kurzkritik des ersten Kommentars zur ÖStPO, stammt sehr wahrscheinlich von Friedrich Oscar v. Schwarze, also einem der profiliertesten Prozessualisten der Zeit. Von v. Schwarzes Autorschaft geht auch *Mayer*, Individualisierung, in: Grünhut's Z. 2 (1875), S. 413, aus.

267 Vgl. dazu etwa die Kritik bei *Wahlberg*, Ges. kl. Schr. (wie Anm. 211), 2. Bd., S. 56 ff.

in Österreich härteren politischen Repression während der Metternich-Ära zusammenhängen. Schon 1819 hatte Metternich als Staatskanzler in einer Instruktion an den österreichischen Gesandten in Bayern das dort gerüchteweise aufgetauchte Gespenst einer geplanten »öffentlich-mündlichen Justizpflege« in Österreich mit der apodiktischen Formel verscheucht, »eine Neuerung wie diese [...] zöge eine gänzliche Umwälzung des durch Jahrhunderte befestigten Regierungs-Systems nach sich und könne nicht in der Absicht eines Monarchen liegen, dessen ganzes Wirken Erhaltung des Bestehenden zum Zwecke hat«.[268]

Die Märzereignisse des Jahres 1848 stimulierten wohl die politische Maschinerie der Gesetzgebung, aber zunächst kaum die theoretische der Wissenschaft. Im »allerunterthänigsten Vortrag«, mit dem im Dezember 1849 der Justizminister Anton Ritter von Schmerling den StPO-Entwurf Joseph von Würths vorlegte, heißt es:

Kein Theil des gerichtlichen Verfahrens bedarf so dringend einer durchgreifenden Reform, als das Strafverfahren. Das Untersuchungsprinzip, auf welchem dasselbe bisher beruhte, ist zwar an sich ein nothwendiger Ausfluß der richtig erkannten Aufgabe des Staates, begangene Verbrechen zu erforschen und die Thäter zu verfolgen; es wurde jedoch mit Unrecht auf die Spitze getrieben, und auf Kosten der persönlichen Freiheit der Staatsbürger in einer nicht zu rechtfertigenden Ausdehnung und Strenge geltend gemacht.[269]

Würth verschaffte in der Kommentierung seiner StPO (die einem damals vorliegenden thüringischen Entwurf und mit diesem dem französischen Code d'Instruction Criminelle nachgebildet war[270]) dem liberalen Postulat Zachariaes von den »schützenden Formen eines ordentlichen Strafverfahrens«[271] ein erstes deutliches Echo in Österreich. Dennoch verblieb die österreichische Prozeßrechtswissenschaft zunächst in ihrer starren Unfruchtbarkeit. »Wenn man heute«, schreibt 1887 Heinrich Lammasch,

jene langathmige Zusammenstellung dessen, was die österreichische Rechtswissenschaft von 1850 bis 1854 geleistet hat, überblickt, durch welche Anonymus in der Österreichischen Gerichtszeitung 1855, Nr.

268 Zit. bei *Haber*, Strafprozeßgeschichte im Vormärz, in: ZStW 91 (1979), S. 592.
269 Provisorische Strafproceß-Ordnung (1851), S. 1.
270 Vgl. *Glaser*, Hdb. Strafprozeß I (wie Anm. 138), S. 182.
271 *v. Würth* (1851), Österr. Strafproceßordnung, S. 186.

15-19, den Vorwurf der Oberflächlichkeit, Unwissenschaftlichkeit und Buchmacherei zu entkräften sucht, der von Seite deutscher Kritiker der österreichischen Jurisprudenz gemacht worden war, so kann man kaum umhin, im Grossen und Ganzen dem scharfen Urtheile jenes deutschen Kritikers beizustimmen.[272]

Allerdings hatte sich spätestens seit Dezember 1851 das eisige politische Klima der nachmärzlichen Reaktion nicht nur in der Gesetzgebung, sondern auch in der Wissenschaft durchgesetzt. Es entstand eine geistig geradezu prohibitive Atmosphäre.[273] Die Strafprozeßordnung von 1853, ein Werk Anton Hye von Gluneck, löste die Würthsche StPO nach deren gerade zweieinhalbjähriger (ohnehin beschränkter[274]) Wirksamkeit ab und kehrte zu den Grundzügen des Inquisitionsverfahrens zurück.[275] Es war die Zeit eines devoten Duckmäusertums in der österreichischen Strafrechtswissenschaft, das sich vor dem Risiko des eigenen schlechten Gewissens in die fragwürdige Plausibilität des Verweises auf anderweitige Zuständigkeiten oder Rechtfertigungen für den Status quo rettete. Eine Nestroysche Grimasse aus dem Jahre 1849 wirkt wie das parodistische Epigramm auf die damals geläufige rechtswissenschaftliche Haltung:

Das is auch wieder wie man's nimmt; verdammen Sie deßtwegen Ihren Richter nicht. Nach Revolutionen kann's kein ganz richtiges Strafausmaß geben. Dem Gesetz zufolge verdienen so viele Hunderttausende den Tod – natürlich, das geht nicht; also wird halt einer auf lebenslänglich erschossen, der andere auf 15 Jahr' eing'sperrt, der auf 6 Wochen, noch ein anderer kriegt a Medaille – und im Grund haben s' alle das nämliche getan.[276]

272 *Lammasch*, Julius Glaser, in: Grünhut's Z. 14 (1887), S. 677.
273 Vgl. z. B. die mit »Allerhöchstem Cabinetsschreiben« vom 31. Dezember 1851 erlassenen »Grundsätze für organische Einrichtungen in den Kronländern des österreichischen Kaiserstaates«, RGBl 1852, II. Stück, S. 4 ff., insb. Abschn. 17-31.
274 Beschränkt v. a. durch die erst 1852 beseitigte Patrimonialgerichtsbarkeit; vgl. dazu *Hoegel*, Vierzig Jahre Strafverfahren, in: ÖZStR 6 (1915), S. 3 f.
275 Zur StPO 1853 v. a. *Glaser*, Ges. kl. Schr. (wie Anm. 241), 1. Theil, S. 653 ff.
276 *Nestroy*, Der alte Mann mit der jungen Frau, I/15. – Zu den sonstigen vielfältigen Spuren von Kriminalität, Kriminologie und Strafrecht in Nestroys Werk vgl. *Müller-Dietz* (1990), Johann Nestroy, in: *ders.*, Grenzüberschreitungen, S. 281 ff.

In dieser dürren wissenschaftlichen Umgebung war Julius Glaser seit den fünfziger Jahren des vorigen Jahrhunderts eine außergewöhnliche, ja für die österreichische Strafrechtswissenschaft (mit der freilich ebenfalls überragenden Ausnahme Wilhelm Emil Wahlbergs) zunächst eine geradezu singuläre Erscheinung.[277] Hye von Gluneck, sein durchaus bedeutender Gegenspieler während der sechziger Jahre, war der letzte wissenschaftliche Exponent einer vergangenen Epoche und als solcher gegenüber Glaser von zumindest ideengeschichtlich begründetem Nachrang. Die StPO von 1873, wiewohl aus einem ursprünglich an das Würthsche Gesetz angelehnten Entwurf (1861) und dessen zehnfacher Metamorphose in den Anschlußentwürfen hervorgegangen[278], war tatsächlich in hohem Grade das Resultat der ausschließlich persönlichen Arbeiten Glasers: von seiner »Denkschrift betreffend die bevorstehende Reform des Strafverfahrens« (1861)[279] bis zur Wortlaut-Gestaltung des Gesetzes und der Vollzugs-Verordnung zum Strafverfahren, die er, damals bereits Justizminister, am 19. November 1873 erließ.[280]

Damit sind neben dem überragenden Format der Leistung, die im wesentlichen unverändert bis heute in Österreich geltendes Recht darstellt[281], auch ihre Grenzen angedeutet. Nach dem ursprünglich einhelligen, oft begeisterten Lob für die ÖStPO 1873[282] lautete spätestens seit der Jahrhundertwende der Tenor

277 Zu Glasers Leben und Werk v. a. *Lammasch*, Julius Glaser (wie Anm. 272), S. 675 ff.; *Unger* ((1885), Julius Glaser; *A. Merkel*, Julius Glaser, in: Krit. Vjschr. 10 (1887), S. 1 ff.; *Landsberg*, Geschichte (wie Anm. 226), S. 954 ff.

278 Vgl. die umfassende Dokumentation bei *Mayer*, Hdb. österr. Strafprozeß I (wie Anm. 199); s. auch *Glaser* selbst in Hdb. Strafprozeß I (wie Anm. 138), S. 197 ff.

279 Abgedr. bei *Mayer*, a.a.O., S. 9-20.

280 Abgedr. in der Manzschen Ausgabe der StPO und der ergänzenden Vorschriften, 10. Aufl. (1901), S. 628 ff.

281 Vgl dazu die Bemerkung *Foreggers* (1973), Grundrechte in der StPO 1873, in: *Liebscher/Müller*, Hundert Jahre StPO, S. 15: Man sollte nicht »an den Grundfesten unseres bewährten Strafverfahrens [...] rütteln«.

282 Z. B. *Mayer*, Individualisierung (wie Anm. 266), S. 411 ff.; ebenfalls, wenn auch nicht ohne kritische Marginalien, *v. Bar*, Principien der österr. StPO, in: Grünhut's Ztschr. 1. S. 303 ff.

der Erfahrungsberichte über ihre praktische Wirksamkeit ganz anders: »In aller Stille«, schreibt Hoegel Anfang 1914,

> hat die Strafprozeßordnung vom 23. Mai 1873 am 1. Jänner 1914 das vierzigste Jahr ihrer Wirksamkeit überschritten. Wer die Zeit vom Zustandekommen dieses Gesetzes bis zur Gegenwart miterlebt hat, wird die Ernüchterung begreifen, die gegenüber diesem Gesetze allmählich Platz gegriffen hat.[283]

Die Gründe dafür sind rekonstruierbar. Glaser war in der Perspektive des hochrangigen Theoretikers vor allem um eine größtmögliche »Reinheit« in der Anwendung der Verfahrensmaximen des reformierten Strafprozesses bemüht. Nun war man sich allerdings damals in Wissenschaft und Praxis über den genauen Inhalt und die Reichweite dieser Maximen, und das heißt vor allem über die aus ihnen zu entwickelnden Folgerungen, noch keineswegs im klaren. Man hielt die Prozeßmaximen noch nicht, wie heute die ganz überwiegende Auffassung[284], für primär rechtspolitische Programmaussagen, sondern eher für logisch-systematische Begriffsfundamente, aus denen qua Deduktion die richtige Gestaltung des Verfahrensablaufs zu gewinnen wäre. Ebenfalls noch wenig deutlich war daher das richtige Maß einer wechselseitigen Beschränkung der Prozeßmaximen, also eine sinnvolle und konsistente Regelung der vielfältigen Möglichkeiten ihrer Kollision untereinander und mit den – damals fraglosen – Primärzielen »Wahrheit« und »Gerechtigkeit« im Strafverfahren.[285] Und das heißt auch: Die rechtsstaatlichen Ambivalenzen[286] einer zu weit getriebenen Durchsetzung einzelner prozessualer Grundsätze waren noch nicht klar zutage getreten. Daß dies – von der grundsätzlichen Schwierigkeit der Probleme abgesehen – auch mit dem zeitgeschichtlichen Horizont zu tun hatte, vor dem die österreichische StPO entstand, mit allen ideologischen Irritationen und Unsicherheiten einer politischen Epochenschwelle, in der eine

283 *Hoegel*, Vierzig Jahre Strafverfahren (wie Anm. 274), S. 1.

284 Dazu *Rieß* (1989), Prozeßmaximen, in: Fschr. Rebmann, S. 382.

285 Es kann im übrigen auch heute keine Rede davon sein, daß diese Probleme zufriedenstellend gelöst wären; sie dürften auch kaum definitiv lösbar, vielmehr zu jenen stets unerledigten Aufgaben zu rechnen sein, die von jeder Generation an die folgende zur erneuten Befassung weitergegeben werden.

286 Eindringlich dazu *Nowakowski*, Grund- und Menschenrechte, in: ÖJZ 1965, S. 285 f.

quälend lange Auseinandersetzung um die Neugestaltung des Verhältnisses zwischen Staatsmacht und Individuum ihrem (vorläufigen) Abschluß zutrieb, das liegt auf der Hand. Nach der verfassungsrechtlichen Durchsetzung der abstrakten Postulate des reformierten Strafprozesses mußte die schwierige Klärung ihrer Inhalte beginnen. »Anklageprinzip, Öffentlichkeit, Mündlichkeit, Unmittelbarkeit, freie Beweiswürdigung« – das war von den Liberalen seit dem Vormärz eindringlicher gefordert als in seinen Konsequenzen verstanden worden.[287] Glasers eigene Interpretationen der Prozeßprinzipien befanden sich zweifellos auf den Höhen der damaligen theoretischen Debatte. Aber es fehlte ihnen das Korrektiv eines hinreichend komplexen Umfeldes von Theorie und Erfahrung, um ihre einzelnen Folgerungen genügend zu erproben und nötigenfalls zu relativieren und zu modifizieren.

Das dürfte der wissenschaftsgeschichtliche Hintergrund für die abstrakte und zunehmend als doktrinär empfundene Praxisferne bestimmter Teile der ÖStPO 1873 sein.[288] Betrachtet man etwa deren einzelgesetzliche Durchbildung des Anklagegrundsatzes, dessen korrekte Realisierung »in seiner vollen Consequenz«[289] ersichtlich Glasers oberstes Anliegen war[290], so wird deutlich,

287 In diesem Sinn (mit Blick auf das Anklageprinzip) auch *John* (1888), Strafproceßordnung, Bd. 2, S. 140 ff.

288 Vgl. dazu das skeptische Gesamturteil *Mittermaiers* (1931), Das österr. Strafverfahren.

289 So Glasers Formulierung in Art. I, Ziff. I des Einführungsgesetzes zur StPO; abgedr. in der Manzschen Sammlung StPO (wie Anm. 280), S. 2.

290 Vgl. z. B. *Glaser*, Hdb. Strafprozeß I (wie Anm. 138), S. 209; sehr dezidiert bereits *ders.*, Versetzung in Anklagestand, in: ACR, NF 1852, S. 89 ff., 252 ff. Daß ihm diese Durchsetzung besser als etwa der deutschen RStPO gelungen sei, gehörte zu den geläufigen Lobesprädikaten für die StPO 1873; vgl. bereits den Bericht der »Commission des Herrenhauses« vom 27. 1. 1873 über den StPO-Entwurf: »Reine und consequente Durchführung des Anklageprinzips«, zit. bei *Rulf* (1873), Österr. Strafproceßordnung, S. 8; vgl. weiterhin auch die Widmung *S. Mayers* an Glaser im 1. Bd. seines Handbuchs (wie Anm. 199): »Wohlthaten eines auf folgerichtigster Durchführung des Anklageprincipes beruhenden Strafverfahrens«. Skeptisch gegen dieses Lob allerdings mit durchaus triftigen Gründen *Mittermaier*, a.a.O., S. 20 f.

wie ein Prinzip, das vor allem dem Schutz des Beschuldigten dienen soll, durch seine rationalisierende Ausbuchstabierung zu den paradoxen Effekten einer gegenläufigen Wirksamkeit gelangen kann. Glaser unterschied bereits deutlich das, was er (in Übereinstimmung mit der auch heute geläufigen Bezeichnung) die bloße »Anklageform« des Prozesses nennt, von etwas, das er (insofern abweichend von der heutigen Terminologie) als ein sämtliche Stadien des Verfahrens beherrschendes akkusatorisches »Prozessprinzip« bezeichnet.[291] Genauer: ein Verfahren, dessen »Anklageform« lediglich eine Teilung der Funktionen von Ankläger und Richter zwischen verschiedenen staatlichen Institutionen garantiert und damit vor allem den Satz »Wo kein Kläger, da kein Richter« verwirklicht, im Unterschied zu einem durchgängig als echter Parteienprozeß organisierten Verfahren: mit »Waffengleichheit« in allen Verfahrensstadien, Stoffsammlung und Präsentation der Beweismittel ausschließlich durch die Parteien und einer entsprechenden Beschränkung des Richters auf die bloße Funktion der Streitentscheidung.[292] Den Idealtypus dieses letzteren Modells, den ein damals (und noch lange danach) geläufiges Klischee im angloamerikanischen Verfahren annähernd verwirklicht glaubte[293], hielt Glaser weder für realisierbar noch für wünschenswert.[294] Er differenzierte mit der damals schon herrschenden Auffassung zwischen Anklage- und Instruktionsmaxime, also zwischen dem bloßen »Anklageformprinzip«[295] und dem Prinzip einer (nach wie vor inquisitorischen) Ermittlung der »materiellen Wahrheit« durch das Gericht von Amts wegen, und hielt – ebenfalls in Übereinstimmung mit der auch heute herrschenden Meinung und den in Deutschland

291 Vgl. *Glaser*, Hdb. Strafprozeß I (wie Anm. 138), S. 27 ff., 36 ff.

292 Vgl. *Nowakowski* (1973), Zum Verständnis des Anklageprozesses, in: *Liebscher/Müller* (Hg.), Hundert Jahre StPO (wie Anm. 281), S. 152.

293 Daß dies nur mit erheblichen Einschränkungen stimmt, zeigt *Herrmann* (1981), Angloamerikanisches Strafverfahren.

294 *Glaser*, Hdb. Strafprozeß I (wie Anm. 138), S. 36 ff. – Für eine ausgewogene »Typenmischung« heute *Roxin* (1975), Reform der Hauptverhandlung, in: *Lüttger* (Hg.), Probleme, S. 52 ff., 58 ff.

295 So Belings bekannte Formulierung in: *Bennecke/Beling* (1900), Strafprozessrecht, S. 239; kritisch dazu *Gleispach* (1924), Österr. Strafverfahren, S. 43, Anm.

und Österreich geltenden gesetzlichen Regelungen[296] – eine Kombination beider Maximen im Strafprozeß für erforderlich.[297] (Das ist immerhin insofern bemerkenswert, als Glaser sich in einem früheren Aufsatz aus dem Jahre 1851 entschieden für die Ersetzung der inquisitorischen Hauptverhandlung durch ein »englisches Modell« ausgesprochen hatte. Die richterliche Vernehmung des Angeklagten sollte danach abgeschafft, die richterliche Beweisaufnahme gänzlich den »Parteien« übertragen werden.[298] Den ersteren Vorschlag hat Glaser später, wenn auch zögernd, aufgegeben[299], ihn zumindest – wie auch den letzteren – legislatorisch nicht durchzusetzen versucht, obwohl seine Sympathie für die »englische« Lösung der Beweisaufnahme durch die Parteien weiterhin unverkennbar geblieben ist[300]). Jedenfalls war es nach einhelliger Auffassung nur das Klageformprinzip im dargestellten Sinn, was § 2 Abs. 1 der StPO 1873 vorschrieb und Art. 10 des Staatsgrundgesetzes von 1867 als »Anklageprocess« verfassungsrechtlich gewährleistete.[301]

Die »stark formalisierte«[302] – und das heißt vor allem: materiell einschränkende – Deutung des Anklageprinzips, die Glaser mit vielen Prozessualisten seiner Zeit teilte und die dem durchaus plausiblen Anliegen entsprach, die Ermittlung der »materiellen Wahrheit« nicht den Unsicherheiten eines reinen Parteiverfahrens zu überantworten, hatte freilich eine Kehrseite, deren Gefahren damals unterschätzt wurden. Sie verschaffte liberalen Theoretikern wie Glaser hinsichtlich der Wirkungsweise der inquisitorischen Erbstücke in den reformierten Verfahrensordnungen ein zu problemfreies Gewissen. Daß auch diese Verfahrensteile zumindest in einer Weise *gehandhabt* werden müssen, die das ursprüngliche Schutzanliegen des Anklageprinzips nicht aus

296 In Deutschland §§ 155 Abs. 2 und 244 Abs. 2; in Österreich §§ 232 Abs. 2, 245 Abs. 1, 254.

297 *Glaser*, Hdb. Strafprozeß I (wie Anm. 138), S. 36 ff.; ähnlich schon *v. Würth*, Österr. Strafproceßordnung (wie Anm. 271), S. 3 f.

298 *Glaser*, Vernehmung, in: ACR, NF 1851, S. 70 ff. und S. 191 ff.

299 *Glaser*, Verhandlungen 7. Dt. Juristentag (1868), Bd. 1, S. 86 ff., v. a. S. 90.

300 Vgl. etwa Hdb. Strafprozeß I (wie Anm. 138), S. 397, S. 431 ff.

301 Vgl. *Nowakowski*, Anklageprozeß, in: *Liebscher/Müller* (Hg.), Hundert Jahre StPO (wie Anm. 281), S. 151 ff.

302 So *Eb. Schmidt* (1964), Lehrkommentar, Bd. 1, Rdnr. 351.

den Augen verliert, das wurde vielleicht stillschweigend vorausgesetzt, aber gegenüber dem Druck einer Strafverfolgungspraxis, die sich fast zwangsläufig primär am Ziel der »Aufklärung« orientierte, nicht hinreichend gesetzlich gesichert. »Der Geist, aus dem heraus das Gesetz gehandhabt wird«, bemerkt Reinhard Moos im Hinblick auf die ÖStPO 1873, »charakterisiert die Praxis und kann den Erfolg des zukünftigen Rechts beeinträchtigen.«[303] Denn da das Gesetz dieser Praxis einen erheblichen und unkontrollierten inquisitorischen Spielraum läßt, werden die »inneren« Verstöße »gegen die Idee des [...] Anklageprozesses«[304] oft nicht mehr empfunden.

Glasers Bemühen um theoretische Korrektheit in der Durchführung des Klageformprinzips führte durchaus zu einzelnen Regelungen, die auch im Lichte der gegenwärtigen Reformdiskussionen moderner und plausibler erscheinen als die der deutschen RStPO (und ihrer heute geltenden Fortbildung). Zu nennen wäre hier pars pro toto die Abschaffung des sogenannten »Verweisungserkenntnisses«[305], das dem gerichtlichen Eröffnungsbeschluß der deutschen StPO entsprach. Nach den §§ 207 ff. der ÖStPO hat nicht das Gericht, sondern alleine die Staatsanwaltschaft über die »Versetzung in den Anklagestand« zu entscheiden.[306] Andererseits brachte ebenjenes Bemühen Glasers auch Regelungen hervor, die heute eher als merkwürdige Übertreibungen denn als gebotene Konsequenz des Anklagegrundsatzes erscheinen. Beispiele sind die freie Dispositionsbefugnis des Staatsanwaltes über die Klage während der gesamten

303 *Moos* (1971), Landesbericht Österreich, in: *Jescheck/Krümpelmann* (Hg.), Untersuchungshaft, S. 352.

304 *Moos*, a.a.O., S. 353.

305 § 229 der vorherigen (Würthschen) StPO 1850.

306 Vgl. hierzu die »Motive zu dem Gesetzentwurf einer Strafproceßordnung« (1872), abgedr. bei *Kaserer* (1873), Strafproceßordnung, II. Theil, S. 5 ff. (S. 16 ff.) – Der Beschuldigte kann sich allerdings nach § 208 Abs. 2 S. 2, 210 Abs. 2, 211 Abs. 1 gegen die Versetzung in den Anklagestand durch Einspruch wehren, über den der Gerichtshof 2. Instanz entscheidet; insofern gibt es also eine vom Willen des Beschuldigten abhängige negative Kontrolle der staatsanwaltlichen Anklageentscheidung durch die Justiz. Über ein gesetzlich nicht geregeltes, rein formelles und sehr beschränktes *eigenes* Prüfungsrecht des Gerichts s. *Lohsing* (1920), Österreichisches Strafprozeßrecht, S. 423.

Hauptverhandlung bis zum Beginn der Beratung des Gerichts über das Urteil (§ 259 Abs. 2)[307]; oder das ausdrückliche Verbot an den Staatsanwalt, in seinem Plädoyer »einen bestimmten Antrag über die Bemessung der Strafe« zu stellen (§ 255 Abs. 1, Satz 2). Denn das Gericht, so behaupten jedenfalls die »Motive« des Gesetzes, müsse sich durch einen solchen Antrag »wenn auch nicht juristisch, so doch in der Regel moralisch gebunden fühlen«[308], und dies gefährde eine saubere Trennung der Funktionen von Ankläger und Richter.

Aber jenseits solcher im einzelnen begründbaren oder bestreitbaren Vorzüge und Übertreibungen gibt es eine empfindliche rechtsstaatliche Achillesferse der ÖStPO von 1873, das Vorverfahren, und darin als den »wohl wundesten Punkt«[309], die Untersuchungshaft. Das kann man im übrigen durchaus als eine der markanteren Gemeinsamkeiten des österreichischen Strafprozesses mit seinem reichsdeutschen Pendant von 1877 ansehen.

Aber die rechtsstaatlichen Unzulänglichkeiten des österreichischen Vorverfahrens gehen weit über die der RStPO hinaus.[310] Hat die ÖStPO 1873 im Hauptverfahren die Position der Staatsanwaltschaft gegenüber dem Gericht (übrigens auch im Vergleich mit der deutschen StPO) wesentlich verstärkt, so kehrt sie im Vorverfahren das Verhältnis um; jedenfalls programmiert sie die entsprechende Absicht in ihrem Normenkatalog. Das wird schon äußerlich an der unterschiedlichen Quantität der Regelun-

307 Die reichsdeutsche StPO hat eine solche Ausdehnung des Anklageprinzips als eine Gefährdung des Legalitätsprinzips bekanntlich abgelehnt und der Staatsanwaltschaft ab »Eröffnung der Untersuchung« (§ 154 RStPO) bzw. heute ab Eröffnung des Hauptverfahrens (§ 156 StPO) die Dispositionsbefugnis entzogen (sogenanntes Immutabilitätsprinzip); vgl. dazu die Motive, zit. bei *John*, Strafproceßordnung (wie Anm. 287), S. 155.

308 Zit. bei *Kaserer*, a.a.O., S. 22. – Nach *Mittermaier*, Österr. Strafverfahren (wie Anm. 288), S. 23, bedeutet diese Regelung geradezu einen Widerspruch zum Anklageprinzip. Nach einhelliger Auffassung zu § 258 der deutschen StPO (257 RStPO) *muß* daher der Staatsanwalt ein bestimmtes Urteil beantragen.

309 So noch für die Gegenwart die Formulierung *Roeders* (1961), Reform des Vorverfahrens, 1. Österr. Juristentag, strafrechtl. Arbeitsgemeinschaft, S. 29.

310 Vgl. dazu *Mittermaier*, a.a.O., S. 25 ff.

gen deutlich, die den beiden Untersuchungsstufen[311] des österreichischen Vorverfahrens gewidmet sind: sieben Paragraphen (§§ 84 bis 90) für die staatsanwaltschaftlichen »Vorerhebungen«, hundertsechzehn (§§ 91–206) für die gerichtliche »Voruntersuchung«. Im Regelfall sollte der Untersuchungsrichter »Herr« des Vorverfahrens sein. »An Strafverfahren ohne Voruntersuchung hat der Gesetzgeber bloß ausnahmsweise für klare und unbedeutende Fälle gedacht [...].«[312] Neben der Aufgabe einer Vorbereitung der Hauptverhandlung in solchen »unbedeutenden« Fällen war den Vorerhebungen eine Filter- bzw. Vorbereitungsfunktion für die richterliche Voruntersuchung zugeordnet: bei vagen, noch »täterlosen« oder weniger stichhaltigen Strafanzeigen.[313]

Die Praxis hat diese Verteilungsintention des Gesetzgebers gewissermaßen doppelt unterlaufen. Einerseits kehrte sich die quantitative Relation zwischen Vorerhebungen und Voruntersuchung um: Nach Moos wurden noch 1930 »nur 9 % der Anklagen ohne gerichtliche Voruntersuchung erhoben, 1977 waren es bereits 60 %, und die Tendenz steigt«.[314] Moos spricht plastisch von einer »Entmachtung der Voruntersuchung durch die Praxis« und davon, daß der Untersuchungsrichter »nur noch ein Denkmal seiner selbst aus der Rechtswirklichkeit des vorletzten und letzten Jahrhunderts« sei.[315] Dies führte aber andererseits nicht zu einer Verlagerung der sachlichen Herrschaft im Vorverfahren auf die Staatsanwaltschaft. Ähnlich wie im deutschen Ermittlungsverfahren sind die österreichischen Vorerhebungen praktisch fast vollständig in die Hände der Sicherheitsbehörden geraten, die in eigener Regie die Ermittlungen in der Regel bis zur Anklagereife führen[316] – und damit eben auch in jener Mehrzahl

311 Das österreichische Strafverfahren umfaßt – wie bis zum 9. 12. 1974 auch das deutsche – die beiden Formen eines staatsanwaltschaftlich geleiteten Ermittlungsverfahrens (»Vorerhebungen«) und einer richterlichen Voruntersuchung. Zur historischen Entwicklung der Vorerhebungen s. *Amschl* (1911), Beiträge, 1. H., S. 1 ff.

312 *Moos* (1990), Grundlinien und Standortbestimmung, in: *Jung* (Hg.), Der Strafprozeß, S. 55.

313 Vgl. *Bertel* (1984), Grundriß, S. 128 f.

314 *Moos*, a.a.O., S. 57.

315 *Moos* (1981), Zur Reform des Strafprozeßrechts, S. 48, S. 49.

316 Vgl. *Moos* (1975), Parteistellung der Staatsanwaltschaft, in: *Kaiser/Vogler* (Hg.), Strafrecht – Strafrechtsvergleichung, S. 43; *Schuppich* (1989), Strafverteidigung im Vorverfahren, in: Fschr. Pallin, S. 367.

von Fällen, die inzwischen das statistische Verhältnis zwischen Voruntersuchung und Vorerhebungen zugunsten der letzteren umgekehrt haben. Von Anfang an gesetzlich gefördert wurde diese tatsächliche Entwicklung durch die eigenartige Regelung des § 97 Abs. 2 ÖStPO, wonach dem Staatsanwalt – »bei sonstiger Nichtigkeit des Actes« – eigene Untersuchungshandlungen im Vorverfahren verboten sind, deren Vornahme er vielmehr lediglich durch die Sicherheitsbehörden oder das Gericht »veranlassen« kann. Glaser sah das als gebotene Konsequenz seiner formalistisch »reinen« Interpretation des Anklageprinzips an[317], wonach dem Staatsanwalt nur die Entscheidung über die Anklage obliege. (Eine ähnliche Überlegung hat übrigens schon 1843 der preußische Justizminister von Mühler in einer Randbemerkung zu einem Votum seines Amtskollegen von Savigny zum Ausdruck gebracht.[318])

Das Zusammenspiel von gesetzlicher Norm und faktischer Akzentverlagerung führte dazu, daß einerseits der Staatsanwalt de facto zu einer weitgehend wirkungslosen »Drehscheibe des Aktenlaufes«[319] mit der »bloßen Ordnungsfunktion der Antragstellung«[320] geworden ist, andererseits aber der Untersuchungsrichter – außer in Fällen der Verhängung von U-Haft, für die nach h. M. in Österreich stets eine gerichtliche Voruntersuchung notwendig ist – aus der ihm zugedachten Herrenrolle im Stadium der Vorerhebungen immer stärker durch die Polizei verdrängt wurde. Das alles bedeutet, daß die österreichische Praxis heute ziemlich exakt das Gegenteil der gesetzgeberischen Absicht verwirklicht.[321]

Man kann mit guten Gründen diese quasi doppelte Verschie-

317 Dagegen mit Recht *Mittermaier*, Österr. Strafverfahren (wie Anm. 288), S. 20.

318 »Sie [d. i. die Staatsanwälte] sollen die ehrenvolle Bestimmung haben, Wächter der Gesetze zu sein. [...] Sie sollen nicht selbst inquirieren«; zit. nach *Otto* (1899), Preußische Staatsanwaltschaft, S. 21. Ähnlich heute *Gössel*, Stellung der Staatsanwaltschaft, in: GA 1980, S. 348 f.

319 *Wegscheider* (1982), Aufgabenverteilung, in: *Moos/Steininger* (Hg.), Probleme der Strafprozeßreform, S. 153.

320 *Moos*, Grundlinien (wie Anm. 312), S. 68.

321 Vgl. *Moos*, Parteistellung (wie Anm. 316), S. 43; *ders.*, Zur Reform (wie Anm. 315), S. 48 ff.; *Schuppich*, Strafverteidigung (wie Anm. 316), S. 365 ff.

bung der Ermittlungsfunktion auf die Sicherheitsbehörden wegen deren sachlichen Kompetenzvorsprungs bei der Verbrechensaufklärung für plausibel, ja für notwendig halten.[322] Das österreichische Problem dabei ist aber, daß die ÖStPO 1873, deren Verfasser sich eine solche Entwicklung nicht vorstellen konnte, dafür keinerlei gesetzliche Vorkehrung zur Sicherung der Rechte des Beschuldigten enthält. Die legale Deckung der polizeilichen Ermittlungen steht in § 24 ÖStPO und ist sehr schwach.[323] Sie reicht nicht entfernt an die tatsächlich geübte Praxis heran, die deshalb zu großen Teilen außerhalb der gesetzlichen Garantien des Strafprozeßrechts stattfindet.[324] Verstärkt wird diese faktische Entformalisierung des Vorverfahrens durch die Rechtsprechung, die gerade das Ausnützen des Fehlens verfahrensrechtlicher Sicherungen billigt bzw. selbst praktiziert. Zu nennen ist hier vor allem das Zulassen der Verlesung sämtlicher polizeilichen Protokolle in der Hauptverhandlung.[325] Es steht in einem eklatanten und rechtsstaatlich kaum akzeptablen Wertungswiderspruch zu den Verlesungsverboten, die sich im Umkehrschluß aus § 252 Abs. 1 ÖStPO selbst für richterliche Protokolle ergeben: etwa im Falle eines Zeugen, der erst in der

322 So etwa *Gössel*, Staatsanwaltschaft (wie Anm. 318), S. 349; für Österreich ähnlich *Triffterer* (1978), Voruntersuchung im österr. Strafverfahren, in Ged.Schr. Rödig, S. 354; sehr kritisch dagegen *Peters* (1985), Strafprozeß, S. 533.

323 Wortlaut des § 24 S. 1 ÖStPO 1873: »Die Sicherheitsbehörden, unter welchen auch die Gemeindevorsteher begriffen sind, haben allen Verbrechen und Vergehen, soferne sie nicht bloß auf Begehren eines Betheiligten untersucht werden, nachzuforschen, und wenn das unverzügliche Einschreiten des Untersuchungsrichters nicht erwirkt werden kann, die keinen Aufschub gestattenden vorbereitenden Anordnungen zu treffen, welche zur Aufklärung der Sache dienen oder die Beseitigung der Spuren der strafbaren Handlung oder die Flucht des Thäters verhüten können.«

324 Vgl. *Moos*, Zur Reform (wie Anm. 315), S. 48 ff.

325 Vgl. § 252 ÖStPO, der die Verlesbarkeit von Protokollen und Gutachten regelt. Da dort an Vernehmungsprotokolle, die im Wege selbständiger Ermittlungen der Sicherheitsbehörden entstanden sind, nicht gedacht ist, subsumiert die Praxis solche Protokolle entgegen der h. M. im Schrifttum kurzerhand unter die »Schriftstücke anderer Art« i. S. des § 252 Abs. 2, wonach ihre Verlesung dann sogar zwingend angeordnet erscheint. Zur Kritik vgl. *Moos*, Grundlinien (wie Anm. 312), S. 57 f.

Hauptverhandlung von seinem Zeugnisverweigerungsrecht (§ 152 Abs. 1 ÖStPO) Gebrauch macht[326]; oder im Falle der Nichtigkeit des untersuchungsrichterlichen Protokolls wegen Fehlens eines ausdrücklichen Verzichts auf das Zeugnisverweigerungsrecht (§ 152 Abs. 3). Sogar in solchen Fällen hält die österreichische Judikatur (auch heute noch) die Verlesung *polizeilicher* Protokolle für zulässig[327], eine Gesetzeslücke ausnützend, die auf der schlichten Ahnungslosigkeit des historischen Gesetzgebers gegenüber der künftigen polizeilastigen Entwicklung des Vorverfahrens beruht.

Doch auch der gesetzlich gewollte und bis in die jüngere Vergangenheit praktizierte[328] Regelfall, die richterliche Voruntersuchung, bot und bietet keine hinreichenden rechtsstaatlichen Garantien für den Beschuldigten. Das liegt vor allem daran, daß – ähnlich wie in den Verhandlungen über die deutsche StPO von 1877 – der gravierende Einfluß des Ermittlungsverfahrens auf die nachfolgende Hauptverhandlung unterschätzt wurde.[329] Die Voruntersuchung ist, wie die Motive im Entwurf der ÖStPO darstellen, »zwar nicht ihrer Natur nach, aber nach den auf dem gesammten europäischen Continente herrschenden Anschauungen [...] schriftlich und geheim«[330]; sie stellt also ein Erbstück aus der Vorzeit des reformierten Strafverfahrens dar, das auch liberale Prozessualisten wie Glaser meinten »herüberretten« zu müssen »aus unserem Deutschen Inquisitions-Prozesse«.[331] In

326 Der OGH hat bereits in seiner Entscheidung vom 27. 9. 1884 (KH 674) den Ausschluß solcher Vernehmungsprotokolle von einer Verlesung in der Hauptverhandlung festgehalten.

327 Berechtigte Kritik bei *Moos*, Grundlinien (wie Anm. 312), S. 57 f.; *ders.* (1985), Grundstrukturen einer neuen StPO, in: Verh. des 9. Österr. Juristentags, Strafr. Abtlg., S. 53 ff., S. 114.

328 Statistische Zahlen bei *Moos*, Zur Reform (wie Anm. 315), S. 52.

329 Zur Einschätzung des deutschen StPO-Gesetzgebers hinsichtlich des Verfahrensschwerpunkts in der Hauptverhandlung s. bei *Hahn*, Materialien III/1 (wie Anm. 89); S. 142. Dazu, daß sich bis in die Gegenwart die Einsicht in die präformierende Wirkung des Ermittlungsverfahrens auf die Hauptverhandlung nur langsam durchgesetzt hat, *Fezer* (1978), Richterliche Kontrolle?, in: Ged.Schr. für Schröder, S. 407 ff., insb. S. 412 f.

330 Zit. bei *Rulf*, Österr. Strafproceßordnung (wie Anm. 290), S. 91.

331 Mündlicher Beitrag *Glasers*, in: Verh. 3. Dt. Juristentag (1862), Bd. 2, S. 303 ff., S. 321.

dem Maß jedoch, in dem mit der möglichst weitgehenden Sachverhaltsaufklärung der materielle Verfahrensschwerpunkt auf das inquisitorische Vorverfahren verlagert wurde, mußten die rechtsstaatlichen Garantien für die Hauptverhandlung: Unmittelbarkeit, Mündlichkeit, Öffentlichkeit und rechtliches Gehör, ausgehöhlt werden. Eine Hauptverhandlung, die »meistens nur noch auf die aufwendig inszenierte Absegnung der bereits im Ermittlungsverfahren erzielten Ergebnisse«[332] hinausläuft, kann die Funktion dieser Garantien nicht mehr übernehmen und gewährleisten. Sie stellt nur nachträglich deren äußere Formen zur Verfügung, um sie mit Inhalten füllen zu lassen, die zuvor unterhalb der garantierten rechtsstaatlichen Standards gewonnen worden sind.

Glaser sah durchaus das Risiko einer materiellen Überlagerung der Hauptverhandlung durch das Vorverfahren. In seiner Begründung des StPO-Entwurfs von 1872 heißt es, die Hauptverhandlung müsse tatsächlich wie eine überflüssige und lästige Förmlichkeit erscheinen, »wenn nämlich die mündliche Verhandlung nichts Anderes als die Wiedervorführung der schon vorher vollständig zusammengebrachten, gesichteten und geordneten Materialien des Processes« sei; und »nur wenn die Mündlichkeit eine Wahrheit« werde, das heißt, wenn die Hauptverhandlung »nicht bloß die Reproduction des bereits Verhandelten« sei, könnten die Zwecke des reformierten Strafverfahrens erreicht werden.[333] Er hing aber in der Gewißheit seiner eigenen liberalen Gesinnung einer zwar sympathischen, doch hoffnungslosen Illusion an. 1862, zu einer Zeit, als in Österreich noch das Inquisitionsverfahren der Hyeschen StPO von 1853 herrschte, gab er ihr einen sprechenden allegorischen Ausdruck:

Ich will es zugestehen, die Voruntersuchung ist ein alter Saal, dessen Fenster und Thüren lange verschlossen waren, und nicht wieder überall geöffnet wurden; allein in den anstoßenden Gemächern sind Fenster und Thüren weit offen, Licht und Luft dringt von dorther aus den anstoßenden Gemächern überall auch in die Voruntersuchung herein. Sie hat

332 *Schünemann* (1988), Reflexionen, in: Fschr. Pfeiffer, S. 483.
333 Zit. bei *Rulf* (wie Anm. 290), S. 91; s. dort auch die skeptischen Erwägungen zu dem Vorverfahren der Würthschen StPO 1850, die aus heutiger Sicht alle höchst aktuell erscheinen, sich aber nahezu ausnahmslos auch auf Glasers eigenes Gesetzeswerk beziehen lassen.

selbst da, wo sie auf den alten Grundlagen erhalten worden ist, doch durch die Hauptverhandlung eine ganz andere Gestalt angenommen.[334]

Es war und blieb ein Irrtum. Seit Inkraftreten der ÖStPO ergingen immer wieder – und bereits von seiten Glasers selbst – Ministerialerlässe, die vor einer allzu starken Akzentverlagerung auf das Vorverfahren warnten. »Offenbar«, schreibt Moos, »waren sie immer wieder nötig«.[335] 1877 wies Joseph von Waser mit Blick auf die determinierende Wirkung des Vorverfahrens darauf hin, »daß das Strafverfahren auch seit der Wirksamkeit der neuen Strafprozeßordnung von den eingewurzelten Traditionen des Inquisitionsprozesses beherrscht und auf den durch die StPO vom Jahre 1853 angebahnten Geleisen fortgesetzt wird«.[336] 1904 deutete der Schweizer Strafrechtler Carl Stooss, seit 1897 Professor in Wien, in seiner Kritik an Hans Gross, der statt der vielfach geforderten Abschaffung[337] der Voruntersuchung deren Effektivierung verlangt hatte[338], mit einer erhellenden Wendung zugleich auf die Wirklichkeit des österreichischen Strafverfahrens:

> Zweck der Voruntersuchung ist es nicht, alles was in der Hauptverhandlung vorkommen soll, parat zu halten, ein Textbuch für die Hauptverhandlung zu schreiben, so daß der Vorsitzende, der die Hauptverhandlung eröffnet, alles was voraussichtlich vorkommen wird, schon schwarz auf weiß vor sich hat und es nach seinem festen und sicheren Plane aufführen läßt.[339]

Doch elf Jahre später schrieb der Grazer Oberstaatsanwalt Amschl deutlich und illusionsfrei vom »Scheingebilde« und »Schlagwort«, ja von dem zur »theoretischen Schrulle« degradierten Konzept eines »Schwergewicht(s) in der Hauptverhand-

334 *Glaser,* in: Verhandlungen 3. Dt. Juristentag (wie Anm. 331), S. 317.
335 *Moos,* Grundlinien (wie Anm. 312), S. 52.
336 Erlaß Wasers vom 7. 12. 1877, zit. nach *Amschl* (1915), Beiträge, Drittes Heft, S. 19; ähnlich *Waser,* Strafproceßordnung, in: Allg. Ö. GerZ 28 (1877), S. 375; ebenfalls *Zucker* (1876), Untersuchungshaft, II. Abt., S. 67, 94 und passim.
337 Insbesondere die IKV kritisierte seit der Jahrhundertwende zunehmend schärfer die Voruntersuchung; vgl. die ausführlichen Beiträge von *Mittermaier, Zucker, Heinemann, Kulemann* und *Rosenberg* in Mitt. IKV 11 (1904), S. 277-415 und S. 659-854.
338 *Gross,* Voruntersuchung, in: ArchKrimAnthr 12 (1903), S. 191 ff.
339 *Stooss,* Reform, in: ArchKrimAnthr 14 (1904), S. 120. Gegen Gross auch *Zucker* (1904), Gerichtl. Voruntersuchung, insb. S. 22.

lung«, von dem jedermann wisse,« daß es an der Unerfüllbarkeit seines Inhalts« kranke. Denn:

> Die Klarstellung der Tatmotive, die Aufrollung des Vorlebens, die Befassung mit der Persönlichkeit des Beschuldigten, die Herausarbeitung ihres Zusammenhanges mit der Tat, die gründliche Prüfung des Wertes der Zeugenaussagen, dafür bietet auch heute nur das Vorverfahren Raum.[340]

Vor diesem Hintergrund sind aber die Rechte des Beschuldigten im Vorverfahren der ÖStPO 1873 von einer bedrohlichen Dürftigkeit. (Sie sind, trotz wesentlicher Verbesserungen, auch heute noch bei weitem nicht ausreichend.[341]) Das beginnt mit der – ebenfalls aus einem strikt formalistischen Anklageprinzip deduzierten – Vorschrift des § 38 ÖStPO, wonach ein Verdächtiger erst mit der Einbringung der Anklageschrift oder des Antrags auf Voruntersuchung den förmlichen Status eines »Beschuldigten« erhält, und erst damit auch die entsprechenden Rechte, vor allem das Recht auf einen Verteidiger.[342] Zwar sind vorher die Beschuldigtenrechte für den Fall einer gerichtlichen Vernehmung des Verdächtigen analog zu gewähren (§ 38 Abs. 3). Das gilt aber in *polizeilichen* Vernehmungen gerade nicht.[343] Der Verdächtige ist hier, wie Moos schreibt, »reines Untersuchungsobjekt«[344], was im Maße der dargestellten Gewichtsverlagerung vom Untersuchungsrichter auf die Exekutive zu einem stetig wachsenden rechtsstaatlichen Vakuum im österreichischen Vorverfahren geführt hat. Bis 1971 gestattete § 45 Abs. 1 Gespräche des verhafteten Beschuldigten mit seinem Verteidiger »nur im Beisein einer Gerichtsperson«. Die Anwesenheit des Verteidigers (übrigens auch des Staatsanwalts) bei richterlichen Vernehmungen ist ausgeschlossen (§ 162).[345] Das für eine effiziente Verteidigung

340 *Amschl*, Beiträge, 3. H. (wie Anm. 336), S. 18, 20 f.

341 Zur Kritik v. a. *Moos*, Grundlinien (wie Anm. 312), S. 52 f., 58 ff.

342 Zum Ganzen und zu den erheblichen Rechtsschutzlücken *Moos* (1985), Beschuldigtenstatus, in: Fschr. Jescheck, S. 725 ff.; vgl. auch *Schuppich*, Strafverteidigung (wie Anm. 316), S. 370.

343 Vgl. KH 2619 (15. 6. 1901); für die heutige (unveränderte) Rechtslage *Foregger/Serini* (1982), StPO-Kommentar, Ziff. III zu § 38.

344 *Moos*, Beschuldigtenstatus, a.a.O., S. 730.

345 Seit 1975 gewährt § 162 Abs. 2 immerhin bei Zeugenvernehmungen, die in der Hauptverhandlung wahrscheinlich nicht wiederholt werden können, eine Ausnahme (die freilich ihrerseits nach Abs. 3 wieder beschränkt werden kann).

besonders wichtige Akteneinsichtsrecht im Vorverfahren hängt nach § 45 in zweifacher Weise vom Ermessen des Untersuchungsrichters ab: Er *kann* es gewähren, *wenn* er es »mit dem Zwecke des Verfahrens vereinbar findet«. Daß dies (bis in die Gegenwart!) offenbar regelmäßig nicht geschieht[346], demonstriert deutlich die vitale Überlebenskraft eines aus dem alten Inquisitionsprozeß bezogenen Rollenverständnisses: »Von vielen Richtern«, schreibt Moos, »wird der Verteidiger entweder als unnötig und lästig oder gar als suspekt angesehen«.[347]

Zu welcher Entwaffnung, ja Entrechtung des Beschuldigten und seines Verteidigers im Vorverfahren diese vom Gesetz immerhin ermöglichte Praxis regelmäßig führte, das zeigt exemplarisch ein Diskussionsbeitrag des österreichischen Rechtsanwalts und Nationalrats der Ersten Republik, Arnold Eisler[348], auf dem 35. Deutschen Juristentag 1929 in Salzburg:

> In Österreich ist heute der Zustand grotesk. Die Zeit reicht nicht aus, um ihn zu schildern. Vielleicht genügt es, wenn ich hier erwähne, daß ich selbst mit zwei Strafsachen zu tun habe, von denen die eine 2 Jahre, die andere über 1 Jahr anhängig ist. [...] Ich habe bis jetzt nicht erfahren können, weshalb verfolgt wird und was in den Akten steht, und ich glaube, ich werde es bis zu dem Tage nicht erfahren können, an dem ich durch die Mitteilung überrascht werde – wie ich erwarte –, daß das Strafverfahren eingestellt ist.[349]

Ein weiterer neuralgischer Punkt des österreichischen Vorverfahrens war und ist die Untersuchungshaft.[350] Zu den gravieren-

346 Vgl. *Moos*, Grundlinien (wie Anm. 312), S. 59.

347 A.a.O., S. 59.

348 Arnold *Eisler* taucht mehrfach in der Fackel des Karl Kraus auf; vgl. etwa 743/33 ff.; 778/16 f. Erwähnenswert ist vor allem, daß Eisler Anfang 1925 Kraus auch anwaltlich vertreten hat: in dessen Auseinandersetzung mit der Zeitung »Die Stunde« des Erpresserjournalisten Békessy (dazu ausführlich unten, S. 468 ff.); vgl. 691/103 sowie die im Namen von Kraus an die »Stunde« geschickte Berichtigung vom 1. Februar 1925, die Eisler unterschrieben hat (abgedr. in Kraus-Hefte 53, 1990, S. 4 f.).

349 Verh. 35. Dt. Juristentag (1929), 2. Bd., S. 643 f.

350 Ausführlich und kritisch dazu *Moos*, Landesbericht Österreich (wie Anm. 303), S. 347-549. Scharf kritisch bereits aus zeitgenössischer Sicht *Zucker*, Untersuchungshaft (wie Anm. 336), insbesondere S. 151 ff.

den Beschwerden gegen die Handhabung der StPO 1873 gehörte von Anfang an der kritische Hinweis auf die leicht, manchmal geradezu reflexhaft und daher mißbräuchlich verhängte U-Haft.[351] Moos hat überzeugend nachgewiesen, daß und wie sich in diesem empfindlichen Problembereich »ein Erbe aus absolutistischer Zeit« durchgesetzt und erhalten hat.[352] Die reaktionäre Hyesche StPO von 1853 hatte einen Haftgrund des »großen öffentlichen Ärgernisses« der Tat enthalten, der in der Würthschen StPO von 1850 gestrichen und prompt – wie Hye zur Begründung der Wiedereinführung schreibt – »von der Praxis manchmal sehr schwer vermißt« worden war.[353] Obwohl zu Beginn der liberalen Ära in Österreich mit dem § 3 des »Staatsgrundgesetzes zum Schutze der persönlichen Freiheit«[354], das in die »Dezemberverfassung« von 1867 aufgenommen wurde[355], dieser Haftgrund ausdrücklich beseitigt worden war, spielte (und spielt) er unausgesprochen nach wie vor eine erhebliche Rolle in der Praxis. Noch 1960 hat auf dem 1. Österreichischen Juristentag der Generalanwalt Lotheissen die Notwendigkeit »der sog. Schutzhaft und auch des damit im Zusammenhange stehenden Haftanlasses der Clamorosität der Tat« behauptet.[356] Im übrigen dürfte in der Praxis der Gedanke einer Legitimation der U-Haft als »vorweggenommener Strafhaft«[357] ebenso eine erhebliche Rolle spielen, wie die allgemeine Neigung, die Untersuchungshaft einfach als Instrument zur Erleichterung der Ermittlungen zu funktionalisieren, als – wie v. Waser schon 1882 kritisch vermerkte – »ein Mittel, die materielle Wahrheit zu erforschen«.[358]

351 Vgl. *Zucker*, a.a.O.; ebenfalls *Waser*, Strafproceßordnung, in: Allg. Ö. GerZ 33 (1882), S. 289.
352 *Moos*, Zur Reform (wie Anm. 315), S. 84 f.; *ders.*, Landesbericht Österreich (wie Anm. 303), S. 353.
353 *Hye v. Gluneck*, (1854), Leitende Grundsätze, S. 207.
354 Ges. vom 27. Oktober 1862, abgedr. z. B. in der Manzschen Ausgabe des StG 1852, 21. Aufl. (1908), S. 10 f.
355 Vgl. dort Art. 8 S. 2, abgedr. in: Manzsche Sammlung StG, a.a.O., S. 7 f.
356 *Lotheissen*, in: Verh. 1. Österr. Juristentag (1961), Bd. 2, 6. Teil, S. 60. (»Generalanwälte« heißen in Österreich die Stellvertreter des Generalprokurators beim OGH.)
357 *Moos*, Zur Reform (wie Anm. 315), S. 86.
358 *Waser*, Strafproceßordnung, in: Allg. Ö. GerZ 33 (1882), S. 290.

Hinzu kommt die Legalanordnung der obligatorischen »Pflichthaft« in allen Fällen, in denen jemand eines Verbrechens verdächtigt wird, das mit mindestens zehn Jahren Kerkerstrafe bedroht ist (§ 180 Abs. 2 ÖStPO 1873, heute Abs. 4). Da hierfür die häufig weit überhöhten *abstrakten* Strafdrohungen des antiquierten StG 1852 maßgebend waren, konnte sich die etablierte strafgerichtliche Praxis einer Anwendung des »außerordentlichen Milderungsrechts« (§ 338, Abs. 2 ÖStPO[359]) in der U-Haft-Frage nicht zugunsten des Beschuldigten auswirken.[360]

Wenig verwunderlich erscheint vor diesem Hintergrund, daß eine Synopse der Verhaftungsziffern, bezogen auf die Bevölkerungsdichte, noch 1971 Österreich im europäischen Vergleich »als das Land mit den meisten Verhaftungen«[361] erscheinen läßt. Klammert man die (insofern wohl konkurrenzlosen) Jahre des Nationalsozialismus in Deutschland und Österreich aus, so dürfte dieser Vergleich für das *gesamte* 20. Jahrhundert eine relativ verläßliche Orientierung geben. Kurz, und mit einem Vorgriff auf eine satirische, aber nicht allzu hyperbolische Wendung von Karl Kraus aus dem Jahre 1906: Es gehörte »zu den unverlierbaren Rechten des österreichischen Staatsbürgers, zu jeder Stunde und bei jedem Anlaß ›eingespirrt‹ zu werden« (194/21 = S1/318).

Das schon um die Jahrhundertwende schlechte und in den folgenden Jahrzehnten zunehmend katastrophale Ansehen der Glaserschen StPO bei liberalen Kritikern und insbesondere unter den Strafverteidigern kann daher kaum überraschen. Einer der bekanntesten Wiener Verteidiger dieser Zeit, Heinrich Steger[362], stellt der Buchveröffentlichung einer Reihe von Zeitungsartikeln über das österreichische Strafverfahren, die er zwischen Juni und

Dazu, daß dies auch heute noch die geläufige Praxis darstellt, *Moos*, Zur Reform, a.a.O., S. 87.

359 Später § 339 Abs. 1; aufgehoben durch Art. I, Z. 98, BGBl. Nr. 423, 1974. Zum außerordentlichen Milderungsrecht nach materiellem und formellem Recht vgl. oben, S. 87 f.

360 *Moos*, Landesbericht Österreich (wie Anm. 303), S. 393, Anm. 225.

361 *Moos*, a.a.O., S. 528.

362 Dr. Heinrich Steger erscheint (v. a. in den Jahren 1903-1909) relativ häufig in der Krausschen Fackel, und zwar durchwegs negativ apostrophiert (vgl. etwa 281/51 f.: »Aus dem Schmalztopf der Beredsamkeit«). Den Höhepunkt der Krausschen Angriffe gegen Steger bildet der Aufsatz »Die Kinderfreunde« (187/1 ff.), den Kraus 1908 in »Sittlichkeit und Kriminalität« (S1/167 ff.) aufnahm.

August 1925 in der *Neuen Freien Presse* erscheinen ließ, das folgende Vorwort voran, das selbst in seiner rhetorischen Schärfe eine damals verbreitete Auffassung wiedergibt: »Die österreichische Strafprozeßordnung, von Dr. Julius Glaser vor ungefähr 50 Jahren als ein modernes Reformwerk geschaffen, ist durch die gerichtliche Praxis in ein total rückständiges Strafverfahren verwandelt worden, so daß wir heute einen förmlichen *Inquisitionsprozeß* in Österreich besitzen.«[363] Und fast ein halbes Jahrhundert später schrieb der Wiener Rechtsanwalt Ernst Jahoda, die Bestimmungen der deutschen StPO über die Verteidigung müßten auf den österreichischen Strafverteidiger »wie eine Offenbarung, wie die Verwirklichung einer Utopie« wirken.[364]

Was dabei Glaser selbst betrifft, so mischt die weitreichende Konterkarierung seiner Absichten mittels seines eigenen legislatorischen Lebenswerks diesem einen durchaus tragischen Zug bei. Die Herrschaft des Untersuchungsrichters im Vorverfahren, die »Enteignung« der Staatsanwaltschaft hinsichtlich aller Ermittlungskompetenzen: das entsprach einem aufrichtig liberalen und rechtsstaatlichen Impetus, der aber sowohl sein Mißtrauen gegen die weisungsgebundene Staatsanwaltschaft als auch sein Vertrauen in den unabhängigen Richter nicht aus konkreten Erfahrungen, sondern aus den abstrakt fixierten Rollenklischees der strafprozessualen Reformzeit bezog. Daß der Untersuchungsrichter in dieser Perspektive geradezu (aber eben auch nur) »begrifflich zwingend« ein fairer Sachwalter der Beschuldigteninteressen sein mußte, beruhigte zunächst das liberale Gewissen über den konzessionslos inquisitorischen Charakter des Vorverfahrens hinweg. Es führte aber darüber hinaus wegen der richterlich-rechtsstaatlichen Aura, die das Ermittlungsergebnis auf diese Weise in die Hauptverhandlung mitbrachte, zu deren radikalen Entwertung, eben zum deutlichen Vorrang des inquisitorischen Verfahrensteiles vor dem, den die liberalen Prozeßmaximen beherrschen.

Diese empfindliche Verzerrung des hochkomplexen Systems vielfach kollidierender »checks and balances«, als das Glaser den Strafprozeß bereits auffaßte, war daher von Anfang an gesetzlich

363 *Steger* (1926), Verteidigung, S. 3.
364 *Jahoda*, Stellung des Verteidigers, in: ÖJZ 24 (1969), S. 570.

programmiert. Auch die weiteren »liberalen Errungenschaften« der ÖStPO vermochten hieran nichts zu ändern, zumal schnell zweifelhaft wurde (oder immer schon war), ob sie eine solche Kennzeichnung wirklich verdienten. Vor allem das Problem der Geschworenengerichte gehört hierher. »Der Kampf um die Schwurgerichte« war in Österreich, wie Glaser im ersten Band seines Handbuches hervorhebt, »kein so heftiger«[365] wie in Deutschland. Gerade Glasers eigenes Votum für die Jury in seiner Auseinandersetzung mit Hye von Gluneck[366] (1863/64) entschied den Streit in Österreich so nachdrücklich, daß Hye wenig später als Justizminister selbst nicht umhinkonnte, in seinem StPO-Entwurf von 1867 Schwurgerichte vorzuschlagen.[367] Die Strategien der Auseinandersetzung und die bis in alle Verästelungen der Prozeßtheorie und -psychologie entwickelten Argumente waren mit den in Deutschland vorgetragenen deckungsgleich.[368] Auch die zunehmend schlechten Erfahrungen mit den Schwurgerichten glichen prinzipiell den in Deutschland gesammelten. Wegen der weitaus größeren Heterogenität der Lebensverhältnisse im Vielvölkerstaat der k. u. k. Monarchie fiel hier allerdings die diskreditierende Fehlerquote in den »Wahrsprüchen« der Geschworenen quantitativ und qualitativ noch deutlicher aus.[369] Dies dürfte im übrigen zu den Motiven für eine der (wenigen) markanteren Abweichungen des österreichischen Schwurgerichtsverfahrens von dem deutschen gehören: § 300 RStPO verbot, jenseits der bloßen Rechtsbelehrung, dem Vorsitzenden jede Würdigung der Beweise, um auch die entfernteste Möglichkeit einer sachlichen Beeinflussung des »unabhängigen Wahrspruchs« der Laienrichter auszuschließen – ein wenig zweckmäßiger Purismus, hart an jener Grenze, wo die liberale Doktrin einer gerechten, bürgernahen Strafjustiz überging in eine fixe Idee der Politik. Dagegen schrieb § 325 ÖStPO dem

365 *Glaser*, Hdb. Strafprozeß I (wie Anm. 138), S. 261, Anm. 3.
366 Vgl. *Glaser* (1875), Zur Juryfrage, in: *ders.*, Schwurgerichtl. Erörterungen, S. 69 ff., gegen *Hye v. Gluneck* (1864), Über das Schwurgericht.
367 Dazu *Glaser*, Hdb. Strafprozeß I, a.a.O., S. 261, Anm. 3.
368 Daher kann hier auf die Diskussion oben S. 53 ff. verwiesen werden.
369 Vgl. *Dolenc* (1908), Psychologische Grundlagen, in: *Mittermaier/Liepmann* (wie Anm. 159), Bd. 1, S. 424 ff.

Vorsitzenden neben der Rechtsbelehrung auch eine »gedrängte Darstellung der wesentlichen Ergebnisse der Hauptverhandlung« und der »für und wider den Angeklagten sprechenden Beweise«, also das sogenannte »Resümee« vor.[370] Dessen prozeßrechtliche Ablehnung hätte in Österreich das Risiko weiterer Fehlurteile in Schwurgerichtssachen vermutlich noch erheblicher gesteigert als in Deutschland.

Eine weitere Folge der formalistischen Überschätzung des Gewichts der Hauptverhandlung ist die eher karge und restriktive Behandlung der Rechtsmittel in der ÖStPO. Der österreichische Strafrechtsprofessor Löffler sagte 1919 in einem Vortrag über »Die Strafjustiz im neuen Staate«: »Die Verfasser unserer Strafprozeßordnung haben die Hauptverhandlung erster Instanz mit großer Sorgfalt ausgestattet; sie glaubten, damit etwas so Vollkommenes geschaffen zu haben, daß sie das Urteil soweit als möglich vor jeder Anfechtung schützen wollten [...].«[371] Dabei mag die Beschränkung der Berufung auf die bloße Strafmaßanfechtung (§ 283 ÖStPO[372]) wegen der bekannten prinzipiellen Einwände gegen eine zweite Tatsacheninstanz im Strafverfahren durchaus einleuchtend erscheinen. Aber auch die »in Öster-

370 Die heute geltende Regelung der ÖStPO schreibt eine schriftliche Belehrung der Geschworenen durch den Vorsitzenden, die ausschließlich Rechtsfragen behandeln darf (§ 321), und eine mündliche »Besprechung« mit den Geschworenen im Beratungszimmer (§ 323 Abs. 2) vor; dabei »verweist« der Vorsitzende »auf die in der Hauptverhandlung durchgeführten Beweise, ohne sich in eine Würdigung der Beweismittel einzulassen«.

371 *Löffler* (1919), Strafjustiz, in: Organisation der Justiz, S. 43. Auch Alexander Löffler wird in der *Fackel* von Karl Kraus mehrfach – meist zustimmend – erwähnt; vgl. 59/7 ff.; 74/4; 131/7; 368/46 ff. (dort allerdings kritisch, wegen eines für die NFP erstatteten Gutachtens).

372 Ebenfalls angegriffen werden kann hiernach der Ausspruch über die privatrechtlichen Ansprüche. § 283 gilt für Berufungen gegen Schwurgerichts- und Gerichtshof-(= Kollegialgerichts-)Urteile der ersten Instanz. Gegen bezirksgerichtliche Urteile (die denen der deutschen Amtsgerichte entsprechen) ist die Berufung in weiterem Umfang zugelassen, und zwar »wegen der hier doch auffallenden Mangelhaftigkeit des Verfahrens«, nämlich wegen dessen weitgehend inquisitorischen Charakters; vgl. *Mittermaier*, Österr. Strafverfahren (wie Anm. 288), S. 31, S. 43.

reich an erster Stelle stehende Nichtigkeitsbeschwerde«[373] (§§ 281, 344 ff. ÖStPO), die unserer Revision entspricht, wird einer sehr formalistischen Limitierung unterworfen: Anders als § 376 RStPO (heute § 337) enthält die ÖStPO keinen allgemeinen Begriff der revisiblen Gesetzesverletzung. Vielmehr zählt § 281 (bzw. § 344 für Schwurgerichtsurteile[374]) die »Nichtigkeitsgründe« in einem starr abschließenden Katalog und damit, wie Löffler schreibt, »von vorneherein unvollständig«[375] auf. Zu welchen teilweise grotesken Entscheidungen dies führen mußte oder jedenfalls konnte, ist exemplarisch bei Löffler nachzulesen:

Wenn der Obmann[376] der Geschworenen ohne eine Abstimmung zuzulassen ein Schuldverdikt verkündet, so ist [...] das ein im Gesetze nicht vorgesehener Fall, daher unanfechtbar.
In einem anderen Falle[377] hatten die Geschworenen eine Zusatzfrage auf gerechte Notwehr [...] mit elf Stimmen verneint; der Obmann aber verkündete, die Frage sei mit elf Stimmen bejaht; daraufhin wurde der Angeklagte freigesprochen.
Auch dieser Verstoß fällt unter keinen der aufgezählten Nichtigkeitsgründe. Aber in diesem Falle hat der Kassationshof an dem Tatbestande herumgebosselt, bis aus dem prozessualen Verstoß eine unrichtige Anwendung des materiellen Gesetzes wurde (§ 344 Z. 10 lit. b); diese hat er unter Verletzung des § 290[378] von Amts wegen wahrgenommen, da der Staatsanwalt, der diesen Kunstgriff ja nicht voraussehen konnte, den Nichtigkeitsgrund gar nicht geltend gemacht hatte.
Ich wiederhole mit allem Nachdruck: solche Vorkommnisse untergraben das Rechtsbewußtsein des Volkes.[379]

373 Vgl. *Mittermaier*, a.a.O., S. 45.
374 Heute § 345.
375 *Löffler*, Strafjustiz (wie Anm. 371), S. 43.
376 Den die Geschworenen gem. § 326 Abs. 1 ÖStPO (heute § 320 Abs. 1) als Sprecher »aus ihrer Mitte« zu wählen hatten (und haben).
377 Gemeint ist der Fall KH 491 (28. 10. 1882).
378 Wonach nicht gerügte Nichtigkeitsgründe nur *zugunsten* des Angeklagten von Amts wegen zu berücksichtigen waren (und sind).
379 *Löffler*, Strafjustiz (wie Anm. 371), S. 43.

IV. Zusammenfassung

Drängt man die bisherigen Skizzen in ein Gesamtbild der Straf- und Strafprozeßrechtsentwicklung um die Jahrhundertwende in Deutschland und Österreich zusammen, dann werden vor allem zwei wesentliche Tendenzen erkennbar. Gustav Radbruch hat sie 1928 mit zwei von ihm selbst »politische Schlagworte« genannten Slogans überschrieben: »Soziale Strafrechtsreform« – »liberale Strafprozeßreform«. Gemeint war damit dies:

> Auf dem Gebiete des Strafrechts wird ein neues Blatt der Rechtsgeschichte aufgeschlagen: hier wird die altliberale Rechtsstrafe zur sozialen Zweckstrafe umgebildet. Die Strafprozeßreform dagegen hält nur eine Nachlese unverwirklichter Forderungen des liberalen Rechtszeitalters, gilt der Vollendung, nicht der Ueberwindung des vom Liberalismus geschaffenen »reformierten Strafprozesses«. Ihr Ziel ist die Ausschaltung der im heutigen Strafprozeß noch stehengebliebenen inquisitorischen Ueberbleibsel zugunsten eines folgerichtig akkusatorischen Strafprozesses [...].[380]

Drei Jahre später hat Eberhard Schmidt Radbruchs Formel aufgenommen und ausführlicher interpretiert: als noch immer unerledigte Erbschaft der Reformbewegung, die im letzten Drittel des 19. Jahrhunderts jene Frontlinien der Auseinandersetzung in der Strafrechtswissenschaft zog, die von Radbruchs Schlagworten plastisch, wenn auch verkürzend markiert werden.[381] Schmidt deutet auch den Hintergrund der sozialen Veränderungen an, die damals zur Fortentwicklung des klassisch-liberalen Strafrechts nach den Direktiven einer gewachsenen sozialstaatlichen Problemlast drängten. Die Hochindustrialisierung des ausgehenden 19. Jahrhunderts habe

> an die Stelle des ehedem vorherrschenden »bürgerlichen« Menschentypus den in den Massenbetrieben, in den Großstädten verschwindenden Arbeiter, Angestellten, Beamten gesetzt [...]. Krieg und Wirtschaftsnot fügten den Erwerbslosen und den Rentenempfänger hinzu. Ein Menschentypus trat hervor, den die Aufklärung nicht gekannt hatte, [...] der Typus des industrialisierten, vergesellschafteten Menschen [...]. Dieser Mensch verlangte nicht »Freiheit« im Sinne *Wilhelm v. Humboldts*, sondern Förderung und Hilfe vom Staat. Ihm gegenüber aber durfte und

380 *Radbruch*, Strafrechtsreform und Strafprozeßreform, in: JR 4 (1928), S. 189.

381 *Eb. Schmidt* (1931), Strafrechtsreform, S. 15 ff.

mußte der Staat das Recht in Anspruch nehmen, auf verbrecherische Verhaltensweisen mit Methoden zu reagieren, die auch vor der »Persönlichkeit« nicht halt zu machen brauchten. Schon deswegen nicht, weil in den meisten Fällen die strafrechtliche Verurteilung zugleich ein soziales Problem wurde, jedenfalls sehr häufig ein solches heraufbeschwor. Die Sozialpolitik rückte in unmittelbare Nähe der Kriminalpolitik.[382]

»Soziale Strafrechtsreform« – das ist ein sprechendes und einleuchtendes Etikett. Aber es bezeichnet nur eine, wenn auch die vielleicht wichtigste Konfliktlinie im Ringen um die Erneuerung des Strafrechts seit dem Ende des 19. Jahrhunderts. Ähnlich vergröbernd wie der Status quo des deutschen Strafrechts vor der Jahrhundertwende von der Zuschreibung eines »rein liberalen« Charakters[383] werden die Tendenzen seiner Fortentwicklung von dem vagen Kennzeichen des »Sozialen« erfaßt. Denn das RStGB wies, wie wir gesehen haben, im Lichte liberaler Prinzipien eine Reihe grundsätzlicher Defekte auf. Auch für das materielle Strafrecht war jene »Nachlese unverwirklichter Forderungen des liberalen Rechtszeitalters«, die Radbruch für die StPO-Reform konstatierte, keineswegs obsolet geworden. Der Kampf um die Strafrechtsreform wurde daher nach zwei Seiten geführt: noch mit dem Blick auf die uneingelösten liberalen Postulate der Vergangenheit und schon im Bewußtsein der notwendigen sozialen Korrekturen für die Zukunft.[384]

Exemplarisch prägt sich diese doppelte Orientierung der Strafrechtserneuerung in dem bekannten »Zwiespalt« zwischen Dogmatik und Kriminalpolitik bei Franz von Liszt aus.[385] Sein oft zitiertes Wort vom Strafgesetz als der »magna charta des Verbrechers«[386] markiert das strikt liberale Fundament seiner dogmatischen Grundbegriffe:

> Der Doppelsatz: nullum crimen sine lege, nulla poena sine lege – ist das Bollwerk des Staatsbürgers gegenüber der staatlichen Allgewalt […]: das Strafrecht ist die unübersteigbare Schranke der Kriminalpolitik.[387]

382 A.a.O., S. 13 f.

383 *Eb. Schmidt*, Geschichte (wie Anm. 3), S. 344; vgl. oben, S. 33 ff.

384 Vgl. dazu die nach beiden Seiten argumentierende Schrift *Liepmanns* (1922), Reform, insbes. S. 25 ff. und S. 86 ff.

385 Dazu noch immer grundlegend *Radbruch* (1988), Franz v. Liszt, in: *ders.*, Ges.ausg. Bd. 16, S. 27 ff.; vgl. auch *Georgakis* (1940), Geistesgeschichtliche Studien, insbes. S. 42 ff.

386 *v. Liszt* (1905), Einfluß, in: AuV II, S. 80.

387 A.a.O.

Aber die unbedingte Anerkennung dieser Prämissen bedeutet nicht, daß Liszt von der »modernen kriminalpolitischen Auffassung« nicht »einen mächtigen Einfluß auf die Umgestaltung der ›juristischen Grundbegriffe des Strafrechts‹«[388] gefordert und erwartet hätte. Den allgemein-politischen Ausgangspunkt für diese Strategie einer engeren Verklammerung von Strafrechtsdogmatik und Kriminalpolitik hat er in seiner Rede auf der 15. deutschen Landesversammlung der IKV in München (1912) prägnant skizziert:

Aus dem Rechtsstaat, dem Nichts-als Rechtsstaat, der sich damit begnügt hat [...], dem freien Spiel der Kräfte den ruhigen Ablauf zu sichern; aus diesem Rechtsstaat, der, um die Kantsche Formel anzuwenden, lediglich dafür sorgen wollte, daß die Willkür des Einen mit der Willkür des Andern nach einem allgemeinen Gesetz der Freiheit zusammen bestehen könne, hat sich im Laufe der Jahrzehnte der moderne Verwaltungsstaat entwickelt, der durch bewußte Zwecksetzung eingreift in das freie Spiel der Kräfte, eingreift, um auf der einen Seite den Schwachen gegenüber dem Überstarken zu schützen, um auf der anderen Seite die Interessen der Gesamtheit gegenüber dem Übermut des einzelnen wahrzunehmen. Dieselbe große geistige Strömung, die uns die Sozialpolitik gebracht hat, hat uns auch den Begriff der Kriminalpolitik gebracht. [...] Unsere moderne strafrechtliche Schule erscheint als Übertragung wirtschaftlicher und politischer Gedanken und Forderungen auf unser spezielles Arbeitsgebiet.[389]

Die wichtigste systematische Kategorie in dem Bemühen, seine liberale mit seiner sozialen Orientierung zu vermitteln – also die staatsskeptische Tendenz zugunsten einer möglichst weitreichenden individuellen Handlungsfreiheit und Rechtssicherheit in Einklang zu bringen mit den neuartigen Notwendigkeiten zur gezielten sozial- und kriminalpolitischen Intervention des Staates –, war für Liszt sein Begriff des »Rechtsguts«: als der abstrakten Verfestigung eines rechtlich geschützten Interesses.[390] Mit ihm ließ sich neben dem allgemeinen Bemühen um eine metaphysikfreie Grundlegung des Strafrechts eine doppelte programmatische Strategie verbinden: die (liberale) *Begrenzung* staatlicher Strafansprüche auf den Schutz legitimer Interessen (»Rechtsgü-

388 A.a.O., S. 82.

389 *v. Liszt*, Rede, in: Mitt. IKV 19 (1912), S. 377 f.

390 Grundlegend seine Besprechung »Rechtsgut und Handlungsbegriff im Bindingschen Handbuche« in AuV I, S. 212 ff., sowie sein Aufsatz »Der Begriff des Rechtsgutes ...« in: ZStW 8 (1888), S. 133 ff.

ter«); und die »soziale« *Begründung* neuer Straftatbestände, die von den neuartigen Rechtsgutbedrohungen aus einer sich rapide wandelnden Lebenswelt erzwungen wurden.

Anders als in der Grundsatzfrage eines »sozial« zu begründenden oder zu erweiternden Strafrechts gab es in der Kritik an den liberalen Defiziten der RStPO keinen grundsätzlichen Dissens zwischen der »modernen« (»soziologischen«) und der »klassischen« Richtung in der Strafrechtswissenschaft.[391] Das läßt sich beispielhaft ablesen an dem hohen Lob des Liszt-Schülers Hugo Heinemann[392] für Karl Bindings scharf polemische Haltung zu illiberalen Regelungen und vor allem zu entsprechenden Reformbestrebungen im Bereich des Strafverfahrens. Heinemann hatte sich in Fragen des materiellen Rechts mehrfach schroff gegen Binding gewandt.[393] In seiner skeptischen Vorausschau auf den StPO-Reformentwurf, der von einer im Jahre 1902 vom Reichsjustizamt berufenen Kommission zu erwarten wäre, schrieb er dagegen im Januar 1903:

> Vor allem aber wo sind die Autoritäten, die durch ihre hervorragenden wissenschaftlichen Arbeiten der Kommission zur Zierde gereichen würden. [...] Kaum verstehen kann man es, daß Männer wie Binding, der in seinen unvergessenen Artikeln in der »National-Zeitung«[394] den Entwurf von 1895 und dessen freiheitsfeindliche, den Angeklagten in einem überstürzten Verfahren abschlachtende Tendenzen gegeißelt hat, der Kommission fern gehalten sind.[395]

Heinemanns Name hat sich übrigens über ein bis in die Gegenwart weitergereichtes – und das heißt: entsprechend aktuell gebliebenes – Zitat aus dem Jahre 1906 in der Strafprozeßliteratur erhalten: »Das trübste Kapitel in der deutschen Strafrechtspflege ist die Regelung der Untersuchungshaft.«[396]

391 Das schließt natürlich Kontroversen in einzelnen, auch wichtigen Punkten nicht aus. Vgl. dazu die instruktive Schrift von *Goldschmidt* (1919), Zur Reform des Strafverfahrens.

392 Zu *Heinemann* s. unten, S. 168 f., 177.

393 Vor allem in seiner bei Liszt eingereichten Dissertation über »Die Binding'sche Schuldlehre« (1889); vgl. hierzu die Besprechung von *Lammasch* in: Krit. Vjschr. 13 (1890), S. 544 ff. Vgl. auch *Heinemanns* Monographie »Die Lehre von der Idealkonkurrenz« (1893).

394 *Binding*, Entwurf, in: National-Zeitung 1895, Nr. 20 ff.

395 *Heinemann*, Reform der Strafprozeßordnung, in: Soziale Praxis 1903, S. 410.

396 *Heinemann*, Rechtliche Stellung des Angeklagten, in: ZStW 26

Glichen die Probleme der österreichischen Strafprozeßreform in ihren Grundlagen weitgehend denen der deutschen, so waren im materiellen Strafrecht der Habsburgermonarchie die unerledigten Aufgaben der liberalen Reformepoche weit schmerzhafter und umfassender fühlbar. Seine Gesamtphysiognomie war nicht bloß da und dort beeinträchtigt, sondern durchgängig geprägt von den oft untauglichen, manchmal gefährlichen Gesetzesrelikten der absolutistischen Staatsräson, der es entstammte. Die Aufgabe der »nachholenden« liberalen Strafrechtsreform erschien noch dringlicher als die der zeitadäquaten oder vorausschauenden »sozialen«. Heinrich Lammasch, der um die Jahrhundertwende bedeutendste und einflußreichste österreichische Strafrechtswissenschaftler, schrieb 1904 in der Festnummer der *Allgemeinen Österreichischen Gerichts-Zeitung* für den 27. Deutschen Juristentag:

Der zweite Teil unseres Strafgesetzbuches enthält eine große Anzahl von Delikten rein polizeilichen Charakters. [...] In sehr vielen Fällen derselben ist die gerichtliche Bestrafung, ja schon die gerichtliche Untersuchung ein unverhältnismäßiges Übel, welches den Straffälligen unverdienter- und unnötigerweise trifft [...] Andrerseits wären einige Tatbestände, welche heute der Verwaltungsrechtspflege überlassen sind, ihrer großen sozialpolitischen Tragweite wegen der Judikatur der Gerichte zu überweisen [...]. An der vollständigen Änderung des Verhältnisses der Staatsbürger zur Staatsgewalt, wie sie seit 1803 und auch seit 1852 eingetreten ist, kann das Strafgesetz nicht so achtlos vorübergehen, wie dies bisher geschehen ist.[397]

Es konnte gleichwohl noch lange. Der praktische Notbehelf des Abschiebens der Probleme auf die gerichtliche Bewältigung des Einzelfalles schuf inzwischen ein permanentes Klima der Rechtsunsicherheit. Dies gilt ungeachtet der Tatsache, daß die Rechtsprechung des OGH in vielen Bereichen durchaus eine einigermaßen kalkulierbare Homogenität der Judikatur durchsetzte. Denn dieser fehlte nicht nur ihr rechtsstaatlicher Garant: das

(1906), S. 520. – Glieder der Zitatenkette bis in die Gegenwart sind etwa: *Siegfrieda*, Mißbrauch, in: Gerichtshalle (Wien) 1908, S. 253; *Rosenberg*, Zur Reform, in: JW 54 (1925), S. 1446; *Dahs*, Recht und Unrecht, in: NJW 12 (1959), S. 505; *Wolter*, Untersuchungshaft, in: ZStW 93 (1981), S. 452.

397 *Lammasch*, Ziele der Strafrechtsreform, in: Allg. Ö. GerZ. (Sonderabdruck) 1904, S. 82.

geschriebene Gesetz. Vielmehr mußte sie sich oft und gerade contra oder jedenfalls praeter legem Geltung verschaffen. Der Rechtsanwendung, wiewohl äußerlich in den klassischen Formen juristischen Argumentierens betrieben, mischte sich so in weiten Bereichen eine schlecht kaschierte grundsätzliche Geste des Flunkerns bei. Seinen zitierten Aufsatz über die »Ziele der Strafrechtsreform in Österreich« von 1904 beendet Lammasch mit den Sätzen:

Und wenn man es als Erlösung aus den Fesseln eines unbrauchbar gewordenen Gesetzes begrüßt, daß das oberste Tribunal des Reiches in weiser Abwägung aller Umstände praeter legem judiziert, wie will man es tadeln, wenn dann, in ihrer Sphäre, mitunter freilich aus bloßen Stimmungen, mitunter aber doch auf Grund vollberechtigter Empfindungen, die Geschworenen das gleiche tun und contra legem freisprechen? Dem einzelnen Falle wird auch dadurch häufig besser sein Recht zuteil als durch strikte Anwendung des Gesetzes. Aber wohin treibt ein Staat, der sich sagen muß, es sei besser, wenn seine Gesetze nicht angewendet werden?[398]

Die Form dieser kritischen Frage (nicht ihr gedanklicher Inhalt, den Lammasch aus keiner fremden Quelle zu beziehen brauchte) könnte das ferne Echo einer Reminiszenz sein. Im Mai 1904, vermutlich kurz bevor Lammasch seinen Aufsatz schrieb, stand in der *Fackel* des Karl Kraus:

Das Charakteristische der österreichischen Strafrechtspflege ist, daß man nicht weiß, ob man sich mehr über die richtige oder über die falsche Anwendung des Gesetzes entrüsten soll. (163/9)[399]

Man mag übrigens die zähe Überlebenskraft dieses Zustands in Österreich, über die Grenzen einer veränderten Staatsform hinweg, ermessen an einer beiläufig ironischen Bemerkung, die mehr als 20 Jahre später in der *Fackel* zu lesen war:

398 A.a.O., S. 85 f. Die beiden letztzitierten Sätze wiederholt Lammasch nahezu wörtlich neun Jahre später als Berichterstatter in seinem »Bericht der Kommission für Justizgegenstände über die Gesetzesvorlagen zur Reform des Strafrechts«, in: 167 der Beilagen zu den sten. Prot. des Herrenhauses, XXI. Session (1913), Nr. 58 bis 63, S. 3.

399 Im Abdruck in »Sittlichkeit und Kriminalität« erhielt der Satz eine stilistisch veränderte Fassung; vgl. S1/72.

Daß Landesgerichtsräte nach dem Strafgesetzbuch judizieren, kann ein Vergehen sein, und kein mildernder Umstand ist, daß sie so oft nach dem Strafgesetzbuch *nicht* judizieren. (735/45)

Was jedenfalls Heinrich Lammasch angeht, so ist nachweisbar[400], daß er die *Fackel* gelesen hat. Doch ist das bei weitem nicht die einzige Brücke, die sich von den obigen Ausführungen zu Karl Kraus schlagen läßt. Praktisch alle der hier exemplarisch vorgeführten Probleme des Straf- und Strafprozeßrechts um die Jahrhundertwende und danach werden (oft in vielfacher Wiederholung) in den 37 Jahrgängen der *Fackel* behandelt. Aber die Beziehungen von Karl Kraus zu dieser Sphäre gehen über das bloße Interesse an ihren sachlichen Problemen hinaus. Mit allen drei genannten Personen, mit Franz von Liszt, Hugo Heinemann und Heinrich Lammasch, als herausragenden Vertretern ihrer Wissenschaft[401] war Kraus persönlich bekannt, zuzeiten sogar freundschaftlich verbunden. Sie gehören zu den nachweisbaren Stützen seines Anspruchs, in den labyrinthischen Reformdiskussionen zum Strafrecht seiner Zeit als juristischer Laie[402] mit der ihm eigenen Unbedingtheit zu intervenieren. Diese Interventionen müssen gelesen und gedeutet werden auf einem allgemein politischen und zeitgeschichtlichen Horizont im Gesamtwerk der *Fackel*. Ihn aufzuhellen ist das Anliegen des folgenden Kapitels.

400 Dazu unten, S. 197 ff.

401 Für Liszt und Lammasch bedarf das keiner Beglaubigung. Welche Rolle aber auch der wissenschaftlich tätige Praktiker Heinemann vor allem in den Strafprozeßdiskussionen seiner Zeit spielte, wird exemplarisch deutlich an der umfänglichen, größtenteils zustimmenden Erörterung von Heinemanns Schriften in *Goldschmidts* einflußreicher Broschüre »Zur Reform des Strafverfahrens« (wie Anm. 391), insbes. S. 9, 12, 15 ff., 25 f. Ein weiteres Indiz für Heinemanns Bedeutung als Prozessualist ist die Tatsache, daß ihn die deutsche Landesgruppe der IKV 1903 mit der Ausarbeitung eines Reformentwurfs zur Voruntersuchung der RStPO beauftragte, den er (mit Motiven) ein Jahr später vorlegte; vgl. *Heinemann*, Gesetzentwurf Voruntersuchung, in: Mitt. IKV 11 (1904), S. 659 ff.

402 Kraus hat sich nach seinem Abitur im Frühjahr 1892 zwar an der juristischen Fakultät in Wien immatrikuliert, aber später mehrfach betont, daß er »nie irgendetwas studiert« habe – »man lasse sich durch die Inskription nicht täuschen« (395/44) – und daß er etwa 1895 auch formell das Jurastudium aufgegeben habe, aus dem er nie »irgendetwas Fachliches [...] bezogen« habe (679/59).

Zweites Kapitel
Satire und Politik im Werk der *Fackel*

Werner Kraft, der mit der ersten großen Monographie über Kraus nach dem Zweiten Weltkrieg[1] maßgeblich zu jenem Rezeptionsphänomen beigetragen hat, das alsbald die literarhistorische Überschrift »Karl-Kraus-Renaissance« erhielt[2], sagte 1944 in einem Vortrag über den Satiriker: »In keinem mir bekannten Zeitgenossen [war] der Funktionscharakter einer Person als Hinweis auf die tiefsten Intentionen der Epoche in einem solchen Grad entwickelt [...].«[3] Damit wird das Lebenswerk des Künstlers Karl Kraus in den Horizont der im weitesten Sinne *politischen* Entwicklung seines Zeitalters gestellt. Das ist eine schwierige und vielfach klärungsbedürftige These.

»Karl Kraus und die Politik«[4]: kaum eine Arbeit der Sekundärliteratur, die sich auf das Kraussche Werk als Ganzes bezieht und dieses Thema nicht mindestens berührte. Dennoch ist die Kraus-Philologie (wenn eine so pauschale Kennzeichnung für unsere Zwecke hier gestattet ist) weit von jeder überzeugenden Klarheit in dieser Frage entfernt.[5] Vor allem zwei Gründe dafür sind er-

1 *Kraft* (1956), Karl Kraus.
2 Vgl. *Brügel*, Karl-Kraus-Renaissance, in: Gewerkschaftl. Monatshefte 15 (1964), S. 231 ff.; *Busch*, Fragwürdige Kraus-Renaissance, in: Forum 6 (1959), S. 155 ff.; *H. Fischer*, »Renaissance«, in: Forum 10 (1963), S. 426.
3 *Kraft* (1967), Wer war Karl Kraus, in: *Engelmann* (Hg.), Dem Andenken an Karl Kraus, S. 18.
4 So der Titel der umfangreichen ungedr. Dissertation von *Scheichl* (1971).
5 Exemplarisch aus der kaum noch überschaubaren Sekundärliteratur: *Liegler* (1920), K. K., insbes. S. 226 ff. und passim; *Kraft* (1956), K. K., S. 109 ff. *Jenaczek* (1965), Zeittafeln, insbes. S. 95 ff.; *Naumann* (1969), Abbau; *Scheichl* (1971), K. K. und die Politik; *ders.*, Politik und Ursprung in: Wort und Wahrheit 27 (1972), S. 43 ff.; *ders.* (1977), Politische Polemiken, in: *Aspetsberger* (Hg.), Staat und Gesellschaft, S. 45 ff.; *J. M. Fischer* (1974), K. K., S. 66 ff.; *ders.* (1973), Kulturkonservatismus, S. 115 ff.; *Pfabigan* (1976), K. K. und der Sozialismus; *ders.* (1986), K. K. und Austromarxismus, in: *Scheichl/Timms* (Hg.), K. K. in neuer Sicht, S. 235 ff.; *Krolop* (1987), Genesis und Geltung;

kennbar: Zum einem die Orientierung an so undeutlichen, emotional unterströmten und für eine genauere Analyse unbrauchbaren Kriterien wie »fortschrittlich« oder »reaktionär« bzw. (und näher an parteipolitischen Selbstbenennungen) »liberal«, »sozialistisch«, »konservativ«. Hält man die in 37 Jahrgängen der *Fakkel* mehrfach wechselnd artikulierten politischen Auffassungen ihres Herausgebers gegen einen derart diffusen Hintergrund, dann wird man über die etwas ratlose Konstatierung des »Schwankens« und der oft berufenen »Widersprüche« kaum hinauskommen. Zweiter und hieran anschließender Grund ist die Gutgläubigkeit, mit der die politischen Selbststilisierungen des Satirikers als authentischer Wegweiser zu seiner Einordnung in die oben genannten partei- oder realpolitischen Schablonen benützt werden. Was eine solche Betrachtungsweise sichtbar machen kann, ist nicht viel mehr als ein Panoptikum unterschiedlichster politischer Bekundungen aus rund 25 000 Seiten der *Fakkel*.[6] Damit sind aber die wichtigen Fragen erst gestellt. Nimmt

sowie: Präformation und Konfrontation, beide in: *ders.* K. K., S. 65 ff. und S. 210 ff.; *Timms* (1986), Apocalyptic Satirist, S. 273 ff., 334 ff., 352 ff.; *Früh*, K. K. und der Kommunismus, in: Zeitgeschichte (Wien) 15 (1987/88), S. 315 ff.; *Stremmel* (1982), Dritte Walpurgisnacht; *Frei* (1985), K. K. und das Jahr 1934, in: *Ammann/Berger* (Hg.), Österr. Literatur der dreißiger Jahre, S. 303 ff.; *Halliday* (1986), K. K., Pfemfert and 1st World War; *Binder*, Politische Positionen, in: LuK 22 (1987), S. 55 ff.; *Menges*, K. K. und Austrofaschismus, in: Colloquia Germanica 14 (1981), S. 313 ff.; *Scharang*, Dritte Walpurgisnacht, in: LuK 22 (1987), S. 152 ff.

6 Das gilt auch für eine so material- und kenntnisreiche Arbeit wie die *Scheichls*, K. K. und die Politik, a.a.O., deren Verdienst als umfassendes Kompendium solcher Bekundungen (bis 1919) unbestreitbar ist, aber nicht allzuweit darüber hinaus reicht. Ähnliches gilt für die in anderen Hinsichten ausgezeichnete Monographie von *Timms*, der für die Zeit nach 1910 und bis zu einem »decisive change of political tone« (a.a.O., S. 360) im Oktober 1917 eine »konservative« oder »reaktionäre« Haltung des Satirikers anhand zahlreicher Zitate aus der *Fackel* nachweisen will (vgl. v. a. S. 240 f., 247 ff., 334 ff. und 352 ff.). Schon die Tatsache, daß sich für diese Jahre mit ebenso vielen *Fakkel*-Zitaten zu kulturellen, sozialen und politischen Themen eine exakt gegenteilige »anti-konservative« Haltung belegen läßt, muß gegenüber der Brauchbarkeit solcher Prädikate skeptisch stimmen. Vgl. auch die andersartige Bewertung der Krausschen Haltung dieser Zeit bei *Krolop* (1987), Genesis und Geltung, in: *ders.*, Karl Kraus,

man eine solche Phänomenologie der rhetorischen Gebärden schon für die Antwort, dann bleibt die Beurteilung der politischen Haltung des Satirikers eingeklemmt zwischen zwei unproduktiven Mißverständnissen: zum einen, daß realpolitische Tendenzmarkierungen wie »fortschrittlich«, »konservativ«, »reaktionär« brauchbare und trennscharfe Kriterien abgäben; und zum anderen, daß die wechselnden strategischen Allianzen, die der Satiriker zur Verteidigung des normativen Fundaments seines Weltbildes mit vorhandenen politischen Gruppierungen einging, jeweils seine Zuordnung zu diesen erlaubten. Ein etwas maliziöser Blick in dieser Perspektive erfaßt dann etwa den folgenden Tatbestand:

Im Grund schrieb Karl Kraus weit lieber über Literatur und Theater als über Politik. Trotzdem wandte er viel Zeit und Temperament an die Erörterung politischer Dinge. Im Laufe der Jahre wechselte er unzählige Male seinen Standpunkt. Zuerst war er Liberaler, später, noch vor dem Krieg, extremer Konservativer, während des Krieges Pazifist, dann stand er den Sozialdemokraten nahe, vorübergehend sympathisierte er mit den Kommunisten, am Ende seines Lebens wurde er gar Anhänger von Dollfuß und Starhemberg.[7]

Das ist tatsächlich in gewissem Sinn, wie Scheichl, diese Stelle kommentierend, schreibt, »richtig, wenn auch vollkommen falsch«.[8] Freilich zieht er daraus nicht den naheliegenden Schluß, daß solche Klassifizierungen wertlos sind. Vielmehr führt es ihn zu der »Erkenntnis von der grundsätzlichen Belanglosigkeit der Politik« im Werk von Karl Kraus seit spätestens 1907: Dieser gebe von da an »nicht einen politischen Bundesgenossen, sondern [...] die Politik preis«.[9] Aber eine solche Behauptung kann sich allenfalls an *einer* aus der Reihe von Äquivokationen hinter dem konturlosen Begriff »Politik« beglaubigen; sie leidet an der Vernachlässigung aller anderen. In so undifferenzierter Form ist sie irreführend.[10]

S. 112 f. (die Timms freilich als unzutreffend ablehnt, vgl. a.a.O., S. 429, Anm. 2).

7 *Fuchs* (1949), Geistige Strömungen, S. XIX.

8 *Scheichl*, Politik und Ursprung (wie Anm. 5), S. 43.

9 *Scheichl*, a.a.O., S. 44. Zustimmend etwa *J. M. Fischer*, Kulturkonservatismus (wie Anm. 5), S. 124. Gegen Scheichl und Fischer mit Gründen *Menges*, K. K. und der Austrofaschismus (wie Anm. 5), S. 315 f.

10 Vgl. daneben die ebenso irreführende Behauptung, Kraus habe

Gewiß lassen sich für die vermeintliche Politikferne der Krausschen Satire zahllose Belege aus der *Fackel* selbst anführen. Innerhalb der in der Sekundärliteratur geläufigen »Periodisierung« der *Fackel*[11] markiert der Aufsatz »Bekenntnisse« vom Oktober 1905 (185/1 ff.), in dem Kraus ausdrücklich sein früheres sozialethisches Programm der »sittlichen Entrüstung« (185/8) zugunsten einer ästhetischen Orientierung zurücknimmt, jenen Einschnitt, von dem an die Distanzierung von der Politik ins Repertoire seiner satirischen Gesten aufgenommen wird. Dem offenen Brief eines seiner damaligen Mitarbeiter, des Sozialisten Robert Scheu, der ihm Gleichgültigkeit, ja Feindschaft gegenüber der bevorstehenden österreichischen Wahlrechtsreform von 1907[12] vorhielt, antwortet er im Januar 1906:

> Die Seiten dieser Zeitschrift, die meine eigene Feder beschrieb, zeigen alle menschlichen Untugenden außer dem Ehrgeiz, Politik zu machen. (194/6)[13]

Im März 1910 heißt es:

> Vielleicht ginge es besser, wenn die Menschen Maulkörbe und die Hunde Gesetze bekämen; wenn die Menschen an der Leine und die Hunde an der Religion geführt würden. Die Hundswut könnte in gleichem Maße abnehmen wie die Politik. (298/46 = S8/215)

Im März 1914 wehrt er ironisch die Gefahr der Verwechslung mit einem Wiener Strafrichter ab, der nach einem Bericht der *Neuen*

im Grund stets »als Politiker [...] kämpfen« wollen, bei *Hohoff*, Glanz und Elend, in: Merkur 1968, 564. Ähnlich, freilich kaum über feuilletonistische Allgemeinheiten hinauskommend, *Schirrmacher*, Wie Worte Taten gebären, in: FAZ, Literaturbeilage vom 29. 3. 1988, S. 1.

11 Zu dem (im großen und ganzen plausiblen) Grundschema, das da und dort modifiziert oder mit genaueren Differenzierungen versehen wird, vgl. *Jenaczek*, Zeittafeln (wie Anm. 5), S. 176, der folgende Einteilung vornimmt: die sozialethische Periode (1899 ff.); die »ästhetische Wendung« (1902/1905); »Dienst an der Sprache« (1909 ff.); »Zwischen den Lebensrichtungen« (d. i. Abkehr von Konservatismus und jeder Neigung zum Militarismus; 1914 ff.); »Pro Demokratie, pro Republik« (»die Sache der Arbeiter«; 1919 ff.); Bruch mit den Führern der Sozialdemokratie (1930 ff.).

12 Vgl. zu dieser die oben, S. 31, Anm. 40 zit. Literatur.

13 Zur Diskussion dieser Auseinandersetzung mit Robert Scheu s. *Kraft*, K. K. (wie Anm. 1), S. 109 ff.

Freien Presse in »christlich-soziale Umtriebe bei den Wahlen [...] wie eine Fackel« hineingeleuchtet habe, und fährt fort:

Umsoweniger, als die Fackel unter Wahlschwindel auch eine korrekte Wahl versteht, ohne Ansehen der Person und der politischen Richtung *jede* Wahl, sowohl in der Idee wie in der Ausführung, für einen Schwindel hält und also von einer Wahl zwischen den Parteien nie weiß, ob sie korrekt, wohl aber, daß sie schwer ist. (393/31)

Und im Dezember 1931 – viereinhalb Jahre vor seinem Tod – schreibt er resignierend und bekräftigend:

Ich bin bekanntlich keiner Partei Genosse, sondern stehe allen mit gleichmäßig abgewogener Mißachtung gegenüber. Ich putschte selbst, packle nicht einmal mit mir und mache, ohne nach links oder rechts zu blicken, zugleich revolutionäre und reaktionäre Politik, kurzum, ich bin das, was die Idioten sämtlicher Parteien einen Eigenbrötler nennen. (864/2)

Solche Zitate, mitsamt den unzähligen ähnlichen, die sich für den gegenwärtigen Zusammenhang noch aus der *Fackel* anführen ließen[14], belegen keineswegs die Behauptung, Kraus sei ein »unpolitischer Schriftsteller« gewesen. Schon die Tatsache, daß er auch zur Zeit seines (buchstäblich) ausgesprochenen parteipolitischen Engagements – eines Wahlaufrufs für die Sozialdemokraten im Februar 1919[15] – demonstrativ die Haltung des antipolitischen »Geistesmenschen« beibehielt, sollte skeptisch gegenüber der These stimmen, die Politik sei für Kraus ab 1905 »belanglos« gewesen, er habe es schließlich selbst oft und deutlich gesagt. Denn er hat es auch gesagt, als er ganz offenkundig Politik betrieb:

[...] auch der Antipolitiker, für den der Gedanke erst jenseits der Gemeinschaft anfängt, [wird sich] zu einer Partei bekennen, welche nicht größere Kriegsschuld belastet als eine Menschheit, deren Seelenkraft keinen hinreichenden Schutz, keinen mehr, keinen noch, gegen Mitrailleusen gewährt hat. (508/31)

Hinter dem »Pathos der Distanz« zur Politik[16] steht eine um die

14 Vgl. exemplarisch etwa noch 190/15; 192/1; 232/2; 261/13; 264/1 ff.; 269/1; 326/17; 349/17 (über Nestroy, aber auch auf Kraus selbst bezogen); 351/5; 399/14; 554/4; 771/15; 845/1; 873/19; 876/1.

15 Gedruckt auf dem Programm seiner Wiener Vorlesung vom 2. Februar 1918; vgl. 508/30 ff.

16 Diese Anspielung auf Nietzsche ist hier, gerade im Anschluß an

Jahrhundertwende unter Künstlern und Intellektuellen weit verbreitete Attitüde. Das gilt sowohl für Deutschland als auch für Österreich: primär aus analogen sozialpsychologischen Gründen; sekundär auch deshalb, weil zu dieser Zeit über verschiedene kulturelle Kanäle eine Art ständigen Imports solcher Attitüden aus dem Deutschen Reich vor allem in die Wiener Intellektuellenkreise stattfand.[17] Diese Haltung des antipolitischen »Geistesmenschen« gehört zu den zahlreichen gesellschaftlichen Zerfallsprodukten, die dem Prozeß einer unorganisch überstürzten Industrialisierung in Deutschland und Österreich als kultureller Schatten folgten.[18] Sie ist eines jener Phänomene, die von der historischen Forschung als vielfacher »Gestaltwandel des Liberalismus«, als dessen »Krise, Verfall und Substanzverlust«[19] beschrieben worden sind. In dem Maße, wie gegen Ende des 19. Jahrhunderts der wirtschaftliche und der aufgeklärt-gesellschaftliche Liberalismus auseinandertraten und in ihren Wert-

das vorherige Zitat, keine zufällige. Im »Zarathustra« steht der Satz: »Dort wo der Staat aufhört, da beginnt erst der Mensch, der nicht überflüssig ist ...«; vgl. *Nietzsche*, Werke, KSA, Bd. 4, S. 63. Im »Ecce Homo« nennt sich Nietzsche den »letzte(n) antipolitische(n) Deutsche(n)«; vgl. Ges. Werke (»Musarion-Ausg.«) Bd. 21 (1928), S. 179 (der Passus ist in der neuen Ausgabe der »Werke« nicht mehr enthalten; zu den Gründen der Streichung s. die Hg. in KSA, Bd. 14, S. 468, 472). Der zumindest mittelbare, sozusagen kulturatmosphärische Einfluß Nietzsches auf Kraus ist noch nicht hinreichend erforscht worden. Kraus selbst hat diesen Einfluß nach 1912 und nach seiner bis dahin bekundeten Hochachtung für Nietzsche revoziert und schließlich bestritten, wenngleich manchmal in bewußt paradoxer Form (vgl. 345/37 f.). Und jedenfalls Nietzsches große Begeisterung für Jacques Offenbach (vgl. exemplarisch KSA, Bd. 12, S. 344, und Bd. 13, S. 497) hat der Satiriker rückhaltlos geteilt.

17 Davon unberührt bleibt die Tatsache, daß um 1900 gerade in Wien eigene authentische Kulturleistungen entstanden, die zu den geistigen Grundlagen des gesamten 20. Jahrhunderts gehören; vgl. aus der umfangreichen Literatur hierzu nur *Janik/Toulmin* (1984), Wittgensteins Wien; *Brix/Werkner* (Hg.), Wiener Moderne; *Berner/Brix/Mantl* (Hg.) (1986), Wien um 1900.

18 Aufschlußreich dazu *Hübinger* (1988), Hochindustrialisierung, in: *Langewiesche* (Hg.), Liberalismus im 19. Jh., S. 193 ff.; ebenfalls *vom Bruch/Graf/Hübinger* (Hg.) (1989), Kultur und Kulturwissenschaften.

19 *Hübinger*, a.a.O., S. 193 (m. w. N.).

orientierungen gegeneinander in Bewegung gerieten[20], nahmen in dem breiten Spektrum der kulturbürgerlichen Öffentlichkeit einerseits die Verachtung einer sinn- und moralfernen ökonomischen Entwicklung, andererseits die Distanzierung von einer offenkundig hilflosen oder das Übel fördernden Politik zu. Der damit verbundene Verlust mehrheitlich anerkannter »Gestaltungsprinzipien [der] inneren Ordnung« zog in beiden Staaten »eine zunehmende Fragmentierung politischer Teilkulturen«[21] nach sich. Die alte bürgerliche Lebensform, das gesellschaftliche Erbe der Aufklärung und der Französischen Revolution, zerfiel in ein Kaleidoskop zusammenhangloser geistiger Milieus.

Was die Politikverachtung unter den Künstlern und in weiten Teilen der wissenschaftlichen Intelligenz angeht, so war sie die Kehrseite der Suche nach neuen Zufluchtsorten für etwas, das unter dem Emblem »Persönlichkeit« aus den unverlorenen Werten des aufgeklärten klassischen Liberalismus festgehalten und gegen die nivellierende Riesenwalze der Industrialisierung ebenso wie gegen den mitgewachsenen bürokratischen Machtstaat verteidigt wurde.[22] Die Kunst erschien als eines der letzten Refugien der einsamen »Persönlichkeit« gegen die Uniformierungsmächte in Politik und Ökonomie.[23] »Über allen Differenzierungen des Freiheitsverständnisses«, schreibt hierzu Richard Münch, »steht ein heroischer Individualismus der inneren Freiheit, der Individualität und Universalität zur Identität bringt und nur in der Einsamkeit außerhalb der Gesellschaft verwirklicht werden kann«.[24] Das ist im Grunde ein Echo jener berühmten Diagnose, die Max Weber 1919 am Ende seines Vortrags »Wissenschaft als Beruf« klassisch artikuliert hat:

20 Vgl. oben S. 25 ff.
21 Zitate aus *Hübinger*, a.a.O., S. 194.
22 Vgl. *Hübinger*, a.a.O., S. 196. Unter den Wissenschaftlern der Jahrhundertwende ist hier vor allem *Georg Simmel* zu nennen; vgl. etwa »Die Ausdehnung der Gruppe«, in: *ders.*, Schr. zur Soziologie (1983), S. 53 ff.
23 Vgl. für diese bei Kraus immer wieder stilisierte Konstellation exemplarisch 194/8 (»Zerstörungskampf gegen die künstlerische Persönlichkeit«) und im Juli 1914, nach der Ermordung des österreichischen Thronfolgers Franz Ferdinand in Sarajewo: »Keine kleineren Mächte als Fortschritt und Bildung stehen hinter dieser Tat, losgebunden von Gott und sprungbereit gegen die Persönlichkeit [...]« (400/1).
24 *Münch* (1986), Kultur der Moderne, Bd. 2, S. 816.

Es ist das Schicksal unserer Zeit, mit der ihr eigenen Rationalisierung und Intellektualisierung, vor allem: Entzauberung der Welt, daß gerade die letzten und sublimsten Werte zurückgetreten sind aus der Öffentlichkeit [...]. Es ist weder zufällig, daß unsere höchste Kunst eine intime und keine monumentale ist, noch daß heute nur innerhalb der kleinsten Gemeinschaftskreise, von Mensch zu Mensch, im pianissimo, jenes Etwas pulsiert, das dem entspricht, was früher als prophetisches Pneuma in stürmischem Feuer durch die großen Gemeinden ging und sie zusammenschweißte.[25]

Dies ist der Hintergrund, vor dem die demonstrative Politikverachtung des Karl Kraus seit 1905 verstanden werden muß. Die Geste des »Antipolitikers« und die Selbststilisierung im Sinne eines »heroischen Individualismus« sind alles andere als ein Ausdruck der einsamen Singularität und des archimedischen Standortes einer »Persönlichkeit« außerhalb der politischen Realitäten seiner Zeit.[26] Sie entsprechen einem nach der Jahrhundertwende ganz geläufigen Einstellungssyndrom: einer elitär-aristokratischen Distanzierungsgeste gegenüber dem neu entstandenen Typus des gesichtslosen Massenmenschen (einer Geste, die als geradezu analytische Konsequenz des »Künstler«-Begriffs aufgefaßt wurde); und zweitens, der tiefgefühlten Irritation angesichts einer Politik, die als wehrlos gegenüber den »eigentlich wirkenden« Mächten der Epoche und deren Ordnungsanspruch daher als vielfach desavouiert empfunden wurde.

Seit 1903 hatte Kraus mit wachsendem Nachdruck das neue Profil des satirischen Künstlers von dem seiner Anfänge als sozialkritischer Publizist abgehoben.[27] Die definitive Erklärung die-

25 *Weber* (1982), Wissenschaft als Beruf, in: Ges. Aufs. zur Wissenschaftslehre, S. 612.

26 Dazu, daß auch andere Singularitäts-Stilisierungen bei Kraus (die eher zur öffentlichen satirischen Rolle als zum persönlichen Credo gehören) nicht einfach als zutreffend akzeptiert werden können, s. *R. Merkel* (1985), Karl Kraus, in: *Jung* (Hg.), Österr. Porträts, Bd. 2, S. 177 f.; zum Unterschied von satirischer Rolle und privater Person vgl. *Timms*, Apocalyptic Satirist (wie Anm. 5), S. 169 ff. (freilich nicht frei von Mißverständnissen).

27 Vgl. etwa die Anmerkung zu zwei abgedruckten Gedichten Frank Wedekinds in 143/26, wo Kraus für die Zukunft der *Fackel* eine stärkere Berücksichtigung des »literarischen Ausdrucks« künstlerischer »Persönlichkeiten« avisiert. Von Bedeutung ist in diesem Zusammenhang auch, daß die *Fackel* ab Oktober 1904 nicht mehr wie eine

ses Statuswechsels in dem Aufsatz »Bekenntnisse« von 1905 wäre ohne die ironische Distanzerklärung zur Sphäre der Tagespolitik damals nicht plausibel, jedenfalls nicht glaubhaft formulierbar gewesen. Hinzu kam ein gewachsenes Bewußtsein von der Sonderrolle des Satirikers im Bereich des Literarischen, die aus verschiedenen Gründe auf eine bis zur äußeren »Gesinnungslosigkeit«[28] demonstrierte Unabhängigkeit von allen Inhabern eines öffentlichen Status – den potentiellen Zielen ihrer Kritik – angewiesen ist.[29] Kraus kannte vermutlich genau die ritualisierte Geläufigkeit des antipolitischen Gestus. Daß er sich trotzdem selbst dazu genötigt fühlte, umgibt seine Haltung mit dem Hauch einer unfreiwillig ironischen Paradoxie: Der »heroische Individualist« als zeittypische Erscheinung ist ja nicht allzuweit entfernt von einer contradictio in adiecto. Hieraus erklärt sich wohl das von Kraus gelegentlich mit reizbarer Empfindlichkeit betonte Pathos noch einer anderen Distanz: zu den massenhaften Mitbesitzern der antipolitischen »Geistes«-Attitüde. In dem Aufsatz »Politik« vom November 1908 (264/1 ff.) findet sich eine Reihe exemplarischer satirischer Degradierungsformeln gegen die Politik, etwa die folgenden:

Wer außer den Politikern beklagt denn die Dummheiten in der Politik? Sind die Gescheitheiten in der Politik gescheiter? Bietet das Schweigen mehr Spannung als das Reden? Ein Interview, heißt es, und sechs Millionen hätten beinahe in den Krieg ziehen müssen![30] Aber sind die Gründe, aus denen sie es sonst tun müssen, einleuchtender? Ist das Mißverhältnis geringer? Nicht, daß diese Folge eines Interviews eintritt, sondern daß es Folgen geben kann, ist erheblich. Daß es Politik gibt, ist erheblich. Daß sich die erwachsene Menschheit keinen besseren Zeitvertreib weiß, als auf der Lauer ihrer Spannungen zu liegen. (264/2 f.)

reguläre Zeitschrift periodisch, sondern »in zwangloser Folge« (166/hintere Umschlagseite) erschien und daß Kraus schon seit Februar 1904 auf ständige Mitarbeiter verzichtete, so daß in allen nachfolgenden *Fackel*-Heften, wie er im Mai 1907 klarstellt, »jede Zeile, die nicht ausdrücklich von einem Namen oder einer Chiffre signiert ist« (226/24), von ihm stammt.

28 Vgl. bereits auf S. 1 der Nr. 1 der *Fackel* den Satz des Herausgebers über sich selbst: »Freudig trägt er das Odium der politischen ›Gesinnungslosigkeit‹ auf der Stirne [...].«

29 Dazu unten S. 129 ff.

30 Die Rede ist von dem berühmten, eine außenpolitische Krise auslösenden »Daily-Telegraph-Interview« Wilhelms II. vom 28. 10. 1908.

Doch davor steht der folgende, mehrfach aufschlußreiche Satz:

In Wahrheit ist mir die Politik zwar nicht Beruf, aber gerade deshalb Problem. (264/1)

Das enthält zunächst eine kryptische, damals vermutlich leicht entzifferbare Anspielung: auf Werner Sombarts Artikel »Die Politik als Beruf«, der am 26. Juli 1907 im Berliner *Morgen* erschienen war, einer von Sombart zusammen mit Richard Strauss, Georg Brandes, Richard Muther und Hugo von Hofmannsthal herausgegebenen »Wochenschrift für deutsche Kultur«.[31] Der Artikel hatte ein erregtes und weitreichendes Echo in der Tagespresse, in der wissenschaftlichen und in der kulturkritischen Publizistik ausgelöst.[32] Man las ihn als das Manifest einer neuen Distanzierung der »Gebildeten« von der Politik. Friedrich Naumann hat ihn als Programmschrift der »Anti-Politik« (so Naumanns Bezeichnung) in einem offenen Brief am Sombart scharf angegriffen.[33] »Geistig öde«, schreibt Sombart, »ethisch verlogen, ästhetisch roh: das ist die Signatur, die unser politisches Leben offensichtlich von Tag zu Tag mehr annimmt.«[34] Das umreißt knapp und ziemlich genau den Standpunkt, den Kraus zu dieser Zeit als den eigenen profilierte. Aber gerade deshalb, und weil es der *Nicht*künstler Sombart war, der diesen Gestus weithin populär machte, hielt der Satiriker auch ihm gegenüber eine Abwehrgeste für notwendig. Zwischen Juli und Ende Oktober 1907 hatte Kraus in Erfüllung einer Tauschvereinbarung mit dem *Morgen* diesen jeweils auf der Innenseite des *Fackel*-Umschlages annonciert. In den Motiven seiner polemischen Aufkündigung dieser Vereinbarung (232/34 ff.) taucht prompt auch »das trostlose Geschwätze des Herrn Sombart« auf (S. 36) – eine Kennzeichnung, die gerade aus dem damals bezogenen Blickwinkel des Satirikers und jedenfalls gegenüber Sombarts »Politik«-Aufsatz wenig plausibel ist.

31 *Sombart*, Die Politik als Beruf, in: Morgen 1, Nr. 7, S. 195 ff. Max Webers weitaus berühmterer Vortrag fast gleichen Titels, mit dem der Artikel Sombarts übrigens einige überraschende Gemeinsamkeiten hat, wurde erst 1919 gehalten und gedruckt; vgl. *Weber* (1980), Ges. Pol. Schr., S. 505 ff.

32 Dazu *vom Bruch* (1980), Gelehrtenpolitik, S. 185 ff.

33 Vgl. *vom Bruch*, a.a.O., S. 186 f. Sombart hat die polemisch gemeinte Wortprägung Naumanns sofort zustimmend aufgegriffen.

34 *Sombart*, a.a.O., S. 199.

Immerhin: Politik ist dem Satiriker zwar »nicht Beruf, aber gerade deshalb Problem«. Von einer »Preisgabe« der Politik als »grundsätzlich belanglos« kann keine Rede sein. Schon das demonstrative Beziehen jener verbreiteten Position des »Antipolitikers« hat nicht nur, wie Werner Kraft schreibt, »politische Ursachen«[35], sondern ist selbst ein politischer Akt von genau kalkulierter öffentlicher Symbolik. Sombarts antipolitischer Aufruf vom Juli 1907, das »gleichzeitige Abrücken von der parlamentarischen und Tagespolitik«[36], gilt in der neueren historischen Forschung gerade und ebendeshalb als Ausdruck einer »*neuen* Politisierung«[37] des Bildungsbürgertums der Jahrhundertwende.

Hinzu kommt dies: Satire ist normgebundene Kunst.[38] Damit ist sie schon begrifflich bezogen auf die Sphären von Handlung und Interaktion. Und das heißt, auf eine Dimension des Öffentlichen, Gesellschaftlichen, Sozialen: zum einen als des Bereichs ihrer Gegenstände (der Ziele ihrer Kritik); und zum anderen als des Feldes der normativen Konflikte, auf dem die eigenen Orientierungen des Satirikers geltend gemacht und in der Kollision mit abweichenden Auffassungen durchgesetzt werden sollen. Im weitesten Sinne ist dies der Bereich des Politischen.[39] Die Satire ist insofern auch als ostentativ antipolitische in einem bestimmten Sinn immer zugleich eine Art symbolisches Konkurrenzunternehmen zur Politik: in ihrem Anspruch auf die normative Definitionsmacht innerhalb des öffentlichen Lebens und gegebenenfalls in der direkten Aggression gegen politisches Handeln, das mit den als gültig behaupteten oder vorausgesetzten eigenen Maßstäben kollidiert. Diese prinzipielle und quasi doppelte normative Konkurrenz mit der Politik erfordert zweierlei: einen Standort außerhalb aller ihrer institutionalisierten Zusammen-

35 *Kraft*, K. K. (wie Anm. 1), S. 111.
36 *vom Bruch*, Gelehrtenpolitik (wie Anm. 32), S. 186.
37 *vom Bruch*, a.a.O., (Hervorhebung von mir).
38 Dazu eingehend unten, S. 318 ff.: Exkurs zur Satire.
39 Das heißt natürlich nicht, daß es im Bereich des Satirischen (und selbstverständlich auch bei Kraus) keine politikfreien Zonen gäbe, etwa die der Literatursatire. Häufig sind aber sogar solche satirischen Texte noch normativ anschließbar an die im weiteren Sinne politische Sphäre, also keine rein »ästhetische« Kritik.

hänge, aber zugleich die ständige Verbindung des (gegebenenfalls intervenierenden) *Beobachters* mit ihr und mit der gesellschaftlichen Sphäre ihrer Wirksamkeit.[40]

Damit sind zwei Perspektiven theoretisch voneinander getrennt, deren eine die *Distanz* der Satire zur Politik und deren andere den engen, quasi intrinsischen *Zusammenhang* mit dieser beschreibt. Hierin liegt kein Widerspruch. In seiner Gedenkrede »Nestroy und die Nachwelt«, die Kraus am 2. Mai 1912 in Wien hielt und elf Tage später in der *Fackel* erscheinen ließ, hat er – mit Blick auf den 50 Jahre zuvor gestorbenen Nestroy, aber erkennbar auch auf sich selbst – diesem Doppelverhältnis der Satire zur Politik einen prägnanten allegorischen Ausdruck gegeben: »Ja, er hat den politischen Beruf ergriffen – wie ein Wächter den Taschendieb« (349/17).

Für eine solche Form des Satirischen hat Hermann Broch den Begriff der »Absolut-Satire« geprägt: im Unterschied zu einer politischen Tendenzsatire im engeren Sinn, die an partikuläre Zwecke, Loyalitäten und Beschränktheiten gebunden ist und der Broch das pejorative Prädikat des bloßen »Kunstgewerbes« zuschreibt.[41] Über Kraus heißt es dagegen – mit essayistischen Unschärfen, aber im ganzen treffend:

> [...] was er geschaffen hat, war die allgemeingültige Absolut-Satire, war das prophetische Bild der Welt-Apokalypse, enthüllt an den österreichischen »Mißständen«. [...] es ging nicht mehr um die Brüchigkeit Österreichs, es ging um die Weltbrüchigkeit, in der das kommende Unheil, das kommende Menschenleid bereits lauerte, und diese Brüchigkeit war von der Verlogenheit bedingt, in der das europäische, nicht nur das österreichische Spießergesindel dahinlebte. [...] Und daran wird die Absolut-Satire Krausscher Prägung in ihrer (wahrlich nicht a-politischen) Anti-Politik zur Politik, zur einzigen wahrhaft gültigen Meta-Politik: für den Menschen, für den zur Menschlichkeit befreiten Menschen eintretend, gegen seine Dehumanisation, Erniedrigung und Verpöbelung auftretend, hat diese lügen-vernichtende, phrasen-vernichtende Politik bloß ein Ziel, und das ist das der schlichten Anständigkeit.[42]

40 Etwas Ähnliches meint wohl *Jenaczek* mit der Formulierung »Kraus [blieb] der Politik immer fern, nämlich ihr ohne Vermischung ständig gegenüber [...].« (Zeittafeln, wie Anm. 5, S. 137).

41 *Broch* (1986), Hofmannsthal und seine Zeit, Kap. III (»Der Turm von Babel«), in: *ders.*, Werkausgabe, Bd. 9/1, S. 271 ff.

42 A.a.O., S. 273.

Das ist der Horizont, vor dem sich das künstlerische Lebenswerk von Karl Kraus als ein auch und in hohem Grade politisches Gesamtdokument seines Zeitalters darstellt. Er selbst hat dies, bei allem »Pathos der Distanz« zur Politik, genau gesehen. Im Juni 1921, in dem später berühmten ersten *Fackel*-Heft »Zur Sprachlehre«[43], und zwar gerade in einem Aufsatz, der die *künstlerische* Intention seines Werkes betont, schreibt Kraus:

Es wird kaum je einen Autor gegeben haben, dem Substantielleres, Wirklicheres, Zeitlicheres, Aktuelleres abgenommen werden konnte als dem, der meine Schriften geschrieben hat [...]. Wenn man es las, war es Politik. Wenn man liest, was ich davon halte, ist es l'art pour l'art. Das kommt davon, daß man weder jenes noch dieses versteht, und davon kommt, daß alle Kritik, aller Widerspruch und aller Einwand von »Widersprüchen« an mir abgleiten muß [...]. (572/64 = S7/276)

In diesem Sinn teilt die »Absolut-Satire« des Karl Kraus die Sphäre ihrer Beobachtung und ihrer Interventionen (oder jedenfalls einen großen Bereich davon) mit der Politik.[44] Aber ihre konkreten Gegenstände sind in der Regel nicht die gleichen wie die des politischen Handelns; und auch dieses selbst gehört – jedenfalls nach 1905 – nicht allzu häufig dazu.[45] Der angedeutete Unterschied wird plastischer, wenn man ihm, in etwas freihändiger Verwendung, eine analytische Differenzierung der modernen Gesellschaftstheorie unterlegt: die neuerdings vor allem von Ha-

43 Das den programmatischen Beginn eines von da an zwölf Jahre lang durchgeführten sprachlichen Erziehungswerks darstellt; vgl. dazu und zum Sprachdenken des Karl Kraus *R. Merkel* (1900), »Die Welt im Wort erschaffen ...«, in: *Berner/Brix/Mantl* (Hg.), Wien um 1900 (wie Anm. 17), S. 127 ff.; *Quack* (1976), Sprachverständnis von K. K., insbes. S. 117 ff.

44 Darüber hinaus gibt es im Werk von Kraus natürlich zahllose Themen aus dem Bereich der Literatur und der Kunst.

45 Eine gewisse Sonderstellung nehmen in diesem Zusammenhang die Kriegsjahre 1914-18 bzw. die in dieser Zeit erschienenen *Fackel*-Hefte und das Weltkriegsdrama »Die letzten Tage der Menschheit« ein, und zwar insofern, als das in ihnen abgebildete Kriegsgeschehen durchgängig »politisch«, nämlich im Sinne der klassischen Clausewitzschen Definition nur eine »Fortsetzung der Politik mit anderen Mitteln« war, und außerdem insofern, als das in den »KriegsFackeln« noch weitaus wichtigere Geschehen im »Hinterland« in einem viel weitergehenden Sinn von der Politik verursacht, betrieben und zu verantworten war als das gesellschaftliche Leben in Friedenszeiten.

bermas aufgenommenen und weiterentwickelten Grundbegriffe »System« und »Lebenswelt«. In einer groben, mit Habermas' Kategorien nicht kongruenten[46], aber für unsere Zwecke brauchbaren Interpretation dieser Begriffe soll hier »System« als der Bereich des unmittelbaren politischen Handelns und seiner Wirkungen aufgefaßt werden, und zwar als weitgehend entpersönlichte Maschinerie kausal und funktional vernetzter Steuerungsvorgänge. »Lebenswelt« dagegen soll in unserem Zusammenhang bedeuten: die Gesamtheit *personal zurechenbarer* Handlungen und Erlebnisse einerseits und andererseits den gesellschaftlich-symbolischen Interpretationshorizont, vor dem sie stattfinden und ihren Sinn erhalten, nämlich, mit einer Habermasschen Formel, »einen kulturell überlieferten und sprachlich organisierten Vorrat an Deutungsmustern«.[47]

Der Satiriker Kraus beobachtet und beurteilt die Einzelerscheinungen der ihn umgebenden »Lebenswelt«. Allenfalls schließt er aus Maß und Grad des an ihnen Typischen zurück auf die Defekte einer Politik, die solche Phänomene hervorbringt, zuläßt oder jedenfalls zu verhindern unfähig ist. Aber dieser Rückschluß braucht nicht explizit gezogen zu werden. Er kann dem Leser überlassen bleiben, er kann aber auch einfach belanglos sein. Knapp und vergröbernd: Der Blick des Satirikers geht durch die »systemischen« Zusammenhänge der Politik als der Formen und Mechanismen sozialer Steuerung hindurch auf die Mikroebene der lebensweltlichen Einzelereignisse. Aber im Grade des Typischen, Massenhaften ihres Auftretens spiegeln diese Phänomene *politische* Aufgaben, Wirkungen, Defizite und Unfähigkeiten wider. Mit der zunehmenden Schärfe eines solchen Blicks entwik-

46 Insbesondere umfaßt der »System«-Begriff bei Habermas mehr als den politischen Bereich, etwa (und vor allem) die nach den Binnenkriterien ihrer eigenen Rationalität organisierte Sphäre der Ökonomie. Auch ist festzuhalten, daß die Begriffe »System« und »Lebenswelt« bei Habermas vornehmlich verschiedene *Perspektiven der Betrachtung* sowie unterschiedliche *Modi der gesellschaftlichen Integration* kennzeichnen; vgl. *Habermas* (1981), Kommunikatives Handeln, Bd. 2, S. 173 ff. und 229 ff.

47 *Habermas*, a.a.O., S. 189. Vgl. zu den Grundbegriffen der »Lebenswelt«-Forschung in der Perspektive einer phänomenologisch orientierten Soziologie auch *Grathoff* (1989), Milieu und Lebenswelt, S. 235 ff.

kelt der Satiriker eine sozusagen reizbare soziale Symptomempfindlichkeit.[48] Bildlich gesprochen: die tragisch-böse Perspektive eines Mikroskops, das vergrößert und daher zumindest die Relationen seines Gegenstandes zur umgebenden Realität verzerrt, das aber in einem bestimmten Sinn, den der Satiriker für den maßgeblichen erachtet, gerade *nicht* übertreibt.[49] Auch kleinste Beispiele und Dokumente einer normativ zerfallenden Lebensform lassen sich so als Menetekel auf den Horizont einer apokalyptisch unterströmten Zukunft projizieren.[50]

Die Methode der mikroskophaften Vergrößerung von Einzelheiten, die für sich genommen wenig belangvoll erscheinen, ist in der Geschichte der satirischen Literatur ein seit ihren Anfängen geläufiges Phänomen.[51] Ulrich Gaier spricht bildhaft vom »Eisberg-Effekt« der satirischen Intervention.[52] Gemeint ist damit ihr in diesem Sinne prinzipiell elliptischer Charakter; das, was Kraus stets das »Perspektivische« seiner Einzelfallgestaltungen

48 Vgl. hierzu die späte Selbsteinschätzung des Satirikers in der »Dritten Walpurgisnacht«: »[...] symptomempfindlich wie ich bin, erschließe ich Krieg und Hunger aus dem Gebrauch, den die Presse von der Sprache macht [...].« (S12/322).

49 Zu den hier angedeuteten semiotischen Problemen bei der Analyse der Mittel und Modi des satirischen Wirklichkeitsbezugs vgl. *Schwind* (1988), Satire in funktionalen Kontexten, S. 44 ff., 86 ff.

50 Vgl. *R. Merkel*, K. K. (wie Anm. 26), S. 170 f. Über die zahlreichen apokalyptischen Motive bei Kraus (vgl. auch die Titel seiner Bücher »Weltgericht«, »Die letzten Tage der Menschheit«, »Untergang der Welt durch schwarze Magie«) s. *Thieme*, Apokalyptiker K. K., in: Die Erfüllung 2 (1936), S. 109 ff.; *Dürrenmatt* (1991), Dritte Walpurgisnacht, in: *ders.*, Ges. Werke, Bd. 7, S. 409 ff.; *Naumann*, Abbau (wie Anm. 5), S. 150 ff.; *Timms*, Apocalyptic Satirist (wie Anm. 5), S. 55 f.; *Vondung* (1988), Apokalypse, S. 425 ff.

51 Erstaunlich erscheint daher nicht, daß sie auch die Satire des Karl Kraus kennzeichnet, sondern die Tatsache, daß dies noch immer als Gegenstand eines ganz offenkundig abwegigen literarhistorischen Vorwurfs taugt; vgl. etwa *Reich-Ranicki* (1974), Vortrag zum Symposion anläßlich des 100. Geburtstags von Kraus, zit. bei *Arntzen* (1975), K. K. und die Presse, S. 72; ähnlich *Améry*, Intelligenz, in: Merkur 28 (1974), S. 291; *Raddatz*, Der blinde Seher, in: Merkur 22 (1968), S. 520.

52 *Gaier* (1986), System des Handelns, S. 458 f., 467.

genannt hat[53], seine »Lust, gerade aus den unscheinbaren Zügen das Gesicht der Zeit zu komponieren« (838/44): »Ich mache aus einer Mücke einen Elefanten. Ist das keine Kunst?« (363/1). Eine solche Pars-pro-toto-Konzentration des satirischen Affekts ist zunächst ein Mittel zur Sicherung seiner ästhetischen Durchschlagskraft. Das läßt sich in der Literaturgeschichte überprüfen und plausibel machen. »Tatsächlich«, schreibt Gunter Grimm,

> büßt die Satire an Wirkungskraft ein, je mehr sie von konkreten Gegebenheiten abstrahiert. Übrig bleibt ein Gerippe mit dem Anspruch auf Allgemeinmenschlichkeit und Typik, und der besondere Reiz der Satire, die Spannung zwischen autonomer Kunstgestalt und realitätsbezogener Zielrichtung, geht infolge der Aufgabe des konkreten Bezugs verloren.[54]

Schon 1771 hatte es im 16. Brief von Jacob Mauvillons und Ludwig August Unzers berühmtem Briefwechsel *Über den Wert einiger deutschen Dichter und über andere Gegenstände den Geschmack und die schöne Literatur betreffend* geheißen:

> Die Satire muß persönlich seyn, sonst verliert sie nicht allein ihren Werth, von der Seite des Genies betrachtet, sondern auch ihren eigentlichen Endzweck, welcher im Belehrenden besteht. Die allgemeine Satire macht keinen bleibenden Eindruck auf den Leser.[55]

Es ist diese Mikroperspektive der Satire auf die Erscheinungen ihrer Lebenswelt, was ihr eine eigentümliche Komplementärfunktion zur Makroperspektive der Politik verschafft. Das ist selbstverständlich keine Aussage über irgendeinen realen politischen Einfluß des Satirikers. Es bezieht sich nur auf das logische Verhältnis der unterschiedlichen Formen des Wahrnehmens, in denen da und dort gesellschaftliche Einsichten gewonnen, festgehalten und – über Geschichte und Literaturgeschichte – der Nachwelt überliefert werden. Mauvillon/Unzer stellen dem ästhetischen Zweck der satirischen Einzelfall-Intervention bereits

53 Vgl. nur exemplarisch aus der Reihe seiner ersten Polemiken gegen Alfred Kerr (1911): »Ich habe schon so viele arme Teufel als Zeitübel perspektivisch genommen [...].« (326/31); vgl. noch 743/146 (Dezember 1926).

54 *Grimm* (1979), Nachwort zu: Satiren der Aufklärung, S. 361; ähnlich (mit noch schärferer Akzentuierung) *Lazarowicz* (1963), Verkehrte Welt, S. 95 ff.; kritisch gegen die in dieser Hinsicht zu rigiden Kriterien Lazarowicz': *Schönert* (1969), Roman und Satire, S. 4, Anm.

55 Briefwechsel Mauvillon/Unzer, zit. nach *Grimm*, a.a.O., S. 361.

den *moralischen*, »belehrenden« zur Seite, wenn auch in einer naiv optimistischen Unmittelbarkeit und in zeitgebunden biederer Pose. In der angedeuteten Komplementärfunktion zur Makroperspektive der Politik realisiert sich aber noch eine dritte Sinndimension der satirischen »Mikroskopie«: die *diagnostische*. Lichtenberg streift in seinem Sudelbuch J aus den Jahren 1789 bis 1793 einmal flüchtig diese Idee und gibt ihr einen spielerischen, aber schlagenden Ausdruck:

In den Kehrigthaufen vor der Stadt lesen und suchen, was den Städten fehlt, wie der Arzt aus dem Stuhlgang und Urin.[56]

Die Essenz dieses Gedankens gehört zu den ständigen Leitmotiven der Selbstreflexionen, mit denen der *Fackel*-Autor sein eigenes Werk lebenslang begleitet hat:

Ich aber weiß, daß die Kraft zu fühlen oder die Kunst zu sagen erst dort beginnt, wo die Gesellschaftsordnung verzichtet. Und ich weiß, was meine Abhängigkeit vom Staube wert ist. Irgendwie deutet hier etwas auf ein Urbild, das Menschenantlitz trug und später entstellt ward. Diese Verwertung eines minderwertigen Materials, dieses Zuhilfekommen der Inspiration muß eine Beziehung haben. (333/13)
Und aus dem letzten Eckchen eines Zeitungsblattes, das noch unter meiner Lektüre liegt, lugt mir, da ich sie durchfliege, schon die Judasfratze des Jahrhunderts hervor [...]. (303/39)
Je weniger ich weiß, desto besser errate ich. Ich habe nicht Soziologie studiert und weiß nicht, daß der Kapitalismus an allem schuld ist. Ich habe die christliche Entwicklung der jüdischen Dinge nicht studiert und weiß nicht, was gewesen ist. Aber ich lese in der Kleinen Chronik und weiß, was sein wird. (303/40)[57]

Dies reklamiert deutlich mehr als die im Grunde selbstverständliche Unabhängigkeit des künstlerischen Wertes der Satire von Maß und Bedeutung ihrer Gegenstände. Es richtet sich nicht nur gegen eine Philisterauffassung, die in der Literatur »die Qualität des Schützen nach der Größe der Scheibe« beurteilt (203/19). Es läßt bereits (nämlich 1910) den Anspruch sichtbar werden, im satirischen Blick auch die innersten Konturen einer gesellschaft-

56 *Lichtenberg*, Sudelbuch J 990, in: Schriften, Bd. 1 (1973), S. 792.
57 Die drei zitierten Passagen, von denen nur die erste bereits als Aphorismus entstand, wurden 1912 in »Pro domo et mundo« aufgenommen und stehen dort in einer Reihe mit anderen, die den gleichen Gedanken weiter variieren; vgl. S8/296 ff.

lichen Wirklichkeit zu erfassen, die so unmittelbar zum alltäglichen Handeln und Erleben, zu den Grundlagen der selbstverständlichen Normalität gehört, daß sie sozusagen im kollektiven Unbewußten verschwunden ist.[58] »Ich habe Geräusche übernommen und sagte sie jenen, die nicht mehr hörten. Ich habe Gesichte empfangen und zeigte sie jenen, die nicht mehr sahen« (400/46), heißt es im Juli 1914 in der *Fackel*; und im Juni 1928, auf der Höhe eines in Umrissen bereits als Gesamtheit erkennbaren Lebenswerks, mündet diese Perspektive der Selbstwahrnehmung in die Sätze:

Ich habe in dreißig Jahren keine Zeile geschrieben, in der nicht die allgemeinste Kulturkritik, die Umfassung des zeitlichen Verfalls vom besondersten und erlebtesten Anlaß bezogen war. Ich habe freilich auch dreißig Jahre lang anzukämpfen gehabt gegen das stupide Unvermögen, diese Perspektive zu erkennen, gegen den bösen Widerwillen, ihr gerecht zu werden, gegen das elende Komplott zeitverdorbener, journalisierter Gehirne, die mir das Glück, totgeschwiegen zu sein, noch durch die Aussage und Ausrede stören möchten, die kleinen und lokal beschränkten Anlässe seien eben das, was meinen Gedanken den Zutritt zur Welt unmöglich mache. (781/1 f.)

Daß diese Selbstdeutung des Satirikers ernst gemeint war und ernst genommen werden muß, ist sicher. Für Kraus gab es keinen Zweifel, daß er nicht nur den eigenen künstlerischen Namen, sondern auch die ephemeren Gestalten und Ereignisse aus dem Pandämonium seines satirischen Lebenswerks auf die Nachwelt bringen werde: als typische Figuren und Phänomene seiner Gegenwart, die er als Zeit des Verfalls erlebte; als Belegexemplare für das unbemerkte oder unbegriffene gesellschaftliche Innenleben seiner Epoche, das er als den Prozeß der seelischen Verwüstung des Menschen erfuhr. Die satirische Mikroperspektive – zu der ihr zeitgenössischen Politik ein Komplement der sozialen Wahrnehmung – wird damit für den rückschauenden Blick der Nachwelt zum Komplement der *Geschichtsschreibung*. Auch diesen Gedanken hat Kraus oft zur Kennzeichnung seines Werkes herangezogen. »Das sind meine Gegenstände!« heißt es im Juni

58 Zu der in der Philosophie geläufigen These, daß gerade das Nächstliegende als Teil der unbefragten Gewißheiten des täglichen Lebens in gewissem Sinn unerkennbar wird, vgl. *Wittgenstein* (1980), Philosophische Untersuchungen, Nr. 129, 415; sowie *ders.* (1979), Über Gewißheit, passim.

1912, im Anschluß an den Nachdruck eines Zeitungsberichts über einen Beleidigungsprozeß im Milieu des Spießbürgertums, eine geradezu metaphysische Tonfallsmischung aus Roheit, Pathos und Banalität: »Das ist mein Horizont! Das ist die Gegenwart und ihr Gedicht! Ein anderes Heldenepos werde ich nicht schreiben« (351/73). Denn er schaffe bloß »das Material für den künftigen Kulturhistoriker« herbei (413/101), ja, er sei selbst »Kulturhistoriker – wenn man diese mitleidig befangene Zeugenschaft gegen alles und jedes so nennen will« (457/19). Er erstatte nur seine »Pflicht an eine andere Zeit, [...] die mich zurückgesandt hat, das geistige Inventar aufzunehmen, das sie kennen muß, um seine Erbschaft zu verschmähen, und damit vom Kladderadatsch dieser ruchlosen Banalität doch ein Protokoll vorhanden sei! Denn die einzig wertvolle Urkunde ihrer Geistigkeit ist die Beweisschrift, die sie vor die Nachwelt zitiert« (531/23). Er erfülle eine »kulturhistorische Pflicht« (546/72; 676/54), einen »kulturhistorischen Anspruch« (622/15), denn er sei schlicht »Historiker« (706/110). Der gelegentlich ironische Ton dieser Selbstbenennung bezieht sich nicht auf den – vollständig ernsthaft reklamierten – historisch-dokumentarischen Wert seines satirischen Werkes. Er bezieht sich vielmehr auf die dafür benutzte Titelschablone einer akademischen Profession, deren offiziellen Betrieb Kraus mit der gleichen beiläufigen und von keiner genaueren Kenntnis irritierten Selbstverständlichkeit verachtete, wie er es mit anderen Wissenschaften tat.[59] Der professionelle Historiker sei »oft nur eine Art rückwärts gekehrter Journalist« (298/46 = S 8/215).[60]

Ob man eine solche Perspektive der »Geschichte von unten – Geschichte von innen«[61] als Komplement der Historiographie

59 Vgl. nur den Aphorismus: »Alle Naturwissenschaft beruht auf der zutreffenden Erkenntnis, daß ein Zyklop nur ein Auge im Kopf hat, aber ein Privatdozent zwei« (360/7 = S8/344).

60 Das enthält beiläufig eine Anspielung auf die aus den Athenäums-Fragmenten der Brüder Schlegel stammende Definition: »Der Historiker ist ein rückwärts gekehrter Prophet.« Vgl. Athenäum (1978), S. 84. Daß dies tatsächlich die Quelle des zitierten Krausschen Aphorismus ist, wird aus einem späteren deutlich: »Der Historiker ist nicht immer ein rückwärts gekehrter Prophet, aber der Journalist ist immer einer, der nachher alles vorher gewußt hat« (381/71 = S8/362).

61 So der Titel eines Aufsatzes von *Groh* in: *ders.*, Anthropologische Dimensionen (1992), S. 175 ff.

traditioneller Provenienz für belangvoll hält, ist zunächst eine Frage der Entscheidung über den eigenen Standort. Allerdings dürfte sich kaum jemand, der die 25 000 Seiten des Krausschen Lebenswerkes aufmerksam gelesen hat, dem Eindruck entziehen können, einen Blick von erhellender und oft quälender Schärfe in die ansonsten unzugänglichen Innenräume des ersten Drittels dieses Jahrhunderts getan zu haben. Interessant ist aber vor allem, daß sich seit einigen Jahren auch in der offiziellen Geschichtsschreibung eine solche Betrachtungsweise »aus der Binnenperspektive und auf der Mikroebene«[62] immer stärker durchsetzt.

Die Anfänge dieses »anderen« historiographischen Blicks liegen freilich bereits im 19. Jahrhundert: im Werk Jacob Burckhardts. In einem berühmten Brief an seinen Freund Preen vom Silvester 1870, also gerade als Zeuge eines klassisch-historischen Ereignisses allerersten Ranges: des Deutsch-Französischen Krieges, schreibt Burckhardt von seinem Rückzug aus der »Ereignisgeschichte« in eine Form der »Innenwelt«-Geschichtsschreibung, die er wenig später (ebenfalls in einem Brief an Preen) als Untersuchung der »großen Reaktionen in Geist und Gemüth«[63] der Menschen eines Zeitalters kennzeichnet:

> Mir als Geschichtsdozenten ist ein ganz merkwürdiges Phänomen klargeworden: die plötzliche Entwertung aller bloßen »Ereignisse« der Vergangenheit. Meine Kurse heben fortan nur noch das Kulturgeschichtliche hervor und behalten von dem äußeren Gerüste nur das Unentbehrlichste bei.[64]

»Wie wäre es«, fragt er in dem zitierten Brief vom 6. März 1871, »wenn eine illustrierte Zeitung die Probe machte, schon heute gar nichts mehr von Krieg, Sieg, Militär usw. vorzubringen?«[65] Sondern statt dessen: die vorherrschenden »Lebensauffassungen« und »Denkweisen«.[66] Denn diese sind es, wie Karl Löwith in seiner bedeutenden Monographie über Burckhardt schreibt, was

62 *Groh*, a.a.O., S. 175.
63 *Burckhardt* (1963), Briefe, 5. Bd., S. 122.
64 A.a.O., S. 119 f.
65 A.a.O., S. 122.
66 *Burckhardt* (1956), Griechische Kulturgeschichte, 1. Bd., in: Ges. Werke, Bd. V, S. 4.

»die einzelnen Geschehnisse geistig durchherrscht, sie durchsichtig, deutlich und deutbar macht«.[67]

Das ist die Formel für den geschichtlichen Sinn und Wert, für die »kulturhistorische« Seite des Krausschen Werkes. Und sie erschließt auch den Sinn einer weiteren leitmotivischen Selbstkennzeichnung des Satirikers, wie sie etwa im August 1916 in der *Fackel* stand: »Mein Stoff ist nicht die Wirklichkeit, sondern die Möglichkeit [...]« (431/65). Denn: »Nicht daß einer es getan hat, sondern daß es möglich war, soll gesagt sein.« (272/44 = S8/132).[68] Nicht auf das einzelne Ereignis, die einzelne Tat, den einzelnen Täter kommt es an. Sondern auf ihren Symptomwert, auf die Denk- und Charakterform, die (in Löwiths Worten) »die einzelnen Geschehnisse geistig durchherrscht, sie durchsichtig, deutlich und deutbar macht«.[69] Kurz und in Kraus' Formulierung: auf »den Stand der Welt [...], auf dem es möglich war« (395/31). In Burckhardts *Kultur der Renaissance in Italien* findet sich ein aufschlußreiches Beispiel:

> Eine gründliche, mit psychologischem Geist gearbeitete Geschichte des Prügelns [...] wäre wohl so viel wert als ein paar Bände Depeschen und Unterhandlungen.[70]

Es mag nun weniger überraschend als bezeichnend erscheinen, daß eine solche »Geschichte des Prügelns«, nämlich der Kindesmißhandlung und vor allem der strafrechtlichen Reaktion darauf, den 37 Jahrgängen der *Fackel* tatsächlich zu entnehmen ist.[71] Darauf werde ich ausführlich zurückkommen. Was insgesamt die Zuordnung der Strafjustiz zwischen den Sphären der »großen«

67 *Löwith* (1984), Burckhardt, in: *ders.*, Werke, Bd. 7, S. 201. Zu diesem Aspekt in Burckhardts Werk auch *Ganz*, Burckhardts Kultur der Renaissance, in: DVjschrLit 62 (1988), S. 24 ff., 52.

68 Vgl. auch die analogen Bemerkungen in 336/42; 395/31; 668/87; 766/63.

69 Auf folgenden Unterschied zwischen Burckhardt und Kraus sei hier hingewiesen: Während Burckhardt vor allem die kultur*bildenden* Kräfte vergangener Epochen suchte, will Kraus die kultur*zerstörenden* seiner Gegenwart dokumentieren.

70 *Burckhardt* (1955), Kultur der Renaissance, in: *ders.*, Ges. Werke, Bd. III, S. 272, Anm. 1.

71 Die inzwischen ins Riesenhafte angewachsene Sekundärliteratur hat gleichwohl dieses Thema des Krausschen Werks bisher praktisch vollständig ignoriert.

politischen Themen und jener eigentlich entscheidenden »kleinen« der inneren Lebensform angeht, so ist sie für den Satiriker nicht zweifelhaft: Der Kampf gegen die beiläufigen, aber routinemäßigen, von einem antiquierten Gesetz noch immer ermöglichten Unmenschlichkeiten der Justiz sei »tausendmal wichtiger [...] als der ganze nationale Trödel« (157/2), der um die Jahrhundertwende die Innenpolitik der Doppelmonarchie geradezu manisch besetzt hielt.[72]

Von diesem Punkt der Untersuchung aus läßt sich ein weiterer Teil des politischen Hintergrundes aufhellen, vor dem, wie sich zeigen wird, die Strafrechtskritik von Karl Kraus ihre spezifischen Konturen erhält und auf den sie ihrerseits Licht wirft. Kraus hat durch alle äußeren Wandlungen seines politischen Credos hindurch jedenfalls einer politischen Orientierung lebenslang ungebrochen Haß und Verachtung bezeigt: jener, die er oft pauschal und bei weitem zu undifferenziert »Liberalismus« genannt oder unter andere Benennungen subsumiert hat, die sich in ein vages Assoziationsfeld um diesen Begriff einbeziehen lassen – »Fortschritt«, »Freisinn«, »Aufklärung«, gelegentlich auch einfach »Intelligenz«.[73]

Das erscheint zunächst als ein denkbar ungeeigneter Ausgangspunkt für einen kritischen Blick auf die Strafrechtsentwicklung um die Jahrhundertwende, also auf jene Tendenzen, deren rationaler Sinn sich in Radbruchs Formel: »Soziale Strafrechts-, liberale Strafprozeßreform«[74] knapp und plausibel widerspiegelt. Denn es scheint der reaktionären, freiheitsfeindlichen und antiaufklärerischen Ideologie einer verjährten Epoche, der des Absolutismus, anzugehören und damit schon hinter den Prämissen jeder vernünftigen Beurteilung des zeitgenössischen Strafrechts aussichtslos zurückzubleiben. In der neueren Sekundärliteratur zu Kraus werden auch relativ einhellig die politischen »Mißgriffe« seiner »reaktionären Periode«[75] in den Jahren vor Ausbruch

72 Vgl. oben, S. 29 f., und die dortigen Nachweise.
73 Nach dem Weltkrieg hat er als gewissermaßen flächendeckendes Synonym für diese Bezeichnungen gelegentlich den Begriff des »Bürgertums« verwendet; vgl. etwa 608/7.
74 S. oben, S. 112.
75 Exemplarisch die hierzu wichtigsten Arbeiten: *Scheichl, Pfabigan, Timms* (alle wie Anm. 5).

des Weltkriegs konstatiert. Nur die Bewertungen schwanken: zwischen eher verlegenen Versuchen des Verständnisses und radikalen Verdikten.

Aber diese Kennzeichnung als »reaktionär« verfehlt den politischen Standort des Satirikers. Genauer: Sie erreicht nicht annähernd seine Komplexität. Das ist einmal mehr der sinnlos groben Schablone des verwendeten Prädikats geschuldet. Freilich ist Kraus an diesem sich fortzeugenden Mißverständnis seiner Nachwelt erheblich beteiligt. Denn die Liberalismus-, Fortschritts-, Aufklärungs-, Intelligenz-Begriffe, an die er seine Haß- und Verachtungsaffekte adressiert, sind bloß die gleichermaßen unbrauchbaren Kontrastschablonen zu dem »Reaktionär«, den er sich in der Literaturwissenschaft (jedenfalls für diese Periode seines Schaffens) damit zugezogen hat. Ein genauerer Blick zeigt dagegen, daß das Fundament seiner »Liberalismus«- und »Aufklärungs«-Kritik gerade dem Ideenkreis des klassischen, aufgeklärten Liberalismus zugehört. Daß es daher nicht verstehbar ist, wenn man die Friktionen im Liberalismus selbst seit der Mitte des 19. Jahrhunderts ignoriert, vor allem das Auseinandertreten eines primär ökonomisch orientierten »Manchester«- und eines ideengeschichtlich verpflichteten, politisch-normativen Liberalismus.[76] Auch die Schärfe und Bedrohlichkeit, in der den Zeitgenossen der Jahrhundertwende diese Friktionen offenbar wurden, müssen bedacht werden. Der Historiker Gangolf Hübinger weist nachdrücklich auf die um 1900 deutlich gewordene Entkoppelung von »Wirtschafts«- und »Kulturfortschritt« und auf den Konflikt der beiden zugeordneten Leitideen hin: das Problem einer Rettung der »Persönlichkeit«, nämlich des autonomen sittlichen und bürgerlich-juristischen Subjekts im Sinne Kants.[77]

Noch die »reaktionärsten« Texte von Karl Kraus, die freilich da und dort abwegige Illusionen über die Brauchbarkeit bestimmter politischer Bundesgenossen in diesem Konflikt widerspiegeln[78],

76 Vgl. die skizzenhaften Differenzierungen oben S. 24 ff. und die dort zitierte Literatur.

77 Vgl. *Hübinger*, Hochindustrialisierung (wie Anm. 18), S. 193 ff., 196; s. auch den oben, S. 23, zitierten § 46 aus Kants »Metaphysik der Sitten«.

78 Dies bezieht sich einerseits auf die Appelle des Satirikers an den Adel (vgl. v. a. 393/27 f.; 400/90 ff.; 418/6 ff.) und das Militär (vgl. 406/

geben ihre Wurzeln im Boden der Aufklärung deutlich zu erkennen. Das gilt auch für den vielzitierten Aufsatz »Die Kinder der Zeit« vom August 1912 (354/68 ff.). Kraus druckt hier zunächst nebeneinander vier Zeitungsartikel ab: einen Bericht über die Einführung der Zeitungslektüre in den Schulen; die polizeiliche Darstellung einer fortgesetzten Kindesmißhandlung, die zum qualvollen Tod des fünfeinhalb Monate alten Opfers führte; eine euphemistische Schilderung der Träume von »eugenetischer« und rassischer Zucht auf einem entsprechenden Kongreß in London; und schließlich einen Artikel über die Hoffnungen von Biologen, bald »die geheimnisvolle Mechanik des Lebens« entschlüsseln und künstlich reproduzieren zu können. Daß diese Themenkreise aus heutiger Sicht gewissermaßen ein Crescendo der Brisanz darstellen, ist deutlich. Die aus ihnen sich aufdrängende Frage nach dem Sinn eines »Fortschritts«, der außerhalb aller normativen Bindungen schon damals die steuerlose Dynamik eines Verhängnisses anzunehmen drohte, bezieht ihre Schärfe aus dem Kontrast mit der barbarischen Roheit der daneben geschilderten Kindestötung. Philosophisch gewendet: aus dem Gegensatz einer sich ins Unabsehbare entwickelnden theoretischen zu einer archaisch zurückgebliebenen praktischen Vernunft der zivilisierten Menschheit.

Die Perspektive, in der dieser Gegensatz als schmerzhaft verkehrt empfunden wird, ist die des Kantischen »Primats« der praktischen vor der theoretischen (»spekulativen«) Vernunft.[79] Oder, zugespitzt für den dargestellten Kontrast: des Vorrangs der Ethik vor dem blinden Fortschritt der Technik. Und wie schmerzhaft der Satiriker die faktische Umkehrung dieses Pri-

160 f. und besonders 387/32 – mit den allerdings häßlichen und noch deutlich von Nietzsche inspirierten Wendungen: »Militärhaß der Demokratie« als »Überlegenheit des Mißwachses über die Männlichkeit« und »Unterschied von Menschenwert und Fliegenplage«); es bezieht sich andererseits auf die in mancher Hinsicht irrige und zu unkritische Verehrung des Satirikers für Bismarck, die in der Sekundärlitertur ebenfalls noch nicht angemessen erörtert worden ist. (Der Aufsatz von *Glettler*, K. K. zwischen Prussophilie und Prussophobie, in: ÖGL 23, 1979, S. 148 ff., geht über eine bloß zitierende Zusammenstellung der Bismarck-Erwähnungen in der *Fackel* nicht hinaus.)

79 Vgl. *Kant* (1908), KpV, AA V, S. 119 ff.

mats in seiner Gegenwart empfunden hat[80], ist dem Ton der Polemik zu entnehmen, die dem Abdruck der vier Zeitungstexte folgt:

Vor der Sehnsucht alles Geistes, daß dieser Planet abdanke, und selbst vor der Hoffnung, daß dem weißen Leichnam, der auf die Erde drückt, Ratten und Neger das letzte Geleite geben mögen und dem Sinn der Kultur, die es schwarz auf weiß haben wollte, noch im furchtbaren Abschied willfahrt sei: steht eine Sorge. Wir Toten haben hienieden noch manches vorzukehren. Da kann denn kein Zweifel obwalten, daß ich vom Standpunkt des Staates, der die Pflicht hat, sich gegen das Unaufhaltsame zu rüsten, manches befürworte, was einer höheren Ordnung so mißfällig ist wie das Gegenteil. [...] Die durch Verbreitung des Wissens bewirkte Geistesschwäche verlangt die Vormundschaft, auch wenn ihre politischen Mißbraucher ihr Selbständigkeit und Haß gegen jede Führung einimpfen. Wenn der Kordon selbst die Pest bekommt, ist die Stadt verloren. Nichts ist innerhalb der Gesellschaft, die sich selbst nicht aufgibt, dringender zu besorgen als die blinde Erfüllung jener traditionellen Ansprüche, denen das Odium anhaftet, nicht zeitgemäß zu sein, und ihre trotzige Vertretung gegen die Zudringlichkeit der Freigelassenen. Nur darauf kommt es an, die Ungehemmten zu hemmen; daß sie Ehrfurcht, nicht wovor sie Ehrfurcht haben. Nichts von all dem was eine Intelligenz, die erhobenen Hauptes die Krätze trägt, verpönt, dürfen wir verpönen. Gesucht sei, was dem mechanistischen Verstand verhaßt ist, der Phantasie durch Pferdekräfte ersetzt hat. Die Aufklärung, die alles aufklärt, was ihr verschlossen bleibt, lehre uns den Inhalt der Finsternis lieben. Seid Christen aus Notwehr! Glaubet an Kraft, wo sich die Schwäche analytisch rächt, an Seele, wo nicht Raum ist für Psychologie! Salbt Euch mit den Vorurteilen, deren Wunderkraft die Urteilsfähigkeit bezweifelt. Geweiht sei jedes Wasser, von dem die Wissenschaft sagt, es sei H_2O mit Bazillen. Der leere Schein jener Mächte, die so stark waren, gegen die Zeit zu erliegen, sei uns Wesen, hilfebringend gegen die Zeit. [...] Die dort trugen die Monstranz, die hier den Präzisionsapparat. Kein Stoß von Holzpapier entzündete sich, keine Frauenrechtlerin mußte dran glauben. Fortschrittsfreunde protestierten vergebens – ach, es geschah ihnen nichts! Und nicht einmal die Vertreter der Presse waren an der Beschreibung des Schauspiels verhindert? Intelligenz, sagte beruhigend einem von ihnen, der Gelegenheit hatte, der Kardinal, Intelligenz

80 Daß er dazu nichts von Kants Philosophie zu verstehen brauchte, was er auch nicht tat, ist selbstverständlich. Zu seiner gelegentlichen Berufung auf die moralische Instanz Kant vgl. v. a. sein Gedicht »Zum ewigen Frieden« (474/159 f. = S9/267 f.) mit einem vorangestellten Kant-Zitat aus »Über den Gemeinspruch ...«, AA VIII, S. 309.

verbrennt nicht; sie stinkt nur zum Himmel! (354/70 ff. = S4/354 ff.; s. ebda. S.357 f. auch das erklärende Nachwort von 1922)[81]

Eine solche Position als die eines »Gegenaufklärers«[82] zu bezeichnen ist verfehlt. Auf den »Liberalismus«- oder »Aufklärungs«-Haß des Karl Kraus vor allem läßt sich das Wort Alfred Polgars aus dem Nachruf auf den Satiriker anwenden: »Er rächte das Ideal an der Wirklichkeit.«[83] Die Phänomene seiner Lebenswelt, gegen die dieser Haß sich richtete und die allerdings von den sich durchsetzenden Ordnungsprinzipien des Liberalismus seit 1850 einem rapide beschleunigten gesellschaftlichen Wandel als Begleitprodukte entbunden wurden, lassen sich genauer benennen. Sie sind gerade vor dem Hintergrund des Ethos der Aufklärung alle (zumindest im unmittelbaren Wortsinne) fragwürdig und kritikbedürftig. Sie sind es heute noch immer und erst recht. Nämlich diese:

- Ein Fortschrittsoptimismus, der sein Vertrauen in die Machbarkeit aller Lebensdinge aus den Optionen einer ungehemmten Expansion von Ökonomie und Technik bezieht[84];
- die Habgier, die in ihrer sozialadäquaten Form und Benennung als »aufgeklärtes Eigeninteresse« zu den subjektiven Prämissen der liberal organisierten Ökonomie gehört;
- die Verdrängung des aufklärerischen Prinzips des »Selbstdenkens« – jener schon im frühen bürgerlichen Selbstbewußtsein auch politisch aufgefaßten Idee, die Goethe im fünften Buch des *Wilhelm Meister* als die Maxime formulierte, »mich selbst, ganz wie ich da bin, auszubilden«[85] – zugunsten einer funktio-

81 Das Motiv vom belanglosen »Wissen« im Unterschied zum »Denken« taucht bei Kraus häufig auf (vgl. z. B. 349/2 = S8/359). Auch dies entspricht einem klassischen Motiv der Aufklärung, etwa *Kants* berühmtem »Sapere aude!« aus »Beantwortung der Frage: Was ist Aufklärung« von 1784 (AA VIII, S. 35 ff.).

82 So *Raddatz*, Der blinde Seher (wie Anm. 51), S. 520; ähnlich, wenn auch auf der Basis einer weitaus besseren Kenntnis des Krausschen Werks, *Pfabigan*, K. K. und der Sozialismus (wie Anm. 5), S. 153.

83 Ursprünglich in: Die Nation IV (26), 25. 6. 1936, wiederabgedruckt in *Polgar* (1984), Kl. Schr., Bd. 4, S. 48.

84 Dazu *Kosselleck* (1975), »Fortschritt«, in: *Brunner/Conze/Koselleck* (Hg.), Geschichtliche Grundbegriffe, Bd. 2, insbes. S. 408 ff.

85 *Goethe*, Wilhelm Meisters Lehrjahre, 5. Buch, 3. Kap. (Hamburger Ausgabe, Bd. 7, S. 290).

nalen Informiertheit, nämlich zugunsten jener, wie Kraus im November 1920[86] schrieb, »hoffnungslosen Intelligenz, die alles Geistige nach seinem Wert fürs Fortkommen abschätzt« (554/33);

- eine politische Phraseologie, die mit dem Pathos liberaler Kampfbegriffe aus dem Vormärz noch zu einer Zeit operiert, in der sie zu Schablonen ausgestorben und lächerlich geworden sind[87];
- und schließlich, an all diesen Erscheinungen partizipierend und zugleich als ihr Antrieb wirksam, ihr Ausdruck wie die sie reproduzierende Ursache, kurz, das sie umfassend darstellende Symbol: die Presse.

Dies sind die genaueren Beschreibungen der gesellschaftlichen Phänomene hinter den abstrakten und viel zu groben »Liberalismus«-Klischees, mit denen Kraus die Adressaten seiner Affekte häufig benennt.[88] Es sind gewissermaßen die Schatten, die die politischen und ökonomischen Mechanismen des »Fortschritts« in die Sphäre der Lebenswelt werfen: in die Gesinnungen der Menschen; in jene subjektive Innenwelt der Gesellschaft, aus der die unzähligen »kleinen« Belegexemplare stammen, die das sati-

86 Also zu einer Zeit, in der er sich längst der republikanisch-demokratischen Staatsform zugewandt hatte, ohne jedoch irgendeines der genannten Haßobjekte seiner angeblich »reaktionären« Vergangenheit loszulassen.

87 Auch John Dewey kritisiert in seinem oben, S. 26, zitierten Aufsatz diese Phraseologie des liberalen Jargons; vgl. *Dewey*, Future of Liberalism, in: Journal of Philos. 32 (1935), S. 226 f.

88 Was in dieser Aufzählung fehlt, ist Kraus' Verhältnis zur Wissenschaft. Sie war ihm grundsätzlich ein wenig interessantes Phänomen, in ihren rationalen Grenzen eine Angelegenheit von »praktischer Nutzbarkeit« (338/21) und wurde ihm nur jenseits ihrer plausiblen Limits – im Bereich des (nach Goethe) »ruhig« zu verehrenden »Unerforschlichen« und im Bereich der Kunst – suspekt oder gar verhaßt. Dies gehört übrigens zu den Motivhintergründen von Kraus' Verachtung für die Psychoanalyse (seit spätestens 1908). Abwegigkeit und Berechtigung dieser Aversion können hier nicht genauer untersucht werden; vgl. aus der Sekundärliteratur v. a. *Schneider* (1977), Die Angst, passim; *Hartl*, K. K. und die Psychoanalyse, in: Merkur 31 (1977), S. 144 ff.; *Szasz* (1976), K. K. and the Soul-Doctors (mit mancherlei Fehlern); *Lensing*, »Geistige Väter ...«, in: Forum (Wien) 36 (1989), S. 62 ff.

rische Panoptikum der *Fackel* bevölkern und die – im Sinne des Burckhardtschen Geschichtsbegriffs – in ihrer Gesamtheit die »großen Reaktionen in Geist und Gemüt«[89] der Epoche abbilden und für die Nachwelt des Satirikers durchsichtig machen. Ein genauerer Blick auf die *Fackel* zeigt hinter der Schablone »Liberalismus« dessen hier angedeutete Schattenseiten als die wirklichen Ziele der Krausschen Angriffe: den »Börsenliberalismus«, die »Börsendemokratie« (man höre hier den Doppelsinn von »Börse« mit!), den »Preßliberalismus« (vgl. etwa 55/2; 56/9; 82/6; 84/12; 135/29; 577/10; 827/83); einen ökonomiebefangenen Fortschritt, der »Portemonnaies aus Menschenhaut« macht (287/11 = S8/279); und den liberalen Phrasenjargon. Im Juli 1911 heißt es in der *Fackel*:

[...] ich habe den zu Zeitungsdreck erstarrten Unflat aus Jargon und Phrase aufgeschöpft, gesammelt und in seiner ganzen phantastischen Wirklichkeit, in seiner ganzen unsäglichen Wörtlichkeit kommenden Tagen überliefert. Ich bin die Muschel, in der das Geräusch fortsingt. [...] Wie kommt es denn, daß der liberale Inhalt keine andere Sprache findet als dieses entsetzliche, seit Banalitätsäonen millionenmal ausgespuckte Idiom? Wie kommt es, daß man sich den Phönix nur noch als Versicherungsagenten und den Genius der Freiheit nur noch als schäumenden Börseaner vorstellen kann? Wie kommt es, daß man die Parolen eines Wahlkampfes nur zitieren und durcheinandermischen muß, um das klinische Bild einer säkularen Hirnhautentzündung zu erhalten? Aber mein Amt ist es, über dem Kleinen die großen Zusammenhänge zu übersehen. (326/16, 18)[90]

Dies alles hat weder mit Gegenaufklärung oder Irrationalismus noch mit reaktionärer politischer Gesinnung zu tun.[91] Es ist der

89 S. oben, S. 138 f.

90 Die Sätze stehen im Anschluß an eine 14seitige Groteske, die das erfundene Gespräch eines »freisinnigen« Ehepaares vor einer politischen Wahl in einem entfesselten Delirium von Phrasen vorführt (326/1 ff. = S4/53 ff.). Vgl. hierzu schon 89/11 ff. (Dezember 1901), wo Kraus zum erstenmal eine Kette liberaler Pathosphrasen zitiert und seinen anschließenden Kommentar mit dem Satz enden läßt: »Gewiss: Hie Freiheit, persönliche und nationale Selbständigkeit – hie Unterdrückung *durch die Phrase*!« Vgl. auch die groteske Parodie des liberalen Jargons in der von Kraus fingierten Zuschrift »freisinniger« Wienerinnen an die »Neue Freie Presse« in 326/14.

91 Wie *Pfabigan* in seiner »politischen Biographie« des Satirikers (wie Anm. 5), S. 153, zu Unrecht meint.

radikal unmittelbare, jede Unterstützung wie jeden Einwand seitens der zuständigen Wissenschaften ignorierende Ausdruck eines extrem empfindlichen Gehörs und Gesichts vor den Geräuschen und Erscheinungen einer Zeitgenossenschaft, deren Perspektiven nach allen Seiten ins Gespenstische auseinandertrieben. Aber gerade weil der normative Hintergrund dieser subjektiven Kritik eindeutig dem Werthorizont des klassischen aufgeklärten Liberalismus entstammt[92], hat die Schärfe ihres Blicks und ihres sprachlichen Ausdrucks ein Gesamtwerk geschaffen, das – jenseits seines rein artistischen Wertes – den Rang einer für das Jahrhundert exemplarischen Gesellschaftsdiagnose erreicht.[93] Es dokumentiert den Zerfall der bürgerlichen Moderne mit sich selbst. Das ist der eigentliche Sinn des von Walter Benjamin überlieferten Ausspruchs Bert Brechts über den Satiriker: »Als das Zeitalter Hand an sich legte, war er diese Hand.«[94] »Der österreichische Liberalismus«, heißt es in der *Fackel* vom Oktober 1910, »umfaßte mit gleicher Liebe die alten 48er und die alten 73er. Das ergab dann so ziemlich im Durchschnitt die alten 66er« (309/34).[95] Der Begriff dieses »falschen Liberalismus«, schreibt

92 Das ist in der Sekundärliteratur zu Kraus erstaunlich selten deutlich gesehen worden. Eine Ausnahme ist der Kraus-Essay Ludwig Hänsels (übrigens eines engen Freundes Ludwig Wittgensteins) von 1934; vgl. *Hänsel*, K. K., in: Hochland 32 (1934/35), S. 237 ff.

93 Deswegen ist auch der vielzitierte Satz aus Walter Benjamins berühmtem Kraus-Aufsatz: dem Satiriker sei »der soziologische Bereich nie transparent geworden« (*Benjamin*, 1977, K. K., in: *ders.*, Ges. Schr. II/1, S. 353), keine »bedeutende Einsicht« (so *Bohn*, 1974, Satire und Kritik, S. 1), wie eine vor Benjamin merkwürdig befangene Literaturwissenschaft immer wieder behauptet, sondern einfach falsch. Die soziologische *Theorie* ist Kraus selbstverständlich so wenig »transparent« wie interessant gewesen; ihr *Gegenstand*, ihr »Bereich«, dagegen wird in seinem Werk bei weitem transparenter als etwa in Benjamins eigenen gesellschaftstheoretischen Überlegungen.

94 *Benjamin*, K. K., a.a.O., S. 388.

95 1873, an dem berühmten »schwarzen Freitag« des 9. Mai, manifestierte sich in einem Börsenkrach mit verheerenden sozialen Konsequenzen zum erstenmal die destruktive Wirkung eines schrankenlosen ökonomischen Liberalismus. 1866 ist das Jahr der vernichtenden Niederlage Österreich-Ungarns gegen Preußen bei Königgrätz, die das Habsburgerreich aus der Reihe der europäischen Großmächte ebenso eliminierte wie aus der Kandidatenliste für das sich abzeich-

der Wirtschaftshistoriker Herbert Matis, sei um die Jahrhundertwende in Österreich ein geläufiger Topos politischer und kultureller Kritik gewesen.[96] Matis zitiert zustimmend einen Historiker jener Zeit mit der Bemerkung: »Spekulation und Börse in Wien und Pest (wurden) die erste Großmacht des Staates.«[97] Aber auch wissenschaftlich lassen sich die Pathologien des Liberalismus, die der satirische böse Blick des Karl Kraus fixiert hat, beglaubigen: in den umbarmherzigen, jeden naiven Fortschrittsoptimismus schon damals desavouierenden Liberalismus-Analysen Max Webers, des bedeutendsten liberalen Theoretikers der Epoche.[98] Als »heroischen Pessimismus« kennzeichnet Wolfgang Mommsen[99] Webers Haltung gegenüber bestimmten Entwicklungsperspektiven der bürgerlichen Industriegesellschaft, gegenüber »dem Gehäuse jener Hörigkeit der Zukunft [...], in welche vielleicht dereinst die Menschen sich, wie die Fellachen im altägyptischen Staat, ohnmächtig zu fügen gezwungen sein werden«.[100]

Selbst der lebenslange kompromißlose Haß des Satirikers auf die Presse – das wichtigste Thema der 37 *Fackel*-Jahrgänge – legt in all seinen Überzeichnungen und Einseitigkeiten in oft beklemmender Schlüssigkeit die problematischen, ja gefährlichen Kehrseiten eines Zivilisationsphänomens bloß, das in diesen Dimensionen auch heute kaum hinreichend begriffen und jedenfalls nicht annähernd bewältigt ist.[101] Eine eingehende Untersuchung der Krausschen Haltung hierzu, die nach wie vor ein Desiderat der Forschung ist[102], liegt außerhalb der Möglichkeiten dieser

nende Deutsche Reich im Sinne von Bismarcks »kleindeutscher Lösung«.

96 *Matis* (1974), Sozioökonomische Aspekte (wie 1. Kap., Anm. 33), S. 259.

97 A.a.O., S. 252.

98 Vgl. hierzu aus der kaum noch überschaubaren Weber-Literatur *Mommsen* (1974), Liberaler, in: *ders.*, Max Weber, S. 21 ff.; zu Webers Kritik des spezifisch technischen Fortschrittsglaubens *Berger* (1991), Politik und Technik, S. 226 ff.

99 *Mommsen*, a.a.O., S. 21.

100 *Weber* (1980), Ges. Pol. Schr., S. 331.

101 Vgl. die ausführliche Studie von *Joußen* (1990), Massen und Kommunikation.

102 Die ungedruckte Dissertation von *Sanoner* (1983), Karl Kraus' Pressekritik, geht (von ihrer Beschränkung auf die ersten Jahre der

Arbeit. Wichtig ist das folgende: Für Kraus war die Presse das Paradigma jener »wirklichen« Herrschaftsmächte hinter den »Scheinmächten« (387/22) des Staates und der Politik; die eigentliche gesellschaftsformende und -deformierende Gewalt, gegenwärtig und wirksam in allen Bereichen des sozialen Lebens, aber jenseits und außerhalb eines regulierenden Zugriffs der nominellen Inhaber der politischen Macht. Bereits im September 1900 identifiziert der Satiriker »die wahren Mächte dieses Staatswesens« im »journalistischen Troß des Freisinns« (54/1). Knapp sechs Jahre später bekräftigt er diese Einsicht und motiviert mit ihr die »antipolitische« Drehung seines publizistischen Blicks:

Die Erkenntnis, daß nicht in den »Vertretungskörpern« – herrliches Gegenwartswort, das den Kontrast zu den einsamen Seelen bedeutet –, daß nicht in den Parlamenten, sondern in den Redaktionen die wirkenden Mächte am Werk seien, hat dieser Zeitschrift die politikfremde Richtung gewiesen. (194/6)

Und beinahe ein Vierteljahrhundert später heißt es in seiner dreihundertsten Wiener Vorlesung mit dem sprechenden Titel »Im dreißigsten Kriegsjahr«:

Monarchie oder Republik? In den dreißig Jahren, die mein Widerwille zurückdenkt, hat in Österreich nie eine andere Macht regiert als die Presse, die einer ihr dienstbaren Bürokratie den Untertan des gedruckten Wortes als Sklaven der Vorschrift gebrauchsfertig geliefert hat! Das Leben des österreichischen Staatsbürgers, nie war es etwas anderes als ein Gedränge zwischen Obrigkeit und Niedrigkeit [...]. Aber gegen den Zeitgenossen haben die ewigen Machthaber, vor denen Regenten und sonstige Komödianten zittern, den Einwand, daß es doch wichtigere Themen gebe als sie selbst. Ich kenne kein wichtigeres als das Unheil, das in der Unverantwortlichkeit beschlossen ist, mit der die Vervielfältigung der privaten Einfalt, die Multiplikation des Minushaften, die Verbreitung eines Ungeistes und einer Unmoral, die am Biertisch verpönt wären, täglich frisch praktiziert wird. (800/22 f.)

Fackel abgesehen) über die erläuternde Wiedergabe von Kraus' Äußerungen über die Presse nicht hinaus. Gute, aber thematisch auf Marginalien beschränkte Ansätze bei *Stremmel* (1982), Dritte Walpurgisnacht, S. 22-63. Zur Krausschen Kritik der Gerichtsberichterstattung s. *Müller-Dietz* (1990), Kriminalität und Kriminalitätsverarbeitung, in: *ders.*, Grenzüberschreitungen, S. 372 ff.

Auch und vor allem dieser Standpunkt wird Kraus immer wieder als abwegiger, »fast als manisch zu wertender«[103] Irrationalismus vorgeworfen.[104] Aber so einfach ist die Frage nicht zu bewältigen. Richtig ist, daß Kraus keinerlei Neigung hatte, die demokratische Notwendigkeit einer frei »räsonierenden« Öffentlichkeit im Sinne Kants[105] (die er da und dort beiläufig und widerstrebend anerkannte[106]) als Legitimationsgrundlage für das Gesamtphänomen Presse gelten zu lassen.

Naiv erscheint aber heute, nach rund 60jähriger Entwicklung der Wirkungsforschung im Bereich der Massenmedien[107], die geläufige Auffassung, Kraus' vermeintliche »Überschätzung« des Themas »Pressemacht« sei naiv gewesen.[108] Unter den Wissen-

103 *Pfabigan*, K. K. und der Sozialismus (wie Anm. 5), S. 141.
104 Vgl. etwa *Raddatz*, Der blinde Seher (wie Anm. 51), S. 521.
105 Dazu *Habermas* (1990), Strukturwandel, S. 178 ff.
106 Vgl. exemplarisch 160/5 (April 1904), wo Kraus ausdrücklich einen Strafrechtsschutz für die »Unverfälschtheit der öffentlichen Meinung« fordert. Zum eigentlichen Ziel der Krausschen Pressekritik, nämlich: den Blick des Lesers skeptisch zu machen, seinen »Offenbarungsglauben« gegenüber der Presse zu zerstören (285/46), vgl. *R. Merkel*, K. K. (wie Anm. 26), S. 176.
107 Dazu, daß diese Forschung erst in den zwanziger Jahren (also deutlich nach der Artikulation der Krausschen Thesen) systematisch begann, *Joußen*, Massen und Kommunikation (wie Anm. 101), S. 121.
108 Vgl. hierzu auch die in 857/71 f. zitierten Sätze des (gewiß nicht irrationalismusverdächtigen) Bertrand Russell über die Negativwirkungen der Presse auf die öffentliche Meinung. – Im übrigen gibt es zu der Frage, ob die Presse eher als Ursache oder als Folge gesellschaftlicher Defektzustände aufzufassen sei, im Abstand von 17 Jahren zwei charakteristisch unterschiedliche Bekundungen in der *Fackel*. Juni 1912: »Ich habe die Presse nie als Ursache, sondern immer nur als Wirkung verklagt. [...] Ich weiß schon, daß die Nässe nicht am Regen schuld ist; aber sie informiert mich darüber, daß es regnet« (351/52). Februar 1929: »Jawohl, ich halte die Folgeerscheinung für die Ursache; der Spiegel macht das Gesicht« (800/24). Der zweite Satz, der zunächst quasi-paradox Ursache und Wirkung identifiziert, um dann die stärkere Betonung auf die erstere zu legen, gibt den Sachverhalt wohl angemessener wieder. Das Ursache-Wirkung-Schema ist zur Beschreibung der komplex funktionalen Wechselbeziehungen zwischen »Berichten« und »Ereignissen« in der Mediengesellschaft nicht mehr aussagekräftig.

schaftlern der Zeit war es wieder vor allem Max Weber, dessen Scharfblick die Dimensionen des Problems wahrnahm. In seiner Rede auf dem ersten Deutschen Soziologentag in Frankfurt 1910 sagte er:

Meine Herren, über die Größe der allgemeinen Bedeutung der Presse hier etwas zu sagen, hat ja keinen Zweck. [...] Wenn die Presse mit kommandierenden Generalen verglichen worden ist [...], so weiß jeder Mensch: darüber gibt es bei uns nichts rein Irdisches mehr, und es wäre nötig, in das Gebiet des Überirdischen zu greifen, um Vergleiche zu finden. [...] Wenn das englische Parlament vor 150 Jahren Journalisten zu kniefälliger Abbitte wegen breach of privilege vor den Parlamentsschranken zwang, wenn sie über seine Verhandlungen berichteten, und wenn heute die Presse durch die bloße Drohung, die Reden der Abgeordneten nicht abzudrucken, die Parlamente auf die Knie zwingt, so hat sich offenbar ebenso der Sinn des Parlamentarismus und die Stellung der Presse geändert.[109]

Weber spielt hier ersichtlich auf eine deutsche Parlamentsaffäre aus dem Frühjahr 1908 an: Der konservative Abgeordnete Gröber hatte im Reichstag die anwesenden Journalisten »Saubengels« genannt; die Zeitungen reagierten mit einem Streik der Berichterstattung über den Reichstag, was wiederum eine vorübergehende Einstellung der parlamentarischen Tätigkeit nach sich zog. Auch in der *Fackel* hat die Affäre ein Echo gefunden, das sich durchaus mit Webers skeptischer Bemerkung berührt:

Hinter dem Journalistenstreik steht der erpresserische Dünkel aller mit Druckerschwärze hantierenden Individuen, daß die Publizität ein Verhältnis zwischen dem Schreibenden und dem Beschriebenen und nicht bloß ein Verhältnis zwischen dem Schreibenden und dem Lesenden sei. Diese Wahnvorstellung könnte in jedem einzelnen Falle vernichtet werden, wenn nicht in jedem einzelnen Falle das noch viel Ungeheuerlichere

109 *Weber* (1924), Ges. Aufsätze zur Soziologie, S. 434. Auch die weiteren Linien einer Pressesoziologie, die Weber in dieser Rede skizziert, berühren sich – im Paradigma einer gänzlich anderen Form der Beschreibung und Begründung – vielfach mit einzelnen Aspekten der Krausschen Pressekritik. – Speziell zur Macht des Herausgebers der »Neuen Freien Presse«, Moriz Benedikt, der für Kraus das Sinnbild des absolutistischen Mißbrauchers einer illegitimen Macht war, vgl. die Tagebücher des zeitgenössischen Politikers und Staatsrechtlers Josef *Redlich* (1953), S. 147 (Eintrag vom 28. August 1912): Benedikt sei »stiller Mitregent« des Kaisers und seiner Minister.

erlebt würde, daß sie gerade von jenen genährt wird, die ihr mit dem Schuhabsatz ins Gesicht treten sollten, von den der Kritik ausgesetzten Personen. [...] Wenn die Journalisten zu schreiben aufhören, so hören jene auf, zu handeln. Der Deutsche Reichstag schweigt, und der Reichskanzler schweigt, weil die Parlamentsberichterstatter die Federn niedergelegt haben. Ein Schimpfwort ist gefallen, und die Folge ist, daß sich die beschimpfte und die beschimpfende Partei zu einem Bündnis gegen das Publikum vereinigen. Und es finden sich Geister, denen die Einstellung des Parlamentarismus hier durch die Zerstörung des Prinzips der »Öffentlichkeit«, auf dem er basiere, begründet scheint. Das heißt also, daß keine Gerichtsverhandlungen mehr stattfinden können, weil die Gerichtssaalreporter am Erscheinen verhindert sind [...]. Aus dem Recht der Öffentlichkeit zur Teilnahme an staatlichen Handlungen wurde eine conditio sine qua non für die staatlichen Handlungen. [...] Man stelle sich vor, daß ein Lakai die Kleider der Herrschaft zu putzen sich weigert, weil der Schneider, der sie lieferte, ihn gekränkt hat, und daß der Schneider darauf erklärt, er liefere der Herrschaft keine Kleider mehr, solange der Lakai sie nicht putze. Und man stelle sich vor, daß die Herrschaft sich das gefallen läßt und nackt ausgeht. [...] Daß in Wien keine Raubmörder mehr erwischt werden, wenn die Presse beschließt, die Nachrichten über die verdienstvolle Tätigkeit des Chefs des Sicherheitsbureaus zu unterdrücken, darauf sind wir gefaßt [...]. Aber auf die Einführung des Absolutismus wegen Streiks der Parlamentsreporter war die deutsche Öffentlichkeit nicht vorbereitet. Sie hat wieder einmal zugelernt und weiß jetzt, daß die Weltgeschichte aufhören muß, wenn sichs die Staatsmänner mit den Stenographen verderben. (249/1 ff.)

Daß dies ein scharfsinniger Hinweis auf eine untergründige Paradoxie des demokratischen Grundprinzips »Öffentlichkeit« ist, kann kaum bestritten werden. Vermutlich hatte Weber bei seiner Frankfurter Rede – neben anderen – ganz ähnliche Erwägungen im Kopf. Selbstverständlich ist die Pressekritik der *Fackel* keine zureichende Grundlage für irgendeine wissenschaftliche Perspektive der massenmedialen Wirkungsforschung – schon wegen der sozusagen produktiv bösartigen Einseitigkeit nicht, mit der Kraus die »Vorderseite« seines Haßobjektes ausblendet: dessen Unentbehrlichkeit in liberal-demokratischen Gesellschaften.

Aber wie insgesamt seine Liberalismuskritik nichts anderes darstellt als eine Erhellung der finsteren Rückseiten des liberalen Systems im Lichte von dessen eigenen normativen Prämissen, so läßt sich im besonderen auch seine Pressekritik als Phänomenologie eines gesellschaftliches Defekts lesen, der als logische Kehrseite einer demokratischen Notwendigkeit, der Pressefreiheit[110], unvermeidlich sein mag. Aber daß hinter der pathetischen, nämlich verfassungsrechtlich instrumentierten Betonung dieser Notwendigkeit deren Kehrseite unkenntlich wird, stellt ein erhebliches politisches, soziales und rechtliches Risiko dar. Gerade in dieser Sphäre hat der Satiriker »Geräusche übernommen« und »Gesichte empfangen« (400/46), die auch seiner Nachwelt verlorenzugehen drohen.

Daß dieser »Liberalismus«-Haß die Grundsätze der Aufklärung nicht leugnet, sondern verteidigt, wird nicht nur an seinen zahlreichen Berührungen mit der liberalen Liberalismus-Kritik der zeitgenössischen Wissenschaft[111], etwa Weberscher Provenienz, deutlich. Es zeigt sich vor allem an der prinzipiellen Haltung, die Kraus zeit seines Lebens gegenüber dem Problem des Verhältnisses von Staatsmacht und Individuum einnahm. Prägnanten und für sein Gesamtwerk exemplarischen Ausdruck findet diese Haltung in einem Satz aus seinem offenen Antwortbrief vom Juli 1919 an den Präsidenten der Deutschösterreichischen Nationalversammlung, Karl Seitz, der ihm zum 20. Jahrestag der *Fackel*-Gründung gratuliert hatte:

> Zu der von keinem Gewaltbegriff beeinflußten Selbstbestimmung des Menschen zu gelangen: das ist die Idee eines Wirkens, dessen geistiges Ziel auch über einem nur den materiellsten Dingen zugewandten Bewußtsein vorhanden wäre. (514/49)

110 Zur historischen und funktionalen Entwicklung der Pressefreiheit in Deutschland als einer Art trojanisches Pferd für andere politische Freiheitsrechte *Eder* (1985), Geschichte als Lernprozeß, S. 426 ff.

111 Übrigens auch mit der Liberalismuskritik aus den Reihen des politischen Liberalismus selbst. Ein österreichisches Musterbeispiel, das (schon wegen der persönlichen Bekanntschaft) auch auf Kraus erheblichen Einfluß hatte, war Josef Schöffel, der in den frühen *Fackel*-Jahrgängen mehrere wütende Ausfälle gegen den politischen und ökonomischen Liberalismus und gegen den »Raub- und Beutekrieg« (117/6) des Börsen- und Bankenkapitalismus veröffentlichte. (Drei der umfangreicheren Aufsätze ließ Kraus auch als gesonderte Broschüren im »Verlag der *Fackel*« erscheinen.) Schöffel war zwischen 1873 und 1880 als Abgeordneter des Reichsrats Mitglied des liberalen »Fortschrittsklubs«; vgl. *Harrington-Müller* (1972), Fortschrittsklub, S. 168.

Das ist in nuce auch die Idee des aufgeklärten Liberalismus. Es ist das Pendant zu jener kantischen Maxime der Autonomie, der »Selbstausbildung«, die Goethe als das regulative Prinzip des frühen bürgerlichen Bewußtseins seinem Wilhelm Meister in den Mund legt. Eine halbe Seite nach der zitierten Stelle schreibt Kraus, Politik sei ihm »bloß als Voraussetzung für ein Leben ohne sie beträchtlich« (514/49). Auch diese Betonung der Trennlinie zwischen Staat und Privatsphäre und vor allem der Akzent auf dem normativen Vorrang der letzteren gehören zu den Programmpunkten des politischen Liberalismus. Sie markieren einen deutlichen Kontrast zur klassisch konservativen Auffassung, wonach Freiheit vom Souverän (der in repräsentativen Demokratien auch das Parlament sein kann) genuin *gewährt* und nicht etwa – als das normativ Primäre – nur beschränkt werde.

Auch die weiteren Essentialia des politischen Konservatismus[112] fehlen im Denken von Karl Kraus: die Apotheose der Staatsmacht, der Nation[113], des Volksgeistes sub specie aeterni – abgeleitet, wie es Friedrich Julius Stahl klassisch formulierte, als die »Herrlichkeit des Staates«[114] aus dem Willen und der Gerechtigkeit Gottes und schlechthin vorgeordnet den Interessen und der Freiheit des einzelnen. Schon dieser Befund zeigt, daß die geläufige politische Zuordnung des Karl Kraus für die Jahre vor dem Ersten Weltkrieg (und noch etwas länger) zum konservativen oder gar »reaktionären« Lager[115] unrichtig ist. Kein stichhaltiger Einwand hiergegen ist der Hinweis auf den offenbar lebenslangen Zweifel des Satirikers, ob »eine Demokratie eine mögliche Regierungsform wäre«.[116] Denn die skizzierten Basiskonzepte

112 Etwas anders verhält es sich mit dem Kulturkonservatismus, dem Kraus in mancher Hinsicht – freilich nicht ohne Einschränkungen, denen hier nicht nachgegangen werden kann – zuzurechnen ist; dazu *J. M. Fischer*, Kulturkonservatismus (wie Anm. 5).

113 Dazu z. B. *R. Merkel*, Wahnbild Nation, in: Die Zeit, 1990, Nr. 11, S. 52.

114 Vgl. oben, 1. Kap., S. 35.

115 Vgl. die Nachweise oben, S. 140, Anm. 75.

116 Die Bemerkung steht in einem Schriftsatz, mit dem Kraus wenige Wochen vor seinem Tod seine Privatklage wegen Beleidigung gegen den Schriftsteller Hugo Sonnenschein (»Sonka«) begründete; hierzu ausführlich *Haslinger*, »Die Stellung des Herrn Kraus zum Sozialismus«, in: Austriaca Nr. 22 (1986), Sonderheft Karl Kraus, S. 47 ff., das Zitat S. 58.

des politischen Liberalismus sind – nach Kants klassischer Unterscheidung – wohl an die »republikanische Regierungsart«, aber nicht zwingend an die »demokratische Staatsform« gebunden.[117] Sie sind auch außerhalb demokratischer Überzeugungen plausibel vertretbar. In Wahrheit waren die »reaktionären« Orientierungen von Karl Kraus vor 1914 Ausdruck einer Suche nach Bündnispartnern im Kampf gegen die Phänomene des »falschen« und für die Erhaltung der Werte des echten Liberalismus: nicht die Ankunft in der für ihn zuständigen politischen Sphäre, sondern die Aufforderung an eine ihm gedanklich genuin fremde Adresse, bei der Verteidigung seiner, nämlich der wirklich liberalen Prinzipien zu helfen. Daß er dabei mehrfach einer durchaus naiven, da und dort geradezu ärgerlichen Illusion über die Brauchbarkeit von Adel, Klerus und Militär für diesen Zweck anhing, ist eine andere Frage als die seines politischen Credos.[118] Ihr nachzugehen liegt außerhalb unseres Themas. Sagen läßt sich jedenfalls, daß seine letzte politische Selbstcharakterisierung, geschrieben kurz vor seinem Tod in einem Schriftsatz für den letzten von ihm angestrengten Strafprozeß, zutrifft:

> [...] die scheinbare Änderung der politischen Überzeugung war bei dem Privatkläger niemals das Ergebnis einer geistigen Umorientierung, die auf einem Wechsel des Standpunktes beruhte, sondern stets das Ergebnis des Festhaltens an einem geistigen Standpunkte gegenüber den sozialen Erscheinungen [...]. Es gibt für den Privatkläger keine politische Überzeugung, die er zu ändern hätte, sondern nur eine Überzeugung aus dem Geiste und der Humanität [...].[119]

Was die Frage seiner »reaktionären« Bündnisse gegen den »falschen« Liberalismus angeht, so kann hier eine Selbsterkenntnis,

117 Vgl. *Kant* (1907), MdS, RL, §§ 51 und 52, AA VI, S. 338 ff.; *ders.*, (1907), Streit der Facultäten, AA VII, S. 90 f.

118 Dieses Credo ist ebenso wie die bloße Bundesgenossenfunktion der konservativen Adressaten des Satirikers auch in seinem »reaktionärsten« Text (»Die Kinder der Zeit«) deutlich: »Da kann denn kein Zweifel obwalten, daß ich vom Standpunkt des Staates, der die Pflicht hat, sich gegen das Unaufhaltsame zu rüsten, manches befürworte, was einer höheren Ordnung so mißfällig ist wie das Gegenteil« (354/70). Vgl. hierzu auch das aufschlußreiche Nachwort vom April 1922 zum Wiederabdruck dieses Textes in »Untergang der Welt durch schwarze Magie« (S4/357 f.).

119 Zit. bei *Haslinger*, Stellung (wie Anm. 116), S. 59.

die er bereits 1902 festgehalten hat, als generelles Signum seiner politischen Stellungnahmen zitiert werden:

> [...] er [hat] auf allen Gebieten öffentlicher Erörterung schon aus Ressentiment die Partei der Schlechten gegen die Schlechteren ergriffen, ja zuweilen selbst die gute Sache aus Abscheu gegen ihre Verfechter, die sie ihm ärger zu gefährden schienen als ihre Angreifer, im Stich gelassen [...]. (115/5 = S1/12)

An dieser Stelle müßten sich nun die beiden bisher dargestellten Problemkreise aufeinander beziehen lassen: die Fragen der Straf- und Strafprozeßreform um die Jahrhundertwende einerseits und die prinzipiellen politischen Orientierungen von Karl Kraus andererseits. Gustav Radbruch hat seine Tendenzformeln von der »sozialen Strafrechts-« und der »liberalen Strafprozeßreform« ausdrücklich als »politische Schlagworte« bezeichnet.[120] Für das antiquierte österreichische Strafrecht der Zeit kam, wie wir gesehen haben, die drängende Maxime einer nachholenden liberalen Grundsatzreform auch des materiellen Rechts hinzu. Wenn die Strafrechts- und Strafjustizkritik im Werk der *Fackel* mehr sein soll als ein Kaleidoskop zusammenhangloser literarischer Texte, dann müßte eben sie es sein, was die Verbindung zwischen jenen beiden Kreisen schlägt. Mit anderen Worten: An ihr müßten sich – etwa in einem österreichischen Pendant zu den genannten Radbruchschen Formeln – einerseits der behauptete zeitdiagnostische Rang des Krausschen Werkes beglaubigen, andererseits die skizzierten politischen Grundorientierungen des Satirikers ablesen und mit jenem Pendant einigermaßen zur Deckung bringen lassen.

Dies ist das Anliegen der folgenden Kapitel. Die geistige Grundlage des Krausschen Denkens, der aufgeklärte, klassisch-liberale Primat von Gerechtigkeit und Autonomie, wird dabei ebenso deutlich werden wie die davon gestützte Kritik an den sozialen Defiziten eines »falsch« liberalen Strafrechts. Zwingender, nämlich differenzierter als in allen anderen Themensphären der *Fackel* zeigt sich in ihrer Strafrechtskritik die intellektuelle Physiognomie ihres Autors als die des liberalen Aufklärers. Doch wird hier noch mehr sicht- und hörbar als die implizite Verteidigung oder Restauration eines Normenkanons zwischen

120 Vgl. oben, S. 112.

Gerechtigkeit, Humanität und Freiheit. Kraus begriff genau, daß Straf- und Strafprozeßrecht die empfindlichsten Punkte auf der Trennlinie zwischen Staatsmacht und Individuum markieren und daß die Auseinandersetzung mit ihren geltenden Formen allein mit einem Appell an das internalisierte Normenbewußtsein des Kulturmenschen und etwa noch den persuasiven Mitteln der satirisch-künstlerischen Sprache nicht zu bewältigen ist: nämlich nicht gänzlich außerhalb – und damit zu weit unterhalb – des Argumentniveaus, auf dem strafrechtliche Regelungen oder gerichtliche Entscheidungen ihren Legitimationsbedarf zu decken haben. Anders, und in der Diktion der modernen Rechtstheorie: daß das Strafrecht jedenfalls die Aufgabe einer *Formalisierung* der Verarbeitung von Konflikten hat[121], wie immer die materielle Regelung und Beilegung des einzelnen Konflikts ausfallen mag; daß es also nicht bloß die Kriminalität zu bekämpfen, sondern dies in präzise bestimmten Formen zu tun hat. Hier liegt der Grund für die bemerkenswerte Tatsache, daß der Un-, ja Antiwissenschaftler Kraus sich in seinen Schriften zu Themen des Strafrechts immer wieder sowohl auf die Argumentationsweisen der zuständigen Wissenschaft einläßt als auch zwei wichtige rechtsphilosophische bzw. -theoretische Prämissen seinen eigenen Positionen als rationale Stützen unterlegt. Diese Prämissen gehören ebenfalls zum Ideenfundus des politischen Liberalismus: das Postulat einer Trennung von Recht und Moral und die darauf gestützte Forderung einer weitgehenden Entmoralisierung des Strafrechts[122]; und ein der strafrechtswissenschaftlichen Diskussion entnommener Rechtsgutbegriff, dem Franz von Liszt – in motivierter Abwendung von dem vorher (etwa bei Binding) gebräuchlichen – die Konturen eines liberalen, strafrechtsbegrenzenden Korrektivs einzuschreiben versucht hatte.[123]

Doch deutet dies alles nur auf einen Teil der Krausschen Strafrechtskritik. Zu jenen Legenden der Kraus-Philologie, deren Ursprung in Walter Benjamins Kraus-Essay auszumachen ist, gehört, daß Kraus »das Recht selbst – nicht dessen *Wirkung*,

121 Dazu *Hassemer* (1990), Grundlagen, S. 316 ff.; *ders.* (1974), Strafrechtsdogmatik, S. 133 ff.
122 Dazu unten, S. 231 ff.
123 Dazu unten, S. 276 ff.

sondern dessen *Wesen* – unter Anklage« gestellt habe.[124] Benjamin spricht von der »Substanz« (im Unterschied zur »Wirkung«) des Rechts, die Gegenstand der Krausschen Anklage sei, und davon, daß diese »auf Hochverrat des Rechtes an der Gerechtigkeit« laute.[125] Das ist gewiß keine sehr klare Aussage. Aber es suggeriert, Kraus habe in seinen einschlägigen Texten – jedenfalls überwiegend – nicht einzelne Normen der geltenden Rechtsordnung, sondern das Strafrecht insgesamt als Instrument der sozialen Kontrolle abgelehnt. Diese Suggestion ist falsch. Benjamins Mißverständnis spiegelt sich noch in Adornos beiläufiger, beinahe erstaunter Bemerkung, Kraus habe sich »manchmal« veranlaßt gesehen, »nicht Milderung, sondern Verschärfung von Strafgesetzen zu fordern«.[126] Nicht »manchmal« – in bestimmten Bereichen durchgängig. Auch Nike Wagner schreibt in ihrem Buch über *Karl Kraus und die Erotik der Wiener Moderne* Benjamins Fehldeutung fort. Dem pathetisch-hyperbolischen Satz aus der *Chinesischen Mauer*: »Und das Chaos sei willkommen; denn die Ordnung hat versagt!« (285/16 = S2/292) entnimmt sie eine »Flucht« des Satirikers aus der Rechtsordnung insgesamt »in das Fahrwasser anarchistischer Ideen«.[127] Das ist ganz gewiß unrichtig. Die folgenden Kapitel werden zeigen, daß Kraus den Rahmen fundamentaler Rechtsbegriffe, an denen die satirische Kritik ihren normativen Halt findet, nie verlassen wollte oder konnte. Daß er bestimmte geltende Rechtsnormen verwarf, bedeutet nie und nirgends eine Verwerfung des Rechts. Es bezeichnet, wie wir sehen werden, nicht einmal jene naturrechtliche Position, die zumindest einzelne Rechtssätze wegen deren Widerspruchs zu vorrangigen ethischen Normen für ungültig hält. Kraus hielt vielmehr auch Gesetze, die er radikal ablehnte, gewissermaßen zähneknirschend für verbindlich. Die von Nike Wagner zitierte

124 So *Krolop* (1987), Karl Kraus, S. 20. Krolops Buch ist im übrigen eine Sammlung ganz ausgezeichneter, kenntnis- und perspektivenreicher Aufsätze über Kraus; daß selbst bei ihm das Thema »K. K. und Strafrecht« nicht adäquat behandelt ist, zeigt, daß es noch immer einen weitgehend »weißen Fleck« der Kraus-Philologie darstellt.

125 *Benjamin*, Karl Kraus (wie Anm. 93), S. 349.

126 *Adorno* (1967), Sittlichkeit und Kriminalität, in: *ders.*, Ges. Schr. II, S. 374.

127 *Wagner* (1982), Geist und Geschlecht, S. 125.

Stelle aus der *Chinesischen Mauer* bezieht sich – und ihr Kontext zeigt das so deutlich, wie es eine genaue Analyse der Verwendung des Wortes »Chaos« bei Kraus tut[128] – nicht auf die Sphären von Politik und Recht, sondern auf die der Erotik. *Hier* soll das »Chaos« aller sinnlichen Möglichkeiten, aller sexuellen Varianten »willkommen« und die »Ordnung« der christlichen Sexualmoral so unzuständig sein wie die Normen des Strafrechts. Nicht entfernt bringt dieser Gedanke Kraus in eine Beziehung zu »anarchistischen Ideen«. Im Gegenteil: Zu allen Zeiten und in allen Bereichen seiner literarischen Wirksamkeit forderte und unterstützte er nicht bloß »das Recht«, sondern gerade das Strafrecht gegenüber jenen Schattenseiten der bürgerlichen Lebensform, die er als Begleitprodukte des schrankenlosen ökonomischen »Fortschritts« begriff.[129] Im April 1903 druckt er, offensichtlich zustimmend, den Brief eines ungenannten Juristen ab, der für die »neue liberale Wirtschaftsblütezeit« einen erhöhten Strafrechtsbedarf konstatiert (134/5). Und er bindet solche Erwägungen generell an das vor allem in der Liszt-Schule propagierte Postulat einer »sozialen Weiterentwicklung« des liberalen Strafrechts.[130] Auch in Österreich, heißt es im September 1899, dringe langsam »in die dicht vergitterten Fenster einer engherzigen, lebensfremden Begriffsjurisprudenz ein schwacher Lichtschein von Socialpolitik« (17/12). Zeit seines Lebens erschienen dem Satiriker Probleme wie dieses ausschließlich als Aufgaben einer rationalen Organisation des äußeren Lebens, also einer vernünftigen Politik, und ihre Vermischung mit Fragen der ästhetischen Kultur als

128 Nicht durchgängig, aber in seinen erotikbezogenen Texten ganz überwiegend meint Kraus mit »Chaos« den nicht normierbaren und nicht normierungsbedürftigen Bereich aller Varianten der Erotik. Im Juni 1912 schreibt er über den – nach einer Feuilletonphrase »erotischen« – Schriftsteller Arthur Schnitzler: »Was haben die Laubsägearbeiten dieser Schnitzler und Abschnitzler mit dem Chaos zu schaffen?« (351/80 = S3/164); ganz deutlich auch im Nachruf auf Strindberg in demselben Heft (vgl. 351/2). Und noch zwanzig Jahre später nennt er im Zusammenhang seiner Nachdichtung der Shakespeareschen Sonette die »Shakespeare-Empfindungen« der Erotik »das lebendige Chaos« (885/48).

129 Vgl. *R. Merkel* (1991), Strafrecht und Satire, in: *Schönert* (Hg.), Erzählte Kriminalität, S. 608.

130 Hierzu *Radbruch* (1957), Vom individualistischen zum sozialen Recht, in: *ders.*, Der Mensch im Recht, S. 35 ff.

verhängnisvoll, als »Verschweinung des praktischen Lebens durch das Ornament« (329/ 10)[131]:

Lassen wir unser soziales Gewissen sich ausschließlich um die Instandhaltung der äußeren Lebensgüter bekümmern! Ein bücherscheuer Volksvertreter, der ein Wuchergesetz beantragt, ist besser als ein literaturfreundlicher Parteigegner, der es abschaffen will. (164/7)

Der Ruf des Karl Kraus nach der sozialen Kontrollfunktion des Strafrechts ist – entgegen der Legende vom Ankläger gegen die »Substanz des Rechts« – innerhalb seines Gesamtwerkes in Quantität und Bedeutung seinem Widerspruch gegen illegitime Kriminalisierungsstrategien ungefähr ebenbürtig.[132] Claus Roxin hat 1965 in der Besprechung eines Sammelbandes über *Probleme der Strafrechtsreform*, und zwar bei der Erörterung eines Themas, das nicht zufällig in der *Fackel* eine erhebliche Rolle spielt – nämlich der Frage eines etwa neu zu schaffenden »Indiskretionstatbestandes«[133] –, die folgenden Sätze geschrieben, mit denen auch die Perspektive des Satirikers auf das Strafrecht plausibel umrissen werden kann und die sie noch Jahrzehnte nach seinem Tod als aktuelle beglaubigen:

Denn bei aller Meinungsvielfalt herrschte Einigkeit darüber, daß in den Entwurf[134], namentlich, wo er sich mit dem Privatleben des Bürgers befaßt, »manches Viktorianische« [...] hineingeraten ist, daß aber die Freiheit des Menschen zur Gestaltung seines individuellen Lebens nicht nur vor dem Zugriff des Strafrechts, sondern ebenso *durch* das Strafrecht zu schützen ist, und zwar vor der Indiskretion der Massenmedien wie vor der Neugier des durch die Technik mächtig gewordenen Einzelnen. Die bestürzende Aktualität all dieser Fragen zeigt deutlich genug, wie sehr die moderne Massenzivilisation um des Individuums willen einen in diesem Sinne verstandenen Liberalismus braucht [...].[135]

131 S. hierzu und zu den Zusammenhängen dieser Denkweise mit der Ludwig Wittgensteins *Janik/Toulmin* (1984), Wittgensteins Wien, S. 114 ff. und passim.

132 Eine andere Frage ist es, ob dieser Appell an den strafenden Staat in allen Fällen plausibel erscheint; sie kann abstrakt nicht erörtert werden. Ich komme aber später mehrfach und jeweils am konkreten Beispiel darauf zurück.

133 Dazu unten, S. 447 ff.

134 Den Regierungsentwurf 1962 zur Strafrechtsreform (E 62).

135 *Roxin*, Literaturbericht, in: ZStW 77 (1965), S. 70.

Das hätte Kraus 60 Jahre vorher ohne Einschränkung unterschrieben. In beiden von Roxin genannten Richtungen – eines Schutzes gegen und durch das Strafrecht – verfehlte, wie wir gesehen haben, das damals geltende österreichische StG den zeitadäquaten Standard rationaler Legitimität und Legalität. Neben einem ausgreifenden Netz absolutistischer Kontroll- und Sanktionsnormen stand – oder besser: verschwand – das hilflose Laissez-faire eines Wirtschaftsstrafrechts aus vorindustriellen Zeiten. Im September 1902, in dem später titelgebenden Aufsatz des Buches *Sittlichkeit und Kriminalität*, schreibt Kraus:

Und so bekenne ich, daß ich den Standpunkt des Staatsfreundes, der von der Gesetzgebung immer wieder das verlangt, was der manchesterliche Schwindelgeist höhnisch »Bevormundung« nennt, ausschließlich dann beziehe, wenn ich das Geltungsgebiet ökonomischer Werte betrachte. Daß mir hier die strengste Überwachung geboten scheint, daß ich den neuen Formen neue Paragraphe an den Hals wünsche und nichts für dringlicher halte, als daß mit den tätigen Zerstörern der materiellen Wohlfahrt des Volkes auch die Helfer der Presse in der fester gezogenen Schlinge Platz fänden: dies betonen, hieße Eulen nach Athen, Bauernfänger auf die Börse und Zutreiber in die liberale Presse tragen. Aber mit der Sorge für die wirtschaftliche Sicherheit halte ich die Mission des Gesetzgebers beinahe für erfüllt. Er möge dann noch über der Gesundheit und Unverletzlichkeit des Leibes und des Lebens und über anderen greif- und umgrenzbaren »Rechtsgütern« seine Hand halten. Ich weiß nicht, wie viele ihrer das alte Strafgesetz schützt und ob das neue die Zahl vermehren oder vermindern wird. Aber es sind ihrer zu viele [...]. (S1/12 f. = 115/5)[136]

Das ist das Grundsatzprogramm. Hinzu kommen Interventionen gegen einzelne justizielle Exzesse der Grausamkeit[137] und

136 Ich zitiere den leicht überarbeiteten Text aus dem im Februar 1908 erschienenen Buch; diese Version bringt die liberale Grundhaltung des Satirikers zu einer Zeit, für die ihm die Sekundärliteratur in der Regel bereits einen dezidierten Konservatismus attestiert, noch deutlicher zum Ausdruck als der Aufsatz von 1902: In der Buchfassung sind aus der Liste der aufgezählten legitimen »Rechtsgüter« des Strafrechts mit Recht »Ruhe und Ordnung« gestrichen, die 1902 noch genannt waren (115/5).

137 Dazu gehören – neben Fällen, von denen noch zu reden sein wird – auch Fehlurteile und übertrieben harte Strafen in einigen damals spektakulären Prozessen. Zu nennen ist v. a. der Mordprozeß gegen das Wiener Ehepaar Klein (vgl. 180/26 ff. = S1/162 ff.), wo

andererseits gegen die Indolenz, mit der eine gleichsam achselzuckende Strafjustiz dem Leid der wehrlosesten Gewaltopfer, nämlich mißhandelter Kinder, ihre Hilflosigkeit oder Gleichgültigkeit demonstriert. Hier wird jenes Engagement für »die Partei der Menschlichkeit« (608/7) deutlich, das Kraus einmal als die Grundlage aller seiner politischen Äußerungen reklamiert hat. Und schließlich: die Angriffe gegen ein vielfach dysfunktional gewordenes und illiberal unterlaufenes Strafverfahren, und hierbei vor allem eine bis in die späten *Fackel*-Jahrgänge fortgeschriebene Pathologie des österreichischen Schwurgerichts. Gelegentlich verfolgt der Satiriker die Wirksamkeit des Strafrechts und der Justiz nicht bloß in die Friktionen ihrer Logik, sondern bis in die Schlupfwinkel der juristischen Dogmatik.

Neben diesem sachlichen Hintergrund gab es vor allem drei persönliche Inspiratoren und Garanten für die strafrechtlichen Auffassungen von Karl Kraus: Franz von Liszt, Hugo Heinemann und Heinrich Lammasch. Den in der Sekundärliteratur bisher noch vollständig ignorierten Beziehungen zu ihnen soll im folgenden nachgegangen werden. Dabei werde ich Heinemann nicht gesondert darstellen, obwohl Kraus mit ihm im Vergleich

Kraus das Todesurteil gegen die Frau ablehnt. Sie wurde übrigens – nach Verwerfung der Nichtigkeitsbeschwerde durch den OGH (KH 3097 vom 28. 6. 1905) – vom Kaiser begnadigt; zu dem Fall s. *Ehrenfreund* (1912), Raubmörderin F. Klein, in *Frank/Roscher/Schmidt* (Hg.), Pitaval, Bd. VII, S. 1 ff., S. 88. Weiter zu nennen ist der von Wilhelm Liebknecht in der *Fackel* angesprochene Fall Ziethen (21/1; vgl. auch Kraus' Bemerkung dazu in 49/2 sowie die im April 1926 in 717/26 ff. abgedruckten Briefe Liebknechts an Kraus). Zum Fall »Ziethen im Lichte der Kriminalistik« ausführlich *Lohsing*, in: ArchKrimAnthr 3 (1900), S. 218 ff. Und schließlich: der sogenannte »Rieder Justizmord«, ein Justizirrtum in dem Mordprozeß gegen Therese Gietzinger, die als unschuldig Verurteilte vier Jahre in Haft saß und anschließend eine schäbige Entschädigung erhielt. Dazu 156/6 f. = S1/39 f.; ausführlich zum Fall Gietzinger *Pollak*, Der Rieder Justizmord, in: ArchKrimAnthr 20 (1905), S. 308 ff. Ebenfalls hierher gehört der Protest des Satirikers gegen die Hinrichtung von Sacco und Vanzetti am 23. August 1927 in Boston (USA); vgl. 766/55 und 771/18. Schließlich, wenngleich strafrechtlich wenig ergiebig, der (zweite) Sensationsprozeß gegen die Giftmörderin Milica Vukobrankovics vom Dezember 1923 in Wien (640/158 ff.).

zu den beiden anderen den engsten persönlichen Umgang unterhielt.[138] Aber gerade dieses freundschaftliche Verhältnis ist als Quelle eines spezifisch juristischen Einflusses weit weniger ergiebig als die vornehmlich sachgebundenen Kontakte mit Lammasch und Liszt. Vor allem zwischen diesem und Kraus fungierte Heinemann in sachlicher wie in persönlicher Hinsicht als Mittler. Die Bedeutung Heinemanns für die strafprozessualen Diskussionen seiner Zeit ist oben bereits gestreift worden (S. 118, Anm. 401). Ein berufenes Zeugnis mag dies hier ergänzen. In seiner letzten veröffentlichten Schrift rezensierte Franz von Liszt die 1919 erschienene Abhandlung seines wissenschaftlichen Schülers Heinemann über »Die Reform des deutschen Strafrechts«:

> Die kleine Schrift kann schon wegen der Person ihres Verf. auf besondere Beachtung Anspruch machen. Heinemann ist nicht nur eines der ältesten und besonders auf dem Gebiete der Strafprozeßreform verdientesten Mitglieder der Internationalen Kriminalistischen Vereinigung (IKV) wie des Berliner Anwaltvereins, sondern auch einer der angesehensten und in seiner Partei einflußreichsten sozialdemokratischen Juristen. Bis vor kurzem stellvertretender preußischer Justizminister, ist er jetzt parlamentarischer Unterstaatssekretär in dem selben Ministerium, wird aber auch in dem Reichsministerium für Justiz bei Aufstellung der Entwürfe ein gewichtiges Wort mitzusprechen haben.[139]

Dazu ist es deshalb nicht mehr gekommen, weil Heinemann kurz danach, am 2. August 1919, genau zwei Monate nach dem Tod Franz von Liszts, gestorben ist.

Bemerkenswert ist, daß jeder der drei genannten Juristen – v. Liszt, Heinemann und Lammasch – als Gewährsmann einer der oben skizzierten politischen Grundorientierungen von Karl Kraus zugeordnet werden kann, die auch das Fundament seiner Strafrechtskritik darstellten und dieser ihre unterschiedlichen Perspektiven vorgaben. Der Liberale v. Liszt, der Sozialdemokrat Heinemann und der konservative Katholik Lammasch: jeder von ihnen beglaubigt sachlich und persönlich einen entsprechend benennbaren Teil der Krausschen Haltung zum Straf-

138 Heinemann hat, wie die erhaltenen Briefe an Kraus belegen, den Satiriker in den Jahren 1908-1911 bei dessen juristischen Angelegenheiten in Berlin auch gelegentlich als Anwalt vertreten; vgl. etwa Brief vom 26. 6. 1908 (Kraus-Archiv, I.N. 187.370) sowie unten, S. 197, Anm. 116.

139 *v. Liszt*, Die Reform des deutschen Strafrechts, in: JW 1919, S. 283 f.

recht. Diese als ganze dagegen wird von keinem ihrer drei wissenschaftlichen Mentoren vollständig gedeckt. Aber sie entspricht ziemlich genau der zeitadäquaten österreichischen Variante von Radbruchs Formel: nachholend liberale und vorausschauend soziale Strafrechtsreform einerseits, liberale Strafprozeßreform andererseits. Der Katholik Lammasch steht dabei für ein besseres konservatives Bündnis des Karl Kraus gegen die Formen des »falschen« Liberalismus seiner Zeit als vor dem Ersten Weltkrieg etwa der Adel und das Militär. Die konservative Kritik an den entsprechenden Defiziten des zeitgenössischen Strafrechts berührte sich vielfach mit den modernen Forderungen nach einer sozialen Strafrechtsreform. Roxins Formulierung von 1965 – daß »die moderne Massenzivilisation um des Individuums willen einen in diesem Sinne verstandenen Liberalismus« brauche, der »die Freiheit des Menschen [...] nicht nur vor dem Strafrecht, sondern ebenso *durch* das Strafrecht« schütze[140] – hätte Jahrzehnte früher auch und gerade der Konservative Lammasch ebenso unterschrieben wie der Sozialist Heinemann und wie der »Antipolitiker« Kraus.

140 *Roxin*, Literaturbericht (wie Anm. 135), S. 70.

Drittes Kapitel
Die persönlichen Inspiratoren: Franz von Liszt und Heinrich Lammasch

1. Karl Kraus und Franz von Liszt

Karl Kraus und Franz von Liszt haben einander gekannt: nicht nur jeder als Leser den anderen als renommierten Autor aus einer anderen Sphäre, sondern auch persönlich. Wer die Kraus-Philologie und wer die mono- und biographische Literatur über Liszt kennt, wird dies als erstaunliches Faktum vermerken. Denn soweit ersichtlich ist in der gesamten Sekundärliteratur zu beiden Männern[1] ihre Bekanntschaft miteinander noch niemals erwähnt worden. Das dürfte angesichts der Bedeutung beider seinen Grund kaum in der »Uninteressantheit« jedes von ihnen für die geistige Nachwelt des anderen haben. Schon deshalb soll die Geschichte ihrer Beziehung und von deren Scheitern hier ausführlich dargestellt werden. Darüber hinaus ist sie wichtig, weil der gedankliche Einfluß Franz von Liszts zu den Fundamenten der kritischen Haltung des Karl Kraus gegenüber den Strafrechtsproblemen seiner Zeit gehört. Und schließlich berührt der unglückliche Verlauf der Beziehung sowohl eine der berühmten Kulturaffären des wilhelminischen Deutschland als auch einen problematischen und noch wenig aufgehellten Punkt in der Entwicklung der *Fackel* und ihres Autors. Die schriftlichen Zeugnisse der Bekanntschaft zwischen Kraus und Liszt sind großenteils schwer zugänglich und unpubliziert. Das mag erklären, warum sie der literatur- und der strafrechtsgeschichtlichen Forschung bisher entgangen sind.

1 Zu Liszt (wobei rein theoretische Arbeiten außer Betracht bleiben) v. a. *Radbruch*, Franz v. Liszt, in: *ders.*, Ges.ausg., Bd. 16, S. 27 ff.; *Eb. Schmidt* (1965), Geschichte, S. 357 ff.; *Moos*, F. v. Liszt als Österreicher, in: ZStW 81 (1969), S. 660 ff. – Die Sekundärliteratur zu Kraus ist ins Unüberschaubare angewachsen; vgl. dazu *Scheichl* (1975), Kommentierte Auswahlbibliographie (laufend fortgesetzt in: Kraus-Hefte, 1977 ff.).

Weniger als drei Monate nach Gründung der *Fackel*, Ende Juni 1899, wird Franz von Liszt von Kraus erstmals erwähnt. Unter der Spitzmarke »Sprachrohrbenützer« heißt es:

Von namhaften Juristen und Nationalökonomen, fachkundigen Volksmännern u. dgl. haben in den letzten Wochen der »Neuen Freien Presse« ihr Wissen und Ansehen geliehen oder ihre reinen Absichten in den Dienst des »Economisten« gestellt: Lexis (Göttingen), Lecher (Brünn), Tezner (Wien), Krall (Wien), Liszt (Halle) – bewilligter Nachdruck –, Brentano (München) ... Ich habe den Herren je ein Exemplar der Nummer 5 dieses Blattes (»Warnung«) zuschicken lassen. (9/17).

Dort, in der Nr. 5 der *Fackel*, hatte es sechs Wochen vorher geheißen:

Se. Exzellenz Herr Dr. Eugen v. Böhm-Bawerk, Senatspräsident, hat kürzlich wieder die »Neue Freie Presse« als »Sprachrohr« benützt, um den neuen regierungs- und verwaltungsgerichtshoffähigen Socialismus Bernsteins zu begrüßen. Ich mache Se. Exzellenz und alle anderen Anhänger der Sprachrohrtheorie darauf aufmerksam, dass es nöthig ist, den Apparat vor der Benützung gründlich zu desinficieren und genau acht zu haben, wer vor ihnen hineingesprochen hat. Ein Gesunder, der bedenkenlos jenen verseuchten Apparat benützt, ist ansteckungsverdächtig und soll in Hinkunft von mir ärztlich untersucht und wenn nötig unter moralische Quarantaine gestellt werden. (5/18 f.)

Ein halbes Jahr später steht in der *Fackel*:

Mit Freuden verzeichne ich das Zugeständnis eines Universitätsprofessors, dass die Auffassung akademischer Kreise von »Sprachrohrbenützung« einer gesteigerten Empfindlichkeit bedürfe. [...] Ich weiß nicht, ob ich mir das Verdienst anmaßen darf, einen Umschwung bereits angebahnt zu haben. Sicher ist, dass seit der Zeit, da ich diesen Kampf führe, ein Grünhut[2] nichts mehr in der »Neuen Freien Presse« publiciert, ein Menzel[3] wenigstens nicht mehr mit vollem Namen gezeichnet und Franz v. Liszt die Aufforderung, einen Artikel zu schreiben, mit Zusendung einer für jeden käuflichen Broschüre beantwortet hat, aus der das gleichfalls für jeden käufliche Blatt dann einen Auszug machte. (26/19 f.)

Die nur halb ironische, halb ernstgemeinte Hoffnung, jemand wie Franz von Liszt werde sich von der Berechtigung der Kraus-

2 Der damals bekannte Jurist Carl Samuel Grünhut, Gründer und Herausgeber von »Grünhut's Ztschr. für das Privat- und öfftl. Recht der Gegenwart«.

3 Der österreichische Jurist Adolf Menzel (1857-1938).

schen Presseverachtung überzeugen und daher von seiner gelegentlichen Mitarbeit an der *Neuen Freien Presse* abbringen lassen, war freilich mehr als kühn.[4] Acht Jahre später, lange nach dem (unter gänzlichem Ausschluß der *Fackel*-Leser vollzogenen) Bruch zwischen Kraus und Liszt, steht in der *Fackel*, rigide im Ton und fragwürdig in der Sache, aber ganz auf der damaligen »antipolitischen« Linie des Karl Kraus[5], das folgende:

In einen hohlen Kopf geht viel Wissen. Der Wert der Bildung offenbart sich am deutlichsten, wenn die Gebildeten zu einem Problem, das außerhalb ihrer Bildungsdomäne liegt, das Wort ergreifen. Sie haben es nicht, also müssen sie es ergreifen. Herr Professor Franz v. Liszt ist wahrscheinlich ein tüchtiger Kriminalist, er dürfte auch ein tüchtiger Politiker sein. Aber es ist von Übel, daß er neuestens den Ehrgeiz hat, anderen Leuten zuzureden, daß sie auch Politiker werden sollen. Zu einer theoretischen Auseinandersetzung darüber langt's nicht. Herr v. Liszt erläßt in der »Neuen Freien Presse« eine Art Aufruf zur »Politisierung der Gebildeten«. [...] Achtung vor der Vereinsmeierei! ruft Herr v. Liszt; sie verdiene den »Spott der Ästheten« nicht, denn sie sei es, die die »politische Kleinarbeit« leiste. Zu welchem großen Zweck? Wenn Herr v. Liszt ahnte, daß es Lebenswünsche gibt, die erst in Erfüllung gehen können, wenn die Politiker und die Ästheten auf demselben Schindanger zusammenkommen, er würde so feine Unterscheidungen nicht machen. (269/1)

Erschienen im Dezember 1908, ist dies die letzte namentliche Erwähnung Franz von Liszts in der *Fackel*.[6] Erstaunlicher noch

4 v. Liszt hat übrigens bereits 1881 unter dem Titel »Criminalistische Tagesfragen« einen Artikel in der Neuen Freien Presse (Nr. 283) veröffentlicht (vgl. das Zitat bei *Wahlberg*, Ges. kl. Schr., Bd. 3, 1882, S. 19, Anm.). Er hat dort noch 1909 den »Vorentwurf eines österr. Strafgesetzbuchs« besprochen (Neue Freie Presse Nr. 16228 vom 24. 10. 1909).

5 Vgl. oben, S. 122 ff.

6 Es gibt allerdings noch einige indirekte, sozusagen Mit-Erwähnungen v. Liszts: in den beiläufigen, aber polemisch bitteren Kommentaren des Satirikers zu jenem denkwürdigen Manifest »An die Kulturwelt«, mit dem 93 führende deutsche Wissenschaftler Anfang Oktober 1914 den Schreibtisch-»Krieg der Geister« eröffneten. Das Manifest war von Ulrich v. Wilamowitz verfaßt und von Franz v. Liszt mit unterzeichnet worden. Bereits am 7. 9. 1914 hatte dieser außerdem zusammen mit 30 anderen deutschen Professoren »in deutschem Nationalgefühl« demonstrativ auf alle Ehrungen und Auszeichnungen verzichtet, die er von englischen Hochschulen erhalten hatte. Vgl. zum

als die aggressive Schärfe des Tons mutet die kränkende Herabsetzung des »tüchtigen Kriminalisten« durch das vorangestellte »wahrscheinlich« an. Bis Ende 1901 hatte der Name v. Liszts in der *Fackel* einen ganz anderen Klang. Schlichtweg der »hervorragendste Lehrer des Strafrechts« (15/5) wird er im August 1899 genannt. Und diesen Ton der Selbstverständlichkeit, in dem Liszt als die maßgebende Autorität der zeitgenössischen Strafrechtswissenschaft apostrophiert wird, behält Kraus in den weiteren Erwähnungen Liszts bis 1901 bei.[7] Im September 1899 zeigt er beiläufig, aber nicht ohne Stolz, eine Kenntnis der Lebens- und Berufsverhältnisse Liszts, die über den Grad der allgemeinen öffentlichen Informiertheit hinausging: »*Auf mehrere Anfragen.* Es war *kein* Irrthum: Professor Franz v. Liszt wirkt jetzt thatsächlich in Berlin, wohin er kürzlich von Halle berufen wurde« (16/27).

Quelle dieser Information war Liszts Schüler Hugo Heinemann, mit dem Kraus zu dieser Zeit schon einen freundschaftlich vertrauten Umgang hatte.[8] In einem undatierten Brief, der etwa um die Zeit der Gründung der *Fackel*, also vermutlich im März oder April 1899, abgeschickt worden sein muß, schreibt Heinemann:

Liebes Krauschen! Herzlichen Dank. Ich war so beschäftigt, daß ich Ihnen nicht schreiben konnte. Ich freue mich schon sehr auf die »Fakkel«. Bis jetzt sind die Probe-Nummern noch nicht hier. Ich werde alles thun, was ich kann. [...] Ich traue Ihnen zu, daß Sie den Vogel abschießen werden. Sie sind dazu geeignet wie kein Anderer. Harden meint dasselbe. Professor v. Liszt ist nach Berlin berufen. Wir arbeiten jetzt zusammen [...].[9]

Ganzen *Schwabe* (1958), Deutsche Professoren und der Erste Weltkrieg, S. 69 ff.; der Text des Manifests in: *Kellermann* (Hg.) (1915), Krieg der Geister, S. 64 ff. – Für Kraus war dieses Manifest ein Dokument der deutschen Schmach, mit dem »93 deutsche Intellektuelle die feindlichen Stellungen erfolgreich mit Lügen belegt haben« (514/35); vgl. auch die weiteren Erwähnungen in 462/50 f.; 531/144; 583/6, sowie in »Die letzten Tage der Menschheit« IV. Akt, 7. Sz.

7 Vgl. etwa noch 17/12.

8 Die erhaltenen (und unveröffentlichten) Briefe Heinemanns an Kraus haben zum Teil einen sehr persönlichen, gelegentlich in der Andeutung sexueller Erlebnisse einen komisch-frivolen Ton; vgl. etwa Brief vom 5. 7. 1899, Kraus-Archiv, I.N. 169.273.

9 K.-Archiv, I.N. 169.271.

Ganz offenbar hat Kraus Heinemann über Maximilian Harden, den frühen Freund und Förderer der *Fackel* und späteren Todfeind ihres Herausgebers[10], kennengelernt. In der Bekanntschaft Heinemanns mit Harden dürfte als Mittler oder als später hinzugekommener Dritter auch Franz v. Liszt eine Rolle gespielt haben: Bereits seit 1893 schrieb er gelegentlich Aufsätze über Fragen des Strafrechts für Hardens *Zukunft*.[11] Sicher zu rekonstruieren ist jedenfalls, daß Heinemann die Bekanntschaft zwischen Kraus und Liszt vermittelt hat.[12] Offenbar hat er sogar versucht, Liszt zu einer Mitarbeit an der *Fackel* zu bewegen. Am 5. 7. 1899 schrieb er an Kraus:

> [...] Mitte September bin ich in Budapest mit Liszt, wo eine Versammlung der intern. kriminal. Vereinigung stattfindet. Ich werde wohl ein Referat oder ähnliches übernehmen. Liszt gewinne ich Ihnen auch. *Vielleicht* (?) kann ich es erreichen, daß er Ihnen über die Budapester Versammlung etwas schreibt. Er ist zum Winter nach Berlin berufen. Dann kann ich zu einem passenden Moment etwas für Sie thun. [...][13]

Die Vorstellung, Franz von Liszt zum Mitarbeiter gewinnen zu können, muß Kraus geradezu elektrisiert haben. Jedenfalls wollte er es offenbar nicht Heinemann allein überlassen, die Realisie-

10 Zu Harden s. unten, S. 400 ff.; vgl. auch *Kraft* (1956), Karl Kraus, S. 95 ff.

11 Vgl. etwa *v. Liszt*, Der Entwurf eines eidgenössischen StGB, in: Zukunft 5 (7. 10. 1893), S. 12 ff.; einen seiner »Zukunft«-Aufsätze hat Liszt in den 2. Bd. seiner AuV aufgenommen; vgl. dort »Die bedingte Verurteilung in Preussen« (S. 160 ff.).

12 Eine weitere (mittelbare) persönliche Beziehung zum Kreise Franz v. Liszts, die vermutlich ebenfalls auf Heinemann zurückgeht, ist Kraus' Bekanntschaft mit dem serbischen Diplomaten und Juristen Milenko Wesnitsch, dem (zusammen mit J. Silovic) als dem serbischen Übersetzer von Liszts Lehrbuch dessen 12./13. Auflage gewidmet ist. Auf einer Karte vom 27. 9. 1899 trägt Heinemann Kraus Grüße an Wesnitsch auf (I.N. 187.365). In der *Fackel* wird Wesnitsch mehrmals beiläufig, aber rühmend (»ein Strafrechtslehrer von europäischem Ruf«; 25/13) erwähnt (vgl. auch 17/24). In 18/14 zeigt sich Kraus informiert über einen Besuch Liszts bei Wesnitsch in Belgrad.

13 I.N. 169.273. – Die Teilnehmerliste der 8. Hauptversammlung der IKV in Budapest vom 12.-14. September 1899 weist Heinemann und v. Liszt in der deutschen Delegation aus; vgl. Mitt. IKV 8 (1900), S. 214.

rung dieser Idee zu betreiben. Er fuhr im September 1899 selbst nach Budapest[14] und traf dort mit Liszt zusammen. Das zeigt der folgende Brief, den ihm Liszt am 4. Oktober 1901 schrieb:

Hochgeehrter Herr,
Ihre Zweifel an der Treue meines Gedächtnisses sind im vorliegenden Fall nicht begründet; zu seiner Auffrischung bot sich mir seit Budapest mehr denn eine Gelegenheit. Und Ihr mannhafter Kampf hat oft genug meine lebhafte Sympathie wachgerufen. Aber: Herrn Max Nordau möchte ich nicht antworten. Auch nicht ganz kurz. Es klingt unbescheiden – aber mir scheint die Arbeit nicht ernst genug, um eine Erwiderung zu verdienen. Wie ich über Lombroso denke, habe ich zuerst 1889 in Nr. IX meiner Zeitschrift ausgesprochen; seither hat sich mein Urteil nicht geändert. Ferri hat sich entwickelt, Lombroso ist derselbe geblieben. Lassen Sie ihn in Ruhe; und Herrn Max Nordau auch. Mir aber seien Sie nicht böse für meine Ablehnung.
In ausgezeichneter Hochachtung
Ihr ergebenster
Liszt.[15]

Max Nordau, der eigentlich (und bis 1873) Maximilian Simon Südfeld hieß[16], wurde 1849 in Budapest als Sohn eines Rabbiners geboren und starb 1923 in Paris, wo er (mit einer Unterbrechung während des Ersten Weltkriegs) seit 1880 als Arzt, Schriftsteller und Journalist gelebt hatte. Nordaus Name hat sich in einem doppelten kulturgeschichtlichen Nachleben erhalten. Seit 1895 mit Theodor Herzl freundschaftlich und sachlich eng verbunden, gehört er als der neben Herzl »führende Zionist des deutschspra-

14 Kraus hat das Erscheinen der *Fackel* (mit Ausnahme des 1. Jahrgangs 1899) regelmäßig zwischen Juli und Oktober unterbrochen. Daß er sich trotz der hohen Arbeitsbelastung, die mit dem ununterbrochenen Erscheinen seiner Zeitschrift im Sommer 1899 verbunden war, die Zeit genommen hat, nach Budapest zu reisen, zeigt die Wichtigkeit an, die er dem Zusammentreffen mit Liszt beimaß. Offenbar hat er sogar (zumindest teilweise) selbst an dem Kongreß als Zuhörer teilgenommen. In den »Antworten des Herausgebers« schildert er bereits Mitte September Einzelheiten aus den Vorträgen und einem Bankett der Tagung, die er eigentlich nur aus der persönlichen Wahrnehmung gekannt haben kann (vgl. 17/31 f.).

15 I.N. 172.669.

16 Zur Biographie Nordaus v. a. *Ben-Horin* (1956), Max Nordau, Philosopher of Human Solidarity; Knapper Überblick in *Herlitz/Kirschner* (1982), Jüdisches Lexikon Bd. IV/1, S. 519 f.

chigen Raumes«[17] in die Gründungs- und Ideengeschichte des modernen Zionismus. Er hielt auf dem ersten zionistischen Welt kongreß 1897 in Basel und auf den acht folgenden Kongressen jeweils das einleitende Programmreferat, und er war der Hauptautor des sogenannten »Baseler Programms« der zionistischen Bewegung. Das ist die Rolle, in der er von Karl Kraus erstmals an auffälliger Stelle ironisch apostrophiert wird: am Schluß der gegen den Zionismus gerichteten satirischen Streitschrift »Eine Krone für Zion«, die 1898, ein Jahr vor Gründung der *Fackel*, erschien.[18]

Aber die zahlreichen Spuren, die Nordaus Wirken in der *Fackel* hinterlassen hat, formen sich zu einer anderen Figur. Sein schriftstellerisches Werk vor der Jahrhundertwende ist der konzentrierteste Ausdruck einer Abwehrstrategie des bürgerlichen Selbstbewußtseins gegen die Schattenspiele des Fin de siècle und der Décadence, die gegen Ende des 19. Jahrhunderts von einem vornehmlich aus Frankreich inspirierten Ästhetizismus in Kunst und Literatur auf den europäischen Kulturhorizont geworfen wurden.[19] Symbolismus, Impressionismus, Jugendstil waren aus der ästhetischen Opposition gegen das Weltbild eines populären, fortschritts- und wissenschaftsgläubigen Materialismus entstan-

17 So *J. M. Fischer* (1977), Max Nordau als Kritiker, in: *Bauer et al.* (Hg.), Fin de Siècle, S. 94 (m. w. N.). In allen größeren Städten Israels gibt es heute Nordau-Straßen oder -Plätze.

18 Abgedr. in *Kraus* (1979), Frühe Schriften II, S. 298 ff.

19 Vgl. als locus classicus die folgende Charakterisierung aus Nietzsches »Der Fall Wagner«, die Nietzsche (ohne seine Quelle zu nennen) aus Paul Bourgets »Essais de psychologie contemporaine« von 1883 entnommen hat: »Womit kennzeichnet sich jede *litterarische* décadence? Damit, dass das Leben nicht mehr im Ganzen wohnt. Das Wort wird souverain und springt aus dem Satz heraus, der Satz greift über und verdunkelt den Sinn der Seite, die Seite gewinnt Leben auf Unkosten des Ganzen – das Ganze ist kein Ganzes mehr. Aber das ist das Gleichniss für jeden Stil der décadence: jedes Mal Anarchie der Atome, Disgregation des Willens [...]. Das Leben, die *gleiche* Lebendigkeit, die Vibration und Exuberanz des Lebens in die kleinsten Gebilde zurückgedrängt, der Rest *arm* an Leben.« (*Nietzsche*, Werke, KSA Bd. 6, S. 27)
Aus der wissenschaftlichen Literatur vgl. v. a. die ausgezeichnete Studie von *Koppen* (1973), Dekadenter Wagnerismus, sowie *Gsteiger* (1971), Französische Symbolisten.

den, dem nichts Menschliches, aber auch nichts Göttliches mehr fremd zu sein schien.[20] Die Offensiven des ästhetischen Mystizismus gegen diese »seelenlose« Rationalisierung aller Lebensbereiche waren da, wo sie außerhalb der symbolischen Sphären der Kunst zum Kampf von Weltanschauungen stilisiert wurden, gewiß abwegig oder – man denke an die problematischen Nachwirkungen Richard Wagners – sogar gefährlich. Aber mindestens ebenso abwegig waren die (pseudo)rationalistischen Gegenoffensiven, die mit den Maß- und Vernunftbegriffen der wissenschaftlich-materialistischen Denkform die Bereiche von Kunst und Literatur zensierten. Die in Methode und Tonfall rigideste Variante eines solchen Bildungsphilistertums stellt im deutschsprachigen Raum das Werk Max Nordaus dar. Denn in ihm werden die Erscheinungen der Fin-de-siècle-Literatur nicht bloß in den Argumentationsbereich einer ablehnenden Kunstkritik, sondern in den der »wissenschaftlichen« Pathologie geschoben. 1892 erschien der erste, 1893 der zweite Band seines Opus magnum *Entartung*.[21] Der Titel nimmt ein um die Mitte des 19. Jahrhunderts in der französischen Psychiatrie, vor allem von Benedict Morel und Jacques-Joseph Moreau, entwickeltes Konzept auf: das der »Degeneration«.[22] Nordau projiziert ein weit in die klinisch-neuropathische Terminologie seiner Zeit ausbuchstabiertes Degenerationsschema auf die Décadence-Literatur und kennzeichnet deren Autoren als eine Art biologischer Ausschußproduktion der Natur.[23] Der rüde, dabei stellenweise durchaus eindrucksvolle Stil, in dem dies geschieht, liest sich – hier pars pro toto über die französischen Symbolisten von Baudelaire über Mallarmé bis Verlaine – etwa so:

20 Zu den gleichwohl unbestreitbaren geistesgeschichtlichen Verdiensten des oft zu pauschal abgelehnten Materialismus etwa Haeckelscher Prägung vgl. *Lübbe* (1974), Politische Philosophie in Deutschland, S. 134 ff.

21 Nordau war zu dieser Zeit bereits ein berühmter, mit seinem Buch »Die conventionellen Lügen der Kulturmenschheit« (1883) sehr erfolgreicher Autor. Das Buch erlebte bis 1927 71 Auflagen (vgl. Jüdisches Lexikon, wie Anm. 16, S. 519).

22 Dazu *Koppen*, Wagnerismus (wie Anm. 19), S. 281 ff. Vgl. zur Degenerationsdebatte auch *Sulloway* (1982), Freud, S. 395 ff.

23 Zur Décadence-Kritik Nordaus v. a. *Koppen*, a.a.O., S. 307 ff.; *J. M. Fischer*, Nordau (wie Anm. 17); *Gsteiger*, Symbolisten (wie Anm. 19), S. 55 ff.

Sie sind ein ausgezeichnetes Beispiel jener Banden-Bildung, die wir als Eigenthümlichkeit der Entarteten kennen gelernt haben. Sie hatten alle Kennzeichen der Degenerirten und Schwachsinnigen miteinander gemein: die maßlose Eitelkeit und Selbstüberschätzung, die starke Emotivität, das verworrene, unzusammenhängende Denken, die Schwatzsucht (»Logorrhoe« der Irrenheilkunde), die vollkommene Unfähigkeit zu ernster anhaltender Arbeit.[24]

Einige Seiten später wirft der Zerrspiegel solcher Wissenschaft das Bild Verlaines zurück:

Wir sehen einen abschreckenden Entarteten mit asymmetrischem Schädel und mongolischem Gesicht, einen impulsiven Landstreicher und Säufer, der wegen eines Sittlichkeitsverbrechens im Zuchthaus gesessen hat, einen schwachsinnigen, emotiven Träumer [...], und einen Faselhans, der durch unzusammenhängende Sprache, Ausdrücke ohne Bedeutung und krause Bilder die Abwesenheit jedes bestimmten Gedankens in seinem Geiste bekundet.[25]

Und im Schlußkapitel des zweiten Bandes, bei der Skizze einer Abwehrstrategie der Gesellschaft gegen die »Entarteten«, fallen die letzten Hemmungen des zivilisierten Anstands:

Wer die Gesittung für ein Gut hält, das Werth hat und verteidigt zu werden verdient, der muß unerbittlich den Daumen auf das gesellschaftsfeindliche Ungeziefer drücken. Wer mit Nietzsche für das »frei schweifende lüsterne Raubthier« schwärmt, dem rufen wir zu: »Hinaus aus der Gesittung! [...] Für das lüsterne Raubthier ist bei uns kein Platz und wenn du dich unter uns wagst, so schlagen wir dich unbarmherzig mit Knüppeln todt.« Und noch entschiedener gilt es, gegen die kothlöffelnde Schweinebande der berufsmäßigen Pornographen Parthei zu nehmen. [...] Für ihn [= den Pornographen] dürfen wir keine Schonung haben.[26]

Das ist der andere Nordau: die ins Monströse spielende Figur des bürgerlichen Bildungsphilisters, der an keinem »Eckstein der Literatur- und Kunstentwicklung« vorbeikommt, ohne »seine kritische Nothdurft« (64/15) zu verrichten. Das ist der Nordau, den

24 *Nordau* (1892), Entartung I, S. 182.
25 A.a.O., S. 200.
26 *Nordau* (1893), Entartung II, S. 556 f. – Koppen und J. M. Fischer weisen auf die etwas bittere kulturgeschichtliche Groteske hin, daß ein Echo des »Entartungs«-Schlagworts des Zionisten Nordau in der NS-Ideologie von der »entarteten Kunst« deutlich nachklingt (*Koppen*, a.a.O., S. 313; *Fischer*, a.a.O., S. 104 f.).

Kraus in der *Fackel* mit gelegentlich fassungsloser Erbitterung verfolgt hat.[27] Dabei war Kraus keineswegs ein Parteigänger der Fin-de-siècle-Literatur oder der dort stilisierten Allüren des Ästhetizismus.[28] Er hatte aber zeit seines Lebens eine reizbare Aversion gegen alle rationalisierenden Übergriffe der Wissenschaft in den materialen Bereich der Kunst[29]; und im Falle Nordaus um so mehr, als hier dieses Verfahren zu Verdikten führte, die in beiden Sphären absurd sind.

Was mag den Satiriker bewogen haben, eine Streitschrift gegen diesen Max Nordau ausgerechnet von dem Strafrechtler Franz v. Liszt zu erbitten? Ein Blick auf die Widmung der *Entartung* liefert die Erklärung (und zugleich den Beweis, daß es tatsächlich dieses Buch war, über das zu schreiben Liszt gebeten worden war und ablehnte):

Statt eines Vorwortes.
Herrn Professor *Cesare Lombroso* in Turin.
Hochgeehrter und theurer Meister,
Ich widme Ihnen dieses Buch, um laut und freudig die Thatsache anzuerkennen, daß es ohne Ihre Arbeiten nie hätte geschrieben werden können. Der zuerst von Morel in die Wissenschaft eingeführte, durch Sie genial ausgestaltete Begriff der Entartung hat sich, von Ihnen gehandhabt, bereits nach den verschiedensten Richtungen hin überaus fruchtbar erwiesen. Sie haben über zahlreiche dunkle Hauptstücke der Irrenheilkunde,

27 Vgl. exemplarisch 208/24 (nach einem Nordau-Zitat über den »phrasendrechselnden Gecken« und »Sittlichkeitsverbrecher« Oscar Wilde): »Welch ein Deutsch! Welch eine Gesinnung!«. Vgl. auch 200/17, wo Nordau »Auswurf der Journalistik« genannt wird, sowie 250/8 ff. (= S3/64 ff.). Vor allem Nordaus rüde Attacken auf den von Kraus sehr hoch geschätzten Oscar Wilde (vgl. zum Beispiel »Entartung« II, S. 120 ff.) haben den Satiriker erbittert.

28 Dieser Sachverhalt ist allerdings – schon wegen der bis ins Jahr 1909 reichenden, von Überschätzung nicht freien Wilde-Verehrung des Satirikers – interpretationsbedürftig. Dem kann hier nicht genauer nachgegangen werden. Kraus schlechthin als Gegner des Fin de siècle zu bezeichnen ist jedenfalls zu undifferenziert. Mit dieser Tendenz aber *Arntzen*, K. K. als Kritiker, in: *Bauer et al.*, Fin de Siècle (wie Anm. 17), S. 112 ff.; wohl auch *Wagner* (1982), Geist und Geschlecht, S. 43 ff., 153 ff.

29 Das ist einer der Gründe für seine (nach anfänglicher Sympathie) aggressive Ablehnung der Psychoanalyse; vgl. exemplarisch 387/17 ff. (»Unbefugte Psychologie«).

des Strafrechts, der Politik und Gesellschaftslehre eine wahre Flut von Licht verbreitet, welche nur von denen nicht wahrgenommen wird, die aus eigensinniger Verstocktheit ihre Augen schließen oder die zu blödsichtig sind, um noch aus irgend einer Helligkeit Nutzen zu ziehen.[30]

Lombrosos damals bereits in ganz Europa berühmte »Degenerations«-Theorien erfüllten für Nordau nicht nur den Zweck, ein populäres und empirisch scheinbar gut bestätigtes Argumentationsschema[31] für seine biologistische Degradierung der Fin-de-siècle-Künstler verfügbar zu machen (wogegen sich übrigens Lombroso selbst später nachdrücklich verwahrte[32]). Sie ermöglichten darüber hinaus die von Nordau mehrfach lancierte Suggestion, es gebe eine Nähe dieser Künstler auch zur kriminellen Sphäre.[33]

Einleuchtend erscheint auf diesem Hintergrund, daß Franz von Liszt in seinem Brief an Kraus das Nordausche Werk gewissermaßen für nicht satisfaktionsfähig erklärt. Den Aufsatz im 9. Band der ZStW, auf den von Liszt zur Erläuterung seiner Position gegenüber Lombroso verweist[34], scheint Kraus allerdings schon vor Empfang des Liszt-Briefes gekannt zu haben. Vermutlich ist es sogar dieser Aufsatz gewesen, der Kraus die Idee einer Nordau/Lombroso-Polemik aus der Feder v. Liszts nahegelegt hat. Denn bereits in der *Fackel* vom August 1899 findet sich im Zusammenhang eines Artikels über die Wiederaufnahme des berühmten Prozesses Dreyfus in Rennes[35] und nach

30 Entartung I (wie Anm. 24), S. VII.

31 Zu dem von Lombroso selbst erhobenen Anspruch, seine Theorien empirisch zu fundieren, vgl. *ders.*, Anthropologisch-kriminalist. Schule, in: ZStW 1 (1881), S. 108 ff.; *ders.* (1897), Verbrecher, S. 13 ff., S. 254 ff.; zu den diesbezüglichen Einwänden bereits der Zeitgenossen gegen Lombroso vgl. *Kraepelin*, Lombrosos Uomo, in: ZStW 5 (1886), S. 669 ff.; *Frank* (1908), Lehre Lombrosos, S. 34 ff.; heute: *Hering* (1966), Weg der Kriminologie, S. 46 ff.

32 Vgl. *Lombroso* (1910), Genie und Entartung, S. 201 ff.

33 Vgl. über die bereits zitierten Stellen hinaus noch Entartung II, S. 124 ff. und S. 134 f. (zu Oscar Wilde).

34 »Kriminalpolitische Aufgaben« (1. Teil), in: ZStW 9 (1889), S. 452 ff., wiederabgedr. in: AuV I, S. 290 ff.

35 Kraus' Haltung zu diesem Prozeß, die oft als die eines »Anti-Dreyfusard« bezeichnet wird, ist einigermaßen komplex und kann hier nicht detailliert erörtert werden. Sie richtet sich vor allem gegen das Unisono der dreyfusfreundlichen liberalen Presse. Über die Schuldfrage

Erwähnung der dortigen Zeugenaussage Alphonse Bertillons, die den Unmut der liberalen Pro-Dreyfus-Presse auf sich gezogen hatte, das Folgende:

> Bertillon, der anerkannte Entdecker der anthropometrischen Messung, dessen Methode von dem hervorragendsten Lehrer des Strafrechts, Professor Franz v. Liszt in Berlin, empfohlen und aufgrund dieser Empfehlung in allen Culturländern mit denkbar bestem Erfolge praktisch eingeführt ist[36], wird von dieser Presse nicht etwa als ungeschickter oder böswilliger Zeuge angegriffen, nein, als ein Schwachsinniger vorgeführt [...]. Selbst die begreifliche Wuth gegen den Erfinder eines Systems, mit dessen Hilfe man Depotdiebe, liberale Jobber und Mitglieder der »Concordia«[37] agnoscieren kann, macht diese Stellungnahme noch nicht erklärlich. (15/5)

Die einzige mir bekannte[38] Stelle seines Werks bis August 1899, wo v. Liszt eine solche »Empfehlung« des Bertillonschen Systems ausspricht und einen Hinweis auf dessen Verbreitung gibt, ist ebenjener Aufsatz in ZStW 9, auf den er Kraus hinweist. Dort heißt es (und auch die ganz ähnlichen Formulierungen legen die Vermutung nahe, daß dies die Vorlage für die Kraussche Bemerkung in der *Fackel* gewesen ist):

in dem Prozeß enthält sich Kraus eines Votums; allerdings erscheint sein Schweigen zu dem deutlich antisemitisch inspirierten ersten Schuldspruch in Rennes unangemessen. Sachlich richtig, wenn auch etwas zu apologetisch dazu *Arntzen*, K. K. als Kritiker, in: *Bauer et al.* (wie Anm. 17), S. 120 ff.

36 Man vergleiche dagegen die Ironie, mit der Kraus anläßlich des Sensationsprozesses gegen den Dirnenmörder Christian Voigt im August 1911 die Daktyloskopie – mit Unrecht! – als »fast ebenso bedeutende Wissenschaft wie die Graphologie« glossiert (334/7). Dieser Prozeß ist im übrigen auch deshalb interessant, weil Christian Voigt niemand anderer ist als die reale Vorlage für den Prostituiertenmörder Moosbrugger in Robert *Musils* »Mann ohne Eigenschaften« (vgl. dort 1. Teil, 18. Kap.). Zum Fall Voigt ausführlich *Türkel*, Der Lustmörder Christian Voigt, in: ArchKrimAnthr 55 (1913), S. 47 ff.

37 D. i. die Wiener Schriftsteller- und Journalistenvereinigung.

38 Es ist natürlich nicht völlig ausgeschlossen, daß Liszt diese »Empfehlung« auch in irgendeinem Zeitungsartikel, der Kraus zu Gesicht gekommen ist, ausgesprochen hat. In seinem Lehrbuch erwähnt er Bertillon nur beiläufig und ohne Werturteil (12./13. Aufl., S. 78, Anm. 8).

Auch möchte ich gerade die deutschen Leser der Zeitschrift auf die Thatsache aufmerksam machen, daß die Anthropometrie in Frankreich wie anderswo (neuerdings auch in den Vereinigten Staaten) bereits mit glücklichstem Erfolge den praktischen Zwecken der Strafrechtspflege dienstbar gemacht ist. Die »identification anthropométrique« der Verbrecher, insbesondere der Rückfälligen, ist 1879 von Bertillon vorgeschlagen, 1882 von Camescasse an der Polizeipräfektur der Seine eingeführt worden und soll, nachdem sie sich hier glänzend bewährt hat, nunmehr in weiterem Umfange in Frankreich zur Anwendung gebracht werden.[39]

Natürlich ist es möglich, daß Hugo Heinemann Kraus über diese Auffassung v. Liszts mündlich unterrichtet hat. (In seinen erhaltenen insgesamt 16 Briefen an Kraus wird nichts davon erwähnt.) Wahrscheinlich ist es nicht. Naheliegend erscheint vielmehr, daß sich Kraus vor seinem Zusammentreffen mit Liszt in Budapest im September 1899 über die Grundzüge von dessen Lehre informieren wollte, daß er daher den Aufsatz (und dies vermutlich auf Heinemanns Empfehlung) in der ZStW gelesen und ihm die Lisztsche Meinung sowohl zu Bertillon als auch zu Lombroso entnommen hat. Daß er über die Grundzüge dieser Lehre im Bilde war und ihnen wichtige sachliche und terminologische Behelfe für seine eigenen Auffassungen zum Strafrecht entnommen hat, werden wir noch sehen.

Der Brief Liszts vom Oktober 1901 war mit der Hand geschrieben. Vom 4. November 1902 datiert der folgende maschinenschriftliche:

Sehr geehrter Herr!
Es ist mir zu meinem Bedauern nicht möglich, Ihrem Wunsche zu entsprechen. Ich kann Hauston [sic!] Chamberlains Angriff auf Mommsen nicht vergessen. Das war nach meinem Empfinden mit das Schnödeste, was deutsche Journalistik sich zu leisten den traurigen Mut bisher gehabt hat. Für mich hatte damit jede Beziehung zu dem Blatt und seinem Herausgeber ein Ende genommen.
In vorzüglicher Hochachtung ergebenst
Liszt.[40]

Hintergrund dieses Briefes ist eine cause célèbre der deutschen Hochschulgeschichte und des wilhelminischen Deutschland. Ur-

39 *v. Liszt*, Kriminalpolitische Aufgaben (wie Anm. 34), S. 459 (= AuV I, S. 298).
40 Kraus-Archiv, I.N. 172.670.

sprünglich ein Konflikt zwischen der preußischen Ministerialbürokratie und der Universität Straßburg, wuchs sie sich schnell zu einer Kulturaffäre aus, die für Monate die intellektuelle Diskussion in Deutschland und Österreich beherrschte. Als Streit um die »Voraussetzungslosigkeit der Wissenschaft« zog sie eine geistesgeschichtliche Spur, die bis in die Gegenwart reicht.[41]

Im Sommer 1901 war per Oktroi des preußischen Kultusministeriums einem vakanten Lehrstuhl für mittlere und neuere Geschichte an der Universität Straßburg, der nach dem Votum der philosophischen Fakultät mit dem Protestanten Friedrich Meinecke besetzt werden sollte, eine zweite, neue Geschichtsprofessur angegliedert worden, auf die zwingend ein katholischer Ordinarius zu berufen war. Auch der vorgesehene erste Inhaber dieses Lehrstuhls wurde der Fakultät per Regierungsanordnung mitgeteilt: der Bonner Extraordinarius Martin Spahn, ein Sohn des führenden Zentrumsabgeordneten im Reichstag, Peter Spahn.[42] Die Fakultät wehrte sich gegen diesen Eingriff in ihre Zuständigkeit[43] mit einer Immediateingabe an den Kaiser und der Bitte, die Errichtung eines konfessionell gebundenen Historiker-Lehrstuhls nicht zuzulassen. Die Eingabe blieb ohne Antwort. Am 17. November 1901 bestätigte Wilhelm II. vielmehr in einem Telegramm an den Statthalter von Elsaß-Lothringen die Ernennung Spahns. Er sprach von seiner Genugtuung über die Einrichtung eines katholischen Ordinariats und desavouierte damit die Straßburger Fakultät nachhaltig.[44]

41 Vgl. etwa *v. Kempski* (1992), »Voraussetzungslosigkeit«, in: *ders.*, Brechungen, S. 174 ff.

42 Zu Spahn vgl. *Ferber*, Der Weg Martin Spahns, in: Hochland 62 (1970), S. 218 ff. Zum nachfolgend skizzierten »Fall Spahn« v. a. die gründliche Arbeit von *C. Weber* (1980), Der ›Fall Spahn‹; weiterhin *Rossmann* (1949), Wissenschaft, Ethik und Politik; aus der Sicht des Beteiligten *Brentano* (1931), Mein Leben, S. 217 ff.

43 Formell und rechtlich war der Eingriff allerdings gedeckt. Dazu, daß schon vor Gründung der Straßburger Universität (1872) eine Kabinettsordre Friedrich Wilhelms IV. von Preußen über die konfessionelle Doppelbesetzung von Historikerlehrstühlen per Staatsoktroi existierte, und zu den Motiven dieser Regelung (Ordre vom 26. 9. 1853) vgl. *Engel*, Die deutschen Universitäten in: HZ 189 (1959), S. 334 ff.

44 *Rossmann*, a.a.O., S. 20.

Die kulturgeschichtlichen, konfessionellen, politischen und persönlichen Hintergründe der nun losbrechenden Affäre sind außerordentlich komplex und hier nicht darstellbar.[45] Eine wichtige Rolle spielte aber der seit langem schwelende Konflikt zwischen Teilen der liberalen Professorenschaft in Preußen und dem für die Hochschulen zuständigen Ministerialdirektor im preußischen Kultusministerium, Friedrich Theodor Althoff. Althoff war zwischen 1882 und 1907 die eigentliche graue Eminenz der gesamten preußischen Kulturpolitik.[46] Er beherrschte, wie Marianne Weber 1926 schrieb, »als ›aufgeklärter Despot‹ die preußischen Universitäten«. Dem »System Althoff« bzw. den davon verursachten Schäden hielt 1911, noch drei Jahre nach Althoffs Tod, Max Weber in einer Serie von Artikeln für die *Frankfurter Zeitung* einen polemischen Nachruf.[47] Althoff hatte schon Jahre vor Meineckes und Spahns Berufung das Projekt einer konfessionell paritätischen Lehrstuhlbesetzung in Straßburg betrieben, das er im Sommer 1901 apodiktisch durchsetzte.

Am 15. November 1901 erschien in den *Münchener Neuesten Nachrichten* unter der Überschrift »Universitätsunterricht und Konfession« Theodor Mommsens Aufruf zum Kampf gegen Althoffs Oktroi und für die Unabhängigkeit der akademischen Forschung. Er beginnt mit den später vielzitierten Sätzen:

Es geht durch die deutschen Universitätskreise das Gefühl der Degradierung. Unser Lebensnerv ist die voraussetzungslose Forschung, diejenige Forschung, die nicht das findet, was sie nach Zweckerwägungen und Rücksichtnahmen finden soll und finden möchte, was anderen außerhalb der Wissenschaft liegenden praktischen Zielen dient, sondern was logisch und historisch dem gewissenhaften Forscher als das Richtige erscheint, in ein Wort zusammengefaßt: die Wahrhaftigkeit.[48]

45 S. v. a. *C. Weber*, a.a.O., mit zahlreichen Dokumenten; *Rossmann*, a.a.O., S. 45 ff.

46 Zu Althoff *Sachse* (1928), Friedrich Althoff und sein Werk. Speziell zu Althoffs Kulturpolitik *Andernach* (1972), Einfluß der Parteien auf das Hochschulwesen, S. 110-184.

47 *Max Weber*, Das System Althoff, in: Frankfurter Zeitung vom 24., 27., 31. Oktober 1911 (auszugsweise zitiert in *Marianne Weber*, 1984, Max Weber, S. 433; vgl. auch ebd., S. 211, die Bemerkung über den »aufgeklärten Despoten«).

48 Abgedr. in *Th. Mommsen* (1905), Reden und Aufsätze, S. 432 ff.; ebenfalls in *C. Weber*, Fall Spahn (wie Anm. 42), S. 215 ff.

Eigentlicher Initiator von Mommsens Auftritt, der als Fanfare für eine nationale Solidarisierungskampagne der deutschen Professoren gedacht war, war der Nationalökonom Lujo Brentano in München, der Mommsen auch das Stichwort von der »Voraussetzungslosigkeit« zugespielt hatte.[49] Das publizistische und akademische Echo auf Mommsens Artikel war immens. Fast alle deutschen Zeitungen druckten den Text nach.[50] Ungewöhnlich schnell und heftig begann auch eine philosophische Diskussion um Sinn und Berechtigung des »Voraussetzungslosigkeits«-Postulats, in die zugunsten Mommsens Franz Brentano eingriff[51] und deren Nachhall noch in Max Webers Vortrag »Wissenschaft als Beruf« von 1919 hörbar ist.[52] Der Solidarisierungsappell an die deutschen Hochschullehrer hatte freilich einen schwankenden, die jeweils herrschenden politischen Verhältnisse widerspiegelnden Erfolg in den Einzelstaaten.[53] Mommsen selbst erklärte die Kampagne am Ende für gescheitert.[54]

Trotz der hohen Publizität der Affäre dürften die damaligen Leser des Karl Kraus eine eingehende Erörterung des Themas in der *Fackel* kaum erwartet haben. Aber am 7. Dezember 1901 erschien dort ein 13seitiger Aufsatz unter dem Titel »Der voraussetzungslose Mommsen« (87/1 ff.). Sein Autor: Houston Stewart Chamberlain[55], Verfasser der 1899 erschienenen zweibändigen *Grundlagen des 19. Jahrhunderts*, ab 1908 Schwiegersohn des (verstorbenen) Richard Wagner und seiner Witwe Cosima. Chamberlain war um die Jahrhundertwende bereits ein erfolgrei-

49 Vgl. Brentanos Brief an Mommsen vom 27. 10. 1901, abgedr. bei *Rossmann*, Wissenschaft (wie Anm. 42), S. 21 ff; s. auch *Brentanos* persönliche Erinnerung in »Mein Leben« (wie Anm. 42), S. 221 ff.

50 Vgl. *C. Weber*, a.a.O., S. 215.

51 In einem Artikel der »Münchener Neuesten Nachrichten« vom 13. 12. 1901, wieder abgedr. in *Brentano* (1926), Vier Phasen, S. 137 ff.

52 Vgl. *M. Weber* (1982), Wissenschaft als Beruf, in: *ders.*, Ges. Aufs. zur Wissenschaftslehre, S. 582 ff., S. 602 f. – Webers berühmter Begriff der »Wertfreiheit« in den Sozialwissenschaften ist mit dem Voraussetzungslosigkeits-Begriff nicht identisch, hat diesen jedoch in gewissem Sinn zur Voraussetzung.

53 Vgl. die bei *Rossmann*, Wissenschaft (wie Anm. 42), abgedruckten Briefe Mommsens an Lujo Brentano (S. 32 ff.).

54 Brief an Brentano; bei *Rossmann*, a.a.O., S. 44.

55 Über Chamberlains Leben und Werk informiert vorzüglich *Field* (1981), Evangelist of Race.

cher und vieldiskutierter Schriftsteller.[56] Sein Artikel in der *Fakkel* beginnt so:

Theodor Mommsen ist nicht bloss einer der bedeutendsten Geschichtsforscher des vergangenen Jahrhunderts gewesen, sondern bei zunehmendem Alter entwickelte er eine ganz eigenthümliche Gabe, die heute, wo die Kräfte des Fünfundachtzigjährigen sonst nachzulassen beginnen, ihre üppigsten Blüthen treibt: er versteht es, jede gute Sache zu einer schlechten umzuwandeln. Seine Kundgebungen an die Zeitungen sind der Schrecken aller vernünftigen Männer. Denn infolge des angeborenen Scharfsinnes, verbunden mit der Gelenksteifigkeit und dem Eigensinn des schwerhörigen, falsch verstehenden Greises, kann dieser verehrungswürdige Gelehrte keine öffentliche Frage berühren, ohne sie zu verkehren und zu vermatschen. Regelmässig packt er sie beim falschen Ende an, regelmässig flattern ihm – dem sonst so nüchtern Forschenden – die volltönenden Phrasen aus seiner achtundvierziger Zeit wie Jugendträumerausch im Gehirne auf. Und diese Phrasen, verbunden mit der wohlverdienten Autorität des weltberühmten Namens, verschaffen seinen Expectorationen den stärksten Nachhall. (87/1)

Die Verehrung und die editorische Protektion für Houston Stewart Chamberlain gehören zu den Mißgriffen des jungen Karl Kraus.[57] Weniger der Mommsen-Polemik wegen (die allerdings ein für ihren Autor charakteristisches Gemisch aus Richtigem, Mißverstandenem, rhetorisch übertriebenen Trivialitäten und groben Ungehörigkeiten vorstellt) und nicht einmal nur deshalb, weil Chamberlains populär-philosophische Rassentheorie – vorgetragen mit einer im wahren Wortsinne blendenden Belesen-

56 Man hat später die Wirkung der »Grundlagen« mit der Resonanz von Spenglers »Untergang des Abendlandes« (1919) verglichen; s. bei *Field*, a.a.O., S. 226. – Cosima Wagner schrieb am 15. 2. 1902 an Chamberlain: »Wie oft Ihr Name in Berlin erwähnt worden ist, kann ich Ihnen gar nicht sagen. Jedenfalls sind Ihre ›Grundlagen‹ das gelesenste Buch in allen Ständen, und bei der Begegnung, welche wir mit S. Majestät hatten, sagte der Kaiser zu wiederholten Malen: ›Das meint Chamberlain auch‹« (C. *Wagner/Chamberlain*, Briefwechsel, 1934, S. 627).

57 Die Beziehung zwischen beiden läßt sich vor allem aus einem nicht unbeträchtlichen, 67 Korrespondenzen umfassenden unveröffentlichten Briefwechsel rekonstruieren, dessen einer (Chamberlains) Teil im Kraus-Archiv in Wien und dessen anderer im National-Archiv der Richard-Wagner-Stiftung in Bayreuth liegt. Über diesen Briefwechsel informiert gründlich *Wilhelm*, H. St. Chamberlain und Karl Kraus, in: Zeitgeschichte (Wien) 10 (1983), S. 405 ff.

heit und mit jener Pseudoschlüssigkeit, die sich aus einem schillernden Vexierspiel unklarer metaphysischer Prämissen erzeugen läßt – zu den geistesgeschichtlichen Präliminarien des Nationalsozialismus gehört.[58] Aber deshalb, weil die Prädisposition solcher Schreib- und Gedankenspiele für den rabiaten Mißbrauch durch zynischere Epigonen in den *Grundlagen* schon ebenso erkennbar ist wie die Abschüssigkeit der eigenen Geisteshaltung des Autors: etwa zu jener Sammlung von »Kriegsaufsätzen«, die Chamberlain 1914 veröffentlichte[59] und deren hetzerisches Pathos Kraus ein Greuel gewesen sein muß.[60] Und jedenfalls, weil einem geschärften stilistischen Empfinden, wie es der spätere Kraus in außergewöhnlichem Grad besaß, hätte auffallen müssen, daß Chamberlain genau das war, als was ihn Franz Overbeck, der Historiker und Freund Nietzsches, einmal bezeichnet hat: ein »seltenes Prachtexemplar des Typus Bildungsphilister«.[61]

Den Artikel gegen Mommsen hatte Chamberlain in einem Brief an Kraus vom 2. 12. 1901[62] von sich aus angeboten. Die Korrespondenz zwischen beiden war fast ein Jahr früher von Chamberlain als einem, wie er schrieb, »Freund der Fackel« eröff-

58 Dazu ausführlich *Field*, a.a.O., S. 11 f., sowie Kap. X (»Bayreuth and Nazism«), S. 396 ff.; dort auch eine Darstellung der persönlichen Beziehungen Chamberlains zu Hitler und Goebbels.

59 *Chamberlain* (1915), Kriegsaufsätze. Zu den weiteren Schriften Chamberlains im Weltkrieg s. die Bibliographie bei *Field*, a.a.O., S. 527 f.

60 Es gibt dazu keine eigene Bemerkung von Kraus in der *Fackel*, allerdings die dort im Juli 1925 abgedruckte eines seiner im Krieg gefallenen Freunde, des Prager Dichters Franz Janowitz, der Chamberlain für den kriegstreibenden Nationalismus der Epoche geistig verantwortlich macht (691/9).

61 *Overbeck* (1919), Christentum und Kultur, S. 198. Vgl. dazu auch die entlarvende Nachbemerkung bei *Zilsel* (1990), Geniereligion, S. 230 ff.: »Über ein Spinoza-Zitat in H. St. Chamberlains Kantbuch«, wo die an Scharlatanerie grenzende freihändige Verfügung Chamberlains über Themen und Gestalten der Kulturgeschichte deutlich gezeigt wird.

62 Zit. bei *Wilhelm*, Chamberlain und Kraus (wie Anm. 57), S. 407 f. Ich zitiere, soweit dort abgedruckt, den Briefwechsel im folgenden nach Wilhelm, soweit darüber hinaus erforderlich, aus den unveröffentlichten Archiv-Beständen.

net worden.[63] Schon vorher, im Oktober 1899, hatte allerdings Kraus in einer *Fackel*-Notiz, die der damals in Wien wohnende Chamberlain vermutlich gelesen hatte, sich seinerseits als Leser und »Freund« der *Grundlagen des 19. Jahrhunderts* zu erkennen gegeben (21/30 f.). Nun löste Chamberlain sein briefliches und bislang eher unverbindliches Versprechen ein, gelegentlich etwas für die *Fackel* zu schreiben.

Die Mommsen-Polemik enthält für eine rationale Erörterung der »Voraussetzungslosigkeits«-Problematik wenig Brauchbares.[64] Chamberlain trivialisiert Mommsens These, um ihre vermeintliche Lächerlichkeit mittels komischer Einwände bloßzustellen. Dem Postulat der »Voraussetzungslosigkeit«, das als normative Orientierung, als »regulative Idee« der Forschung gemeint war[65], stellt er ein buntes Gemisch trivialer *faktischer* Voraussetzungen einer wissenschaftlichen Karriere entgegen – bis hin zum Professoren-Nepotismus, nämlich der »vorausgesetzten Schwiegermutter«, die »in der ›voraussetzungslosen Wissenschaft‹ eine nicht zu verachtende Rolle« spiele (87/8).

Chamberlains Aufsatz hinterläßt den deutlichen Eindruck, daß es dem Autor nicht so sehr um den Streit über die Voraussetzungslosigkeit der Forschung, sondern um etwas anderes ging. Mommsen selbst war darüber nicht im Zweifel. Am 14. 12. 1901 schrieb er an Lujo Brentano:

> Herrn Chamberlains Erbittrung ist wagnerisch; unsere Universitäten sind ihm glaube ich sehr gleichgültig. Aber der Parsifal-Fanatismus treibt seltsame Blüthen; Cosima selbst, die übrigens besser ist als ihre

63 A.a.O., S. 407.

64 Zudem kann man Chamberlain schon im Tatsächlichen eine antisemitisch gefärbte Tendenzschwindelei nachweisen. Er spricht – unter salvatorischer Berufung auf eine nicht genannte »gute Quelle« – von 30 Professoren der philosophischen Fakultät in Straßburg, von denen 16 Juden, 12 Protestanten und 2 Katholiken seien (87/6). Nach Sachse befanden sich unter den 44 Professoren der *Gesamt*universität zwar tatsächlich nur zwei Katholiken, aber nicht 16, sondern nur 4 Juden; vgl. *Sachse*, Althoff (wie Anm. 46), S. 136.

65 Mommsen hat dies in einer am 24. 11. 1901 in den Münchner Neuesten Nachrichten veröffentlichten »zweiten Erklärung«, einer Replik auf Einwände Georg v. Hertlings, auch ausdrücklich klargestellt; vgl. den Wiederabdruck bei *C. Weber*, Fall Spahn (wie Anm. 42), S. 225 f. (C. Weber mißdeutet diese Präzisierung freilich als »geordneten Rückzug« Mommsens; vgl. a.a.O., S. 158).

Adoranten, hat mir in der Sache einen bösen Brief geschrieben. Aber gegen diese Herren ist ihr Vetter ja der reine Friedensengel.[66]

Der »Vetter« ist Franz von Liszt. Die Verwandtschaftsbezeichnung ist insofern ungenau, als Franz von Liszt nicht Cosimas, sondern der Vetter ihres Vaters war: des (freilich 40 Jahre älteren) Komponisten Franz Liszt.[67] Mommsen sah richtig, daß Chamberlains Angriff in Wahrheit ein »wagnerisches« Interesse vertrat: das Cosimas nämlich, in dem von ihr damals geführten Kampf um den sogenannten »Parsifal-Schutz«. Im Sommer 1901 war in Bayreuth ein Aufruf erschienen, der neben drei anderen (darunter der Engelbert Humperdincks) auch die Unterschrift Houston Stewart Chamberlains trug:

Die deutsche Reichsgesetzgebung hat zur Wahrung der Urheberrechte bekanntlich eine Schutzfrist von 30 Jahren festgesetzt.
Mehr als die Hälfte dieser Schutzfrist ist für die Kunstschöpfungen Richard Wagners bereits verstrichen.
Unter den Werken des Meisters nimmt das Bühnenweihfestspiel »Parsifal«, abgesehen von seinem durchaus eigenartigen Charakter als Kunstwerk, auch insofern eine Ausnahmestellung ein, als es gemäß der ausdrücklichen Bestimmung seines Schöpfers einzig im Rahmen der Bayreuther Festspiele aufgeführt werden darf.
Diese Ausnahmestellung, welche es ermöglicht hat, den Darbietungen des Weihefestspieles ihre bisherige künstlerische Vollendung und mustergültige Stilreinheit in ungetrübter Form zu erhalten, kann nach den geltenden Bestimmungen nur noch zwölf Jahre gewährleistet werden. [...]
Es gilt daher diesem Schicksale beizeiten vorzubeugen und dem »Parsifal« auch für kommende Generationen seine bleibende Heimstätte in Bayreuth zu sichern.
Möge jeder, der mit uns eines Sinnes ist, durch seine Unterschrift dem Wunsche Ausdruck geben, daß Mittel und Wege gefunden werden, dem »Parsifal« über die gesetzliche Schutzfrist hinaus die ihm gebührende Ausnahmestellung zu wahren![68]

66 Abgedr. bei *Rossmann*, Wissenschaft (wie Anm. 42), S. 43.
67 Zu den Verwandtschaftsbeziehungen der Liszt-Familie vgl. (Franz v. Liszts Halbbruder) *Eduard v. Liszt* (1937), Franz Liszt. Der Grund der für solche Verwandtschaftsbeziehungen ungewöhnlichen Altersunterschiede (Cosima war 14 Jahre älter als ihr »Großcousin« Franz v. Liszt) ist die (im Abstand von 32 Jahren) zweifache Heirat des Großvaters Franz und Franz v. Liszts, zwischen deren Vätern als Halbbrüdern daher eine Altersdifferenz von 41 Jahren bestand.
68 Abgedr. in *Cosima Wagner* (1980), Das zweite Leben, S. 851.

»Mittel und Wege« finden sollte natürlich der Reichstag, nämlich ein urheberrechtliches Sondergesetz für Richard Wagner, eine »Lex Parsifal« mit ad infinitum verlängerter Schutzfrist. Am 9. Mai 1901 hatte Cosima Wagner einen langen, nicht ohne hagiographisches Pathos verfaßten offenen Brief an die Mitglieder des Reichstags erscheinen lassen[69], die bereits über eine entsprechende Änderungsvorlage für § 33 RUrhG berieten. Die Vorlage wurde abgelehnt.[70] Theodor Mommsen, damals nicht mehr Reichstagsabgeordneter, spielte dennoch im Hintergrund eine erhebliche Rolle bei der Abwehr dieser Lex Parsifal. Auf dem Delegiertentag des Goethebundes[71] im November 1901 sprach er sich entschieden gegen eine Schutzfristverlängerung zugunsten von Wagners Werk aus, was ihm jenen indignierten Brief Cosimas eintrug[72], den er im Schreiben vom 14. Dezember 1901 an Brentano erwähnt. Jedenfalls liegt hier das eigentliche Motiv für Chamberlains Auftritt in der *Fackel*. Chamberlain hat dies, da nicht bloß bei Mommsen selbst ein solcher Verdacht aufgetaucht war, sofort öffentlich bestritten. Bereits in der *Fackel* vom 24. 12. 1901 stand zu lesen, daß Chamberlain in den *Münchener Neuesten Nachrichten* gegen deren »perfide Unterstellung« die folgende Erklärung habe drucken lassen:

Der Aufsatz über den voraussetzungslosen Mommsen sei »weder von irgend einem Mitglied der Familie Wagner angeregt, noch durch Mittheilung von Informationen unterstützt« gewesen. »Ich kann hinzufügen«, schreibt Chamberlain, »dass, als Frau Wagner zufällig erfuhr, ich beabsichtigte gegen Mommsen (wegen der Rede im Goethebund) Stel-

69 Zunächst in den »Bayreuther Blättern« (1901), S. 221 ff.; wieder abgedr. in *C. Wagner*, Zweites Leben, a.a.O., S. 576 ff.

70 Vgl. dazu den scharfsinnigen Aufsatz Arnold Schönbergs aus dem Jahre 1912 »Parsifal und Urheberrecht«, in: *Schönberg* (1976), Stil und Gedanke, S. 174 ff. Schönberg hält Wagners Wunsch, dem gegenüber er Cosimas Kampf aus Gründen der Pietät verständlich findet, mit guten Gründen für überlebt und unhaltbar.

71 Der »Goethebund zum Schutz freier Kunst und Wissenschaft« war im März 1900 in München zur Abwehr einer Strafgesetznovelle, der sogenannten »Lex Heinze« (dazu eingehend unten, S. 370 ff.) gegründet und wenige Tage später, vor allem auf Mommsens Betreiben, nach Berlin ausgedehnt worden; vgl. dazu *Hütt* (1990), Hintergrund, S. 20 ff. Kraus hat sich in der Fackel mehrfach abfällig über den Goethebund geäußert.

72 Abgedr. in Cosima *Wagner*, Zweites Leben (wie Anm. 68), S. 600 ff.

lung zu nehmen, sie mich telegraphisch und brieflich ersuchte, dies nicht zu thun. [...]« (89/8 f.).

Kraus dürfte nicht geahnt haben, daß dies eine glatte Lüge war. Am 26. November hatte Cosima an Chamberlain geschrieben – und schon hier kam auch Franz von Liszt ins Spiel, der im Hintergrund überhaupt viel enger mit der Sache verbunden war, als Kraus wissen konnte:

Ihr Buch[73] schicke ich auch heute dem Rechtsgelehrten Prof. Liszt nach Berlin, um ihn zu belehren, da er eine arg thörichte Rede gegen den Schutz von »Parsifal« in der Goethebundversammlung gehalten.
Fast hätte ich Sie um eine öffentliche Erwiderung auf Mommsen und ihn ersucht, da Sie der Mann wären, um endgültig zu erwidern.[74]

Kurz danach schickte Chamberlain sein Angebot, gegen Mommsen zu polemisieren, an Kraus. Am 28. 11., zwei Tage nach ihrem Brief an Chamberlain, schrieb Cosima an den Fürsten Ernst zu Hohenlohe-Langenburg, und hier wird Franz von Liszt als der neben Mommsen zweite wichtige Gegner im Parsifal-Streit noch deutlicher profiliert:

Soeben erhielt ich einen Brief von Theodor Mommsen, worin in Lapidar-Styl Banalitäten gemeißelt sind. Er hatte sich an dem Delegirtentag des Goethe-Bundes imperatorisch und wunderlich geäußert [...]. Mein Vetter (auch eine Berühmtheit!), der Rechtsgelehrte Liszt, hat in derselben Versammlung sich gegen den Schutz »Parsifals« erklärt, weil in Bayreuth das Butterbrot 1 M. 50 kostet! Etwas weniger demüthig als an Mommsen schrieb ich diesem erbaulichen Verwandten und schickte ihm Chamberlain's erstes Buch, damit er erfahre, daß es sich in Bayreuth um etwas anderes als Butterbröde handelt![75]

73 Gemeint ist Chamberlains erstes Wagner-Buch, »Das Drama Richard Wagners« (1892).

74 Nationalarchiv Bayreuth, Nachlaß Chamberlain. Die zitierte Stelle ist auch abgedruckt in *C. Wagner/Chamberlain*, Briefwechsel (wie Anm. 56), S. 623 f., allerdings mit kleineren Abweichungen vom Original.

75 Briefwechsel *C. Wagner/Fürst Ernst zu Hohenlohe-Langenburg* (1937), S. 213 f. – Liszts Rede ist nicht überliefert. Das Argument der »Butterbröde«, über das Cosima sich entrüstet, dürfte dem elf Jahre später von Arnold Schönberg formulierten ähnlich gewesen sein: Die Idee einer nur Bayreuth vorbehaltenen Parsifal-Interpretation sei schon deshalb ad absurdum geführt, weil nach Bayreuth nicht mehr die »geistig Höchststehenden«, sondern »der Kunstsnob aller Nationen« komme; vgl. *Schönberg*, Parsifal (wie Anm. 70), S. 175.

Vor diesem Hintergrund erst wird der folgende Passus in Chamberlains *Fackel*-Aufsatz ganz verständlich:

Erst vor wenigen Tagen fand er [d. i. Mommsen] wieder Gelegenheit, sein beneidenswerth rüstiges Polkabein zu schwingen. Jener Bund nämlich, der die Interessen der internationalen Zweideutigkeit im Allgemeinen und die der Talentlosigkeit – auch derjenigen, die nicht einmal pornographisch ist[76] – im Besonderen vertritt, dazu den hehren Namen Goethes missbrauchend, hat sich veranlasst gefühlt [...], gegen die Bayreuther Festspiele und den Schutz des Parsifal, zu Gunsten der tantièmegierigen, bühnenausschrotenden Directoren, der Neumanns und Pollinis und Staegemanns, aufzutreten. Das ist ganz in der Ordnung. Wozu heißt man »Goethebund«? War nicht Goethe mehr Theaterdirector als Theaterdichter? Und so hielt denn neulich ein Professor eine flammende Rede im Goethebund zu Berlin gegen das heilige Vermächtnis Richard Wagner's an sein deutsches Volk. Wohl ihm; es ist gut, wenn alle Welt erfährt, wer und was der Goethebund ist [...]. (87/3 f.)

Es ist zweifelhaft, ob Kraus gewußt hat, daß der »flammende« Professor Franz von Liszt war. (In der Korrespondenz mit Chamberlain über dessen Text, in der Kraus durchaus auch um die Aufklärung von kryptischen Anspielungen bittet, taucht Liszts Name nicht auf.[77]) Aber dies ist nicht die einzige Ungehörigkeit im Zusammenhang mit Chamberlains Artikel, die Liszt gekränkt und den völligen Bruch mit Kraus motiviert haben dürfte. Abgesehen davon, daß Liszt selbst führendes Goethebund-Mitglied war[78], daß er in der »Voraussetzungslosigkeits«-Debatte sich sofort für Mommsen engagiert hatte[79] und daß er

76 Anspielung auf das Gründungsmotiv des Goethebundes, die »Unzuchts«-Novelle zum StGB (»Lex Heinze«).

77 Die Korrespondenz endet übrigens mit einem Brief von Kraus, der eine beinahe devote Bitte um einen Beitrag für die Fackel vorträgt (28. 11. 1904) – »da ich mit jedem Thema, das Sie behandeln, einverstanden bin« –, und einer Antwortkarte Chamberlains vom 30. 11. 1904, mit der er die Bitte ablehnt (auszugsweise zit. bei *Wilhelm*, Chamberlain und Kraus, S. 426).

78 Vgl. das bei *Wickert* (1980), Theodor Mommsen, Bd. IV, S. 301, abgedruckte Telegramm des Goethebundes an Mommsen vom 11. November 1900, das u. a. v. Liszts Unterschrift trägt.

79 Vgl. den Brief Listzs an Lujo Brentano vom 16. November 1901, in dem es heißt: »Trotz der verschiedenen kleinlichen Bedenken, die gegen Ihre Anregung vorgebracht worden sind, hoffe ich doch, daß

das Motiv und Cosimas Drahtzieherrolle für Chamberlains Auftritt vermutlich genau durchschaute, muß ihn die folgende, am 14. Januar 1902 in der *Fackel* erschienene Bemerkung, die aus Kraus' eigener Feder stammt[80], besonders verärgert haben:

Die Proteste gegen das Eingreifen der Staatsgewalt bei der Besetzung von Universitätslehrkanzeln verstummen allmählich, und sogar Theodor Mommsen hat gegenüber dem Studiendirector Althoff seinen Rückzug angetreten, da er kürzlich, wie sein College Schmoller öffentlich erzählt hat, bei einem Gastmahl einen »rührenden Toast« auf ihn ausbrachte. (91/1)

Woher Kraus von dieser »Erzählung« Schmollers gewußt haben will, ist unerfindlich. Die Behauptung über Mommsen ist jedenfalls nachweislich falsch und stammt gewiß nicht von Schmoller. Mommsen war jenem Schmollerschen »Gastmahl«, zu dem er allerdings eingeladen war und zunächst auch zugesagt hatte, demonstrativ ferngeblieben, nachdem er erfahren hatte, daß es sich nicht um eine private Veranstaltung, sondern um ein Bankett zu Ehren Althoffs handelte.[81] Ein entscheidender Antrieb im Hintergrund dieser Absage war Franz von Liszt. Am 8. 12. 1901, also einen Tag nach dem Erscheinen von Chamberlains *Fackel*-Artikel, schrieb Liszt an Mommsen:

Hochzuverehrender Herr Kollege,
Auf die Gefahr hin Sie zu erzürnen, möchte ich Ihnen eine Bitte unterbreiten, von der ich weiß, daß sie vielen von Ihren Kollegen aus der Seele gesprochen ist:
Verlassen Sie, unser Führer, die Fahne nicht, die Sie erhoben und uns vorangetragen haben!

unsre Universität sich anschließen wird. Kahl dürfte die Führung übernehmen«; abgedr. bei *Rossmann*, Wissenschaft (wie Anm. 42), S. 150.

80 Das ergibt sich aus dem restlichen Text dieses *Fackel*-Aufsatzes (der die bekannte Geschichte von Bismarcks Beleidigungsprozeß gegen Mommsen im Jahre 1882 wegen dessen Angriffs gegen den »Schwindel« der Bismarckschen Sozialgesetzgebung berichtet) und aus dem Brief von Kraus an Chamberlain vom 3. 1. 1902, worin ebendieser Bericht angekündigt wird: »Selbst möchte ich noch gelegentlich ›Mommsen über Socialpolitik‹ nachtragen [...] und sonstige kleine, aber heitere Voraussetzungslosigkeiten« (Nationalarchiv Bayreuth, Nachlaß Chamberlain).

81 Vgl. die Darstellung bei *Wickert*, Mommsen, Bd. IV (wie Anm. 78), S. 305 f.

Eine Vertrauenskundgebung für Althoff, also für den Mann, der die Berufung Spahns persönlich betrieben hat, ist in diesem Augenblick ein höhnischer Protest gegen die ganze Bewegung, die an Ihren Namen anknüpft. [...] Wir können den Akademiker Mommsen nicht trennen von dem Führer im Kampf um unsre Überzeugung. Sie haben so oft unser Gewissen wachgerufen, wenn es stumpf zu werden drohte: wir, die wir Ihnen so oft aus tiefster Seele dafür gedankt haben, können uns Ihre Gestalt nicht ohne den bittersten Schmerz vorstellen im Bunde mit den Leuten, die die Verschacherung der idealsten Güter als meisterhaften Schachzug diplomatischer Kunst bejubeln. Unser Mommsen auf Schmollers Althoff-Diner – das müßte eine Verwirrung unsres sittlichen Empfindens im Gefolge haben, von der wir uns lange nicht erholen könnten.[...][82]

Hier klärt sich das Bild in doppelter Hinsicht. Daß Liszt die Haltung der *Fackel* in dem Konfliktfeld zwischen Spahn, Mommsen und Parsifal-Schutz indiskutabel fand und zum Anlaß für den völligen Bruch mit ihrem Herausgeber nahm, ist mehr als verständlich.[83] Aber in dem Pathos seines Briefes an Mommsen, das den Ton der damals gängigen und Kraus zunehmend verhaßten liberalen Phraseologie hörbar macht, klingt eine problematische Eigenheit Franz von Liszts an, die sieben Jahre später ganz sicher zu jener letzten und unqualifiziert groben Erwähnung Liszts in der *Fackel*[84] beigetragen hat: die Neigung, beim Wechsel seiner öffentlicher Auftritte vom Wissenschaftler zum Politiker[85] auch Diktion und Tonfall radikal zu verändern und

82 Zit. bei *Wickert*, a.a.O., S. 305 f.

83 Chamberlain behauptet übrigens in einem Brief an Kaiser Wilhelm II. vom 4. 1. 1902, daß selbst Cosima Wagner, die in gewissem Sinn die Anstifterin war, ihm über seinen Mommsen-Artikel in der *Fackel* entrüstet geschrieben habe. Dieser Brief Cosimas ist im National-Archiv in Bayreuth nicht auffindbar. (Darauf weist auch *Wilhelm*, a.a.O., S. 410, etwas ratlos hin.) Allerdings zitiert Field erstaunlicherweise tatsächlich einen solchen Brief vom 29. 12. 1901 aus dem Chamberlain-Nachlaß in Bayreuth: Cosima habe hierin Chamberlain aufgefordert, den *Fackel*-Artikel »zurückzuziehen« (vgl. *Field*, Evangelist, wie Anm. 55, S. 497, Anm. 65). – Sollte der Briefnachlaß Chamberlains nach der Veröffentlichung von Fields Studie (1981) in diesem Sinne »geschönt« worden sein?

84 Vgl. oben, S. 167 f.

85 Zu dem genuin politischen »Wesenszug« bei Liszt, der ab 1905 im Preußischen Abgeordnetenhaus und ab 1912 im Reichstag als Abgeordneter der »Freisinnigen Volkspartei« saß, vgl. *Radbruch* (1988),

selbst lächerliche Phrasen nicht immer zu vermeiden. Ob Kraus jemals von der Rede erfahren hat, die Liszt weitere sechs Jahre später, nach Ausbruch des Weltkrieges, am 18. November 1914 hielt, ist nicht überliefert. Sie hätte sein Liszt-Bild nicht mehr korrigiert. Denn schon ihr Titel reproduzierte eine jener verlogensten Kriegsphrasen, die Kraus später als Leitmotive, »deren Wahnwitz unverlierbar dem Ohr eingeschrieben ist«[86], in »Die Letzten Tage der Menschheit« aufgenommen hat: »Von der Nibelungentreue«.[87]

1902 scheint er allerdings von der Wirkung, die Chamberlains *Fackel*-Artikel auf Franz von Liszt haben mußte, nichts geahnt zu haben. Im September dieses Jahres erschien der später buchtitelgebende Aufsatz »Sittlichkeit und Criminalität« (115/1 ff.), der seit Anfang Oktober auch als gesonderte Broschüre im Verlag der *Fackel* vertrieben wurde. Diese Broschüre ließ Kraus sofort und offenbar ganz unbefangen an Liszt schicken. In dessen Bibliothek[88] hat sich ein Exemplar erhalten: mit der handschrift-

Franz von Liszt, in: *ders.*, Ges.ausg., Bd. 16, S. 30 f.; ebenfalls *Moos*, Liszt als Österreicher (wie Anm. 1), S. 663.

86 *Kraus*, Die letzten Tage, Vorwort (= S10/9).

87 *v. Liszt* (1914), Von der Nibelungentreue. – Die Schrift ist voll von peinlichen Klischees und Allegorien aus der germanischen Mythologie, die in ihrer Anwendung auf einen damals beispiellos blutigen Maschinenkrieg für den heutigen Leser und Kenner von Liszts wissenschaftlicher Bedeutung etwas Quälendes haben (vgl. v. a. S. 16). Vgl. zu Liszts Haltung im Weltkrieg die mehr als noble Bemerkung Radbruchs, die »vaterländische Gesinnung« habe Liszt »während des Krieges gelegentlich sogar das Augenmaß verlieren« lassen (*Radbruch*, a.a.O., S. 29).

88 Diese durch verschiedene Berichte von Schülern Liszts beinahe legendäre Bibliothek, die Liszt den Studenten und Mitarbeitern seines »Kriminalistischen Seminars« zur Benutzung überließ und die den meisten Strafrechtlern heute als verschollen gelten dürfte, existiert noch: zwar nicht mehr vollständig, aber noch immer mit einem Bestand von mehreren zehntausend Bänden. Ich habe die Bibliothek an der Humboldt-Universität in Berlin, und in ihr die Krausche Schrift, ausfindig machen können. Vgl. zur »Legende« statt aller: *Goldschmidt*, Franz v. Liszt, in: ArchKrim 73 (1920), S. 91; vgl. auch Liszts eigenen Bericht über die Bibliothek, die bereits 1901 rund 15 000 Bände umfaßte, »davon die weitaus größere Hälfte Privateigentum«, in: ZStW 21 (1901), S. 803.

lichen Bitte auf dem Umschlag »Zur gefl. Recension« – wahrscheinlich (allerdings in etwas übertriebenem Optimismus) für die ZStW gedacht.[89] Die Handschrift ist nicht die von Karl Kraus selbst. Vermutlich hat er seinen Verlag angewiesen, die Broschüre mit der Rezensionsbitte an Liszt zu senden.

Nur kurz danach, am 30. Oktober 1902, schrieb Kraus jenen Brief, auf den Liszt mit dem oben zitierten Schreiben vom 4. November schroff ablehnend reagierte. Kraus' Brief ist im Nachlaß Liszts[90] nicht erhalten. Es gibt aber im Karl-Kraus-Archiv der Wiener Stadtbibliothek einen Entwurf davon[91], der allerdings in der charakteristisch winzigen und ohnehin sehr schwer lesbaren Krausschen Handschrift geschrieben und mit zahlreichen Korrekturen so übersät ist, daß es unmöglich ist, ihn vollständig zu entziffern. Das Lesbare, der weitaus größte Teil des Konzepts, ist höchst aufschlußreich[92]:

Hochverehrter Herr Geheimrath,
ich bitte Sie, es freundlichst meinem Glauben an die principielle Wichtigkeit der Sache zugutehalten zu wollen, wenn ich Ihnen mit dem Folgenden lästig fallen sollte. Ich wäre Ihnen, hochgeehrter Herr Geheimrath, zu außerordentlichem Dank verpflichtet, wenn Sie die [Güte][93] hätten, mir über den in dem Artikel »Der Staatsanwalt und die Hundspeitsche« geschilderten Fall Ihre wertvolle juristische Meinung mitzutheilen. Ich muß nur noch hinzufügen[94], daß der Mann, dessen Handeln ich nach [...] österreichischem Strafrecht als Erpressung beurtheile und als solche auch empfinde[95], ein paar Stunden nach Erscheinen der

89 Die Broschüre trägt die Katalog-Signatur BXV 131, den Stempel »Professor von Liszt. Berlin« sowie zweimal den Stempel »Kriminalistisches Seminar der Universität Berlin«.
90 Der Briefnachlaß liegt in der Staatsbibliothek Preußischer Kulturbesitz, Sammlung Darmstaedter, Berlin.
91 I.N. 172.672.
92 Ich setze im folgenden »[...]« für unleserliche Stellen; außerdem führe ich in Anmerkungen aus, was zur Textgestalt des Briefentwurfs, zu Streichungen und Änderungen wichtig erscheint und lesbar ist.
93 »Güte« ist gestrichen, darüber ein einzelner Buchstabe, eventuell ein »Z«, mit Punkt dahinter, so daß im Brief vielleicht statt »Güte« »Zeit« stand.
94 Gestrichen: »hinzu«, darüber eine Reihe unleserlicher Wörter.
95 Gestrichen: »als Erpressung beurtheile und« sowie »auch empfinde«; merkwürdigerweise nur durch ein einziges, leider unleserliches Wort ersetzt.

Nr. 119 der »Fackel« den lange geplanten und angedrohten[96] Überfall auf meine Person [...] versucht hat: er wurde von Augenzeugen der Szene, die sich rechtzeitig zwischen ihn und mich gestellt hatten, an der [That?] [gehindert?].[97] Vor die Sicherheitsbehörde citiert, erklärte er, daß er mich in Zukunft nicht attaquieren werde, »*wenn* ich ihn nicht publicistisch angreife«. Trotz alledem hielt sich unser Staatsanwalt nicht bemüßigt, einzuschreiten, und ich darf mich stündlich auf die Ausführung des behördlich avisierten Überfalls gefaßt machen. Gegen diese Drohung in Permanenz, die den Bedrohten zu fortwährender nervenquälender Wachsamkeit in öffentlichen Lokalen etc. zwingt, gewährt wohl das Gesetz, aber nicht der Staatsanwalt einen Schutz.
Ich habe die Absicht, mich an verschiedene hervorragende Strafrechtslehrer zwecks Überprüfung der behördl. Ansicht[98] [...] zu wenden, und darum wäre ich gerade Ihnen, sehr geehrter Herr Geheimrath, zu Dank verbunden, wenn Sie die Güte hätten, mir zu sagen, was Sie von der Sache halten und ob es auch Ihre Meinung ist, daß hier nebst einer Erpressung eine Rechtsverweigerung vorliegt.[99]
In ausgezeichneter Hochachtung zeichnet ergebenst
Karl Kraus.[100]

N. B. – ich gestatte mir nur noch zu bemerken[101], daß ich mir bewußt bin, dem Standpunkt, die Abwehr einer »Rechtswidrigkeit« könne keine Erpressung beinhalten, nicht schroff genug[102] widerspr. zu haben[103]. Ich hätte in dem Artikel noch ausführen sollen, daß doch von Abwehr einer »Rechtswidrigkeit« nicht die Rede sein könne, weil dem »Recht auf Nicht-beleidigt-werden« das stärkere Recht auf freie Meinungsäußerung gegenübersteht und mit jenem vor einem gelungenen Wahrheitsbeweis überhaupt in ein Nichts verschwindet. Der Mann[104] kann doch nicht selbst urtheilen, daß das, was ich schreibe, eine *Beleidigung* ist. Er müßte klagen, und erst, wenn mein[105] Wahrheitsbeweis mißlänge, hätte

96 Gestrichen: »den lange geplanten und«.
97 Gestrichen: »aber glücklicherweise nicht an sein Ziel kam, da sich«; am Rand zwei unleserliche Wörter.
98 »behördl.« ist zweifelhaft; nach »Ansicht« ist »des Staatsanwalts« gestrichen, so daß »behördl.« plausibel erscheint.
99 Gestrichen: »vorliegt«; ersetzt durch zwei unleserliche Wörter.
100 Darunter der Stempel »Der Herausgeber der ›Fackel‹«.
101 Gestrichen: »Ich gestatte mir nur«; danach »noch« mit großem »N«, dann zwei unleserliche Wörter.
102 Gestrichen: »schroff«; davor ein unleserliches Wort, evtl. abgekürzt für »rechtzeitig«.
103 Gestrichen: »begegnet zu sein«.
104 Gestrichen: »Erpresser«.
105 Gestrichen: »mir der«.

ich ihn beleidigt.[106] Hier steht die Sache doch anders, als wenn ich jemandem zurufe: Wenn Sie noch einmal bei mir einbrechen, mit meiner Frau im Bett liegen und dgl., so werde ich ... Nur in solchen Fällen kann man von der »Abwehr einer Rechtswidrigkeit« sprechen und die Erpressung [...] gef. Drohung [...][107]

Der Fall, den Kraus hier schildert, war zwei Tage früher, am 28. Oktober 1902, in der *Fackel* nachzulesen (119/13 ff.): Vier Wochen zuvor, am 26. August, war unter den »Antworten des Herausgebers« eine längere Notiz mit dem Aviso »Buchbinder redivivus« erschienen, ein satirisches Porträt des Nachfolgers jenes Bernhard Buchbinder, der die Schnüffel-, Pikanterie- und Klatschrubrik des *Neuen Wiener Journals* (»Hinter den Coulissen«) populär und für Kraus unerträglich gemacht hatte.[108] Der Angegriffene wehrte sich mit einem Brief, in dem er Kraus androhte, sich »im Falle der Wiederholung solcher Angriffe auf meine Person [...] mit der Reitpeitsche Satisfaction« zu verschaffen. (119/21). Kraus erstattete Anzeige wegen »Erpressung« nach § 98 b StG und erhielt am 9. Oktober die Mitteilung des ersten Staatsanwaltes Girtler von Kleeborn, daß die k. k. Staatsanwaltschaft »keinen Grund zur strafgerichtlichen Verfolgung des ... wegen Verbrechens nach § 98 b St.G.« finde (s. 119/23).

Das ist der Sachverhalt, den Kraus in seinem Brief Franz von Liszt zur Begutachtung vorlegte. Was den bezogenen Tatbestand der »Erpressung« für die hier allenfalls vorliegende Nötigung betrifft, so ist anzumerken, daß der antiquierte § 98 b StG die von der modernen Dogmatik (und etwa dem RStGB) damals

106 Hier zwischen den Zeilen verschiedene unleserliche Wörter.

107 Ab hier bis zum Ende (noch ein bis zwei Sätze) unlesbar; im letzten zitierten Satz mehrere unleserliche Einschübe.

108 Bernhard Buchbinder war als Theaterautor Verfasser von Boulevardstücken und als Journalist zuständig für die genannte Klatschrubrik. In der letzteren Funktion war er Kraus anläßlich des Sterbens von dessen Geliebter Annie Kalmar (2. 5. 1901) auf sehr empfindliche Weise persönlich zu nahegetreten; vgl. dazu 84/21 ff. sowie 107/15 ff. Zu Annie Kalmar vgl. *Kraft*, Karl Kraus (wie Anm. 10), S. 315 ff.; *Wagner*, Geist und Geschlecht (wie Anm. 28), S. 95 ff.; *R. Merkel* (1985), K. K., in: *Jung* (Hg.), Österr. Porträts, Bd. 2, S. 160 ff.; *Timms* (1986), Apocalyptic Satirist, S. 72 ff.; zu dem Prozeß, den Annie Kalmars Mutter gegen Buchbinder anstrengte, *Scheichl*, in: Kraus-Hefte 2 (1977), S. 8.

längst getrennten Delikte der Nötigung und der Erpressung noch in einer Regelung zusammenfaßte.[109] Kraus' Strafanzeige war daher nicht, wie sie es heute wäre, juristisch falsch, sondern korrekt benannt. Der § 98 b lautete:

Des Verbrechens der öffentlichen Gewalttätigkeit durch Erpressung macht sich schuldig, wer
a) [...]
b) mittelbar oder unmittelbar, schriftlich oder mündlich oder auf andere Art, mit oder ohne Angabe seines Namens, jemanden mit einer Verletzung an Körper, Freiheit, Ehre oder Eigentum in der Absicht bedroht, um von dem Bedrohten eine Leistung, Duldung oder Unterlassung zu erzwingen, wenn die Drohung geeignet ist, dem Bedrohten mit Rücksicht auf die Verhältnisse und die persönliche Beschaffenheit desselben, oder auf die Wichtigkeit des angedrohten Übels gegründete Besorgnisse einzuflößen; ohne Unterschied, ob die erwähnten Übel gegen den Bedrohten selbst, dessen Familie und Verwandte, oder gegen andere unter seinen Schutz gestellte Personen gerichtet sind, und ob die Drohung einen Erfolg gehabt hat oder nicht.[110]

Die (nach der ÖStPO nur formlos mögliche) Beschwerde, die Kraus gegen die Verweigerung einer Verfahrenseinleitung beim Oberstaatsanwalt einlegte, blieb ergebnislos (s. 120/34). Ein Klageerzwingungsverfahren wie das der deutschen StPO kannte (und kennt) die ÖStPO nicht.[111] Als Korrektiv gegen das staats-

109 Das heißt, daß auch die (Geld-)Erpressung im heutigen Sinn nach damaligem österreichischen Recht nur ein Nötigungsdelikt war, also keine Bereicherungsabsicht erforderte und deshalb im StG 1852 wie auch in allen Lehrbüchern zu den Delikten gegen die persönliche Freiheit gerechnet wurde.

110 Der letzte Halbsatz machte die »Erpressung« des § 98 lit. b (im Unterschied zur deutschen Nötigung) zu einem kupierten Erfolgsdelikt: Mit der (»geeigneten«) Drohung war die Tat bereits vollendet; ein Erfolg in Gestalt des abgenötigten Verhaltens beim Opfer war (anders als bei § 240 RStGB) nicht erforderlich. Kraus weist übrigens einmal, im Dezember 1924, mit Recht darauf hin, daß dies »das Wesen der Erpressung« nach österreichischem Recht ausmache (668/105).

111 Auch dies ist vor allem eine Folge des oben, S. 93 ff., dargestellten Primäranliegens Julius Glasers, das Anklageprinzip »rein« durchzuführen. Eine Möglichkeit, den Staatsanwalt *gerichtlich* zur Klageerhebung zwingen zu lassen, wäre Glaser als Funktionsvermischung und daher als inakzeptable Verletzung des Anklagegrundsatzes erschienen.

anwaltschaftliche Anklagemonopol und zur Sicherung des Legalitätsprinzips gewährt(e) § 48 ÖStPO statt dessen dem »Privatbeteiligten« das Recht der Subsidiaranklage.[112] Julius Glaser hatte allerdings in der Furcht vor dem seinerzeit etwa von Binding plastisch perhorreszierten Mißbrauch der Subsidiaranklage deren Voraussetzungen so restriktiv formuliert, daß sie in der Praxis zur völligen Bedeutungslosigkeit degenerierte[113]: »Privatbeteiligter« (und damit subsidiarklageberechtigt) ist nach § 47 ÖStPO nur derjenige Verletzte, der einen privat-, nämlich vermögensrechtlichen Schaden geltend machen kann und sich deshalb dem Verfahren anzuschließen erklärt (Adhäsionsverfahren). Diese Voraussetzungen waren für Kraus im vorliegenden Fall ersichtlich nicht gegeben. Ein Privatanklagedelikt war die *»öffentliche* Gewalttätigkeit« nach § 98 b StG selbstverständlich nicht. Kraus konnte also die staatliche Strafverfolgung gegen seinen »Erpresser« (Nötiger) überhaupt nicht in Anspruch nehmen; daher seine Frage an Liszt, ob hier nicht eine »Rechtsverweigerung« vorliege.

Diese Situation hatte, von dem Brief an Liszt abgesehen, eine bemerkenswerte Konsequenz. Wohl schon damals erkannte Kraus, daß hier zwei neuralgische Beziehungen des satirischen Schreibens zur Sphäre des Strafrechts berührt waren: einerseits die Frage der Beleidigung des Angegriffenen, andererseits dessen Abwehr qua Selbsthilfe, etwa in Form der »Erpressung« eines künftigen Unterlassens solcher Angriffe. Und da im konkreten Fall der Staat eine Klärung dieser Fragen verweigerte, befaßte

112 Jenes Institut, dessen mögliche Einführung in die RStPO (allerdings und sogar als *Popular*klage) vor allem Binding scharf bekämpft hatte und das schließlich abgelehnt wurde (vgl. oben, S. 50). Die Subsidiaranklage nach § 48 darf übrigens nicht mit der in Österreich für die entsprechenden Delikte des StG ebenfalls zugelassenen Privatanklage nach § 46 ÖStPO verwechselt werden.

113 Vgl. den Wortlaut des § 48 i. V. m. § 47. – Dies hat übrigens bereits *Waser* (Zur Strafproceßordnung, in: Allg. Ö. Ger.Z. 44, 1893, S. 87) konstatiert, der den Wert der Subsidiaranklage nur noch in einer symbolischen Mahnung des Gesetzgebers an die Staatsanwaltschaft sah, das Legalitätsprinzip zu beachten. Aus der neueren Literatur dazu *Moos* (1990), Grundlinien und Standortbestimmung, S. 69. Dort auch zu den weiteren Restriktionen des § 48; zur geschichtlichen Entwicklung der Subsidiaranklage instruktiv *ders.*, Staatliches Anklagemonopol, in: SchwZStR 108 (1991), S. 158 ff.

sich Kraus selbst erstmals intensiv mit den damit zusammenhängenden strafrechtsdogmatischen Schwierigkeiten. Der in dem Brief an Liszt genannte Aufsatz (119/13 ff.) entwickelt bereits einen erstaunlichen juristischen Scharfsinn im Umgang mit § 98 b und mit den dazu in Rechtsprechung und Literatur vertretenen Auffassungen (119/24 ff.); und er erhält hierfür wenig später die ausdrückliche Zustimmung eines der »hervorragendsten Strafrechtslehrer«, den Kraus wohl ebenso wie Liszt angeschrieben und um eine juristische Stellungnahme gebeten hatte (vgl. 125/25 ff.). Doch war dies erst eine Art Anlauf. Das strafrechtsdogmatische Problem der »Erpressung« wie auch das der Beleidigung hat den Satiriker bis in die späten *Fackel*-Jahrgänge immer wieder beschäftigt, zunehmend allerdings auch deshalb, weil er mit dem juristisch geschärften Blick gewisse Praktiken des gehaßten Journalismus unter diese strafrechtlichen Begriffe subsumierte.[114] Da aber jedenfalls Franz von Liszt ihm hierzu im November 1902 jede Auskunft verweigerte, da außerdem Kraus' ausgefeilte strafrechtsdogmatische Erörterungen erst später entstanden und da schließlich diese Thematik weniger zu seinen persönlichen Beziehungen zu Liszt als vielmehr zur Darstellung seiner strikt rationalen Orientierung im Umgang mit dem

114 Zur *Erpressung* vgl. außer den bisher erwähnten *Fackel*-Nrn. 119 und 120: 135/1 ff.; 144/23; 159/1 ff.; 160/22 f.; 305/46 f.; 326/67; 347/10 ff.; 368/48; 406/86 ff. (zu Erpressungen Heinrich Heines an Rothschild); 613/14 f.; 668/104 ff.; 717/122 ff.; 726/17; 735/42 f.; 751/15 ff.; 811/58. Zur *Beleidigung* (§§ 487 ff. StG) sowie dem im österreichischen Strafrecht dazugehörigen »Indiskretionsdelikt« des § 489 StG vgl.: 86/17; 87/18 f.; 104/10 ff.; 109/1 ff.; 143/3; 159/18 ff.; 162/1 ff.; 163/20; 164/21 ff.; 171/9 ff.; 172/2 ff.; 173/8 ff.; 242/15; 248/1 ff.; 259/12; 290/24 ff.; 354/18 ff.; 400/87 f.; 445/111; 521/12 ff.; 778/23 ff.; 811/49 ff.; 864/1 ff.; 890/127. – Einen gewissen Sonderstatus nehmen hier die *Fackel*-Hefte ein, in denen Kraus Schriftsätze (stets auch von ihm selbst verfaßte) und Entscheidungen aus seinen eigenen Beleidigungsprozessen abdruckte; die wichtigsten sind die im Wege der Privatklage gegen ihn geführten der Kriegsberichterstatterin Alice Schalek (521/9 ff.) und des Schriftstellers Hans Müller (521/25 ff.) sowie die seinerseits von Kraus geführten gegen den Wiener Polizeipräsidenten Johann Schober (vgl. 778/16 ff.) sowie gegen Alfred Kerr (vgl. 781/10 ff. und 787/1 ff.: »Der größte Schuft im ganzen Land … (Die Akten zum Fall Kerr)«).

Strafrecht gehört, werde ich sie an späterer Stelle genauer behandeln.

Den Epilog zum Bruch Franz von Liszts mit dem Satiriker hielt sinnigerweise Houston Stewart Chamberlain. Unmittelbar nach Liszts Absagebrief hat sich Kraus bei Chamberlain ein wenig bitter über das Ende der Beziehung zu dem Strafrechtler beklagt. Am 15. 12. 1902 antwortete Chamberlain und bedauerte, daß Kraus einen »so einflußreichen und nützlichen Freund« wie Liszt verloren habe:

> Publizist sein, ist wirklich ein undankbares Amt. Kann selbst ein Mann von Bildung und ein Ihrem Werk Gewogener es nicht über sich bringen, Sie in gewissen Dingen anders als er selber denken zu lassen? Eine traurige Welt. Sie sehen aber, wie sehr ich recht habe: Diese Professoren sind die intolerantesten Menschen der Welt. Da sind mir die Pfaffen fast noch lieber [...].[115]

So einfach ist es, wie wir gesehen haben, nicht gewesen. Hugo Heinemann erwähnt übrigens in seinen weiteren Briefen Franz v. Liszt nicht mehr. Aber er blieb Kraus noch jahrelang freundschaftlich verbunden.[116]

11. Karl Kraus und Heinrich Lammasch

In dem gegenüber Liszt erwähnten Artikel »Der Staatsanwalt und die Hundspeitsche« bemerkt Kraus beiläufig, er habe sich vor der Strafanzeige, »um nicht einen ebenso unliebsamen wie nothwendigen Entschluß bloß auf persönliche Erwägungen zu stützen, mit einer Reihe vortrefflicher Criminalisten« beraten (119/21). Einer davon, der »vortrefflichste«, war Heinrich Lammasch. Drei Tage nach Erscheinen des Artikels, am 31. 10. 1902, erhielt Kraus den folgenden Brief:

115 Zit. bei *Wilhelm*, Chamberlain und Kraus (wie Anm. 57), S. 421.

116 Der letzte im Kraus-Archiv erhaltene Brief Heinemanns datiert vom 23. 11. 1911 (I.N. 174.612). Noch 1910 hat Heinemann (zusammen mit seinem Sozius Roth) Kraus in einem Zivilprozeß gegen den ehemaligen *Fackel*-Mitarbeiter Fritz Wittels (zu diesem s. unten, S. 408 ff.) vertreten; vgl. Kraus-Hefte 65 (1993), S. 6 (in dem dort zitierten Zeitungsartikel ist unrichtig von »Heidemann« die Rede).

Sehr geehrter Herr!
Ausgezeichnet!
Erlaube mir, Sie auf die [...][117] des Dr. Klari über die Lucina[118] aufmerksam zu machen u. darauf, ob der in derselben erwähnte Advokat Dr. *Theimer* derselbe ist, den Kleeborn im Proceß Vogl-Taubin[119] nicht mitangeklagt hat, sondern als Entlastungszeugen vernehmen ließ. *Dieser* Theimer war, wie in der Verhandlung herauskam, Freimaurer.
Ebenso gilt Dr. von Korgner, auf dessen Seite Kleeborn in der Kinderschutz- u. Rettungsgesellschaft steht, als Freimaurer und steht Frau Hartmann (die Mutter des Hauptkrakehlers der philosoph. Fakultät Ludo Hartmann) dem Freimaurerthum jedenfalls so nahe, als bei einer Frau möglich. Auch sie ist der Hauptschützling Kleeborns in dieser Gesellschaft. Ergibt sich daraus ein Schluß??
Mit besten Grüßen
ergebenst
Lammasch.[120]

Ob sich daraus ein »Schluß« ergab, ist nicht mehr sicher rekonstruierbar.[121] Offenkundig ist aber, daß Lammaschs Brief dem Empfänger einen solchen Schluß nahelegt: nämlich Zweifel an der Unparteilichkeit des Staatsanwalts Kleeborn in der Krausschen »Erpressungs«-Sache. Nach der fehlgeschlagenen Beschwerde beim Oberstaatsanwalt wegen der unterbliebenen Strafverfolgung versuchte Lammasch, der ganz offensichtlich Kraus' rechtlichen Standpunkt teilte, dem Satiriker noch weiterzuhelfen – mit der Vermittlung eines Gesprächs beim amtierenden Justizminister. Am 8. 11. 1902, eine Woche nach dem zitierten Brief, erhielt Kraus den folgenden:

117 Unleserlich.
118 Die »Lucina«, ein im Frühjahr 1900 in Wien eröffnetes Wöchnerinnenheim, wird in der *Fackel* noch gelegentlich beiläufig erwähnt (36/2; 70/14; 71/23).
119 Dieser – in unserem Zusammenhang belanglose – Prozeß wird kommentiert in 82/13 ff. Zu dem Fall vgl. das weitschweifige Plädoyer des Verteidigers Heinrich Steger (zu diesem s. oben, S. 107, Anm. 362), in: *Neuda/Schmelz* (1921), Berühmte Verteidigungsreden, S. 311 ff.
120 Kraus-Archiv, I.N. 158.809.
121 Ein Echo auf Lammaschs Brief ist noch über ein Jahr später hörbar in 149/4 ff., wo Kraus Ritter von Kleeborn dafür verantwortlich macht, daß die wichtigsten Mitglieder der »Kinderschutz- und Rettungsgesellschaft« (darunter anfangs auch Lammasch selbst) sich genötigt fühlten, die Gesellschaft zu verlassen.

Sehr geehrter Herr!
Ich erlaube mir mitzutheilen, daß S. E. v. S. Sie nächster Tage zwischen 11 und 2 Uhr erwartet. Ich fand ihn etwas voreingenommen durch den *einseitigen* Bericht der Gegenpartei und habe versucht, ihn aufzuklären. Leider konnte ich nur sehr kurz mit ihm sprechen, da er in eine Sitzung mußte.
Ergebenst
L.[122]

»S. E. v. S.« kann nach allem vernünftigen Ermessen nichts anderes bedeuten als »Seine Exzellenz von Spens«: Alois Freiherr von Spens-Boden, k. u. k. Justizminister, der im Januar 1900 von Ministerpräsident Ernest von Koerber ins Kabinett berufen wurde, und zwar ausgerechnet anstelle des ursprünglich vorgesehenen Heinrich Lammasch.[123] Ganz offenbar blieb allerdings auch dessen Intervention in der Krausschen Sache ohne Ergebnis. Die in dem Brief anklingende Antipathie gegen das »Freimaurerthum« hatte ihren Grund in Lammaschs katholischem Konservatismus.[124] Soweit davon seine strafrechtstheoretischen und dogmatischen Überzeugungen eingefärbt wurden und auf Kraus abfärbten, werde ich darauf zurückkommen.

Lammaschs Stellung in der österreichischen Wissenschafts- und Geistesgeschichte gründet nicht primär in seiner strafrechtlichen Wirksamkeit. Bekannter ist sein Name heute als der eines bedeutenden Völkerrechtlers und Politikers, eines Mitglieds im Ständigen Schiedshof im Haag (seit 1899) und Teilnehmers an der ersten und zweiten Haager Friedenskonferenz (1899 und 1907), als der des letzten Ministerpräsidenten und politischen Liquidators der habsburgischen Monarchie am Ende des Ersten Weltkriegs (vom 25. 10. bis 11. 11. 1918) und schließlich als der eines maßgeblichen Mitglieds der österreichischen Delegation bei den Friedensverhandlungen in St. Germain 1919.[125]

122 I.N. 158.810.
123 Vgl. *Ableitinger* (1973), E. von Koerber, S. 77; vgl. auch Lammaschs eigene Erinnerungen in *Marga Lammasch/Sperl* (Hg.) (1922), Heinrich Lammasch, S. 20.
124 Daß dies keine parteipolitisch klischeehafte Form des Konservatismus war, sondern liberale und moderne Elemente mit christlichen Grundwerten vereinte, betont zu Recht *Sperl* (1922), Im akademischen Leben, in: *M. Lammasch/Sperl*, a.a.O., S. 212 f.
125 Vgl. dazu die Aufsätze von *Nippold*, Lammasch als Völkerrechtsge-

Andererseits ist es nicht übertrieben, Lammasch als den führenden Strafrechtswissenschaftler Österreichs um die Jahrhundertwende zu bezeichnen.[126] Nach seiner Habilitationsschrift über »Das Moment objektiver Gefährlichkeit im Begriffe des Verbrechensversuches« (1879) war er 1882 zum außerordentlichen Professor an der Wiener juristischen Fakultät ernannt und 1883 auf Vorschlag Wahlbergs nach Franz von Liszt auf die zweite Stelle der Berufungsliste für die Neubesetzung eines Wiener Strafrechtsordinariats gesetzt worden.[127] (Berufen wurde übrigens weder Liszt noch Lammasch, sondern der an dritter Stelle der Liste vorgesehene Emanuel Ullmann aus Innsbruck.[128]) Als 1889 wegen der Emeritierung Wahlbergs und des Weggangs Ullmanns nach München die beiden Wiener strafrechtlichen Lehrstühle neu zu besetzen waren, erhielt einen davon der (nach v. Bar und diesmal vor v. Liszt) an zweiter Stelle vorgeschlagene Lammasch. 1899 erschien sein *Grundriß des österreichischen Strafrechts*, 1911 in 4. Auflage letztmalig von ihm selbst bearbeitet und 1926 in 5. Auflage von seinem Schüler Theodor Rittler zum Lehrbuch erweitert.[129] Bereits 1897 war Lammasch in die Ministerialkommission zur Ausarbeitung eines neuen Strafgesetzbuches berufen worden. Bis zu den im Jahre 1912 dem Herrenhaus vorgelegten »Erläuternden Bemerkungen zum Entwurf eines österreichischen Strafgesetzbuches«, die wie der »Vorentwurf 1909« und die Regierungsvorlage von 1912 deutlich und durch-

lehrter; *Redlich*, Lammasch als Ministerpräsident, sowie *Schumacher*, Lammasch in St. Germain, alle in *M. Lammasch/Sperl*, a.a.O.; vgl. ebenfalls *Plöchl* (1960), Völkerrechtswissenschaft an der Wiener Fakultät, in: Fschr. Verdross, S. 31 ff. Vgl. auch den 1981 erstmals veröffentlichten Verfassungsentwurf Lammaschs vom September 1918 und dazu *Verosta* (1981), Lammasch's Verfassungsentwurf, in: Fschr. Neck, Bd. 1, S. 364 ff.

126 Zu »Lammasch als Strafrechtslehrer« s. *Rittler*, in: *M.Lammasch/Sperl*, a.a.O., S. 106 ff.

127 Vgl. *Moos*, Liszt als Österreicher (wie Anm. 1), S. 679.

128 *Moos*, a.a.O., S. 680.

129 Von einem in der Entwicklung des Verbrechensbegriffs »weit ausgreifenden dogmatischen Fortschritt« zwischen Lammasch (1911) und Rittler (1926) spricht *Jescheck*, Entwicklung des Verbrechensbegriffs in Deutschland und Österreich, in: ZStW 73 (1961), S. 183, Anm. 17.

gängig die Signatur von Lammaschs wissenschaftlicher Handschrift trugen[130], blieb dieser die dominierende Kraft in den weiteren Arbeiten zur österreichischen Strafrechtsreform.[131] 1914 ließ sich Lammasch wegen seines zunehmend labilen Gesundheitszustandes emeritieren. Von da an widmete er sich auch publizistisch ausschließlich seinen völkerrechtlichen und politischen, vor allem seinen pazifistischen Bestrebungen.[132] Er starb am 6. Januar 1920.

Die Beziehungen zwischen Kraus und Lammasch waren sachlich und persönlich weitaus intensiver und ausgedehnter als die zwischen Kraus und Liszt. Insgesamt 25 Briefe, Post- und Visitenkarten Lammaschs an Kraus haben sich – neben einigen anderen Dokumenten dieser Verbindung, von denen zu reden sein wird – im Wiener Karl-Kraus-Archiv erhalten.[133] Die Korre-

130 Vgl. *Rittler*, Lammasch, in: *M. Lammasch/Sperl*, a.a.O., S. 116 f. Lammasch selbst nennt als wichtige Mitarbeiter noch den Sektionschef Alfred Schober und den damaligen Prager Strafrechtsprofessor Wenzeslaus Graf Gleispach; vgl. Lammaschs Bericht vor dem Herrenhaus am 27. 6. 1913, Sten. Prot. Herrenhaus, XXI. Session, 30. Sitzung (1913), S. 652.

131 Dazu sei ein maliziöser Kommentar des sozialdemokratischen Juristen Ingwer aus der Wiener »Arbeiter-Zeitung« vom 8. 8. 1909 (»Von der kleinen Strafrechtsreform«) zitiert: »Wer aber die Entstehungsgeschichte dieses ›neuen‹ Strafgesetzentwurfes kennt, wem das zweifelhafte Glück vergönnt war, in das Machwerk des Herrn Lammasch, das dem neuen Entwurf zugrundeliegt […] zu blicken, wem es nicht fremd geblieben ist, daß der neue Strafgesetzentwurf ein vom Hofrat Lammasch im keuschen Ehebett mit Frau Reaktion erzeugter Wechselbalg ist, der wird keinen Augenblick im Zweifel sein, daß auch der Entwurf des Herrn Lammasch den Weg gehen wird, den die Entwürfe von Hye, Glaser und Schönborn gehen mußten, den Weg – in den Papierkorb. […] Seit vielen Jahren ist im Justizministerium kein anderer Herr als der Hofrat Lammasch und der jeweilige Justizminister ist sein Kommis. Das war auch Herr Dr. Franz Klein. Und Dr. Franz Klein war mehr als Dr. v. Hochenburger.«

132 Vgl. die umfangreiche Liste seiner Publikationen in: *M. Lammasch/Sperl* (wie Anm. 123), S. 221 ff.

133 Es ist mir bisher nicht gelungen, den Nachlaß Lammaschs mit den darin vielleicht erhaltenen Briefen von Kraus ausfindig zu machen. Auch die Bekanntschaft zwischen Kraus und Lammasch ist vermutlich (wie die mit Franz v. Liszt) von Hugo Heinemann vermit-

spondenz begann offenbar im Dezember 1899 mit einer Bitte von Kraus an Lammasch, über einen damals in Wien stattfindenden Mordprozeß gegen ein Ehepaar, das sein Kind umgebracht hatte, zu schreiben. Am 8. 12. 1899 antwortete Lammasch:

Sehr geehrter Herr!
Obwohl ich mit Ihrer Ansicht hinsichtl. der juristischen Beurtheilung des Falles Kutschera[134] übereinstimme, kann ich leider Ihrer freundlichen Aufforderung zur Besprechung desselben in Ihrer sehr geschätzten Wochenschrift wenigstens vorläufig nicht entsprechen, da ich der Entscheidung des Cassationshofes über die Nichtigkeitsbeschwerde nicht vorgreifen möchte. Übrigens halte ich es für höchst wahrscheinlich, daß es bei dem Todesurtheil nicht verbleiben wird.
Mit besten Empfehlungen
verehrter Herr Redakteur
Ihr ergebenster
Lammasch.[135]

Ob es bei dem Todesurteil gegen das Ehepaar Kutschera verblieb, ist weder der amtlichen Sammlung der Kassationshof-Entscheidungen noch der *Fackel*, aber einem fast zwanzig Jahre später erschienenen Aufsatz des Wiener Oberstaatsanwalts Erwein Höpler zu entnehmen: Der Kassationshof änderte das Urteil in achtjährige schwere Kerkerstrafen ab.[136] Ein Thema wird hier berührt, zu dem die Ansichten von Kraus und Lammasch später auseinandergingen: die Todesstrafe. Lammasch bekannte sich noch 1912 in seinem Referat auf dem Deutschen Juristentag in Wien, wenn auch nicht ohne Bedenken, als Befürworter der Todesstrafe:

telt worden. Lammasch und Heinemann kannten sich persönlich gut. In einem Brief vom 24. 10. 1901 bedauert Lammasch, einen Wien-Besuch »unseres gemeinsamen Freundes Dr. Heinemann« verpaßt zu haben (I.N. 158.802). Die Bekanntschaft zwischen Lammasch und Heinemann dürfte selbst wesentlich älter gewesen sein. Schon 1890 besprach Lammasch in einer ausführlichen und lobenden Rezension Heinemanns Dissertation über »Die Binding'sche Schuldlehre« (Krit. Vjschr. 13, 1890, S. 544 ff.).

134 Vgl. dazu die Bemerkungen in 24/13 (noch ohne Namensnennung) und in 28/2.

135 Kraus-Archiv, I.N. 158.804.

136 *Ritter v. Höpler*, Über Kindermißhandlung, in: ArchKrim 69 (1918), S. 232.

Also alle Vorsicht in Anwendung der Todesstrafe, aber kein Verzicht auf sie. Das Rechtsbewußtsein des Volkes würde tief erschüttert, wenn der Satz aufgestellt würde, auch der Lustmörder, auch der Raubmörder hat ein unentziehbares Recht auf jenes Gut, das er einem anderen entrissen. Die Empörung über solche Taten und ihre Täter findet ihren vollen Ausdruck nur in deren Vernichtung.[137]

Nach anfänglicher Indifferenz (vgl. 28/1 ff.; eher ablehnend bereits in 114/11 f.) nennt Kraus in der *Fackel* vom 2. Dezember 1903 die Todesstrafe erstmals deutlich eine »legislative Greueltat« (148/20). Im Juli 1906 wurde von der Zensur eine Stelle aus der *Fackel* konfisziert, die allerdings in demselben Heft per Zitat aus einer parlamentarischen »Interpellation« im Reichsrat wegen ebendieser Konfiskation gleichwohl erschien[138]; in ihr wird das Todesurteil gegen eine junge Frau, die von ihrem Verlobten um ihr Geld gebracht und dadurch zu einem Raubmord veranlaßt worden war, als »die Scheußlichkeit einer legitimen Tötung« bezeichnet (207/29).[139] Auch und erst recht nach dem Krieg –

137 *Lammasch* (1912), Die Todesstrafe, in: Festnummer zum 31. Dt. Juristentag, DJZ 22, Sp. 1092 ff.

138 Der liberal-konstitutionelle Grundsatz einer strafrechtlichen »Immunisierung« von (wahrheitsgetreuen) Presseberichten über Verhandlungen des Parlaments war in Österreich geregelt in § 28 Abs. 4 PreßG vom 17. 12. 1868 (vgl. die analoge Regelung in § 12 RStGB, heute § 37); s. dazu *Franz v. Liszt* (1878), Österr. Preßrecht, S. 220 f., sowie *Storch*, Über die Straflosigkeit der parlamentarischen Berichterstattung, in: ÖZStR 7 (1916-18), S. 1 ff., m. w. N.

139 Zu dem angesprochenen Mordprozeß gegen Friederike Zeller vgl. bereits 196/1 ff. und ausführlich die Darstellung in *Neuda/Schmelz*, Verteidigungsreden (wie Anm. 119), S. 365 ff. Konfisziert wurde die *Fackel* freilich nicht wegen der Bemerkung über die Todesstrafe, sondern wegen Majestätsbeleidigung: Kraus wiederholt den während des Prozesses zitierten Satz eines vernehmenden Polizeirats an den Bräutigam der Angeklagten: »Prohaska, nur Mensch sein!« und zwar im Zusammenhang mit seiner Forderung nach einer Begnadigung der zum Tod Verurteilten. »Prohaska« war der in Österreich geläufige Spitzname für Kaiser Franz Joseph. Übrigens hatte Kraus offenbar zuerst die sozialdemokratische Fraktion im Reichsrat um Interpellation im Parlament gebeten, was deren Chef Viktor Adler mit der Bemerkung »Ich werde mir doch nicht von diesem politischen Analphabeten meine Kreise stören lassen!« wütend abgelehnt haben soll; vgl. *Ellenbogen* (1981), Menschen und Prinzipien, S. 54 f.

und unabhängig von dem Erlebnis einer grausamen »Schand- und Standjustiz« (501/42) der Militärgerichtsbarkeit[140] – blieb die Todesstrafe für Kraus »verabscheuenswert« (514/65). Nur einmal, als man ihm nach der blutigen, von einer Welle standrechtlicher Todesurteile begleiteten Niederschlagung der Unruhen unter österreichischen Arbeitern im Februar 1934 seine Verteidigung des dafür verantwortlichen autoritären Dollfuß-Regimes vorwarf[141], ließ er eine Irritation in dieser Haltung erkennen: Er habe sich allerdings erlaubt, das Vorgehen der österreichischen Regierung als eine »furchtbare Notwehr« zu verteidigen (890/266). In diesem Zusammenhang spricht er zögernd und unentschieden von einem »Problem der Todesstrafe«. Und er beruft sich, zur Unterstützung wie zur Selbstvergewisserung, auf eine Reihe berühmter Befürworter der Todesstrafe: Goethe[142], den tschechischen Präsidenten Masaryk und den 14 Jahre zuvor gestorbenen Lammasch (890/267).

Das Verhältnis zwischen Kraus und Lammasch war, trotz des zunächst evidenten Geltungs- und Reputationsunterschiedes

140 Kraus spricht von 11 400 – auch und vor allem an Zivilpersonen – vollstreckten Todesurteilen (501/45). Woher er diese Zahl hat, ist unklar. Daß sie nicht unrealistisch ist, zeigt eine der nach dem Krieg publizierten »Aufklärungsschriften« der Sozialdemokratie: »Die Feldgerichte und das Volksgericht« (1919); vgl. dort vor allem S. 5 ff. Zur Grausamkeit der Kriegsjustiz vgl. den gespenstischen Bericht über vollkommen willkürliche Hinrichtungen, den der Reichsratsabgeordnete Tertil am 4. Juli 1917 im Abgeordnetenhaus gab (Sten. Prot. des Abgeordnetenhauses, XXII. Session, 14. Sitzung, 1917, S. 642 ff.).

141 Die Hintergründe sowohl des Februaraufstandes von 1934 als auch der Krausschen Haltung zu dem Regime Dollfuß können hier nicht im einzelnen dargestellt werden; vgl. zum Februaraufstand *Holtmann* (1978), Zwischen Unterdrückung und Befriedung (insbesondere S. 95 ff.: zu den standgerichtlichen Todesurteilen). Zu Kraus' Eintreten für Dollfuß *Kraft*, Es war einmal ein Mann ..., in: Merkur 246 (1968), S. 926 ff., sowie *R. Merkel*, K. K. (wie Anm. 108), S. 189 f. Zu dem im Text apostrophierten konkreten Vorwurf vgl. dessen Urheber *J. W. Brügel*, Einige Bemerkungen zur Fackel 890-905, in: Kraus-Hefte 14 (1980), S. 12.

142 Zu Goethes lebenslangem Votum für die Todesstrafe vgl. *Eb. Schmidt*, Goethe und das Problem der Todesstrafe, in: SchwZStR 63 (1948), S. 444 ff.

zwischen dem jungen, noch unbedeutenden Publizisten und dem renommierten Gelehrten, von Anfang an eines des wechselseitigen Gebens und Nehmens. Die Bitte des *Fackel*-Herausgebers um einen Aufsatz zur Säkularfeier des österreichischen StG von 1803 beantwortete Lammasch am 10. September 1902 abschlägig. Es sei ihm trotz »wiederholter Versuche« nichts gelungen, was er derzeit unter seinem Namen publizieren wolle bzw. woran man ihn, selbst anonym, nicht doch erkennen würde.[143] Aber bereits über zwei Jahre früher stand auf einer undatierten Visitenkarte an Kraus das Folgende:

Professor Dr. Lammasch
Mitglied des Herrenhauses
erlaubt sich die Frage, ob Sie beiliegenden Artikel über Ruskin aufnehmen wollen. Sollte Ihnen die eingeklammerte Stelle über die Leo-Gesellschaft[144] allzu unbequem sein, so wäre ich bereit, dieselbe zu streichen, obwohl sie meiner Überzeugung nach ganz wahr ist. Selbstverständlich bitte ich meinen Namen *nicht* zu nennen.
Ergebenst Lammasch[145]

Der Artikel über Ruskin erschien im Februar 1900 in der *Fackel* (31/5 ff.). Die angesprochene Stelle über die »Leo-Gesellschaft«, ein Lob für deren christliche Bestrebungen in Wissenschaft und Kunst, blieb im Druck der *Fackel* – man möchte sagen: selbstverständlich – unberührt (vgl. 31/6).[146] Als Vorspann schrieb Kraus den Satz: »Von hochgeschätzter Seite erhalte ich nachstehende Zeilen:«. Ursprünglich hatte dies gelautet: »Ein hervorragender österreichischer Jurist, der als Lehrer des Völkerrechts gerade jetzt Gelegenheit hat, sich mit England zu beschäftigen, sendet mir nachstehende Zeilen.«[147] Da das so deutlich wie die untersag-

143 Kraus-Archiv, I.N. 158.813.
144 Eine katholische wissenschaftliche Vereinigung, die Lammasch in seinem Beitrag verteidigt. Lammasch war selbst stellvertretender Präsident der Sektion »Sozial- und Rechtswissenschaften« der Gesellschaft; vgl. *Benedikt* (1962), Friedensmission der Meinl-Gruppe 1917/18, S. 56.
145 I.N. 158.823. Auf diese Visitenkarte und auf Lammaschs Autorschaft des Ruskin-Artikels hat bereits *Scheichl* hingewiesen; vgl. Kraus-Hefte 9 (1979), S. 17.
146 Auch Lammaschs Manuskript liegt im Kraus-Archiv (I.N. 158.821).
147 Handschriftlicher, von Kraus stammender Vorspann auf dem Manuskript.

te Namensnennung gewesen wäre, konnte er es allerdings nicht wagen, diesen Satz zu drucken. Lammaschs Text hält einer rein ästhetischen Auffassung von Ruskins Schriften deren »sittlichen« Gehalt, vor allem in den »rechtsphilosophisch-ökonomischen Werken«, entgegen (31/6).[148] In dem ansonsten, soweit ersichtlich, vollständigen Schriftenverzeichnis, das als Anhang in Marga Lammaschs und Heinrich Sperls Gedächtnisband für Lammasch abgedruckt ist[149], fehlt, was nicht verwunderlich ist, dieser Aufsatz.

Auch bei anderen Gelegenheiten war durchaus Lammasch der Bittende. Er wies gelegentlich auf Mißstände hin, die er in der *Fackel* auf- und angegriffen sehen wollte.[150] Am 2. März 1902 etwa schreibt er an Kraus von einem Bericht der *Neuen Freien Presse* über den Vortrag des Prager Strafrechtsprofessors Alois Zucker zur »Abschaffung der Voruntersuchung«[151], und zwar mit einiger Entrüstung davon, daß die Zeitung offenbar aus deutschnationaler Gesinnung ihren Lesern bewußt die Tatsache verschweige, daß Zucker an der »czechischen«, also weder an der deutschen noch einfach an *der* Prager Universität lehre.[152] Im

148 Einen aufschlußreichen Hinweis auf die Parallelen zwischen Ruskins Angriffen auf das Ornament und denen des Wiener Architekten Adolf Loos, der mit Kraus eng befreundet war und dessen Auffassungen Kraus als den seinen verwandt empfand, gibt *Timms*, Alliance between K. K. and Loos, in: 9 H (englische Architekturzeitschrift), No. 6 (1983), S. 11. Timms zitiert den Ruskin-Artikel aus 31/6 ff., allerdings offenbar ohne Kenntnis der Autorschaft Lammaschs.

149 *M. Lammasch/Sperl*, Heinrich Lammasch (wie Anm. 123), S. 221 ff.

150 Zum Beispiel Kraus-Archiv, I.N. 158.814, anläßlich eines großen Theaterbrandes in Chicago; Lammasch bittet um Hinweis auf die Gefährlichkeit der baulichen Anlagen der Wiener Hofoper. Der Brief ist datiert »4. 1. 02«; das ist mit Sicherheit falsch, die Datierung stammt also wohl nicht von Lammasch, sondern wurde nachträglich eingefügt. Der Theaterbrand in Chicago, von dem Lammasch schreibt, fand Anfang 1904 statt; Kraus hat Lammaschs Anregung übrigens auch aufgegriffen (vgl. »Feuerlärm«, 154/1 ff. vom 12. 2. 1904). – Eine andere Bitte steht in I.N. 158.801 (5. 6. 1903): zum »Taxameterleihwucher« gegenüber den Droschkenkutschern.

151 Vgl. Neue Freie Presse Nr. 13477 vom 2. 3. 1902, Sp. 9 f.

152 Kraus-Archiv, I.N. 158.811.

folgenden Heft der *Fackel* greift Kraus diese Anregung, ohne ihren Urheber zu nennen, für eine ironische Glosse unter der Spitzmarke »Strafrechtler« auf (96/21 f.). Auch persönliche Verabredungen werden in den Briefen getroffen und erwähnt. Im übrigen ist offenbar häufig Lammasch selbst die Quelle für die gelegentlichen Zitate aus seinen Reden und Anträgen im Herrenhaus gewesen, die Kraus in der *Fackel* bringt und mit Verweisen auf die stenographischen Protokolle beglaubigt (105/13; 106/2; 107/11; 112/12; 113/3). Die Erwähnung von Lammaschs »glänzender Herrenhausrede« am 6. 6. 1902 (105/13) quittiert dieser in einer Karte mit dem Dank für die gleichzeitige »Abwehr des ›Extrablattes‹« und der Beilage des Herrenhausprotokolls.[153] Auch in einem Brief vom 5. 6. 1903 kündigt er die Übersendung eines stenographischen Protokolls aus dem Herrenhaus an.[154]

Aufschlußreich ist der folgende vom 8. 8. 1902:

Sehr geehrter Herr!
Herzlichen Dank für Ihre freundliche Erinnerung an St. Wolfgang u. für die humorvolle Abwehr des unseligen »Hofraths«, der mir so oft unverschuldet angetan wird.
Ich hoffe, Sie werden mit der Behandlung der Religionsdelikte zufrieden sein, wenn der Schleier einmal von dem geheimnisvollen Bilde fällt. Ihre Abwehr gegen den Preßgesetzentwurf ist eine wahrhaft patriotische That. Leider kann ich *derzeit* an derselben nicht mitwirken, verspreche Ihnen aber, es später in einer Art zu thun, die vielleicht auch nicht ganz ohne Wirkung sein wird.
Auch Ihre letzte Nummer, die ich gestern nachgesandt erhielt, ist wieder überaus trefflich.
Mit besten Grüßen ergebenst
Lammasch[155]

Die Stelle in der *Fackel*, auf die sich Lammasch bezieht, lautet so:

153 Undatierte Karte, I.N. 158.823.
154 I.N. 158.801.
155 I.N. 158.812. – Wie sehr sich Kraus über das Lob für seine (auch Lammasch zitierende) Kritik an dem Preßgesetzentwurf der Regierung Koerber (106/1 ff.; 107/1 ff.) gefreut hat, geht aus seinem Brief vom 14. 8. 1902 an den damals mit ihm und Lammasch befreundeten Baron Alfred v. Berger hervor (zit. in *Schick*, Zu den Briefen Karl Kraus' an Alfred von Berger, in: Das Silberboot 2, 1951, S. 122 ff., S. 128).

›Das Recht‹, eine neue, von den socialdemokratischen Advocaten Dr. Ingwer und Dr. Rosner herausgegebene »volksthümliche Zeitschrift für österreichisches Rechtsleben«, bringt in Heft I [...] einen Artikel über ›Hofrath Lammasch, die Arbeiterführer und die Religionsdelicte‹. ›Hofrath‹ Lammasch: Wenn die ›Neue Freie Presse‹ den Polizeiobercommissär Stukart zum Polizeirath befördert, so ist das Protection; aber wenn zwei Socialdemokraten einem Professor vorschnell den Hofrathstitel verleihen, so wollen sie ihn zweifellos durch die Andeutung von Beziehungen zum Hofe discreditieren. [...] Wenn aber ein Artikelschreiber den Professor Lammasch, während er ihm eine Standeserhöhung angedeihen läßt, gleichzeitig in seinem wissenschaftlichen Range herabsetzt, dann ist es nur wohlgethan, daß er seinen Namen verschweigt und der Mißdeutung vorbeugt, als wollte er die eigene juristische Autorität der des Gelehrten entgegensetzen. Aber um Wissenschaft handelt es sich bei dem Angriff auf Lammasch auch gar nicht. Als Mitglied des Herrenhauses hat der Strafrechtslehrer die Worte gesprochen: »Auf dem Gebiete der Religionsdelicte ist es natürlich das Interesse der (socialdemokratischen) Führer, auch die letzten, auch die pressgesetzlichen Schranken hinwegzuräumen, welche sie abhalten könnten, durch Schmähungen und Verspottungen, durch Entstellung von Thatsachen den Glauben Anderer zu untergraben, obwohl es ein Axiom ist, daß die Religion Privatsache sei. Auf der anderen Seite ist es im Interesse der großen Volksmassen gelegen, daß ihnen die letzte Stütze, der letzte Halt, der letzte Trost, den das gläubige Gemüth zu bieten vermag, nicht entrissen, nicht zerstört werde.« (109/23 f.)

Das berührt allerdings einen Problembereich, in dem die sachliche Übereinstimmung mit Lammasch schon damals weniger weit reichte, als Kraus in dem zitierten Artikel glauben machen will. Die Religionsdelikte des StG 1852 gehörten um die Jahrhundertwende zu den unzeitgemäßesten Altlasten der absolutistischen Epoche im fortgeltenden Strafgesetz.[156] § 122 StG 1852 (»Verbrechen der Religionsstörung«), der die zwischenzeitlich mehrfach reduzierten Tatbestände des alten § 107 StG 1803 wiederhergestellt hatte[157], war in der darin festgeschriebenen Auffassung vom Charakter der Religionsdelikte gewissermaßen noch hinter die »aufgeklärte« Josephina von 1787 zurückgegangen.[158] Wie

156 Vgl. schon oben S. 79 f.; im einzelnen dazu unten S. 417 ff.

157 Die allerdings durch Art. VII des Gesetzes vom 25. Mai 1868 wieder um die Tatbestände lit. c) und d) (1. Alt.) verkürzt wurden (vgl. oben, S. 79, Anm. 235).

158 Die Theresiana von 1768 hatte allerdings, anders als das StG 1803, in der Gotteslästerung noch eine Beleidigung Gottes selbst gese-

sehr der Katholik Lammasch, wiewohl in verschiedener Hinsicht ein moderner Kriminalpolitiker[159], zumindest innerlich diese rückwärts gerichtete Blickwende des geltenden Rechts billigte, zeigt der Ton des Einleitungssatzes zum Kapitel über Religionsdelikte in seinem *Grundriß*, und zwar noch in dessen 4., »berichtigter und ergänzter Auflage« von 1911:

Im Gegensatze zu dem vom Geiste der »Aufklärungszeit« beeinflußten josefinischen St.G.B., das in den Religionsdelikten nur eine Verletzung der religiösen Gefühle der einzelnen menschlichen Individuen erblickte, behandelt das geltende St.G. die Religionsdelikte, wenigstens teilweise, als gegen die Religion selbst gerichtet, als Angriffe auf einen der höchsten Kulturwerte der Menschheit.[160]

Kraus war 1902 schon zu sehr mit den liberalen Strafrechtsprinzipien, vor allem mit dem Rechtsgutsbegriff Franz von Liszts, vertraut[161] und einverstanden, als daß er diese Auffassung problem- und vorbehaltlos hätte vertreten können. Ob er mit der »Behandlung der Religionsdelikte zufrieden« war, als – nach dem (unveröffentlichten) »Kommissions-Entwurf« von 1906 – mit dem »Vorentwurf« von 1909 »der Schleier«, wie Lammasch schreibt, »von dem geheimnisvollen Bilde« des geplanten künfti-

hen, diese als das »erste und ärgste« aller Laster bewertet und konsequent mit dem Tod durch Verbrennen bestraft; ausführlich dazu *Wahlberg* (1875), Religiöse Beziehungen, in: *ders.*, Ges. kl. Schr., Bd. 1, S. 68 ff.

159 Deutlich wird das v. a. in seinem Aufsatz »Criminalpolitische Studien«, Gerichtssaal 44 (1891), S. 147 ff.

160 *Lammasch,* Grundriß, S. 115. Vorsichtiger, aber ebenfalls den Schutz von »Religion und Religionsgesellschaften« bejahend, die maßgeblich von Lammasch stammenden »Erläuternden Bemerkungen« zum österr. Entwurf 1912, S. 227. Dieser Entwurf reduzierte die Tatbestände des damals geltenden Rechts in Zahl und Reichweite und milderte die Strafdrohungen, änderte aber nichts an der grundsätzlichen Auffassung des Deliktscharakters (vgl. a.a.O., S. 228 f.).

161 Vgl. auch die Kritik *v. Liszts* in der 12./13. Aufl. seines Lehrbuchs (1903), S. 396, an der Behandlung der Religionsdelikte »in den neuesten österreichischen Entwürfen« (d. i. der Entwurf 1893 und der bereits von Lammasch zusammen mit Hugo Hoegel verfaßte, unveröffentlichte »Kommissions-Entwurf erster Lesung« vom September 1902), welche »die Religion an sich« strafrechtlich schützen wollten.

gen Strafgesetzes fiel[162], hat er öffentlich nicht erkennen lassen. Daß seine Auffassung dieser Delikte zu der von Lammasch in einer deutlichen Spannung stand, werden wir sehen.

Spürbar, und zwar als Beglaubigungs- wie als Kontrastinstanz, ist Lammaschs Wirkung dagegen in einem anderen Bereich strafrechtlicher Probleme, der für Kraus sozusagen schon kraft satirischen Amtes erhebliche Bedeutung hatte: in dem der Beleidigung. Es sind vor allem drei Fragenkreise des strafrechtlichen Ehrenschutzes, zu denen er dezidiert Stellung bezieht. Den für ihn sachlich wichtigsten: Funktion und Dogmatik des sogenannten »Indiskretionstatbestands« im österreichischen StG (§ 489), werde ich später ausführlich darstellen[163], obwohl auch und gerade hier Lammaschs Einfluß nachweisbar ist; denn die Haltung des Satirikers dazu gehört in den allgemeineren Zusammenhang seiner Forderung nach einer sozialen Weiterentwicklung des Strafrechts. Dagegen berührte der zweite Aspekt des Beleidigungsrechts, der Kraus beschäftigte, unmittelbar sein persönliches Interesse als öffentliche satirische Instanz: die Frage nach der Möglichkeit einer Rechtfertigung für etwa tatbestandlich ehrverletzende Angriffe. Und auch der dritte Gegenstand seiner Befassung mit dieser Sphäre lag ganz plausibel in der Perspektive des satirischen Angreifers. In der von Karl Kraus stellt er sich so dar:

Schon das Gut der »Ehre« ist bei beamteten Wächtern in zweifelhafter Hut, und mindestens wäre hier – unter Vermeidung der Gefahr einer Cliquengerichtsbarkeit – der Aufteilung in leichter faßbare Berufs- und Kreisehren das Wort zu sprechen, wäre dahin zu wirken, daß das Gesetz nicht vorweg ein vages »Ansehen«, in dem auch der ärgste Lump »herabgesetzt« werden kann, annehme, sondern den Nachweis des Ansehens [...] zulasse, der erst den Nachweis der »Herabsetzung« und die Bestimmung ihres Grades ermöglicht. (S1/13 = 115/6)

Der Blick schwankt hier noch ein wenig undeutlich zwischen dem Adressaten einer (scheinbaren) Kränkung, der als »Lump«

162 Der Vorentwurf 1909 ist ebenso wie der Entwurf 1912 hinsichtlich der Religionsdelikte von dem ursprünglichen »Kommissionsentwurf« 1906 kaum verschieden. Zur Kritik des Vorentwurfs 1909 s. *Franz v. Liszt*, Vorentwurf, in: Neue Freie Presse Nr. 16228 vom 24. 10. 1909.

163 Unten, S. 447 ff.

keinen Schutzanspruch gegen einen konkret verdienten Vorwurf haben mag, und dem Berufs- oder Lebenskreis, dem er angehört und dessen spezifische Ehrbegriffe – anders vielleicht als die anderer Kreise – solche Vorwürfe generell nicht als kränkend qualifizieren mögen. Strafrechtlich problematisch ist nicht die erste[164], wohl aber die (von Kraus eigentlich forcierte) zweite Lesart. Einige ihrer eher abstrusen Übertreibungsvarianten hat der Satiriker zwar später gelegentlich ironisiert[165], ihren sachlichen Grundgedanken aber doch bekräftigt, wobei er die ironische Pointierung durchaus auch umgekehrt mobilisierte, etwa in dem folgenden Passus:

> Was ich vorläufig am meisten fürchte, ist das Interesse der »Verleger« für mich. Nicht daß sie mich haben wollen, weil sie mich für einen Autor halten; das kommt auch vor und freut mich nicht. Aber sie halten mich für einen Kritiker. [...] Nun möchte ich gerne einmal ein juristisches Problem versuchen: ob es nicht nach Auffassung der Gerichte, die ja mit Recht verschiedenen sozialen Sphären eine verschiedene Ehre zuerkennen, auch Ausnahmen für Individuen gibt und ob ich nicht berechtigt wäre, mich durch die Zusendung eines Rezensionsexemplars, das für andere eine Ehre [...] bedeuten mag, beleidigt zu fühlen. (445/110 f.)

Als herrschende »Auffassung der Gerichte«, jedenfalls als die des OGH, ist eine solche Relativierung der Ehrbegriffe auf verschiedene soziale Sphären nicht nachzuweisen.[166] Kraus verwechselt vermutlich die vom OGH gelegentlich (und mit Recht) vorgenommene Spezifizierung besonderer *Pflichten*kreise einzelner Personen (verbunden mit der Feststellung, daß ein darauf bezo-

164 Vgl. zu der – selbstverständlichen – Auffassung, daß nur die »unverdiente Mißachtung« eine strafbare Beleidigung sein kann, *Sch.-Schr./Lenckner*, Rdnr. 5 ff. zu § 185.

165 Vgl. etwa 354/20: Wien sei eine Stadt »mit zwei Millionen Einwohnern, die zusammen zweihunderttausend Ehrbegriffe haben«. Vgl. auch 400/87 f., wo Kraus die Begründung eines Strafurteils glossiert, das in der Behauptung, ein unverheirateter hoher Richter habe ein uneheliches Kind, deswegen eine Beleidigung sah, weil sie den im respektiven Berufskreis des Richters schwer kränkenden »Vorwurf einer unsittlichen Handlung« impliziere.

166 Vgl. etwa KH 3302 (5. 2. 1907), wo eine mit dem Mittel des Duells operierende spezifische (Gruppen-)Ehre (die freilich zudem mit dem Gesetz kollidierte) nicht anerkannt wird; vgl. auch KH 3600 (20. 7. 1909): Vorwurf des Streikbruchs gegen Arbeiter nicht eo ipso ehrverletzend.

gener Vorwurf der Pflichtvergessenheit ehrverletzend sein könne) mit der justiziellen Zuschreibung und Anerkennung gruppenrelativer *Ehrbegriffe*.[167] Der Standpunkt, den er hier bezieht, ist in Wahrheit nicht der der österreichischen Rechtsprechung, sondern der Heinrich Lammaschs. Bei diesem heißt es:

> Was geeignet ist, den Beschuldigten in der öffentlichen Meinung herabzusetzen oder verächtlich zu machen, ist ebenso wie was unehrenhaft ist, nach der Anschauung derjenigen Gesellschaftskreise zu beurteilen, in welchen der Beleidigte verkehrt [...].[168]

Eine analoge Auffassung wurde übrigens für die §§ 185 ff. des deutschen StGB, insbesondere für die »üble Nachrede«, ebenfalls vertreten, vor allem von Franz v. Liszt.[169] Nach heute ganz überwiegendem Verständnis des Ehrenschutzes ist sie nicht haltbar. Denn für die Ehrenrührigkeit einer Äußerung kommt es nicht primär auf deren tatsächliches Echo in der näheren oder weiteren Öffentlichkeit an, sondern auf ihre normative Bewertung durch das Recht, das in diesem Punkt legitime Differenzierungen nach sozialer oder sonstwie besonderer »Kreis«-Zugehörigkeit schwerlich vornehmen kann.[170] Daß Kraus den gegenteiligen Standpunkt an Lammasch zumindest beglaubigt wenn nicht von ihm bezogen hat, liegt schon deshalb nahe, weil er neben dessen *Grundriß* vor allem die beiden wichtigen Abhandlungen des Strafrechtlers zur Beleidigung nachweisbar gelesen hat.[171]

167 Eine Unterscheidung, die allerdings auch von Juristen nicht immer klar gesehen wurde; vgl. nur die Ausführungen bei *Altmann/Jacob* I, S. 954.

168 *Lammasch*, Grundriß, S. 85; undeutlich, aber wohl in eine ähnliche Richtung gehend *Altmann/Jacob* I, S. 954. Gegen Lammasch insbesondere *Stooss* (1913), Lehrbuch, 2. Bd., S. 328; *Rittler* (1962), Lehrbuch, Bd. 2, S. 106; *Malaniuk* (1948), Lehrbuch, Bd. 2, S. 142; differenzierend, aber undeutlich, *Finger*, Lehrbuch Bd. 2, S. 248, Anm.237, und S. 254 einerseits sowie S. 288, Anm. 273 andererseits.

169 *v. Liszt* (1903), Lehrbuch, 12./13. Aufl., S. 345; ebenso *Liepmann* (1906), Beleidigung, in: VD, BT, Bd. IV, S. 232 f.; dagegen *Frank* (1915), Kommentar, Anm. II 2 zu § 186 (m. w. N.)

170 Statt aller: *Sch.-Schr./Lenckner*, Rdnr. 5 zu § 186 (m. w. N.).

171 Für die umfangreichere Schrift »Diebstahl und Beleidigung« von 1893 s. zu diesem Nachweis unten, S. 451 f.; für den »Bericht« zur »Verbesserung des Ehrenschutzes« s. gleich im Text.

Deren zweite, den »Bericht über strafrechtliche und strafprozessuale Änderungen zum Zwecke eines erhöhten Schutzes der Ehre«, der am 4. Dezember 1902 der »Konstituierenden Versammlung der allgemeinen Anti-Duell-Liga für Österreich« vorgelegen hatte, brachte Lammasch zusammen mit Abgeordneten aller Parteien einige Monate später als Gesetzentwurf im Herrenhaus ein.[172] In dieser Fassung löste er unmittelbar danach eine aufschlußreiche juristische Kontroverse in der *Fackel* aus. An ihr hat sich deren Herausgeber mit dem Motiv eines höchstpersönlichen Interesses beteiligt.

Anfang Dezember 1903 druckt er die Zuschrift eines, wie er schreibt, »angesehenen Juristen« ab, eines Dr. Beck, der Lammaschs Entwurf scharf angreift.[173] Vorrangiger Gegenstand seiner Kritik sind die Art. II, III und IV des Entwurfs. Danach sollten Beleidigungen durch die Presse, die nach § 491 Abs. 1 StG nicht – wie Privatbeleidigungen – als Übertretungen, sondern als Vergehen klassifiziert und deshalb den Schwurgerichten zugewiesen waren, deren Kompetenz entzogen und höher qualifizierten Einzelrichtern der Bezirksgerichte zugewiesen werden. Beck lehnt das mit der wohl zutreffenden Erwägung ab, daß »zahlreiche Freisprechungen der Geschwornengerichte [...] dem Bewußtsein [entsprängen], daß der Beschuldigte seinen Ankläger zwar beleidigt, daß er aber ein berechtigtes Interesse vertreten hat« (171/5). Erst wenn eine dem § 193 des deutschen StGB entsprechende Rechtfertigungsnorm ins StG eingefügt worden sei, könne »an eine Reform des *Rechtsganges* zum Schutze der Ehre [...] herangetreten werden« (a.a.O.). In einem ausführlichen Kommentar dazu schreibt Kraus, er drucke die Zuschrift, der er »nicht in allen Teilen« zustimme, schon um dem Verdacht zu entgehen, er wolle einem Werk von Lammasch »die Kritik verständiger Gegner ersparen«. Und dann:

172 S. dazu *Lammaschs* kurzen Bericht in: Österreichische Rundschau Nr. 6, 1904, S. 337.

173 Zum Motiv der Adressierung dieser Zuschrift gerade an die *Fackel* gehört (neben Kraus' vielfachem Eintreten für Lammasch) vermutlich die Tatsache, daß sich der Satiriker zuvor deutlich für die Bestrebungen der Anti-Duell-Liga ausgesprochen hatte (vgl. 64/30; 88/5 ff.). Er hat 1902 auch eine von der Liga veranstaltete »Kundgebung« gegen das Duell unterschrieben (vgl. 109/5).

Ich kann mich heute nicht darauf einlassen, den Geschwornenjammer gegen die Berufsrichtermisère abzuwägen [...]. Zweifellos hat Herr Dr. Beck recht, wenn er sagt, daß man ohne Reform des Strafgesetzes, ohne die Schaffung eines Schutzes für den »in Wahrung berechtigter Interessen« Handelnden die Verschiebung der Kompetenzen nicht vornehmen kann. Dem Berufsrichter wäre jede Satire als »Verspottung« ausgeliefert; jeder nicht erwiesene Vorwurf eines gestohlenen Kreuzers bei erweisbarem Diebstahl eines Guldens wäre strafbar, jede kleinste falsche Tatsache im Kampfe für die größte Wahrheit. (177/9 f. = S1/131)

Nur seien die Geschworenen die definitiv ungeeignete Obhut solcher Belange. Die einzigen Interessen, die sie als »berechtigte« anzuerkennen bereit, ja überhaupt zu erkennen in der Lage seien, gehörten zum Bereich des Kommerzes. Das allgemein ethische Motiv eines literarisch-satirischen Kampfes um die normative Sauberkeit der öffentlichen Sphäre sei ihnen regelmäßig unverständlich. Es sei daher

klar, daß ein Publizist einstimmig verurteilt werden muß, wenn er im Dienste der öffentlichen Moral die Versumpfung einer bestimmten Geschäftsbranche aufdeckt und sich hiebei im besten Glauben auch unrichtiger Informationen bedient. Und sicher hat ein Angehöriger dieser Branche bessere Aussichten, der in einem Fachblatt sich an einem Konkurrenten für erlittene Geschäftsstörung durch ungerechtfertigte Angriffe rächt. Es ist nur zu wahr: die Geschwornen urteilen nicht nach dem Buchstaben des Gesetzes, sondern prüfen die *Motive* einer Beleidigung. Sie haben die »Wahrung berechtigter Interessen«, die man dem Gesetz vor der Handhabung durch Juristen in der Tat erst einverleiben müßte, längst berücksichtigt. Wer im Gerichtssaal einen ethischen Kampf für das öffentliche Wohl fortsetzt, »mischt sich in fremde Angelegenheiten«. Unlauterer Wettbewerb ist bei uns ein Strafausschließungsgrund. (177/12 f. = S1/133 f.)[174]

Damit ist neben dem persönlichen Motiv des Satirikers ein sachliches Problem berührt, das in der deutschen Diskussion zu § 193 StGB damals lebhaft umstritten war: die Frage der Rechtfertigung von Beleidigungen zur Wahrnehmung *fremder* oder *allge-*

174 Zu beachten ist hier, daß der heute regelmäßig vorrangige (und ausreichende) Straflosigkeitsgrund der verfassungsgarantierten Kunstfreiheit damals noch keine erhebliche Rolle spielte. Zur Systematik der heutigen Rechtfertigungsgründe für satirische Ehrenkränkungen s. *Erhardt* (1989), Kunstfreiheit und Strafrecht, S. 191 ff.

mein ethischer Interessen.[175] In der folgenden *Fackel*-Nummer druckt Kraus eine Zuschrift Friedrich von Engels, des späteren Vizepräsidenten des Wiener Landesgerichts ab; darin wird – wie bei Lammasch – die Schwurgerichtslösung der Beleidigungsproblematik verworfen, eine Strafgesetzänderung aber nur mit der ausdrücklichen gesetzlichen Maßgabe für sinnvoll erklärt, daß auch die »Wahrung allgemeiner, öffentlicher, idealer Interessen« tatbestandsmäßige Beleidigungen rechtfertigen könne. Denn die restriktive Auslegung des § 193 RStGB durch die deutsche Justiz, die zum Beispiel dem Schriftsteller Michael Georg Conrad für seinen Angriff gegen eine Aufführung von Wagners *Parsifal* in New York[176] eine Berufung auf die »Wahrnehmung berechtigter Interessen« versagt habe, zeige die Notwendigkeit einer solchen legislativen Klarstellung (172/3 ff.).

Daß Kraus in einer Nachbemerkung dieser Auffassung als der »allein vernünftigen« zustimmt, überrascht nicht. Im nächsten *Fackel*-Heft druckt er gleichwohl ein »Schlußwort« des Dr. Beck zu Lammaschs Ehrenschutz-Vorlage ab: Der Tadel Friedrich von Engels treffe das deutsche Reichsgericht nicht; es erkenne die Wahrnehmung fremder, lediglich ethischer Interessen als Rechtfertigungsgrund längst an und verlange darüber hinaus nur eine »besondere Beziehung« des Autors eines beleidigenden Textes zu jenem verteidigten Interesse (173/8 f.). Becks Behauptung ist irreführend. Der Satiriker artikuliert in einer Anmerkung dazu seine Skepsis (die ihm ein »deutscher Kriminalist«, der übrigens nur Hugo Heinemann gewesen sein kann, bestätigt habe), und er hat recht. Das Reichsgericht hatte allerdings zunächst eine Wahrnehmung fremder Interessen »aus sittlich berechtigten Gründen« einschränkungslos unter § 193 subsumiert.[177] Es hat diese Auffassung aber bereits 1886 revidiert.[178] Das von da an verlangte, den Täter *»nahe angehende,* individuelle Interesse« zu den

175 Dazu eingehend *Baumeister* (1905), § 193 RStGB, S. 37 ff.

176 Zum damaligen Kampf um den »Parsifal-Schutz« s. oben, S. 184 ff.

177 RGSt 5, S. 493; ebenso schon RGSt 1, S. 128; 2, S. 252; 3, S. 41; 5, S. 123.

178 Vgl. RGSt 15, S. 15 ff.; diese Entscheidung führt Beck in seinem Text in der *Fackel* zu Unrecht als Beleg für seine Behauptung an. Das RG hat übrigens die Änderung seiner Rechtsprechung zwar noch nicht in RGSt 15, aber ausdrücklich in RGSt 25, S. 67 als solche anerkannt.

qua Beleidigung wahrgenommenen fremden Belangen[179] bedeutete sachlich nichts anderes als das Erfordernis seines *eigenen* berechtigten Interesses.[180] Das ursprüngliche Motiv des RG, nämlich den Kampf gegen pseudomoralische Maskeraden einer aggressiven Sensationspresse, hat der Satiriker ausdrücklich gebilligt (vgl. 173/9 f.), die damit verbundene Eliminierung auch der ethisch beglaubigten Verteidigung allgemeiner öffentlicher Interessen aus § 193 StGB dagegen mit Recht verworfen. Seine weitergehende Behauptung, das RG erkenne überhaupt (also auch im Fall einer Wahrnehmung *eigener* Interessen) nur »geschäftliche [...] als die einzig berechtigten« an (173/10), ist freilich falsch.

Das strafrechtliche Problem der Beleidigung und das ihrer Rechtfertigung durch die literarische Verteidigung allgemein ethischer Belange hat den Satiriker – theoretisch wie praktisch – lebenslang begleitet.[181] Er hat übrigens das stets beanspruchte Recht der Satire auf Wahrnehmung öffentlicher Interessen umgekehrt gewissermaßen dadurch kompensiert, daß er einer etwa beschimpfenden Gegenwehr seiner »Opfer« nicht mit dem Strafrecht begegnete, solange sie sich bloß in *allgemeinen* Schmähungen Luft machte und nicht den »konkreten Vorwurf einer schmutzigen Handlung« enthielt (143/4; vgl. auch 119/23 f.; 120/35 f.; 124/24 f.)[182] Nur Anwürfe der letztgenannten Art lagen für

179 So RGST 23, S. 423 (Hervorhebung von mir).

180 Vgl. in diesem Sinn auch die ebenfalls (und wiederum irrig) von Beck zitierten Entscheidungen RGSt 23, S. 422 ff.; 25, S. 355 ff. (die seiner Behauptung deutlich widersprechen), sowie noch RGSt 41, S. 285 und 56, S. 383.

181 Vgl. die oben, Anm. 114, angeführten Belegstellen aus der *Fackel* und daraus exemplarisch vor allem Kraus' Einspruchsschrift an das Wiener Oberlandesgericht in dem gegen ihn angestrengten Beleidigungsprozeß der Kriegsberichterstatterin Alice Schalek aus dem Jahre 1916 (abgedr. in 521/9 ff.); s. dort insbesondere den Schluß über die Wahrung berechtigter öffentlicher Interessen durch den Satiriker (S. 18). Das Verfahren wurde übrigens nach Zurückziehen der Privatanklage durch Alice Schalek im Januar 1919 eingestellt.

182 Diese Unterscheidung wird erst auf dem Hintergrund des Ehrenschutzrechts im StG ganz verständlich. Anders als das deutsche StGB, das dem strafrechtlichen Ehrenschutz einen abstrakten, gesetzlich nicht erläuterten Grundbegriff der »Beleidigung« unterlegt (§ 185 StGB), differenzierten die §§ 487 ff. des österreichischen StG

Kraus im Zuständigkeitsbereich des Strafrechts; die ersteren faßte er, obwohl sie nach den §§ 491 und 496 StG strafbar waren, als unvermeidliche Begleitgeräusche seiner öffentlichen satirischen Rolle auf oder, wenn man so will: als Wahrnehmung berechtigter (individueller) Interessen seitens der Objekte seiner Satire. Das deutsche RG hat übrigens seine restriktive Auslegung des § 193 StGB beibehalten.[183] Der BGH hat sie 1959 unter ausdrücklicher Berufung auf die Grundsätze einer liberalen Staats- und Gesellschaftsordnung aufgegeben.[184] Seither ist die Subsumierbarkeit einer Wahrnehmung (wirklich berechtigter) öffentlicher und allgemein ethischer Interessen unter § 193 StGB praktisch unbestritten.[185]

Was Heinrich Lammasch angeht, so hat er die um seinen Gesetzentwurf in der *Fackel* ausgetragene Kontroverse dem Satiriker gegenüber brieflich nicht kommentiert. Das mag damit zusammenhängen, daß er eine so weitreichende Rechtfertigung von Ehrenkränkungen, wie sie Kraus vertrat, nicht befürwortete. In den von ihm verfaßten »Erläuternden Bemerkungen« zum österreichischen Strafgesetzentwurf 1912 heißt es, zur Rechtfertigung einer Beleidigung genüge das Eintreten für ein (privates oder öffentliches) *Interesse* nicht; vielmehr müsse sie »geradezu in Erfüllung einer *Pflicht* oder in Ausübung eines *Rechtes* geschehen«.[186] Daß der Strafrechtler den literarischen Kampf des Satirikers gleichwohl mit grundsätzlicher Zustimmung verfolgte, dürfte nun nicht mehr zweifelhaft sein.

die inkriminierten Handlungen »gegen die Sicherheit der Ehre« im einzelnen aus. Dabei unterschieden sie insbesondere zwischen exakt (durch Tatsachenbehauptungen) substantiierten (§§ 487–489) und allgemeinen, unsubstantiierten Schmähungen (§ 491) und Beschimpfungen (§ 496). Die letzteren ignorierte der Satiriker grundsätzlich. Zu den weiteren Unterscheidungen des StG im einzelnen *Fierlinger*, Sicherheit der Ehre, in: GS 6 (1854), 2. Bd., S. 90 ff., 94 f.; kritisch *Liepmann* (1906), Beleidigung, in: VD, BT, Bd. IV, S. 289 ff.

183 Vgl. etwa noch RGST 63, S. 231.
184 BGHSt 12, S. 293.
185 Vgl. statt aller: *Sch.-Schr./Lenckner*, Rdnr. 13 ff. zu § 193.
186 Erläuternde Bemerkungen (1912), S. 294. Vgl. die ähnliche Regelung des heutigen § 114 Abs. 1 ÖStGB.

Zwischen 1904 und November 1917 war der Briefwechsel unterbrochen oder ist verlorengegangen. Spätestens seit Ende 1914[187] mußte allerdings der zwar unterschiedliche, aber mit demselben Ziel geführte Kampf des Schriftstellers und des politischen Gelehrten gegen den Krieg die Aufmerksamkeit beider wieder aufeinander lenken. Am 15. November 1917 schrieb Lammasch an Kraus den folgenden Brief:

Hochgeehrter Herr!
Da ich lese, daß Sie nächsten Sonntag eine Rede über unsere politische Situation halten[188], erlaube ich mir, Ihnen zwei Denkschriften Meinl's[189] zu senden, die Sie vielleicht interessieren und die Ihnen sonst wohl nicht zugänglich sind.[190] Darf ich auch den Text meiner letzten Herrenhausrede aus dem Protokoll[191] beilegen, die den Erfolg hatte, daß ich in die Delegation *nicht* gewählt wurde.
Mit bestem Gruß
Ergebenst
Lammasch[192]

Unmittelbarer Anlaß für diesen Brief war eine am Tag zuvor an Lammasch geschickte Aufforderung Julius Meinls:

Herr Karl Kraus wird am Sonntag hier eine große Versammlung halten, für die ich auch eine größere Anzahl Karten genommen habe. Sein Bru-

187 Die später berühmte erste »Kriegs-Fackel« mit der Rede »In dieser großen Zeit« (404/1 ff.) erschien im Dezember 1914. Lammasch war bereits vor dem Krieg Ehrenpräsident des »Österreichischen Verbandes für allgemeine Völkerverständigung – Para Pacem«; vgl. *Benedikt* (1962), Meinl-Gruppe (wie Anm. 144), S. 56.
188 Es handelt sich um die erst ein Jahr später in der *Fackel* abgedruckte Rede »Eine prinzipielle Erklärung« (484/232 ff.); vgl. die Notiz in 474/88 mit dem Programm der Vorlesung vom Sonntag, dem 18. November 1917.
189 Julius Meinl, bekannter österreichischer Industrieller, der seit Ende 1916 mit Lammasch zusammen und gegen die offizielle österreichische Politik intensiv für einen Verständigungsfrieden arbeitete.
190 Abgedr. bei *Benedikt*, a.a.O., S. 188 ff.
191 Es handelt sich um die zweite von drei aufsehenerregenden Friedensreden, die Lammasch zwischen Juni 1917 und Februar 1918 im Herrenhaus des Reichsrats gehalten hat; vgl. Sten. Prot. Herrenhaus, 17. Sitzg. der XXII. Session am 27.10.1917, S. 392 ff., wiederabgedruckt in *Lammasch* (1919), Europas elfte Stunde, S. 148 ff. (leicht gekürzt).
192 Kraus-Archiv, I.N. 158.822.

der ersuchte mich, ihm meine zwei letzten Denkschriften sofort zukommen zu lassen, doch müßte dies so geschehen, daß er nicht weiß, daß dies auf meine Anregung geschieht, weil er offenbar nach außen hin ganz unabhängig dastehen will. Herr Rudolf Kraus meint nun, wenn die Zusendung der beiden Denkschriften durch Sie erfolgt, so habe er auf jeden Fall den Rücken gedeckt. [...][193]

Schon kurze Zeit später ergab sich für Kraus ein Anlaß zur öffentlichen Parteinahme für Lammasch. Am 28. Februar 1918 hielt dieser seine dritte große Friedensrede[194] im Herrenhaus, in der er das staatliche »self-government« für die zahlreichen nach Unabhängigkeit strebenden Nationalitäten des Habsburgerreiches als Voraussetzung eines »ehrenvollen« Friedens und eine vorsichtige Ablösung von der Kriegspolitik des Deutschen Reiches forderte.[195] Die Rede hatte einen Sturm der patriotisch-martialischen Entrüstung im Herrenhaus und anschließend in der Presse zur Folge.[196] Der bekannte Historiker Heinrich Friedjung[197] beschuldigte Lammasch in einem Artikel in der *Neuen Freien Presse* unverhohlen einer hochverräterischen Gesinnung.[198] Informant Friedjungs in dieser Sache war übrigens gerade jener Ludo Hartmann, den Lammasch in dem oben zitierten Brief an Kraus 16 Jahre vorher »den Hauptkrakehler« der Wiener philosophischen Fakultät genannt hatte. Am 13. März 1918 schrieb der Politiker und Staatsrechtler Josef Redlich an den Schriftsteller Hermann Bahr[199]:

193 Brief vom 14. 11. 1917, abgedr. bei *Benedikt*, a.a.O., S. 187.

194 Abgedr. in *Lammasch*, a.a.O., S. 160 ff.

195 A.a.O., S. 162, 164 f.: das bedeute, so Lammasch, keine Lösung aus dem Bündnis der Mittelmächte.

196 Vgl. dazu *Lammaschs* »Epilog zur dritten Herrenhausrede«, a.a.O., S. 173 ff.

197 Friedjung war in den Jahren zuvor öfter, am härtesten im Dezember 1909, Angriffsziel der *Fackel* gewesen (vgl. »Prozeß Friedjung«, 293/1 ff.).

198 Dazu und zu der anschließenden Kontroverse mit Lammasch vgl. Neue Freie Presse vom 16., 17. und 22. März 1918.

199 Redlich war Professor für Verfassungs- und Verwaltungsrecht in Wien, später an der Harvard University in den USA; Reichsratsabgeordneter; unter der kurzen Ministerpräsidentschaft Lammaschs war Redlich Finanzminister. – Zu dem lebenslang polemischen Verhältnis des Karl Kraus gegenüber Hermann Bahr vgl. v. a. *Hahnl*, Zielscheibe Zeitgenosse, in: LuK 22 (1987), S. 141 ff.

Von Lammasch habe ich einen sehr lieben Brief bekommen, er ist wirklich ein Mann von einer Stärke und Reinheit des Charakters, wie wir in Österreich nur ganz wenige bisher gehabt haben. In der Szene, die sich im Herrenhaus abgespielt hat, sind alle drei Parteien des Hohen Hauses durchgefallen und er ist der moralische Sieger geblieben. Ein solcher Mann wie Lammasch ist ein untrüglicher Probierstein des öffentlichen Lebens: An ihm enthüllt sich, wes Geistes und Herzens die anderen sind [...] – und natürlich Herr Dr. Friedjung.[200]

In seiner Wiener Vorlesung vom 27. März 1918 trug Kraus, neben anderen eigenen Schriften, erstmals die manifestartige Rede »Für Lammasch« vor, die am 23. Mai im Druck der *Fackel* erschien:

Die politisch-geistige Gaswelle, der wir uns überlassen haben und die uns heillos in die verkehrte Richtung treibt, kann nicht verhindern, daß reinere und im tieferen Sinn patriotische Herzen unverändert und mit jeder Stunde nur noch inbrünstiger das fühlen, was zu sagen manchmal verpönt ist. Allzuviele in diesem Lande, das so gern sein Wesen zum Opfer bringt, sind es nicht. [...] Aber zu diesen, deren Bild im Gasdunst so getrübt wird, daß Verdienst als Schuld und Treue als Verrat erscheint, gehört der Hofrat Heinrich *Lammasch*, den Weisheit und Leidenschaft mehr als die Pairswürde zieren, dessen Vorzug es ist, sich im Verkehr mit Historikern, Zeitungsreportern, Berufspolitikern und ähnlichen Parasiten am Geiste und am Blute jene Blöße zu geben, die seine Menschlichkeit ist, und der, wie die Neue Freie Presse meint, das Unglück gehabt hat, »in Widerspruch zu den Ansichten *des Blattes* gekommen zu sein«. (474/46)

Und dann, die Polemik Friedjungs gegen Lammasch streifend:

[...] wie kann dieses Land selbst in der trübsten Stunde seiner Selbstvergessenheit es dulden, es ertragen, daß solch ein etwas mit einem lebendigen Menschen wie Lammasch konfrontiert wird? Daß ein rückwärtsgekehrter Reporter, der sich deshalb Historiker nennt [...], ernsthaft als sittlicher Widerpart eines Mannes in Betracht kommt, dessen Herz und Kopf in diesem Krieg nicht umgesattelt haben und in dem die Welt einst den einzigen Völkerrechtslehrer erkennen wird, dem Wissenschaft und Gewissen vom Einmarsch in Belgien nicht überrannt worden sind! [...] Und wie kann dieses Vaterland sich Witzblätter halten, die einen Mann bespeien, der nicht nur in Ehren grau geworden ist, was man bekanntlich nicht von jedem Herrenhausmitglied behaupten kann, sondern dessen Altersweisheit zum Ehrenbesitz eben dieses Vaterlandes gehört? Dessen Konservatismus Leben genug hat, um gegen die Verödung der alten

200 *Bahr/Redlich* (1980), Briefwechsel, S. 318.

Güter im Dienste des Antichrist Opposition zu machen? [...] Wahrlich, daß es noch Menschen gibt, denen das Bewußtsein, in dieser Zeit zu leben, Schamgefühl verursacht, ist nicht hoch genug anzuschlagen! Begeistert trete ich an ihre Seite und bin entschlossen, sie im Angesicht jeder Macht des Übelwollens und der Verblendung zu schützen gegen die völlige Schamlosigkeit, die solchen Wert dem Zeitgeist preisgab. Der Hofrat Lammasch bleibe der Menschheit und dem Vaterland erhalten, damit sie wieder zueinander kommen! So niedrig die Zeit ist, in der er lebt – er lebe hoch! (474/47 ff.)

Vier Tage später schrieb Lammasch an Kraus:

Hochgeehrter Herr!
Aus einem Bericht der Arbeiter Zeitung ersehe ich, in welch' freundlichem Sinn Sie neulich über mich sprachen. Ich bitte Sie dafür meinen aufrichtigen Dank entgegenzunehmen. Zwar weiß ich, daß Sie *nur der Sache* und nicht meiner Person willen gesprochen haben; immerhin halte ich mich doch für verpflichtet, Ihnen zu sagen, wie sehr ich Ihr Eintreten für mich zu schätzen weiß. [...][201]

Kraus schickte daraufhin eine Abschrift der noch ungedruckten Rede an Lammasch, wofür sich dieser am 8. April bedankte.[202] Zwei Tage zuvor war allerdings ein »vertrauliches« Schreiben des »k. u. k. Armeeoberkommando, Feindespropagandaabwehrstelle« an das Kriegsministerium gegangen, worin als »Einspruch gegen Vorlesungen von Karl Kraus« folgendes stand:

Von einem Besucher des am 27. März 1918 im kleinen Wiener Konzerthaussaale stattgefundenen Vortrages des Wiener Schriftstellers und Herausgebers der *Fackel*, Karl Kraus, wurde der F. A. Stelle berichtet, daß sich die Vorlesung dieses Schriftstellers vor einem zum Teile aus Offizieren und sonstigen Militärpersonen bestehenden Publikum zu einer aggressiv pazifistischen, in ihrer Kriegs- und Bündnisfeindlichkeit kaum mehr zu überbietenden Kundgebung gestaltete, die beim Publikum fast einmütig begeisterte Zustimmung auslöste.
Die Hetze gegen das verbündete Deutsche Reich, die Verherrlichung des Pazifisten Hofrates Dr. Lammasch, insbesondere aber die verächtliche und höhnische Kritik des Gaskampfmittelgebrauches zu einem Zeitpunkte, da die erfolgreiche Offensive an der Westfront im Gange war – Karl Kraus sprach von der »chlorreichen Offensive« – alle diese defaitistischen Auslassungen fanden jubelnden Beifall [...][203]

201 Kraus-Archiv, I.N. 158.818.
202 I.N. 158.819.
203 Kraus druckte dieses Schreiben und andere damit zusammenhän-

Das Kriegsministerium verständigte daraufhin die Staatspolizei, die gegen Kraus Ermittlungen wegen »Hochverrats« bzw. wegen »Verbrechens gegen die Kriegsmacht des Staates« einleitete, allerdings auch bald wieder einstellte. Nach einer monatelangen Ämterodyssee wurde der angelegte Akt am 31. Oktober 1918 mit dem folgenden Schreiben des letzten k. u. k. Ministerpräsidenten an den Kriegsminister geschickt und die Sache mit einer Amtshandlung von bemerkenswerter geschichtlicher Ironie zum Abschluß gebracht:

Im Verfolge der hierortigen Note vom 4. Mai 1918, [...] beehre ich mich mit Beziehung auf das geschätzte Schreiben vom 10. April l. J. [...], betreffend einen antimilitaristischen Vortrag des Schriftstellers Karl Kraus, [...] mitzuteilen, daß zufolge der gepflogenen polizeilichen Erhebungen das seinerzeit hieher übermittelte Schreiben in seinen Angaben über straffällige Äußerungen Kraus' gelegentlich seiner Vorlesung am 27. März 1918, im Konzerthaussaale, den Tatsachen nicht entspricht. [...]
Lammasch m. p.[204]

Mitte August 1919 erschienen die beiden Bände *Weltgericht*, in denen Kraus die wichtigsten seiner Kriegsaufsätze gesammelt hat und deren zweiter die Rede »Für Lammasch« enthält und mit dem zitierten Bericht unter dem Titel »Ad acta« abschließt. Am 19. September schrieb Lammasch an Kraus:

Hochgeehrter Herr!
Für die beiden Bände »Weltgericht«, die ich im ersten Gewande bereits gekannt hatte, allerbesten Dank. Besonders interessiert hat mich natürlich ad acta. Ich ersehe daraus, das »prophetische Gemüt« Seidlers, der meine Gefährlichkeit sehr früh erkannt, als hätte er vorhergesehen, daß er durch mich den blauen Bogen erhalten werde.[205]
Zu St. Germain wäre allerlei zu erzählen, was sich aber nicht schreiben läßt.

gende amtliche Dokumente im April 1919 in dem Aufsatz »Ad acta« ab (508/81 ff.); dort auch seine eigene Strafanzeige gegen einen zweiten, anonymen Denunzianten.

204 Abgedr. in 508/103 f.

205 Ernst Ritter von Seidler, Ministerpräsident der vorletzten, von Lammasch entlassenen k. u. k. Regierung. Vgl. auch die sehr kritischen Äußerungen *Redlichs* über Seidler als Ministerpräsidenten in: *ders.*, Lammasch als Ministerpräsident, in: *M. Lammasch/Sperl*, Heinrich Lammasch (wie Anm. 123), S. 161.

Sedlnitzky[206] redivivus wacht über das Vaterland. Selbst aktive Staatssekretäre fühlen sich nicht sicher vor ihm.
Mit bestem Gruß ergebenst
Lammasch[207]

Dreieinhalb Monate vor Lammaschs Tod geschrieben, ist dies sein letzter Brief an Kraus.[208] Im Februar 1920 erschien in der *Fackel* ein Nekrolog unter der Überschrift »Lammasch und die Christen« (521/153 ff.). Er nimmt Lammaschs Andenken gegen die Beschlagnahme durch die christlichsoziale und antisemitische Wiener *Reichspost* in Schutz, empfiehlt ihr keine allzu große Neugier in der Frage, ob Lammasch bei der von ihm geforderten Bestrafung der Kriegsschuldigen und Kriegshetzer vor einem internationalen Gerichtshof einen Unterschied zwischen jüdischen und christlichen Zeitungsherausgebern gemacht hätte, und schließt:

Für dieses Kapitel wie für jedes andere, worin die Reichspost in ein Gedränge mit den Problemen der Kultur und der Humanität kommen könnte, möchte ich Leuten, denen ja doch das Talent der jüdischen Presse fehlt, eine schlechte Sache durch Frechheit ermöglichen zu wollen, den Rat geben, es lieber mit der Bescheidenheit zu versuchen, sich in einen jener tausend Schützengräben zu verkriechen, durch deren Rekommandierung sie sich gesund erhielten, und unter allen Umständen abzutreten, wenn der Sarg Lammasch's vorbeikommt: auf den Friedhof der Menschheit, wo jüdische und christliche Zeitungsleute viribus unitis dem Vaterland geopfert haben. (521/154 f.)

Da die Hochachtung von Karl Kraus für Lammasch in den 20 Jahren ihrer Bekanntschaft gleichmäßig und ungebrochen blieb, ist es verständlich, daß er in der Zeit, als Franz von Liszt für ihn noch der »hervorragendste Lehrer des Strafrechts« (15/5) war, eine gewisse Neigung hatte, zumindest die wissenschaftlichen Orientierungen Liszts und Lammaschs miteinander zur Dek-

206 Josef Graf Sedlnitzky war ein berüchtigter österreichischer Polizeiminister der Metternich-Ära. Worauf Lammasch hier anspielt, ist nicht ganz sicher auszumachen.
207 Kraus-Archiv, I.N. 158.820.
208 Ein undatierter, vermutlich etwas früher geschriebener Brief liegt unter I.N. 158.817 im Kraus-Archiv; er bezieht sich auf die in 514/1 ff. (»Proteste«) von Kraus geschilderte Aktion des Satirikers, die dieser schon vor Abdruck in der *Fackel* (August 1919) Lammasch mitgeteilt zu haben scheint.

kung zu bringen. Lammasch sei es zu danken, schreibt Kraus im September 1899, »daß in Österreich durch die dicht vergitterten Fenster einer engherzigen und lebensfremden Begriffsjurisprudenz ein schwacher Lichtschein von Socialpolitik gedrungen« sei; und dieser bestehe in jenen Erwägungen, die »in Deutschland durch die Schriften des Professors Franz v. Liszt fast zum Gemeinplatz« geworden seien (17/12). Das bedarf, obwohl es nicht ganz falsch ist, einer korrigierenden Erläuterung.

Lammasch hatte tatsächlich zunächst, wenn auch mit einer sozusagen katholischen reservatio mentalis, deutliche Sympathien für die von Liszt maßgeblich beeinflußten und gestalteten »neuen Horizonte« eines modernen, am sozialen Zweckgedanken orientierten Strafrechts.[209] Er gehörte daher auch seit 1888, also von Anfang an, zu den Mitgliedern der von Liszt ins Leben gerufenen »Internationalen Kriminalistischen Vereinigung«[210] und veröffentlichte verschiedene Aufsätze in Liszts ZStW.[211] Doch gab es 1898 einen irreparablen Bruch der persönlichen Beziehungen, dessen Ursache eine von Lammasch zuvor schroff artikulierte sachliche Differenz war. In der DJZ vom Februar 1898 erschien ein »Offener Brief an Professor v. Liszt, Halle a. S.«, verfaßt von Heinrich Lammasch:

Geehrter Herr Kollege!
Sie haben mich aufgefordert, mich wegen einiger Bemerkungen zu rechtfertigen, die ich bei Gelegenheit einer Besprechung der 5. Auflage von Binding's Grundriß des Strafrechts über den Vortrag gemacht habe, welchen Sie auf dem Münchener Psychologen-Kongresse über die strafrechtliche Zurechnungsfähigkeit gehalten haben.[212]

Dieser Vortrag, den Liszt im August 1896 gehalten und 1897 in der ZStW veröffentlicht hatte[213], löste unter Anhängern wie

209 Vgl. als locus classicus in *Liszts* Schriften das »Marburger Programm« von 1882, »Der Zweckgedanke im Strafrecht«, AuV I, S. 126 ff. Bei *Lammasch* s. v. a. dessen »Criminalpolitische Studien«, in: Gerichtssaal 44 (1891), S. 147 ff., sowie »Über Zwecke und Mittel der Strafe«, in: ZStW 9 (1889), S. 423 ff.

210 S. die Mitgliederliste in: Mitt. IKV 1 (1889), S. 12.

211 Vgl. ZStW 3 (1882), S. 376 ff.; 9 (1889), S. 423 ff.; 10 (1890), S. 701 ff.; 14 (1894), S. 505 ff.; 15 (1895), S. 633 ff.

212 DJZ 3 (1898), S. 92.

213 *v. Liszt*, Die strafrechtliche Zurechnungsfähigkeit, in: ZStW 17 (1897), S. 70 ff. = AuV II, S. 214 ff.

Gegnern Liszts eine Flut von erschrockenen bis empörten Reaktionen aus.[214] Grund des Anstoßes war folgendes: Liszt definiert in seinem Aufsatz, wie verschiedentlich schon früher, vor dem Hintergrund seiner deterministischen Auffassung von den Bestimmungsgründen menschlichen Handelns »Zurechnungsfähigkeit« als »normale Bestimmbarkeit durch Motive; also durch Vorstellungen überhaupt, durch die unser gesamtes Verhalten regelnden allgemeinen Vorstellungen der Religion wie des Rechts, der Sittlichkeit wie der Klugheit insbesondere«.[215] Mit Blick auf den Straftäter folgert er hieraus, daß Zurechnungsfähigkeit »Empfänglichkeit für die durch die Strafe bezweckte Motivsetzung«[216] bedeute. Von zwei hieran angeschlossenen »Bedenken« führt ihn vor allem das zweite[217] zu einer Konsequenz, die allgemein als destruktiver Angriff auf das gesamte Strafrecht empfunden wurde, nämlich die Projektion seiner Überlegungen auf den Typus des Gewohnheitstäters, der im Lisztschen Klassifizierungsschema »unverbesserlicher Zustandsverbrecher«[218] heißt: »Was soll uns hier, wo von Motivsetzung durch die Strafe nicht mehr die Rede ist, die Motivierbarkeit des Thäters als Voraussetzung für die Verhängung der Strafe?«[219] Und dieser Gedanke, zusammen mit der Skepsis gegenüber der Vagheit des »Normalitäts«-Prädikats im Begriff der »normalen Motivierbarkeit«, mündet in die Schlußsätze:

Die Begriffe »Schuld« und »Sühne« mögen in den Schöpfungen unsrer Dichter weiter leben wie bisher; strenger Kritik der geläuterten wissenschaftlichen Erkenntnis vermögen sie nicht stand zu halten. Damit tritt auch der Begriff der Strafe zurück hinter der heilenden Besserung und der sichernden Verwahrung. Die begriffliche Scheidewand zwischen Verbrechen und Wahnsinn weicht und fällt – und mit ihr die starre

214 Vgl. dazu *Liszts* umfängliche Erwiderung »Die strafrechtliche Zurechnungsfähigkeit, Replik«, in: ZStW 18 (1898), S. 229 ff.

215 A.a.O., S. 75; vgl. bereits vorher »Kriminalpolitische Aufgaben« (1892) in: AuV I, S. 437, sowie »Die deterministischen Gegner der Zweckstrafe« (1893), in: AuV II, S. 43.

216 *v. Liszt*, Strafrechtliche Zurechnungsfähigkeit (wie Anm. 213), S. 76.

217 Das erste ist die naheliegende Frage, was »normal« in diesem Begriff der »normalen Bestimmbarkeit« bedeuten kann.

218 Zum Beispiel Lehrbuch 12./13. Aufl. (1903), S. 78.

219 *v. Liszt,* Strafrechtliche Zurechnungsfähigkeit (wie Anm. 213), S. 77.

Herrschaft desjenigen Begriffs, über den ich heute zu Ihnen zu sprechen die Ehre hatte: der strafrechtlichen Zurechnungsfähigkeit.[220]

Die Frage der Haltbarkeit dieser Thesen ist in unserem Zusammenhang unerheblich.[221] Die Entrüstung jedenfalls, die sie hervorriefen, mag man an Bindings Kommentar in ebenjener 5. Auflage seines *Grundrisses* ablesen, die Lammasch kurz nach Liszts Vortrag für die SchwZStrR besprach:

Zu welch ungeheuerlichen Ergebnissen moderner Radikalismus in völliger Verleugnung jeder tieferen wissenschaftlichen Ergründung juristischer Anschauungsweisen wie menschlicher Seelenvorgänge selbst in unserem Vaterlande führt, zeigt der citierte Vortrag v. Liszts, gehalten auf dem Münchener Psychologen-Kongress. Gegen dies ganze Treiben, das sich bei uns freilich noch kaum je in so erschreckender Nacktheit prostituirt hat, im Namen deutscher Rechtswissenschaft Protest zu erheben, ist leider unumgänglich geworden. [...] Diese abscheuliche Kommödie aber, wonach falscher Volksanschauung zu Liebe ein Irrenhaus Zuchthaus genannt, jedoch als Irrenhaus verwaltet wird, soll der deutsche Gesetzgeber anordnen, sollen deutsche Richter und Vollstrekkungsbeamte aufführen![222]

Diesen Passus erwähnt der bis dahin eher mit Liszt gegen Binding verbündete Lammasch[223] in seiner Besprechung des *Grund-*

220 A.a.O., S. 84.

221 Kritik v. a. bei *v. Hippel*, Willensfreiheit und Strafrecht, in: ZStW 23 (1903), S. 396 ff., 416, Anm. 22, der Liszts Definition ein »ungefähres Schlagwort« nennt, das nicht mehr besage, als daß der Mensch gewöhnlich zurechnungsfähig sei, und aus dem sich keine »praktischen Konsequenzen im einzelnen« ziehen ließen. Unrichtig ist die Behauptung von *Goldschmidt* (F. v. Liszt, in: ArchKrim 73, 1920, S. 90), Liszt habe selbst seine These später aufgegeben; in dem als Beleg zitierten Aufsatz räumt Liszt lediglich die selbstverständliche Möglichkeit von »Irrtümern« ein, vgl. *v. Liszt*, Birkmeyers Warnung, in: ZStW 27 (1907), S. 219 f. – Wie modern im übrigen die Problematik einer an Präventionszwecken orientierten Auffassung der Schuldkategorien ist, zeigt vor allem die Abhandlung von *Jakobs* (1976), Schuld und Prävention, der freilich »Zurechnungs-« (= Schuld-)Fähigkeit nicht wie Liszt spezial-, sondern generalpräventiv interpretiert. Vgl. auch die Nachwirkungen von Liszts Definition bei *Roxin* (1992), AT, S. 547 (m. w. N.).

222 *Binding* (1897), Grundriß I, S. 86, Anm. 1.

223 Vgl. nur seine »Criminalpolitischen Studien«, in: Gerichtssaal 44 (1891), S. 147 ff. und S. 183, Anm. 3 (»die die Schranken der artiku-

risses zustimmend. Er fügt lediglich hinzu, er selbst habe »noch nicht alle Hoffnung aufgegeben«, daß Liszt wieder »zu einer besonneneren Auffassung gelangen« werde und »noch eine Vereinigung zu positiver Arbeit mit ihm möglich« sei.[224] Allerdings ignoriert Lammasch einen wichtigen und charakteristischen Unterschied seiner gegenüber Bindings Kritik: Während dieser die *Verweichlichung* der Kriminalpolitik durch »den Geist wohlwollender Milde, fürsorgender Pflege«[225] befürchtet, sieht Lammasch mit größerer Berechtigung in Liszts Thesen das Gespenst eines Strafrechts der »brutalen Repression«.[226] Liszt seinerseits reagierte auf Binding mit einer Art Geste des Abwinkens[227] und, wie er schreibt, überhaupt nur deshalb, weil sich Lammasch Bindings Kritik angeschlossen hatte. Die dafür geforderte Erklärung ist ebenjener »Offene Brief« Lammaschs an Liszt in der DJZ. Darin wird freilich genau in der Frage, zu deren Lösung Kraus Lammasch und Liszt in einer gemeinsamen Strategie, nämlich der eines Strafrechts als »Sozialpolitik«, verbunden glaubte, eine scharfe Trennlinie gezogen. Lammasch schreibt:

> Zu meinem Bedauern aber habe ich [...] erfahren, daß die für wissenschaftliche Forschungen unentbehrliche Besonnenheit Ihnen nicht in dem wünschenswerten Maße zu teil geworden ist und daß Sie in Ihrem leidenschaftlichen Vorwärtsstürmen die Strafgewalt des Staates der viel größeren Gefahr preisgeben, sich in eine von ewig schwankenden Mei-

lierten Rede sprengenden Wutausbrüche Bindings«); vgl. auch seine Besprechung von Hugo Heinemanns »Die Binding'sche Schuldlehre«, in: Krit. Vjschr. 13 (1890), S. 544 ff.

224 *Lammasch*, Besprechung von Bindings »Grundriß«, in: SchwZStR 10 (1897), S. 244 f.

225 *Binding*, Grundriß I, a.a.O., Anm. 1 (Liszt zitierend).

226 *Lammasch*, a.a.O., S. 244. Bemerkenswert ist allerdings, daß er selbst drei Jahre zuvor in wesentlich härterer Diktion von der »lebenslänglichen Unschädlichmachung« gewohnheitsmäßig rückfälliger Täter gesprochen hat (vgl. *Lammasch*, Vorschläge, in: Allg. Österr. Gerichts-Zeitung 45, 1894, S. 363). Zehn Jahre später hat er die inakzeptable Härte dieser Bemerkung deutlich zurückgenommen (vgl. *ders.*, Ziele der Strafrechtsreform, in: Dem XXVII. Dt. Juristentage, Sonderabdruck der Allg. Ö. GerZ. 55, 1904, S. 75 ff., S. 81).

227 Immerhin spricht er auch von bisher nicht dagewesenen »persönlichen Ungezogenheiten« Bindings, vgl. Strafrechtliche Zurechnungsfähigkeit, Replik (wie Anm. 214), S. 230.

nungen haltlos hin- und hergetriebene Sozialpolitik und Sozialhygiene aufzulösen. Wenn Sie den Unterschied zwischen Verbrechen und Wahnsinn grundsätzlich leugnen, wenn Sie die Scheidewand zwischen Irrenhaus und Zuchthaus niederreißen, oder wenn Sie auch nur dem Richter für jeden einzelnen Fall die freie Wahl zwischen Strafe und Sicherungsmaßregeln anheimstellen, so zerstören Sie damit meiner Ueberzeugung nach die ethischen Fundamente des Strafrechts, gefährden Sie die persönliche Freiheit eines jeden, der mit den Strafgesetzen auch nur in den geringsten Konflikt kommt, machen Sie die Rechtspflege abhängig von den wechselnden Anschauungen der Irren- und Nervenärzte und entfremden dieselbe völlig dem Rechtsbewußtsein des Volkes.[228]

Daß diese Sätze Liszt nachhaltig verletzen mußten, leuchtet ein. Daß sie gleichwohl nicht ganz unbegründet sind, so wie sie andererseits der Gesamterscheinung des in jedem Sinne spannungsreichen Theoretikers Liszt nicht gerecht werden, sei – auch ohne die Möglichkeit einer genaueren Beweisführung an dieser Stelle – angemerkt.[229] Lammasch jedenfalls nahm Liszts Rede und die ihr folgende Auseinandersetzung zum Anlaß, aus der IKV auszutreten.[230]

Was Karl Kraus und sein Verhältnis zu beiden Strafrechtlern angeht, so läßt sich sein um die Jahrhundertwende noch lebhaftes, aber schon verfehltes Bemühen, beide sub signo der modernen »soziologischen« Richtung im Strafrecht als Kampfgenossen zu vereinen, an einem erstaunlichen und sozusagen Freudschen Versehen schlagend belegen. Im Oktober 1899 weist er seine Leser auf eine Reihe von Schriften hin, mit denen, wie er schreibt, Lammasch dazu beigetragen habe, den »socialpolitisch einsichtslosesten« österreichischen Strafgesetzentwurf von 1893 zu Fall zu bringen[231], und er nennt in dieser Liste auch Lammaschs Auf-

228 *Lammasch*, DJZ 3 (1898), S. 92.

229 Ähnliche Vorwürfe gegen Liszt hat in jüngerer Zeit vor allem Naucke erhoben und ausführlich zu begründen versucht; vgl. *Naucke*, Kriminalpolitik des Marburger Programms, in: ZStW 94 (1982), S. 525 ff. Meines Erachtens trifft der Einwand einer verkürzenden Einseitigkeit auch Nauckes Ausführungen.

230 Vgl. die Mitgliederlisten der IKV für Österreich von 1897 (mit Lammasch) und 1898 (ohne ihn), in: Mitt. IKV 6 (1897), S. 24 und 7 (1899), S. 20 f.

231 Vgl. zu diesem Entwurf *Friedmann*, Chronik Österreich, in: ZStW 14 (1894), S. 732 ff.

satz im 14. Band der ZStW (19/32). Darin steht allerdings kein Wort vom österreichischen, vielmehr eine ausführliche (lobende) Besprechung des norwegischen Entwurfs von 1893.[232] Der österreichische Entwurf wird aber in diesem Band der ZStW ebenfalls besprochen: knapp, kritisch und von Franz v. Liszt.[233]

Es ist nicht ohne Ironie, daß Liszt, den Kraus nach kurzer persönlicher Bekanntschaft scharf und durchaus ungerecht ablehnte, deutlichere gedankliche Spuren in der *Fackel* hinterlassen hat als Heinrich Lammasch, den der Satiriker zeit seines Lebens verehrte. Das soll im folgenden gezeigt werden. Es hängt damit zusammen, daß Liszt im wesentlichen Liberaler und Lammasch Konservativer war.

232 *Lammasch*, Der norwegische Strafgesetzentwurf, in: ZStW 14 (1894), S. 505 ff.

233 *v. Liszt*, Der österr. Strafgesetzentwurf, in: ZStW 14 (1894), S. 221 f.

Viertes Kapitel
Die liberalen Fundamente: Rechtsphilosophische Prämissen im Werk der *Fackel*

Ich habe oben (S. 156 f.) die rechtsphilosophischen bzw. strafrechtstheoretischen Prinzipien angedeutet, die das rationale Fundament der Krausschen Strafrechtskritik bilden. Schlagwortartig: Trennung von Recht und Moral; Beschränkung der staatlichen Strafbefugnis auf den Rechtsgüterschutz; möglichst exakte Formalisierung der strafrechtlichen Konfliktverarbeitung.

Nun ist bekanntlich – vor jeder Frage nach ihrer Begründung – schon der Sinn dieser Prinzipien alles andere als deutlich. Es sind zunächst nur vage und perspektivische Orientierungsformeln, die eher theoretische Blickrichtungen und damit eine ganze Reihe unterschiedlicher Aufgaben als etwa deren Lösungen bezeichnen. Im folgenden will ich ihre Rolle im Werk der *Fackel* vor dem Hintergrund der zeitgenössischen Theoriediskussionen untersuchen. Dabei ist nicht zu erwarten, daß sich von der Anwendung solcher wissenschaftlichen Programmformeln in einem primär literarisch-kritischen Zusammenhang ein bedeutender Beitrag zur Klärung ihrer Probleme abziehen läßt. Aufschlußreich dürfte vielmehr der umgekehrte Blick sein: Nicht was Kraus etwa zur theoretischen Erhellung des Rechtsgutsbegriffs beizutragen hat, ist interessant; denn das kann, bei allem logischen Scharfsinn des theoriefernen Satirikers, nicht allzuviel sein. Sondern: was die demonstrative Beflaggung seines eigenen Standpunkts mit einer solchen wissenschaftlichen Kennmarke über die Gründe, Inhalte und Hintergründe dieses Standpunktes verrät.

Die von den genannten Postulaten umschriebenen Problemkreise hängen sachlich vielfach miteinander zusammen. Die in ihnen geläufigen Argumente ergänzen einander gelegentlich, sind voneinander abhängig oder artikulieren denselben Gedanken lediglich aus unterschiedlichen Perspektiven. Das ist auch bei ihrer Verwendung in der *Fackel* nicht anders. In dem Aufsatz »Ethik und Strafgesetz« vom April 1904 zum Beispiel begründet Kraus die Forderung nach einer Trennung von Strafrecht und

Moral mit der (dann genauer ausgeführten) Erwägung: »Die schönste Entfaltung meiner persönlichen Ethik kann das materielle, leibliche, moralische Wohl meines Nebenmenschen, kann ein Rechtsgut gefährden« (160/2 = S1/67). Schon dieser Satz wirft freilich mehr Fragen und Probleme auf, als Kraus geahnt haben dürfte.

1. Strafrecht und die Trennung von Recht und Moral

Daß dieses Thema die vorgängige Erklärung erfordert, von welchem seiner verschiedenen Problemaspekte die Rede sein soll, gehört inzwischen zu den Gemeinplätzen der rechtsphilosophischen Diskussion.[1] Es geht im folgenden nicht um die seit einigen Jahren wieder intensiv belebte Debatte über die sogenannte »rechtspositivistische Trennungsthese«: daß nämlich der *Begriff* des Rechts keine analytischen oder sonstwie notwendigen Verbindungen mit der Sphäre der Moral impliziere und daher moralunabhängig aufgefaßt und gehandhabt werden sollte.[2] Die Konfrontation von Strafrecht und Moral in der *Fackel* zielt nicht auf eine begriffliche, sondern auf eine *normative* Grenzlinie. Aber sie zielt ebenfalls auf eine *Grenzlinie*. Gefragt wird also nicht primär nach einem Verhältnis möglicher Interaktion zwischen Moral und Strafrecht, etwa im Sinne einer moralgebundenen Informations-, Orientierungs- und Legitimationspflicht des Rechts, bzw. nach dem damit zusammenhängenden Problem des »richtigen Rechts«. Es geht vielmehr vor allem um die Frage der zulässigen Reichweite staatlicher Strafgewalt. Diese Variante der Maxime einer Trennung von Strafrecht und Mo-

1 Vgl. nur *Dreier* (1981), Recht und Moral, in: *ders.*, Recht – Moral – Ideologie, S. 180 ff.

2 Die Debatte um den Rechtspositivismus war 1988 Thema einer Tagung der deutschen Sektion der IVR; die Vorträge sind abgedr. in: *Dreier* (Hg.) (1990), Rechtspositivismus und Wertbezug des Rechts, ARSP-Beiheft 37. Klassisch in diesem Jahrhundert die Auseinandersetzung zwischen *Radbruch* (1990), Gesetzliches Unrecht, in: Ges. Werke Bd. 3, S. 83 ff.), und *H. L. A. Hart*, Der Positivismus und die Trennung von Recht und Moral, in: *ders.* (1971) Recht und Moral, S. 14 ff.

ral ist eine klassische, von der Aufklärung bis in die Gegenwart in wechselnden terminologischen Fassungen weitergegebene rechtspolitische Kampfparole.[3]

Locus classicus ist die kantische Unterscheidung von »Legalität« und »Moralität« in der Einleitung zur *Metaphysik der Sitten*:

> Man nennt die bloße Übereinstimmung oder Nichtübereinstimmung einer Handlung mit dem Gesetze ohne Rücksicht auf die Triebfeder derselben die Legalität (Gesetzmäßigkeit), diejenige aber, in welcher die Idee der Pflicht aus dem Gesetze zugleich die Triebfeder der Handlung ist, die Moralität (Sittlichkeit) derselben.[4]

Daraus folgt ersichtlich nicht, daß zwischen Recht und Moral keine Verbindung bestünde. Gerade die Moralphilosophie Kants betont ja ein beide Sphären tragendes gemeinsames Fundament: die Prinzipien der »reinen praktischen Vernunft«.[5] Wichtig ist für unseren Zusammenhang lediglich, daß die dem Bereich der Legalität zugeordneten Pflichten, die »Rechtspflichten«, mit dem ihnen zugehörigen Zwang der Durchsetzung sich nur auf *äußeres* Handeln beziehen können, nicht aber auf die »Gesinnung«[6], die vielmehr der »Moralität« und den ihr korrespondierenden »Tugendpflichten« unterliegt.[7] Da aber weiterhin nach Kant Rechtspflichten das äußere Handeln nur insoweit regeln dürfen, als dadurch die formalen Bedingungen festgelegt werden, »unter

3 Vgl. zu den Diskussionen der Gegenwart *Jung/Müller-Dietz/Neumann* (Hg.) (1991), Recht und Moral.

4 *Kant* (1907), MdS, RL, AA VI, S. 219.

5 Vgl. etwa MdS, RL, a.a.O., Einleitung, S. 230 f.; dazu *Kühl* (1991), Unterscheidung von Legalität und Moralität, in: *Jung/Müller-Dietz/Neumann* (Hg.), a.a.O., S. 139 ff.; ebenfalls *Dreier* (1981), Einheit der praktischen Philosophie Kants, in: *ders.*, Recht – Moral – Ideologie, S. 286 ff.

6 Da hier eine Zwangsdurchsetzung nicht möglich ist, weil Gesinnungen nicht kontrollierbar und a fortiori nicht erzwingbar sind.

7 *Kant*, a.a.O., S. 239; auch MdS, TL, a.a.O., S. 380 f.; vgl. vor allem den markanten Passus in Kants Religionsschrift: »Wünschen kann es wohl jedes politische gemeine Wesen, daß in ihm auch eine Herrschaft über die Gemüther nach Tugendgesetzen angetroffen werde; [...] Weh aber dem Gesetzgeber, der eine auf ethische Zwecke gerichtete Gesetzgebung durch Zwang bewirken wollte! Denn er würde dadurch nicht allein gerade das Gegentheil der ethischen bewirken, sondern auch seine politische untergraben und unsicher machen.« *Kant*, Religion innerhalb der Grenzen der bloßen Vernunft, AA VI (1907), S. 95 f.

denen die Willkür des einen mit der Willkür des andern nach einem allgemeinen Gesetze der Freiheit zusammen vereinigt werden kann«[8], sie also äußeres Handeln nur so weit beschränken dürfen, als dies zum Schutz der Handlungsfreiheit aller anderen erforderlich ist, liegt folgender Schluß nahe: In dem Maße, wie das Verbot einer Handlung nur als Maßnahme gegen die dahinter vermutete Gesinnung erscheint, ohne daß zugleich die äußere Freiheitssphäre einer anderen Person berührt wäre, wird dieses Verbot selbst unrechtmäßig.[9]

Kants Erwägungen unterschoben den schon älteren, vor allem auf Montesquieu, Voltaire, Beccaria und Hommel zurückgehenden[10] kriminalpolitischen Forderungen der Aufklärung ein durchgebildetes staatstheoretisches Argument, das seinerseits auf der Kantischen Version der Theorie vom Sozialvertrag gründet. Daß und warum die aufklärerischen »Sozialschadens-« und »Rechtsverletzungslehren« eine rationale und angemessene Strategie zur Vermessung der zulässigerweise kriminalisierbaren Sphäre des sozialen Lebens abgaben, ließ sich nun mit härteren Grundlagenargumenten demonstrieren als zuvor. Die Theoretiker des Frühliberalismus, vor allem Wilhelm von Humboldt[11], entwickelten aus Kants Rechts- und Staatstheorie konkrete Forderungen eines politischen Programms, das die Emanzipation des Rechts von Religion und Moral einschloß. In Feuerbachs Werk schließlich fanden Kants Überlegungen eine strafrechtsdogmatische und rechtsphilosophische Resonanz, die über das 19. Jahrhundert hinaus hörbar und einflußreich blieb.[12]

Der prägnanteste Ton im Chor der rechtspolitischen Stimmen des Frühliberalismus kam allerdings aus England und damit aus einer anderen philosophischen Tradition. In John Stuart Mills Traktat *Über die Freiheit* heißt es:

8 *Kant*, MdS, RL, a.a.O., S. 230; vgl. auch ausführlich *ders.* (1912), Über den Gemeinspruch, AA VIII, S. 275 ff., S. 289 ff.

9 Ähnlich *Kühl* (wie Anm. 5), S. 146, m. w. N.

10 Vgl. *Hertz* (1887), Voltaire; *Fischl* (1913), Aufklärungsphilosophie; *Amelung* (1972), Rechtsgüterschutz, S. 16 ff.; *Moos* (1968), Verbrechensbegriff, S. 92, S. 515.

11 *W. v. Humboldt* (1792), Ideen, in: *ders.* (1960), Werke, Bd. 1, S. 56 ff., insb. S. 178 ff.

12 S. v. a. *Feuerbach* (1797), Anti-Hobbes, sowie Lehrbuch, 14. Aufl. (1847), insbes. §§ 18-23, S. 40 ff.

Der Zweck dieser Abhandlung ist es, einen sehr einfachen Grundsatz aufzustellen, welcher den Anspruch erhebt, das Verhältnis der Gesellschaft zum Individuum in bezug auf Zwang oder Bevormundung zu regeln, gleichgültig, ob die dabei gebrauchten Mittel physische Gewalt in der Form von gerichtlichen Strafen oder moralischer Zwang durch öffentliche Meinung sind. Dies Prinzip lautet: daß der einzige Grund, aus dem die Menschheit einzeln oder vereint, sich in die Handlungsfreiheit eines ihrer Mitglieder einzumengen befugt ist, der ist: sich selbst zu schützen. Daß der einzige Zweck, um dessentwillen man Zwang gegen den Willen eines Mitglieds einer zivilisierten Gemeinschaft rechtmäßig ausüben darf, der ist: die Schädigung anderer zu verhüten. Das eigene Wohl, sei es das physische oder das moralische, ist keine genügende Rechtfertigung. Man kann einen Menschen nicht rechtmäßig zwingen, etwas zu tun oder zu lassen, weil dies besser für ihn wäre, weil es ihn glücklicher machen, weil er nach Meinung anderer klug oder sogar richtig handeln würde. [...] Nur insoweit sein Verhalten andere in Mitleidenschaft zieht, ist jemand der Gesellschaft verantwortlich. Soweit er dagegen selbst betroffen ist, bleibt seine Unabhängigkeit von Rechts wegen unbeschränkt.[13]

Der englische Utilitarismus nicht nur John Stuart Mills stand und steht in der deutschen Rechtsphilosophie freilich nicht im besten Ruf.[14] Erst bei Rudolf von Jhering und durch ihn vermittelt in der Strafzweck- und Rechtsgutslehre Franz von Liszts sind Fernwirkungen der spezifisch angelsächsisch-utilitaristischen Säkularisierungs-, Rationalisierungs-, Entmoralisierungs- und Freiheitsemphase spürbar.[15]

Gewissermaßen hinter dem Rücken der Strafrechtstheoretiker und unabhängig von ihren Konkretisierungsbemühungen wurde allerdings mit der politischen und gesellschaftlichen Durch-

13 *Mill* (1974), Freiheit, S. 16 f.

14 Vgl. exemplarisch die Kritik bei *Welzel* (1935), Naturalismus und Wertphilosophie, S. 1-21; diese ablehnende Haltung herrschte (mit gewissen Einschränkungen) auch in der Philosophie. Berechtigte Kritik an dieser sozusagen atmosphärischen Ausgrenzung bei *Klug* (1963), Rechtsphilos. Probleme, in: *Bauer et al.* (Hg.), Sexualität und Verbrechen, S. 27 ff. Erhellende Darstellung bei *Hoerster*, Strafwürdigkeit und Moral, in: ZStW 82 (1970), S. 538 ff.

15 Zu Jhering v. a. *Hurwicz* (1911), Jhering und die deutsche Rechtswissenschaft; vgl. auch *Pleister* (1982), Persönlichkeit, S. 8 f. und passim. Für Liszt v. a. *Welzel*, a.a.O., S. 22 ff., sowie *Amelung*, Rechtsgüterschutz (wie Anm. 10), S. 69, S. 82 ff.

setzung liberaler Ordnungsprinzipien ein historisch machtvoller Prozeß der Entlegitimierung sozial-transzendenter Determinanten des Strafrechts, wie etwa der Religion oder der Moral, in Gang gesetzt: die Pluralisierung kultureller Wertsysteme und damit ein wachsender ethischer Relativismus. Je schwieriger es wurde, kollektiv verbindliche Instanzen der »rechten Gesinnung und Gesittung« auszumachen, desto weniger waren kollektiv verbindliche Zwangsnormen mit Begründungen zu beglaubigen, die an solche Instanzen anknüpften. Es ist kein Geheimnis, daß in den Bereichen problematischer Strafgesetzgebung Argumente dieser Form bis in die Gegenwart gleichwohl immer wieder herangezogen wurden. Aber das Maß ihrer rationalen Brüchigkeit läßt sich ablesen an der Zunahme »empirischer« Behauptungen, die man ihnen als Krücken beizugeben sich genötigt fühlte, die jedoch von keinem empirischen Nachweis gedeckt waren. Darauf komme ich im Zusammenhang mit der Kritik des Karl Kraus am Sexualstrafrecht seiner Zeit zurück.

Den radikalen Schnitt zwischen dem Recht und den zunehmend chimärischen Zentauren aus partikulärer Moral und Pseudo-Empirie im Fundament seiner Begründungen legte Anfang des 20. Jahrhunderts Max Weber. Der Rationalisierungsprozeß als Entwicklungsprinzip moderner Gesellschaften, der nach dem viel zitierten Wort aus »Wissenschaft als Beruf« zur fortschreitenden »Entzauberung der Welt« führt[16], erzwingt nach Weber eine nicht nur formal, sondern auch inhaltlich charakterisierte Totalablösung des Rechts von der Moral.[17] Die formale Durchrationalisierung des Rechts macht es abstrakt, fungibel, wertindifferent und tendenziell gleichgültig gegenüber den Folgen der einzelnen Entscheidung. Denn als Konditionalprogramme schreiben Rechtsnormen ihren Anwendern Entscheidungen gerade unter Absehen von deren jeweiligen Konsequenzen vor. Dies alles waren für Weber Symptome der Unvereinbarkeit von Recht und Moral.[18]

16 *M. Weber* (1982), Ges. Aufsätze Wissenschaftslehre, S. 594 und 612.

17 Zur Entwicklung von Webers Begriff und Typologie der Ethik vgl. umfassend *Schluchter* (1988), Religion und Lebensführung, Bd. 1, S. 165-338.

18 Vgl. *M. Weber* (1976), Wirtschaft und Gesellschaft, S. 468 ff., 470; s. auch Webers Nachlaßfragment über Ethik, abgedr. bei *Baumgarten* (1964), Max Weber, S. 399 ff.

Ob und wieweit diese Thesen haltbar sind, ist in unserem Zusammenhang nicht von Belang.[19] Wichtig ist aber folgendes: Das letztgenannte Argument Webers, der Hinweis auf die Konditionalorientierung und damit die Folgen-, also auch Moralblindheit rechtlicher Entscheidungen, unterzieht die Hypothese der Trennung von Recht und Moral – jedenfalls für den liberal-strafrechtskritischen Blick – einem härteren Test, als es die geläufige Forderung tut, das Strafrecht dürfe bloße Moralwidrigkeiten nicht erfassen. Denn sie dreht den Blick gewissermaßen auch in die umgekehrte Richtung: Daß ein nur moralisch falsches Verhalten keine Kriminalstrafe verdiene, erscheint (heute) einigermaßen und cum grano salis konsensfähig. Aber daß andererseits die Strafbarkeit einer Handlung auch von deren moralischer *Richtigkeit* nicht ausgeschlossen zu werden braucht, ist eine für den Strafrechtsskeptiker eher irritierende Konsequenz der radikalen Trennungsthese.

Ein naheliegendes Beispiel zur Illustration wäre dieses: Die moralwidrige sodomitische Sexualhandlung bedarf keiner Strafe.[20] Der Diebstahl eines relativ geringen Geldbetrages dagegen, mit dem der Arbeits- und Mittellose die sonst bedrohte Ausbildung seines Kindes für eine Weile sicherstellt, während der bestohlene Multimillionär den Schaden gar nicht spürt, zieht unweigerlich die Strafsanktion nach sich, obwohl die Handlung einen moralisch hochrangigen Zweck realisiert, ohne sachlich wie ethisch einen fühlbaren Schaden anzurichten. Weber hat dies als unumgänglichen, wenn auch nicht sonderlich sympathiefähigen Beleg seiner Trennungsthese gewertet. Die Legitimation der Legalität kann für ihn nicht mehr moralisch, sondern nur noch durch das geordnete Verfahren der Normgenese begründet werden.[21]

19 Gute Darstellung und Kritik bei *Baurmann* (1991), Recht und Moral bei Weber, in: *Jung/Müller-Dietz/Neumann* (Hg.) (wie Anm. 5), S. 113 ff.; vgl. auch die aus etwas anderer Perspektive formulierte Kritik bei *Habermas* (1981), Kommunikatives Handeln, Bd. 1, S. 353 ff., insb. S. 359 ff.; krit. zu Habermas insoweit *W. Lübbe* (1991), Legitimität kraft Legalität, S. 116 ff.

20 Bekanntlich hat dies der E 1962, der freilich ein heute schon legendäres Beispiel moralisierenden Strafrechts vorstellt, noch anders gesehen (vgl. § 218, E 1962), während etwa schon mehr als 30 Jahre früher der E 1930 keine entsprechende Strafbestimmung mehr vorsah.

21 Diese These ist in der Gegenwart durch *Luhmann* weiter radika-

Es ist nun aufschlußreich, daß Karl Kraus, der schon seinen Zeitgenossen als eine Art moralisches Gewissen der Epoche galt, in der einzigen Abhandlung, in der er das Verhältnis von Strafrecht und Moral nicht nur beiläufig und apodiktisch, sondern grundsätzlich behandelt, genau diesen zuletzt skizzierten Weberschen Blickwinkel einnimmt. In »Ethik und Strafgesetz« vom April 1904 (160/1 ff. = S1/67 ff.) stellt er gerade nicht primär die ihn eigentlich vorrangig interessierende Frage, ob das Strafrecht ein lediglich unmoralisches, aber schädigungsloses Verhalten pönalisieren darf. Vielmehr versucht er hier die Haltbarkeit der Auffassung, daß es dies nicht dürfe, anhand einer radikalen Trennungsthese zu demonstrieren. Rational hinreichend gesichert erscheint ihm die Forderung, das Strafrecht habe sich nicht um die Fragen der Moral zu kümmern, offensichtlich erst dann, wenn sie alle ihre logischen Konsequenzen akzeptiert, also gegebenenfalls eine über den Bereich moralischer Verdikte noch hinausreichende Strafbarkeit genauso hinnimmt, wie sie deren Zurückbleiben hinter jenem in anderen Fällen begrüßt.

Kraus schreibt:

> Zweifellos hat der Rechtsanwalt und Vater, wenn ihm nicht mehr vorzuwerfen ist als die Tat, deren er sich in einer Zuschrift an die Tagespresse selbst zieh, ethisch einwandfrei gehandelt. Und dennoch strafbar?
> Wir können uns nicht daran gewöhnen, Sittlichkeit und Kriminalität, die wir so lange für siamesische Begriffszwillinge hielten, von einander getrennt zu sehen. Vom Tyrannenmörder, der die Not seiner Volksgenossen endet, bis hinunter zum Mitglied des Tierschutzvereins, das seinem Hündchen den Zwang des Maulkorbs ersparen will, erfüllen sie alle das sittliche Gebot, die Selbsthelfer – und können dennoch vor dem Strafgesetz nicht bestehen. [...]
> Es mag paradox klingen, aber wo kämen wir hin, wenn alle moralischen Handlungen ungestraft blieben? (S1/67 f. = 160/1 ff.)[22]

lisiert worden; vgl. *ders.* (1969), Legitimation durch Verfahren; neuestens auch *ders.* (1990), Paradigm lost. Hier wird dem faktischen Befund der vollständigen Entmoralisierung der Legalität die ausdrückliche Zustimmung beigestellt (a.a.O., S. 36 ff.); krit. dazu *Höffe* (1990), Kategorische Rechtsprinzipien, S. 53 ff.

22 Ich zitiere hier (wie im folgenden) bei doppeltem Nachweis sowohl der *Fackel*- als auch der »Schriften«-Belegstelle jeweils die (meist überarbeitete) Buchfassung.

Das ist im ganzen eine ziemlich plastische Illustration des Goethe-Satzes vom »gelassen« ausgesprochenen »großen Wort«.[23] Kraus berührt hier schwierige und ungeklärte Grundlagenprobleme der Rechtsphilosophie, und er »löst« sie mit einer Lässigkeit und mit Argumenten und Begriffen, die eine solche Lösung (selbstverständlich) nicht tragen. Das heißt noch nicht, daß ihr Resultat einfach falsch wäre. Es soll lediglich besagen, daß sie mit viel zu groben Schablonen operieren, um die Schwierigkeit der angesprochenen Fragen auch nur sichtbar zu machen. Das soll im folgenden genauer gezeigt werden. Die Analyse erhellt freilich mehr am Denken des Karl Kraus, als sie zur Lösung der rechtsphilosophischen Probleme beitragen könnte.
Der sachliche Hintergrund von »Ethik und Strafgesetz« sei kurz skizziert. Kraus selbst hat ihn in einer Anmerkung zu dem eineinhalb Jahre später geschriebenen Aufsatz »Die Kinderfreunde« (187/1 ff. = S1/167 ff.), der den strafprozessualen Abschluß der Affäre zum Gegenstand hat, angedeutet:

Geschrieben nach dem Prozeß, der gegen den Wiener Universitätsprofessor Dr. Theodor Beer geführt wurde. Er war beschuldigt, in seinem photographischen Atelier zwei Knaben, Söhne zweier Advokaten, über geschlechtliche Dinge aufgeklärt, zur Onanie aufgefordert und »unzüchtig berührt« zu haben, und wurde zu einer Kerkerstrafe von drei Monaten verurteilt. (S1/167)

Nach der Ermittlung dieses Sachverhaltes durch die Eltern eines der beiden Knaben, nämlich nach mehrfachen Verhören durch dessen Mutter und Onkel und einer auf diesem Weg erfolgreichen Akquisition der »Unzuchts«-Fakten, hatte der Vater des Kindes (übrigens der oben, S. 107 f. und S. 198, Anm. 119, zitierte Wiener Rechtsanwalt Heinrich Steger) dem »Beschuldigten«, dem Wiener Professor für vergleichende Physiologie Theodor Beer, ebenjenes Ultimatum gestellt, das für Kraus im April 1904 Anlaß zu der schon erwähnten Abhandlung über »Erpressung« war (159/1 ff. = S1/53 ff.) und das Kraus auch eindeutig als Erpressung im Sinne des § 98 b StG beurteilte[24]: die Forderung nämlich, entweder das Lehramt an der Hochschule aufzugeben und aus Österreich auszuwandern, oder Strafanzeige, Prozeß und Verurteilung zu riskieren. Da Beer sich diesem Ansin-

23 Beiläufig: aus der von Kraus stets und hoch gepriesenen »Iphigenie auf Tauris« (I, 3).

24 Genauer dazu unten, S. 339 ff.

nen nicht beugte[25], da zudem seine Ehefrau die Beschuldigung mit einem Peitschenhieb gegen den Advokaten quittierte, kam es zum Strafverfahren, wobei zunächst offen schien, ob die angeklagte Tat als »Schändung« der dreizehnjährigen Knaben (§ 128 StG) oder als homosexuelles »Verbrechen wider die Natur« (§ 129 lit. b StG) zu qualifizieren war. Der Prozeß im Herbst 1905 war, nach einer mehrjährigen Anlaufphase des Ermittlungsverfahrens, wochenlang die Sensation der Wiener Presse. Sigmund Freud kommentierte ihn in einem Zeitungsbeitrag für *Die Zeit* vom Oktober 1905 und lehnte darin die Pönalisierung der einfachen Homosexualität unter Erwachsenen ab.[26] Beer war nämlich nicht wegen »Kinderschändung«, sondern wegen homosexueller Handlungen, wegen »Unzucht wider die Natur« nach § 129 lit. b StG, verurteilt worden – ein abstruses Ergebnis, das allerdings von einer bezeichnenden Subsidiaritätsklausel im Schändungsparagraphen 128 StG erzwungen wurde:

> Wer einen Knaben oder ein Mädchen unter vierzehn Jahren [...] zur Befriedigung seiner Lüste auf eine andere als die im § 127[27] bezeichnete Weise geschlechtlich mißbraucht, begeht, wenn diese Handlung nicht das im § 129 lit. b[28] bezeichnete Verbrechen bildet, das Verbrechen der Schändung [...].

25 Er floh allerdings kurz nach Einleitung des Ermittlungsverfahrens in die USA, weil er, wie er an Adolf Loos schrieb, »die enorme Lerngelegenheit einer Amerikareise einer österreichischen Untersuchungshaft« vorzog; vgl. *Rukschcio/Schachel* (1982), Adolf Loos, S. 95. Der später berühmte Architekt Adolf Loos, ein enger Freund von Kraus, war Architekt von Beers »Villa Karma« in der Schweiz; er sagte in dem Prozeß als Zeuge für Beer aus. Laura Beer, die Ehefrau des Angeklagten, erschoß sich wenige Wochen nach dessen Verurteilung; dazu schrieb Kraus den Aufsatz »Der Selbstmord der Themis« (200/1 ff. = S1/204 ff.). Auf die darin vorgetragene Kritik an der Homosexualitäts-Judikatur komme ich zurück.

26 Auszugsweise zitiert im Jahrbuch für sexuelle Zwischenstufen 14 (1914), S. 16 f. Kraus zitiert in »Die Kinderfreunde« ebenfalls diesen Punkt der Freudschen Stellungnahme (187/21 = S1/184, 186), freilich ohne die Quelle der von ihm besonders verachteten »Zeit« zu nennen.

27 § 127 StG: »Notzucht« durch außerehelichen Beischlaf an einer wehr- oder bewußtlosen Frau.

28 § 129 StG: »Als Verbrechen werden auch nachstehende Arten der Unzucht bestraft:

Da das »Unzuchts«-Merkmal des § 129 StG nach einer Grundsatzentscheidung des OGH vom 12. September 1902[29] die gleiche Reichweite hatte, also die gleiche Art von Handlungen umfaßte wie das des »geschlechtlichen Mißbrauchs« in § 128 und da außerdem beide Verbrechen mit dem gleichen Strafmaß (von einem bis zu fünf Jahren[30]) bedroht waren, konnte das von der Subsidiaritätsklausel angeordnete Ausklinken aller gleichgeschlechtlichten Mißbrauchshandlungen an Kindern aus dem Schändungs- und ihre Zuweisung an den Homosexualitätsparagraphen nichts anderes bedeuten als die im Vergleich zur Kinderschändung stärkere symbolische Mißbilligung der Homosexualität durch das Gesetz. Mit anderen Worten: Der Täter einer homosexuellen Kinderschändung wurde wegen der Homosexualität, wegen einer »Unsittlichkeit«, verurteilt und nicht wegen der konkreten Verletzung erheblicher schutzbedürftiger Interessen des Kindes. Kraus kommentiert diesen symbolischen Vorrang der »sexuellen Sittlichkeit« so:

> Die Schuld des Herrn Dr. Beer müßte offenbar sein – und mein Tadel des Prozeßskandals wäre eindringlicher, weil er von dem Verdacht unbehelligt bliebe, eine Reinwaschung des Angeklagten zu bedeuten. Sie liegt meiner Absicht so fern wie eine Beschönigung der Tat, deren ihn ein Richterspruch schuldig befunden hat. Denn dem unerforschlichen Ratschluß des Herrn Feigl[31] hat es gefallen, den Angeklagten nicht wegen Kinderschändung (§ 128), sondern wegen Homosexualität (§ 129) zu verurteilen. Die widerspruchsvolle Diktion des Schändungsparagraphen – mit ihrem törichten Wenn-Satz – hat den Mißgriff verschuldet. (S1/182 = 187/18)[32]

I. Unzucht wider die Natur, das ist a) mit Tieren; b) mit Personen desselben Geschlechts.«

29 KH 2747 (12. 9. 1902); vgl. auch KH 3209 (15. 6. 1906). Zuvor hatte der OGH das »Unzuchts«-Merkmal im Tatbestand des § 129 enger als den »Mißbrauchs«-Begriff des § 128 ausgelegt und auf beischlafähnliche Handlungen beschränkt; dadurch konnten Handlungen, die die für § 129 geforderte Eingriffsintensität nicht erreichten, unter § 128 subsumiert werden, wenn sie an Kindern vorgenommen wurden; vgl. OGH (Slg. Glaser) 842 (3. 2. 1858) sowie 963 (8. 8. 1860); vgl. auch KH 539 (21. 4. 1883).

30 §§ 128 letzter HS, 130 StG.

31 Des Schwurgerichtsvorsitzenden; zu dem Richter Feigl noch eingehend unten, S. 267 ff.

32 Zit. nach der (überarbeiteten) Buchversion von S1.

»Widerspruchsvoll« nicht; »töricht« ganz gewiß. Aber auch die Schuld des Dr. Beer stand keineswegs fest. Kraus zitiert aus dem Gutachten des bereits damals berühmten Psychologen William Stern, der die Glaubwürdigkeit der kindlichen Zeugenaussagen zu beurteilen hatte und zu einer äußerst skeptischen Bewertung kam, die nach heutigem rückschauenden Ermessen einen In-dubio-Freispruch erfordert hätte. Mehr als 20 Jahre später hat Stern unter der Überschrift »Allmähliche Wandlungen in den Aussagen eines Knaben« über den Fall Beer berichtet: über den Inhalt seines Gutachtens und die den Angeklagten immer schwerer belastende Metamorphose der kindlichen Aussagen unter dem Suggestionsdruck der insistierenden Mutter.[33] Kraus' Kritik an dem Verfahren wie an der Verurteilung wird von Sterns Darstellung vollständig gedeckt.[34] Vor allem auch dies: So gering dem Satiriker die Glaubwürdigkeit, so groß erschien ihm andererseits die mißachtete Schutzwürdigkeit der jugendlichen Zeugen des Sensationsprozesses vor einer spähenden und spekulierenden Öffentlichkeit in Gestalt der Presse: »Weil die kriminelle Erledigung solcher Affären gegen das Interesse sündigt, das geschützt werden muß, weil sie den Schaden vermehrt, den die Tat gestiftet hat.« (S1/186 = 187/22). Erwägungen dieser Art haben in Deutschland nach jahrzehntelangen Diskussionen in den siebziger Jahren die Vorschriften der §§ 241 a, 247 S. 2 StPO und 172 Nr. 4 GVG zum Schutz jugendlicher Zeugen vor der Öffentlichkeit und vor bestimmten Formen der justiziellen Inquisition motiviert.[35] In Österreich fehlte eine entsprechende gesetzliche Regelung bis 1987.[36]

In »Ethik und Strafgesetz«, lange vor Theodor Beers Verurteilung, konzediert Kraus dem Vater des angeblich »geschändeten« Knaben, dem Advokaten Steger, die ethische Berechtigung des an

33 *Stern* (1926), Jugendliche Zeugen in Sittlichkeitsprozessen, S. 92 ff.

34 Zur Unglaubwürdigkeit der jugendlichen Zeugen vgl. noch den in 191/14 ff. abgedruckten Brief des Lehrers eines der beiden Jungen.

35 Dazu ausführlich *Störzer* (1978), Sittlichkeitsprozeß und junges Opfer, in: *Hess/Störzer/Streng* (Hg.), Sexualität und soziale Kontrolle, S. 101 ff.

36 Vgl. nun die entsprechende Ergänzung in § 229 Abs. 2 ÖStPO. Seit 1961 kann nach dem ÖJGG (§ 41; seit 1988 § 42) zum Schutz jugendlicher *Angeklagter* die Öffentlichkeit ausgeschlossen werden.

Beer gerichteten Ultimatums, das er gleichwohl als »Erpressung« im Sinne des § 98 b StG[37] qualifiziert. Der Satz: »Wo kämen wir hin, wenn alle moralischen Handlungen ungestraft blieben«, ist allerdings bloß die rhetorische Begleitmusik, aber keine Begründung dieser These, ebensowenig wie ihrer allgemeinen Fassung: der Behauptung einer definitiven Trennung der »siamesischen Begriffszwillinge«, für die man »Sittlichkeit und Kriminalität«, nämlich Recht und Moral[38], so lange gehalten habe. Vielmehr: Die »Selbsthelfer«[39] – »vom Tyrannenmörder [...] bis hin zum Mitglied des Tierschutzvereins« –, die »alle das sittliche Gebot« erfüllen, können vor dem Strafgesetz deshalb »nicht bestehen«, weil »die schönste Entfaltung meiner persönlichen Ethik [...] das materielle, leibliche, moralische Wohl meines Nebenmenschen«, »ein Rechtsgut gefährden« kann (S1/67 = 160/1 f.).

An dieser Begründung ist zunächst nahezu alles unklar. Was ist mit »persönlicher Ethik« gemeint? Ein nur individuell (oder von einer bestimmten Gruppe) akzeptierter moralischer Normenkanon, den andere nicht teilen oder sogar ablehnen? Das wäre etwa die Max Webersche Sicht: die eines faktischen und irreversiblen ethischen Pluralismus moderner Gesellschaften, der keine allgemeine normative Verbindlichkeit und Integrationskraft mehr erzeugen kann und deshalb vom generell zwingenden Strafrecht

37 Also nach heutigem Verständnis als Nötigung, vgl. oben, S. 193 f.

38 Es ist vielleicht nicht überflüssig, darauf hinzuweisen, daß Kraus hier – und in dem ganzen Aufsatz »Ethik und Strafgesetz« – »Sittlichkeit« *nicht* im Sinne von »Sexualmoral«, sondern in der allgemeinen und eigentlich korrekten Bedeutung von »Ethik« bzw. »Moral« verwendet. »Kriminalität« steht hier einfach für »Strafrecht«. Das ist freilich eine logisch und semantisch ungenaue, dafür aber plastische Synonymisierung von »Ethik und Strafgesetz« mit »Sittlichkeit und Kriminalität«. Aber daß sie hier gemeint ist, geht aus dem Kontext zweifelsfrei hervor. Ich behalte im folgenden auch die weitere (und ebenfalls etwas nachlässige) Synonymisierung von »Ethik« und »Moral« bei, auf deren ohnehin nicht einheitlich gehandhabte Unterscheidung es hier sowenig ankommt wie in dem Text von Kraus.

39 Das ist hier erkennbar nicht im engen Sinne des zivilrechtlichen Terminus technicus aufzufassen. – Der Referentenentwurf zum österreichischen StG-Entwurf 1867 hatte übrigens eine allgemeine Bestimmung über die »strafbare Selbsthilfe« enthalten, die im Entwurf selbst gestrichen wurde. Dazu *A. Merkel* (1899), Bemerkungen über den österr. Entwurf, in: *ders.*, Ges. Abhandlungen 2/1, S. 63 ff.

abgetrennt werden muß. Zu dieser naheliegenden und wohl zutreffenden Deutung der Krausschen Bemerkung paßt dann allerdings der vorangehende Halbsatz nicht, wonach die »Selbsthelfer« alle »das sittliche Gebot« erfüllen. »Das sittliche Gebot« ist gerade nicht eine bloß »persönliche Ethik«. Es beansprucht per definitionem eine auf seiner moralischen Richtigkeit gründende allgemeine Geltung. Dabei muß man »das sittliche Gebot« gar nicht als eine universal geltende Ethik interpretieren. Auch partikuläre Moralauffassungen erheben aber überpartikuläre Verbindlichkeitsansprüche; partikulär sind sie nicht wegen einer *Selbstbegrenzung* ihrer Reichweite, sondern wegen ihrer begrenzten Akzeptanz und der dadurch entstehenden Konkurrenz mit anderen Auffassungen. Die scheinbare Schlüssigkeit des Krausschen Satzes lebt zunächst vom Schwanken des verwendeten Ethikbegriffs zwischen den Bedeutungen »moralisch richtig« (= »das sittliche Gebot«) und »von mir für moralisch richtig gehalten« (= »meine persönliche Ethik«). Das zeigt sich auch in der Wahl der illustrierenden Beispiele: Der »Tyrannenmörder, der die Not seiner Volksgenossen endet«, paßt sub specie des »sittlichen Gebots« nicht zu dem »Mitglied des Tierschutzvereins, das seinem Hündchen den Zwang des Maulkorbs ersparen will«, und zwar aus prinzipiellen Gründen und nicht nur wegen des unterschiedlichen faktischen und moralischen Gewichts der jeweiligen Handlungen. Wer bloß sich selbst (oder sein Hündchen) vom Zwang eines generell und im Hinblick auf andere für richtig gehaltenen Ge- oder Verbots ausnehmen will[40], mag nach seiner »persönlichen Ethik« handeln. Aber seine Handlung ist ethisch fehlerhaft.[41] Auf eine Privatethik der ausschließlich egoi-

40 Von dieser Konstellation geht Kraus ersichtlich aus: Er spricht von dem Tierfreund, der *»seinem* Hündchen« den Maulkorb ersparen will. Spräche er von jemandem, der generell und unter allen Umständen Maulkörbe für Hunde ablehnte – eine freilich etwas exzentrische Privatmoral (nach § 35 Abs. 8 des damaligen österr. Tierseuchengesetzes war strafbewehrter Maulkorbzwang in Gegenden mit Tollwut anzuordnen) – und entsprechend handelte, so käme man in die logische Nähe der schwierigen Problematik des »Überzeugungstäters«. Aber auch dieser – wie immer man seinen Fall beurteilte – will eben nicht *seinem*, sondern allen Hunden den Maulkorb ersparen.

41 Vgl. dazu *Arth. Kaufmann* (1991), Das Gewissen und das Problem der Rechtsgeltung, in: *Philipps/Wittmann* (Hg.), Rechtsentstehung, S. 5 ff., insb. S. 10 ff.

stischen (oder nur für das eigene Hündchen »altruistischen«) Interessenswahrnehmung kann man sich – sei es als Dieb, als Mörder oder als Hundehalter – nicht erst vor dem Strafrecht, sondern schon vor der Moral nicht erfolgreich berufen. Der Hundehalter, der nur sein eigenes Tier vom Maulkorbzwang ausnehmen will, markiert keinen echten Konflikt zwischen Strafrecht und Moral, denn er handelt nicht moralisch. Er ist für Kraus' These kein plausibles Beispiel.

Mit dem Tyrannenmörder verhält es sich anders. Er beruft sich auf eine generell gültige ethische Norm und nicht auf die egoistisch motivierte Selbstausklammerung aus einer solchen: nämlich auf das Verbot, andere zu unterdrücken, und das daraus entstehende Widerstandsrecht als »Recht sozialer Notwehr«[42] zugunsten der Unterdrückten, als dessen Vollstrecker er sich versteht. Ob und unter welchen Bedingungen einer Tyrannis der Mord an ihrem Machthaber *moralisch* gerechtfertigt werden kann, ist seit Platon und Aristoteles umstritten.[43] Auch für die Entscheidung dieser Frage ist die verwendete Schablone *des* Tyrannenmörders bei weitem zu grob.[44] Wichtiger aber ist, was Kraus offenbar fraglos ausblendet: daß die Möglichkeit einer Rechtfertigung des Tyrannenmordes durchaus nicht nur moralisch, sondern auch für das Strafrecht erwogen werden kann.[45] Weder ist es richtig, daß der Tyrannenmörder stets »das sittliche Gebot« erfüllt, noch, daß er niemals »vor dem Strafgesetz [...]

42 So treffend *Arth. Kaufmann* (1991), Widerstandsrecht, in: *ders.*, Vom Ungehorsam gegen die Obrigkeit, S. 42.

43 Vgl. die zahlreichen Nachweise im Artikel »Widerstandsrecht«, in: *Galling* (Hg.) (1962), Die Religion in Geschichte und Gegenwart, Bd. 6, Sp. 1681 ff., 1683 f.; ebenfalls *Arth. Kaufmann*, Widerstandsrecht in der Luther-Zeit, a.a.O., S. 22.

44 Eine einflußreiche Differenzierung hat Thomas von Aquin vorgeschlagen: zwischen einer Tyrannis als Entartungsform einer ursprünglich legitimen Herrschaft (*tyrannis exercitio*) und einer qua illegitim usurpierter Macht (*tyrannis ex defectu tituli*); im Falle der ersteren sei nur ein Widerstand der publica auctoritas, im Falle der letzteren als äußerstes Hilfsmittel auch der Tyrannenmord zulässig. Vgl. zu den Schwierigkeiten dieser Frage selbst im Hinblick auf eine Figur wie Hitler *Arth. Kaufmann*, Tapferkeit, a.a.O., S. 90 f. (m. w. N.).

45 Aus faktisch-politischen Gründen selbstverständlich erst und nur, wenn die Tyrannis erfolgreich beseitigt worden ist.

bestehen« kann. Und erweitert man nun über die beiden exemplarischen Illustrationen der Krausschen These hinaus den Blick auf alle vorstellbaren »Selbsthelfer« (»vom Tyrannenmörder [...] bis hinunter zum Mitglied des Tierschutzvereins«), dann wird nicht nur ein breites Spektrum sehr unterschiedlicher Typen von Widerstandstätern und -taten[46], sondern auch das ausdifferenzierte dogmatische Instrumentarium sichtbar, mit dem ein modernes Strafrecht genau die Frage behandeln kann, die Kraus für a priori negativ entschieden erklärt: ob die vorsätzliche Verletzung einer Strafnorm aus guten ethischen Gründen nicht doch »vor dem Strafgesetz bestehen« kann. Von dem Argumentationsarsenal für die Probleme des rechtfertigenden und des entschuldigenden Notstands[47] über die »Wahrnehmung berechtigter Interessen als allgemeiner Rechtfertigungsgrund«[48] bis zu Möglichkeiten einer verfassungsrechtlichen oder sogar übergesetzlichen Rechtfertigung von Widerstands-, Gewissens- oder »Ziviler-Ungehorsam«-Taten[49] reichen heute die Überlegungen, den

46 *Arth. Kaufmann* weist mit Recht auf den ins Prinzipielle reichenden Unterschied zwischen dem Tyrannenmord und anderen Formen des Widerstands hin, vgl. *ders.*, Gedanken, a.a.O., S. 1.

47 Vgl. dazu nur die rechtsvergleichenden Sammelbände von *Eser/Fletcher* (Hg.) (1987), Rechtfertigung und Entschuldigung, Bde. 1 und 2.

48 So der Titel einer Schrift von *Eser* (1969), die ihr Verfasser als »Versuch über [...] evolutives Recht« verstanden wissen will. Interessant ist, daß Karl Kraus einmal das Fehlen eines (allgemeinen) Rechtfertigungsgrundes der »Wahrung berechtigter Interessen« beklagt hat: in 226/14 (Mai 1907), wo er Straflosigkeit für den fordert, der eine rabiate Kritik Max Nordaus an Oscar Wilde (dazu oben, S. 171 ff.) mit »ein paar erlösenden Ohrfeigen« gegen den Kritiker quittierte. Zu Kraus' These in »Ethik und Strafgesetz« paßt dies schlecht.

49 Vgl. dazu aus der umfangreichen amerikanischen Literatur, aus der die Figur stammt, nur *Rawls* (1975), Theorie der Gerechtigkeit, S. 409 ff. (zur *moralischen* Rechtfertigung des zivilen Ungehorsams); ebenfalls *Dworkin* (1984), Bürgerrechte, S. 306 ff., 337 ff. Aus der deutschen rechtswissenschaftlichen Literatur v. a. *Dreier* (1991), Widerstandsrecht, in: *ders.*, Recht – Staat – Vernunft, S. 39 ff.; *Laker* (1986), Ziviler Ungehorsam (v. a. S. 219 ff.); speziell zur strafrechtlichen Rechtfertigungsproblematik *Hassemer* (1985), Ziviler Ungehorsam, in: Fschr. Wassermann, S. 325 ff. Eine *Rechtfertigung* von Taten zivilen Ungehorsams wird allerdings ganz überwiegend abgelehnt. Zur Problematik neuestens *Roxin* (1993), Ziviler Ungehorsam, in: Fschr. Schüler-Springorum, S. 441 ff. (mit einer Entschuldigungs-

moralisch richtig handelnden Rechtsbrecher vor dem Strafgesetz »bestehen« zu lassen, ja selbst den moralisch falsch handelnden, aber echten Überzeugungstäter[50] von der grundsätzlichen Härte der Strafdrohung in bestimmtem Grade zu entlasten. Auch eine nur grobe Skizze der sehr umfangreichen Gesamtproblematik liegt jenseits des Rahmens dieser Arbeit.

Die strikte Trennungsthese, die Kraus in der Frage »Ethik und Strafgesetz« vertritt, zeigt ihn in strafrechtstheoretischer Hinsicht gewissermaßen als Zeitgenossen zweier Epochen. Er neigt einerseits mit kaum irritierter Selbstverständlichkeit dem optimistischen Gesetzespositivismus des liberalen Rechtsstaats seiner Gegenwart zu. Gesetz war eben Gesetz. Das Schema eines zwingenden Vorrangs der geschriebenen Norm vor der Moral wird auch da nicht skeptisch befragt, wo es wegen der Unflexibilität der strafrechtlichen Legalordnung zu moralwidrigen Ergebnissen führt. Und der Gedanke, daß diese Moralwidrigkeit einen Grad erreichen könnte, der sogar die Gültigkeit einer gesetzlichen Norm insgesamt in Frage stellt[51], lag offenbar – wie bei den meisten der zeitgenössischen Juristen auch – völlig außerhalb des Krausschen Vorstellungsvermögens. Andererseits ist er stärker, als ihm bewußt war (und angenehm gewesen wäre), dem Wertungshintergrund einer konkreten Strafrechtsordnung verhaftet, deren hochgradige dogmatische Starre und deren Unvertrautheit mit den angedeuteten Möglichkeiten von Rechtfertigung und Entschuldigung einfach ihrem Geburtstermin in einer historisch gewordenen Vergangenheit geschuldet waren. Denn das österrei-

lösung für eng begrenzte Fälle). – Allgemein zum Widerstandsrecht *Arth. Kaufmann/Backmann* (Hg.) (1972), Widerstandsrecht.

50 Dazu grundlegend *Radbruch*, Überzeugungsverbrecher, in: ZStW 44 (1924), S. 34 ff.; *Budzinski* (1931), Überzeugungsverbrecher; eingehend *Ebert* (1975), Überzeugungstäter; *Arth. Kaufmann* (1976), Schuldprinzip, S. 137 ff. (m. w. N.); *ders.*, Das Gewissen (wie Anm. 41), S. 19; *Jakobs* (1991), AT, S. 576 ff.

51 Hierzu aus der nicht mehr überschaubaren Literatur exemplarisch *Hart*, Trennung von Recht und Moral (wie Anm. 2); *Radbruch*, Gesetzliches Unrecht (wie Anm. 2), S. 83 ff.; *ders.*, Gesetz und Recht, ebd., S. 96 ff.; *Dreier*, Recht und Moral (wie Anm. 1); *Hoerster* (1979), Begriffliches Verhältnis Recht und Moral, in: *Bubner/Cramer/Wiehl* (Hg.), Neue Hefte für Philosophie, H. 17 (Recht und Moral), S. 77 ff.; *Arth. Kaufmann* (1983), Rechtsphilosophie im Wandel, S. 131 ff.; *Alexy* (1992), Begriff und Geltung des Rechts, passim.

chische StG von 1803/1852 spiegelt auch in diesem Punkt die verjährten Intentionen der absolutistischen Staatsräson wider. Die strikte Prärogative des strafgesetzlichen Verbotes sollte vom einzelnen Bürger möglichst auch da nicht legal durchbrochen werden können, wo drängende ethische Gründe dies nahelegten. Der paternalistische Staat lebte in hohem Grade mit und von der Fiktion, Störungen der gesetzeskonformen Normalität ausschließlich selbst abfangen zu können und zu müssen. Neben einer ohnehin auf den Schutz von Leben, Freiheit oder Vermögen beschränkten[52] Notwehrregelung hatte § 2 lit. g StG 1803/1852 unter dem Titel »Gründe, die den bösen Vorsatz ausschließen«, zum Notstand nichts weiter zu bieten als dies:

Daher wird die Handlung oder Unterlassung nicht als Verbrechen zugerechnet: [...]
g) wenn die Tat durch unwiderstehlichen Zwang [oder in Ausübung gerechter Notwehr] erfolgte.

Daraus läßt sich im Hinblick auf eine konkrete Handhabung von Notstandsfällen so gut wie nichts entnehmen, außer einer äußerst restriktiven legislatorischen Intention: Der Paragraph reduziert den gesamten Phänomenbereich auf einen einigermaßen extremen Typus des Nötigungsnotstands.[53] Nun konnte sich andererseits gerade wegen dieser dogmatischen Grobheit auch hier das StG 1803/52 in jenem zweifelhaften Sinn »bewähren«, der es erlaubte, dem konturlosen Rahmen antiquierter Tatbestände vorsichtig und quasi augenzwinkernd die Linien neuerer strafrecht-

52 Vgl. dazu oben, S. 82 f. Man hat in der Literatur allerdings versucht, per Analogie (so *Stooss,* 1912, Lehrbuch, Bd. 1, S. 147) oder durch eine tatbestandsquetschende Subsumtion unter das »Freiheits«-Merkmal des § 2 lit. g, S. 2 auch Körper und Gesundheit (nicht aber die Ehre, vgl. KH 2515, 2. 10. 1900) notwehrfähig zu machen (so *Finger*, Lehrbuch, Bd. 1, S. 601).

53 Insofern dem (bis 1975 geltenden) allerdings wesentlich weiter und offener gefaßten § 52 Abs. 1 RStGB ähnlich; doch kannte das RStGB darüber hinaus den entschuldigenden Notstand aus beliebigen anderen Gründen (§ 54), der im Grunde den Regelungsbereich des § 52 vollständig mit umfaßte und ungefähr dem heutigen § 35 Abs. 1, S. 1 StGB entsprach. – Interessant ist, daß bereits die Theresiana von 1768 eine deutlich differenziertere Notstandsregelung enthielt als das StG 1803/1852 (abgedr. bei *Stooss*, Lehrbuch, Bd. 1, S. 149). Die Regelung ging, wie Stooss (a.a.O., S. 150) schreibt, in der Josephina »verloren«.

licher Entwicklungen einzuschreiben. Von symptomatischer Ironie ist eine Bemerkung Hans Gross' aus dem Jahre 1912:

In wiederholten Gesprächen mit reichsdeutschen Kollegen, welche fragten, wie wir denn ohne Notstandsparagraphen unser Auslangen fänden, versicherte ich stets, daß dies vortrefflich gelinge; Unser St.G. habe auch hier in seiner knappen Naivität in äußerster Kürze das Richtige getroffen. Nur das beigefügte Wort »unwiderstehlich« habe so lange Schwierigkeiten bereitet, bis der Oberste Gerichtshof konsequent erklärt hat, es sei nicht wörtlich zu nehmen.[54]

Gleichwohl gab es für den insofern ziemlich ungehinderten dogmatischen und vor allem justiziellen Bewegungsspielraum vor dem ja nicht gänzlich ignorierbaren Gesetzeswortlaut Grenzen. Jedenfalls in der Rechtsprechung wirkte sich die prohibitive Kahlheit der Regelung spürbar aus. Insbesondere führte man, wenn schon die »Unwiderstehkeit« des Zwanges semantisch gelockert werden mußte, die im Gesetz nicht vorgesehene »erhebliche Minderwertigkeit« des beeinträchtigten im Vergleich zu dem geschützten Rechtsgut als Voraussetzung für die Straflosigkeit der Notstandshandlung ein.[55] Deutlich ist auch, daß die ausschließlich auf die psychische Zwangssituation des Täters abstellende und eine äußere Gefahrenlage nicht einmal erwähnende[56]

54 *Gross*, Notwehr und Notstand, in: ÖZStR 2 (1911), S. 106. *Gross* spielt hier offenbar auf die Grundsatzentscheidung KH 434 (10. 3. 1882) an, wo der OGH feststellt, »unwiderstehlich« sei »selbstverständlich [...] nicht wörtlich zu nehmen«. Nach h. M. war »unwiderstehlich« ein solcher Zwang, »daß der Entschluß zur Unterwerfung unter die Gefahr über die gewöhnliche Menschenkraft hinausgehen und einen ungewöhnlichen, im Allgemeinen nicht vorauszusetzenden Heroismus erfordern würde«; so *Wessely* (1862), Befugnisse des Nothstandes und der Nothwehr, S. 8.

55 Vgl. KH 2777 (11. 12. 1902); KH 3060 (20. 3. 1905); ebenso *Lammasch*, Grundriß, S. 52; *Finger*, Lehrbuch, Bd. 1, S. 651. Ausführlich zu § 2 lit. g und zur OGH-Rspr. *Rittler* (1950), § 2 g StG, in: Fschr. zur Hundertjahrfeier des OGH, S. 220 ff. – Diese Rangproportionalität ist in Deutschland bekanntlich seit der Grundsatzentscheidung RGSt 61, S. 242 vom 11. 3. 1927 eine der Voraussetzungen für die *Rechtfertigung* einer Tat im allgemeinen »übergesetzlichen Notstand« gewesen und ist es heute in § 34.

56 Diese Orientierung des Notstands geht vor allem auf Kant und – von diesem beeinflußt – auf Feuerbach zurück; vgl. *Kant* (1907), MdS, RL, S. 235 f.; *Feuerbach* (1847), Lehrbuch, § 91, S. 179. Rspr. und

Regelung wenig dogmatischen Spielraum für eine Erörterung bot, wie sie in Deutschland schon vor der Jahrhundertwende zu heftigen Auseinandersetzungen geführt hatte: ob neben der den Täter nach h. M. wegen seiner subjektiven Zwangslage bloß entschuldigenden Norm des § 54 RStGB[57] nicht eine allgemeine Notstandsregelung erforderlich sei, die alleine aus der objektiven Relation der kollidierenden Interessen die *Rechtmäßigkeit* (und nicht bloß Verzeihlichkeit) der Tat festzustellen erlaube. Mit dem Inkraftreten des deutschen BGB (1900) war die erste echte Notstandsrechtfertigung im Eingriffsbereich der Sachgüter (§ 904 BGB) auch dem Strafrecht aufgezwungen worden. Die Einsicht, daß hierin ein allgemeiner Rechtsgedanke Ausdruck gefunden hatte, beschleunigte jenen dogmatischen Klärungsprozeß, der zur Differenzierung der Notstandstypen und schließlich zur Anerkennung eines generellen[58], übergesetzlichen und rechtfertigenden Notstands durch das Reichsgericht führte.[59]

Wie immer man diese Entwicklung und ihr Ergebnis beurteilt – und man kann, so selbstverständlich sie und es uns heute erscheinen mögen[60], durchaus mit Kant, der die Notstands*entschuldigung* postulierte, die ethische Zulässigkeit der Notstands*rechtfertigung* bestreiten, weil es »keine Noth geben [kann], welche, was Unrecht ist, gesetzmäßig machte«[61] –: Jedenfalls läßt sich die Durchsetzung des rechtfertigenden Notstands als ein Element jener »tiefgreifenden Remoralisierung« auffassen, die Ralf Dreier als Tendenz der Rechtsentwicklung seit der Jahrhundertwende

Literatur in Österreich haben freilich aus dem Merkmal »unwiderstehlicher Zwang« in Anlehnung an modernere Notstandsregelungen die Notwendigkeit einer »Gefahr« in unterschiedlichen Graden als selbstverständlich gefordert; vgl. *Lammasch*, Grundriß, S. 51 (»schwere und unmittelbare Gefahr«), sowie *Finger*, Lehrbuch, Bd. 1, S. 640 (»gefährdetes Rechtsgut«).

57 Gegen die h. M. sah allerdings *v. Liszt* in beiden Notstandsregelungen des StGB Rechtfertigungsgründe; vgl. Lehrbuch, 13./14. Aufl., S. 149.

58 Das heißt, alle Tatbestände auf der »Eingriffseite« und alle schützenswerten Interessen auf der »Erhaltungsseite« umfassenden.

59 Sehr instruktiv zu der verworrenen Dogmengeschichte *Küper*, Differenzierung, in: JuS 1987, S. 81 ff.

60 Vgl. etwa die Bemerkung bei *Lenckner* (1965), Rechtfertigender Notstand, S. 9 (»absolut gesicherter Grundsatz«).

61 *Kant* (1907), MdS, RL, S. 236.

diagnostiziert[62] und die auch die Strafrechtsdogmatik an entscheidenden Stellen ethisch flexibilisiert hat.

Das ist nur scheinbar unverträglich mit jener oben konstatierten ethischen Pluralisierung der modernen Lebensformen, aus der Max Weber die Unverbindlichkeit moralischer Normen für gesetzliche Regelungen gefolgert hat. Der rechtfertigende Notstand ist das klassische Beispiel der Einfügung eines *Prinzips* (nämlich des Prinzips der Wahrnehmung überwiegender berechtigter Interessen) in ein kodifiziertes System von *Regeln*.[63] Regeln sind in diesem begrifflichen Schema definitive Festsetzungen von Ge- oder Verboten, die im konkreten Fall entweder erfüllt oder nicht erfüllt werden: die strafrechtlichen Tatbestände des besonderen Teils zum Beispiel. Prinzipien sind dagegen Optimierungsgebote hinsichtlich bestimmter Zwecke. Sie gebieten, »daß etwas relativ auf die rechtlichen und tatsächlichen Möglichkeiten in möglichst hohem Maße realisiert wird. Damit enthalten sie keine *definitiven*, sondern nur *prima-facie-Gebote*«.[64] Kollisionen zwischen Prinzipien werden nicht wie Regelkonflikte durch Derogation (qua Ungültigerklärung oder Ausnahmeklausel) des einen zugunsten des andern gelöst; sie werden vielmehr, ohne die Gültigkeit beider Konfliktteile zu berühren, unter den jeweils aktuellen Bedingungen ihrer Kollision gegeneinander abgewogen und in ein nur für den konkreten Fall geltendes Vorrangsverhältnis (das in anderen Fällen umgekehrt sein kann) gebracht.[65]

Eine *solche* Moralisierung des Strafrechts heißt gerade nicht, ihm die Korsettstangen einer konkreten moralischen Doktrin als eines Systems von bestimmten Verhaltensdirektiven einzuziehen. Sie macht vielmehr auf einer abstrakten Ebene und im Modus flexibler gedanklicher Verfahrensweisen das Strafrecht re-

62 *Dreier*, Widerstandsrecht (wie Anm. 49), S. 70 (m. w. N.).

63 Vgl. zur Unterscheidung und eingehenden Analyse dieser Begriffe *Alexy* (1986), Theorie der Grundrechte, S. 71 ff.; vgl. auch *Günther* (1988), Sinn für Angemessenheit, S. 261 ff.; Günther gibt übrigens mit Gründen zu bedenken, »daß die Unterscheidung von Regeln und Prinzipien weniger mit der Normstruktur als mit der *Anwendung* von Normen in komplexen Situationen zu tun« haben könnte (a.a.O., S. 270).

64 *Alexy*, a.a.O., S. 87 f.

65 *Alexy*, a.a.O., S. 79.

zeptiv für ethische Erwägungen mit offenem Ausgang. Sie läßt im Falle des rechtfertigenden Notstands das Ignorieren einer strafrechtlichen Regel über die adäquate Lösung einer durch das Eingreifen der Regel entstehenden Prinzipienkollision zu; und sie tut dies selbst more principii.[66] Deutlich ist, daß diese Überlegungen nur für den rechtfertigenden, nicht für den entschuldigenden oder den bloß strafausschließenden Notstand zutreffen. Dort werden nicht zwei einander wechselseitig begrenzende Optimierungsgebote für bestimmte Interessen gegeneinander abgewogen, sondern im Hinblick auf einen einzelnen Täter Grenzen der Zumutbarkeit bzw. im Hinblick auf die Rechtsgemeinschaft Grenzen des Strafbedürfnisses abgesteckt.[67] Wohl kann auch der entschuldigende Notstand, er *muß* aber keineswegs als ethisch motiviert gedeutet werden. Das liegt schon für Feuerbachs bzw. für Kants Lösung auf der Hand. Feuerbach qualifiziert die Notstandslage als solchen »Zustand einer Person« vor dem Strafgesetz, in dem schlicht »die mögliche Wirksamkeit desselben auf das Begehren aufgehoben« sei.[68] Ähnlich heißt es bereits bei Kant, das strafgesetzliche Verbot *könne* in einer echten Notstandslage »die beabsichtigte Wirkung gar nicht haben«.[69] Nicht aus primär moralischen, sondern aus den eher faktischen Gründen des »ultra posse nemo obligatur« wird hiernach der Notstandstäter straflos. Auch die modernen präventionsorientierten Schuldlehren (etwa Roxins oder Jakobs'[70]) er-

66 Die Funktion des § 34 StGB wäre danach so zu deuten: Durch die Einführung des Prinzips »Wahrnehmung überwiegender Interessen« verändert sich der grundsätzliche *Regel*charakter des strafrechtlichen Verbots zu dem eines (bloßen) *Prinzips*, dessen Kollision mit einem anderen Prinzip (dem des Schutzes legitimer Interessen) nach Maßgabe des von § 34 eingeführten (Abwägungs-)Prinzips aufzulösen ist.

67 Daran ändert sich auch dann nichts, wenn man diese Grenzbestimmung anhand von Präventionserwägungen vornimmt, wie es ein Teil der modernen Lehre tut; dazu gleich im Text.

68 *Feuerbach*, Lehrbuch (wie Anm. 56), § 91, S. 179.

69 MdS, RL (1907), S. 179.

70 Vgl. v. a. *Jakobs* (1976), Schuld und Prävention. Kritisch zur *strikt* funktionalistischen und *vollständigen* »Präventionalisierung« des Schuldgedankens bei Jakobs, aber den Schuldbegriff ebenfalls mit Präventionserwägungen ergänzend, *Roxin* (1992), AT, S. 546 ff. Grds. kritisch zum Präventionsgedanken insoweit *Arth. Kaufmann*,

möglichen eine gänzlich moralfreie Interpretation der Notstandsentschuldigung.

Der Gedanke, daß das Strafrecht über den legislativen Einbau solcher Prinzipien flexibel mit der Sphäre des moralischen Räsonnements verbunden werden kann, ohne dem Diktat einer konkreten moralischen Doktrin unterworfen zu werden und ohne die Konturen seiner Bestimmtheit und Berechenbarkeit in einem rechtsstaatlich inakzeptablen Grad zu verlieren, war dem österreichischen Strafrecht fremd. Man könnte auch sagen »unorganisch«; denn die determinierende Grundlage dieses Sachverhalts war natürlich das StG mit seiner durchgängig spürbaren Aura des staatlichen Paternalismus, der weder den Rechtsanwendern noch den Untertanen eine solche räsonierende Intervention in den Mechanismus seiner Ge- und Verbote gestatten wollte. Daß diese absolutistische Last auf die Rechtsprechung drücken mußte, ist evident. Aber auch die Verfasser der Reformentwürfe bis 1912, die mit den wissenschaftlichen Diskussionen in Deutschland vertraut waren (und selbst dazu beitrugen[71]), hielten sich gerade in diesem Punkt eher zögernd zurück. Eberhard Schmidt hat 1931 in einem Gutachten vor der IKV erstaunlicherweise behauptet, die österreichischen Entwürfe von 1909 und 1912 hätten bereits »übereinstimmend den Notstand als Rechtfertigungsgrund ausgestaltet«.[72] Das ist nachweislich falsch. Der Text des § 10 der Entwürfe spricht lediglich davon, daß der Notstandstäter »nicht strafbar« sei. In den »Erläuternden Bemerkungen« wird eindeutig klargestellt, daß damit keine Rechtfertigung gemeint sei.[73] Der Wortlaut legt überdies nahe, in dem Paragra-

Unzeitgemäße Gedanken, in: Jura 1986, S. 225 ff.; *ders.* (1985), Schuld und Prävention, in: Fschr. Wassermann, S. 889 ff.; *Neumann/Schroth* (1980), Neuere Theorien, S. 48 ff.; zum Ganzen *Schünemann* (1989), Entwicklung der Schuldlehre, in: *Hirsch/Weigend*, Straf- und Kriminalpolitik, S. 147 ff.

71 Wie insgesamt um 1910 die österr. Strafrechtswissenschaft in ihren herausragenden Vertretern (Lammasch, Löffler, Stooss, Finger, wenig später Rittler) ebenso wie eine Generation früher Glaser, Merkel, Wahlberg und Janka auf der gleichen theoretischen Blickhöhe diskutierte wie die deutsche und dieser sozusagen nur quantitativ unterlegen war.

72 *Eb. Schmidt*, Problem des übergesetzlichen Notstands, in: Mitt. IKV (n. F.) 5 (1931), S. 137.

73 Erläuternde Bemerkungen (1912), S. 31.

phen auch keinen Entschuldigungs-, sondern einen bloßen Strafausschließungsgrund zu sehen.[74] Es sei nicht Sache des Strafgesetzgebers, ein Notrecht zu schaffen; dieses komme allenfalls als zivilrechtliche »Sachwehr« im Sinne des § 904 des deutschen BGB in Frage.[75] Aber ein solches zivilrechtliches Notstandsrecht gab es im österreichischen ABGB ebenfalls nicht.[76] Erst der österreichische Gegenentwurf zum deutschen »Entwurf Radbruch« von 1922 führte, vor allem auf Druck Löfflers[77], zu einem Votum für die Differenzierungstheorie beim Notstand, die freilich noch lange weder ins Gesetz noch in die Rechtsprechung gelangte.[78]

Karl Kraus scheint bei seiner radikalen Trennungsthese diesem sozusagen atmosphärischen Status quo, dessen gesetzliche Basis er recht gut kannte, deutlich, wenn auch unbewußt, verpflichtet gewesen zu sein. Auch in dem oben zitierten Brief an Franz von Liszt vom 30. 10. 1902 klingt dies an, wenn es heißt:

> Der Mann kann doch nicht selbst urtheilen, daß das, was ich schreibe, eine *Beleidigung* ist. Er müßte klagen, und erst, wenn mein Wahrheitsbeweis mißlänge, hätte ich ihn beleidigt.[79]

Das entsprach durchaus dem Gesetz. Eine »Ehrennotwehr« gab es in Österreich sowenig wie einen »Ehrennotstand« wegen drohender *künftiger* Kränkungen. Jener »Selbsthelfer«, der Kraus zur Unterlassung weiterer Angriffe mit einer Drohung hatte nö-

74 So auch *Goldschmidt*, Notstand, in: ÖZStR 4 (1913), S. 131.

75 Erläuternde Bemerkungen, a.a.O.; ebenfalls *Lammasch*, Grundriß, S. 51.

76 Zur Dogmengeschichte der zivilrechtlichen Selbsthilfe in Österreich vgl. *Wahlberg* (1882), Rechtscharakter der Selbsthilfe und der Notwehr, in: Ges. kl. Schr. III, S. 71 ff.

77 Vgl. *Löffler*, Kritik, in: *Graf Gleispach* (Hg.) (1921), Der deutsche Strafgesetzentwurf, S. 27 ff., insb. S. 38 ff.

78 Die StG-Novelle 1937 regelte ausdrücklich den Abbruch der Schwangerschaft aus strikt medizinischer Indikation als Fall des rechtfertigenden Notstandes; dazu und zur weiteren Entwicklung in Österreich *Rittler* (1954), Lehrbuch, 1. Bd. , S. 142 ff.; vgl. auch *Moos* (1968), Verbrechensbegriff, S. 384, Anm. 260. Erwähnung verdient allerdings, daß schon 1825 Franz *Edler von Zeiller* ein begrenztes Notstands*recht* postuliert hatte; vgl. *ders.*, Nothfall, in: Zeitschr. für österreichische Rechtsgelehrsamkeit 1825, S. 103 ff., 105 f.

79 Kraus-Archiv, I.N. 172.672; vgl. oben, S. 191 ff.

tigen wollen, mochte, wenn diesem der Wahrheitsbeweis nicht gelingen konnte, in Einklang mit dem »sittlichen Gebot« gehandelt haben. Strafrechtlich sollte er, so will es die These von »Ethik und Strafgesetz« und so will es auch das österreichische StG 1852, »nicht bestehen« können. Im Anschluß an seine These zieht der Satiriker mit Blick auf die »Erpressungs«-(= Nötigungs-)Affäre Steger/Beer einige illustrierende Argumente heran, um seine Auffassung zu stützen. Sie haben wohl eine gewisse Prima-facie-Plausibilität. Bei näherem Hinsehen dokumentieren sie aber vor allem ein starres Insistieren auf den straftatbestandlichen Verboten und dem justiziellen Monopol der Konfliktregelung, ohne die Möglichkeit eines Einbaus ethikoffener Prinzipien auch nur in Erwägung zu ziehen, von denen im konkreten Fall etwa eine »Verwerflichkeitsklausel« bei der Nötigung in Frage gekommen wäre, wie sie (allerdings auch erst seit 1943) der deutsche § 240 Abs. 2 StGB enthält.[80] Kraus schreibt:

Mit beichtväterlicher Liebe zürnt er [d. i. der Staat] meinen Lastern und sieht nicht, entschuldigt es vielleicht, wie meine Tugenden den Wohlstand meines Nächsten gefährden. Ich bin so »anständig«, nicht sofort zum Staatsanwalt zu laufen, wenn ich einen Hausfreund im Verdacht einer kriminellen Handlung habe; ich »begnüge mich«, selbst die Sühne zu bestimmen, die er zu leisten hat. Aber dies kulante Entwederoder, das mir mein Zartgefühl eingegeben hat, bedrückt den Schuldigen, dessen Schuld der Staat vielleicht mit einer geringern Strafe ahnden wird, als die ich ihm zuerkenne, peinigt den Unschuldigen. Vor Gericht kann er leugnen und wird vielleicht freigesprochen, vor meinem Privatrichterstuhl muß er sich schuldig bekennen, um der Gnade meines Willkürrechts sicher teilhaftig zu werden. Dies sollte, wenn hundertmal Familienrücksichten und andere sittliche Regungen mich bestimmten, statthaft sein? […] Wer getan hat, was hier beschrieben ward, ist […] – das Laiengefühl behält ja Recht – kein »Erpresser«, kein »Verbrecher«. Aber sicherlich wäre er, wenn unter Aufrechterhaltung seines Sinns Terminologie und Strafausmaß des Gesetzes vernünftig abgestuft würden, ein »Nötiger«, ein »Übertreter«. Kein sittlicher Makel bliebe an ihm hängen, wenn er, der aus sittlicher Erwägung in das Strafmonopol des Staates eingegriffen hat, entsprechend gestraft würde. (S1/68 = 160/2 f.)

Das ist nicht sehr überzeugend. Denn es kommt nicht nur auf die Wirkung der Nötigung beim Adressaten, sondern auch auf die Berechtigung ihrer Motive beim Urheber und damit eben auf

80 Daß diese Klausel andererseits wegen ihrer Vagheit die Grenze des Verfassungswidrigen zumindest streift, ist eine andere Frage.

eine Abwägung zwischen den kollidierenden Interessen an. Daß im konkreten Fall der rigide Druck des Advokaten Steger auf den Professor Beer tatsächlich auch nach heutigen Kriterien eher zur Strafbarkeit tendieren würde[81], ist eine andere als die von Kraus erwogene prinzipielle Frage. Der Standpunkt des Satirikers ist der des österreichischen StG, nicht der einer modernen Dogmatik. Wir werden noch sehen, daß er auch in seiner eingehenden Diskussion zum österreichischen Erpressungsparagraphen 98 und in der Auseinandersetzung mit tatbestandseinschränkenden Auffassungen der Literatur und der Rechtsprechung eine nur wenig flexiblere Haltung einnimmt als in »Ethik und Strafgesetz«; daß er seinen gedanklichen Prämissen also grundsätzlich treu bleibt.

Die strikte Trennung von Recht und Moral hat für die Strafrechtskritik des Satirikers eine Reihe wichtiger Konsequenzen. Eine davon deutet der letzte Satz des obigen Zitats an: Die geforderte Kriminalstrafe trotz ethischer Berechtigung der pönalisierten Tat darf folgerichtig nicht zu einem »sittlichen Makel« für den Täter führen. Diesen Gedanken hat Kraus an anderer Stelle noch einmal prinzipiell aufgenommen: in seiner Kritik an Gustav Klimts »Jurisprudenz«, einem der für die Wiener Universität gemalten »Fakultätsbilder«, deren Ankauf schließlich aus unterschiedlichen Gründen scheiterte.[82] Kraus schreibt:

Gustav Klimt, der zweimal schon des Gedankens Blässe mit den leuchtendsten Farben übertüncht hat, wollte die »Jurisprudenz« malen und hat das Strafrecht symbolisiert. In studentenulkiger Stimmung: ein Verbrecher und ein polypenartiges Fabeltier, das sich dräuend bäumt, stehen vor den Gerichtsschranken. Kneipfrohe Akademiker, die allemal zu zehn Kronen verdonnert werden, wenn sie einen Wachmann als »Polyp« titulieren, mögen Herrn Klimt die Straflosigkeit einer gemalten Wachebeleidigung neiden [...]. Kein Symbol kann dem Menschen, der am Beginn des 20. Jahrhunderts die Gedanken des 20. Jahrhunderts denkt, reichere Beziehungen offenbaren als jenes der Jurisprudenz. [...]. Aber für Herrn Klimt erschöpft sich der Begriff der Jurisprudenz in Verbre-

81 Es ist allerdings auch alles andere als einleuchtend, daß Stegers Verhalten das (in Kraus' Formulierung) »sittliche Gebot« erfüllte.

82 Dazu: *Schild* (1989), Gedanken zu Klimts »Juristenprudenz«, in: *Scholler/Philipps* (Hg.), Jenseits des Funktionalismus, S. 127 ff.; allgemein über Kraus' Verhältnis zu Klimt; *Wagner* (1982), Geist und Geschlecht, S. 40 ff.

chen und Strafe, Rechtspflege heißt »Derwischen und Abkrageln«, und vor Menschen, die froh sind, wenn sie »nur nichts mit den Gerichten zu tun haben«, stellt er das abschreckende Bild des Verbrechers. So eng sollte nicht einmal die Gedankenwelt von Leuten, denen das ›Extrablatt‹ mit seinen Kriminalgeschichten den Horizont absteckt, in einer Zeit sein, welche jenen Annex der Jurisprudenz, der Strafrecht heißt, immer mehr beschränkt und der die Erkenntnis dämmert, daß kommende Geschlechter den mystischen Strafbegriff verleugnen und die Abschrekkungstheorie mit der Besserungstheorie vereinigen werden, indem sie das Gebiet des Verbrechens aufteilen zwischen dem Sozialpolitiker, der Verbrechen verhütet, und dem Arzt, der Verbrecher heilt (147/10 f.).[83]

Der Schlußsatz enthält einen deutlich Lisztschen Ton: ein dezidiertes Votum für die »Zweck- oder Schutzstrafe«, also für eines der markantesten Embleme der »soziologischen Schule«, den Kontrastbegriff zur abstrakt moralisch fundierten Vergeltungsstrafe der »klassischen Schule« um Binding und Birkmeyer. Gewiß mutet das Kraussche Schema vor dem Hintergrund der begrifflichen Differenzierungen in den verschiedenen Straftheorien seiner Zeit sehr primitiv an. Aufschlußreich ist es nicht als ein theoretischer Entwurf, sondern als Markierung eines Standortes und einer grundsätzlichen Orientierung: weg von metaphysischen und hin zu gesellschaftskonstruktiven, rational politischen Strafbegründungen. Dies gehört in den logischen Raum der Trennung von Ethik und Strafrecht, die sich konsequenterweise auch und vor allem auf dessen Sanktionsinstrumente erstrecken muß. Und ein Gedanke, den Kraus im Zusammenhang mit der Frage, was der Staat bestrafen darf, artikuliert, erhellt zugleich seine Auffassung zu der, welche *Zwecke* mit der Strafe verbunden werden dürfen:

[...] wenn Menschen über Menschen richten dürfen, so sollten sie stets der Grenzen ihres Erkenntnisvermögens eingedenk sein. [...] und gerade

83 Hier muß angemerkt werden, daß Kraus' persönliche Autorschaft für diesen Text nicht sicher ist; stilistisch gibt es Indizien dafür wie dagegen. Erst ab Februar 1904 (Nr. 155) verzichtete Kraus auf jede ständige Mitarbeit anderer Autoren, und erst von da an wurden ausnahmslos alle fremden Beiträge (bis zu deren völligem Ende im Mai 1912) mit Namen gezeichnet (vgl. 160/23 und 226/24). Sicher sagen läßt sich aber, daß Kraus keine ungezeichneten fremden Beiträge gedruckt hat, deren Standpunkt er ablehnte. Insofern kann der zitierte Text als Wiedergabe der Krausschen Auffassung gelesen werden.

konservative Geister, denen man »klerikale Gesinnung« nachsagt, müßten [...] kein anderes Bestreben kennen, als darauf zu achten, daß neben der irdischen Gewalt, die straft, auch dem Vertreter der überirdischen, die ermahnt, Spielraum bleibe. (S1/13 = 115/5 f.)

Es ist gewiß eine sinnfällige symbolische Koinzidenz, daß Franz von Liszt genau vier Tage nachdem dieser Passus in der *Fackel* erschienen war (17. 9. 1902), in einem Vortrag auf der Petersburger Tagung der IKV, Tolstois »Auferstehung« zitierend, etwas ganz Ähnliches sagte:

Wie kommt ihr, so ruft er, sündige Menschen, die ihr seid, dazu, über einem eurer Mitmenschen zu Gerichte zu sitzen? [...] – Wer mit den Anhängern der Vergeltungstheorie sich anmaßt, mit der Strafe die Sühne zu vollstrecken, die einzig und allein Gottes ist, wer mit den Vertretern der klassischen Schule das Schwert Gottes zu schwingen sich unterfängt, der wird auf Tolstois flammende Anklage keine Antwort finden.[84]

Prägnant heißt es heute bei Roxin: »Die metaphysische Idee der Gerechtigkeit zu verwirklichen, ist der Staat als eine menschliche Einrichtung weder fähig noch berechtigt.«[85] Klarzustellen ist allerdings beiläufig, daß die Kraussche Bemerkung, »kommende Geschlechter« würden »das Gebiet des Verbrechens aufteilen [...] zwischen Sozialpolitiker und Arzt« nicht einfach als Ab- oder Auflösungsprognose für das Strafrecht gelesen werden darf.[86] Zwar hat Kraus an anderer Stelle seine Sympathie mit der Hoffnung Oscar Wildes, die Kriminalstrafe werde eines Tages verschwinden, zu erkennen gegeben (177/3 = S1/147), aber eher als Projektion eines Ideals und ungefähr im Sinne Franz von Liszts, der 1893 in einem Gutachten für die IKV die sozialpolitische (»sozialistische«) Auffassung des Strafrechts begrüßt und fortfährt:

[...] ich würde sie selbst dann begrüßen, wenn sie das Strafrecht samt seinen Erklärern und Anwendern hinwegspülen sollte. Aber ich bin überzeugt, daß sie es nicht tun wird. [...] Die Begriffe Verbrechen und

84 *v. Liszt*, Gesellschaftliche Faktoren (Vortrag auf der Petersburger Tagung der IKV, 21. 9. 1902), abgedr. in AuV II, S. 433 ff., S. 447.
85 *Roxin* (1992), AT, S. 31.
86 Wozu *Schild*, Gedanken (wie Anm. 82), S. 130, neigt, der sich ebenfalls auf diesen Text bezieht. Richtig dagegen *Müller-Dietz* (1990), Kriminalität und Kriminalitätsverarbeitung in der »*Fackel*«, in: *ders.*, Grenzüberschreitungen, S. 403.

Strafe werden trotz aller Wandlungen unseres Rechtslebens unentbehrlich bleiben, und mit ihnen das Strafrecht.[87]

Kraus spielt bei der Verwendung der Begriffe »Sozialpolitiker« und »Arzt« bewußt mit einer doppelbödigen Semantik, nämlich mit damals in der Kriminalpolitik geläufigen Metaphern, die unterschiedliche Funktionen der Strafrechtspflege plastisch konturierten. In der Festnummer der ZStW zum 60. Geburtstag Liszts schreibt der Mitbegründer der IKV, der Holländer van Hamel, über die früheren Debatten der »soziologischen Schule«:

Man liebte Gleichnisse, drückte es medizinisch aus und sprach von sozialer Krankheit, von Verbrechensdiagnostik, Verbrechenstherapie und Verbrechenshygiene, innerhalb der Grenzen einer gesetzlich beschränkten Freiheit.[88]

Sedes materiae bei Liszt ist bereits das »Marburger Programm« von 1882 über den »Zweckgedanken im Strafrecht«.[89] Dort entwickelt er im kritischen Anschluß an Wahlbergs Unterscheidung zwischen »Gelegenheits«- und »Gewohnheitsverbrechern«[90] seine dreigliedrige Klassifizierung der Verbrechertypen, der er ein dreigliedriges Schema der Strafzwecke zuordnet:

1. Besserung der besserungsfähigen und besserungsbedürftigen Verbrecher;
2. Abschreckung der nicht besserungsbedürftigen Verbrecher;
3. Unschädlichmachung der nicht besserungsfähigen Verbrecher.[91]

In der letzten von ihm selbst besorgten Auflage seines Lehrbuchs faßt er den Verlauf des Schulenstreits der vergangenen Jahr-

87 *v. Liszt*, Über den Einfluß, in: AuV II, S. 81 f. – *Naucke* zitiert aus diesem Lisztschen Aufsatz noch deutlichere, aber ebenso deutlich im irrealen Konjunktiv formulierte Bemerkungen, um die scharf kritische Behauptung zu belegen, Liszt habe im Grunde das Strafrecht zugunsten einer rein funktionalen und damit gefährlichen Kriminalpolitik abschaffen wollen (in: ZStW 94, 1982, S. 525 ff., insbesondere S. 540 ff.). Ich halte diese Kritik für unzutreffend.

88 *Van Hamel*, Ethische Bedeutung, in: ZStW 32 (1911), S. 26.

89 AuV I, S. 126 ff.

90 *Wahlberg* (1875), Gewohnheitsverbrechen, in: Ges. kl. Schr. I, S. 136 ff.; *ders.*, (1882), Gelegenheitsverbrechen, in: Ges. kl. Schr. III, S. 55 ff.; vgl. *v. Liszts* Anerkennung (und Kritik) des Wahlbergschen Schemas in: Zweckgedanke, AuV I, S. 166, Anm. 1.

91 *v. Liszt*, Zweckgedanke, a.a.O., S. 166.

zehnte knapp zusammen; und hier finden sich die bei Kraus anklingenden Motive »mystischer Strafbegriff«, »Abschreckungs«- und »Besserungstheorie« deutlich:

War die ausreichende Rechtfertigung der staatlichen Strafgewalt mit der Notwendigkeit der Strafe für die Aufrechterhaltung der Rechtsordnung und mit ihrer Eignung für die Erreichung dieses Ziels mit einer alle Zweifel ausschließenden Sicherheit gegeben [...], so entfiel damit jeder Anlaß, die Strafe auf ein metaphysisches Prinzip zurückzuführen. So trat der Gedanke der Spezialprävention in den Vordergrund, ohne daß der der Generalprävention beseitigt wurde; und der Vergeltungsstrafe wurde die Schutz- oder Zweckstrafe gegenübergestellt.[92]

Und schon seit langem hatte es im Kapitel »Das Strafrecht als Interessenschutz« geheißen:

a) Die Aufgabe der Strafe kann dahin gehen, den Verbrecher wieder zu einem brauchbaren Glied der Gesellschaft zu machen. [...] Je nachdem es sich dabei in erster Linie um die Kräftigung der erschütterten Hemmungsvorstellungen oder um die umgestaltende Einwirkung auf den Charakter des Thäters handelt, kann man *Abschreckung* oder *Besserung* als die angestrebte Wirkung der Strafe unterscheiden.
b) Die Aufgabe der Strafe kann aber auch dahin gehen, dem für die Gesellschaft unbrauchbar gewordenen Verbrecher die physische Möglichkeit zur Begehung weiterer Verbrechen auf immer oder auf Zeit zu entziehen, ihn aus der Gesellschaft auszuscheiden (künstliche Selektion). Man spricht hier von *Unschädlichmachung* des Verbrechers.[93]

Sehr aufschlußreich ist, daß bei Kraus wohl die Ablehnung einer metaphysischen Fundierung der Strafe und die Betonung ihrer alleinigen Zwecke Abschreckung und Besserung auftauchen[94], aber nicht der der Unschädlichmachung. Ob Kraus dieses ganze Lisztsche Schema der Verbrechertypen und der zugeordneten Strafzwecke genau gekannt hat, ist nicht mit Sicherheit festzu-

92 *v. Liszt* (1919), Lehrbuch, 21./22. Aufl., S. 21.
93 *v. Liszt* (1903), Lehrbuch, 12./13. Aufl., S. 69.
94 Wobei nicht ganz klar ist, ob »Abschreckung« spezial- oder generalpräventiv gemeint ist. Das hierzu bezogene Komplement des »Sozialpolitikers« scheint eher für die generalpräventive Deutung zu sprechen. Es könnten allerdings auch beide Präventionsrichtungen gemeint sein. Wichtig ist dies im übrigen für den Vergleich mit Franz v. Liszt nicht; denn auch dieser hat keineswegs, wie gelegentlich behauptet wird, ausschließlich die Zwecke der Spezialprävention betont; vgl. nur Lehrbuch, 12./13. Aufl., S. 69.

stellen, obwohl es naheliegt. Aber daß der Strafzweck des »Unschädlichmachens« damals unter Kriminalisten eine von Zweifeln wenig irritierte Geläufigkeit hatte, wußte Kraus ganz gewiß. In der Nummer 9 der ZStW, auf die ihn Franz von Liszt brieflich hingewiesen und die er, wie ich oben gezeigt habe[95], mit großer Wahrscheinlichkeit gelesen hat, steht auch ein Aufsatz Heinrich Lammaschs, worin neben den vom Autor so genannten »konstanten Strafzwecken«[96] drei sich gegenseitig ausschließende »variable« aufgezählt werden. Diese sind exakt die von Liszt betonten der »Abschreckung«, »Zucht« (= Besserung) und »Unschädlichmachung«.[97] Daß Kraus neben dem Lisztschen auch diesen Aufsatz von Lammasch gelesen hat, ist deshalb wahrscheinlich, weil sich Lammasch nur hierin einschränkungslos der Auffassung Liszts anschließt, das Strafrecht sei nichts anderes als ein »Zweig der gesamten sozialen Frage«[98], und weil es gerade diese (später von Lammasch gelöste) gedankliche Verbindung zwischen beiden Strafrechtlern ist, was Kraus in der *Fackel* (17/12) nachdrücklich hervorhebt.

Der Grund, warum Kraus, bewußt oder unbewußt, davor zurückscheute, den etwas rigiden und ins Sozialdarwinistische spielenden Tonfall des »Unschädlichmachens« anzuschlagen, ist dieser: Entweder dachte der Satiriker die Konsequenzen seiner (Lisztschen) Forderung einer moralfreien Zweckstrafe nicht vollständig zu Ende; oder er weigerte sich aus bestimmten Gründen, diese Konsequenzen radikal zu ziehen. Liszt selbst war optimistisch genug, zu schreiben: »Der Zweckgedanke begrenzt und schützt sich selbst.«[99] Aber das ist unrichtig. Mit Recht wird

95 Vgl. oben, S. 175 f.

96 Dazu gehört neben der »Genugthuung« für den Verletzten vor allem der schon deutlich konturierte Zweck einer »positiven« (»normstabilisierenden«) Generalprävention. Lammasch ist damit vielleicht der erste Strafrechtler, der diesen Strafzweck, jedenfalls eines seiner zentralen Elemente, klar gesehen hat, wobei er sich allerdings auf ein noch deutlich älteres und ebenfalls einschlägiges Zitat des englischen Kriminalisten James Stephen stützt; vgl. *Lammasch*, Zwecke und Mittel, in: ZStW 9 (1889), S. 425 ff.

97 A.a.O., S. 430.

98 A.a.O., S. 435.

99 *v. Liszt*, Lehrbuch, 12./13. Aufl., S. 80. Liszt fährt fort: »Das Mittel über den Zweck zu stellen wird niemals als zweckmäßig erscheinen.« Aber das ist nicht mehr als eine undeutliche Suggestionsformel, die

heute gerade das Fehlen eines akzeptablen und rational handhabbaren Kriteriums der Strafbegrenzung als entscheidender Mangel aller ausschließlich präventiv, vor allem der vorrangig spezialpräventiv orientierten Strafzwecklehren (wie derjenigen Liszts) moniert.[100] In gewissem Sinne hat Liszt trivialerweise recht: Der exakt angewendete Zweckgedanke begrenzt sich selbst – eben auf die Zweckverfolgung. Und das heißt: auf »Abschreckung, Besserung und Unschädlichmachung«. Aber gerade dies ist eine rechtsstaatlich nicht akzeptable Grenzziehung. Denn sie läßt die subjektiven Freiheitsinteressen des Straftäters restlos hinter den Schutzbedürfnissen der Gesellschaft verschwinden. Sie muß konsequenterweise zur Forderung einer Verurteilung mit unbestimmter Strafdauer führen, einer Forderung, der Liszt daher zeit seines Lebens und mit nur undeutlichen Einschränkungserwägungen anhing.[101] Aber die Logik dieser »Selbstbegrenzung« braucht zum Beispiel bei unverbesserlichen Rückfalltätern auch vor der Konsequenz einer lebenslangen Einschließung nicht haltzumachen, und zwar selbst dann nicht, wenn es sich nur um Fälle von Bagatellkriminalität handelt, etwa um eine nicht therapierbare Kleptomanie, die sich an Kleinwaren in Kaufhäusern auslebt.[102]

Auch das klassische dogmatische Korrelat und Korrektiv der Strafhöhe, die Schuld, gibt für Liszt im Rahmen seiner Verbrechenslehre keinen Maßbegriff für die Strafe her. Mit Recht macht heute Roxin in seiner zu den differenziertesten Konzeptionen

zudem das Problem gar nicht trifft: Auch der ausschließlich und rational verfolgte (also nicht vom »Mittel« der Strafe überwogene) reine Zweck der Prävention muß begrenzt werden; und er ist schon aus logischen Gründen zu dieser Selbstbegrenzung nicht fähig.

100 Vgl. dazu die prägnante Darstellung dieser Problematik bei *Roxin* (1992), AT, S. 33, 35 f.

101 Vgl. etwa Lehrbuch 12./13. Aufl., S. 79: Votum für die unbestimmte Strafe »etwa innerhalb eines Höchst- und Mindestmaßes«; vgl. auch »Kriminalpolitische Aufgaben«, AuV I, S. 333 ff.; ebenfalls »Reform«, AuV I, S. 531 ff.; sowie »E. F. Klein und die unbestimmte Verurteilung«, AuV II, S. 133 ff.

102 Vgl. insofern die manchmal beklemmende Härte des Tons in *Liszts* »Marburger Programm«; AuV I, insb. S. 170: »Einschließung auf unbestimmte Zeit« bei dritter Verurteilung wegen bestimmter Delikte (darunter Diebstahl und Sachbeschädigung!); »Strafknechtschaft« mit disziplinarischer Prügelstrafe u. ä.

der Schulddogmatik gehörenden Lehre auf die »liberale Funktion« aufmerksam, die selbst ein ausschließlich der Vergeltung verpflichtetes Schuldprinzip hat und die »um der Freiheit des Bürgers willen auch in einem modernen Strafrecht erhalten bleiben« sollte, welches andererseits gleichwohl auf jeden Vergeltungsgedanken zu verzichten habe[103]: Das Strafmaß darf keinesfalls aus bloßen Präventionserwägungen das (wie immer zu ermittelnde) Maß der Tatschuld übersteigen. Liszts Schulddogmatik, die von der ersten bis zur letzten von ihm selbst besorgten Auflage seines Lehrbuches mannigfachen und komplizierten Wandlungen unterlag[104], hielt jedenfalls einen Grundgedanken fest: Der *ethische* Vorwurf an den Täter – »Du hättest anders handeln können« – ist unhaltbar und damit, wie Liszt meint, der gesamte »überlieferte Schuldbegriff«.[105] Wenn die Schuldfeststellung überhaupt eine tadelnde Wertung enthalten dürfe, was Liszt zunächst ausdrücklich bestritt[106], dann könne sich diese nur auf die – moralfreie! – Konstatierung einer »*Mangelhaftigkeit* der für das gesellschaftliche Zusammenleben im Staat erforderlichen sozialen Gesinnung«[107] beziehen. Allenfalls dieser Mangel und nicht ein persönliches (moralisches) »Dafürkönnen« sei das maßgebende Schuldkorrelat zur Strafe. Bis diese dem Täter jenen Mangel, sei es durch Belehrung, sei es durch Konditionierung, sozusagen ausgetrieben habe, sei sie auch von einer so verstande-

103 *Roxin* (1992), AT, S. 41, S. 547 ff. Nach Roxin heißt das, daß die Schuld wohl die Obergrenze der Strafe festlegt, aber keineswegs eine Untergrenze erzwingt. Das schuldangemessene Strafmaß darf vielmehr aus Präventionserwägungen unterschritten werden.

104 Dazu instruktiv *Rosenfeld*, Schuld und Vorsatz im Lisztschen Lehrbuch, in: ZStW 32 (1911), S. 466 ff., sowie *Bockelmann* (1939), Studien, 1. Teil, S. 113 ff.

105 Vgl. etwa *v. Liszt*, Deterministische Gegner, AuV II, S. 47.

106 Vgl. Lehrbuch (1894), 6. Aufl., S. 131, sowie die weiteren Nachweise bei *Bockelmann*, a.a.O., S. 115.

107 Vgl. *v. Liszt*, Psychologische Grundlagen, AuV II, S. 190 f. Wichtig ist hier die Feststellung, daß dies nicht zu einem verbotenen Gesinnungsstrafrecht im kantischen Sinn führt: »antisoziale Gesinnung« bedeutet für Liszt eine in der Straftat manifestierte, objektiv erfaßbare gesellschaftswidrige Disposition des Täters, nicht dagegen etwas, was sich im autonomen Bereich seiner Gedankenfreiheit abspielt; vgl. etwa »Psychologische Grundlagen«, AuV II, S. 191, sowie S. 209.

nen Schuld (wie natürlich ohnehin von ihrem spezialpräventiven Zweck) gedeckt. Und das heißt: notfalls ad infinitum, wenn die Mangelbehebung scheitert.

Das ist die bis in die Verästelungen der Dogmatik kalt gezogene Konsequenz, zu der sich Liszt auf der Grundlage seines lebenslang festgehaltenen Determinismus, der ihm wissenschaftlich unbestreitbar erschien, verpflichtet oder jedenfalls berechtigt glaubte. Daß ein solches System gefährlich und im liberalen Rechtsstaat schwerwiegenden Einwänden ausgesetzt ist, erscheint heute offenkundig. Ob Liszts Prämissen zusammen mit seinen zeitgebunden antiquierten Wissenschafts- und Logikauffassungen seine Ergebnisse tatsächlich erzwangen, braucht hier nicht erörtert zu werden. Sicher ist, daß sie in seiner eigenen Sicht der Dinge notwendig mit dem Prinzip einer radikalen Trennung von Strafrecht und Moral zusammenhingen:

> Verfehlt ist es, das rechtliche (soziale) Werturteil durch ein sittlich-ästhetisches ersetzen zu wollen. Diesen Fehler begeht der Gesetzgeber, wenn er die Strafe nach der »ehrlosen« (»niederträchtigen«) oder nicht ehrlosen Gesinnung des Verbrechers zu bestimmen versucht. Die Zeiten sind dahin, in denen Ehre und Recht nächstverwandte Begriffe waren. Der Gesetzgeber mag das bedauern; ändern kann er es nicht.[108]

Und plastischer in seinem Gutachten zum 20. Deutschen Juristentag 1902: »Es kann einer ein verächtlicher Schuft sein, ohne daß er zum Verbrecher wird; und auch das Gegenteil ist möglich.«[109] So zutreffend dies ist, so verfehlt erscheint andererseits die darauf gestützte Folgerung einer bis in die Begründungsfundamente durchgängigen Ablösung des Strafrechts von der Moral. Gewiß deutet auch ein moderner Theoretiker wie Roxin, in mancherlei Hinsicht erkennbar an Liszt anknüpfend, die dogmatische Kategorie der Schuld bzw. der »Verantwortlichkeit« als *moralfreies* System begrifflicher »checks and balances«, das nicht zu einem »sittlichen Vorwurf«, sondern zu einer Art »sozialer Haftung« führe.[110] Aber der Grund, den Roxin für die Beibehaltung des – sei es auch vornehmlich auf »Zuschreibungen« beruhenden – Schuldprinzips anführt, ist selbst nicht vollständig moralfrei interpretierbar: Die »liberale Funktion« der Strafbegrenzung

108 A.a.O., S. 191, Anm. 1.
109 *v. Liszt*, Revision des Strafgesetzbuchs, AuV II, S. 387.
110 *Roxin* (1992), AT, S. 544, 547 ff.

durch die Schuld »sollte um der Freiheit des Bürgers willen [...] erhalten bleiben«.[111] Das ist so richtig, wie es nicht ohne ethische Erwägungen, die freilich nichts mehr mit einem Vorwurf gegen den Täter zu tun haben, zu fundieren ist.[112] Womit sonst könnte der »Freiheit des [straffälligen!] Bürgers« ein Abwägungsvorrang vor der kollektiven Sicherheit aller anderen verschafft werden?

Kehren wir zurück zu Karl Kraus. Ganz offenbar beeindruckt von der Aura wissenschaftlicher Modernität um die Lisztsche Lehre, die ihm die liberal-humanen Voraussetzungen der eigenen Haltung zum Strafrecht vollständig zu artikulieren und rational am besten zu beglaubigen schien, übernahm er einige ihrer zentralen Grundbegriffe und das Prinzip ihrer Trennung von der Ethik – und ignorierte (oder verwarf stillschweigend) diejenigen ihrer Ergebnisse, die ihm sub specie humanitatis kontraintuitiv erschienen und es im übrigen, mindestens teilweise, auch waren. Bereits die Pauschalkennzeichnung des Strafgesetzes als »soziale Schutzvorrichtung« (S1/67 = 160/2) und nicht als Instrument einer höheren Gerechtigkeit ist von Liszt bezogen. Dem Deterministen, heißt es bei diesem, »kann und darf die Strafe nichts anderes sein als ein *Schutzmittel* für die Gesellschaft«.[113] Aber auch schwierigere Termini des Lisztschen Systems tauchen bei Kraus auf; und gerade deren wissenschaftliche Problematik, die Kraus keinesfalls völlig durchschaute, ist ein Beleg dafür, daß er sie quasi unbesehen aus einer pauschal und ohne hinreichende Kritikfähigkeit hochgeschätzten Theorie übernahm, um dann desto unbefangener von Konsequenzen abzusehen, die ihm nicht

111 A.a.O., S. 41, vgl. auch S. 550: Schuld als eine »gegen staatliche Strafexzesse gerichtete ›freiheitsverbürgende Annahme‹«.

112 Selbst radikale Gegner des Schuldprinzips dürften allenfalls um den Preis der Unhaltbarkeit ihrer Theorien auf jeden ethischen Bezug des Strafrechts verzichten können. Vgl. exemplarisch *Baurmann* (1987), Zweckrationalität und Strafrecht, insb. S. 253 ff., S. 287 ff. und passim; *Ellscheid/Hassemer* (1970), Strafe ohne Vorwurf, in: Civitas. Jahrbuch für Sozialwissenschaften 9, S. 27 ff., die für ein »tatbezogenes Maßnahmerecht« unter den Regularien des Verhältnismäßigkeitsgrundsatzes plädieren. Unbeschadet der Einwände gegen diese Konzeption (vgl. dazu *Arthur Kaufmann* [1976], Schuldprinzip und Verhältnismäßigkeitsgrundsatz, in: Fschr. Lange, S. 27 ff.) dürfte der Verhältnismäßigkeitsgrundsatz selbst zu den Grundprinzipien der Ethik gehören.

113 *v. Liszt*, Deterministische Gegner, AuV II, S. 52.

paßten oder nicht gepaßt hätten, wenn sie ihm vollständig deutlich geworden wären. »Der Gerichtssachverständige«, heißt es in der *Fackel* vom April 1900,

hat das Amt, der strafenden und rächenden Justiz in den Arm zu fallen, sie nachdenklicher, weniger instinctiv und deterministischer zu machen. (39/21)

Bei Lammasch etwa hätte Kraus für den Determinismus, ebenso übrigens wie für die Trennung von Recht und Moral, keine Stütze finden können.[114] Das folgende Zitat aus der *Fackel* ruft eine ganze Reihe von Thesen und Stichworten Franz v. Liszts auf:

Die sofort durchführbare Reform müßte sich mit einer Schiebung von Rechtsgütern begnügen, mit der Milderung und Individualisierung[115] der Strafen, und vor allem mit der Sicherung, daß der Staat nicht Verbrecher *erzeuge*. [...] Denn nirgends ist der Glaube an den Selbstzweck der staatlichen Gewalten so festgewurzelt wie hier, wo noch immer das Publikum als eine zur Bedienung der Beamtenschaft bestimmte Einrichtung oder als eine lästige Begleiterscheinung, ohne die sich's leichter amtieren ließe, aufgefaßt wird. [...] Es entspricht dem allgemeinen Wesen österreichischer Amtlichkeit, daß es unserer Justiz nicht so sehr darauf ankommt, Verbrechen zu verhindern, als sie zu strafen. (S1/147 f. = 177/4)[116]

Auch kriminalpolitische Einzelpostulate Liszts tauchen in der *Fackel* auf: zum Beispiel die Forderung nach einem (Gefährdungs-)Tatbestand der Infizierung anderer mit Geschlechtskrankheiten, der auch männliche Täter erfassen sollte (153/10 = S1/37; 211/27 = S1/250; 275/11)[117]; oder die Abschaffung der

114 Dazu v. a. *Lammasch*, Criminalpolitische Studien, in: Gerichtssaal 44 (1891), S. 157 ff.

115 Vgl. hierzu *Wahlberg* (1869), Princip der Individualisierung. Zu dem erheblichen Einfluß dieser Schrift auf Liszts Kriminalpolitik s. *Moos*, Liszt als Österreicher, in: ZStW 81 (1969), S. 667 f.

116 Vgl. mit dieser Passage die Formulierung *Liszts*, Lehrbuch 12./13. Aufl., S. 81: »Der Begehung des Verbrechens vorzubeugen, wird wichtiger und wertvoller erscheinen [...], als die Bestrafung der begangenen That.«

117 Bei *Liszt* etwa: »Gesundheitsgefährdung durch Geschlechtskranke«, AuV II, S. 471 ff., insb. S. 487 ff. In Österreich war nach § 5 Ziff. 3 des »Landstreichergesetzes« vom 24. 5. 1884 der Sexualverkehr einer geschlechtskranken Dirne strafbar. Gegen Männer gab es eine entsprechende Strafdrohung nicht. Der allgemeine Körper-

reinen erfolgsqualifizierten, nämlich hinsichtlich der schweren Folge gänzlich verschuldensunabhängigen Delikte (66/11[118]), wie sie das StG 1852 insbesondere in den §§ 140 (Totschlag), 152 (schwere Körperverletzung) und sogar im Mordtatbestand des § 134, 2. HS[119] enthielt und wie sie damals auch in einer langen Paragraphenreihe des deutschen RStGB – gegen Liszts scharfen Protest[120] – als archaische Relikte einer echten Haftung für versari in re illicita noch in Kraft waren. Ein entscheidender Unterschied ist nun aber dieser: Die Konsequenz, die Liszt in Gestalt einer gänzlich an Präventionszwecken orientierten Strafe aus seinen Prämissen »Determinismus« und »Trennung von Strafrecht und Moral« zog, wäre für Kraus trotz Unterschreibens der Prämissen gänzlich inakzeptabel gewesen. An zwei markanten Fällen aus dem strafgerichtlichen Panoptikum der *Fackel* will ich dies im folgenden deutlich machen. Sie zeigen, daß Kraus bei aller unbeirrten Vollmundigkeit seiner Trennungsthese in »Ethik und Strafgesetz« jedenfalls das Strafmaß an das Gewicht der persönlichen Schuld im klassischen Sinne und damit an Gerechtigkeits-, also an ethische Erwägungen gebunden wissen wollte. Der Liszt-Einfluß hörte präzise da auf, wo er mit fundamentalen Intuitionen des Krausschen Rechtsgefühls kollidierte.[121] Insofern ist die Auffassung des Satirikers von den Grenzen des staatlichen Strafens liberaler als die Franz v. Liszts: nämlich stärker an den

verletzungstatbestand (§ 431 StG) wurde in solchen Fällen nicht angewendet. Gegen diese Ungleichbehandlung auch *Liszt*, a.a.O., S. 491.

118 Kraus spricht hier unscharf von der Notwendigkeit einer »vorgeschrittenen Moral [!], die das Verschulden nicht mehr nach seinen Folgen« messe.

119 Vgl. dazu die Entscheidung KH 3201 (16. 6. 1906), die im Leitsatz zwar vom Erfordernis eines »subjektiven Verschuldens« spricht, in der Begründung aber eindeutig klarstellt, daß sich dieses nicht auf den tödlichen Erfolg beziehen müsse, sondern nur auf die »Möglichkeit einer Verletzung des Opfers überhaupt«.

120 *v. Liszt*, Lehrbuch, 12./13. Aufl., S. 163 (dort auch eine Liste der entsprechenden Paragraphen).

121 Freilich bringt auch Liszt im »Marburger Programm« sein Konzept der Zweckstrafe mit der Forderung nach gerechter Strafe zur Dekkung: »Nur die notwendige Strafe ist gerecht« (AuV I, S. 161). Aber das ist, wenn man, wie Liszt, »notwendig« als »präventiv notwendig« auffaßt, eine schlichte und unplausible Dezision.

Interessen auch des straffällig gewordenen Individuums *gegenüber* der Gesellschaft und nicht nur an der Kontrolle seiner Beziehungen zu ihr orientiert.

Am 19. März 1904 erschien unter dem Titel »Ein Unhold« in der *Fackel* eine Polemik, die, nach einem vorangestellten Shakespeare-Motto[122], im tonlosen Ausdruck des Entsetzens so beginnt[123]:

Johann Feigl, Hofrat und Vizepräsident des Wiener Landesgerichts, hat als Vorsitzender einer Schwurgerichtsverhandlung am 10. März 1904 einen dreiundzwanzigjährigen Burschen, der in Not und Trunkenheit eine Frau auf der Ringstraße attackiert und ihr die Handtasche zu entreißen versucht hatte, zu lebenslänglichem schweren Kerker verurteilt. Das Datum wird aus der Geschichte der österreichischen Rechtspflege, der märzgefallenen, nicht mehr verschwinden. Wenn wir die Reihe der Sünder im Talar passierten, die in nüchternem Zustand die leibhaftige Gerechtigkeit attackiert, vergewaltigt, geschändet haben, nur Einem konnten wir keinen Milderungsgrund zubilligen: Herrn Johann Feigl. Er ist der persönlichen Freiheit der Staatsbürger am gefährlichsten geworden, er, der einzige, der dem Wahnwitz jenes hundertjährigen Gesetzes buchstäblich gerecht ward. (S1/42 = 157/1)

Der Sachverhalt ist korrekt beschrieben. Kraus zitiert im folgenden Heft der *Fackel* aus einem Artikel des angesehenen Wiener Rechtsanwalts Edmund Benedikt, des Mitherausgebers der *Juristischen Blätter*; darin wird, nach Konstatierung der »ungeheuren Aufregung«, die das Urteil hervorgerufen habe, in ähnlich knappen Worten wie in der *Fackel*, lediglich unter Hinzufügung des »schlechten Vorlebens« des Täters Anton Kraft[124], die Kraussche Sachverhaltsdarstellung bestätigt.[125] Der einschlägige »Wahnwitz des hundertjährigen Gesetzes« sind dessen §§ 190 und 195:

122 Aus Hamlet, III/4: »Des Himmels Antlitz glüht, ja diese Feste, / Dies Weltgebäu, mit trauerndem Gesicht, / Als nahte sich der jüngste Tag, gedenkt / Trübsinnig dieser Tat ...«.
123 Ich zitiere wieder nach der Buchausgabe von S1.
124 Kraus schreibt merkwürdigerweise in der Buchausgabe »Krafft«, während es in 158/17 ff. korrekt – wie bei Benedikt – »Kraft« heißt.
125 Die genaue Quelle ist *Benedikt*, Wochenschau, in: JBl 33 (1904), S. 148 f.

§ 190 Eines Raubes macht sich schuldig, wer einer Person Gewalt antut, um sich ihrer oder sonst einer fremden beweglichen Sache[126] zu bemächtigen; die Gewalt mag mit tätlicher Beleidigung oder nur mit Drohung geschehen.[127]

§ 195 Wenn aber bei dem Raube jemand dergestalt verwundet oder verletzt worden, daß derselbe dadurch eine schwere körperliche Beschädigung (§ 152) erlitten hat [...]; so soll jeder, der daran teilgenommen, mit lebenslangem schweren Kerker bestraft werden.[128]

Die schwere körperliche Beschädigung der Überfallenen bestand hier in einem »Nervenchok [...], der sie durch mehr als 20 Tage arbeitsunfähig machte«.[129] Benedikt hält bei dieser Sachlage die Anwendung des § 195 mit Recht für »zweifelhaft«[130], zumal die Gerichte sonst dem »Eintritt eines Nervenchoks [...] nicht allzu freundlich zu sein« pflegten, und fährt fort:

Aber sei dem wie immer, die Tatsache, daß die unmittelbar zugefügten Verletzungen ganz leichter Art waren, ist ein höchst wichtiger Milderungsumstand. Dazu kommt die Nichtvollbringung des Raubes, dessen Begehung am hellen Tage in sehr belebter Gegend, also unter möglichst ungefährlichen Umständen, in subjektiver Hinsicht das jugendliche Alter, die Angetrunkenheit und die Not. [...] In wie beispielloser Weise das Urteil des Wiener Schwurgerichtshofes die seit so vielen Jahrzehnten in so vielen tausenden von Fällen hergestellte Verhältnismäßigkeit zwischen Strafe und Verbrechen gestört hat, sagt jedem die Erfahrung und bestätigen die Zahlen. Wie immer man über Grund und Zweck der Strafe denken mag, wie sehr man davon überzeugt sein mag, daß eine absolute Gerechtigkeit schon wegen der Inkommensurabilität von Schuld und Strafe niemals erreicht werden kann, man muß daran festhalten, daß jene

126 Bemerkenswert ist vielleicht, daß Kraus über den doppelten syntaktischen Bezug des »ihrer« (auf »Sache« und – ungewollt – auf »Person«) und den dadurch erzeugten komischen Nebensinn des Paragraphen keine ironische Grimasse gezogen hat.

127 Daß diese Tatbestandsfassung erhebliche Abgrenzungsprobleme zur Erpressung (§ 98 StG) aufwirft, liegt auf der Hand; zu deren Bewältigung vgl. KH 2333 (6. 4. 1899).

128 Exakt wäre zu sagen, daß das wirklich »hundertjährige Gesetz« von 1803 in seinem ansonsten praktisch inhaltsgleichen § I.174 lediglich statt »schweren« »schwersten Kerker« androhte.

129 *Benedikt*, JBl 33 (1904), S. 148; vgl. auch S1/48 = 158/18.

130 Der »Nervenchock« ist keine besonders klare Schadensdiagnose; er lag aber im konkreten Fall eindeutig außerhalb der ratio legis des § 195.

Proportion, die sich aufgrund der Gesetze durch die Übung der Spruchpraxis herausgebildet hat, nicht verletzt werden darf, wenn man nicht aus der Strafjustiz eine willkürliche und sinnlose Straferei machen will. [...] Wer in solcher Weise, wie das besprochene Urteil, an dem Verhältnis zwischen Strafe und Tat rüttelt, zerbricht einen der stärksten Pfeiler unserer ohnehin unvollkommenen Gerechtigkeit und lädt schwere Schuld auf sich.[131]

Kraus druckt diese (und weitere) Passagen des Benediktschen Textes in der *Fackel* ab und hebt – anders als das Original – vor allem die Stelle über die »Verhältnismäßigkeit zwischen Strafe und Verbrechen« durch Sperrdruck hervor. Benedikt bestätigt im übrigen mit einigen bloß rhetorischen Einschränkungen Kraus' Behauptung (in 157/5 f.), die unfaßbare Härte des Strafmaßes sei eine persönliche Revanche des Vorsitzenden für die pubertäre Aufmüpfigkeit des Angeklagten während der Verhandlung.[132] In unserem Zusammenhang ist etwas anderes wichtig. Die von Kraus nachdrücklich unterstrichenen Ausführungen Benedikts laufen spürbar auf eine theoretische Kollision mit Liszts Zweck- und Schutzkonzept der Strafe hinaus (obwohl es keinen Zweifel geben kann, daß auch Liszt im konkreten Fall das Strafmaß scharf mißbilligt hätte). Zugespitzt wird die Frage in dem Aufsatz eines anderen Wiener Advokaten, Friedrich Elbogen[133], der das Urteil mit den folgenden Erwägungen verteidigte, die Kraus ebenfalls in der *Fackel* nachdruckt, aber ablehnend kommentiert, und in denen ein deutlicher Lisztscher Ton nicht zu überhören

131 *Benedikt*, a.a.O., S. 148; ebenfalls zitiert in S1/48 = 158/18.

132 Kraus schreibt u. a.: »Der Angeklagte verwahrt sich gegen ›die spitzen Redensarten des Gerichtshofes‹. Das ward in diesem Haus und von Herrn Feigl noch nicht erlebt. Der Kerl kanzelt seinen Anwalt herunter und hält ein Plaidoyer, das als ein hochdeutsches Sammelsurium der bekanntesten Verteidigerphrasen, in dem selbst zum Schluß der Hinweis auf die eigene psychische Minderwertigkeit nicht fehlt, ein parodistisches Meisterwerk genannt werden muß. Mit Hohn war diesem Angeklagten nicht beizukommen, diesem nicht. Also blieb nichts übrig, als ein Urteil zu fällen, das weithin wirke als Exempel – zur Verhütung künftiger Raubanfälle? Nein, zur Verhütung unbotmäßigen Betragens vor Gericht.« (S1/45 f. = 157/5).

133 In den ersten acht Jahren der *Fackel* eine ihrer beliebteren satirischen und polemischen Zielscheiben.

ist. Merkwürdigerweise hat Kraus gerade diesen Passus nicht in das Buch *Sittlichkeit und Kriminalität* übernommen:

Er [Elbogen] rechtfertigt die lebenslängliche Strafe – Feigl hat sie, wie nachträglich bekannt wurde, über den Irrsinn des österreichischen Strafgesetzes hinaus mit einem jährlichen Fasttage »verschärft« – aus einem »höheren soziologischen Gesichtspunkt«. Diese verfluchten Gesichtspunkte auf dem schönen Antlitz der Frau Justitia! Und vollends Herr Feigl als Soziolog! Anton Kraft ist ein »geborener Verbrecher«.[134] Seine etwaige Besserung müsse »im Gefängnisse abgewartet werden«.[135] Das ist natürlich, ganz abgesehen von der psychologischen Verläßlichkeit der Gefangenenaufseher, ein Unsinn. Den »geborenen Verbrecher« kann ich am Kaffeehaustisch agnoszieren; gestraft werden kann er nur nach dem Maß der kriminellen Tat, die er begangen hat. Da müßte man, wenn man auf Numero Sicher gehen wollte, vorsichtshalber die ganze Menschheit einsperren. Und wie sollte man sich in einem Milieu, in welchem verbrecherische Triebe keiner Verlockung erliegen können, von einer »Besserung« überzeugen?[136] Die Reklamesucht eines Advokaten ist auch eine Gefahr, gegen die »sich die Gesellschaft schützen muß«. Ginge es deshalb an, ihn zeitlebens an einem finstern Ort abzuschließen? (158/20)

Selbstverständlich darf auch nach Franz von Liszt nur im Anschluß an eine kriminelle Tat (und nicht an eine Agnoszierung am

134 Liszt hat diesen Terminus Lombrosos bekanntlich abgelehnt; vgl. v. a. den Aufsatz in ZStW 9, auf den er Kraus brieflich hingewiesen hat (in AuV I, S. 290 ff., S. 305 ff.). Aber die zitierte Stelle dürfte eher ein terminologisches Versehen des Rechtsanwalts Elbogen darstellen, der wohl von einem »unverbesserlichen«, nicht von einem »geborenen« Verbrecher sprechen wollte. Das ergibt sich auch aus einem Prozeßzitat in der Fackel, worin der Vorsitzende Feigl andeutet, er halte den Angeklagten für »unverbesserlich« (S1/45 = 157/5).

135 Das entspricht ziemlich genau der Lisztschen Forderung, die endgültige Strafzumessung erst nach längerer Dauer des Vollzugs von einem »Strafvollzugsamt« festsetzen zu lassen, weil man dann erst die Täterpersönlichkeit kennen könne; vgl. *v. Liszt*, Kriminalpolitische Aufgaben, AuV I, S. 333 f.

136 Zur Plausibilität dieses Arguments vgl. nur *Radbruch*, Psychologie der Gefangenschaft, in: ZStW 32 (1911), S. 353: »Die Lebensbedingungen des Gefangenen in der Zelle sind so unvergleichbar verschieden von den Lebensbedingungen in der Freiheit, daß seine diesseitige Besserung keinerlei Rückschluß auf sein jenseitiges Verhalten gestattet.«

Kaffeehaustisch) gestraft werden.[137] Das ist der Gehalt des »Magna-Charta«-Satzes. Er betrifft aber nur das »Ob« der Strafe. Ihr »Wie« sollte sich nach Liszt an der – unter anderem, aber nicht nur anhand der Tat – objektivierbaren »antisozialen Gesinnung« des Täters bemessen. Kraus lehnt eine solche Auffassung erkennbar ab. Zwar stellt weder der »geborene Verbrecher« noch das »Maß der kriminellen Tat« eine besonders deutliche Formulierung dar. Aber da es im Falle Kraft um das (unstreitige) Ob der Strafbarkeit gar nicht ging und die Frage des Wie von Elbogen im Sinn eines vorrangigen Gesellschaftsschutzes (samt unbestimmtem Strafmaß) beantwortet wurde, ist Kraus' polemisches Gegenargument vom »Maß« der Tat nur als ein Insistieren auf dem Prinzip einer persönlichen Tatschuld als der Grundlage und Grenze der Strafhöhe interpretierbar.[138] (Dies und die hiervon markierte Differenz zu Liszt macht auch der unten geschilderte zweite Fall deutlich.) Zu der furchtbaren Justizgeschichte des Anton Kraft wären im übrigen vielfache Spuren nachzutragen, die sie noch lange nach Abschluß des Verfahrens[139] in der *Fackel* hinterlassen hat.[140] Daß jedenfalls dieses Elementarerlebnis eines

137 Vgl. exemplarisch »Zukunft des Strafrechts«, AuV II, S. 16: »Die Strafe bedeutet einen so tiefen Eingriff [...], daß wir sie nicht verhängen dürfen, wenn nicht die Gewißheit, sondern bloß der Verdacht, nicht die Tat, sondern nur die verbrecherische Gesinnung gegeben ist.« Wichtig ist hier, daß Liszt unmittelbar vor diesem Satz »zugeben muß«, daß es »vielleicht in der Konsequenz unserer Anschauung wäre, nur auf die Gesinnung Rücksicht zu nehmen und nicht erst die Tat abzuwarten.« Daß er diese Konsequenz gesehen, aber sie zu ziehen niemals ernsthaft erwogen hat, gehört zu den fruchtbaren (und diffamierungsfesten) Spannungen in seiner Lehre.

138 Rein objektiv-tatbestandsmäßig kann das »Maß der kriminellen Tat« evidenterweise nicht aufgefaßt werden, da dies auf eine unzulässige Erfolgshaftung in toto hinausliefe, die Kraus ja schon in parte verwirft.

139 Der Berufungssenat des Wiener OLG hat (auf Berufung der Staatsanwaltschaft *zugunsten* des Angeklagten!) die lebenslange Freiheitsstrafe auf das – für einen in Not und Trunkenheit verübten und konkret ins Bagatellhafte spielenden Raubversuch noch immer terroristische – Strafmaß von zwölf Jahren schweren Kerkers herabgesetzt; vgl. 158/17.

140 In »Sittlichkeit und Kriminalität« dokumentiert Kraus die vier Jahre später in einem anderen Strafprozeß von Feigl durchgeführte

strafjustiziellen Terrorismus als »Reliquie des Grausens« (293/30) in dem pessimistischen Weltbild des Satirikers präsent blieb, zeigt, mehr als 18 Jahre und einen Weltkrieg später, eine Bemerkung aus seiner Rede »In eigenster Sache« vom 26. November 1922:

Dieser Staat, in dem sich zwar mit allem eine Regierung, aber mit nichts Staat machen läßt, ist ausgezeichnet durch eine Justiz, vor der ich immer schon die größte Hochachtung gehabt habe und die sich nun förmlich anstrengt, den flagranten Bruch eines Gesetzes nicht nur ungestraft zu lassen, sondern gutzuheißen [...].[141] Nein, schwieriger wurde einem der Respekt vor dem ganzen Inhalt des Strafgesetzbuches nie gemacht, seit dem Tag nicht, da der Räuber eines Handtäschchens lebenslangen Kerker bekam [...]. (608/3 f.)[142]

In der *Fackel* vom Dezember 1906 spricht Kraus von dem »Unfug« eines Denkmals für Karl den Großen in Wien; dann wechselt er zu dem damals in Berlin gerade beendeten Strafverfahren gegen den »Hauptmann von Köpenick«:

Solche Ehrung oder das Geld, das sie verschlingt, hätte man einem Manne gegönnt, der sicherlich eine bedeutendere und vorbildlichere, eine sympatischere, volkstümlichere und vor allem realere Erscheinung darstellt, als der bloß noch in Ortschulratshirnen regierende Kaiser Karl der Große: Wilhelm Voigt, dem siegreichen Hauptmann von Köpenick, dem Erzieher seiner Nation, dem Reformator der Justiz seines Landes, dem tragischen Satiriker, dem lustigen Märtyrer, dem Mann der Tat und dem Meister der Rede, dem lieben, guten, prächtigen Menschen und dem

Zeugenvernehmung des Anton Kraft, der aus dem Gefängnis vorgeführt wurde – eine Szene von Shakespearescher Gespenstigkeit, da Kraft inzwischen in der Haft schwer an Tuberkulose erkrankt war. An das Zitat aus einer Pressemeldung, Kraft verbüße eine zwölfjährige Kerkerstrafe wegen Raubes, fügt Kraus den Satz: »Die Begnadigung durch Tuberkulose scheint gesichert.« (S1/51). Einige weitere Spuren in der Fackel, die den Hofrat Feigl betreffen, erwähnt *Müller-Dietz* (wie Anm. 86), S. 379, Anm. 43.

141 Zu dieser Sache – einem Urteil des LG Wien zur Anwendung des neuen PreßG 1922 – ausführlich unten, S. 465 ff.

142 Vgl. auch 305/47 (Juli 1910), wo Kraus den Freispruch für einen Erpresser und den »lebenslangen Kerker« für Anton Kraft, sowie 426/87 (Juni 1916), wo er ein Urteil »Strafe des Verweises« wegen schwerer Kindesmißhandlung mit der »lebenslänglichen Strafe für einen, der einer Frau eine Handtasche zu entreißen versucht«, kontrastiert.

trefflichsten Schuster, der dem deutschen Volke seit Hans Sachs, der eigentlich doch mehr ein Renommierschuster war, geboren wurde. (213/2 f.)

Dann kommt er auf das Strafurteil und erläutert das Prädikat »Reformator der Justiz«, adressiert aber zunächst eine Mahnung an den deutschen Kaiser:

Wenn der andere Wilhelm, Wilhelm der Postwendende, diesmal nicht begnadigt, hat er den Anschluß an seine Beliebtheit definitiv versäumt. Jetzt, wo die öffentliche Schuldbeladenheit sich beeilt, das Restchen eines von der Ordnungsbestie zernagten Lebensfadens zu erhaschen, um es noch einmal in Glück zu tauchen, jetzt müßte jener wie der edle Regent bei Shakespeare vor der zerbrochenen Majestät des Menschenwertes sprechen: »Was Trost verleihn kann so gewalt'gen Trümmern, das sei versucht.«[143] [...] Und wie der große Epilog auf dem Leichenfelde der staatlichen Ordnung klingt die Urteilsbegründung, die man in Moabit gehört hat: »Bezüglich der schweren Urkundenfälschung sind ihm mildernde Umstände bewilligt, in der Erwägung, daß Voigt tatsächlich ein Opfer der Verhältnisse und der bestehenden staatlichen Ordnung geworden und ohne die Ausweisungen vielleicht noch heute ruhig als Schuhmacher in Wismar lebte, daß also mit der Ausweisung ein schweres Unglück über ihn gekommen ist.« – Nie zuvor hat sich ein Gerichtshof zu solcher Erkenntnishöhe aufgerafft. [...] – im Köpenicker Fall ist gerichtsordnungsmäßig festgestellt worden, daß die staatliche Gerechtigkeit Vorschub geleistet hat, als ein Schuster rauben ging. So sitzt der Wahn preußischer Justiz doch einmal über sich selbst zu Gericht. (213/3 f.)

Gewiß ein deutliches Lob für eine vernünftige und gerechte Strafzumessungserwägung.[144] Ob sie in die Lisztsche Perspek-

143 Beiläufig: aus »König Lear« (Albanien im V. Akt). Voigt wurde übrigens knapp zwei Jahre später (am 15. 8. 1908) durch Erlaß Wilhelms II. tatsächlich begnadigt; abgedruckt bei *Heidelmeyer* (1968), Der Fall Köpenick, S. 155. Ein halbes Jahr zuvor noch hatte Kraus in der Fackel die zuerst erfolgte *Ablehnung* der Begnadigung »grauenhaft« genannt (245/5).

144 Das vermerkt auch *Müller-Dietz* (wie Anm. 86), S. 393, der (allerdings ein wenig euphemistisch) davon spricht, Kraus habe das Moabiter Urteil geradezu als Beispiel »vorbildlicher Strafrechtspflege« präsentiert. Freilich ist die von Kraus zitierte Passage in ihrer sozialkritischen Prägnanz in der *schriftlichen* Urteilsbegründung gar nicht wörtlich enthalten; vgl. deren Abdruck bei *Heidelmeyer,* a.a.O., S. 140 ff. (die von Kraus vermutlich gemeinte Stelle ebd., S. 150 f.)

tive einer primär spezialpräventiven und an den Erfordernissen des Gesellschaftsschutzes orientierten Strafzumessungslehre paßt, ist nicht sofort zu sagen. Prima facie scheint das – bis zu einem gewissen Grad unvermeidliche – »Mitverschulden« der Gesellschaftsordnung jedenfalls kein Argument für eine Einschränkung ihrer Schutzinteressen zu sein. Man muß Liszt allerdings fairerweise zugeben, daß er diese Kollision der Gerechtigkeit mit einem konsequenten Schutzkalkül erwogen und ihre Auflösung, wenn auch in einem etwas vagen Appell, mittels einer (irgendwie durchzuführenden) Einschränkung der Präventionszwecke empfohlen hat:

Aber auch die Erkenntnis, daß das Verbrechen in den gesellschaftlichen Verhältnissen seine tiefste Wurzel hat, wird vor Übertreibungen des Zweckgedankens schützen. Die Überzeugung von der »Kollektivschuld der Gesellschaft« (A. v. Öttingen) wird die strafende Thätigkeit des Staates zügeln.[145]

Nur gibt der Präventionszweck selbst diese Zügel nicht her. Im Falle Wilhelm Voigts mag man immerhin sagen, daß hier, wo jemand allein aus einer entsozialisierenden und bis zur Absurdität überflüssigen Notlage gehandelt hatte, die einfache Beseitigung ihrer Ursachen den spezialpräventiven Zweck der Resozialisierung weitaus besser gewährleisten konnte als eine ausgedehnte Gefängnishaft. Und mit einiger Sicherheit hätte Liszt etwas Ähnliches gesagt. Aber Kraus wendet den Gedanken von einer Verminderung des staatlichen Strafanspruchs und damit des Schutzanspruchs der Gesellschaft wegen ihres eigenen Mitverschuldens eindeutig und radikal ins Prinzipielle. Und in diesem Sinn kontrastiert er den einschlägigen Passus der Moabiter Urteilsbegründung mit der Strafpraxis in Österreich:

Wann wird in Österreich ein Richter in seiner Urteilsbegründung den Angeklagten als das Opfer eines Hofrats Feigl bezeichnen, der einem hungernden Burschen lebenslänglichen Kerker für den Raub einer Geldbörse diktiert? Wie verhält sich ein preußisches und wie ein österreichisches Gericht zur »staatlichen Ordnung«? Hier wird der Angeklagte schwerer verurteilt, weil seine Tat sich vor allem als ein Verbrechen gegen die Gesellschaftsordnung qualifiziert. Dort wird er milder gerichtet, weil vor allem die Gesellschaftsordnung eines Verbrechens gegen den Angeklagten überführt wird. (213/4)[146]

145 *v. Liszt*, Lehrbuch, 12./13. Aufl., S. 81.

146 Dann versucht er in einem kurzen Epilog zu dem zwei Monate

Dies alles reibt sich fühlbar an Franz von Liszts Grundsatz einer ausschließlich an Präventionszwecke gebundenen Strafe. Es reibt sich aber auch an verschiedenen Konsequenzen der in »Ethik und Strafgesetz« präsentierten Auffassung des Satirikers, die freilich eher wie eine unerschrockene Geste wirkt und kaum den Status eines theoretisch fundierten Konzepts reklamiert. Löst man die These der radikalen Trennung von Strafrecht und Moral aus ihren zeit- und ortsgebundenen Blickverengungen, die zwar eine untergründige und nachgerade ironische Verpflichtung auf den gesetzlichen Status quo in Österreich, aber wenig Plausibilität zeigen, dann bleibt von jener These bei Kraus vor allem dies: daß das Strafrecht alleine als »soziale Schutzvorrichtung« und nicht als metaphysische Vermittlungsinstanz zwischen Leben und Gerechtigkeit zu begründen sei. In Einzelfragen seiner Ausgestaltung, vor allem in seinen Kriterien für das Strafmaß, darf es dagegen nach Auffassung des Satirikers auf eine Rückbindung an Ethik und Gerechtigkeit nicht verzichten. Gewiß ist ihm auch die Strafe zweckgebundenes Präventionsinstrument und keinem »mystischen Begriff« von Vergeltung oder höherer Gerechtigkeit verpflichtet. Aber ohne die Härte der Lisztschen Konsequenz in dieser Frage und ohne diesen Sachverhalt genauer zu reflektieren, führt er für die Obergrenze des zulässigen Strafmaßes völlig selbstverständlich das klassische Gerechtigkeitskriterium der persönlichen Tatschuld ein, die er ein wenig unscharf »das Maß der kriminellen Tat« (158/20) nennt.[147] Was allerdings die Zweckverpflichtung des Strafrechts auf den Gesellschaftsschutz angeht, so betrifft dies für Kraus nicht nur das Problem der Begründung der gesamten Institution. Vielmehr wird davon

vorher in der Fackel behandelten »Prozeß Rutthofer«, einem Mordprozeß gegen eine Frau in Innsbruck, die ihren Ehemann getötet hatte, zu zeigen, daß zu der »Gesellschaftsordnung«, deren Bruch strafverschärfend wirke, in Österreich vor allem die bürgerliche Sexualordnung gehöre. Auf dieses Argument, das im gegenwärtigen Zusammenhang noch keine besondere Rolle spielt, komme ich später zurück.

147 Das läßt sich heute durchaus in der Terminologie moderner Dogmatik, etwa als die Auffassung Roxins (vgl. Anm. 103), ausbuchstabieren, deren theoretische Komplexität natürlich weit außerhalb des Krausschen Gesichts- und Interessenkreises gelegen wäre, deren Ergebnis aber ungefähr seinem entspricht.

eine Legitimationsfrage an jeden einzelnen ihrer Tatbestände gestellt. Und hier sucht Kraus für seine Auffassungen erneut ein Fundament in den rationalen Begriffen der wissenschaftlichen Lehre Franz von Liszts. Das entscheidende Legitimationskriterium einzelner Strafnormen ist für den Satiriker der Begriff des »Rechtsguts«. Sieht man zunächst von der Frage ab, was dies genau bedeutet, dann fügt sich eine solche Argumentationsstrategie wieder schlüssig in die allgemeinere der Trennung von Recht und Moral.

II. Strafrecht als Rechtsgüterschutz

Daß der Rechtsgutsbegriff in keiner seiner geläufigen Interpretationen ein Sesam-öffne-dich für den Bereich des legitimerweise pönalisierbaren Verhaltens, also des staatlichen ius puniendi, darstellt, darf heute nach mehr als 150jähriger wissenschaftlicher Diskussion als unbestritten gelten. Es wäre auch, und das kann vor jeder Befassung mit dieser Debatte schon aus prinzipiellen Gründen festgehalten werden, eine Art Wunder der logischen Transsubstantiation, könnte man zwar ansonsten und außerhalb des Rechtsgutsbegriffs nicht sagen, was der Staat bestrafen darf, brauchte aber für eine Antwort auf die Frage nichts weiter als die Einsetzung der Formel vom »Rechtsgut« in ein entsprechendes Votum pro oder contra. Mit Recht schreibt Roxin über die geläufige Forderung, das Strafrecht dürfe nur »subsidiärer Rechtsgüterschutz« sein, man müsse »einen Dschungel von Streitfragen durchschreiten, bevor man mit dieser Aussage einen gesicherten und hinreichend klaren Sinn verbinden kann«.[148] Diesen

148 *Roxin* (1992), AT, S. 8. – Zum historischen und theoretischen Hintergrund: Als konzeptueller Urheber des Rechtsgutsbegriffs gilt – seit *Bindings* Wiederentdeckung dieses Sachverhalts (vgl. Normen, 1890, Bd. 1, S. 328) – *J. M. F. Birnbaum* (vgl. *ders.*, Über das Erfordernis einer Rechtsverletzung zum Begriff des Verbrechens, in: ACR, NF 15, 1834, S. 149 ff.); die gründlichste Studie zur Dogmengeschichte des Rechtsguts ist: *Amelung*, Rechtsgüterschutz (wie Anm. 10); vgl. auch die bei Amelung scharf kritisierte Untersuchung von *Sina* (1962), Dogmengeschichte; aus der umfangreichen weiteren Literatur v. a. *Jäger* (1957), Strafgesetzgebung und Rechtsgüterschutz; *Rudolphi* (1970), Aspekte des Rechtsgutsbegriffs, in:

Dschungel insgesamt zu lichten kann hier nicht die Aufgabe sein. Zeigen will ich aber, daß Karl Kraus, und zwar in jenem oben schon angesprochenen Modus der unbefangenen Anverwandlung von Theoriebegriffen, sehr wohl einen klaren Sinn mit dem Rechtsgutskonzept verband, daß er diesen im wesentlichen von Franz v. Liszt bezog und daß ihm die undeutlichen und problematischen Weiterungen des Begriffs vermutlich nicht geläufig, jedenfalls aber gleichgültig waren.

Man unterscheidet heute im Hinblick auf das »Rechtsgut« üblicherweise zwei, gelegentlich auch drei Bedeutungsvarianten: einen methodischen (hermeneutischen, teleologischen) und einen kriminalpolitischen (»soziologischen«) Rechtsgutsbegriff.[149] Der erstere fungiert als Auslegungsinstrument zur Ermittlung des Schutzzwecks bzw. des Sinngehalts und der Reichweite einer geltenden Strafnorm (oder auch dessen, was allen geltenden Strafnormen als Schutzfunktion gemeinsam ist). Der zweite, kriminalpolitische, symbolisiert eine komplexe und noch nicht durchweg geklärte Argumentationsinstanz zur Überprüfung der rationalen Legitimation einzelner Straftatbestände. Er artikuliert also den kritischen Maßbegriff für die Entscheidungen des Gesetzgebers, bestimmte Verhaltensweisen zu pönalisieren bzw. dies nicht zu tun.

Der materielle Kern der Unterscheidung bildete sich in den Theoriediskussionen des späten 19. Jahrhunderts aus. Dabei läßt sich der Beginn dieses Vorgangs einigermaßen exakt auf das Erscheinen von Franz von Liszts Polemik in der ZStW 1886 gegen den Rechtsgutsbegriff in Bindings *Handbuch des Strafrechts* datieren. Ausgehend von dem im »Marburger Programm« in Anlehnung an Jhering entwickelten Zweckgedanken, der die präventiv orientierte Strafe als »Rechtsgüter*schutz* durch Rechtsgüter*verletzung*« bestimmt[150], fixiert Liszt eine Perspektive, die über den normativen Geltungsbereich des Strafgesetzes hin-

Fschr. Honig, S. 151 ff.; *Hassemer* (1973), Theorie und Soziologie des Verbrechens (dogmengeschichtlich v. a. S. 27 ff.); *Marx* (1972), Zur Definition; *Frommel* (1987), Präventionsmodelle, S. 115 ff.

149 Vgl. die knappe Zusammenfassung bei *Roxin*, a.a.O., S. 10 f.; dieser Dichotomie entspricht im wesentlichen die etwas abstraktere bei *Hassemer*, a.a.O., S. 19 ff., zwischen »systemimmanenten« und »systemtranszendenten« Rechtsgutskonzepten.

150 *v. Liszt*, Zweckgedanke, AuV I, S. 161.

aus einen, wie Amelung schreibt, »Ausflug in den transjuristischen Bereich der Gesellschaft«[151] gestattete und nahelegte. Zunächst wird durch die begriffliche Verflechtung mit der Strafzweck- und über diese mit der gesamten Verbrechenslehre Liszts »das Rechtsgut« als ein abstrahierender Terminus *innerhalb* der Dogmatik verankert, etwa im Sinne der oben erwähnten »methodischen« Bedeutung des Begriffs. Aber diese Abstraktion macht ihn, in Liszts Worten, zu einem »Grenzbegriff der abstrahierenden juristischen Logik«.[152] Was dies bedeutet, erläutert Liszt zwei Jahre später so:

Ich verstehe unter einem Grenzbegriff einen Begriff, der aus einem Gebiete einer Wissenschaft in das Gebiet einer anderen hinüberleitet; einen Begriff, auf welchen die erstere hingewiesen wird, ohne daß sie ihn, da er nicht mehr ihrem, sondern einem andern Wissensgebiete zugehört, bestimmen und begründen könnte; einen Begriff, der aber zugleich und gerade deshalb die Verbindung zwischen jenen beiden Wissenszweigen herstellt [...]. Daraus rechtfertigt sich die an die Wissenschaft des Strafrechts gerichtete Forderung, diese Grenzbegriffe, unter Zuhilfenahme der benachbarten Wissenschaften zur möglichsten Klarheit herauszuarbeiten.[153]

Daß damit der strafrechtsmethodische Begriff des Rechtsguts geöffnet und aufnahmefähig für außerstrafrechtliche Erwägungen gemacht wird, ist evident. Dies markiert den prinzipiellen Unterschied des Lisztschen Rechtsgutsbegriffs zu dem Karl Bindings.[154] In dessen Lehre ist »Rechtsgut« nicht die Bezeichnung für ein vom Gesetzgeber in den gesellschaftlichen Lebensformen und -bedingungen, also »vorjuristisch« wahrgenommenes und deshalb geschütztes Interesse. Vielmehr definiert der rechtsetzende Staat im Akt der Strafgesetzgebung solche Interessen originär. Er *schafft* die Rechtsgüter, nicht etwa findet er deren Substrate zunächst als vorjuristische, soziale, um sie dann rechtlich zu schützen.[155] Bei Liszt dagegen führt die begriffliche Koppe-

151 *Amelung*, a.a.O., S. 82.
152 *v. Liszt*, Rechtsgut und Handlungsbegriff, AuV I, S. 222.
153 *v. Liszt*, Der Begriff des Rechtsgutes, in: ZStW 8 (1888), S. 139.
154 Eingehend dazu *Amelung*, a.a.O., S. 94 f.
155 Exemplarisch *Binding* (1890), Normen, Bd. 1, S. 353 f. Dazu ausführlich *Amelung*, a.a.O., S. 73 ff.; *Hassemer*, Theorie (wie Anm. 148), S. 42 ff. Schief ist allerdings die in der Literatur klischeehaft weitergegebene Formel, aus diesem Rechtsgutsbegriff folge, daß

lung von Rechtsguts- und Zweckbegriff gerade zu einer solchen Blickwendung: nicht bloß auf die *Entscheidung* des Gesetzgebers, sondern auf die Frage nach deren Legitimität. Freilich bestimmt er 1888 zunächst nur die Zuständigkeit für die Ermittlung des angemessenen normativen Schutzbedarfs, und zwar als eine der Politik, »soweit es sich um Verbrechen und Strafe handelt, der Kriminalpolitik«.[156] Aber, wie Amelung treffend hervorhebt:

Der schon früh aufgestellten Grundthese, nicht die Rechtsordnung schaffe die rechtlich geschützten Interessen, sondern das Leben[157], wohnt eine Dynamik inne, deren Liszt sich selbst erst ganz allmählich bewußt wird. Existieren die Interessen, die das Verbrechen verletzt, vor dem Gesetz, so muß auch die Sozialschädlichkeit unabhängig vom positiven Recht bestimmt werden.[158]

Binding insgesamt »als Theoretiker des positiven Rechts [...] dem Gesetzgeber keine Vorschriften machen« wolle und daher »den Verrat des Rechtspositivismus an den Idealen der Aufklärung« vollziehe (*Amelung*, a.a.O., S. 77 f.; ähnlich unrichtig *Frommel*, wie Anm. 148, S. 188); differenzierter und angemessener *Hassemer*, a.a.O., S. 43 ff. Bindings Rechtsgutsbegriff mag diese Deutung zwar nahelegen. Sie wird faktisch aber massiv widerlegt durch die oft geradezu rüde Polemik Bindings gegen gesetzgeberische Entscheidungen über strafrechtliche Schutzgüter, vgl. exemplarisch *Binding* (1869), Der Entwurf eines StGB für den Nordd. Bund, S. 10 ff., 15, 25, 41 f. und passim. Es wäre eine lohnende Aufgabe der Strafrechtsgeschichte, zu klären, wo Binding sein theoretisches Fundament für das von ihm selbstverständlich beanspruchte Recht des Wissenschaftlers sah, gesetzgeberische Entscheidungen radikal zu verwerfen.

156 *v. Liszt*, Begriff des Rechtsguts (wie Anm. 153), S. 139 f.

157 So erstmals in: Lehrbuch, 3. Aufl., 1888, S. 20.

158 *Amelung*, a.a.O., S. 84. Gegen Amelungs Deutung *Frommel*, a.a.O., S. 121 mit der Bemerkung, daß Liszt »bei einem Widerspruch zwischen formeller und materieller Rechtswidrigkeit den Richter an das Gesetz gebunden sieht« und daher sein Rechtsgutsbegriff nicht »vorpositiv« sei. Das ist kein plausibler Einwand. Die Frage, welche *Konsequenzen* Liszt aus seinem Rechtsgutsbegriff für den Fall einer Kollision zwischen formellem und materiellem Unrecht zog, ist eine andere als die nach dem *Inhalt* seines Rechtsgutsbegriffs. Im übrigen gibt es zu Liszts Entscheidung »in dubio pro lege« (von eindeutigen Extremfällen »gesetzlichen Unrechts« abgesehen) gar keine akzeptable Alternative.

In der 14./15. Auflage des Lehrbuches zieht Liszt diese Konsequenz eindeutig:

> Dieser materielle (antisoziale) Gehalt des Unrechts ist unabhängig von seiner richtigen Würdigung durch den Gesetzgeber. Die Rechtsnorm findet ihn vor, sie schafft ihn nicht.[159]

Damit ist die Perspektive eines kriminalpolitischen und potentiell gesetzeskritischen Rechtsgutsbegriffs bezogen. Damit ist freilich zugleich die schwierige und bis heute nicht geklärte Frage gestellt, auf welchem Wege denn die legitimerweise durch das Strafrecht zu schützenden »Lebensgüter«[160] ermittelt und als solche normativ beglaubigt werden können. Die umfangreiche Literatur der vergangenen Jahrzehnte zu diesem Problem kann hier nicht erörtert werden. Knapp feststellen läßt sich dies: Daß der Inhalt eines materiellen, vorpositiven Rechtsgutsbegriffs nicht in einer schlechthin gültigen und gleichwohl sachlich gehaltvollen Definition zu fassen ist, liegt schon deshalb auf der Hand, weil in einer sich rapide wandelnden Lebens- und Gesellschaftsform die strafrechtlich schutzwürdigen, schutzbedürftigen und schutzfähigen Interessen nicht ein für allemal gekannt oder ad infinitum prognostiziert werden können.[161] Roxin hat einleuchtend klargestellt, was als materiale Basis eines kriminalpolitischen Rechtsgutsbegriffs innerhalb einer konkreten Rechtsordnung allenfalls zu haben ist, also sinnvollerweise erwartet werden kann: ein Horizont abstrakter normativer Vorgaben für die grundsätzlichen Strukturen und Orientierungen einer Gesellschaft, für deren prinzipielle Auffassungen vom Verhältnis zwischen Staatsmacht und Individuum und ihre regulativen Wertideen – kurz: die konkret geltende Verfassung.[162] Plausibel ist diese Klarstellung vor allem deshalb, weil die Verfassung nach neuzeitlichem Staatsverständnis Substrat und Symbol des

159 *v. Liszt*, Lehrbuch, 14./15. Aufl. (1905), S. 140.

160 Klarzustellen ist hier, daß das Strafrecht selbstverständlich solche Güter – wie immer sie identifizierbar sein mögen – nicht schlechthin und umfassend, sondern nur gegen bestimmte Angriffsformen schützen will und kann; dazu plastisch *Jakobs* (1991), AT, S. 35 f.

161 Auf diese historische Relativität individueller oder gesellschaftlicher Schutzinteressen macht mit Recht Hassemer aufmerksam, vgl. *ders.*, Theorie (wie Anm. 148), S. 228 ff.

162 Ursprünglich *Roxin*, Sinn und Grenzen, in: JuS 1966, S. 377 ff., 381 f.; weiterentwickelt in *ders.*(1992), AT, S. 11 ff.

gesellschaftsvertraglich legitimierten Fundaments einer konkreten Sozialordnung darstellt und weil die legalen Ausdifferenzierungen dieser Sozialordnung ihrerseits ihre letzte »diesseitige« (nicht-metaphysische) Legitimation von diesem Fundament beziehen müssen und nur beziehen können. Auch Roxins Theorie ist andererseits selbstverständlich nicht einfach eine Deduktionsgrundlage für die Ermittlung legitimer vorpositiver Rechtsgüter und damit »richtiger« Strafgesetze more geometrico.[163] Und zwar nicht nur deshalb, weil Verfassungsnormen erhebliche Spielräume eröffnen, deren Ausfüllung jeweils hinreichend Dissens- und Konfliktmöglichkeiten bietet. Sondern vor allem, weil Roxins Konzeption die Existenz einer Verfassung mit akzeptablen Prinzipien voraussetzt. Wir wären ja kaum geneigt, etwa die Strafrechtsnorm eines religiös-fundamentalistischen Staates, wonach der öffentliche Zweifel an der Existenz des staatstragenden Gottes mit dem Tod zu bestrafen ist, bloß deshalb für »richtig« zu halten, weil sie mit den Prinzipien der Staatsverfassung harmoniert, die im übrigen sehr wohl der *volonté générale* des Volkes entsprechen und von diesem in einem ordnungsgemäßen Verfahren beschlossen und gebilligt sein könnte. Gleichwohl macht Roxins Lehre selbst für einen solchen Fall auf die Grenzen dessen aufmerksam, was in einem derartigen Staat an Strafgerechtigkeit plausiblerweise erwartet und gefordert werden kann.[164] Es erscheint nicht zweckmäßig, wegen solcher prinzipiellen Limits seiner normativen Leistungsfähigkeit den Rechtsgutsbegriff gänzlich aufzugeben. Unabhängig von seinem wie immer konkretisierbaren Gehalt artikuliert er jedenfalls ein Rationalisierungs- und Begründungsgebot vor dem Hintergrund der höchsten innerstaatlichen Normenordnung einerseits und ausdifferenzierter methodischer Argumentationsstandards andererseits.[165] Er schiebt damit auch dem Gesetzgeber eine komplexe

163 Darauf weist *Roxin* selbst deutlich hin, vgl. AT, a.a.O., S. 13.

164 Jedenfalls solange es noch keine globale Durchsetzungsmacht für eine konkrete Menschenrechtsordnung, eine Art Menschheitsverfassung, gibt.

165 Selbstverständlich kann diese Rationalitätsmaxime problemlos noch anderweitig verankert werden (und sie wird es ja auch). Aber symbolische Verdichtungen derartig komplexer Maximen erfüllen darüber hinaus wichtige Argument-, Appell- und Verständigungsfunktionen. Strafrechtsgeschichtlich läßt sich das gut an der Dis-

Beweislast für die Notwendigkeit jedes seiner Strafgesetze zu; darauf sollte schon im Sinne einer wirkungsvollen Institutionalisierung der »normativen gesellschaftlichen Verständigung« nicht verzichtet werden.[166]

Für Franz von Liszt ist, wie bereits angedeutet, das tragende Fundament des Rechtsguts der Begriff des »Interesses«.[167] Da offenkundig nicht jedes Interesse strafrechtlich schützenswert ist, präzisiert Liszt den Begriff mittels eines transjuristischen Kriteriums der »Sozialschädlichkeit«: Strafrechtlich zu schützen sind Lebensgüter, deren Verletzung deshalb einen sozialen Schaden bedeutet, weil sie die »*Lebensbedingungen* der staatlichen Gemeinschaft und der in ihr befaßten einzelnen, gegen welche das Verbrechen sich richtet«[168], bedroht. Damit schlägt Liszt eine ideengeschichtliche Brücke zu den klassischen Rechtsverletzungs- und Sozialschadenslehren der kriminalpolitischen Aufklärung.[169] Zugleich markiert er damit den Beginn einer Blickwende der Strafrechtswissenschaft im ausgehenden 19. Jahrhundert: weg von der ausschließlichen Fixierung auf ihre Binnenprobleme und (über ihre »abstrahierenden Grenzbegriffe«) hin zu der Notwendigkeit eines theoretischen »Außenverkehrs« mit Politik und Sozialwissenschaften. Dabei orientiert Liszt diese Blickwende in seinem eigenen System, wie er schreibt, »teleologisch«[170], nämlich sozial- und geschichtsteleologisch an dem damals umlaufenden Modell des materialistischen Evolutionismus, das sich seit Darwins *Entstehung der Arten* (1859) in

kussion über Rechtsgüterschutz und »Sittlichkeitsstrafrecht« zeigen; darauf komme ich zurück.

166 Wieweit sich der Gesetzgeber tatsächlich an dieses Gebot hält, ist eine andere Frage. Begründete Skepsis insoweit bei *Hassemer* (1989), Personale Rechtsgutslehre, in: *Philipps/Scholler* (Hg.), Jenseits des Funktionalismus, S. 88 f.

167 Grundlegend definiert in *v. Liszt,* Begriff des Rechtsguts (wie Anm. 153), S. 141, als »Wert, den der Eintritt oder Nichteintritt einer bestimmten Veränderung für den Betreffenden hat«.

168 A.a.O., S. 147.

169 Mit denen seine Lehre aber sachlich nicht identisch ist. Dazu und zur Sozialschadenslehre der Aufklärung *Amelung,* Rechtsgüterschutz (wie Anm. 10), S. 16 ff., S. 45 ff.; vgl. auch *Moos* (1969), Verbrechensbegriff, S. 316 f., S. 511 ff.

170 Vgl. bereits *v. Liszt*, Zweckgedanke, AuV I, S. 223; ausführlicher *ders.,* Entwicklungsgedanke, in: Mitt. IKV 16 (1909), S. 497 ff.

allen Zweigen der Natur- und Kulturwissenschaften ausgebreitet hatte und zum dominierenden Schema der wissenschaftlichen und außerwissenschaftlichen Lebensdeutung geworden war.[171]

So naiv eine solche geschichtsmetaphysische Perspektive heute anmuten mag (die Liszt mit der Mehrzahl seiner wissenschaftlichen Zeitgenossen für harten, antimetaphysischen Realismus hielt), so unverlierbar bleibt auch in seinen zeitgebundenen Beschränkungen Liszts aufklärerisches Verdienst um diese historisch definitive Öffnung der Strafrechtsdogmatik für die »transpositiven« Legitimationsfragen an ihren Gegenstand. Daß Liszts eigene Durchführung dieses Programms vielerlei Schwächen aufweist, ist hinreichend oft gezeigt worden und muß hier nicht nachgezeichnet werden.[172] Im Hinblick auf Karl Kraus ist aber das folgende von Bedeutung: Man hat die logische Fundierung des Rechtsguts- im Interessenbegriff als Grund für die »Psychologisierung« der entsprechenden Rechtsgutsauffassungen kritisiert.[173] Interessen als subjektive Beziehungen ihrer Inhaber zu ihren Objekten, und damit als (angeblich) psychologische Sachverhalte, drängten dem Begriff der sie umfassenden Rechtsgüter eben eine psychologische Deutung auf. Da aber Straftatbestände Rechtsgüter abstrakt-generell und somit auch in solchen Situationen schützen, in denen ein Inhaber im Einzelfall kein konkretes Interesse (mehr) mit dem geschützten Objekt verbinde, seien die Interessentheorien zu brüchigen Hilfskonstruktionen genötigt, etwa der, daß das Strafrecht nur »Durchschnittsinteressen« schütze.[174] Damit werde der Interessen- und ergo der Rechtsgutsbegriff ins Abstrakte »spiritualisiert«.[175] Dies schaffe aber Spielräume für antiliberale Expansionstendenzen des Strafrechts. Ihnen biete ein derart »spirituell« entgrenzter Rechtsgutsbegriff wenig Widerstand oder im Gegenteil sogar Deckung.

Geschichtlich mag eine solche Entwicklungslinie rekonstruierbar sein. Sachlich ist sie mit der Interessenfundierung des Rechts-

171 Vgl. dazu aus dem Werk Ernst *Haeckels*, des in Deutschland wirksamsten Popularisators von Darwins Modell: Natürliche Schöpfungsgeschichte (1873), S. XXXV ff.; vgl. auch F. A. *Lange*, Geschichte des Materialismus (Neudr. 1974), Bd. 2, S. 536 ff., S. 665 ff.
172 Eingehend *Amelung*, a.a.O., S. 87 ff.
173 So *Amelung*, a.a.O., S. 98 ff.
174 So *Mezger* (1931), Strafrecht, S. 199.
175 So – im Hinblick auf Liszt – *Amelung*, a.a.O., S. 91 ff.

gutsbegriffs keineswegs präjudiziert. Amelung selbst, der die Probleme der »psychologisierenden« Rechtsgutsauffassungen skizziert, gibt anschließend eine knappe, aber im Kern treffende Interpretation der Interessentheorie: Das als Rechtsgut geschützte Interesse ist »immer nur eine *Chance*«, die der Interesseninhaber »handelnd hätte realisieren können«.[176] Anders formuliert: Strafrechtsnormen schützen *Möglichkeiten* der Verwirklichung von Interessen. Der Rechtsgutsbegriff symbolisiert zunächst nur die abstrakte Verfestigung dieser Interessen unabhängig von den Einzelheiten des konkreten Verletzungsfalls.[177] Solche Einzelheiten, also etwa der Wegfall des Interesses beim Rechtsgutsinhaber, sind daher nur als rechtliche Wirkungen der Einwilligung bzw. des tatbestandsausschließenden Einverständnisses, nicht aber als eine Art auflösender Bedingung des Rechtsgutsbegriffs selbst beachtlich. Mit dessen »Psychologisierung« hat eine solche Interpretation gar nichts zu tun.

Wichtiger erscheint die Insinuation, die Interessenfundierung des Rechtsgutsbegriffs mache ihn qua »Spiritualisierung« in gewissem Maße verfügbar für antiliberale Tendenzen. Es ist freilich wenig klar, was »liberal« hier bedeuten soll. Die durchaus geläufige und meist unbefragte Gleichsetzung von »liberal« mit »strafrechtsreduzierend« ist alles andere als überzeugend. Macht man den Rechtsgutsbegriff zu einem der Legitimationskriterien für Strafrechtsnormen, so wirkt er gegenüber Pönalisierungserwägungen des Gesetzgebers ersichtlich in beiden Richtungen: kritisch (im Extremfall prohibitiv) oder begründend (im Extremfall normativ zwingend[178]). Das ist kein Grund, dem Rechtsgutsbegriff eine Art Januskopf, nämlich eine liberale und eine antiliberale Funktion, zu attestieren. Hält man Strafrechtsnormen überhaupt für wirksam und legitim, woran schon mangels akzeptabler Alternativen kein vernünftiger Weg vorbeiführen dürfte,

176 *Amelung*, a.a.O., S. 101 (Hervorhebung von mir).

177 In diesem Sinn meine eigene Auffassung bereits in *R. Merkel* (1991), Teilnahme, in: *Hegselmann/Merkel* (Hg.), Zur Debatte über Euthanasie, S. 117, Anm. 74. Der (triviale) Grund für diesen Sachverhalt ist einfach, daß Rechtsnormen begrifflich abstrakt-generelle Regelungen sind.

178 Das heißt: von zwingenden Argumenten gestützt; nicht gemeint ist ein (etwa verfassungsrechtlich) zwingendes Pönalisierungsgebot; zu dessen Problematik *Roxin* (1992), AT, S. 16.

dann artikuliert die Liberalitätsmaxime des kriminalpolitischen Rechtsgutsbegriffs primär ein Rationalisierungsgebot vor dem Hintergrund gewisser normativer und argumentativer Vorgaben. Solange ein offenbar unvermeidlicher staatlicher Machtreflex das Strafrecht als probates Medium der politischen oder bloß moralisierenden Gesellschaftskontrolle verfügbar hält, wird ein solches Rationalisierungsgebot primär strafrechtskritisch wirken. Schon aus Gründen der Gerechtigkeit und der normativen Konsistenz einer Rechtsordnung muß dies aber keineswegs immer so sein. Die gegenwärtigen kriminalpolitischen Diskussionen im Umfeld neuer sozialer Bedrohungen – beispielhaft: der fortschreitenden Umweltzerstörung[179] – zeigen die Irritationen der liberalen Rechtsgutslehren vor dem Problem eventuell gebotener Neukriminalisierungen.

Es gibt aber auch eine geradezu klassische strafrechtsdogmatische Verlegenheit, in der die Interessentheorie und die strikt strafrechtsbeschränkende Interpretation des Rechtsgutsbegriffs in einer exemplarischen Kollision zusammenstoßen: das Problem einer Legitimation des strafrechtlichen Verbots der Tierquälerei. Seit Ende des 18. Jahrhunderts wird in Deutschland die Tiermißhandlung bestraft: zunächst vereinzelt auf der Grundlage eines Pandektentitels »De extraordinariis criminibus«, dann gelegentlich ohne Rechtsgrundlage durch Polizeistrafen und schließlich, nach vorangegangener Ländergesetzgebung (zuerst Sachsen 1838), nach § 360 Nr. 13 des RStGB von 1871.[180] In Österreich trat zunächst 1846 ein Hofkanzleidekret und im Februar 1855 eine Verordnung des Innenministeriums mit einer Polizeistrafdrohung gegen Tierquälerei in Kraft. Mit der Schärfung des Blicks für den »vorjuristischen« Gehalt der Rechtsgüter als Legitimationsgrundlagen von Strafrechtsnormen erhielt auch die Frage nach dem Grund des strafbewehrten Tierquälereiverbots schärfere und problematische Konturen. Diese Frage ist heute keine andere als vor hundert Jahren, und sie wird, soweit ich sehe, noch immer ebenso unzulänglich beantwortet. Hinter-

179 Dazu – aus der Perspektive der Rechtsgutsdiskussion – *Hassemer*, Rechtsgutslehre (wie Anm. 166), S. 90, 93 f.

180 Vgl. *v. Hippel* (1906), Tierquälerei, in: VD, BT, Bd. 2, S. 241. Nach verschiedenen Änderungen 1933 wurde 1972 der strafrechtliche Tierschutz vor allem in § 17 des geltenden TierschG geregelt; zum Ganzen *Wiegand* (1979), Tierquälerei.

grund des Problems ist die inzwischen sachlich unbestrittene liberal-rechtsstaatliche Formel zur Strafrechtslimitierung (mit oder ohne Rechtsgutsbegriff), exemplarisch etwa in dem Satz Arthur Kaufmanns:

In einem Rechtsstaat darf das Strafrecht nur dort eingesetzt werden, wo es zum Schutz der Gesellschaft unbedingt erforderlich ist, nämlich zum Schutz derjenigen Rechtsgüter, die für das Leben der *Menschen* im Mitsein mit den anderen unentbehrlich sind und die auf andere Weise als durch das Strafrecht nicht wirksam geschützt werden können.[181]

In diesem Hintergrund findet ein unmittelbares tierisches Interesse keinen eigenen Platz. Das RStGB brachte dies ebenso wie die österreichische ministerielle Verordnung von 1855 schon vor Beginn der folgenreichen Rechtsgüter-Diskussion zwischen Binding und Liszt deutlich zum Ausdruck: Bestraft wurde hier wie dort die »öffentliche oder in Ärgernis erregender Weise« (§ 360 Nr. 13 RStGB) bzw. die »öffentlich auf ärgerniserregende Weise« (österreichische Ministerialverordnung) unternommene Tiermißhandlung. Für beide Regelungen galt daher, was Franz von Liszt in seinem Lehrbuch schreibt:

Die Tierquälerei [...] ist in der Reichsgesetzgebung als Verletzung des Sittlichkeitsgefühls der Bevölkerung, nicht aber, und zwar aus guten Gründen, unter dem Gesichtspunkt der Anerkennung tierischer Rechte (des »Tierschutzes«) unter Strafe gestellt.[182]

Das mochte Liszt, wiewohl damals bereits Vertreter eines vorpositiven Rechtsguts- und Sozialschadensbegriffs, noch einigermaßen unbefangen schreiben, wenn auch schon an den Plausibilitätsgrenzen seiner eigenen Konzeption. Heute ist »das Sittlichkeitsgefühl der Bevölkerung« kaum noch als hinreichende Legitimationsgrundlage akzeptabel.[183] Die statt dessen angebo-

181 *Arth. Kaufmann* (1984), Tendenzen, in: *ders.*, Juristische Hermeneutik, S. 149 (Hervorhebung von mir).

182 *v. Liszt*, Lehrbuch, 12./13. Aufl., S. 622; ähnlich *v. Hippel* (1891), Tierquälerei in der Strafgesetzgebung, S. 110 ff.

183 Obwohl es, jedenfalls bis in die jüngere Vergangenheit, eine starke Tendenz in der Strafrechtswissenschaft gab, »Gefühlsschutz« für strafrechtlich sanktionierbar zu halten. Doch dürfte Liszts Formulierung zum Tierschutz heute nach der einschneidenden Reform der früher so genannten »Sittlichkeitsdelikte« eine kritische Diskussion kaum mehr überstehen.

tenen Erklärungen laufen daher entweder auf die hier ausnahmsweise hinzunehmende Pönalisierung einer bloßen Moralwidrigkeit[184] oder (und überwiegend) in irgendeinem Sinne auf den Schutz mittelbar tangierter *menschlicher* bzw. gesellschaftlicher Interessen hinaus, etwa: »die sozial desintegrierende Wirkung«, die eine Freigabe der Tierquälerei wegen deren Verstoßes gegen die »in Deutschland herrschenden Wertungen« nach sich ziehe[185]; oder das Überschreiten des nach der »sozialen Werterfahrung« Tolerablen[186] und anderes.[187] Solche Begründungsreduktionen auf letztlich menschliche Interessen sind ausnahmslos unplausibel. Und zwar schon deshalb, weil keine von ihnen ihre eigene Prämisse, nämlich den Grund für dieses Abbiegen der Tierschutzfundierung in die Sphäre menschlicher Interessen, einzuholen vermag: die Reduktion des strafrechtlichen Schutzes auf die *Bestands*voraussetzungen menschlichen Zusammenlebens. Der vermeintliche Rationalitätsgewinn für das Strafrecht durch dessen ausnahmslose Beschränkung auf den menschlichen Interessenschutz verflüchtigt sich sofort in den anschließenden spekulativen Behauptungen über eine angebliche Bestandserschütterung des sozialen Friedens für den Fall einer Aufhebung des Tierquälereiverbots. In der Logik der Argumentation sind solche Spekulationen ersichtlich nichts anderes als petitiones principii.[188] Gleichwohl kann an der Berechtigung des strafrechtlichen Tierschutzes kein ernsthafter Zweifel bestehen. Die einzig zutreffende Erklärung deutet, soweit ich sehe[189], nur Roxin an:

184 So etwa *Gallas* (1968), Gründe und Grenzen, in: *ders.*, Beiträge zur Verbrechenslehre, S. 1 ff., 14 f.

185 So *Amelung*, Rechtsgüterschutz (wie Anm. 10), S. 345 f.

186 So *Hassemer*, Theorie (wie Anm. 148), S. 154.

187 Dazu *Wiegand*, Tierquälerei (wie Anm. 180), S. 123 ff.

188 Deutlich die Ausweichstrategie bei *Amelung*, a.a.O., S. 346: Die Behauptung einer »sozial desintegrierenden Wirkung« bei strafrechtlicher Freigabe der Tierquälerei ist nicht nur eine empirisch unausgewiesene Spekulation; sie erkauft vor allem ihre theoretische Anschlußfähigkeit an Amelungs eigene Sozialschadenslehre nur um den Preis einer fast gänzlichen Inhalts- und Konturlosigkeit. »Sozial desintegrierend« sind (irgendwie) auch Steuererhöhungen, Bundestagswahlen, Asyl-Diskussionen, Golfkriege ... Mit einer solchen Formel läßt sich alles mögliche insinuieren; *sagen* läßt sich damit fast nichts.

189 Neuestens, aber mit einer ähnlichen Tendenz, wenn auch vorsichtig

Aber sollte es hier nicht doch um den Schutz eines Rechtsguts, nämlich des Schmerzempfindens der Tiere gehen, dessen sich die Rechtsordnung aus einer Art von kreatürlicher Solidarität annimmt?[190]

Eine vernünftig interpretierte Interessentheorie des Rechtsgüterschutzes kann dies zwanglos und rational begründen. Darauf komme ich weiter unten ausführlicher zurück. Denn an diesem Punkt dreht sich der Blick wieder plausibel zu Karl Kraus: Ohne jede Kenntnis von der skizzierten theoretischen Problematik hat er gleichwohl mit präziser Intuition einen kriminalpolitischen (vorjuristischen) und im Interessenschutz fundierten Rechtsgutsbegriff Lisztscher Provenienz vertreten; er hat ihn aber, unbelastet von den Theorieskrupeln der Strafrechtsdogmatik, in der für ihn äußerst wichtigen Frage des Tierschutzes *richtig*, nämlich im Sinne der zitierten Frage Roxins angewendet und damit so, wie es nach Franz von Liszt und der heute noch herrschenden Auffassung falsch ist.

Der Begriff »Rechtsgut« taucht in der *Fackel* erstmals im September 1902 in dem Essay »Sittlichkeit und Criminalität« (115/1 ff.) auf und macht in den folgenden Jahren im terminologischen Repertoire des Satirikers eine erstaunliche Karriere.[191] Der Essay wird heute in der Sekundärliteratur mit Recht als der Beginn der »ästhetischen Wendung« (185/1) des Karl Kraus gewertet – nicht nur thematisch, sondern auch des Autors selbst: zum Künstler.[192]

abwägend, *Arth. Kaufmann* (1992), Gibt es Rechte der Natur?, in: Fschr. Spendel, S. 59 ff., insbes. S. 65 f.

190 *Roxin*, Sinn und Grenzen, in: JuS 1966, S. 383.

191 Vgl. 149/1 (= S1/33); 134/28; 148/6; 149/1 ff.; 153/13 (= S1/37); 155/6; 156/6 (= S1/39); 160/2 ff. (= S1/67 ff.); 162/1 (= S1/311); 167/23; 168/5 (= S1/109); 174/10 f. (= S1/314 f.); 177/4 (= S1/147); 187/19 (= S1/182); 194/21 (= S1/319); 196/8; 200/3 (= S1/206); 211/6 (= S1/232: »Lebensgüter«); 211/26 (= S1/249); 248/2; 378/3. – Daß der Begriff danach in der *Fackel* so gut wie nicht mehr auftaucht (Ausnahmen sind etwa noch 595/2; 766/52 und S12/291), heißt nicht, daß Kraus ihn nicht mehr für brauchbar gehalten, sondern daß er ihn als selbstverständlich vorausgesetzt hat. Dazu kommt, daß er im Maße seiner künstlerischen Entwicklung nach und nach die juristische Terminologie insgesamt fallenließ. Eine Änderung seiner strafrechtlichen Auffassungen bedeutete dies nicht.

192 So schon *Liegler* (1920), K. K. und sein Werk, S. 161; aus der späteren Literatur nur *Kraft* (1956), K. K., S. 79 f.; *Jenaczek* (1965),

Wie wichtig er das Thema des Aufsatzes nahm, zeigt ein Brief an den damals noch befreundeten[193] Baron Alfred von Berger vom 14. August 1902:

Ich habe eine förmliche Angst vor dem Thema, zu dessen Bearbeitung ich nur fähig bin, wenn Stoffmangel mich von jedem andern, kleineren befreit.[194]

Das Thema war der Wiener Ehebruchsprozeß Polacsek, eigentlich zwei von den Ehepartnern wechselseitig gegeneinander angestrengte Strafverfahren[195], die den lokalen Klatschblättern wochenlang Sensationsstoff lieferten. Nach einer Kette von Shakespeare-Zitaten aus *Lear* und *Maß für Maß* beginnt Kraus:

Es gibt eine Art unproduktiver Empörung, die sich gegen jeden Versuch, sie literarisch auszudrücken, wehrt. Seit Monatsfrist würge ich an der alle Kulturillusion vernichtenden Schmach, die ein Doppelprozeß wegen Ehebruchs, seine Führung und seine journalistische Behandlung uns angetan hat. (S1/11 = 115/3)[196]

Der Aufsatz umreißt einen weiten gedanklichen Horizont. »Shakespeare hat alles vorausgewußt« (S1/11) – in dieser Formel fixiert Kraus zum ersten Mal jene fundamentale Beglaubigungsmetapher für die Interventionen der Kunst in die Problemsphären des Lebens, der Politik, des Rechts, die er von da an lebenslang festgehalten hat[197]:

Zeittafeln, S. 17; zuletzt der Herausgeber der Krausschen »Schriften«, *Wagenknecht*, in: S1, Anhang, S. 347.

193 Vgl. aus den späteren polemischen und satirischen Äußerungen über Berger nur 311/1 ff. (»Der Freiherr«) und 324/8 f. (»Der Nachruf«).

194 Kraus-Archiv, I.N. 110.680, auch zitiert bei *Schick*, Briefe K. K. an A. v. Berger, in: Das Silberboot 2, 1951, S. 128.

195 Ehebruch war nach § 503 nicht, wie in Deutschland (und wie Kraus in S1/21 sachlich ungenau schreibt), Antrags-, sondern Privatklagedelikt. Die ÖStPO unterschied (wie das StG 1852) nicht deutlich zwischen Antrags- und Privatanklagedelikten (vgl. § 2 Abs. 2 ÖStPO 1873; dagegen deutlich die heutige Fassung § 2 Abs. 3 und 4), weshalb streitig war, ob es Antragsdelikte im österreichischen Strafrecht gebe; zweifelnd: *Lammasch*, Grundriß, S. 14 f.; dafür: *Lohsing* (1920), Österr. Strafprozeßrecht, S. 81.

196 Zitiert wird wieder nach der Buchausgabe von S1. Ich lasse im folgenden die Zitatangaben für die (in S1 teilweise erheblich veränderten) Fackel-Passagen aus 115/1 ff.weg.

197 Shakespeare ist für das Gesamtwerk der *Fackel* die mit Abstand

Von ihm [Shakespeare] müßten die Moralbauherren aller Völker Werkzeug und Mörtel entlehnen, von seiner Höhe bietet jede Weltansicht, die konservative wie die fortschrittliche, ein dem Schöpfer wohlgefälliges Bild; dort ist Kultur, wo die Gesetze des Staates paragraphierte Shakespearegedanken sind, wo mindestens, wie im Deutschland Bismarcks, Gedanken an Shakespeare das Tun der leitenden Männer bestimmen.[198] Nach seinen Erkenntnissen greife, wer berufen ist, zwischen Gut und Böse die kriminalistische Grenzwand zu errichten oder zu erneuern. Und er wird finden, daß die alte Mauer da und dort nicht die natürliche Linie zog, weil sie an den Hindernissen engstirniger Zeitalter: Schlagwortwahn und Heuchelei, vorbei mußte. (S1/11 f.)

Das bleibt noch in der Logik des literarischen Symbols. Dann wird sie mit der des rationalen juristischen Arguments allmählich zur Deckung gebracht:

So reifte ein hundertjähriges Gesetz zur Menschenqual: Der Eifer, der da schützt, was des Menschenschutzes nicht bedarf[199], hatte es mit der Langmut gezeugt, die gewähren läßt, was dem gesunden Sinn strafwürdig scheint. (S1/12)

Nämlich: der Angriff gegen »Rechtsgüter«. Hier beginnt die Skizze einer kritischen Gesamtperspektive auf das »Sittlichkeitsstrafrecht«. Ihr Fundament ist der Rechtsgutsbegriff. Noch ist der Ehebruch nicht das Thema:

Von der Aufgabe, dem Ärgernis, das öffentliche Unsittlichkeit bereitet, eine rechtliche Sühne zu erwirken, ward der Gesetzgeber zu dem Trug-

wichtigste künstlerische Symbolfigur. Auch und gerade im Kontrast zur Strafjustiz ist er für Kraus immer wieder die Instanz einer sachlich und moralisch besser orientierten Welt (vgl. exemplarisch nur 457/98: »Juristen [...], die wo unsereins zagen Sinnes zwei Fragezeichen setzt, daraus einen einzigen Paragraphen schlingen können. Aber Shakespeare, der ihn gelöst hat [...]«). Zu Kraus und Shakespeare instruktiv *Ribeiro* (1990), K. K. und Shakespeare, in: *Strelka* (Hg.), Karl Kraus, S. 237 ff.; *Kraft* (1974), Das Ja des Neinsagers, S. 45 ff. Zu dem Leitmotiv, daß Shakespeare »alles vorausgewußt« habe, s. noch im Mai 1925 die entsprechende Überschrift in 686/1 (gegen den Erpresserjournalisten Békessy).

198 Man vgl. zu dieser einigermaßen merkwürdigen Hyperbel immerhin die zahlreichen Shakespeare-Erwähnungen in *Bismarcks* »Politischen Reden« (1905), Bd. 13 (Gesamtregister). Vgl. auch die wesentlich spätere Bemerkung in der Fackel vom Juli 1914: »Bismarck war doch ganz in Shakespeare gehärtet [...].« (400/3).

199 In 115/4 lautet diese Stelle noch: »der ›Rechtsgüter‹ schützt, die des Menschenschutzes nicht bedürfen«.

schluß verlockt, daß Unsittlichkeit öffentliches Ärgernis bereitet. [...] Das »Rechtsgut der Sittlichkeit« ist ein Phantom. Mit der »Moral« hat die kriminelle Gerichtsbarkeit nichts, hat nur die des Bezirksklatsches zu schaffen. Was die Justiz hier erreichen kann, ist der Schutz der Wehrlosigkeit, der Unmündigkeit und der Gesundheit. Auf diese noch arg verwahrlosten Rechtsgüter werfe sich die Sorge, die heute das Privatleben von staatswegen belästigt. (S1/14 f.).

Das kann Wort für Wort unterschrieben werden, auch wenn es in Deutschland und Österreich beinahe ein Dreivierteljahrhundert gedauert hat, bis es von den Gesetzgebern, eher widerstrebend, unterschrieben worden ist. Die Ratio des Gedankens ist, und das dürfte nun nicht weiter beweisbedürftig sein, die der Rechtsgutslehre Franz von Liszts[200]: Rechtsgüter sind vorjuristische »Lebensgüter«, die das Strafrecht gegen bestimmte Angriffe zu schützen hat. Illegitim sind Strafgesetze, die bloße »Phantome« als Rechtsgüter fingieren. Dann kommt eine halbwegs kryptische und halbwegs problematische Attacke:

Der Gesetzgeber als schnüffelnder Reporter, der vor der Öffentlichkeit die Dessous des Lebens lüpft; Gerechtigkeit als indiskreter Dienstbote, der an Schlafzimmertüren horcht und durch Schlüssellöcher späht! So wenigstens nach dem Ideal eines heute in Wien wirkenden Professors, der in seinem Schweizer Strafgesetzentwurf sich für den nuancierten Verkehr der Geschlechter interessiert und jede Abweichung vom horizontalen Pfad der Tugend unter Strafsanktion stellt. (S1/15)

Die Rede ist von Carl Stooss, der 1896 – übrigens nicht, wie er selbst wohl glaubte, auf Vorschlag von Heinrich Lammasch, sondern des damaligen Justizministers Graf Gleispach[201] – nach Wien berufen worden war. Kraus' Vorwurf, den der Satiriker knapp zwei Jahre später im Tonfall noch einmal, und wieder ohne

200 Liszt selbst hat im Bereich des Sittlichkeitsstrafrechts die Konsequenzen daraus allerdings wesentlich vorsichtiger und zum großen Teil auch erst später gezogen als Kraus in diesem Aufsatz. Zu Liszt insofern kritisch *Amelung*, Rechtsgüterschutz (wie Anm. 10), S. 86, 89.

201 Vgl. dazu und allgemein zu Leben und Werk von Stooss dessen Selbstdarstellung in: *Planitz* (Hg.) (1925), Rechtswissenschaft der Gegenwart, S. 205 ff.; *Hafter* (1945), Carl Stooss, in: *Schultheß* (Hg.), Schweizer Juristen, S. 361 ff.; *Moos*, Carl Stooss in Österreich, in: Festnr. SchwZStR 100 (1988), S. 35 ff.

Namensnennung, deutlich verschärft (»gibt es etwas Groteskeres als die Erscheinung eines Schweizer Philisters ...«, 165/9 = S1/101[202]), ist vor der Gesamterscheinung des Carl Stooss jedenfalls übertrieben und daher ungerecht. Man muß dabei gar nicht auf Stooss' dogmengeschichtliche Unsterblichkeit als geistiger Vater der »Zweispurigkeit« von Strafen und Maßregeln in modernen Strafgesetzbüchern hinweisen[203], die im übrigen nicht ganz so eindeutig verdient ist, wie das heute manchmal angenommen wird[204], weil die Idee der Zweispurigkeit bereits der Aufklärung des 18. Jahrhunderts geläufig war.[205] Aber auch die weiteren kriminalpolitischen Aktivitäten Stooss' zeigen ihn, jedenfalls am legalen Status quo gemessen, nicht als besonders markante Philistergestalt. Das gilt auch für den Bereich des Sittlichkeitsstrafrechts. Ein halbes Jahr vor der ersten Krausschen Attacke hatte Stooss in der österreichischen *Gerichtszeitung* geschrieben:

> Es beweist dies, daß die Männer der Josefinischen Zeit insbesondere die Natur der Religionsdelicte und der Verirrungen des Geschlechtstriebes richtiger gewürdigt haben als ihre Vorgänger und ihre Nachfolger. Denn nicht die sittliche, sondern die *sociale* Bedeutung einer Handlung ist für ihre Criminalisirung entscheidend und maßgebend.[206]

Das jedenfalls hätte Kraus unterschrieben. Welchen Spielraum diese Prämisse allerdings für ihre legislativen Konsequenzen ließ, wird erkennbar, wenn man die einschlägigen Stellen des Schweizer Entwurfs, auf die Kraus ganz offenbar anspielt, bzw. die Beratungsprotokolle dazu nachliest. Die für Stooss in den Augen des Satirikers kompromittierendste und mit einiger Sicherheit in »Sittlichkeit und Criminalität« auch gemeinte Regelung steht in Art. 115 des Schweizer Vorentwurfs von 1894, den Stooss verfaßt hat:

202 Vgl. auch die »Zuschrift« über Stooss in 151/9.

203 Dazu *Stooss*, Strafe und sichernde Maßnahmen, in: SchwZStR 18 (1905), S. 1 ff.; *ders.*, Sichernde Maßnahmen, in: SchwZStR 44 (1930), S. 261 ff.

204 Etwa von *Jescheck*, Einfluß des schweizerischen Strafrechts, in: SchwZStR 73 (1958), S. 189; differenzierend und zutreffend *Jakobs* (1991), AT, S. 30, Anm. 76.

205 Darauf hat schon *Liszt* hingewiesen; vgl. *ders.*, E. F. Klein und die unbestimmte Verurteilung, AuV II, S. 133 ff., 152.

206 *Stooss*, Criminalpolitische Gedanken, in: Allg. Ö. GerZ. 53 (1902), S. 45.

Wer den Beischlaf mit einem Menschen in widernatürlicher Weise vollzieht oder ein Tier zur Unzucht missbraucht, wird mit Gefängnis nicht unter drei Monaten bestraft.[207]

Diese allerdings groteske Fassung überstand die Beratungen der Kommission nicht und wurde in die damals nahezu überall geläufige Strafdrohung gegen den gleichgeschlechtlichen Sexualverkehr unter gleichzeitiger Streichung der Sodomie geändert.[208] Aber man mag zwischen ihr und dem obigen kriminalpolitischen Zitat von Stooss Recht und Unrecht des Krausschen Angriffs einigermaßen plausibel verteilen.

Im Anschluß daran weist der Satiriker zu Recht auf die damals längst bekannten und verheerend sozialschädlichen Folgen einer Kriminalisierung bestimmter Formen des privaten Sexuallebens hin: »Züchtung des häuslichen Denunzianten- und Erpressertums« (S1/15):

Nein, dort, wo dies Strafgesetz vom Jahre 1803 sich selbst verurteilt, hätte der feierliche Säkularbetrachter mit einem heitern, einem nassen Auge einzusetzen. Daß es dem Verbrechen der Erpressung in beispielhafter Weise Vorschub leistet, daß es gegen den Paragraphen verstößt, der da verbietet, »öffentlich wider Jemanden ehrenrührige, wenn auch wahre Tatsachen des Privat- und Familienlebens bekannt zu machen«[209], und dadurch wieder jenes »gröbliche und öffentliche Ärgernis verursacht«, das der Sittlichkeitsparagraph[210] ahndet, sind nur die wichtigsten Fälle, in denen sich die Schlange in den Schwanz beißt (S1/19).[211]

Das ist ein jedenfalls kriminalpolitisch schlüssiges Argument: gegen die funktionale Inkonsistenz eines Gesetzes, das die sozialen Schäden, die es einerseits bekämpfen soll, auf der andern Seite vermehren hilft. Dann kommt dies:

207 Zit. in *Stooss*, Sittlichkeitsverbrechen nach Zürcher Strafrecht, in: SchwZStR 8 (1895), S. 205. Darauf bezieht sich Kraus' insofern richtige Bemerkung, Stooss wolle die »Abweichung vom horizontalen Pfad der Geschlechtstugend – auch im Ehebett« strafen (165/9 = S1/101).

208 Dann als Art. 121; vgl. *Stooss*, a.a.O., S. 208.

209 Zu diesem Tatbestand des »Indiskretionsdelikts« (§ 489, 2. HS StG), den das deutsche Strafrecht weder kannte noch kennt und der in Kraus' strafrechtlichen Texten eine erhebliche Rolle spielt, ausführlich unten, S. 447 ff.

210 § 500 Abs. 2, lit. b. StG.

211 Vgl. auch die ganz ähnliche Formulierung in S1/183 (zum Prozeß Beer).

Und bedeutet nicht dort, wo ein »Rechtsgut« verletzt wurde, das kein Rechtsgut ist, die Verhängung der Gefängnisstrafe eine »Beschränkung der persönlichen Freiheit«? (S1/19)

Vage und sehr vorsichtig berührt er hier eine Möglichkeit, die ihm ihn Wahrheit undenkbar schien: daß eine formell gültige, aber materiell illegitime Strafnorm als nichtig und daher die ihr entnommenen Rechtsfolgen als rechtswidrig behandelt werden könnten.[212] Die Frageform des Satzes ist keine bloß rhetorische Figur. Sie weist auf eine juristische Schwierigkeit hin, indem sie mit einer Konsequenz des eigenen Standpunkts spielt, die ein offenes strafrechtliches Problem grell markiert, die der Satiriker aber selbst nicht radikal zu ziehen bereit wäre. Ähnlich wie Franz v. Liszt[213] und in Übereinstimmung mit seiner eigenen These der Trennung von Recht und Moral hält er bei einem Widerspruch zwischen formeller und materieller Rechtswidrigkeit die richterliche Bindung auch an das sachlich illegitime Gesetz für gleichwohl zwingend. In einem Epilog zum Prozeß Beer schreibt er drei Jahre später:

Ich bin ja gewiß der Meinung, daß der alte Justizkrempel nicht tief genug verachtet werden kann, halte gewiß Lynchjustiz für kulturvoller als die Vollstreckung hundertjähriger Paragraphenweisheit. Aber Richter dürfen, solange es Gesetze gibt, nicht nach den ungeschriebenen Satzungen beleidigter Familienwünsche richten. (S1/203 = 189/26)[214]

Gemeint und zu ergänzen ist: auch nach anderen ungeschriebenen Satzungen nicht. Interessant ist immerhin, daß heute ein Strafrechtler vom Rang Roxins die Frage einer Nichtigkeit von Strafgesetzen, die bloße »Phantome« als Rechtsgüter schützen, für »noch unabgeklärt« hält.[215]

Nach diesen Erwägungen wendet Kraus den Blick zu dem Gegenstand des konkreten Verfahrens: dem Ehebruch. Der Aufbau der Argumentation folgt einer gut rekonstruierbaren Logik. Daß

212 S. dazu die obigen Erörterungen zu »Ethik und Strafgesetz«, S.246.
213 Vgl. etwa *v. Liszt*, Lehrbuch, 14./15. Aufl., S. 140.
214 Vgl. schon in 28/2 (Januar 1900) – trotz bereits erkennbarer Abneigung gegen die Todesstrafe: »Wenn sie *besteht*, dann muß sie in jenen ernstesten Fällen, wo *alle* das Schuldig sprechen, vollzogen werden« – als Argument gegen eine Begnadigung allerdings ein einigermaßen abwegiger Standpunkt.
215 *Roxin* (1992), AT, S. 15 f.

die Ehe kein strafrechtlich schützenswertes Rechtsgut sein könne, wird nicht geradewegs behauptet. Aber aus der Phänomenologie der geläufigen Ehetypen greift Kraus eben mit dem Fall Polacsek zunächst eine Variante heraus, die sinnfällig demonstriert, welch schäbige Wirklichkeiten hinter dem abstrakten Pathos der legislativen Schutzerwägungen für bestimmte Rechtsgüter hausen können. Daß dies noch kein durchschlagendes Argument gegen deren Schutz ist, sieht der Satiriker. Aber es ist eines zum Strafmaß im konkreten Fall, und darauf weist er schlagend hin:

Die geständige Ehebrecherin, die lange vorher schon die Martern einer häuslichen Justiz mit Revolver, Peitsche und Haarschere ausgestanden hatte, bot keinen verabscheuungswürdigen Anblick. [...] Ein Schatz von geflügelten Worten bewahrt die Erinnerung an die zwei Tage, da der Strafrichter des Bezirksgerichtes Wieden schwertrasselnd das Rechtsgut der Heiligkeit einer durch den Schadchen[216] geschlossenen Ehe zu schützen unternahm. Noch nie zuvor war ein Geständnis freier und williger abgelegt worden. Die Angeklagte erzählte, wie sie durch Vermittlung zur Ehe und durch Mißhandlung zum Ehebruch gelangte. Ein anderer Richter [...] hätte nach diesem Anfang ein Beweisverfahren für überflüssig erachtet und wäre zur Urteilsfällung geschritten; hätte der Majestät des Gesetzes – o schlotterichte Königin – durch möglichst gelinde Strafbemessung flüchtig Reverenz erwiesen, als mildernd das offenbare Rachebedürfnis des Gatten, zu dessen Befriedigung sich die Justiz nicht hergeben dürfe, gelten lassen, und – ohne weitern Sachverständigenbeweis – mit der Wertlosigkeit der Ehe die Schmerzlosigkeit des Bruchs begründet. (S1/20 f.)

Damit ist beiläufig das Spektrum der tatsächlichen Varianten angedeutet, die das abstrakte strafrechtliche Schutzgut »Ehe« um-

216 In Wien geläufiger jüdischer Jargonausdruck für bezahlte Heiratsvermittler. Daß solche Ehen nicht selten aus ökonomischen Gründen, ohne Rücksicht auf die Interessen der Frau, durch familiären Nötigungsdruck und über Zeitungsannoncen zustande gebracht wurden, war eines der beiläufigen, aber sachlich wichtigen Themen der Fackel. Ein dreiviertel Jahr vor »Sittlichkeit und Criminalität« war dort der Nachdruck folgender Annonce aus der Neuen Freien Presse zu lesen: »Schadchen, der eine Partie mit 50 bis 70 Mille hat, wird um seine Adresse ersucht. Zuschrift erbeten unter ...« (90/23; vgl. auch 127/11 ff.; 406/38 sowie den Aphorismus aus S8/158: »Wir leben in einer Gesellschaft, die Monogamie mit Einheirat übersetzt.«

faßt. »Die Gegensätzlichkeit zwischen der Pathetik der Namen und der Erbärmlichkeit der Dinge ist der humoristische Grundzug unseres Strafrechts«, schreibt Kraus in anderem, aber sachlich verwandtem Zusammenhang (168/5 = S1/108). Die Frage, die davon aufgeworfen wird, liegt auf der Hand: ob eine Ehe, die für beide Partner wert- und interesselos geworden ist, strafrechtlichen Schutz gegen ihren Bruch verdient. Das ist zunächst – wie auch in anderen Fällen eines subjektiven Desinteresses an den gleichwohl geschützten *Möglichkeiten* der Interessenverwirklichung – eine Frage der Einwilligung und damit grundsätzlich der Rechtswidrigkeit, nicht des Rechtsgutes (und damit des Tatbestands) selbst. Aber im Fall der Ehe liegen die Dinge anders als etwa beim Eigentum oder der körperlichen Integrität. Denn es geht hier um eine typische, massenhaft auftretende und längst sozialadäquate Form des Interessenverlustes, der auch bei fehlender Einwilligung jeweils beiden Partnern regelmäßig deutlich sein dürfte: in praktisch allen Fällen der einvernehmlich gewollten Ehescheidung zum Beispiel. (Und die gewiß in den meisten dieser Fälle dennoch anzunehmende Verweigerung einer Einwilligung zum Ehebruch des Partners bezieht sich dann gerade nicht mehr auf das Rechtsgut der Ehe, sondern auf andere, eher von der Eifersucht als vom Ehebruchsparagraphen bewachte Interessen.) Hier stellt sich daher tatsächlich die Frage, ob es das strafrechtlich geschützte Rechtsgut einer Ehe, die keiner der Partner mehr will, geben soll. Literatur und Rechtsprechung haben dieses Problem in Deutschland wie in Österreich seit jeher mit der Erwägung abgefangen, für das Schutzgut Ehe gebe es eine doppelte Interessenzuständigkeit: der Eheleute und der Gesellschaft bzw. des Staates.[217] Geschützt werde neben der vertraglich begründeten ehelichen Treuepflicht auch die »sozialethische Institution« der Ehe und damit die »staatliche Eheordnung«[218]: Denn die Ehe

217 Aus der umfangreichen Literatur bis zur Aufhebung des § 172 StGB (1969) *W. Mittermaier* (1906), Sittlichkeitsdelikte, in VD, BT, Bd. 4, S. 91 ff.; *Cohn* (1916), Bestrafung des Ehebruchs; *Wolff* (1908), Problem der Bestrafung des Ehebruchs; aus der neueren Literatur v. a. *Heidenreich* (1971), Strafvorschrift über den Ehebruch; *Heindl* (1981), Ehebruch und Strafrecht, in: Autorinnengruppe Universität Wien (Hg.), Das ewige Klischee, S. 155 ff.

218 *Heidenreich*, a.a.O., S. 126; für Österreich in diesem Sinn die Grundsatzentscheidung KH 2315 (10. 3. 1899).

sei die »organische« oder »Keimzelle« des Volkes, die »Wurzel aller Gemeinwesen«, die »Grundlage der gesellschaftlichen Ordnung«.[219] Dieser Doppelschutzcharakter kommt in den §§ 172 RStGB und 502, 503 StG auch in der komplizierten Interferenz von privaten und öffentlichen Verfolgungsvoraussetzungen bzw. -hindernissen zum Ausdruck. Von Anfang an als ebenso mißlich wie unvermeidbar wurde dabei in Deutschland das Erfordernis einer dem Strafverfahren vorgängigen Scheidung empfunden, da *nach* dieser ein Schutz der konkreten Ehe evidenterweise nicht mehr in Frage stand und der anschließende Strafantrag »fast nur Racheakt«[220] sein konnte. In Österreich fehlte eine entsprechende Regelung. Zur Vermeidung unliebsamer staatlicher Interventionen in bestehende Ehen war die Privatanklagemöglichkeit des § 503 statt dessen durch eine weitreichende negative Voraussetzung der »Verzeihung« beschränkt.[221] Vor dem Hintergrund dieser Probleme waren in beiden Staaten schon im 19. Jahrhundert Stimmen laut geworden, die eine Streichung des jeweiligen Paragraphen aus dem Strafgesetz forderten.[222] Die grundlegenden Argumente pro und contra haben sich in über hundert Jahren der Diskussion bis zur Aufhebung des § 172 in Deutschland[223] durch das erste StrRG 1969 praktisch nicht verändert.[224]

Die kriminalpolitische Aufklärung bis hin zu Feuerbach hatte die Frage sachlicher und pathosfreier behandelt, als die nachfolgenden Generationen es taten. Feuerbach qualifiziert – im Anschluß an Kants lakonische Definition der Ehe als eines Vertrages der Eheleute »zum lebenswierigen wechselseitigen Besitz ihrer Geschlechtseigenschaften«[225] – den Ehebruch ausschließlich

219 Nachweise bei *Heidenreich*, a.a.O., S. 125; vgl. auch *Sch.-Schr.*, 11. Aufl. (1963), Nr. I zu § 172.

220 *W. Mittermaier*, Sittlichkeitsdelikte (wie Anm. 217), S. 96.

221 Die mittelbar als zivilrechtliches Scheidungshindernis auch im deutschen § 172 eine Rolle spielte.

222 Zu den pro und contra vorgebrachten Argumenten rechtsvergleichend *W. Mittermaier*, a.a.O., S. 99 ff.

223 In Österreich ist der Ehebruch noch heute strafbar. Die Vorschrift wird allerdings von den Gerichten nahezu durchgängig durch die bloß symbolische Verhängung von Strafen unterlaufen.

224 Vgl. dazu die knappen und scharf kritischen Bemerkungen bei *Hanack* (1969), Revision des Sexualstrafrechts (ursprünglich Gutachten für den 47. Dt. Jur.tag 1986), S. 14.

225 *Kant* (1907), MdS, RL, AA VI, S. 277.

als Verletzung der vertraglichen Treuepflicht[226], eine Auffassung, die ihm seit der 12. Auflage seines Lehrbuchs den scharfen Tadel seines posthumen Herausgebers C. J. A. Mittermaier eingetragen hat, der gegen die Reduktion des Ehebruchs auf eine Vertragsverletzung bereits den Posaunenton der »Heiligkeit der Ehe«[227] anstimmt. Im katholischen Österreich war der Wider- und Nachhall dieses Tones auch in verschiedenen Winkeln der Dogmatik noch intensiver als in Deutschland. So erklärte etwa der Oberste Gerichtshof in einer Grundsatzentscheidung vom 10. März 1899 auch den Versuch des Ehebruchs für strafbar.[228]

Das ist der Hintergrund, von dem Kraus ausgeht. »Ich leugne ja nicht die Notwendigkeit«, schreibt er fast zwei Jahre später, »im Gegenwartsstaat besonders gebrechliche Rechtsgüter, wie die Ehe und die Familie, mit besonderem Schutz zu umgeben« (165/7 = S1/100). Aber es ist neben der ironischen bestenfalls eine achselzuckende Konzession. »Deutsche Philosophen«, heißt es in »Sittlichkeit und Criminalität«,

> die in den idealsten Höhen der Sittlichkeit gedacht haben, sind für die Ausscheidung des Ehebruchs aus dem Strafrecht und dafür eingetreten, daß der Frau die Scheidung erleichtert werde.[229] Denn die Heiligkeit der

226 *Feuerbach* (1847), Lehrbuch, § 373, S. 597.

227 A.a.O., Note 1 des Herausgebers.

228 KH 2315. Anders die Rspr. in Deutschland, vgl. *W. Mittermaier* (wie Anm. 217), S. 95.

229 Zu interessanten Erwägungen führt die Frage, welche Philosophen der Satiriker hier gemeint haben könnte. Neben dem im gegebenen Zusammenhang zitierten Nietzsche (115/21 f. = S1/26), der gewiß für diesen Standpunkt, aber wohl schon nach der damaligen Auffassung von Kraus schwerlich für die »idealsten Höhen der Sittlichkeit« reklamierbar war, hat, soweit ich sehe, nur *Fichte* expressis verbis eine Strafbarkeit des Ehebruchs verworfen (vgl. *ders.*, 1796, Principien der Wissenschaftslehre, § 24, S. 325 f.). Weder bei Kant, noch bei Hegel oder Schopenhauer ist diese Auffassung zu finden. Aber Kraus' Hinweis auf die geforderte Scheidungserleichterung für die Frau deutet auf eine Quelle, die sich auch sonst vielfach mit dem gedanklichen Hintergrund der Krausschen Auffassungen zum Strafrecht deckt: Wilhelm *v. Humboldts* »Ideen zu einem Versuch, die Gränzen der Wirksamkeit des Staats zu bestimmen«, vgl. dort Kap. XI (Werke, Bd. 1, 1960, S. 159 ff., insbes. S. 163). Von einer Straflosigkeit des Ehebruchs ist allerdings auch bei Humboldt nicht ausdrücklich die Rede; doch läßt sie sich plausibel aus den Grundsätzen der »Ideen« folgern.

Ehe würde, sobald sie aufhörte »Rechtsgut« zu sein, beträchtlich gemehrt werden. Sie wäre nicht mehr von jener unseligen Heuchelei beleidigt, unter der Menschen fortleben, die längst erkannt haben, daß sie, als sie »in die Ehe traten«, keinen andern »Fehltritt« mehr begehen konnten [...]. (S1/28)

Das ist ein einleuchtendes Argument. Es steht in engem gedanklichen Zusammenhang mit der grundsätzlichen Auffassung des Satirikers vom Rechtsgut und dessen Fundierung in *subjektiv persönlichen* Interessen. Obwohl er beiläufig ironisch die »Heiligkeit« der Ehe als das nach allgemeiner Meinung mitgeschützte »Gut« des § 502 StG erwähnt, erkennt er kein unabhängiges institutionelles Interesse des Staates oder der Gesellschaft als Rechtsgut an. Vielmehr geht er eindeutig vom Interessenvorrang der Ehepartner aus, und zwar korrekt von dem objektiv festzustellenden Interesse an der *Ehe*, von welchem abgetrennt ein etwaiges Interesse am Sexualverhalten des Partners keinen Schutz beanspruchen kann. Er spielt auf die Wechselseitigkeit der angestrengten Privatklagen an und fährt fort:

Und wäre das Gesetz nicht völlig um jeden Sinn gebracht, wenn es anginge, heute über Antrag des Gatten mit dem schwersten Geschütz gegen eine Ehebrecherin aufzufahren und morgen über Antrag der Gattin – mit einem allerdings minder schweren – gegen den Ehebrecher? Die »Heiligkeit der Ehe«, die geschützt werden soll, ist naturgemäß die einer Ehe, die bloß von einer Seite bedroht wurde: hier könnte vielleicht von einem Rechtsgut die Rede sein, das des Schützers bedürftig und des Schutzes noch wert ist. Wäre der Ehebruch kein Antragsdelikt[230] und treuloses Verhalten an und für sich und aus öffentlich-sittlichen Rücksichten verfolgbar, so wäre das Einsperren beider Teile und die Etablierung der Strafzelle als Ehegemach immerhin logisch. Herr Mayer[231] aber hätte, da schon die Kompensation, die im gegebenen Fall eintreten müßte, im Gesetz nicht vorgesehen ist, mindestens das Schuldmaß der einander untreuen Gatten vergleichen, beide mit einer kleinen Geldstrafe aus dem Saale weisen und darüber belehren müssen, daß der Geber des Gesetzes zwar an die Möglichkeit seines Mißbrauchs nicht gedacht habe, aber die Justiz es ablehne, ihren Arm der Befriedigung wechselseitiger Rache zu leihen. (S1/22 f.)

Dem ist kaum etwas hinzuzufügen. Die Argumentation ist nicht nur liberaler, sie ist auch schlüssiger als die damals herrschende juristische Auffassung. Franz von Liszt übrigens, dessen Einfluß

230 Richtig: Privatklagedelikt.
231 Der zuständige Bezirksrichter.

in »Sittlichkeit und Criminalität« deutlich spürbar ist und dem Kraus den Aufsatz sofort nach Erscheinen zusandte[232], hat erst 1908, in der 16./17. Auflage seines Lehrbuchs, die grundsätzlichen »schweren Bedenken« gegen den Ehebruchsparagraphen formuliert.

Im katholischen Österreich gab es für solche Einwände zusätzliche Gründe. »Der schmerzlichste Punkt der Ehefrage« und ihr »spezifisch österreichischer Jammer«, wie Kraus dreieinhalb Jahre später an eher versteckter Stelle als Kommentar zu einer Leserzuschrift schreibt (197/17), bestand in einer geradezu tückischen Falle, die sich aus dem Zusammenspiel des StG mit einer dem kanonischen Recht entstammenden Vorschrift des alten österreichischen ABGB von 1811 ergab: Dessen § 109 ff. ließen für Ehen, bei denen auch nur *ein* Teil katholisch war oder nach der Eheschließung wurde, nur eine »Scheidung von Tisch und Bett« (§ 109 ABGB), aber in keinem Fall eine definitive »Trennung dem Bande nach« (§ 111 ABGB) zu. Die folgende Zuschrift an die *Fackel* ist für deutsche Juristen nur verständlich, wenn man diese im Vergleich zum (alten) Scheidungsrecht des BGB genau umgekehrte Terminologie beachtet: »Scheidung« hieß in Österreich nicht, wie nach deutschem Recht, die Auflösung der Ehe, sondern nur das, was § 1575 (a. F.) BGB in Deutschland »Aufhebung der ehelichen Gemeinschaft« nannte, während »Trennung« die – für Katholiken schlechthin unmögliche – definitive »Scheidung« im deutschen Sinne war.[233] In einer Formulierung des bedeutendsten österreichischen Zivilrechtlers jener Zeit, Josef Unger: »Die geschiedene Ehe ist eine Grösse, die ein Pluszeichen und ein Minuszeichen zum Vorzeichen hat: die Ehe besteht und besteht zugleich nicht.«[234] Solche im Sinne des § 109 ABGB »geschiedenen« Ehen konnten, obwohl eine Wiederverheiratung

232 Vgl. oben, S. 190 f.

233 Zum Ganzen vgl. *Bachrach*, Österr.-Ungar. Eherecht, in: ARWP 6 (1912/13), S. 198 ff., sowie *ders.*, Österr. Ehetrennungs- und Ehescheidungsrecht, in: JW 1920, S. 597 ff. – Dieser Adolf Bachrach, ein damals bekannter Wiener Rechtsanwalt, ist eine in der Fackel häufig (und noch im Dezember 1931, vgl. 864/1) auftauchende, durchgängig negativ gezeichnete Figur, die insbesondere in der Ehe- und Irrenhausaffäre um die Prinzessin Luise von Coburg (vgl. 166/1 ff. = S1/76 ff.) als Vertreter des fürstlichen Gemahls eine von Kraus scharf polemisch getadelte Rolle spielte.

234 Zit. bei *Bachrach*, a.a.O., S. 202.

für Katholiken definitiv und lebenslang ausgeschlossen war, nach einer verbreiteten Auffassung strafbar gebrochen werden. In der Zuschrift an die *Fackel* heißt es:

Wer ein Mensch ist, der erzittere vor Wut, wenn er von der Scheußlichkeit hört, die der Scheidung einer katholischen Ehe folgt: von der Strafsanktion auf geschlechtlichen Verkehr überhaupt, außer mit dem geschiedenen Gatten! Diese moralische Kastrierung, ungleich widerlicher als die physische des Orients, weil sie beide Geschlechter trifft, ist die Kristallform eines Gesetzes, das den Armen schuldig macht[235], um ihn der Pein zu überliefern. Man beschönige diese Schande nicht mit dem relativ geringen Strafausmaße und mit der Notwendigkeit einer Klage des anderen Teiles: nicht die Strafe ist die aufreizende Rohheit, sondern die Androhung, die zur Erpressung hier und dort zur Verzweiflung treibt, und dies alles, weil lebensfremde Kreise das Ehegesetz auslegen ... (197/17).

Das ist insofern zu modifizieren, als nach der Jahrhundertwende und im Anschluß an eine Reihe von Strafprozessen wegen solcher Ehebrüche die Judikatur, jedenfalls in Wien, nicht mehr einhellig entschied und sogar überwiegend freisprach.[236] Was aber die »lebensfremden Kreise« betrifft, die nicht das Ehe-, sondern das Strafgesetz auslegten, so ist es aufschlußreich, daß Lammasch sich noch in der vierten Auflage seines *Grundrisses* für die Strafbarkeit solcher Ehebrüche Geschiedener ausspricht.[237] Das wirft ein Licht auf die grundsätzliche Trennlinie zwischen seiner konservativen und der liberalen Strafrechtsauffassung von Karl Kraus. Wie wenig dieser jenseits individuell-persönlicher Interessen einen strafrechtlichen Schutz der staatlichen Eheordnung anerkannte, zeigt die Tatsache, daß er sogar den Bigamietatbestand (§§ 206, 207 StG) für »nichts weiter« hielt als den Schutz

235 Nach *Bachrach*, a.a.O., S. 204 ff., kauften sich reiche geschiedene Katholiken häufig eine ausländische Staatsbürgerschaft und heirateten wieder, ohne Österreich zu verlassen. Die Gültigkeit solcher Ehen war bestritten, wurde aber – nach jahrzehntelanger Ablehnung – seit 1907 von der Rechtsprechung anerkannt.

236 Vgl. *Finger*, Lehrbuch, Bd. 2, S. 737, Anm. 700, der selbst auch die Strafbarkeit in solchen Fällen ausschließt.

237 *Lammasch*, Grundriß, S. 121. *Rittler*, der die 5. Aufl. des Grundrisses bearbeitete, geht hier noch von der Strafbarkeit aus (S. 377); in seinem eigenem Lehrbuch nach dem Krieg lehnt er diese Auffassung ab; vgl. *Rittler* (1962), Lehrbuch, Bd. 2, S. 333.

»eines jeder transzendentalen Güter, als deren Wächterin sich die österreichische Gerechtsame so gern aufspielt« (168/5 = S1/108 f.; vgl. auch 165/7 = S1/100). Wie dagegen die rabiate Lebensblindheit beschaffen war, mit der das »gesunde«, nämlich männliche »Volksempfinden« vor allem den weiblichen Ehebruch betrachtete, das zeigt der Ende September in der *Fackel* kommentierte Freispruch eines Mannes, der seine schon vorher vielfach mißhandelte Frau wegen eines Ehebruchs mit einem seiner Angestellten erschlagen hatte (117/18 ff.). Der Obmann der Geschworenen des Prozesses erklärte anschließend in Zeitungsinterviews, man habe vermeiden wollen, durch eine Verurteilung »den Frauen Wiens förmlich einen Freibrief für den Ehebruch« auszustellen. Kraus schreibt:

Den Frauen Wiens sollte kein Freibrief für den Ehebruch, aber den Männern Wiens ein Freibrief für den Meuchelmord ausgestellt werden! [...] Nicht Milde gegen den Angeklagten, sondern Strenge gegen sein Opfer sollte ihr Urtheil bedeuten, und während ihnen der Mann auf der Anklagebank durch jene dramatische Furcht, die nach Lessing das auf uns selbst bezogene Mitleid ist, zum Helden emporwuchs, haftete ihr Blick gebannt an dem Gespenst der Frau, das hinter seinem Rücken auftauchte. [...] Wenn wirklich die *Todesstrafe auf Ehebruch* gesetzt sein soll, dann werde sie durch die Härte des Gesetzes verhängt, aber nicht zuerst durch den Gatten und nachträglich durch die gefühlvollen Mitbürger, die ihn freisprechen! (117/20 f.)

Dies gehört, nebenbei, bereits in das umfangreiche Panoptikum grotesker Schwurgerichtsentscheidungen, das die *Fackel* in den Jahrzehnten ihres Erscheinens zusammengestellt hat und von dem noch zu reden sein wird. Der Fall, den Kraus hier kommentiert, hat auch in der juristischen Literatur eine Reaktion des Kopfschüttelns hervorgerufen – und zwar exakt mit dem von Kraus formulierten Argument. In Mittermaier/Liepmanns Sammelwerk über die Schwurgerichte schreibt der Wiener Oberstaatsanwalt Hugo Hoegel, einer der einflußreichsten österreichischen Strafrechtler seiner Zeit und ein durchaus »härterer« Konservativer als etwa Lammasch, mit dem zusammen er zwischen 1895 und 1907 zwei österreichische StG-Entwürfe (1902 und 1906) ausarbeitete:

[...] in einem mir bekannten Falle erfolgte ein Freispruch, weil es sich um einen Ehebruch durch einen Bediensteten des Mörders handelte. Daß sich dieselben Geschworenen scheuen würden, den Ehebruch mit dem Tode zu bestrafen, kommt ihnen in ihrer Laienlogik nicht in den Sinn.[238]

Daß der Satiriker das logische Fundament seines Rechtsgutsbegriffs im subjektiven Interessenschutz sah und mit welcher Stringenz er diese Konzeption durchhielt, zeigt seine Haltung zum strafrechtlichen Tierschutz. Und es ist wohl mehr als eine bloß zufällige Koinzidenz, wenn er einmal, im Oktober 1916, diese Haltung gerade an dem Kontrast zwischen Tierschutz und Eheschutz verdeutlicht. Ein 73jähriger »Kaiserlicher Rat« war wegen Ehebruchs angeklagt, was dem gespielten Moralismus des Bezirksrichters wie der Presse das Motiv für eine demonstrative Fassungslosigkeit angesichts der Diskrepanz zwischen Tat und »Bildungsgrad« des Angeklagten verschaffte. »Immer wieder«, schreibt Kraus,

> ist die Welt von neuem erschaffen, ehe sie vors Bezirksgericht kommt, und siehe, es ist das erste Gspusi, das sich bis dato ereignet hat, nicht nur im Weltkrieg, sondern seit Erschaffung der Welt, und darum mit frischem, unverbrauchtem Pathos anzugehen. (437/87 f.)

Die beteiligte Frau war gerade vom Krankenbett ihres Vaters gekommen; der Ehebruch war nicht, vielmehr war bloß eine Begegnung im Hotelzimmer nachweisbar; der Bezirksrichter konnte sich angesichts des vorherigen Besuchs beim schwerkranken Vater einfach nicht vorstellen, daß ..., kurz: es kam nur zur Verurteilung wegen »Ehestörung«, nämlich wegen »Verletzung der ehelichen Treue« (§ 525 Abs. 1 StG[239]) durch das Rendezvous im Hotel sowie durch die Verwendung eines Kosenamens für die Frau. Kraus schreibt:

> Die Begründung ist interessant. Der Richter hob hervor [...], »er halte es für unmöglich, daß eine Frau einen solchen Grad von Herzlosigkeit und Gefühlsrohheit haben sollte, daß sie vom sterbenden Vater weg in die Arme des Geliebten eilen sollte [...]. Dies erscheine dem Richter horrend, unmenschlich und unglaublich.«(437/88 f.)

Nach verschiedenen weiteren Anmerkungen zu der Urteilsbegründung kommt das folgende:

238 *Hoegel* (1908), Geschworene oder Schöffen, in: *Mittermaier/Liepmann* (Hg.), Schwurgerichte und Schöffengerichte, Bd. 1, S. 57.
239 Ein entsprechendes Delikt kannte das RStGB nicht.

Freilich könnte man von einem Bezirksrichter verlangen, daß er zwar pferdepeitschende Fuhrknechte fleißiger abstrafe, aber sich nicht als Vorsitzender des Weltgerichts gebärde, daß er, solange diese Welt sich mit Trommelfeuer, Bomben und giftigen Gasen die Zeit vertreibt, sich bei moralischen Wertungen einige Bedenkfrist offenlasse und unter den unmenschlichen Dingen, die ihm heutzutag bekannt werden, sich nicht allzu lange und gewichtig bei Privatangelegenheiten aufhalte, die immer menschlicher sind als alles was von staatswegen geschieht. Unsittlicher als die Begebenheit, über die im Chaos öffentlich Recht zu sprechen kein Kriegsparagraph bisher verboten hat, ist das Interesse, das dadurch genährt wird, und der Heißhunger, mit dem sich eine von Not und Tod unberührte Gesellschaft auf die »Ehebruchsklage gegen einen 73jährigen Mann« wirft, ist unter allen Scheußlichkeiten einer Zeit, die die Stirn in Eisen hat, sich die große zu nennen, das Scheußlichste. Wenn ich vorn in drei Zeilen sehe, daß vor unseren Stellungen ein Wall von Leichen aufgetürmt ist, und hinten in drei Spalten dieses Hochgericht über Mutz und ihren Alten, so bin ich auch ein Richter und weiß, daß nicht die Dinge, sondern die Kontraste mir horrend, unmenschlich und unglaublich erscheinen. (437/88)

Einer dieser Kontraste ist eben der hier markierte zwischen strafrechtlichem Tier- und Eheschutz. Dasselbe Heft der *Fackel* enthält weiter vorne unter der Überschrift »Der soziale Standpunkt vor Tieren« einen Angriff gegen einen Journalisten der (ansonsten wegen ihrer Antikriegshaltung geschätzten[240]) Wiener *Arbeiter-Zeitung*:

Er hat nicht genug ironische Punkte und Gedankenstriche, einen englischen Aufruf »zu Gunsten ... unserer stummen Freunde«, nämlich der Pferde, zu verspotten, der ihm umso lächerlicher erscheint, als der Schutz auf die Pferde aller kriegführenden Länder ausgedehnt werden soll. Aber ganz abgesehen davon, daß dieser internationale Standpunkt eine Kostbarkeit in einer Zeit ist, in der von den drei großen Internationalen nur die journalistische sich ausleben konnte, und daß solcher Gedanke sittlich hoch über der Kriegslyrik eines Richard Dehmel steht, der den deutschen Pferden eine besondere Offensivkraft zugetraut hat[241] –

240 Dazu *Früh* (1986), Die »Arbeiter-Zeitung« als Quelle der »Letzten Tage der Menschheit«, in: *Scheichl/Timms* (Hg.), K. K. in neuer Sicht, S. 209 ff.; *Krolop* (1987), Genesis und Geltung, in: *ders.*, K. K., S. 99 ff.

241 Gemeint ist die letzte Strophe von Dehmels Gedicht »Alldeutschlands Erweckung«, abgedr. in *Busse* (Hg.) (1915), Deutsche Kriegslieder, mit den Anfangsversen: »Und was kommt hinterdrein noch

ist es ein Denkfehler, hier bitter zu werden und einen frivolen Gegensatz zu den in den Krieg oder in die Munitionsfabrik gestellten Menschen zu behaupten. [...] Den Pferden ist nicht der Hunger versagt, wohl aber eine Organisation, durch die sie es ihren Vorgesetzten wenigstens kundmachen könnten, daß auch sie im Krieg mehr hungern als im Frieden. [...] Es ist ferner auch vollkommen blicklos, sich über eine deutsche Gräfin, die ihrem magenkranken Hund Suppe gegeben hat und wegen Verfütterung von Brotgetreide gerichtlich verurteilt wurde, über die Krankheit des Hundes also und über dessen Pflege in Sperrdruck lustig zu machen. Wenn wir uns selbst die Verfütterung von Getreide für einen bestimmten Hund als eine Grausamkeit gegen einen unbestimmten Menschen konsequent zu Ende denken könnten, so müßten wir uns doch wieder fragen, ob nicht die Gesamtheit der unschuldigen Menschen, die durch solches Verhalten zu Schaden kommt, mehr Schuld hat an der Misère als die Gesamtheit der unschuldigen Tiere. [...] Dies eine Tier, nicht jener Mensch, dem ich die Nahrung verkürze, steht vor meinen Augen, leidet, und ich mache gar keinen Hehl aus dem Zynismus, mit dem ich, jeder sozialpolitischen Phantasie ermangelnd, das Bequemere tue und meine Nächstenliebe dem bedürftigen Nächsten zuwende. (437/31 f.)

Das Argument mit der »Gesamtheit der unschuldigen Menschen, die [...] mehr Schuld hat«, ist eher abwegig. Nicht dagegen der Gedanke, daß das unmittelbar physische Interesse eines Tieres an der Vermeidung von Hunger und Schmerz sich von dem analogen Interesse eines Menschen nicht schon und bloß wegen dessen höherer Einsichts- und Denkfähigkeit unterscheidet. Pointiert: Die Körperverletzung an einem Menschen wird nicht wegen dessen *differentia specifica* zu anderen Lebewesen bestraft, sondern weil sie weh tut. Das tut sie höher organisierten Wirbeltieren exakt genauso.[242] Die hierauf gestützte Erwägung, daß der Kreis

getönt, / was stampft so eisern die Erde, / daß uns die Wand des Herzens dröhnt? / Das waren die deutschen Pferde.« Vgl. dazu auch 418/42 ff.

242 Das wird gelegentlich bestritten, so von dem Philosophen *Spaemann*, zit. bei *Arth. Kaufmann*, Rechte der Natur? (wie Anm. 189), S. 66; berechtigte Skepsis bei *Kaufmann*, a.a.O. Ich halte Spaemanns Auffassung für abwegig, man könne mit Erwägungen zur menschlichen *Intelligenz* eine größere Leidensfähigkeit im physischen Bereich beim Menschen belegen. Spaemann müßte seine Kriterien ja auch *innerhalb* des weiten Spektrums menschlicher Geistesfähigkeiten anwenden und dann zu sehr bizarren Ergebnissen kommen. Es gibt im übrigen gar keinen Zweifel, daß die Intelligenz

ethisch berücksichtigungsfähiger und -bedürftiger Wesen nicht nach deren Gattungszugehörigkeit, sondern nach ihrer Interessenfähigkeit bestimmt werden muß, ist in der analytischen Moralphilosophie ausführlich entwickelt worden und darf dort heute als deutlich vorherrschend bezeichnet werden.[243] In einer prägnanten Formel: »Ein Interesse ist ein Interesse, wessen Interesse es auch sein mag.«[244] Dies ist meines Erachtens der einzig rationale Ausgangspunkt für die Frage nach einem geschützten Rechtsgut des strafrechtlichen Tierquälereiverbots. Sie führt, da die menschenanaloge Schmerzfähigkeit höher organisierter Wirbeltiere außer Frage steht, zu der normativ zwingenden Konsequenz eines Rechtsguts des subjektiven tierischen Interesses an der Schmerzvermeidung.[245] Die herrschende Auffassung in der Strafrechtswissenschaft teilt diesen Standpunkt nicht. Exemplarisch ist die Formulierung bei Jakobs: Das Tierquälereiverbot schütze »ohne die Vermittlung über den Schutz von Gütern, direkt den sozialen Frieden«.[246] Das war ungefähr auch die Auffassung des deutschen Gesetzgebers für den Paragraphen 360 Nr. 14 RStGB und die des österreichischen Innenministers für

mancher Menschen, etwa geistig Schwerstbehinderter und aller Neugeborenen, deutlich hinter der entwickelter Säugetiere zurückbleibt.

243 Klar hat die Grundlage hiervon bereits *Bentham* (1789), Introduction to the Principles of Morals and Legislation, Ch. XVII, § 4 (b), formuliert: »The question is not, Can they *reason*?, nor, Can they *talk*?, but, Can they *suffer*?« – Für die Gegenwartsphilosophie exemplarisch *Singer* (1975), Animal Liberation (dt.: Befreiung der Tiere, 1982); *Wolf* (1990), Das Tier in der Moral; *Feinberg* (1980), Rechte der Tiere, in: *Birnbacher* (Hg.), Ökologie und Ethik, S. 140 ff.; *Rodd* (1990), Biology, Ethics and Animals.

244 So die Formulierung von *Meggle/Fehige* (1991), Gespräch mit Peter Singer, in: *Hegselmann/Merkel* (Hg.), Zur Debatte über Euthanasie, S. 173; ähnlich *Singer* (1984), Praktische Ethik, S. 33.

245 Roxin bezeichnet als dieses Rechtsgut »das Schmerzempfinden der Tiere«; das ist etwas ungenau formuliert, hat aber sachlich den gleichen Sinn; vgl. *Roxin*, Sinn und Grenzen (wie Anm. 190), S. 383.

246 *Jakobs* (1991), AT, S. 43. – Geistesgeschichtlich dürfte auch für diese Auffassung – neben dem falsch verstandenen liberalen Dogma, das Strafrecht dürfe nur die Bedingungen *menschlichen* Zusammenlebens schützen – Immanuel Kants Lehre maßgebend gewesen sein, die Pflichten gegen die Tiere seien »indirekte Pflichten gegen die Menschen«; vgl. *Kant* (1990), Eine Vorlesung über Ethik, S. 256.

die Tierschutzverordnung von 1855: Nach dem RStGB mußte die Quälerei »öffentlich *oder*«, nach der österreichischen Verordnung sogar »öffentlich *und* auf ärgerniserregende Weise« geschehen, um strafbar zu sein. Fälle wie der folgende, den Scholl in der ZStW 1893 mitteilt, waren danach nicht per se, sondern allenfalls qua zufälliger öffentlicher Kenntniserlangung strafbar:

Ein Fleischer haut in seiner Metzig einem zum Schlachten bestimmten widerspenstigen Stier in rohem Zorn mit dem Beil ein Bein ab, das Tier gewinnt zufolge eines Zufalls das Freie und rennt bald niederstürzend, bald sich auf seinem abgehauenen blutenden Stummel erhebend, brüllend durch die Straßen.[247]

Hätte es den Zufall des Entkommens nicht gegeben, wäre hier nichts Strafbares geschehen. Jakobs und die im Strafrecht vorherrschende Meinung dürften freilich dagegen etwa folgendermaßen argumentieren (obwohl dies nicht so einfach auszumachen ist, da – offenbar in der merkwürdigen Überzeugung von der Evidenz dieses Dogmas – schon dessen Ausgangspunkt: das Strafrecht dürfe nur *menschliche* Interessen bzw. die notwendigen Bedingungen menschlichen Zusammenlebens schützen, regelmäßig nicht begründet wird): Nicht nur die positive Zeugenschaft einer Tierquälerei oder ihres Resultats, sondern schon das Wissen um ihre verbotsfreie Möglichkeit im Geheimen würde den öffentlichen Frieden stören.

Diese Diagnose dürfte stimmen. Daraus allerdings abzuleiten, das Tierquälereiverbot schütze »direkt den sozialen Frieden«, ist aus verschiedenen Gründen ein unhaltbarer Kurzschluß. Alle Strafrechtsnormen schützen auch und zuletzt den sozialen Frieden. Keine kann dies aber tun, ohne den Anlaß der potentiellen Friedensstörung im Verhältnis zu seiner friedensstörenden Konsequenz zu erwägen und zu bewerten. Denn in einer modernen, posttraditional integrierten Gesellschaft ist die Frage, ob dieser Anlaß oder aber die von ihm hervorgerufene soziale Irritation »falsch« und bekämpfenswert ist, keineswegs eo ipso zugunsten des Sozialinteresses vorentschieden, sondern rational beurteilungs- und entscheidungsbedürftig. Das heißt: In der strafrechtlichen Argumentation für oder gegen die Pönalisierung eines Verhaltens kann dieses selbst nie als eine Leerstelle benützt und offengelassen und statt dessen direkt auf seine Folge »Friedensstörung« zugegriffen werden, ohne daß das gesamte Argu-

247 *Scholl*, Ärgernis, in: ZStW 13 (1893), S. 321.

ment irrational und illegitim würde. Um dies an einem krassen, aber historisch realen Beispiel, das auch in dem letzten großen, erst posthum veröffentlichten Werk von Karl Kraus, der *Dritten Walpurgisnacht*[248], behandelt wird, zu demonstrieren: Unter der Herrschaft des Nationalsozialismus gab es – nach hinreichender Wirksamkeit einer menschenverachtenden Propaganda – zahlreiche Fälle, wo Liebes- oder Ehebeziehungen zwischen einem deutschen und einem jüdischen Partner zu lynchjustizartigen öffentlichen Mißhandlungen der Paare durch eine aufgebrachte, also in ihrem »sozialen Frieden« gestörte Menge führten. Kraus dokumentiert in der *Dritten Walpurgisnacht* (und in der 315seitigen, teilweise identischen *Fackel* mit dem Titel »Warum die *Fakkel* nicht erscheint« vom Juli 1934) solche Fälle, etwa den einer per Prangerjustiz als »Judenliebchen« öffentlich gequälten jungen Frau in Nürnberg:

> Und nun geschah, was allen Vergleich mit einem deutschen Mittelalter zur Lästerung macht. Ein Hexengeifer von Sexualhaß und Erpressung war zwischen Nürnberg, Ingolstadt, Mannheim, Worms und Kassel losgebunden und aus dem journalistischen Dreck erstand täglich der Pranger der rehabilitierten Rasse und der besudelten Natur. (S12/222; ähnlich in 890/299)

Daß dies eine gravierende Variante gestörten »sozialen Friedens« beschreibt, ist ebenso unbestreitbar wie die Tatsache, daß nicht deren Anlaß, sondern der Unfriede selbst pönalisierungsbedürftig gewesen wäre. Kurz und zu Jakobs' These zurückkehrend: Die Begründung eines Strafgesetzes mit der Erwägung, es schütze direkt den sozialen Frieden, ist keine. Der »soziale Frieden« ist kein Argument, sondern eine Argumentschablone, die rational gefüllt werden muß oder nichts besagt. Auf den Tierschutz bezogen: Gelänge es einer zynischen Propaganda, die Mehrheit eines Gemeinwesens gegenüber der Quälerei von Tieren hinreichend zu desensibilisieren, so daß von dieser keine soziale Friedensstörung mehr zu erwarten wäre (wie es offenbar dem Nationalsozialismus in beträchtlichem Ausmaß mit seinen Judenverfolgungen gelungen ist), so dürfte nach Jakobs' Argument die Tierquälerei nicht mehr bestraft werden.[249] Das mag in der

248 Erstmals erschienen 1952, hg. von Heinrich Fischer. Vgl. dazu die eingehende Studie von *Stremmel* (1982), »Dritte Walpurgisnacht«.

249 Die relative faktische Unwahrscheinlichkeit der Annahme ist für ihre Funktion als logisches Testkriterium in einem Gedankenexpe-

Perspektive einer funktionalistischen Gesellschaftstheorie akzeptabel erscheinen. Es ist aber nicht nur unmoralisch, sondern sub specie des (moralisch wie rechtlich) fundamentalen Gleichbehandlungsgebots irrational. Man kann unschwer zeigen, daß die Logik dieses Einwands alle Begründungen trifft, die das Tierquälereiverbot allein mit Schutzerwägungen zugunsten menschlicher Interessen begründen wollen.[250] Das Strafrecht kann nicht ohne Rationalitäts- und Legitimitätsverluste exakt gleiche Interessen allein wegen der biologischen Ungleichheit ihrer Träger unterschiedlich behandeln, indem es das eine zum Strafrechtsgut erhebt und das andere ignoriert und in die Zuständigkeitssphäre der Moral abschiebt. Macht es, wie im Falle der Quälerei von Menschen und von Tieren, beide zu Rechtsgütern, dann folgt aus diesem Argument, daß in beiden Fällen die gleiche Begründungslogik heranzuziehen ist: der Hinweis auf die Verletzung des *jeweiligen* Interesses. Tierschutz als Menschenschutz begründen zu wollen ist nicht ohne die implizite Hintergrundannahme möglich, dem Menschen komme im Kosmos alleine wegen seiner biologischen Spezieszugehörigkeit eine privilegierte Stellung als moralisch berücksichtigenswertes Wesen zu. Für diese Annahme bietet eine moderne und rationale Weltsicht keine plausiblen Gründe mehr.[251] Noch einmal zur Verdeutlichung: Einer Gesellschaft, die im sozialen Konsens das Zutodequälen von Tieren als rituelle Handlung institutionalisierte und gleich-

riment ohne Belang. Im übrigen sollte man, wie das nationalsozialistische Beispiel zeigt, auch mit Annahmen faktischer Unwahrscheinlichkeiten in diesem Bereich zurückhaltend sein.

250 Deutlich ist dies auch gegenüber Amelungs Argument, Tierquälerei sei wegen ihrer »sozial desintegrierenden« Wirkung verboten (*Amelung*, Rechtsgüterschutz [wie Anm. 10], S. 346). Abgesehen von der vagen, inhaltsarmen und wenig einleuchtenden Formulierung müßte danach bei Verschwinden der desintegrierenden Wirkung die Tierquälerei strafrechtlich freigegeben werden. Ganz unhaltbar ist der von *Wiegand*, Tierquälerei (wie Anm. 180), S. 131, angebotene Vorschlag, den strafrechtlichen Tierschutz als Schutz der menschlichen *Umwelt* zu begründen. Denn daraus ließe sich ableiten, daß in Situationen, in denen die Umwelt ausnahmsweise durch Tierpopulationen gefährdet wird (etwa die Wälder durch zu hohe Wildbestände), die umweltschädigenden Tiere nicht nur getötet, sondern zu Tode gequält werden dürften.

251 Vgl. *Hegselmann/Merkel* (wie Anm. 177), Vorwort, S. 19.

zeitig Körperverletzungen an Menschen bestrafte, könnte von Jakobs keine rationale Inkonsistenz attestiert werden. Sie verhält sich aber normativ inkonsistent und damit illegitim. Das kann, »Gesellschaftsschutz« hin oder her, heute schlüssig begründet und nur noch qua Dogmatismus, also irrational, bestritten werden. Strafrechtlicher Tierschutz ist als Rechtsgüterschutz zugunsten subjektiver tierischer Interessen oder gar nicht plausibel zu legitimieren. Das unüberprüfte Dogma, Strafrecht dürfe ausschließlich menschliche Interessen oder Bedingungen menschlichen Soziallebens schützen, ist insofern zu modifizieren.[252] Es ist weder liberal noch rational, sondern unhaltbar. »Ein Interesse ist ein Interesse, wessen Interesse es auch sein mag.« Soziale Friedensstörungen haben Gründe. Diese selbst müssen die strafrechtliche Intervention rechtfertigen. Das können sie nur, wenn sie selbst gerechtfertigt sind, nicht aber bloß deswegen, weil sie – etwa als Rassenhaß – zu Störungen des sozialen Friedens führen können. Dies alles hat im übrigen mit einem Votum für »eigene« (subjektive) »Rechte der Natur«, gegen die es erhebliche Bedenken gibt[253], nichts zu tun. Nicht von »Rechten« im juristischen Sinn, sondern von Interessen, die quasi paternalistisch als Strafrechtsgüter zu schützen sind, ist die Rede.

Zurück zu Karl Kraus. Er thematisiert den strafrechtlichen Tierschutz nicht ausdrücklich im Zusammenhang mit dem

252 Man kann sich diese Überlegung noch an einem anderen Gedankenexperiment verdeutlichen: Würden auf der Erde intelligente Wesen eines anderen Planeten von vollständig anderer biologischer Beschaffenheit, aber mit weitgehend analogen Interessen (an Leben, Gesundheit, Schmerzfreiheit etc.) wie wir Menschen landen und etwa einen florierenden Besucherverkehr mit der Erde einrichten, wäre die Verweigerung eines strafrechtlichen Schutzes dieser Interessen in gleichem Maße illegitim, wie es die Schutzverweigerung gegenüber den Interessen ausländischer menschlicher Besucher in Deutschland wäre (die ja im übrigen auch nicht zu den »Bestandserhaltungsbedingungen« der *deutschen* Sozialordnung gehören – und eine andere schützt das deutsche Strafrecht nicht).

253 Dazu eingehend *Arth. Kaufmann*, Rechte der Natur? (wie Anm. 189). Von subjektiven juristischen Rechten sind allerdings moralische Rechte zu unterscheiden; mit der Zuerkennung solcher Rechte wird nichts anderes gesagt, als daß ihr Inhaber ein von der Moral zu berücksichtigendes Wesen ist, also innerhalb ihres Schutzbereichs steht.

Rechtsgutsbegriff. Aber seine zahlreichen Bemerkungen zu jenem lassen keinen Zweifel offen, daß er auf dem Standpunkt der hier skizzierten Argumentation steht. Im Oktober 1918 zitiert er aus einem Bericht über ein Strafverfahren wegen Beleidigung, dessen Gegenstand ein zwischen den Beteiligten gewechseltes »Hund«-Schimpfwort war, und fügt hinzu: »Der Tierschutzverein hat es offenbar bisher nicht verstanden, eine Klagelegitimation für Hunde plausibel zu machen.« (484/61) Nicht die Ironie, die hier die Hunde als die wirklich Beleidigten ansieht, ist für unseren Zusammenhang wichtig. Auch nicht die Hyperbel der »Klagelegitimation«, die nur eine stilistische Figur für den Ausdruck dieser Ehrenverteilung ist. Sondern die ernstgemeinte Deutlichkeit, mit der ein prinzipieller und durchgängiger Interessenvorrang der Menschen abgelehnt wird. Mehr als ein Jahr früher stand in der *Fackel* die aus einer Zeitung zitierte Schilderung einer Straßenszene, in der ein Kutscher einem seiner Pferde wiederholt den Peitschenstock ins Auge stieß, während das zweite Tier daneben mit einer leeren Augenhöhle die offenbare Üblichkeit dieses Verfahrens stumm bezeugte. Mit einem polemischen Appell an das Strafrecht schließt der Satiriker seinen Kommentar dazu:

> Das leere Auge des Pferdes wartet irgendwo auf die Bestie, der Tiere »unterstellt« waren, doch wird es auch jene bleich machen, die hienieden nur soviel Mitleid hatten, um Akten und nicht Taten zu bewirken. Ein Peitschenstock aber ist unterwegs, um ein Auge des Gesetzes auszustoßen, das sehen und nicht erstarren konnte. (454/40).

Die umfassendste Auseinandersetzung mit der Mangelhaftigkeit des strafrechtlichen Tierschutzes steht in der *Fackel* vom Juni 1916[254]; und wieder verdeutlicht sie die Kritik an der rechtlichen

254 Vgl. aber auch den in 546/6 ff. abgedruckten, von Kraus zwischen 1920 und 1928 nicht weniger als elfmal im Vortragssaal vorgelesenen Brief Rosa Luxemburgs an Sophie Liebknecht (Kraus schreibt, offenbar wegen der Briefanrede »Sonitschka« und »Sonjuscha«, fälschlich »Sonja Liebknecht«), geschrieben im Dezember 1917 im Frauengefängnis in Breslau. Was Kraus an diesem Brief am meisten beeindruckte, ist die Schilderung der von Rosa Luxemburg beobachteten Mißhandlung eines Büffels und der daran angeschlossene Satz: »O mein armer Büffel, mein armer geliebter Bruder, wir stehen hier beide so ohnmächtig und stumpf und sind nur eins in Schmerz, in Ohnmacht, in Sehnsucht.« Der ganze Brief ist abgedruckt in *R. Luxemburg* (1987), Gesammelte Briefe, Bd. 5, S. 346 ff.

Verweigerung einer Anerkennung bestimmter tierischer Interessen als menschen-analoger »Lebensgüter«. Zwei Männer hatten einen Hund, der ihnen zugelaufen war, auf rohe Weise mit einem Stock erschlagen, ihn zerlegt, gekocht und, nach der Anklage, die auf »Fundverheimlichung«[255] lautete, gegessen. Sie wurden freigesprochen, da der Hund eine »herrenlose, von dem früheren Eigentümer jedenfalls preisgegebene Sache« gewesen sei. Der Verzehr des »räudigen und rasselosen« Hundes war von den Angeklagten als ihrer »sozialen Stellung unwürdig« entrüstet bestritten worden. Kraus schreibt:

Es ist ein Fall, in welchem die noch auf den Trümmern des Menschentums quälende Auseinandersetzung zwischen Mensch und Tier mit der Stummheit des Tieres zum Himmel schreit, Rache, Pest und Sintflut herabfordernd auf eine entartete Abart von Tier, die nur zwei Beine hat, doch zwei Arme zum Morden. Nicht daß Fleischnot den Menschen, unter dessen Messer ja auch Kalb und Huhn nicht mit dankbarem Blick verscheiden, zwänge, vom Hund zu essen, ist das Entsetzliche, und der Witz des Richters, es sei Geschmacksache, mag der logische Ruhepunkt sein, von dem man schaudernd dieses Wirrsal des Gefühls überblickt. [...] Das Grauen beginnt bei der Unschuld. Bei der Glaubhaftigkeit der Versicherung, der Hund sei nicht für den Appetit geschlachtet worden, und bei dem Zugeständnis, daß es mit den Standesvorurteilen vereinbar sei, einen Hund zu tranchieren, den man nicht essen möchte. Wäre das kunstgerechte Zerlegen nicht l'art pour l'art gewesen, sondern die Tat des Hungers, der Mensch hätte tierisch gehandelt, und das wäre in der Zeit der schweren Not entschuldbar, wo Menschen nichts zu essen haben, weil Menschen geschlachtet werden, damit Menschen mehr zu essen haben. Da es nicht der Fall ist, so hat der Mensch nur menschlich gehandelt. [...] O daß doch die Menschheit in einen Traum verfiele, in dem sie vor Lastwagen gespannt und von klugen Pferden, die schon Hü und Hott erlernt haben, mit der Peitsche vorwärtsgetrieben würde! In dem der räudige, schlechtrassige Mensch einem Hund zuliefe, weil sein verkommener Instinkt in ihm den letzten Retter ersehnt, und von ihm dafür kunstgerecht tranchiert wird! [...] Aber in dem großen Schlachthaus, in das wir geboren werden, ist der Hund, der seinen Herrn sucht, nur der Fund des andern, und ein Recht, das die Folterung von Kindern gewährt, erlaubt die Massakrierung von Hunden. [...] Und die Andacht [...] will die Hand über der Sache, dem Fund, dem Hund halten, damit ihn nicht der Mensch, der Schinder finde, verheimliche, der noch nie aus Sehnsucht gehungert hat, der das Fleisch dieses Hundes nur verschmäht, weil es gramverzehrt ist, widrig dem Geschmack und dem Stand des

255 Strafbar nach § 201 lit. c. StG als eine Form des Betrugs.

Mörders, und der dieses Gottesgeschöpf dennoch töten würde, weil es ein Tier ist, und er, er, ein Mensch! (426/92 ff.)[256]

Zusammenfassend läßt sich nun sagen: Strafgesetze sind für Kraus nur als Rechtsgüterschutz für legitime vorrechtliche Interessen gerechtfertigt. Zu solchen Interessen kann der Wunsch, bloße Moralauffassungen des eigenen Lebens- und Überzeugungskreises auch bei anderen durchzusetzen, nicht gehören. Strafrechtlich zu schützen ist vielmehr nur die Unversehrtheit der jeweils eigenen Interessensphäre gegen bestimmte Formen unerwünschter Schädigungen von außen. Die Interessenbindung der Rechtsgüter bedeutet, daß diese subjektbezogen sein, also prinzipiell Individuen als Inhaber haben müssen; gesellschaftliche oder staatliche Interessen sind nur als mittelbar subjektbezogene strafrechtlich schutzfähig. Die Qualifikation zum Rechtsgutsinhaber ist allerdings nicht an die biologische Spezieszugehörigkeit zur Menschheit, sondern an die Fähigkeit zum subjektiven Innehaben schutzfähiger und -bedürftiger Interessen gebunden; sie kann daher auch Tieren zukommen. Die Gleichartigkeit von Interessen bei verschiedenen Individuen verpflichtet das Strafrecht somit auch über biologische Gattungsschranken hinweg zu einem im Prinzip gleichartigen Schutz für alle Interessensinhaber. Daß Kraus darüber hinaus eine gleichmäßige strafrechtliche Schutzverpflichtung nicht nur zugunsten gleich*artiger,* sondern unter dem Kriterium der Sozialschadensfrage gleich*gewichtiger* Interessen annahm und daraus verschiedene, teilweise durchaus problematische Pönalisierungsgebote ableitete, werden wir noch sehen.

Das ist, obwohl sich Kraus mit tieferen theoretischen Begründungen seiner Auffassungen nicht befaßt hat[257], eine in ihren Prinzipien rationale, liberale und in manchen Aspekten über dem

256 Welches Gewicht diese Begebenheit für den Satiriker hatte, ist erkennbar an dem siebenseitigen Gedicht »Die Fundverheimlichung«, das er ein halbes Jahr später daraus gemacht hat (445/170 ff. = S9/108 ff.).

257 Vielmehr bezog er aus den theoretischen Arbeiten anderer, vor allem Franz v. Liszts, die symbolisch komprimierten Ergebnisse in Form von eingängigen, sozusagen handlichen Grundbegriffen, ohne sich um die dahinterstehenden theoretischen Schwierigkeiten mehr als unbedingt notwendig zu kümmern.

wissenschaftlichen Horizont seiner Zeit liegende Konzeption. Sie teilt selbstverständlich die Schwächen, Grenzen und Unbestimmtheiten aller modernen Rechtsgutslehren, aber in hohem Grade und trotz des fehlenden theoretischen Fundaments auch deren Stärken. Es gibt vor diesem Hintergrund in der *Fackel* allerdings einige (eher beiläufige) Unschärfen und Inkonsistenzen. So wenn Kraus in »Ethik und Strafgesetz« plötzlich neben dem »materiellen« und dem »leiblichen« auch das *»moralische«* Wohl des »Nebenmenschen« als Rechtsgut anerkennt (160/2 = S1/67), ohne diesen vor seiner dezidierten »Trennungthese« zumindest problematischen Begriff genauer zu erläutern. Als satirische Übertreibung mag es hingehen, wenn er schon im April 1903 – im Anschluß an eine Monate zuvor zitierte Forderung Schopenhauers nach gesetzlichem Schutz »gegen die Verhunzung der Grammatik und des Geistes der Sprache« (105/25 f.)[258] – das folgende schreibt:

Schopenhauer würde die Kritik, die die ›Fackel‹ auch an der sprachlichen Gemeinheit der Zeitungen übt, gewiß nicht kleinlich finden. Eher aussichtslos. Sprechen und Denken sind eins, und die Schmöcke sprechen so korrupt, wie sie denken; und schreiben – so, haben sie gelernt, soll's sein –, wie sie sprechen. Fehlt nur noch die phonetische Orthographie. Was aber bis zu dieser fehlt, sind Strafbestimmungen gegen die öffentliche Unzucht, die mit der deutschen Sprache getrieben wird. (S7/17 = 136/23[259])

Das dürfte 1903 noch ein Spiel zwischen Buchstäblichkeit und ironischer Grimasse gewesen sein. Freilich wuchs in den Jahrzehnten des Kampfes der *Fackel* gegen Journalismus und Phrase bei Kraus die Einsicht in die kollektiven mentalen Schäden als Folge einer massiv betriebenen Sprachzerstörung im öffentlichen Jargon, bis hin zu dem trostlosen Fluch in der *Fackel* vom 9. Juli 1934:

Jenseits aller Frage, mit welchem Humbug sie die Masse nähren – sie sind Journalisten. Leitartikler, die mit Blut schreiben; Schwätzer der Tat. Zwar Troglodyten, haben sie doch die Höhle bezogen, als die das gedruckte Wort die Phantasie der Menschheit hinterlassen hat [...]. Ich

258 Aus Parerga und Paralipomena (1939), Bd. 2, S. 567 ff.
259 Ich zitiere auch hier die (leicht überarbeitete) Version der Buchausgabe »Die Sprache«, die erst postum (1937), aber nach den fast vollständigen Maßgaben des Satirikers für Korrekturen herausgegeben wurde.

weiß, daß diese Zivilisation auch ohne die Möglichkeit, daß ein blutbesoffener Pöbel mit ihren Gütern schaltet, ihre Schrecken hat; und symptomempfindlich wie ich bin, erschließe ich Krieg und Hunger aus dem Gebrauch, den die Presse von der Sprache macht, aus der Verkehrung von Sinn und Wert, der Entleerung und Entehrung alles Begriffs und alles Inhalts. (890/141, 144f.; ähnlich in S12/307 f., 322)

An dieser Diagnose der Sprachzerstörung als des – qua begleitender Moralzerstörung – größten denkbaren »Sozialschadens« ist manches diskutabel.[260] Das Strafrecht ist hier trotzdem, und schon, aber nicht nur wegen seiner vollständig fehlenden Eignung als Schutzmittel, gänzlich unzuständig. Das hätte, jenseits satirischer und polemischer Überzeichnungen, wohl auch Kraus nie ernsthaft bestritten. Daß er hier gleichwohl gelegentlich den strafenden Staat beschwört[261], hat vor allem die Funktion, den verzweifelten Ernst seiner sozialen Schadensdiagnose symbolisch zu unterstreichen. Im übrigen fällt der Kampf gegen die Sprachzerstörung in den Aufgabenbereich einer anderen Form von »sozialer Kontrolle« als der des Strafrechts: der der satirischen und polemischen Kunst. Daß es unter dem abstrakten (und etwas blechernen) Titel »Sozialkontrolle« Funktionsparallelen der Satire zum Strafrecht gibt, hat der Satiriker genau gesehen. Gesehen und betont hat er auch – neben den ohnehin evidenten Organisations-, Macht-, Ausdehnungs- und Wirkungsdifferenzen – das Unterscheidungskriterium der argumentativen Binnenlogik beider Sphären: die *Formalisierung* der strafrechtlichen Verfahrensweisen, von der Gesetzgebung über die dogmatische Argumentation bis hin zum Strafprozeß. Davon handelt der folgende Abschnitt.

260 Vgl. zur Sprachauffassung von Karl Kraus *Kraft* (1956), K. K., S. 163 ff.; *Quack* (1976), Sprachverständnis; *Arntzen* (1975), K. K. und die Presse, S. 37 ff.; *R. Merkel* (1986), K. K. als Sprachdenker, in: *Berner/Brix/Mantl*, Wien um 1900, S. 127 ff.

261 Buchstäblich ernst gemeint ist dagegen seine emphatische Zustimmung zu einer tschechoslowakischen Gesetzesinitiative, die zivil- (nämlich urheber-)rechtliche Maßnahmen gegen die öffentliche Verhunzung von »Werken, die eine allgemeine Bedeutung für die Kunst oder Bildung der Einwohnerschaft haben« nach dem Tod des jeweiligen Autors (735/65 ff.) vorsah. In 697/67 fordert er polemisch-hyperbolisch »wenigstens die Prügelstrafe« für öffentliche Verunstaltungen von Gedichten Goethes.

III. Strafrecht und Satire: Formelle und informelle Sozialkontrolle

Dies ist der dritte Grundstein im liberal-rechtsphilosophischen Fundament der Krausschen Auffassung vom Strafrecht: das Insistieren auf dessen *formalisierter* Rationalität. Das verdient zunächst ganz allgemein im Kontext von Werk und Charakter eines Schriftstellers festgehalten zu werden. Für den Strafrechtsdogmatiker ist die Formalisierung des Systems der strafenden staatlichen Sozialkontrolle selbstverständliche und nicht weiter thematisierte Voraussetzung seiner gesamten Tätigkeit, die ja primär in einer Differenzierung und Rationalisierung dieses Systems besteht. Aber für einen literarischen Autor ist die Aufmerksamkeit für den formalen Charakter des Strafrechts und dessen Binnenlogik durchaus ungewöhnlich. Literarische Strafrechtskritik von Kleist bis Brecht[262] zielt in aller Regel auf Fragen der materialen Gerechtigkeit und auf die Friktionen mit deren Idee, die gerade der abstrakt-formale Charakter der strafrechtlichen Konfliktverarbeitung gelegentlich erzwingt. Für Kraus dagegen ist das Ernstnehmen dieser Formalisierung mehr als nur eine im weiteren ignorierte Konzession an ein unvermeidliches Faktum staatlicher Machtorganisation. Er fordert und betont sie im Sinne einer liberalen Rationalisierung des Strafrechts: nämlich der Kalkulierbarkeit staatlicher Eingriffe in die Lebenssphäre des Individuums, also der Rechtssicherheit, und damit im umfassenden Verständnis jener »schützenden Formen«, die Zachariae mit Blick auf den Strafprozeß zum Slogan der liberalen Reformer des 19. Jahrhunderts gemacht hat. Gewiß gibt es (und gar nicht selten) in der *Fackel* Stellen, die bei oberflächlicher Lesart das Gegenteil zu bezeugen scheinen und die von der Sekundärliteratur auch meist als Totalverdikt über das Strafrecht mißverstanden worden sind[263], etwa diese:

> Kein Tag vergeht, ohne daß ein Gerichtsfall die Erkenntnis von der wahren Bestimmung aller Gesetzlichkeit und Behördlichkeit predigte:

262 Dazu einerseits allgemein, andererseits mit zahlreichen Einzelbeispielen *Müller-Dietz* (1990), Grenzüberschreitungen; vgl. auch *Schönert* (Hg.) (1983), Literatur und Kriminalität, sowie *ders.* (Hg.) (1991), Erzählte Kriminalität.

263 Vgl. oben, S. 157 f.

ein Hohn ihrer Bestimmung, ein Lohn ihrer Verhöhnung zu sein.[264] Seit langer Zeit ahnt man es, aber die Ahnung wird zur Gewißheit erwachsen, wenn erst ein neues Strafgesetz die Gehirnschande besiegelt haben wird: Diese dreiste Richterspielerei erwachsener Schulknaben, denen man durch Ministerialerlässe die Lebensfremdheit abzugewöhnen sucht[265], taugt nichts. Diese ganze Institution »Justiz« kann in einer Welt, der der Mensch ein Fremdling ist und der nur die Tat gilt, nie etwas anderes bedeuten als die kostbare Gelegenheit für eine Rotte schlechtbezahlter Sünder, sich an den Gerechten zu rächen, nie etwas anderes als die wollüstige Bereitschaft der Spießruten, zwischen denen der Menschenwert hindurch muß und von allen Lebensgütern zuerst das Schamgefühl verblutet. (S1/287 = 225/1)[266]

Dennoch steht außer Zweifel, daß selbst solche Attacken das *falsche* und nicht das Strafrecht schlechthin meinen.[267] Das läßt sich nicht nur an den zahlreichen Pönalisierungsforderungen des Satirikers, sondern auch und gerade an der Intensität zeigen, mit der er sich als juristischer Laie immer wieder auf die formalisierte Binnenlogik des Strafrechts einläßt und deren korrekte Handhabung reklamiert. Bevor ich dies an dem Paradigma einer solchen Befassung in der *Fackel*, dem schon mehrfach gestreiften Aufsatz

264 Schon hier ist das bezeichnende Paradox von der »wahren Bestimmung aller Gesetzlichkeit«, die »ein Hohn ihrer Bestimmung« (doch offenbar ihrer »*wahren* Bestimmung«!) sein soll, nicht zu übersehen.

265 Kraus spielt hier vor allem auf eine Verordnung des Justizministeriums vom 12. Dezember 1900 »betreffend den Gang des Strafvorverfahrens« und auf einen Erlaß vom 7. September 1902 (»über den Gang des Strafvorverfahrens«) an, die er schon in 168/20 (= S1/121 f.) als »humane Erlässe« zitiert; die VO ist abgedruckt als Anhang VIII in der Manzschen Sammlung der StPO »samt ergänzenden Verordnungen«, 10. Aufl. (1901), S. XXII ff., der Erlaß in *Lißbauer/Suchomel* (1933), Österr. Strafprozeßgesetze, S. 827 f.

266 Kraus hat diesen Text (neben anderen über die Strafjustiz) mehr als zwei Jahrzehnte später, am 29. 4. 1929, in seiner 500. Vorlesung wieder vorgetragen und darauf hingewiesen, daß er dafür wegen »Aufwiegelung« in staatsanwaltschaftliche Untersuchung gezogen worden sei (vgl. 811/ 36 f.).

267 Was den zitierten Passus angeht, so ist beiläufig auf den Lisztschen Einschlag der Kritik hinzuweisen, daß der »Institution Justiz« der Mensch »ein Fremdling« sei und nur die Tat gelte; vgl. zu der analogen grundsätzlichen Kritik der »soziologischen Schule« exemplarisch *v. Liszt*, Kriminalpolitische Forderungen, AuV I, S. 330.

»Erpressung«, erörtere, erscheint allerdings ein Exkurs über die Satire erforderlich. Genauer: Über einen funktionalen Aspekt des satirischen Schreibens, der in der philologischen Literatur, soweit ich sehe, zwar häufig und als geradezu klassischer Topos, aber grundsätzlich beiläufig und nur im Modus einer metaphorischen Kennzeichnung gestreift wird – der »strafenden« Aufgabe der Satire. Von der hiermit angesprochenen funktionalen Parallele zwischen Satire und Strafjustiz als Instrument »sozialer Kontrolle« hatte Kraus ein genaues und empfindliches Bewußtsein. Gerade deshalb war ihm aber auch die Abgrenzung zwischen beiden wichtig. Und die argumentationslogische Trennlinie ist eben – von den bereits erwähnten evidenten Unterschieden der gesellschaftlichen Bedeutung, der Reichweite und der Machtmittel abgesehen – die formalisierte Bindung des Strafrechts an gesetzliche, im Unterschied zur informellen Verpflichtung der Satire auf moralische Normen.

1. Exkurs zur Satire

Lichtenberg schreibt am 16. Januar 1777 in einem Brief an seinen Freund, den Geheimen Kanzleisekretär Johann Andreas Schernhagen in Hannover:

> Hierbey hat man doch gesehen, wie Satyre das Complement der Gesetze seyn kan.[268]

Er bezieht sich dabei auf die Wirkung seines satirischen »Anschlag-Zeddels im Namen von Philadelphia«[269]: Damit kam er einem Auftritt des zauberkünstelnden Scharlatans Philadelphia vor Göttinger Bürgern zuvor – und so deren Geldbeutel gegen einen geplanten Betrug zu Hilfe. Das sachliche Substrat des »Complement-Gedankens« dürfte so alt sein wie die Satire selbst. Es ist das Fundament der einen Hälfte jenes Begriffpaares, mittels dessen die klassische Satiretheorie seit der Zeit des Frühhumanismus ihre wesentliche typologische Abgrenzung vornimmt, oft unter paradigmatischer Zuordnung der beiden kontrastierenden Formen zu den römischen Klassikern Juvenal und

268 *Lichtenberg* (1983), Briefwechsel, Bd. 1, S. 684.
269 *Lichtenberg* (1972), Schriften und Briefe, Bd. 3, S. 253 ff.

Horaz: der »strafenden« (ernsthaften, tragischen, pathetischen) Satire, die der »scherzhaften« (lustigen, komischen, spielenden) gegenübergestellt wird.[270] Ein Menschenalter vor Lichtenbergs »Anschlag-Zeddel« schreibt Jonathan Swift im *Examiner* vom 26. April 1711:

Es ist angesichts der Unvollkommenheit unserer Gesetze, der Vielzahl möglicher Sachverhalte, der Schwäche staatlicher Autorität und der Macht und Verschlagenheit niederträchtiger Menschen klar, daß zahlreiche schwere Verfehlungen öffentlich begangen werden können, die für das Strafgesetz nicht erreichbar sind [...]. Ich bin geneigt zu glauben, daß es gerade der Zweck einer Behebung solcher Mißstände war, weswegen die Satire einmal das Licht der Welt erblickt hat.[271]

Das dürfte zwar historisch-faktisch gemeint, aber in der Sache bereits eine begrifflich-logische Rationalisierung der Genesis des satirischen Prinzips sein.[272] Lichtenberg sieht diesen Sachverhalt vermutlich richtig, wenn er schreibt:

Die erste Satyre wurde gewiß aus Rache gemacht. Sie zur Besserung seines Neben-Menschen gegen die Laster und nicht gegen den Lasterhaften zu gebrauchen, ist schon ein geleckter abgekühlter zahm gemachter Gedanke.[273]

Entscheidend hieran ist nicht die Ursprungsvermutung, obwohl sie plausibel ist[274] und im übrigen mit der für das Strafrecht geläufigen ziemlich genau übereinstimmt.[275] Entscheidend ist viel-

270 Dazu eingehend *Brummack*, Zu Begriff und Theorie der Satire, in: DVjschrLit 45 (1971), Sonderheft, S. 275 ff., 311 f.
271 *Swift* (1957), The Examiner and Other Pieces (ed. *H. Davies*), S. 141 (meine Übersetzung).
272 Ich begreife hier und im folgenden mit der in der Literaturwissenschaft gängigen Auffassung »Satire« nicht als literarische Gattung, sondern als *Formprinzip*, das in praktisch allen literarischen Gattungen Anwendung finden kann.
273 *Lichtenberg* (1968), Sudelbücher, D 140, Schriften und Briefe, Bd. 1, S. 252. (Die Interpunktion ist die des Originals.)
274 Vgl. hierzu *Elliott* (1960), The Power of Satire, insbes. S. 49 ff., sowie S. 285 ff. (m. w. N.). Elliott zeigt allerdings auch eindrucksvoll, daß bereits archaische Frühformen der Satire diese Metamorphose vom rein egoistischen Reflex (»Rache«) zum öffentlichen Ritual hinter sich hatten.
275 Vgl. nur Franz *v. Liszts* Skizze der Entwicklung der Strafe im »Marburger Programm«, AuV I, S. 132 ff.; Vgl. auch *Kelsen* (1982),

mehr das angedeutete Entwicklungsschema: vom rein persönlichen Verhältnis zwischen satirischem Angreifer und »Opfer« zu einer normativ verallgemeinernden Ablösung der Satire von ihrem konkreten Gegenstand, hin zu einer sozialen Aufgabe. Diese ist es, was (jenseits des vermutlich gemeinsamen psychologisch-historischen Ursprungs) der Satire die funktionale Nähe auch zur modernen Konzeption einer sozial zweckgebundenen staatlichen Strafe erhält. Freilich ist die Unhaltbarkeit einer »absoluten« Theorie der bloßen Vergeltung für die Satire noch evidenter als für die staatliche Strafe: Ist schon der weltliche Staat als Exekutivorgan einer höheren Gerechtigkeit nicht legitimiert, dann erst recht nicht der einzelne Satiriker, und zwar auch dann nicht, wenn er im Medium der Kunst agiert. Damit ist ein Problem berührt, das die Satire seit der Entstehung ihres reflexiven Selbstbewußtseins in der Antike stets begleitet hat: das ihrer Legitimation.[276] Die folgenden Ausführungen konzentrieren sich allein auf diesen Aspekt der Normbindung des Satirischen; sie vernachlässigen bewußt alle anderen, die trotz ihres im übrigen evidenten Gewichts nichts zur Sache meiner Argumentation beitragen, etwa den ästhetischen, den semiotischen oder den psychologischen.[277]

Vergeltung, insbes. S. 50 ff.; Kelsens historisch-kritische Analyse weist einige geradezu schlagende Parallelen zu Elliotts Studie über die Entwicklung der Satire auf.

276 Dazu eingehend *Brummack* (wie Anm. 270), S. 295; *R. Merkel* (1991), Strafrecht und Satire, in: *Schönert* (Hg.), Erzählte Kriminalität, S. 619 ff.

277 Die Satiretheorie ist in der angelsächsischen Literatur hinsichtlich aller drei genannten Aspekte deutlich weiter entwickelt als in Deutschland; vgl. dazu als eine Art Klassiker *Frye* (1957); Anatomy of Criticism, S. 223 ff.; s. aber v. a. die instruktiven Sammelbände »Die englische Satire«, hg. von *W. Weiss* (1982), sowie »Satura«, hg. von *B. Fabian* (1975), mit jeweils umfangreichen Literaturangaben. Speziell zu den psychologischen Konstituentien der Satire *Highet* (1968), Anatomy of Satire. In der deutschen Satiretheorie sind neben Brummacks großangelegter begriffs- und theoriegeschichtlicher Studie insbesondere zu nennen: *Schönert* (1969), Roman und Satire; *ders.*, »Wir Negativen«, in: *Ackermann* (Hg.) (1981), Tucholsky, S. 45 ff.; *Lazarowicz* (1963), Verkehrte Welt; *Arntzen* (1989), Satire in der deutschen Literatur, Bd. 1; als moderne, »semiotisch orientierte Texttheorie« *Schwind* (1988), Satire in funktionalen Kontexten.

Seit den satiretheoretischen Bemühungen im Humanismus des späten 15. Jahrhunderts ist die »strafende« Form des Satirischen, freilich zunächst ohne scharfe typologische Konturen, herausgearbeitet worden. »Eine Satyre«, heißt es in Daniel Georg Morhofs *Unterricht von der teutschen Sprache und Poesie* aus dem Jahr 1682, »ist ein Gedichte/darinnen die heimlichen Laster/die bey etlichen Personen im Schwange gehen/gestraffet und höhnisch auffgezogen werden.«[278] »Sie ist nehmlich«, schreibt Gottsched in seinem (bis zu Lessings schroffer Intervention[279]) sehr einflußreichen *Versuch einer Critischen Dichtkunst vor die Deutschen* von 1730, »ein moralisches Strafgedichte über einreissende Laster«.[280] Das tragfähige Theoriefundament für die seither klassische Unterscheidung von »strafender« und »komischer« Satire legte Schiller in seinem bis heute nachwirkenden Entwurf *Über naive und sentimentalische Dichtung* von 1795/96. Er ordnet in Anlehnung an Kants analytische Differenzierung in der *Kritik der Urteilskraft* die scherzhafte Satire dem »Schönen«, die strafende dem »Erhabenen« und damit, nach Kant, einem unempirischen, »intelligiblen« und »ehrfurchterregenden«, kurz: im weiteren Sinne normativen Horizont zu.[281]

Vor diesem Hintergrund erscheint es eher überraschend, daß die Literaturwissenschaft (soweit ich sehe) diese terminologische Assimilation einer der beiden satirischen Grundformen an das Strafrecht noch nicht zum Anlaß genommen hat, dessen begriffliche und theoretische Differenzierungsleistungen auf ihre Tauglichkeit zur Erhellung der satiretheoretischen Probleme zu prüfen. Statt dessen wird eher abstrakt und, wie ich glaube, unfruchtbar die Frage erörtert, ob die »Normbindung« der Satire *konstitutives* Merkmal des Satirebegriffs sei oder nicht.[282] Die

278 *Morhof* (1700; Reprint 1969), Unterricht, S. 354.

279 Im 17. Literaturbrief vom 16. Februar 1759; vgl. *Lessing* (1982) Werke, Bd. II, S. 623 ff.

280 *Gottsched* (1730), Versuch, S. 460. – Die Fixierung der Satire auf die Versform war übrigens schon zu Gottscheds Zeiten überholt.

281 *Schiller* (1962), Dichtung, in: Werke, Bd. 20, S. 413 ff.; *Kant* (1908), KdU, AA V, insbes. §§ 23 ff., S. 244 ff., sowie *ders.* (1907), Anthropologie, AA VII, § 68, S. 243. Es sei allerdings darauf hingewiesen, daß der normative Horizont des »Erhabenen« bei Kant nicht unmittelbar der der Moral ist.

282 Exemplarisch das Symposion »Norms, Moral or other in Satire«, dokumentiert in *Fabian* (wie Anm. 277), S. 386 ff.

Diskussion bleibt schon deswegen ergebnisarm, weil die (freilich ebenfalls intensiv betriebene) Suche nach einer materialen Definition des Satirischen so wenig Aussicht auf Erfolg hat wie die zu anderen Termini von auch nur einiger theoretischer Komplexität.[283] Ob ein normatives Verdikt über einen satirisch intendierten Text so vernichtend ausfallen kann, daß es ihn aus den Grenzen des literarischen Genres drängt, ist eine ebenso unfruchtbare und keinem Beweis zugängliche Frage wie die, ob ein miserables Gedicht nicht das Prädikat »schlechte«, sondern »keine Lyrik« verdiene. Wichtig ist aber, daß ein »strafender« satirischer Angriff im Maße seiner Intensität und seines Personenbezugs die normative Frage nach seiner Berechtigung keinesfalls abweisen kann – etwa mit dem Verweis auf seine künstlerischen Qualitäten.[284] Wenn nach Juvenals geflügeltem Diktum für die strafende Satire das »facit indignatio versum«[285] gilt, so kann gleichwohl weder die »indignatio« noch die ästhetische Qualität des »ver-

283 Ludwig Wittgenstein zeigt dies schlagend schon für den weit weniger komplexen Begriff des Spiels; vgl. *ders.* (1980), Philosophische Untersuchungen. Werke, Bd. 1, Nr. 66 ff. Die Wittgensteinische Folgerung, daß solche Begriffe nicht per definitionem, sondern nur in einem »komplizierten Netz von Ähnlichkeiten, die einander übergreifen und kreuzen«, nämlich mit der Figur einer »Familienähnlichkeit« des Einzelfalles zu paradigmatischen (quasi kanonischen) anderen zu fassen sind und damit prinzipiell keine exakten Grenzlinien aufweisen, ist in der Satiretheorie, soweit ich sehe, bisher nur von Elliott (auf dem oben zitierten Symposion) gezogen worden; vgl. *Fabian*, a.a.O., S. 391.

284 Dies ist ein alter, vor allem bei Satirikern selbst anzutreffender Irrtum. Man vergleiche etwa Heinrich *Heines* in einzelnen Aspekten äußerst schäbigen Spott über August v. Platens Homosexualität in den »Bädern von Lucca«, Sämtl. Schr., Bd. 3, S. 391 ff., insbes. Kap. X und XI, S. 440 ff., oder seinen in Teilen ebenfalls niedrigen Angriff auf Ludwig Börnes Sexualleben in »Ludwig Börne – Eine Denkschrift« (Sämtl. Schr., Bd. 7, S. 1 ff., insbes. S. 95 ff.) und dazu Heines vielzitierten Satz: »Aber ist es nicht schön ausgedrückt?« – In der gegenwärtigen satiretheoretischen Debatte teilen diesen Irrtum etwa *Timms* (1986), Apocalyptic Satirist, S. 169 ff., insbes. S. 175; *Arntzen* (1971), Deutsche Satire, in: *ders.*, Literatur im Zeitalter der Information, S. 167; ähnlich *ders.*, Satire in der deutschen Literatur (wie Anm. 277), S. IX, S. 15, S. 297, Anm. 32.

285 D. Junius *Juvenalis*: Saturae, I/79, in: Römische Satiren (1970), S. 204.

sus« *allein* die mit dem Angriff verbundene symbolische Aggression und die dadurch etwa hervorgerufene Verletzung bei einem konkreten Opfer rechtfertigen.[286] Sozial interaktives menschliches Verhalten, das a priori jeder moralischen Wertung entzogen wäre, gibt es nicht, auch nicht in der Kunst. Man kann sich das für unser Thema leicht an krassen Beispielen verdeutlichen: Es ist keine noch so hohe literarisch-stilistische Qualität denkbar, die etwa einen satirischen Angriff mit rabiat rassistischem Impetus akzeptabel machte.[287] Daß ein solcher Text »keine Literatur« sein könnte, wäre freilich eine petitio principii und soll damit keineswegs behauptet werden; er wäre aber aus normativen Gründen unheilbar schlechte Literatur.[288]

Ein plausibler Standpunkt für die Klärung der normativen Ansprüche an satirische Texte läßt sich erst auf dem Hintergrund einer Analyse ihrer sozialen Funktion gewinnen.[289] Dies öffnet die Perspektive, in der ein Blick auf die strafrechtstheoretische Diskussion über Funktion und Legitimität staatlichen Strafens naheliegt. Brummack schlägt in seiner Studie eine Trias konstitu-

286 »Strafende Satire« bedeutet, daß eine konkret identifizierbare Person als Angriffsziel im Text auftaucht (sonst würde niemand »gestraft«). Schönert bezeichnet diese Variante daher treffend auch als »nennende Satire«; vgl. *Schönert*, Roman und Satire (wie Anm. 277), S. 64.

287 Zu dem hiermit ebenfalls angesprochenen Problem strafrechtlich relevanter Beleidigungen oder strafbarer Volksverhetzung durch Satire vgl. *Erhardt* (1989), Kunstfreiheit und Strafrecht, S. 152 ff.

288 Daher kann Arntzen insofern zugestimmt werden, als er die These vom *begrifflichen* »Konstituens einer Norm« für die Satire ablehnt (vgl. *Arntzen*, Satire in der deutschen Literatur, a.a.O., S. 17 und S. 297, Anm. 32). Er irrt aber, wenn er mit diesem Argument den *Rang* einer Satire völlig von ihrem Bezug zu »externen«, etwa moralischen Normen abkoppeln und alleine literarisch-ästhetisch fundieren will. Den Kunstwert einer Satire der moralischen Bewertung durch den Leser (Kritiker) entziehen zu wollen ist eine schlichte und unhaltbare Dezision.

289 Satire gehört nicht zu den zahlreichen Formen nichtstrafrechtlicher sozialer Kontrolle, die in unmittelbaren Näheverhältnissen (also regelmäßig im eigenen Interesse der Beteiligten) eingesetzt werden, wie etwa Tisch-, Kleider-, Höflichkeitsregeln. Sie hat einen abstrakteren, *sozialen* Bezug und ähnelt in dieser funktionalen Logik eben weit mehr dem Strafrecht als anderen Formen normativer Regulierung des sozialen Lebens.

tiver Elemente vor (die allerdings allenfalls notwendige, nicht aber hinreichende Kriterien darstellen, also keine *Definition* ergeben):

[...] ein individuelles: Haß, Wut, Aggresionslust, irgendeine private Irritation; ein soziales: der Angriff dient einem guten Zweck, soll abschrekken oder bessern und ist an irgendwelche Normen gebunden; und schließlich ein ästhetisches [...].[290]

Es leuchtet unmittelbar ein, daß in unserem Zusammenhang nur das zweite, das »soziale« Element in Betracht kommt. Dessen obige Formulierung könnte sich in ihrer Allgemeinheit ganz plausibel auch auf Strafrecht und Strafjustiz beziehen. Aber bereits hier wird eine Diskrepanz der Differenzierungsleistungen zwischen strafrechtlicher und satiretheoretischer Diskussion sichtbar: »Abschrecken« oder »Bessern« sind ja nicht die einzigen Funktionen des staatlichen, und sie sind auch keineswegs die primären des satirischen Strafens. Stellt man die Frage scharf genug (das heißt, ohne sich von dem defizienten Legitimationshinweis auf die Kunst blenden zu lassen), mit welcher Berechtigung denn ein einzelner, der sein »Opfer« und dessen Sozialisationsgeschichte, Lebensumstände und Motive meist genausowenig kennt wie die genaueren Hintergründe von dessen getadelter Verfehlung, sich als Satiriker die Rolle des »Bessernden« oder des vor künftigen Verfehlungen analoger Provenienz »Abschreckenden« anmaßen dürfe, dann fällt die Antwort nicht leicht. (Nach meiner Überzeugung gibt es keine wirklich zwingende.) Jedenfalls zeigt die Erwägung, daß, um es strafrechtstheoretisch auszudrücken, die Spezialprävention (Besserung) nicht der normative Primärzweck der Satire sein kann. Aber auch die Abschreckung im klassischen Sinn von Feuerbachs psychologischer Zwangstheorie ist es nicht. Es ist schwer zu sehen, woher ein einzelner die Berechtigung beziehen könnte, gegenüber der Allgemeinheit mit prohibitiven Drohungen aufzutreten. Dennoch ist damit die Legitimität selbst einer so wirkungsvollen »persönlichen«[291] Satire wie der von Karl Kraus noch nicht zu

290 *Brummack* (wie Anm. 270), S. 282. Vgl. auch *Schönert*, »Wir Negativen« (wie Anm. 277), S. 55, der eine andere triadische Differenzierung vorschlägt, die sich aber mit kleineren Unschärfen auch auf Brummacks Schema projizieren läßt und deren mittleres Element ebenfalls den »Kontrast zwischen zwei Normprinzipien« umfaßt.

291 So schon die Formulierung und Forderung im Briefwechsel zwi-

widerlegen. Vielmehr wird hieran deutlich, daß die strafende Satire in erster Linie an jenen normativen Zweck gebunden ist, der für die Kriminalstrafe in der modernen Diskussion »positive Generalprävention« heißt.[292] Die Satire profiliert und verteidigt in erster Linie eine Norm des sozialen Lebens gegen deren singulär oder massenhaft, jedenfalls exemplarisch vollzogenen Bruch. Sie zielt nicht primär auf Personen (und darf dies auch nicht)[293], weder auf die des Normbrechers noch – jedenfalls nicht im Modus der Abschreckung – auf die Allgemeinheit. Sie ist, um eine pointierte strafrechtliche Formel von Jakobs zu verwenden, symbolische »Einübung in Normanerkennung«[294] oder, mit einer anderen geläufigen Wendung, symbolische Stabilisierung der Norm. Das haben genau reflektierende Satiriker in der Regel richtig verstanden. Lichtenbergs oben zitierte Bemerkung über die Entwicklung der Satire zeigt dies bereits.[295] Bei Kraus hat es mehrfachen, unter anderem den folgenden Ausdruck gefunden:

> Ohne Ansehen der Person reagiere ich auf Geräusche, und interessiere mich nicht für die Richtung, aus der sie kommen. [...] Kann ich dafür, daß die Halluzinationen und Visionen leben und Namen haben und zuständig sind? Kann ich dafür, daß es den Münz[296] wirklich gibt? Habe

schen Mauvillon und Unzer von 1771, zit. nach *Grimm* (1979), Nachwort, in: *ders.* (Hg.), Satiren der Aufklärung, S. 361.

292 Vgl. hierzu aus der inzwischen sehr umfangreichen Literatur nur *Hassemer/Lüderssen/Naucke*, (1979) Hauptprobleme der Generalprävention; *Neumann/Schroth* (1980), Neuere Theorien, S. 33 ff.; *Jakobs* (1991), AT, S. 6 ff.

293 Das ist im übrigen kongruent mit Kraus' eigener Aussage, Satire ziele nicht primär auf die Wirklichkeit, sondern auf die Möglichkeit eines realen Geschehens: Der einzelne Normbruch bedroht die vom Satiriker verteidigte Norm nur, wenn er als exemplarischer Ausdruck einer hic et nunc ständig vorhandenen sozialen Möglichkeit erscheint.

294 So *Jakobs* (1991), AT, S. 14.

295 Man vergleiche auch die im Sinne einer positiven Generalprävention genau treffende Bemerkung, die Bertolt Brecht 1934 über Karl Kraus niederschrieb: »Aber nach einigem Nachdenken kann man erkennen, daß Kraus in drei bis vier Jahrzehnten viel erreicht hat: Es ist den finsteren Kräften zumindest nicht gelungen, die großen Bilder der Reinheit zu verwischen und die Begriffe der Sittlichkeit selbst zu entfernen.« In: *Brecht* (1966), Schriften zur Literatur und Kunst, Bd. 2, S. 207.

296 Sigmund Münz, Reporter der Neuen Freien Presse, in den ersten 15

ich ihn nicht trotzdem erfunden?[297] Wäre er Objekt, ich wählte anders. Erhebt er Anspruch, von der Satire beleidigt zu sein, beleidigt er die Satire. Außerhalb dieser mag er ein Dasein haben, aber keine Berechtigung. Der Leumund mag in Ordnung sein, kommt aber für die Satire nicht in Betracht. Motive und Absichten prüfe ich nicht. Die sind unbesehen gut oder schlecht. Nichts ist der Satire egaler [...]. So ist die Satire fern aller Feindseligkeit und bedeutet ein Wohlwollen für eine ideale Gesamtheit, zu der sie nicht gegen, aber durch die realen Einzelnen durchdringt. (338/1 f.)[298]

Das ist zwar eine ironische Stilisierung, aber es ist die Stilisierung eines in der Sache ernstgemeinten Idealtypus des Satirischen. Die »ideale Gesamtheit« projiziert den normativen Horizont, gegen den die Satire ihre negativen Kontrastfiguren zeichnet und dessen Wertorientierungen sie dabei in Anspruch nimmt und verteidigt. Im Maße ihrer Abweichung von diesen Orientierungen riskiert sie eigene sachliche oder normative Defekte. Dabei ist zweierlei zu bedenken: Die allgemeine Formulierung in dem zitierten Passus bei Kraus umfaßt nicht nur den Bereich der strafenden, sondern auch den der spottenden Satire. Schon in der klassischen, von Schiller rationalisierten Satiretheorie gab es keinen Zweifel, daß gegenüber der Dummheit nur die als harmloser empfundene Belustigung, dagegen die schärfere Waffe des personenbezogenen »Strafens« alleine gegen die zurechenbare »Schlechtigkeit« zulässig sei.[299] Der Hintergrund dafür ist evidenterweise die Gerechtigkeits- bzw. Fairneßerwägung, daß Dummheit kein strafwürdiger Tatbestand ist. Kraus hat diese selbstverständliche (und die prinzipielle normative Bindung der Satire artikulierende) Differenzierung ebenfalls vorausgesetzt.[300] Dagegen hat er das extrem individualisierende, angreifende, per-

Jahren der Fackel häufig auftauchende und exemplarisch negativ besetzte Figur.

297 Vgl. auch 343/6: »Ich erfinde, was es gibt. [...] (Gelegentlich mehr über die unerträgliche Qual, Leute bei lebendigem Leib herumlaufen zu sehen, die von rechtswegen in mein Manuskript gehören [...]).«

298 Vgl. auch 347/27: »Die Satire beleidigt nicht und kann nicht berichtigt werden [...].«

299 Vgl. *Schiller*, Dichtung (wie Anm. 281), S. 443 f.

300 Vgl. beispielhaft 143/1: Die Aufgabe der *Fackel* bestehe »in der Beleidigung vaterländischer Spitzbuben und in der Verspottung landsmännischer Dummköpfe«.

sönlich verletzende Gegenstück der spottenden Satire als »Polemik« grundsätzlich und mit Recht aus dem Bereich des Satirischen ausgegrenzt.[301] Die Literaturwissenschaft kennt diese Differenzierung kaum; sie ordnet die Polemik, wenn sie sich überhaupt damit befaßt, eher intuitiv dem Bereich der strafenden Satire zu. Vor dem Hintergrund ihres Strafzwecks einer »positiven Generalprävention« ist dies aber unrichtig. Die echte Polemik bedeutet, wie Heinrich Heine über seine in der Sache indiskutable Attacke gegen Platen an Varnhagen von Ense schrieb, »Krieg des Menschen gegen den Menschen«.[302] Sie ist weder general- noch spezialpräventiv orientiert; sie gehört weit eher dem archaischen Typus der Rache zu und bedarf daher anderer (stärkerer) Legitimationsgrundlagen, über die hier nicht zu reden ist.[303] Richtig ist jedenfalls die Kraussche Intuition, daß die reine Form des Polemischen nicht in den Bereich der Satire gehört, und zwar aus normativen, nicht aus semiotischen, stilistischen oder sonstwie philologischen Gründen.

Damit werden neben dem abstrakten theoretischen Koordinatensystem zur Erfassung des satirischen Legitimationsproblems eine Reihe weiterer Schwierigkeiten der strafenden Satire, um die es im weiteren ausschließlich gehen soll, sichtbar. Weder in ihrer äußeren Form noch und vor allem in ihrer Wirkung auf ein konkretes »Opfer« läßt sich die strafende Satire klar von der reinen Polemik abgrenzen (wie es überhaupt bei Abweichungen der Satire von ihrer idealtypischen normativen Zweckbindung beliebig viele graduelle Abstufungen und auf jeder Stufe zusätzliche Ad-hoc-Stützen ihrer Legitimität geben kann, bevor der Bereich

301 Zu dieser Differenzierung bei Kraus einleuchtend *Stremmel* (1982), Dritte Walpurgisnacht, S. 5 ff.; eine genaue Analyse der umfangreichsten Krausschen Polemik (»Innsbruck und anderes«; 531/1 ff.) bei *Scheichl*, Struktur Krausscher Polemiken, in: LuK 22 (1987), S. 131 ff.

302 *Heine* (1950), Briefe (hg. von *F. Hirth*), Bd. 1, S. 412.

303 Kraus erklärt einmal die Aufdeckung des Mißverhältnisses »zwischen Wert und Geltung« zur ethischen Rechtfertigung jeder Polemik (795/67: gegen Alfred Kerr); ähnlich bereits 360/67 f. Das dürfte allerdings zur Rechtfertigungslogik der strafenden Satire und nicht der Polemik gehören. Daß eine »wirkende Null« mehr gilt, als sie verdient, wäre kein Grund, die Null persönlich dafür verantwortlich zu machen, sondern die allgemeine Norm zu restituieren, wonach Nullen eben nichts gelten sollten.

des normativ Pathologischen einer Satire definitiv beginnt). Dies verschärft das Legitimationsproblem der strafenden Satire weiter: Im Maße ihrer *persönlich* destruktiven Wirkung zieht sie sich die Frage zu, ob es zulässig sein kann, zugunsten des allgemeinen normativen Nutzens ein einzelnes Individuum mit manchmal verheerenden Folgen zu »opfern«. Die Frage ist abstrakt nicht zu beantworten. Es kommt mir hier nur auf die Erhellung der Kriterien für die Klärung konkreter einzelner Fälle an. Daß in diesen jeweils eine ganze Reihe von Abwägungen notwendig wird – etwa: Bedeutung der verteidigten Norm, Gewicht der Verfehlung, Härte des Angriffs, Status des Opfers etc. –, ist evident. Auf eine Überlegung, die regelmäßig übersehen wird, sei aber hingewiesen: Die Nachwelt, die ein bedeutendes und (inzwischen) dem klassischen Kanon der Literatur dieses Jahrhunderts angehörendes Werk wie das von Karl Kraus vor sich hat, aber kaum noch irgendeine konkrete Lebens- oder »Tat«-Geschichte eines seiner zahllosen Opfer, ist selbstverständlich geneigt, deren Belange über dem literarischen Rang der »Waffe«, mit der sie einst verletzt wurden, zu ignorieren. Und das ist aus der Perspektive einer Zeit, in der Autor und Opfer nicht mehr leben, auch berechtigt. Aber zu Lebzeiten beider mag die Legitimationsfrage solcher Verletzungen auf eine inkommensurable Weise anders zu stellen und anders zu beantworten gewesen sein. Dies dürfte im übrigen zu den Hintergründen für die geradezu einmalig kontroverse Rezeptionsgeschichte des Krausschen Werkes gehören, das zwischen anbetender Hagiographie und radikaler Verdammung noch immer alle Varianten des literarhistorischen Urteils auf sich zieht.[304] Das soll hier nicht kommentiert, lediglich ein Stück weit verständlich gemacht werden.

Vor allem der Strafrechtler mag sich an dieser Stelle fragen, ob hier nicht die »strafenden« Wirkungen der Satire unangemessen dramatisiert werden und deshalb etwa auch die Legitimationsdiskussion in strafrechtlichen Begriffen übertrieben erscheint. Aber das wäre durchaus irrig. Schon die legendäre Geschichte des Griechen Archilochos, des historischen und symbolischen Urbilds strafender Satire aus dem 7. vorchristlichen Jahrhundert, sollte hier nachdenklich machen. Er habe, heißt es, seinen pro-

304 Vgl. hierzu exemplarisch die umfangreiche Dokumentation einer Kraus-Debatte in LuK 5 (1970), S. 1 ff. (»Polemik um einen großen Polemiker«), sowie *Arntzen* (1975), K. K. und die Presse, S. 59 ff.

spektiven Schwiegervater Lykambes und dessen Tochter mit aggressiv verfluchenden Jamben zum Selbstmord getrieben, nachdem das ihm zuvor gegebene Eheversprechen von Lykambes widerrufen worden war.[305] Der Realitätsgehalt einer solchen archaischen Parabel mag man auf sich beruhen lassen. Es gibt aber gerade in der »strafenden« Wirkungsgeschichte des Karl Kraus mindestens zwei Beispiele einer sehr problematischen, ja geradezu tragischen Effizienz. Zu den der Literaturgeschichte wohl unverlierbar eingeschriebenen Negativfiguren aus dem Krausschen Werk gehört »die Schalek«, Kriegsberichterstatterin der *Neuen Freien Presse*, deren allerdings häßliches militaristisches Pathos als einer der markantesten Grundtöne im Stimmengewirr der *Letzten Tage der Menschheit* klingt. Freilich war der heroische Jargon der Alice Schalek damals mehr als sozialadäquat, beinahe eine nationale Ehrenpflicht, und stärker noch als auf diesen Jargon zielt der Haß des Satirikers auf die Tatsache, daß ausgerechnet eine Frau so gesprochen hat (und das mag ja ein Gerechtigkeitsproblem eigener Art aufwerfen).[306] Vor diesem Hintergrund lese man das folgende Gedicht des 1938 emigrierten Lyrikers Friedrich Bergammer über die nach dem »Anschluß« Österreichs durch Hitler ebenfalls emigrierte Jüdin »Alice Schalek in New York«:

> Bei Karl Kraus bleibt sie ein Mythos.
> Nun sitzt eine arme, alte,
> mühselige, beladene Frau
> beim Nachmittagstee
> eines Pastors.
> Sie hat schlechtere Tage gekannt,
> die sie für ihre besseren hielt.
> F. W. Förster unterhält sich freundlich mit ihr –
> die Kriegsberichterstatterin,
> ein Star der Neuen Freien Presse,
> antwortet unruhig und verworren.

305 Eingehende Darstellung bei *Elliott* (wie Anm. 274), S. 6 ff.

306 Vgl. zu dem von Alice Schalek im Juli 1916 gegen Kraus angestrengten und im Januar 1919 durch Zurückziehen der Privatanklage beendeten Beleidigungsprozeß ausführlich 521/9 ff. (mit sämtlichen Schriftsätzen). Kraus betont hier, seinen Angriffen liege nicht ein persönliches, sondern ein sachlich-kulturkritisches (also »positiv generalpräventives«) Moment zugrunde (S. 13).

Der erste Weltkrieg liegt sehr weit zurück,
auffindbar, doch fern ...
Um die Sünden der Lügnerin
wird es totenstill.
Einer,
der das Modell
mit der Wirklichkeit verwechselt,
attackiert die Hilflose.[307]

Das soll nicht suggerieren, daß die Zeichnung (im doppelten Wortsinn) der Alice Schalek durch Kraus falsch oder illegitim gewesen sei. Es soll durch den möglichen und nötigen Wechsel der Perspektiven ein normatives Problem zeigen, das vielleicht nicht auflösbar ist: die individuell entsozialisierende Wirkung, die auch ein generalpräventiv legitimer satirischer Angriff im Einzelfall haben und durchaus bis in die Dimensionen der Persönlichkeitsbedrohung, ja sogar -zerstörung treiben kann. Deutlicher noch als im Fall der Alice Schalek wird dies in dem des jungen expressionistischen Dichters Georg Kulka. Er hatte im Frühjahr 1920 in den *Blättern des Burgtheaters* unter dem Titel »Der Gott des Lachens« und unter eigenem Namen Passagen aus Jean Pauls *Vorschule der Ästhetik* veröffentlicht. Das war nach österreichischem Urheberrecht strafbar.[308] Allerdings ergibt schon die evidente Aussichtslosigkeit, den Plagiatcharakter des Textes auf Dauer geheimzuhalten, ein gewisses Indiz für Kulkas anschließende Rechtfertigung, er habe den wahren Urheber später nennen und so für den (angeblich) ignorierten Jean Paul werben wollen.[309] Kraus deckte die Affäre in einem Aufsatz von tatsächlich vernichtender Schärfe auf, der zwischen persönlicher Polemik und strafender Satire eine changierende Mittelposition einnimmt (546/45 ff.). Von Kulkas anschließender Verzweiflung gibt es glaubhafte Zeugnisse.[310] Er beendete seine literarischen

307 *Bergammer* (1981), Momentaufnahmen, S. 20; vgl. zu diesem Gedicht *Kraft* (1984), Ein geschichtliches Gedicht von Friedrich Bergammer, in: *ders.*, Österr. Lyriker, S. 53 ff.
308 Nach § 53 UrhRG von 1895 (in der Fassung von 1920: § 46).
309 Vgl. *Kulkas* Verteidigungsschrift »Der Götze des Lachens«, in: Die Gefährten 3, 7. Heft, Anhang; vgl. ebda., S. 1 ff., auch die polemische Satire »Karl Kraus« von Albert *Ehrenstein*, sowie Kraus' Erwiderung in 552/5 ff.
310 S. etwa *Ehrenstein*, a.a.O., S. 12: »Es ist ein Wunder, daß Georg

Lebenspläne und, weitaus gravierender, im April 1929 dieses Leben selbst. Manches spricht dafür, daß der biographische Knick, den Kraus' Aufsatz für Kulka herbeiführte, der tiefere und eigentliche Grund des Selbstmords gewesen ist.[311]

Auch dies ist kein durchschlagender Einwand gegen die Legitimität einer solchen strafenden Satire. Es soll lediglich darauf hinweisen, daß bei der Frage nach der Notwendigkeit einer normativen Rechtfertigung der Satire deren möglicherweise verheerende Wirksamkeit nicht vergessen und nicht unterschätzt werden sollte. Die subjektiven Funktionsbedingungen dieser Wirksamkeit genauer zu untersuchen wäre die Aufgabe einer Psychologie der menschlichen Scham. Der amerikanische Psychoanalytiker Léon Wurmser überschreibt einen Aufsatz über die »Psychoanalyse der Scham und der Schamkonflikte« mit dem sprechenden Titel »Die schwere Last von tausend unbarmherzigen Augen«.[312] Es ist die Fähigkeit und die Absicht der strafenden Satire, ihren Opfern diese Last aufzuladen (auch wenn sie es weniger um derentwillen als zugunsten der Inhaber der »tausend Augen« tut), was ihre Legitimität problematisch macht. Diese »schwere Last« kann im Einzelfall weitaus gewichtiger sein als eine (etwa nur monetäre) Kriminalstrafe. »Lächerlich zu werden«, heißt es prägnant in einer von La Rochefoucaulds *Maximen*, »entehrt mehr, als entehrt zu werden«.[313] Schon Adolph Dietrich Weber, der Verfasser der epochemachenden juristischen Abhandlung *Ueber*

Kulka noch lebt. Daß er nach einem so infernalischen Mordversuch noch lebt, von einer blutgierigen Fackel versengt, gebrandmarkt, geschmort, geröstet [...]« (teilweise zit. in 552/17).

311 Zu der ganzen Affäre aus heutiger Sicht *Laugwitz* (1982), Ehrenstein und Kraus, S. 78 ff.; *Gauß*, K. K. und seine »kosmischen Schlieferln«, in: Zeitgeschichte 10 (1982/83), S. 43 ff., 54 ff.; *Kreuzer/Döhl*, Georg Kulka und Jean Paul, in: DVjschrLit 40 (1966), S. 567 ff.

312 *Wurmser*, Schwere Last, in: Forum der Psychoanalyse (1986), S. 111 ff. Vgl. auch § 67 in *Rawls* (1975), Theorie der Gerechtigkeit, S. 479 ff. (»Selbstachtung, gute Eigenschaften und Scham«). Zur Soziologie der Scham bei Max Scheler s. *Williams*, Scheler's Contribution to the Sociology of affective Action, in: Philosophy and Phenomenological Research 2 (1942), S. 348 ff.

313 *La Rochefoucauld* (1980), Reflexionen oder Moralische Sentenzen und Maximen, in: Die französischen Moralisten, hg. von *F. Schalk*, S. 99.

Injurien und Schmähschriften von 1793, hat darauf hingewiesen, daß diejenigen »welche zur Übertretung der Gesetze geneigt sind, oft die üble Nachrede mehr fürchten als die ordentliche Strafe«.[314]

Argumentationslogisch bedeutet dies alles, daß die Satire jenem Bereich moralphilosophischen Räsonierens zugehört, der in neuerer Diktion »allgemeiner praktischer Diskurs« heißt. Ob man das Strafrecht mit Alexy und Habermas[315] für einen »Sonderfall« des allgemeinen praktischen Diskurses, oder mit Neumann[316] für einen strategischen Diskurs sui generis hält[317] – jedenfalls rückt die Satire auch in dieser Perspektive in ein Näheverhältnis zum Strafrecht. Sei es als »Complement der Gesetze« im Lichtenbergschen Sinn, sei es als deren »familienähnliches« Pendant in der Sphäre des »allgemeinen praktischen Diskurses«: mittels der dort gültigen Argumentationsregeln und der dazu passenden Argumentformen muß die strafende Satire implizit oder explizit ihre normative Berechtigung erweisen.[318]

Weder die innere normative Logik noch die konkrete strafende Wirkung stellt also ein trennscharfes Kriterium für die prinzipielle Unterscheidung von Satire und Strafrecht dar. Vor diesem Hintergrund erscheint es schon einleuchtender, daß ein Satiriker,

314 *A. D. Weber* (1811), Ueber Injurien und Schmähschriften, Bd. 1, S. 175. Kraus hat gelegentlich seine polemische Satire in genau diesem Sinne als »üble Nachrede« bezeichnet (vgl. z. B. 242/4 sowie noch im Mai 1930 834/2).

315 Vgl. *Alexy* (1978), Theorie der juristischen Argumentation, S. 263 ff.; *Habermas* (1981), Kommunikatives Handeln, 1. Bd., S. 62 f., Anm. 63, jetzt aber differenzierend *ders.* (1992), Faktizität und Geltung, S. 283 ff.

316 *Neumann* (1986), Juristische Argumentationslehre, S. 84 f.

317 Meines Erachtens muß hier differenziert werden: für den legislatorischen und den strafrechtsdogmatischen Diskurs dürfte die »Sonderfall«-, für den (konkreten) Strafprozeß eher die »Sui-generis«-These plausibel sein.

318 Ich habe an anderer Stelle einen ersten Vergleich zwischen satirischen und juristischen Argumentationsstrategien und Argumentformen vorgeschlagen und skizziert. Ein solches Projekt umfassend durchzuführen wäre die Aufgabe einer eigenen textanalytisch-empirischen Untersuchung, die hier nicht unternommen werden kann; vgl. *R. Merkel* (1991), Strafrecht und Satire, in: *Schönert* (Hg.), Erzählte Kriminalität, S. 620 ff.

der sich literarisch mit dem Strafrecht befaßt und sich dabei der Analogien zwischen seinem Tun und dessen Gegenstand bewußt wird, ein schärferes Interesse für das evidente Merkmal ihrer Unterscheidung entwickelt: die *Formalisierung* strafrechtlicher Konfliktverarbeitung. An Kraus läßt sich dies exemplarisch demonstrieren.

Er hat das Justizförmige seines Schreibens stark empfunden und oft zum Ausdruck gebracht. Eine »zwanzigjährige Judikatur« nennt er im Mai 1919 in einem Antwortbrief an den Präsidenten der »Deutsch-österreichischen Nationalversammlung« Karl Seitz, der ihm zum 20. Jahrestag der *Fackel* gratuliert hatte, sein literarisches Wirken (514/51). Schon im Juli 1900 hatte es programmatisch geheißen: »Weil unser öffentlicher und mündlicher Strafprocess die Popularklage nicht kennt, habe ich ja zum Zwecke der *öffentlichen, schriftlichen Popularklage* die ›Fackel‹ gegründet« (46/20). Von da an gehört die strafrichterliche Metapher zum ständigen Repertoire der Selbstkennzeichnungen des Satirikers. »Nachrichter der Kulturgreuel« (457/19), nennt er sich doppelsinnig im Mai 1917, »Moralrichter« in einer Vorlesung vom Juni 1925, und wenige Monate später, auf dem Höhepunkt seines Kampfes gegen den Erpresserjournalisten Békessy in Wien, schreibt er, dieser habe versucht, die Auseinandersetzung »auf ein sozusagen literarisches Gebiet abzulenken, auf welches ich aber, da ich mehr Strafrechtler bin, nicht folge« (706/107).[319] Pointiert faßt er eineinhalb Jahre später in einer Polemik gegen Franz Werfel die Richterfunktion als seine literarische differentia specifica auf: »Es ist die alte Beschwerde, daß ich innerhalb der Literatur [...] den starren Rechtsbegriff verkörpere [...]« (759/108). Und im Januar 1928 spricht er, mit Bezug auf das blutige Massaker, das die Polizei anläßlich des Aufruhrs am 15. Juli 1927 in Wien[320] unter Beteiligten und Unbeteiligten angerichtet hatte, von der »gnadelosen Julijustiz« (777/2), mit der er die schuldigen Machthaber verfolge.[321]

319 Vgl. aus den Texten gegen Békessy noch 712/63 (»betätige mich [...] strafrechtlich«); 730/7; 20; 25 (»Tribunal der Sittengeschichte«; »Großinquisitor«; »meine kriminalistischen Fähigkeiten«).

320 Dazu ausführlich unten, S. 512 ff.

321 Vgl. zur Richtermetapher noch 155/1 (»Staatsanwaltschaft«); 164/

Aber auch die mit einem solchen Status der Satire verbundenen Probleme der normativen Legitimation hat er genau reflektiert:

[...] das Verhältnis der Satire zur Gerechtigkeit ist so: Von wem man sagen kann, daß er einem Einfall eine Einsicht geopfert habe, dessen Gesinnung war so schlecht wie der Witz. Der Publizist ist ein Lump, wenn er über den Sachverhalt hinaus witzig ist. (338/2)[322]

Das hat fast eineinhalb Jahrhunderte früher Lichtenberg genauso gesehen:

So hart es auch zuweilen widergehen sollte eine witzige Periode wegzulassen, so muß es doch geschehen, wenn sie nicht notwendig aus der Sache fließt.[323]

Die »Sachverhalte«, für die schon nach dem klassischen Schema die strafende Satire zuständig war, sind die »Laster«[324]; weniger antiquiert: die vorsätzlichen sozialen Normbrüche. Damit stellt sich die Frage, ob innerhalb dieses Gegenstandsbereiches für denjenigen Teil, der zur Regulierungskompetenz des Strafrechts gehört, die Satire ihr Interventionsrecht verlieren oder als eine Art Popular-Nebenklägerin weiter behalten soll. Kraus hatte vor dem Hintergrund seines Rechtsgutsbegriffes, der ihm die Grenzen, aber auch die Pflichten des strafendes Staates markierte, ein empfindliches Bewußtsein für das Problem des Zuständig-

22; 186/20; 195/14; 208/13; 232/16; 437/89; 531/15, 23; 787/19; 800/33.

322 Es gibt in der Fackel auch Stellen, die eine gegenteilige Auffassung zu bekunden scheinen, am bündigsten der Aphorismus: »Wenn Polemik nur ein Meinungsstreit ist, so haben Beide Unrecht. Anders, wenn der eine die Macht hat, Recht zu haben. Dann hat der andere nicht das Recht, Recht zu haben. [...]« (326/42 = S8/251). Ähnlich 324/54: »[...] recht hat der, der es sagen kann.« Beide Sätze stehen in Zusammenhang der ersten großen Polemiken gegen Alfred Kerr (1911). Sie beziehen sich nicht auf die Satire und besagen wenig mehr, als daß auch im literarischen »Krieg des Menschen gegen den Menschen« (Heine) der Stärkere gewinnt. In ihrer Form als *Rechtfertigung* wären sie allerdings nicht nur unhaltbar für die Satire, sondern sind sie auch für die Polemik zumindest sehr problematisch. Immerhin kennzeichnen sie deren funktionalen Unterschied zur Satire noch einmal deutlich.

323 *Lichtenberg* (1968), Sudelbücher, B 310, Schriften und Briefe, Bd. 1, S. 127.

324 Vgl. *Schönert*, Roman und Satire (wie Anm. 277), S. 64.

keitswechsels von der Satire (wie auch von der Polemik) zum Strafrecht. Sein eigener Fall, an dem die Reaktionen der leibhaftigen »Romanfiguren« seiner »Glossenwelt« (676/51) gelegentlich in die Sphäre des Strafbaren spielten, bot ihm hinreichend Material zur Anschauung:

Es gibt noch immer Satiriker über mich. Vor allem ist es natürlich komisch, daß ich gegen Vergewaltigung durch die bürgerliche Welt deren Justiz in Anspruch nehme (834/28).

Aber er scheue nicht davor zurück, heißt es in der schon zitierten Polemik gegen Werfel, »nebst den Sprachgesetzen auch noch die Strafgesetze befolgt zu wünschen« (759/108), und er habe »nun einmal den Hang zum Kadi[325] wie andere zum Morphium« (868/27). Während seines Beleidigungsprozesses gegen Alfred Kerr in den Jahren 1927 und 1928 formulierte er dies im Rahmen eines 62seitigen Schriftsatzes an das Amtsgericht Charlottenburg programmatisch:

[...] gerade der Autor, der noch keiner Polemik ausgewichen ist, folgt dem Grundsatz, in Fällen, wo die nackte Ungebühr zu publizistischem Ausdruck gelangt, durch strafrechtliche Abwehr den Mißbrauch der Druckerschwärze zu stigmatisieren. (787/83)

Vor allem in der Zeit seines Kampfes gegen den Erpresserjournalisten Békessy wurde die Funktionsteilung zwischen Satire/Polemik und Strafrecht in der *Fackel* mehrfach genauer erwogen: Er verknüpfe, heißt es im Mai 1927, sein »persönliches Interesse an dem Ereignis, zu dem hier das moralisch Unzulängliche erwächst, vielfach mit dem Mittel einer strafrechtlichen Remedur« (759/1). Acht Monate vorher hatte er, nach Békessys Flucht aus Wien, geschrieben:

Sollte er der irdischen Gerechtigkeit auch diesmal entwischen – mir würde weder er noch die irdische Gerechtigkeit auskommen, noch irgendein Faktor, der es listig verschuldet hätte, und für den ich den Pranger bereithalte, so wahr mir Gott helfe! [...] Doch in Wahrheit habe ich mich in keiner Periode meines Lebens so sehr als Künstler gefühlt, so frei und nur bedingt von der Fülle des Anlasses, wie in der Befassung mit einer Menschenjauche, von der man wohl meinen möchte, sie wäre leichter mit dem Strafgesetz zu beseitigen als mit Kunstwerken, und von

325 Dieses Wort, dessen Verwendung Kraus stets als Beispiel platten und witzlosen Klischeehumors empfunden hat (vgl. etwa 847/75), hat hier parodistischen Charakter.

der ich mit dem lebendigsten Wunsch, daß es gelinge, mich im Geiste doch nicht trennen kann. (732/4 f.)

Damit ist sowohl die grundsätzliche Trennung der Gegenstandsbereiche von Strafrecht und Satire als auch die Möglichkeit ihrer Überschneidung im Einzelfall sowie die quasi doppelte »Complementfunktion« der Satire zur irdischen Gerechtigkeit skizziert. Logisch trennscharf wird die Differenzierung zwischen beiden erst am Kriterium ihres unterschiedlichen Verfahrensmodus. Das Strafrecht formalisiert sowohl die Trennung verschiedener Stufen der Rechtsverwirklichung – von der Normsetzung über die konkrete Sachverhaltsermittlung und die Gesetzesanwendung im Prozeß bis zum Strafvollzug[326] – als auch das (mit unterschiedlichen Zwecken verbundene) Procedere auf jeder dieser Stufen selbst. Die strafende Satire kennt evidenterweise keine Stufenabfolge ihrer »richterlichen« Tätigkeit; sie kennt, wie ich zu zeigen versucht habe, keine wechselnden Zwecke, nämlich keine personen-, sondern nur eine sozialnormbezogene Zweckbindung; und sie kennt keine Formalisierung ihrer Mittel jenseits der allgemeinen Vorgaben von Logik, Ethik und Sprache. Die von ihr verhängte Sanktion (oft auch schon ihr Beweisverfahren) artikuliert und vollstreckt sich klassischerweise vor allem im Medium des Witzes.[327] Daß neben der »schweren Last von tausend unbarmherzigen Augen« das Lachen ihrer Inhaber, wie Jean Paul sagt, »richtende Kraft«[328] besitzt, entspricht der ins Archaische zurückreichenden menschlichen Erfahrung offenbar aller Kulturen.[329] Den Fragen der Entstehung und Wirkung des Witzes kann hier nicht nachgegangen werden. Jedenfalls gehören für den Satiriker – bei allem Zwang einer logisch, moralisch und

326 Da es weder in Österreich noch in Deutschland damals (und noch lange danach) ein Strafvollzugsgesetz gab, verblieb diese letzte Stufe allerdings auf einem niedrigeren Formalisierungsniveau als die drei anderen genannten.

327 Dieser darf nicht verwechselt werden mit »Humor« oder »Komik«, die beide keineswegs notwendige, oft nicht einmal plausible Akzidentien der strafenden Satire sind. Klassisch zu diesem Unterschied *Jean Paul* (1935), Vorschule der Ästhetik, VI. Programm, § 29 (Hist.-krit. Ausg. I/11, S. 102 ff.); vgl. auch *Schönert*, Roman und Satire (wie Anm. 277), S. 13.

328 Hist.-krit. Ausg. I/1, S. 563.

329 Dazu *Elliott* (wie Anm. 274), S. 66 ff.

empirisch »kontrollierten Analogie«[330] seiner Texte zu ihren realen Gegenständen – zahllose Formen der übertreibenden und verzerrenden Stilisierung zum strategischen Repertoire. Wolfgang Preisendanz hat dies erhellend als satirisches Prinzip der »transparenten Entstellung«[331] bezeichnet.

Der hohe Wert, den Kraus der Formalisierungstrennlinie zwischen Satire und Strafrecht beimaß, läßt sich schon an seiner empfindlichen Reaktion auf jede Vermischung der jeweiligen Verfahrensmodi ablesen; das heißt konkret: auf alle »witzigen« Ingredienzien seitens der Justiz im Strafverfahren[332]:

> Bei den Wiener Bezirksgerichten ist der satirische Eingriff ins Privatleben, die witzige Überschreitung richterlicher Kompetenz manchmal in die Formen wienerischer Gemütlichkeit gekleidet. Es sind ernste Satiriker, die im Landesgericht amtieren. Den Hofrat Feigl unterschätzen die Gerichtssaalreporter, wenn sie hinter jedes seiner Aperçus »Heiterkeit« oder »lebhafte, lang anhaltende Heiterkeit« setzen. [...] So lustig es aber in solchen Fällen zugeht, so läßt sich leider doch nicht leugnen, daß der Angeklagte das Urteil als Erlösung, den Prozeß als Strafe empfindet. (S1/29 =116/23)[333]

Das Argument ist so deutlich wie richtig: Die aufgezwungene Lächerlichkeit im Gerichtssaal ist eine illegitime zusätzliche Sanktion. Nicht nur ist der Staat zu diesem Zusatz, er ist prinzipiell zu dieser Form des Strafens nicht berechtigt. Satire und Strafrecht lassen sich beide in der Perspektive der Sozialpsychologie als kalkulierte Rituale einer spezifischen Degradierung beschreiben.[334] Der Staat tritt dabei aber nicht nur als Verteidiger

330 So die Formulierung bei *Schönert*, a.a.O., S. 64.

331 *Preisendanz* (1976), Korrelation zwischen Satirischem und Komischem, in: *ders./Warning* (Hg.), Das Komische, S. 411 ff., 413.

332 Eine Vermischung in umgekehrter Richtung ist evidenterweise nicht gut vorstellbar.

333 Vgl. zu dieser Kritik der unangemessenen Heiterkeit in Strafprozessen noch 113/24; 208/1 ff. (= S1/218 ff.); 218/24 (= S1/332); 376/1 f.; 640/158 f. (zu dem damals sensationellen Giftmordprozeß gegen Milica Vucobrancovics in Wien) sowie noch im Juli 1931 857/126 f.

334 Vgl. zum Strafrecht v. a. *Weis* (1985), Staatliches Strafen. Markierungen, Degradierungen, Rituale, in: Fschr. Blau, S. 405 ff.; grundlegend *Garfinkel* (1977), Bedingungen erfolgreicher Degradierungszeremonien, in: *Lüderssen/Sack* (Hg.), Abweichendes Verhalten, Bd. III, S. 31 ff.

einer sozialen Norm, sondern auch als institutionalisierte Vertretung der Gesamtheit seiner Bürger einschließlich des Angeklagten auf. Dessen Interessen und die sie »schützenden Formen« darf das Strafrecht daher nicht ignorieren oder auch nur als nachrangig behandeln. Aus diesen grundsätzlichen Differenzierungen der Staatsfunktionen im Strafverfahren läßt sich das komplexe Equilibrium der verschiedenen Strafzwecke und ihrer wechselnden Akzentuierungen im Gesamtvorgang der Strafrechtspflege schlüssig entwickeln. Weiter als ein so verstandener Auftrag reicht die Sanktionsmacht des Staates nicht. Die *Formen* ihrer Realisierung, die zugleich Garanten von deren materieller Grenzwahrung sind, darf er deshalb weder erweitern noch verlassen.[335]

Der Satiriker dagegen, der weder als Vertreter der Gesamtheit noch mit irgendeiner anderen Durchsetzungsmacht als der des satirischen Effektes auftritt, verteidigt ausschließlich eine soziale Norm; er ignoriert die Interessen seines Opfers. Dieses ist ihm tatsächlich in dem nach Kant verbotenen Sinne »Mittel« zum Zweck einer positiven Generalprävention. Der Rest an Legitimationszweifel, der sich hieraus ergibt und den eine selektiv vergessende bzw. bewahrende Nachwelt meist weniger de jure als de facto erledigt, kann hier nicht mehr (und vielleicht grundsätzlich nicht) behoben werden. Klar ist jedenfalls, daß ein Satz wie der, mit dem Kraus den Strafzweck der Satire kennzeichnet: als Dienst an einer idealen Gesamtheit, »zu der sie nicht gegen, aber durch die realen Einzelnen« durchdringe, für das Strafrecht nicht akzeptabel wäre.

Daß Kraus die formalisierte Binnenstruktur des Strafrechts ernst nahm, und zwar auch und gerade dann, wenn er es selbst zum Gegenstand seines Schreibens nahm, erscheint vor diesem Hintergrund nun weniger überraschend als schlüssig. Wie intensiv er dies tat, will ich im folgenden beispielhaft zeigen. Damit verlasse ich die Fragen der Satiretheorie und kehre zum Strafrecht zurück.

335 Zur Kritik der neuerdings gleichwohl auftretenden Entformalisierungstendenzen im Strafverfahren exemplarisch *Schünemann* (1990), Absprachen im Strafverfahren?, Gutachten zum 58. Deutschen Juristentag.

2. *»Diese rein dogmatische Analyse ...«: Karl Kraus über »Erpressung«*

Unmittelbarer Anlaß für diese nun schon mehrfach gestreifte Abhandlung in der *Fackel* vom 12. April 1904 (159/1 ff. = S1/53 ff.) war die Sexual- und Nötigungsaffäre Beer/Steger in den Jahren 1903 und 1904.[336] Das Motiv des Satirikers für eine genaue Befassung mit dem österreichischen Erpressungsparagraphen war allerdings älter. Es stammte aus Kraus' eigenem Erlebnis mit dem von ihm in der *Fackel* angegriffenen »Coulissenschnüffler« des *Neuen Wiener Journals*, der sich im Falle einer Wiederholung solcher Angriffe »mit der Reitpeitsche Satisfaction« (119/21) zu verschaffen drohte.[337] Schon in der *Fackel* vom Oktober 1902, in der Kraus diesen Sachverhalt schildert und seine ergebnislose Strafanzeige bei der k. k. Staatsanwaltschaft in Wien abdruckt, setzt er sich mit Problemen des Erpressungsparagraphen (98 StG) und mit kontroversen Auffassungen dazu in Rechtsprechung und Literatur auseinander (119/24 ff.). Und schon hier fixiert er ein wenig apodiktisch Rechtspositionen, die zwar einen beachtlichen Grad an juristischem Scharfsinn, aber in dem weiten Problembereich der strafrechtlichen Nötigung weder damals noch heute allgemeine Zustimmung reklamieren konnten oder können. Die Konsequenzen des »Erpressungs«-Aufsatzes münden schließlich zeitlich direkt und gedanklich schlüssig in die umfassendere theoretische Perspektive von »Ethik und Strafgesetz« (160/1 ff. = S1/67 ff.), von der bereits ausführlich die Rede war.[338] Den Wiederabdruck von »Erpressung« in *Sittlichkeit und Kriminalität* leitet Kraus mit einer längeren Fußnote ein:

Durch diese rein dogmatische Analyse eines strafrechtlichen Begriffes, die die bestehende Rechtsordnung nicht negiert, sondern interpretiert, wollte ich deren Hütern zeigen, daß auch der juristische Dilettant in ihr Handwerk pfuschen kann. Führt man so den Sinn eines Gesetzes und die Autorität seiner Anwälte ad absurdum, so ist der Aufgabe, die Wertlosigkeit des Plunders zu erweisen, auch hier Genüge geschehen. Man

336 S. oben, S. 238 ff.

337 S. oben, S. 193 ff. (auch zu Kraus' abgelehnter Bitte um juristische Unterstützung an Franz v. Liszt und zu Heinrich Lammaschs erfolgloser Intervention zugunsten des Satirikers beim Justizminister in dieser Angelegenheit).

338 Oben, S. 237 ff.

kann dieser Aufgabe gleichsam auch als Staatsanwalt obliegen; besonders, wenn man sich für diesen Beruf nicht vorbereitet hat. (S1/53)

Das ist eine mehrfach problematische Bemerkung, und schon ihr genauer Sinn ist nicht sehr klar. Subjektiv ist das Herunterspielen der eigenen theoretischen Anstrengung ins souverän Beiläufige jedenfalls nicht ganz ehrlich. In der dem Aufsatz folgenden *Fakkel* vom 23. April 1904 unterstreicht Kraus in einer »Antwort des Herausgebers« auf die offenbar fingierte Frage einiger »rechtskundiger Leser« nicht ohne Stolz, daß er den Artikel »ohne fremde Beihilfe« verfaßt habe (160/23). Was das »Ad-absurdum-Führen« des Gesetzes und der »Autorität seiner Anwälte« betrifft, so wird sich zeigen, daß Kraus zwar eine scharfsinnige, in Teilen berechtigte, und auch unter heutiger Perspektive moderne Kritik an der herrschenden österreichischen Dogmatik zur »Erpressung« im Sinne des § 98 StG vorträgt; andererseits erschöpft aber seine Darstellung weder die Probleme der Nötigung noch die schon damals formulierten juristischen Theorien auch nur annähernd. Die »Wertlosigkeit des Plunders« kann sich nach allem bisher Erörterten nur auf die Antiquiertheit der Regelung des § 98 beziehen, nicht aber, wie die philologische Sekundärliteratur anzunehmen geneigt ist[339], auf das Strafrecht insgesamt. Dieses Verdikt ist zwar nicht ganz falsch, seine Begründung in dem Aufsatz zielt aber nur auf einen Teil der zahlreichen Problemaspekte des § 98 und stützt schon deswegen die Pose des – im zweifachen Wortsinne – »Erledigens« der Materie nicht. Interessant ist schließlich der »Staatsanwalts«-Hinweis am Ende des Zitats. Er spielt mit einem aufschlußreichen Doppelsinn: Einerseits »klagt« der Satiriker »an« – das schlechte Gesetz nämlich, den »Plunder«; andererseits tut er dies nicht als Kulturkritiker, sondern explizit in der symbolischen Rolle eines »Staatsanwalts«, also gerade als Proponent einer staatlichen Strafbefugnis im Bereich des Nötigungsunrechts. Und so deutlich sein verwerfendes Urteil über die damals geltende österreichische Regelung ausfällt: auch hier beeinflußt der legale Status quo sein eigenes Votum stärker, als er geahnt haben dürfte.

Zum Verständnis des Folgenden ist eine knappe Skizze der Umrisse des § 98 StG erforderlich; schon oben (S. 193 f.) habe ich darauf hingewiesen, daß er nach heutigem Verständnis die Rege-

339 Vgl. oben, S. 157 f.

lungsmaterie sowohl des Nötigungs- als auch des Erpressungstatbestandes im engeren Sinn umfaßte:

§ 98 Des Verbrechens der öffentlichen Gewalttätigkeit durch Erpressung macht sich schuldig, wer
a) einer Person wirklich Gewalt antut, um sie zu einer Leistung, Duldung oder Unterlassung zu zwingen, insoferne sich seine Handlung nicht als ein schwerer verpöntes Verbrechen darstellt.
Unter derselben Voraussetzung begeht eben dieses Verbrechen derjenige, der
b) mittelbar oder unmittelbar, schriftlich oder mündlich, oder auf andere Art, mit oder ohne Angabe seines Namens, jemanden mit einer Verletzung an Körper, Freiheit, Ehre oder Eigentum in der Absicht bedroht, um von dem Bedrohten eine Leistung, Duldung oder Unterlassung zu erzwingen, wenn die Drohung geeignet ist, dem Bedrohten mit Rücksicht auf die Verhältnisse und die persönliche Beschaffenheit desselben gegründete Besorgnisse einzuflößen; ohne Unterschied, ob die erwähnten Übel gegen den Bedrohten selbst, dessen Familie und Verwandte, oder gegen andere, unter seinen Schutz gestellte Personen gerichtet sind, und ob die Drohung einen Erfolg gehabt hat oder nicht.

Was an diesem Paragraphen, der der Nachfolger eines Hof-Dekrets vom 8. Juli 1835[340] ist, neben seiner kasuistischen Umständlichkeit auffällt, sind vier grundsätzliche Unterschiede zur Nötigungsregelung des heutigen deutschen und österreichischen Strafrechts:

1. Der Tatbestand ist einerseits, nämlich hinsichtlich der Nötigungsmittel[341], enger als der des geltendes Rechts: Nicht jede Drohung mit einem »empfindlichen Übel«, sondern nur die mit einer Verletzung von Körper, Freiheit, Ehre und Eigentum ist taugliches Nötigungsmittel.[342]

340 Abgedr. bei *Maucher* (1844), Handbuch, 1. Theil, Nr. 340, S. 339 f.

341 Auch hinsichtlich der Nötigungs*zwecke* ergab sich eine gewisse Tatbestandseinschränkung zunächst daraus, daß die Rechtsprechung des OGH im Anschluß an Glaser den Begriff der abzunötigenden »Leistung« enger faßte als den heute verwendeten der »Handlung«, ihm nämlich des Erfordernis einer »privatrechtlichen Bedeutung« für den Genötigten einschrieb; vgl. KH 260 (21. 6. 1880). Unter der Kritik der Literatur wurde diese Rspr. später aufgegeben; vgl. Kassationshof in ÖR Nr. 221 (10. 4. 1911).

342 § 240 RStGB schränkte demgegenüber bis 1943 die Nötigungsmittel auf andere – im Vergleich zu § 98 b StG teils einengende, teils erweiternde – Weise ein: Nur Drohungen mit einem »Verbrechen

2. Andererseits fehlt in § 98 StG eine Tatbestandseinschränkung in Form einer gesetzlichen Direktive für die Rechtswidrigkeitsbeurteilung der Nötigung, wie sie heute § 240 Abs. 2 StGB und § 105 Abs. 2 ÖStGB enthalten.[343] Damit erhält der Paragraph eine völlig konturlose Weite, weil er seinem Wortlaut nach zahllose sozialadäquate Verhaltensweisen erfaßt.
3. Zusätzlich erweitert wird der Geltungsbereich der Norm durch ihre Konstruktion als kupiertes Erfolgsdelikt: Schon mit der Anwendung von Gewalt oder der Äußerung einer geeigneten Drohung ist das Delikt vollendet; anders als im heutigen Recht ist die Zweckerreichung im Verhalten des Genötigten nicht erforderlich.
4. Einen Hinweis auf den Hintergrund dieser ausschweifenden Gestaltlosigkeit des Paragraphen gibt seine Selbstbenennung: Als »Verbrechen der *öffentlichen* Gewalttätigkeit« läßt § 98 StG noch die Wurzel der modernen Nötigungstatbestände, nämlich das »crimen vis« des gemeinen Rechts, erkennen.[344] Strafgrund für die gegen den einzelnen geübte Gewalt oder Drohung war während der gesamten gemeinrechtlichen Periode nicht primär die Beeinträchtigung der individuellen Handlungs- und Willensfreiheit, sondern die darin gesehene Usurpation staatlicher Zwangsmacht durch Privatpersonen und damit der Angriff gegen den allgemeinen Frieden und die öffentliche Sicherheit. Auf diesen Sachverhalt reagierte der absolutistische Staat mit gewissermaßen umfassenderer Empfindlichkeit als auf Verletzungen individueller Interessen.

Sachliches Kernproblem der Nötigung war gleichwohl (damals nicht anders als heute) die Frage ihrer Rechtswidrigkeit, also die Notwendigkeit, aus dem uferlosen Bereich der vom Wortlaut des Tatbestandes erfaßten Handlungen die evidenterweise nicht strafwürdigen auszuscheiden. Da das Gesetz hierfür keinerlei

oder Vergehen« waren tatbestandsmäßig; dagegen mußte die nach § 98 StG erforderliche »Verletzung« der genannten Rechtsgüter nicht in einer Straftat bestehen.

343 Nach heute wohl h. M. ist das Verwerflichkeitserfordernis des § 240 Abs. 2 nicht nur allgemeines Rechtswidrigkeitsmerkmal, sondern eine tatbestandseinschränkende Ergänzung von Abs. 1; vgl. *Sch.-Schr./Eser*, Rdnr. 16 zu § 240 (m. w. N.).

344 Dazu *Schaffstein* (1976), Vom Crimen vis zur Nötigung, in: Fschr. Lange, S. 983 ff.

Richtlinien vorgab, nahmen die dogmatischen Diskussionen des Problems ebenso wie die höchstrichterliche Judikatur in hohem Grade die Färbung von De-lege-ferenda-Debatten an und vermochten keine einigermaßen zwingende Lösung auszubilden. Finger, der in einer sechsseitigen Fußnote seines Lehrbuchs eindrucksvoll das widersprüchliche Chaos der OGH-Begründungen skizziert[345], beklagt sich mit Recht über die »vieldeutige Fassung des Gesetzes«, die verhindere, »den Tatbestand der Erpressung schärfer abzugrenzen von verwandten Verbrechen und, was noch schlimmer ist, von Handlungen, die niemand für strafwürdig hält«.[346]

Dies ist in groben Strichen der Gesetzes- und Problemhintergrund, in den Kraus die Linien seiner eigenen Lösung einträgt.[347] Richtig ist seine Bemerkung, daß hier »auch der Segen begrifflicher Verwirrung von oben«, nämlich von der OGH-Judikatur gekommen sei (S1/56).[348] Wenn er aber fortfährt:

> [...] die allgemeine Dunkelheit, die sich über die schwierige Materie gelagert hat, entschuldigt sogar das Mißverstehen des von selbst Verständlichen (a.a.O.) –

so macht er damit sein eigenes Mißverständnis deutlich: »von selbst« verständlich, nämlich – wie er glaubt – »nach österreichischem Gesetz einzig zutreffend« (S1/55), sind auch seine Überlegungen keineswegs.

Im wesentlichen sind es drei Probleme des Tatbestands, die er erörtert: Zunächst die mit Recht hervorgehobene Unhaltbarkeit der Zusammenfassung von Erpressung und Nötigung in einem einzigen Paragraphen, die nach seiner Überzeugung eine für die meisten Nötigungsfälle viel zu harte Strafdrohung geschaffen

345 *Finger*, Lehrbuch, Bd. 2, S. 220 ff., Anm. 221; ähnlich *Altmann/Jacob* I, S. 288 f.

346 *Finger*, a.a.O., S. 214 f.

347 Diese Lösung beschäftigt sich nicht mit § 98 lit. a, also der »Erpressung« (Nötigung) mittels Gewaltanwendung; hier sind die Probleme auch nach heutiger Auffassung wesentlich geringer als bei der Drohung (jedenfalls insoweit, als nicht der moderne »vergeistigte« Gewaltbegriff zugrunde gelegt wird, der damals nirgendwo vertreten wurde). Auch meine Ausführungen befassen sich, Kraus folgend, nur mit § 98 b.

348 Ich zitiere im folgenden nur noch nach der Endfassung in S1.

hat[349] und die ihn wünschen läßt, »daß in unserm neuen Strafgesetz für solche Milderung Platz geschaffen werde, nach der die bloße ›Übertretung‹ des Verbots, jemand durch Bedrohung zu einer Handlung zu verhalten, etwa mit Geldstrafe zu ahnden wäre« (S1/56), also nicht mehr, wie § 100 StG anordnete, grundsätzlich mit »schwerem Kerker von 6 Monaten bis zu einem Jahre«. Zweitens, die von der Judikatur des OGH verwischte Grenze zwischen Erpressung und gefährlicher Drohung nach § 99 StG.[350] Schließlich und vor allem: die Hauptfrage der Rechtswidrigkeit der Nötigung, also des Ausschlusses sozialadäquater und damit nicht strafwürdiger Drohungen des sozialen Verkehrslebens aus dem Strafrecht. Darauf konzentrieren sich meine folgenden Ausführungen.

Kraus entwickelt hier eine Lösung, deren Grundgedanke erstaunlich modern ist und tatsächlich in gewissem Sinn über dem Horizont der meisten juristischen Erörterungen auch der deutschen Strafrechtsdogmatik seiner Zeit liegt. Andererseits ist sie in Einzelheiten ihrer konkreten Durchführung nicht fehlerfrei und dehnt im Ergebnis, jedenfalls nach heutigem Verständnis, die Strafbarkeit deutlich zu weit aus. Daraus lassen sich wiederum gewisse Folgerungen für die grundsätzliche Auffassung des Satirikers von der Trennlinie zwischen den Aufgaben der staatlichen Strafrechtspflege und der privaten Zuständigkeit zur Konfliktregelung gewinnen.

Über die Drohung des Advokaten Steger, er werde, falls der (angebliche) »Knabenschänder« Beer[351] nicht auf seine Professur verzichte und das Land verlasse, Strafanzeige erstatten, schreibt der Satiriker:

Die Anzeige stand ihm wie jedem Staatsbürger frei. Wollte er sie vermeiden, so blieb ihm außer dem Ausschluß des Kinderfreundes aus dem

349 Ähnliche Kritik im Hinblick auf das Strafmaß bei *Lammasch*, Grundriß, S. 82.

350 Die Ausführungen, die Kraus hierzu macht (S1/60 ff.), sind zwar für die Abgrenzung beider Delikte plausibel (insoweit ähnlich *Glaser*, 1858, Strafbare Drohungen, S. 165 f., 233 ff.); sie beweisen aber, entgegen seiner eigenen Behauptung, nichts für seine Interpretation des § 98 b. Auf diese Argumente gehe ich im folgenden daher nicht weiter ein.

351 Zum Sachverhalt noch einmal oben, S. 238 f.

Verkehr mit seiner und der befreundeten Familie keine Genugtuung. Er wählte ein Mittelding: die Aufhebung eines Staatsgrundgesetzes. Statt eines gerichtlichen Urteils bloß eine Rechtsfolge nebst Sistierung der Freizügigkeit. Hausjustiz, die die staatliche Rechtspflege überflüssig macht. (S1/55)

Hiermit ist die Problemkonstellation fixiert: Der Advokat drohte mit der Zufügung eines Nachteils, den herbeizuführen er befugt war. Kraus konstatiert zunächst beiläufig und richtig, daß die objektiven Tatbestandsmerkmale des § 98 b damit erfüllt waren:

Es bedarf wohl nicht erst des Studiums oberstgerichtlicher Entscheidungen, um zu erkennen, daß die Ankündigung einer Strafanzeige wegen eines homosexuellen Verbrechens einer »Bedrohung an der Ehre«[352], daß der Verzicht auf die Professur und das Verlassen des Landes einer »Leistung« gleichkommt, die durch die Ankündigung erzwungen werden sollte, und daß diese geeignet war, dem Bedrohten »gegründete Besorgnisse« einzuflößen (S1/57).

So zweifelsfrei dies ist, so unsicher ist dennoch die Konsequenz, die Kraus daraus ableitet:

Der Wortlaut des Erpressungsparagraphen gestattet keinen Zweifel darüber, daß ein Zwang ebensowohl durch ein unerlaubtes wie durch ein erlaubtes Mittel, ebensowohl zu einem erlaubten wie zu einem unerlaubten Zweck geübt werden kann. Ausschließlich unerlaubt ist der Zwang selbst. (S1/59)

Daß der Wortlaut des § 98 b solche Zweifel sehr wohl gestattet, zeigt die Auffassung Lammaschs (und später Rittlers, der den *Grundriß* seines Lehrers 1926 für die 5. Auflage neu bearbeitete): Nicht jede Drohung mit einem *Nachteil* an Körper, Freiheit, Ehre oder Eigentum sei Drohung mit der im Tatbestand geforderten *Verletzung*. Vielmehr liege diese nur vor, wenn dem Drohenden die reale Nachteilszufügung nicht gestattet wäre. Lammasch verlagert also die Rechtswidrigkeitsfrage in das Verletzungsmerkmal und folgert konsequent:

Androhung eines Nachteiles, welchen der Drohende je nach seinem Interesse und nach seiner Willkür dem Bedrohten zuzufügen befugt ist, begründet nicht Erpressung.[353]

352 Nach der oben (S. 105 ff.) dargestellten Praxis der U-Haft-Verhängung in Österreich ganz sicher auch eine »Bedrohung der Freiheit«.

353 *Lammasch*, Grundriß, S. 82; *Lammasch/Rittler* (1926), Grundriß, 5. Aufl., S. 250.

Lammasch schlägt hier allerdings eine beachtenswerte Einschränkung vor: Stehe die Befugnis, die angedrohte Handlung tatsächlich vorzunehmen, dem Drohenden »nur im öffentlichen Interesse« zu – »wie die Berechtigung zur Anzeige strafbarer Handlungen« –, dann dürfe die Androhung jedenfalls nicht mit einem eigennützigen Zweck verbunden werden.[354] Das läßt freilich gerade im Hinblick auf den Fall Steger/Beer zwei Fragen offen: ob die Strafanzeige wegen eines Verbrechens gegen das eigene Kind »nur im öffentlichen Interesse erfolge«; und ob eine Drohung damit mit *nicht* eigennützigen Zwecken jeder Art verbunden werden dürfe. Während Lammasch und Rittler hier vage bleiben, scheidet Glaser in seiner einflußreichen Monographie von 1858 Drohungen, die zu verwirklichen der Drohende berechtigt ist, schlechthin aus dem Erpressungstatbestand aus, und zwar auch und gerade in Fällen wie dem vorliegenden:

Auf ähnliche Weise verhält es sich mit der Ankündigung einer wahrheitsgetreuen strafrechtlichen Anzeige [...]. Auch hier kündigt der Handelnde nur sein eigenes künftiges Benehmen in solcher Weise an, wie er es einzuhalten vollkommen in der Lage ist. Auch hier kündigt er nur an, daß er thun werde, was er zu thun berechtigt ist [...]. Läßt er sich also sein Schweigen abkaufen[355], so mag darin ein arger Mißbrauch der öffentlichen Anstalten zu erkennen sein; es kann aber eine strafbare Verletzung des Bedrohten in der Hinwirkung auf eine solche Vereinbarung umso weniger erkannt werden [...], da, selbst wenn der Preis des Schwei-

354 A.a.O., S. 82. Eine sachlich ganz ähnliche Erwägung findet sich in der gegenwärtigen Dogmatik bei *Jakobs* (1974), Nötigung, in: Fschr. Peters, S. 69 ff., S. 81 f., der die Nötigung als »Freiheitsverschiebungsdelikt« auffaßt und für den hier angesprochenen »intrikaten Bereich« konstatiert, daß der Drohende zwar seine Drohung realisieren dürfe, die dadurch »dem Opfer genommene Freiheit« aber nicht ihm, dem Täter, zustehe; denn: »Der Strafanspruch des Staates soll nicht die Freiheit irgendwelcher Einzelpersonen erweitern.« Gleichwohl kommt Jakobs in diesen Fällen, anders als Lammasch, zur Straflosigkeit (jedenfalls was die Nötigung betrifft), weil er den Blick ausschließlich auf die Frage der Freiheitsbeschränkung beim Opfer konzentriert (und nicht auf die der illegitimen Freiheitsanmaßung beim Täter); diese Freiheitsbeschränkung überschreite hier eben nicht die Schranken rechtlicher Schutzgarantien (S. 82).

355 Glaser hält also in solchen Fällen selbst die Erpressung im heutigen Sinn für nicht rechtswidrig. Die Strafbarkeit dieser sogenannten »Chantage« erscheint Kraus dagegen vollkommen fraglos (S1/54).

gens die ursprüngliche Beschädigung nicht unbedeutend übersteigen mag, wenigstens derjenige, welchem auf diese Weise Zahlungen oder andere Vortheile abgerungen worden sind, keinen Grund hat, sich zu beschweren, weil er ja noch immer, falls es ihm wirklich gelingt, unentdeckt zu bleiben, das kleinere von zwei Uebeln (so muß es wenigstens ihm erscheinen) erleidet. [...] So kann man die auf diese Weise gemachten Zugeständnisse keineswegs als abgepreßt, im technischen Sinne des Wortes, ansehen, weil das Uebel, welches ihm angedroht wurde, und welchem er sich durch sie zu entziehen versuchte, ein solches ist, das ihm nicht durch das eigenmächtige Verhalten eines Privaten, sondern durch das Gesetz selbst bereitet wurde. [...] Es muß nur immer daran festgehalten werden, daß in allen Fällen, wo ein Bedrohter durch eine Drohung zu einem gewissen Benehmen sich bestimmen läßt, er eine Wahl zwischen zwei Uebeln trifft, also von seiner *Freiheit* Gebrauch macht, wenn gleich auf den Entschluß, den er faßt, auf unangenehme Weise eingewirkt wird. [...] Und wenn die Gesetzgebung nicht durch einen *besonderen* Strafsatz die öffentlichen Institutionen, welche auf diese Weise zum Werkzeuge schmutziger Privatunternehmungen gemacht werden, vor solchem Mißbrauch geschützt hat, so entrinnt ein allerdings verabscheuungswürdiges, unehrenhaftes und unter Umständen wohl auch gefährliches Benehmen durch die Regel: Nulla poena sine lege dem Arm des Strafrichters.[356]

Deutlich ist hier die radikale sachliche Ablösung des Erpressungstatbestands von den letzten Resten seiner gemeinrechtlichen Wurzel, die in der Selbstbenennung des Paragraphen als »öffentliche Gewalttätigkeit« noch anklingen: Der »Mißbrauch der öffentlichen Anstalten« durch die angemaßte Usurpation staatlicher Sanktionsmacht wird nach Glaser von § 98 b nicht erfaßt; geschützt ist alleine die innere Freiheit des bedrohten Individuums; sie werde aber gerade durch die Drohung mit einer berechtigten Strafanzeige und die Offerte eines Auswegs für den Bedrohten nicht eingeschränkt, sondern um eine reale Verhaltensoption vermehrt. Wie modern diese Auffassung ist, mag man daran ersehen, daß sie heute wieder von einem so profilierten Dogmatiker wie Jakobs nachdrücklich vertreten wird.[357] De lege lata ist das zwar angesichts der Verwerflichkeitsklausel in § 240 Abs. 2, die auf eine nicht »verwerfliche« Relation von Mittel und Zweck abstellt, nicht ganz einfach zu begründen; und es ent-

356 *Glaser* (wie Anm. 350), S. 202 ff.

357 *Jakobs* (wie Anm. 354), S. 81 ff.; ihm folgend *Timpe* (1989), Die Nötigung, S. 149 ff.

spricht auch nicht der heute herrschenden Meinung, die im Hinblick auf diese Klausel die »Konnexität« von Zweck und Mittel als entscheidendes Kriterium der Rechtmäßigkeit einer Drohung mit erlaubtem Verhalten ansieht.[358] Daß es aber auch für das geltende Recht begründbar ist, zeigt Jakobs' strikte Reduktion des § 240 StGB auf ein Delikt ausschließlich gegen die »Verschiebung« *rechtlich garantierter* Freiheitsspielräume eindrucksvoll. Gleichwohl ist Jakobs' (und Glasers) Lösung nicht überzeugend. Denn die »Freiheit« der Willensentschließung und -betätigung ist nicht nur eine Funktion der Menge verfügbarer (bzw. zur Verfügung gestellter) Verhaltensoptionen. Davon wird unten deswegen noch genauer zu reden sein, weil Kraus mit seinen Argumenten eine plausiblere Grundidee fixiert als Glaser und Jakobs.

Nicht nur die Rechtmäßigkeit des Nötigungs*mittels* reicht dem Satiriker nicht als Argument für die Rechtmäßigkeit der Nötigung – und hierfür beruft er sich korrekt auf eine Reihe von ihm zitierter OGH-Entscheidungen. Auch ein *Zweck*, auf dessen Realisierung der Drohende einen begründeten Anspruch hat, nimmt nach Kraus der Nötigung nicht eo ipso die Rechtswidrigkeit.[359] Zu diesem Punkt konstatiert er, daß der Kassationshof wiederholt »unbegreiflicherweise« anders entschieden habe (S1/60)[360], wie er auch zutreffend darauf hinweist, daß »viele Strafrechtslehrer (Lammasch u. a.)« das »Grundirrige dieser Interpretation« teilten.[361] Selbst den Einsatz eines rechtmäßigen Mittels zu einem rechtmäßigen Zweck nimmt er nicht grundsätzlich aus dem Bereich strafbarer Nötigungen. Die Möglichkeiten der Kombination von rechtmäßigen und unrechtmäßigen Zwecken und Mitteln, in denen er eine strafbare Erpressung (Nötigung) annimmt, skizziert er zusammenfassend so:

358 Vgl. die zahlreichen Nachweise bei *Timpe*, a.a.O., S. 149 f., Anm. 5.

359 Auch in solchen Fällen geht heute *Jakobs* von der Rechtmäßigkeit einer selbst mit inkonnexen Drohungen operierenden Nötigung aus (a.a.O, S. 79 ff.); ebenso *Timpe*, a.a.O., S. 151, Anm. 9.

360 Vgl. neben den von Kraus zitierten Entscheidungen (KH 202, KH 282 und KH 1672) noch KH 2093 und KH 2290.

361 Vgl. *Lammasch*, Grundriß S. 82; zu den »anderen« gehört v. a. *Glaser* (wie Anm. 350), S. 174 f., dessen Abhandlung Kraus kannte und, gerade mit dieser Stelle, bereits in 119/24 (zutreffend) zitiert hatte.

Man könnte sich gewiß den Fall denken, daß eine Erpressung durch die Bedrohung mit einem an sich erlaubten Mittel (Strafanzeige) zu einem an sich erlaubten Zweck (Erlangung eines dem Drohenden geschuldeten Geldbetrages) begangen wird: »Wenn du mir nicht die hundert Gulden, die du mir schuldest, zurückgibst, werde ich gegen dich die Strafanzeige wegen der Gotteslästerung, die du begangen hast, erstatten.« Und: »Wenn du mir nicht die hundert Gulden, die du mir schuldest, zurückgibst, werde ich dich totschlagen« – dies wäre ein Beispiel für die Drohung mit einem unerlaubten Mittel zu einem erlaubten Zweck, zur Erlangung einer Leistung, auf die ich ein »Recht« habe. »Wenn du mir nicht hundert Gulden schenkst, werde ich dich wegen der Gotteslästerung, die du begangen hast, anzeigen« – hier habe ich kein Recht auf die Leistung, wohl aber eines auf das Mittel, mit dem ich die Leistung durchsetzen will. Und schließlich: »Wenn du mir nicht hundert Gulden schenkst, werde ich dich totschlagen« – hier wird ein rechtswidriges Mittel zum Zweck der Erzielung einer Leistung angewendet, auf die ich kein Recht habe. In allen vier Fällen liegt Erpressung vor [...]. (S1/59 f.)

Das entspricht in der Grundstruktur durchaus der herrschenden Meinung in der heutigen Dogmatik. Und auch das für diese maßgebliche sachliche Kriterium entwickelt Kraus bereits in einigermaßen deutlichen Umrissen – das der Konnexität von Mittel und Zweck der Nötigung:

Nicht die Drohung an sich, nicht die Leistung an sich, sondern ihr *Kausalnexus* bestimmt den kriminellen Gehalt der Erpressung. Ich darf naturgemäß mit einer Klage drohen, um jemand zur Erfüllung seiner Verpflichtung anzuhalten, wenn ihre Nichterfüllung mit der Gesetzwidrigkeit, auf die sich die Klage stützen würde, kongruent ist. Ich darf eine Klage wegen Ehrenbeleidigung in Aussicht stellen, um einen von der weiteren Begehung dieses Deliktes abzuhalten. Schon nicht, um ihn zur Abgabe einer Ehrenerklärung, zum Widerruf zu zwingen. Ich darf ihm das Gesetz in Erinnerung bringen. Aber das Gesetz straft eben die Beleidigung, nicht die Unterlassung einer Abbitte. Der Familienvater durfte mit der Anzeige wegen Knabenschändung drohen, um den Täter von einem weiteren Versuch, seinen Knaben zu schänden, abzubringen. Nie und nimmer aber durfte er mit der Anzeige drohen, um *etwas anderes* als diese Unterlassung zu erzielen. (S1/65)

Das ist der logische Dreh- und Angelpunkt der ganzen Untersuchung. Erstaunlich daran ist die Explikation des Konnexitätskriteriums (nicht dessen konkrete Anwendung, die durchaus problematisch und nach heutiger Auffassung zu eng erscheint, also den Bereich des § 98 b zu weit ausdehnt). Denn dieses Kriterium wurde damals, anders als heute, weder vom Wortlaut irgendeines der im deutschsprachigen Raum geltenden Nötigungsparagraphen nahegelegt, noch war es in den Diskussionen der wissenschaftlichen Literatur über marginale Bereiche der Aufmerksamkeit hinausgelangt. Glaser hatte in den zitierten Passagen seiner Monographie zwar auf das »verabscheuungswürdige, unehrenhafte und unter Umständen wohl auch gefährliche Benehmen« einer inkonnexen Drohung zu rechtmäßigem Zweck oder mit rechtmäßigen Mitteln hingewiesen; er hatte das gegebenenfalls Pönalisierungswürdige dieses Verhaltens aber vollständig aus dem Bereich des *Nötigungs*unrechts herausgenommen und dem Gesetzgeber als Aufgabe für eine eigene Norm de lege ferenda nahegelegt. 1897 verschaffte Goldschmidt dem Konnexitätsgedanken erstmals auch unter dieser Benennung Eingang in die deutsche dogmatische Diskussion.[362] Daß Kraus dieses Konzept aus Goldschmidts Schrift bezogen haben könnte, ist so gut wie ausgeschlossen. Allerdings deutet der Binding-Schüler August Finger in der ersten Auflage seines *Lehrbuchs zum österreichischen Strafrecht*, die 1894/95 erschien, eine Variante der Konnexitätsidee als Kriterium der Rechtmäßigkeit einer Nötigung schon, wenn auch vage, an.[363] Kraus hat Fingers Buch gekannt: Er zitiert gerade aus dessen Abschnitt über die Nötigung im Oktober 1902, und zwar im Zusammenhang mit seiner eigenen Strafanzeige wegen Erpressung gegen den »Coulissenschnüffler« (119/24). Es mag sein, daß sich hier jene Andeutung der Idee in seinem Gedächtnis verfangen[364] und eineinhalb Jahre später seine eigene Konzeption inspiriert hat. Näherliegend erscheint es allerdings, daß er diese ohne jede soufflierende Stimme aus dem Be-

362 *Goldschmidt* (1897), Widerrechtliche Nötigung, S. 23 ff.

363 *Finger* (1895), Strafrecht, Bd. 2, 1. Aufl., S. 108. Insofern ist die in heutigen Abhandlungen meist unüberprüft weitergegebene Zuschreibung der Urheberschaft am Konnexitätsgedanken zu Goldschmidt (der freilich Finger ebenfalls nicht zitiert) sachlich nicht ganz richtig; vgl. etwa *Timpe*, a.a.O., S. 165 f. (der immerhin Glasers Einfluß richtig erkennt); ähnlich *Hansen* (1972), Nötigungsunrecht, S. 34; *Arzt* (1974), Zweck und Mittel der Nötigung, in: Fschr. Welzel, S. 823 ff., S. 835.

364 Zu dem wahrhaft staunenswerten Gedächtnis des Satirikers, für das es in der *Fackel* zahlreiche Belege gibt, vgl. die Bemerkung bei *Kraft* (1956), K. K., S. 292: »Das Gedächtnis dieses Mannes war umfassend.«

reich juristischer Wissenschaft allein entwickelt hat. (Das darf durchaus als Indiz für die Plausibilität einer Bemerkung Robert Scheus in seinem Nachruf auf den Satiriker gelten: Dessen »messerscharfe Logik und seine blendende Dialektik« hätten ihn »zum größten und geistreichsten Juristen befähigt«.[365]) In Österreich dauerte es jedenfalls noch Jahrzehnte, bis sich das Konnexitätskriterium in der Literatur, und noch länger, bis es sich in der Rechtsprechung durchsetzte und schließlich in § 105 Abs. 2 des StGB 1974 seinen Niederschlag fand. In der dritten Auflage seines Lehrbuchs (1914) berichtet Finger in einer Fußnote von der äußerst spärlichen Gefolgschaft, die seine (noch immer allerdings wenig prägnant formulierte) Konnexitätslösung in Österreich bis dahin gefunden hatte.[366] Kraus wird nicht erwähnt, obwohl seine Abhandlung einen solchen Hinweis gewiß verdient hätte. In der *Fackel* vom 17. Februar 1908 kündigt er das bevorstehende Erscheinen der Buchausgabe von *Sittlichkeit und Kriminalität* mit der etwas bitteren Bemerkung an, die darin geborgene Leistung aus neun Jahrgängen der *Fackel* sei bisher »unter dem Schweigen der Maßgebenden« begraben gelegen (244/23).[367] Für den Erpressungsaufsatz ist diese Beschwerde in besonderem Maße berechtigt.

365 Abgedr. in: *Horowitz* (Hg.) (1986), K. K. und seine Nachwelt, S. 34.

366 *Finger*, Lehrbuch, Bd. 2, S. 235, Anm. 231. *Altmann/Jacob* bezeichnen noch 1928 in ihrem Kommentar die Fingersche Lösung als »vom Standpunkt des geltenden Rechts nicht haltbar« (Bd. I, S. 290).

367 Vgl. auch die sachlich analoge Bemerkung in 290/13. Anzumerken ist hier, daß Hugo Heinemann, durchaus einer der »Maßgebenden«, offenbar geplant hat, »Sittlichkeit und Kriminalität« zu besprechen. In einem Brief an Kraus vom 30. 3. 1908 klagt er über seine Arbeitsüberlastung, die ihn bisher an der Beschäftigung mit dem Buch gehindert habe. Er wolle aber »gegen Pfingsten [...] eingehend über das Buch schreiben« (Kraus-Archiv, I.N. 187.368). Dazu kam es nicht. Besprochen wurde das Buch allerdings später (März 1911) im »Journal of the American Institute of Criminal Law and Criminology«, Bd. 1, No. 6. Kraus druckt diese Rezension in 321/55 f. in Englisch nach. Vgl. schließlich den Artikel »Der Fackelträger« in: »Das Tribunal. Internationale Justiz- und Kriminalzeitung«, zum 50. Geburtstag des Satirikers (April 1924), abgedr. in 649/111 f.

Eine andere Frage als die der Anerkennung einer gedanklichen Leistung, deren Substrat später zur herrschenden Auffassung der zuständigen Wissenschaft avancierte, ist die nach ihrer wirklichen sachlichen Überlegenheit. Nimmt man, wie Glaser und heute Jakobs, jede Frage nach der Strafwürdigkeit eines »Mißbrauchs der öffentlichen Anstalten« (Glaser) bzw. einer »Privatisierung der Strafrechtspflege« (Jakobs[368]) aus dem Schutzbereich des Nötigungstatbestands als eines »reinen Freiheitsdelikts« aus, dann scheint es nahezuliegen, mit den Argumenten der genannten Autoren sowohl Kraus' Lösung als auch die der heute herrschenden Meinung (und in gewissem Sinn sogar die geltende gesetzliche Regelung[369]) für falsch zu halten. Kraus selbst faßt die »Erpressung« im Sinn des § 98 b allerdings ebenfalls – und im Einklang mit seiner individualistischen Rechtsgutskonzeption – als reines Freiheitsdelikt gegen die Person auf. Er biegt aber jene »Privatisierung der Strafrechtspflege« im Sinne Jakobs' oder, wie er selbst ganz ähnlich sagt, die »Hausjustiz, die die staatliche Rechtspflege überflüssig macht« (S1/55), in die Sphäre individueller Freiheitsverletzungen zurück, freilich zunächst mit einem Argument, das diesen Gedanken nicht trägt:

Welch enge Auffassung, die der Zwangsempfindung des Bedrohten die Pein bestreitet, wenn der Anspruch des Drohenden »gegründet« war! (S1/63).

Aber die Verhinderung dieser »Pein« ist als solche kein legitimes strafrechtliches Schutzgut. Glaser hat fast 50 Jahre früher das Argument schon zutreffend abgelehnt:

Es geht also nicht an, eine Rechtsverletzung darin zu sehen, daß irgend ein Seelenzustand in uns gegen unseren Willen hervorgerufen wird. [...] Daß derjenige, welchem Furcht eingeflößt wird, oft in eine äußert peinliche Lage sich versetzt sieht, und daß das Leid, welches ihm zugefügt wird, vielleicht ein viel ernsteres und empfindlicheres sein mag als dasjenige, welches im Gefolge einer Körperverletzung geht, kann daran nichts ändern. Mit welchem Recht wollte man gerade jenes Seelenleiden, welches durch Furcht bereitet wird, berücksichtigen, die Zufügung anderer psychischer Leiden aber ungestraft lassen? Man müßte also, um consequent zu sein, auch noch die Herbeiführung anderer qualvoller

368 *Jakobs* (wie Anm. 354), S. 86.
369 Vgl. *Jakobs*, a.a.O., S. 85.

psychischer Zustände, des Schmerzes getäuschter Erwartung, verlorner Liebespein, des Neides usw. bestrafen[...].[370]

Gleichwohl ist Kraus' Standpunkt plausibler als der von Glaser oder Jakobs. Es leuchtet nicht ein, »Freiheit« allein als Funktion der Menge vorhandener Verhaltensoptionen zu begreifen und daher in der Drohung mit einer berechtigten Strafanzeige, deren Abwendung sich das Opfer »erkaufen« kann, eine Freiheits*erweiterung* für dieses gegenüber der (zulässigen) Variante einer sofortigen Anzeige zu sehen. Freiheit heißt nicht nur: Wahlmöglichkeit zwischen Alternativen, sondern auch: *Autonomie* dieser Wahl, und zwar im Sinne einer Möglichkeit der persönlichen Identifizierung mit den Motiven der gewählten Option. Anders ausgedrückt: Jemand handelt nur dann »authentisch« und in diesem Sinne »frei«[371], wenn er sich mit den Antrieben seines Handelns identifizieren kann.[372] Zweifelhaft an Glasers und Jakobs' Konzeption ist bereits die Vorstellung, die Eröffnung einer Wahl – und damit einer Abwendungsoption für das Opfer – *erweitere* dessen Freiheit im Vergleich zum schlichten Duldenmüssen der Strafanzeige. Denn dieses berührt keine Freiheitsfrage. Es markiert weder die An- noch die Abwesenheit von Freiheit. Wird die Anzeige erstattet, muß sie vom Opfer – nicht frei und nicht unfrei, sondern (wie der Rest der Weltbegebenheiten) – schlicht hingenommen werden. Die Nötigung mag ihm immerhin und sozusagen ex nihilo eine Wahlmöglichkeit schaffen, die ihm, wenn auch qualvoll, vielleicht sogar erwünscht ist: »Frei« ist die Entscheidung dennoch nicht, weil ihr das Merkmal der Autonomie im oben skizzierten Sinn einer Identifikationsmöglichkeit mit den Motiven des eigenen Handelns fehlt.

Man kann dies auch anders, juristischer, begründen. Gunther Arzt hat in einer Analyse des Konnexitätsgedankens als eines allgemeinen »Strukturprinzips« des Strafrechts auf die »verfahrensrechtlichen Elemente« im Rechtsgut des § 240 StGB

370 *Glaser*, Strafbare Drohungen (wie Anm. 350), S. 10 f.

371 Um hier den Einstieg in die unfruchtbare Diskussion über die Möglichkeit eines metaphysisch freien Willens zu vermeiden.

372 So etwa die Konzeption des amerikanischen Philosophen *Gerald Dworkin*, Acting freely, in: Nous 9 (1970), S. 367 ff., sowie *ders.*, Autonomy and Behavior Control, in: Hastings Center Report 6 (1976), S. 23 ff.

hingewiesen[373]: Die Rechtsordnung beschränkt die Modi der Durchsetzung legitimer eigener Zwecke gegenüber anderen Teilnehmern am Verkehrsleben auf die von ihr bereitgestellten Verfahren. Das mutet zunächst wie ein fernes Echo des alten »crimen vis« oder der »öffentlichen Gewalttätigkeit« im Sinne des § 98 b StG an. Es ist aber unschwer auch in das von Jakobs herangezogene Merkmal der »rechtlich garantierten Freiheit« des genötigten Individuums zu integrieren: Soweit dessen drohender Gegner von der Rechtsordnung auf deren Formen der Zweckdurchsetzung verwiesen wird, so weit ist ihm selbst eben die Freiheit der formalen Abwehr auch begründeter Ansprüche garantiert. Freilich gibt dies noch kein sehr trennscharfes Kriterium ab; es erfaßt im übrigen auch nicht unmittelbar die Fälle, wo mit legitimen Mitteln (zum Beispiel einer Strafanzeige) rechtlich nicht erzwingbare Zwecke durchgesetzt werden sollen. Immerhin macht es deutlich, daß rechtlich garantierte Freiheitsräume eines Individuums nicht unabhängig von rechtlich institutionalisierten Formen für die Zwangsdurchsetzung der Interessen anderer zu beschreiben sind.

Von all diesen Erwägungen klingt bei Kraus etwas an – neben und nach seinem unplausiblen Hinweis auf die »Pein« des Betroffenen. Seiner Argumentation fehlt nicht die von Robert Scheu gerühmte »blendende Dialektik«, aber manchmal die genaue analytische Schärfe zur Begründung seiner Position[374]; sachlich ist sie gleichwohl die richtige, wie im übrigen auch seine Beurteilung der Steger/Beer-Affäre als Erpressungsfall einleuchtet:

Aber ist denn in den Folgen jenes Benehmens, zu dem einer gezwungen worden ist, nicht auch dann ein »bestimmter Nachteil« zu erkennen,

373 *Arzt* (wie Anm. 363), S. 834 ff.

374 Kleinere Fehler kommen ebenfalls darin vor: Er spricht von dem »zur Selbsthilfe entschlossenen, also den Rechtszustand negierenden Täter« (S1/63); das ist eine einfache petitio principii, denn ob die Selbsthilfe eine Negation des Rechtszustands darstellt, ist gerade die streitige Frage. Auf seine rhetorisch gemeinte Frage: »Und soll wirklich das Gericht, das über seine [d. i. des Täters] Drohung urteilt, auch das zivilrechtliche Verhältnis zwischen ihm und dem Bedrohten überprüfen?« (a.a.O.), kann man unter Hinweis auf zahlreiche analoge Probleme des Strafrechts nur antworten: Warum nicht?

wenn er, um dem Erschlagenwerden zu entgehen, sich das geschuldete Geld beim Wucherer ausborgen mußte? Die Leistung, zu der ich gezwungen wurde, ist immer mein »Nachteil«. Nicht auf den Anspruch des Drohenden, sondern auf meine Qual der Wahl zwischen einer Leistung, zu der ich augenblicklich nicht fähig bin, und dem Erschlagenwerden kommt es an. Die Zahlung einer Geldsumme, die ich schuldig bin, kann mir zu Zeiten schwerer fallen als ein andermal die einer Summe, die ich nicht schuldig bin. Im einzelnen Fall darf nicht die Verpflichtung, sondern höchstens die Möglichkeit, dem fremden Willen nachzugeben, geprüft, muß der Grad des Zwanges beurteilt werden.[375] Nie aber kann durch eine Drohung »ein dem Recht entsprechender Zustand hergestellt« werden! Und wie sollte eine Schuldzahlung den Rechtszustand schaffen können, den soeben eine Drohung aufgehoben hat? (S1/63)

Und er schließt die Abhandlung mit den Sätzen:

Auch das Gesetz erpreßt. Es droht mit Strafen, also mit einer Verletzung an Freiheit oder Eigentum, um Leistungen oder Unterlassungen zu erzwingen. Aber es hat die Erpressung monopolisiert und straft den, der im Selbsthilferecht Strafen vorschreibt. Manchmal wegen Erpressung. (S1/66)

Hier wird erneut[376] die starke Orientierung am positiven Gesetz und an der Verpflichtung auf dessen Verfahrensformen zur Interessendurchsetzung deutlich. Die Idee eines flexibleren Rezeptors für ethische Erwägungen, nämlich eines in die Rechtsnorm eingebauten Prinzips der Interessenabwägung, war ihm im Grunde so fremd wie dem österreichischen StG; und er bekräftigt dies noch einmal in dem nachfolgenden Aufsatz über »Ethik und Strafgesetz«. Um so erstaunlicher erscheint, daß er die Grundidee des für die Nötigung heute herrschenden Prinzips der Konnexität von Mittel und Zweck schon exakt und offenbar völlig selbständig erfaßt hat. Freilich führt sein uneingestandener und ihm selbst nicht transparenter Legalismus zu einer geradezu engherzig restriktiven Anwendung des Prinzips. Das zeigt sich nicht nur an einzelnen (schon zitierten) Beispielen in der Erpressungsabhandlung, etwa der Behauptung, der Beleidigte dürfe nicht mit Klage drohen, um die Abgabe eines Widerrufs der Be-

375 Daß dies nicht exakt der richtige (wenngleich ein durchaus interessanter) Blickwinkel auf die Frage des rechtlich garantierten Freiheitsraumes ist, sollte nach meinen obigen Ausführungen deutlich sein.

376 Vgl. oben die Erwägungen zu »Ethik und Strafgesetz« (S. 237 ff.).

leidigung zu erzwingen. Es zeigt sich schlagend in dem folgenden *Fackel*-Heft vom 23. April 1904, wo er auf die offenbar ironisch-provokative Zuschrift eines Rechtsanwalts antwortet:

Sie schreiben: »Nach Ihren Ausführungen in der letzten Nummer der ›Fackel‹ (Erpressung), mit denen ich in der Hauptsache ganz einverstanden bin, erlaube ich mir, Ihre Meinung über folgende, momentan für mich höchst aktuelle Frage einzuholen. Herr A. erzählte Herrn B. Geschichten über mich, die vollständig erlogen sind, meine Handlungsweise in ein schiefes Licht bringen und ganz geeignet sind, mir bei Herrn B., respektive, wenn dieser für weitere Verbreitung sorgt, noch bei anderen Leuten zu schaden. Ich schrieb A. einen Brief, in dem ich ihm für den Fall, daß er nicht B. gegenüber vollinhaltlich revoziere, die gerichtliche Klage in Aussicht stellte. Habe ich damit nach Ihrer Meinung eine Erpressung begangen? [...]« – Wenn Sie mit meinen Ausführungen einverstanden sind, dann erfolgt doch die *bejahende* Antwort Ihrer Frage von selbst. Sollte Ihr Beispiel mich aber ad absurdum führen wollen, so führt es wieder nur die Härte des österreichischen Gesetzes ad absurdum. Daß eine Nötigung vorliegt, unterliegt gar keinem Zweifel. (160/22 f.)

Keinem Zweifel unterliegt, daß dies heute nicht mehr akzeptabel erscheint. Kraus reduziert sein Konnexitätsprinzip auf die rein formelle »Kongruenz« (wie er es nennt) zwischen dem Inhalt der Drohung und dem des Gesetzes, an das die Drohung nur »erinnern« dürfe. Nach einer wirklichen sachlichen Adäquanz zwischen Mittel und Zweck einer Nötigung, also nach dem Modus eines fairen Interessenausgleiches, fragt er in Wahrheit nicht. Und wenn er fortfährt:

Ich darf einen diebischen Dienstboten vor weiteren Vergehungen warnen, indem ich ihm die Anzeige in Aussicht stelle. Zur Rückgabe des vermutlich gestohlenen Gegenstandes – den ja vielleicht doch ein anderer gestohlen hat – darf ich ihn nicht durch die Drohung mit der Strafanzeige zu verhalten suchen. (160/23),

dann wird das Unhaltbare dieser Beschränkung seiner Konnexitätslösung noch einmal deutlich.

Freilich bedeutet das Insistieren des Satirikers auf der weitreichenden Zuständigkeit des Strafrechts zur Beilegung von Konflikten im sachlichen Bereich der Nötigung kein Votum für einen »starken Staat« im Sinne des politischen Konservatismus. Auch ist die Ausweitung der Nötigungsstrafbarkeit durch die restriktive Konnexitätslösung kein antiliberales Indiz. Kraus besteht vielmehr auf der formalisierten Rationalität von Konfliktregelungen in dieser Sphäre. Und das heißt, jedenfalls nach seinem Verständnis: Er besteht auch in Situationen massiv kollidierender Interessen auf vernünftigen, zivilisierten Verkehrsformen. Dies ist der Kern seines Legalismus, der Grund seiner Berufung auf die Zuständigkeit des Strafrechts. Deshalb versucht er, auch einer schlechten, aber geltenden Norm qua (angeblicher) Exegese die Deutung einzuschreiben, die die Norm ungefähr in seinem Sinne verfügbar macht. Man muß sich zudem verdeutlichen, daß er natürlich im Maße einer strafrechtlichen Belastung des Nötigers andererseits die Freiheit des Genötigten verteidigen will.

Nach seiner Grundsatzabhandlung in 159/1 ff. behält er jedenfalls die österreichische Judikatur zur Erpressung[377] ebenso im Auge wie die einschlägigen Phänomene seiner sozialen Umgebung.[378] Vor allem in jenem Bereich, den er bereits in 159/1 f. ironisch in einen »etymologischen Zusammenhang« mit Erpressung gebracht hatte: dem der Presse, bieten sich ihm viel später noch geradezu dramatische Gelegenheiten, auf die prinzipielle Grenzlinie zu deuten, an der die akkusatorischen Agenda von der Zuständigkeit der Satire in die des Strafrechts überwechseln. Darauf komme ich zurück.

Damit sind die gedanklichen Grundlagen der Krausschen Strafrechtskritik ausbuchstabiert. Auf diesem Fundament lassen sich die Anwendungen angemessen begreifen, die er selbst davon gemacht hat. Das ist die Aufgabe des letzten Teiles dieser Untersuchung. Er zerfällt gleichsam organisch in drei Abschnitte, die sich mit den oben explizierten Entwicklungspostulaten an das öster-

377 Vgl. 163/9 ff.; 305/46, mit zutreffender Kritik an einem Strafurteil, das § 98 b StG deshalb ablehnte, weil der Bedrohte sich im konkreten Fall nicht wirklich gefürchtet habe; Kraus' Auffassung, daß dies zur Tatbestandserfüllung auch nicht erforderlich sei, war später in der österr. Rspr. und Lit. absolut herrschende Meinung; vgl. etwa *Rittler* (1962), Lehrbuch, Bd. 2, S. 68. Vgl. bei Kraus weiterhin 613/14; 668/104 ff. (in eigener Sache, mit zutreffenden Rechtsausführungen); 717/124 ff.; 726/17.

378 Vgl. etwa den in 326/66 f. abgedruckten Brief einer Kabarettistin an eine Wiener Zeitung, in dem Kraus eine Erpressung ausmacht; vgl. weiterhin 347/10 ff.; 368/48 (mit direkter Anrede an den Wiener Strafrechtsprofessor Alexander Löffler); 406/86 f. (zu Erpressungen Heinrich Heines gegen Rothschild).

reichische Strafrecht um die Jahrhundertwende überschreiben lassen: Realisierung eines durchgängig liberalen Strafrechts; Weiterentwicklung zum sozialen Strafrecht; Ausbau und Rationalisierung des liberalen Strafprozesses. Alle drei Maximen sind nichts anderes als die legislatorischen Strategien eines aufgeklärten politischen Liberalismus.

Fünftes Kapitel
Anwendungen

Nimmt man zunächst noch einmal die grundsätzliche Perspektive der satirischen Kritik in ihrer Lichtenbergischen Fassung ein: die eines »Complements der Gesetze«, dann lassen sich zwei scheinbar gegenläufige Funktionen unterscheiden, in denen diese »Ergänzung« im Werk von Karl Kraus wirksam wird: eine negative, nämlich die eines einschränkenden Korrektivs des Strafrechts zugunsten der Rechtsunterworfenen; und eine positive, nämlich die Forderung an das Strafrecht, seine Kontrollfunktion gegenüber neuen sozialschädlichen Varianten der entwickelten bürgerlichen Lebensform entschiedener bzw. überhaupt wahrzunehmen. Daß dieser Kontrast keinen Widerspruch, sondern eine Konsequenz aus den bisher interpretierten rechtstheoretischen Prämissen des Satirikers darstellt, sollte deutlich sein. Die Logik einer solchen Negativ-positiv-Ergänzung des Strafrechts läßt sich grob mit der seiner liberal-sozialen Entwicklungstendenzen zur Deckung bringen.

Die folgenden Ausführungen können als genauere Illustration dieses Schemas gelesen werden. Sie werden alle wichtigen strafrechtlichen Themen und Probleme aus 37 Jahrgängen der *Fackel* behandeln (soweit das nicht bereits in der bisherigen Diskussion der Grundlagen geschehen ist). Da Kraus seine Auffassungen zum Strafrecht mit wenigen Ausnahmen nicht abstrakt, sondern im Modus des Kommentars zu konkreten, meist justiziellen Anlässen formuliert hat, wird meine Darstellung soweit wie möglich eine sachliche Rekonstruktion dieser Anlässe einschließen. Gleichwohl soll es auf solche strafrechts- und literarhistorischen Ausgrabungen weniger ankommen als auf die Analyse der gedanklichen Positionen, die der Satiriker zu den von ihm aufgegriffenen Problemen bezogen hat.

I. Liberales Strafrecht

Nach Franz von Lizsts berühmtem Wort ist das Strafrecht – »so paradox es klingen mag« – »die magna charta des Verbrechers«.[1] Das ist ein Gedanke, der zu den klassischen Fundamenten des politischen Liberalismus gerechnet werden kann: Wichtiger als die gesetzliche Funktion, den Strafanspruch des Staates zu begründen, ist die, ihn zu begrenzen. Es sind im wesentlichen zwei Aspekte, unter denen Kraus *diese* Schutzfunktion des österreichischen Strafrechts seiner Zeit für ungenügend und daher ergänzungsbedürftig durch ein (negatives) satirisches »Complement« hielt: Einerseits hatten zahlreiche Paragraphen des StG 1803/1852, die das politische Erbe einer verjährten Epoche bewahrten, einen sozial-, ja manchmal menschenfeindlichen Charakter. Die Magna-Charta-Funktion solcher Normen bestand für den Rechtsunterworfenen in nichts anderem als der unverstellten Aussicht auf die zynisch gewordenen Regularien eines ungerechten Rechts. Zum anderen wurde dieser Zynismus forciert durch die Praxis einer gelegentlich bösartigen und lebensfremden Justiz, die noch über die absolutistische Ratio solcher Normen hinaus die Hysterien und Instinkte der spießbürgerlichen Normalgesinnung durchsetzte. Das Dilemma, das dem Satiriker diese doppelte Angriffsfläche bieten konnte, hat Kraus im Mai 1904 prägnant bezeichnet:

> Das Charakteristische der österreichischen Strafrechtspflege ist, daß sie Zweifel schafft, ob man mehr die richtige oder die falsche Anwendung des Gesetzes beklagen soll. (S1/72 = 163/9)

1. *Sittlichkeitsstrafrecht*

Dies ist der wichtigste Bereich der liberalen Strafrechtskritik des Satirikers.[2] Neben deren rationale Prämissen tritt hier im persönlichen Motivhintergrund von Karl Kraus seine Sexualmetaphysik, die vor allem in den Jahren nach 1902 ihre eigenartigen Konturen erhielt. Sie ist in der jüngeren Sekundärliteratur mehrfach

1 *v. Liszt*, Einfluß, AuV II, S. 80. Zu der – sachlich unbedeutenden – Ungenauigkeit der Formulierung s. *Roxin* (1992), AT, S. 68, Anm. 3.
2 Zur generellen Charakteristik der Straftatbestände »gegen die öffentliche Sittlichkeit« in den §§ 500 ff. des StG vgl. oben, S. 80 f.

Gegenstand eingehender Analysen gewesen.[3] Aber weniger deshalb soll sie im folgenden nur grob skizziert werden; vielmehr ist es wichtig zu sehen, daß sie für die Kritik des Satirikers am Sexualstrafrecht keine entscheidende logische Rolle spielt. Ganz sicher gehört sie zur psychologischen Erklärung der polemischen Schärfe und der lebenslang durchgehaltenen Erbitterung, mit der Kraus die strafrechtliche Unterstützung der bürgerlichen Sexualmoral verfolgte. Aber selbst deren radikale Ablehnung ist schon nach der in »Ethik und Strafgesetz« entwickelten Trennungsthese als Argument innerhalb der Strafrechtskritik funktionslos. Daß eine falsche und verlogene Moral keine Strafgesetze inspirieren sollte, liegt zwar auf der Hand; da aber auch die *richtige* hier im Prinzip nichts zu suchen hat, gehören beide nicht zu den Argumentgrundlagen der Strafrechtskritik. »Das Strafgesetz«, heißt es bei Kraus in lakonisch Lisztschem Tonfall, »ist eine soziale Schutzvorrichtung« (S1/67 = 160/2). Logischer Dreh- und Angelpunkt seiner Kritik ist vielmehr der an einer rationalen Sozialschadensdiagnose orientierte Rechtsgutsbegriff.[4] Nicht weil jemand, der die bürgerliche Sexualmoral verletzt, sich etwa im Einklang mit der des Karl Kraus befindet, bekämpft dieser die darauf zielende Strafdrohung. Sondern weil Kon- oder Dissonanzen des privaten Sexuallebens mit moralischen Normen jedweder Provenienz den Staat nichts angehen. Das schließt wertungslos jede Form der erotischen Kommunikation zwischen einwilligungsfähigen und -bereiten Erwachsenen ein. Im Juni 1912, also in der angeblich »reaktionären« Periode des Satirikers[5], glossiert dieser in der *Fackel* die sittliche Entrüstung der sozialdemokratischen *Arbeiter-Zeitung* über die »Enthüllungen« in einem Strafprozeß gegen einen Verleger pornographischer Schriften[6], vor allem darüber, daß dessen Kundschaft

3 Zu nennen sind v. a. die Arbeiten von *Salvesen* (1981), Ambivalent Alliance (Diss. masch.); *ders.*, A Pinch of Snuff from Pandora's Box, in: Oxford German Studies 12 (1981), S. 122 ff.; *ders.*, The disappointed Idealist, in: New German Studies 9 (1981), S. 157 ff., sowie *Wagner* (1982), Geist und Geschlecht.

4 S. oben, S. 276 ff.

5 S. oben, S. 140 ff.

6 Strafbar nach § 516 StG, wenn durch »bildliche Darstellungen [...] die Sittlichkeit oder Schamhaftigkeit gröblich und auf eine öffentliches Ärgernis erregende Weise verletzt« wurde, wobei von der Rspr. das

vorwiegend aus »Angehörigen der herrschenden Schichten« bestand. Dann folgt dies:

Pornographien

braucht die Menschheit wie einen Bissen Brot. Denn man glaubt gar nicht, wie viele Menschen, auch in höheren Kreisen, ohne Text nicht onanieren können, und wie viele, wenn sie selbst den Text haben, auch noch die Illustration dazu brauchen. Die Verfolgung der pornographischen Verleger ist deshalb so töricht wie die der Kupplerinnen. [...] Auch ist die Berufung auf Kunst und Wissenschaft so lächerlich, wie wenn sich eine Kupplerin auf die Ästhetik und auf die Sozialpolitik ausreden wollte. Erlaubt und geboten ist dagegen in beiden Fällen der offene Hinweis auf die bessere Kundschaft, weil es immer Eindruck macht und in Gerichtskreisen von der Natürlichkeit des Geschlechtstriebes überzeugt, wenn bekannt wird, daß ein Hofrat auch so etwas nötig hat. Jeder Versuch, die Unsittlichkeit abzuleugnen, ist so niedrig wie die Sittlichkeit, die sie anklagt. Die Verteidigung hat darin zu bestehen, daß der angeklagte Verleger zugibt, er habe Schweinereien angeboten, weil nach Schweinereien Nachfrage ist. Ein Freispruch, der aus andern Gründen erfolgt, ist als unwürdig zurückzuweisen. (351/61)

Die kalte, mit keiner Emotion am Prozeßgegenstand beteiligte Rationalität dieser Forderung bezeichnet die Argumentgrundlagen der Krausschen Kritik am Sittlichkeitsstrafrecht weitaus besser als der Hinweis auf seine erotische Metaphysik. Doch gehört diese in so hohem Grad zu den persönlichen Motiven, zur Intensität und zur literarischen Stilisierung seiner Strafrechtskritik, daß ihre zentralen Ideen knapp skizziert werden sollen.[7]

letztere Merkmal als in der Verbreitung einer solchen Darstellung eo ipso verwirklicht angesehen wurde, ohne daß es auf ein wirkliches »Ärgernisnehmen« seitens Dritter angekommen wäre; vgl. KH 2661 (31. 10. 1901) (übrigens in einem Verfahren gegen den Herausgeber der von Kraus stets besonders verachteten »Pschütt-Caricaturen«); in der Literatur war diese Auffassung allerdings bestritten; vgl. *Finger*, Lehrbuch, Bd. 2, S. 779.

7 Die im folgenden angeführten Zitate sind relativ beliebige exemplarische Belege von zahllosen möglichen. Zwischen 1902 und 1918 – nicht nur, wie Nike Wagner meint, bis zum Beginn des Weltkriegs (vgl. *Wagner*, Geist und Geschlecht, wie Anm. 3, S. 9) – sind die Themen »Weib« und »Erotik« in der *Fackel* Gegenstand einer nahezu unerschöpflichen Flut von Gedanken und Gestaltungen. Auch deren Reduktion auf einige knappe Grundideen, wie sie im folgenden ver-

Deren Mittelpunkt ist die idealtypische Konzeption »des Weibes« als eines schlechthin sinnlichen, »an sich sexuellen und antisozialen Wesens«, das nicht, wie der Mann, »Träger von Ethik und Vernunft« (S1/53) sein könne oder solle. Das ist kein Negativattest, im Gegenteil. Kraus sieht diesen Archetypus des »Weibes« als eine invariable Konstante der Natur (vgl. zum Beispiel 378/59 ff.). Ihr vollkommen angemessener gesellschaftlicher Ausdruck sei daher die weibliche Prostitution. Sie unsittlich und verächtlich zu finden und, vor allem, sie mit dem Strafrecht zu behelligen bedeute eine »Verachtung der primitivsten Logik« (S1/244 = 211/19).[8] Dieselbe Logik- und Naturblindheit sei andererseits der Antrieb hinter den politischen und kulturellen Emanzipationsbestrebungen der Frauenbewegung, die der Satiriker als lächerlich und, mit einer gelegentlich bösartigen Intonierung, als den Ausdruck einer ins Abwegige verschlagenen unerlösten Sexualität glossiert:

Sie alle, die sich zusammenrotten, um nach Politik zu schreien, könnten den Beweis führen, daß sie heute wirklich durch ein Mandat schon besser zu befriedigen sind als durch einen Abgeordneten. Ja, sie sind reinen Sinnes und wollen sogar jenen, die nicht Genossinnen, sondern noch Geschlechtsgenossinnen sind, das abgewöhnen. Sie können nichts dafür und meinen es sozial. (347/47)

Auch die Sphäre des »Geistes« sei für »das Weib« ein naturwidriges, sozusagen buchstäblich unorganisches Gelände. Der maliziöse Ton, den Kraus in vielen seiner vor allem aphoristischen Variationen auf dieses Thema anschlägt – »Eine Frau soll nicht einmal meiner Meinung sein, geschweige denn ihrer« (406/35 = S8/317) –, darf gleichwohl nicht darüber hinwegtäuschen, daß auch dieses Attest eines angeblich ontologischen Mangels keineswegs als Verdikt gemeint ist. Denn sowohl die »Genialität« als auch die »höchste ›Sittlichkeit‹ der Frau« realisiere sich in ihrer »höchsten ästhetischen Vollendung« (142/18). Die Zuständigkeit in den Bereichen des »Geistes«, die in einem solchen aufgeräumten Schema der klaren und polaren Kontraste ausschließlich dem

sucht werden soll, ist sachlich nicht ganz unproblematisch, aber für die Zwecke dieser Arbeit cum grano salis angemessen und ausreichend.

8 Liegler faßt die Kraussche Abwehr jeder »sittlichen« Verachtung der Prostitution treffend als Kampf gegen »ein Verbrechen wider die Natur« auf; vgl. *Liegler* (1920), K. K., S. 174.

Mann zusteht, verschafft diesem im Schöpfungsplan der »Natur« dennoch keinen höheren Rang als dem »Weib«. Und was die Ehren angeht, die die Gesellschaftsordnung zu vergeben hat, so habe definitiv das Gegenteil zu gelten: daß nämlich deren »höchststehende Männer [...] tief unter der tiefststehenden Frau stehen« (157/19).

Das ist eine antithetische Anspielung auf Otto Weiningers knapp ein Jahr zuvor erschienenes Buch *Geschlecht und Charakter*, das Kraus nach eigenem Bekunden »am Tage nach seinem Erscheinen« (169/7) gelesen hat. Darin heißt es am Anfang des 12. Kapitels: »Der tiefststehende Mann steht noch unendlich hoch über dem höchststehenden Weibe [...].«[9] Weiningers in Teilen so beeindruckendes wie im ganzen absurdes Werk, auf dessen Qualität und Defekte hier nicht näher eingegangen werden kann[10], war die erste zeitgenössische Instanz, auf die sich Kraus in einem charakteristisch selektiven Verfahren des Zustimmens und Ablehnens zur Bestätigung seiner erotischen Auffassungen bezog:

> »Ein Frauenverehrer stimmt den Argumenten Ihrer Frauenverachtung mit Begeisterung zu«, schrieb ich an Otto Weininger, als ich sein Werk gelesen hatte. Daß doch ein Denker, der zur Erkenntnis der Anderswertigkeit des Weibes aufgestiegen ist, der Versuchung nicht besser widersteht, verschiedene Werte mit dem gleichen intellektuellen und ethischen Maß zu messen! Welch systematische Entrüstung! Aber wo Hirn- und Hemmungslosigkeit so hohe Anmut entfalten, Mangel an Verstand und Mangel an Gemüt sich zu ästhetischem Vereine paaren und die Resultante der schlechtesten Eigenschaften die Sinne berückt, darf man vielleicht doch an einen besonderen Plan der Natur glauben, wenn man überhaupt an Pläne der Natur glauben darf. (229/14 = S8/51 f.)[11]

9 *Weininger* (1903; Reprint 1980), Geschlecht und Charakter, S. 342.

10 Zu Weininger v. a. *Le Rider* (1985), Der Fall Otto Weininger; *Le Rider/Leser* (Hg.) (1984), Otto Weininger. Werk und Wirkung; *Janik/Toulmin* (1984), Wittgensteins Wien, S. 89 ff. – Zu Kraus und Weininger *Kraft* (1956), K. K., S. 73 ff.; *Stieg* (1984), Otto Weiningers »Blendung«, in: *Le Rider/Leser*, a.a.O., S. 59 ff.

11 Die zitierte Stelle spielt – das wird v. a. an der Formulierung »vielleicht *doch*« deutlich – vermutlich auf einen kulturellen Diskussionstopos an, der aus der Philosophie stammt, nämlich auf Kants »Idee zu einer allgemeinen Geschichte in weltbürgerlicher Absicht«, deren zentrales Thema die Frage nach einem besonderen »Plan der Natur« ist (vgl. *Kant*, AA Bd. VIII, S. 15 ff., 27 ff.).

Ähnlich alternierend zwischen Zustimmung zu den Prämissen und Ablehnung bestimmter Konsequenzen berief er die cum grano salis als geistesverwandt empfundenen Dramatiker Strindberg und Wedekind zu Zeugen seines erotischen Credos. Strindbergs Misogynie lehnte er, wie die Weiningers, ab.[12] Wedekind, dessen Lulu ihm den Archetypus des Weiblichen in idealen Umrissen vorzustellen schien, verkannte nach Kraus andererseits die untergeordnete, bloß für die geistige Existenz »funktionelle« Sexualität (211/27) des Mannes:

Der ganze Mann in der Lust ist ein Greuel vor Gott. Hierin dürfte die Wedekindsche Welt begrenzt sein: vor dem tief erkannten Naturbestand des Weibes die tief gefühlte Sehnsucht des Rivalen. Weibliche Genußfähigkeit als Ziel des Mannes, nicht als geistige Wurzel.[...] Dieser Dichter hat Lulu erkannt; aber er beneidet ihren Rodrigo. Dieses Genie der Begrenztheit – in der genialen Hälfte genialer als irgendein Ganzer im heutigen Deutschland – sehe ich in den Anblick des Frémier'schen Gorilla[13] vertieft. Um die Ohnmacht der Frau – ihr Anblick gibt den Engeln Stärke, wenn keiner sie ergründen mag[14] – weiß er. Aber die Kraft des Tieres scheint ihm zu imponieren. (S8/305 f. = 360/5 f.)[15]

Daß die Grundideen dieser Sexualmetaphysik sub specie rationis nichts anderes sind als ein Kaleidoskop so abstrakter wie abstruser, keiner sinnvollen empirischen Befassung zugänglicher und im übrigen damals längst geläufiger Kulturklischees[16], dürfte deutlich und keines Nachweises bedürftig sein. Aber eine solche Perspektive, die auf etwas biedere Weise durchaus recht hat, verfehlt den ästhetischen wie den strategischen Sinn der erotischen Konfessionen des Satirikers. Edward Timms hat in seiner Monographie über Kraus mit Recht auf ein wichtiges satirisches Formprinzip hingewiesen: die Stilisierung der öffentlichen Figur eines satirischen Ichs, das nicht durch die reale Existenz seines Trägers

12 Vgl. den Nachruf auf Strindberg in 351/1 ff. (= S4/254 f.), und darin dies: »Strindbergs Wahrheit: die Weltordnung ist vom Weiblichen bedroht. Strindbergs Irrtum: Die Weltordnung ist vom Weibe bedroht.«

13 Die Rede ist von der Skulptur »Gorille enlevant une femme« des Bildhauers Emmanuel Frémiet (nicht »Fremier«, wie Kraus schreibt).

14 Aus dem »Prolog im Himmel« aus Goethes Faust, Verse 247 f.

15 Zur Differenz der Krausschen und der Wedekindschen Geschlechtsmetaphysik genauer *Salvesen*, Ambivalent alliance (wie Anm. 3), S. 211 ff.; *Wagner*, Geist und Geschlecht (wie Anm. 3), S. 181 ff.

16 Dazu *Wagner*, a.a.O., S. 132 ff.

definiert ist, sondern ausschließlich durch die Funktion, die es übernimmt, und die Rolle, die es spielt, nämlich die einer öffentlichen symbolischen Instanz, in der bestimmte normative Prinzipien in idealtypischer Klarheit realisiert erscheinen; kurz und in Timms' Worten: »a figure larger than life«[17] – und keinesfalls einfach identisch mit der Privatperson des Autors.[18] Nirgendwo sonst ist im Werk der *Fackel* der Unterschied zwischen satirischem und privatem Ich deutlicher als in ihrer Metaphysik der Geschlechtsliebe.[19] Wohl gibt es auch im Privatleben von Karl Kraus Quellen und vereinzelte Spuren einer psychologischen Beglaubigung seiner erotischen Welt- und Weibanschauung.[20] Aber die radikal stilisierten Generalisierungen, die er daraus entwickelt und zu den Konturen seines Sexualpanoramas der »Natur« ausmalt, beziehen ihr Motiv aus ihrer kalkulierten satirischen Funktion: den vielfach brüchigen, in Teilen verlogenen und so zynisch wie absurd[21] gewordenen erotischen Sittenkodex

17 *Timms* (1986), Apocalyptic Satirist, S. 181.

18 Timms zieht allerdings hieraus und unter dem Zangengriff der falschen Antithese, es sei nicht »die Intensität der Emotionen« des Autors, sondern die »Effektivität der Formulierung«, was die künstlerische »Kraft der Satire« ausmache (a.a.O., S. 169), den ebenfalls falschen Schluß, daß die Frage der normativen Berechtigung der Satire hinter deren artistischer Gestaltung verschwinde und als Kriterium ihrer Qualität nicht in Betracht komme (a.a.O., S. 175); zur Kritik dieses »ästhetizistischen Mißverständnisses« der Satire siehe oben, S. 322 f. Das Zwischenschieben einer stilisierten literarischen Figur als des satirischen Egos des Autors entbindet diesen selbstverständlich nicht von der normativen Verantwortung für die unmittelbaren, etwa »strafenden« Wirkungen seines Textes.

19 Dies unterschätzt *Pfabigan* in seinem Aufsatz über »Frauenverehrung und Frauenverachtung« bei Karl Kraus, in: LuK 22 (1987), S. 123 ff.

20 Dazu *Wagner*, Geist und Geschlecht (wie Anm. 3), S. 94 ff.; speziell zum Einfluß seiner schon 1901 verstorbenen Geliebten Annie Kalmar: *Kraft* (1956), K. K., S. 315 ff.

21 Man lese nur den unfreiwillig komischen Zeitungstext, den Kraus in 726/53 abdruckt: eine Siebzehnjährige sollte »entführt« werden und packte dafür schon heimlich ihre Sachen; sie wurde von ihrem Vater erwischt, gezüchtigt und »zur Erweckung ihres Ehrgefühls« nachts in die Küche gesperrt, aus der sie am Morgen verschwunden war. Kraus' einziger Kommentar dazu besteht in seiner Überschrift: »Versagen eines Hausmittels«.

seiner Zeit und Gesellschaft mit einem überscharf profilierten Kontrastbild nicht nur zu konfrontieren, sondern zu treffen, zu erschüttern:

Der Bürger rächt sich an der Natur, die ihm etwas vorenthalten hat, durch Verachtung und nennt das, was ihn prostituieren würde, am Weibe Prostitution. Er schmäht und sagt »Geschöpf« [...]. Nimmt man dazu, daß auch Individuen, denen die geistig-sittliche Entschädigung für den Vorzug des Weibes nicht zuteil wurde [...], nicht anders über die Frauen denken, die immer im Einklang mit ihrem Gebot bleiben, so kann man ermessen, aus welchem Labyrinth des Irrsinns und aus welchen Abgründen der Verworfenheit die sittenrichterliche Entscheidung hienieden bezogen wird (378/60 f.).

»Prostitution« war demnach in den Augen des Satirikers ein fehlappliziertes Schimpfwort: Nicht die Huren des Leibes, sondern die des Geistes und der Gesinnung waren so zu kennzeichnen – exemplarisch: die Journalisten. Dieser Topos gehört zu den durchgängigen Leitmotiven der *Fackel*, bündig zusammengefaßt im Februar 1929:

Man weiß ja, daß mein Lebtag neben einer Ächtung der Prostituierten des Geistes der Begriff einer Prostitution des Frauenleibes keinen Platz hatte, und auf einem Höchstpunkt der Erkenntnis zeitlicher Dinge spreche ich den Verdacht aus, daß so ziemlich die einzige Betätigung, in der sich diese Welt nicht prostituiert, die sexuelle ist, und daß sie dieses Stigma den Frauen nur angeheftet hat, um von der Prostituierbarkeit aller männlichen Berufe abzulenken (800/39).

Die rabiateste Waffe zur öffentlichen Durchsetzung der spießbürgerlichen Sexualmoral sah der Satiriker im Sittlichkeitsstrafrecht. Und da, wo sich die Justiz vor der sexuellen Heuchelei noch über die Ratio eines hundertjährigen Gesetzes hinaus beflissen zeigte, war ebenfalls die Zuordnung der stigmatisierenden Prädikate richtig- und die »prostitutio in integrum« (229/9) der Frauen wiederherzustellen. Von »Schanddirnen« spricht der Kuppeleiparagraph 512 StG, den Kraus einmal beiläufig »Hexenhammer« nennt (501/57); »Schandgewerbe« und »Schandlohn« waren in Strafprozessen und -urteilen geläufige Termini technici.[22] Dem kodifizierten Tonfall solcher ehrbaren Entrüstung ant-

22 Vgl. zum Beispiel KH 2945 (30. 4. 1904); vgl. auch die 110seitige Dokumentation des Prozesses gegen die Wiener Bordellwirtin Regine Riehl vom November 1906 in: ArchKrimAnthr 27 (1907),

wortet Kraus mit der Bemerkung, daß nur noch das Strafrecht an diesem »vulgären« Sprachgebrauch festhalte, und »daß die einzige Schanddirne, die heute noch mit vollem Recht als solche bezeichnet wird«, die »miese Themis« sei (317/8).[23]

Auf dem Fundament seiner rationalen Prämissen ist dies der Motivhintergrund, der zwar nicht die Logik, aber Form und Emphase seiner Kritik des Sittlichkeitsstrafrechts inspiriert. Für wie wichtig ihn der Satiriker selbst hielt, mag man einer Bemerkung aus der *Fackel* vom Oktober 1923 entnehmen. Kraus berichtet, er habe einmal gesehen, wie ein Soldat einen Kutscher, der ihm im Weg stand, niederschlug und kurz zuvor, wie

> ein Hausmeister eine Prostituierte mit einer Peitsche vorwärts trieb [...] und konnte somit in kurzer Zeit und knappem Überblick die Entwicklung vom Mittelalter zur Gegenwart sowie die Grenzen der Mannheit durchmessen [...]. Wie andere Geister von der Lehre Kants ihre Richtung empfingen, andere wieder zu Füßen Keyserlings gesessen sind, um eine Weltanschauung zu erwerben, so wurde meine Entwicklung von jenen beiden Erlebnissen entscheidend beeinflußt und ich glaube wohl, daß ohne sie weder »Sittlichkeit und Kriminalität« noch »Die letzten Tage der Menschheit« entstanden wären (632/22).[24]

a) »Prostitutio in integrum«

Der Umgang des Strafrechts mit der Sphäre der Prostitution bietet dem Satiriker im wesentlichen zwei Angriffsflächen: einerseits die Formen des unangemessenen oder unangemessen harten Zugriffs, andererseits die noch weniger angemessene Ausgrenzung von Prostituierten aus dem Schutzbereich des Strafrechts; pointiert: zuviel Schutz gegen, zuwenig Schutz für die Prostituierten.

Dabei sind die frühesten Kommentare zu diesem Thema in der *Fackel* noch unklar und schwankend. Im Oktober 1899 befürwortet Kraus mit Blick auf die Abhängigkeitsverhältnisse

S. 1 ff. Mit dem Fall Riehl hat sich Kraus ausführlich beschäftigt. Dazu eingehend unten, S. 378 ff.

23 Vgl. auch den Schluß von »Das Ehrenkreuz« (272/5 = S2/50): »Denn die Justiz ist eine Hure, die sich nicht blitzen läßt, und selbst von der Armut den Schandlohn einhebt.«

24 Dieselbe Geschichte erwähnt der Satiriker schon 15 Jahre früher in dem Aufsatz »Prozeß Veith« (263/20 f. = S2/26).

(und deren Konsequenzen) an Theatern beiläufig, aber deutlich »schärfere Strafbestimmungen gegen Kuppelei und Mädchenhandel« (21/32). Im März 1900 kommentiert er zum erstenmal die damals in Deutschland unter erheblichem Aufwand an Ehrbarkeit, Lärm und politischer Propaganda heftig umstrittene Gesetzesvorlage zur Verschärfung des Sittlichkeitsstrafrechts, die als »Lex Heinze« in die Kulturgeschichte, aber nur zu einem kleinen Teil in das StGB gelangte. Hintergrund war das folgende[25]:

Die Eheleute Heinze, sie Prostituierte, er ihr Zuhälter, ermordeten im September 1887 in Berlin einen Nachtwächter, der sie beim Einbruchsdiebstahl in einer Kirche überrascht hatte. In dem 1891 und 1892 durchgeführten Schwurgerichtsprozeß, dessen Publikum vornehmlich aus Figuren der Halb- und Unterwelt Berlins bestand, »offenbarte sich«, wie es später und bis in die jüngere Vergangenheit in juristischen Abhandlungen zur »Lex Heinze« stereotyp hieß, »ein die Öffentlichkeit erschütterndes Maß an moralischer Verwahrlosung«[26] im Milieu der Täter. Das ist freilich insofern eine merkwürdige Feststellung, als sie sich auf nichts anderes als die triviale Tatsache bezieht, daß in der Verhandlung gelegentlich die typischen Erscheinungen dieses Milieus erörtert wurden, über deren Existenz und Beschaffenheit kein erwachsener Großstadtbewohner irgendwelche erheblichen Zweifel gehabt haben dürfte. Aber es war diese gespielte Geste sittlichen Erschreckens vor einem bis dato angeblich ungekannten Phänomen, was sowohl den Kaiserlichen Erlaß vom November 1891 an die preußische Regierung, als auch die nachfolgenden Strafgesetzvorlagen zur Reform der §§ 181 ff. StGB inspirierte, mit denen der Aufforderung Wilhelms II. entsprochen werden sollte: die sexuelle Unsittlichkeit insgesamt möglichst weitgehend strafrechtlich zu bekämpfen.[27] Schon 1895 traten mit die-

25 Vgl. dazu die ausführliche, großenteils wörtliche Dokumentation des Prozeßverlaufs in: »Der Mord-Prozeß Heinze. Der unfreiwillige Taufpate der ›Lex Heinze‹« (1906); vgl. auch *Hütt* (Hg.) (1990), Hintergrund, S. 9 ff.

26 So die Formulierung bei *E. R. Huber* (1969), Deutsche Verfassungsgeschichte, Bd. 4, S. 283; ähnlich *Müller* (1900), Lex Heinze, S. 5; ebenfalls *Schlecht*, Lex Heinze, in: Gerichtssaal 60 (1901), S. 1 ff., S. 2.

27 Dazu ausführlich – aus Sicht der Zentrumspartei, die sich vor allem

sem Ziel auch die ersten außerparlamentarischen *pressure-groups* auf: Frauen- und andere Vereine »zur Hebung der öffentlichen Sittlichkeit«.[28] Die occasio legis der verschiedenen Lex-Heinze-Vorlagen: die in dem Mordprozeß diagnostizierten Zustände des Zuhältermilieus, war trotz Beibehaltung ihrer legislativen Kennzeichnung längst von den allgemeinen Zielen des neuen strafrechtlichen Moralunternehmertums absorbiert worden. Zu diesen gehörte, nach einigen Metamorphosen, insbesondere der folgende sogenannte »Theaterparagraph« 184 b StGB:

Mit Gefängnisstrafe bis zu einem Jahr und mit Geldstrafe bis eintausend Mark wird bestraft, wer öffentlich theatralische Vorstellungen, Singspiele, Gesangs- oder deklamatorische Vorträge, Schaustellungen von Personen oder ähnliche Aufführungen veranstaltet oder leitet, welche durch gröbliche Verletzung des Scham- und Sittlichkeitsgefühls Ärgernis zu erregen geeignet sind.
Gleiche Strafe trifft denjenigen, welcher in öffentlichen theatralischen Vorstellungen, Singspielen, Gesangs- oder deklamatorischen Vorträgen, Schaustellungen von Personen oder ähnlichen Aufführungen durch die Art seines Vortrages oder Auftretens das Scham- und Sittlichkeitsgefühl gröblich verletzt.[29]

Daß dies, unter welchem Blickwinkel immer, strafrechtlich eine indiskutable Regelung darstellt, ist offenkundig. Dieser Paragraph, der im Januar 1900 noch zur zweiten parlamentarischen Lesung gelangte, war der Grund für die aufruhrartige Empörung unter Künstlern und Intellektuellen, die im März 1900 zur Gründung des Goethe-Bundes in München und Berlin führte. Die am 25. März in Berlin unterzeichnete Protestpetition an den Reichstag vereinigte neben vielen anderen auch die Namen der ansonsten verfeindeten Strafrechtler Binding und von Liszt.[30]

um eine Strafgesetzverschärfung bemühte – *Bachem* (1926), Zentrumspartei, Bd. 6, S. 63 ff.; sehr instruktiv auch *Lenman*, Art, Society and the Law in Wilhelmine Germany: The Lex Heinze, in: Oxford German Studies 8 (1973), S. 86 ff.

28 *Lenman*, a.a.O., S. 90; *Müller*, a.a.O., S. 10.

29 Zit. bei *Müller*, a.a.O., S. 100. Vgl. dort auch die ebenfalls unhaltbare Vorlage zur Einfügung eines § 184 a gegen »schamlose Schriften« ins StGB, die später, allerdings in erheblich reduzierter Form, Gesetz wurde und bis 1974 blieb.

30 Nachweis bei *Lenman*, a.a.O., S. 108; vgl. dort auch die Nachweise für die Ablehnung der Lex Heinze durch den Reichskanzler Chlodwig zu Hohenlohe-Schillingsfürst.

Was Kraus bewogen hat, für ein solches Monstrum der Sittlichkeit und gegen dessen Gegner aufzutreten, wird in der *Fackel* vom März angedeutet, wo es heißt, daß auch im Fall der Lex Heinze »die Kämpfer noch weit unappetitlicher [seien] als das Kampfobject« (35/30). Wahr ist, daß das berechtigte Anliegen der Protestierer einer Flut lächerlicher Phrasen der liberalen Kampfzeit des 19. Jahrhunderts Konjunktur verschaffte.[31] Wahr ist auch, daß die liberalen Streiter in aller Regel die Prämisse des sexuellen Spießertums teilten, indem sie die erotische Kunst mit dem schielenden Argument verteidigten, der Kulturmensch habe in und mit ihr keine sexuellen, nämlich »unsittlichen«, sondern nur »reine«, nämlich ästhetische Erlebnisse.[32] Kraus' Aversion gegen viele dieser »Kämpfer« ist begreiflich. Seine Position zur Lex Heinze ist dennoch unhaltbar. Er versucht sie schlecht und recht, aber abwegig, rational zu begründen:

> Ich habe den Eindruck, dass dem deutschen Freisinn, der hier zum Schutze der Kunst seine Bierstimme erhebt, der weitaus unangenehmste Theil der strittigen lex der vernünftige »Arbeitgeberparagraph« ist, der die weiblichen Angestellten vor den Excessen des Schönheitssinnes der Unternehmer bewahren will, und die sog. »Erhöhung der Schutzgrenze«[33] [...]. (35/30)

Das ist erstens in dieser suggestiven Zuspitzung nicht wahr, denn der Protest auch des »Freisinns«, der zwar zunächst als einzige Partei den »Arbeitgeberparagraphen« (§ 182 a[34]) abgelehnt hatte, richtete sich ganz überwiegend gegen den Theaterparagraphen. Und zweitens war auch § 182 a der Vorlage alles andere als »vernünftig«: wegen seiner konturlosen Weite, die alle möglichen Bagatellfälle an der Grenze zwischen Belästigung und ohnehin

31 Vgl. nur Vor- und Nachwort zu der zitierten Dokumentation des Heinze-Prozesses (wie Anm. 25), wo es von »Bollwerken«, »Dunkelmännern« und »Dolchstößen« wimmelt (S. 3 f., S. 76 ff.).

32 Vgl. zu diesem Topos der »Kunst«-Heuchelei in erotischen Angelegenheiten noch 214/39 f. und v. a. 339/9 ff.

33 Nämlich die Heraufsetzung des Schutzalters für Mädchen gegen »Verführung« von 16 auf 18 Jahre in § 182 Abs. 1; diese Änderung wurde schließlich abgelehnt.

34 »Arbeitgeber oder Dienstherren und deren Vertreter, welche unter Missbrauch des Arbeits- oder Dienstverhältnisses ... ihre Arbeiterinnen zur Duldung oder Verübung unzüchtiger Handlungen bestimmen, werden mit Gefängnis bestraft«; zit. bei *Müller*, Lex Heinze (wie Anm. 26), S. 74. Auch diese Regelung wurde abgelehnt.

anderweitig, nämlich als Nötigung, faßbarem Unrecht mit Gefängnis bedrohte (und zwar als Offizialdelikt); und wegen seiner gefährlichen Eignung als Erpressungsinstrument.[35] Im folgenden *Fackel*-Heft schiebt Kraus eine im wesentlichen aus Maximilian Hardens *Zukunft* entnommene Begründung seines Standpunktes nach, die ebenfalls nicht überzeugt: Die Reichweite des Theaterparagraphen werde bereits vom § 183 des geltenden Rechts[36] gedeckt, wie die Lex Heinze insgesamt keine wesentliche Änderung des gesetzlichen Status quo darstelle (36/14 f.). Das ist unrichtig. Schon daß nach § 183 die »unzüchtige Handlung« *tatsächlich* »Ärgernis« erregt haben mußte, während nach § 184 b der Lex-Heinze-Vorlage die bloße abstrakte Eignung zum Ärgernis ausreichte, markiert einen wesentlichen Unterschied. Im übrigen zielte dieser zusammen mit der ausdrücklichen Benennung »theatralischer Vorstellungen« in § 184 b gerade darauf, gegebenenfalls auch literarische Kunstwerke zu fassen, die für § 183 in der Regel deswegen nicht erreichbar waren (und die zu erreichen auch eine relativ prüde reichsgerichtliche Rechtsprechung[37] nicht versuchte), weil ein Vorsatz zur Ärgerniserregung weder beim Autor noch beim Schauspieler oder beim Regisseur nachzuweisen war. Auch die sonstigen Argumente Hardens und Kraus' sind teils schief, teils falsch.[38] Gegen Ende des Artikels gibt Kraus einen weiteren und den wohl wichtigsten Grund seiner Sympathie mit der Lex Heinze zu erkennen: den emphatisch gelobten § 184 Nr. 4 (der auch Gesetz wurde und es bis 1975 blieb), wonach »öffentliche Ankündigungen, welche dazu bestimmt sind, unzüchtigen Verkehr herbeizuführen«, strafbar wurden; kurz: das sanktionsbewährte Verbot von Sexualannon-

35 Vgl. die knappe, aber zutreffende Kritik bei *Stenglein*, Lex Heintze [sic!] rediviva, in: DJZ 4 (1899), S. 138.

36 § 183 RStGB: »Wer durch eine unzüchtige Handlung öffentlich ein Ärgernis gibt, wird mit Gefängnis [...] oder mit Geldstrafe [...] bestraft.« Dieser Paragraph blieb bis 1974 geltendes Recht; eine deutlich reduzierte Fassung davon ist der heutige § 183 a StGB.

37 Vgl. die bei *Olshausen* (1900), Kommentar RStGB, Bd. I, 6. Aufl., S. 674 f. zitierten Entscheidungen.

38 Etwa, daß der § 184 c der Vorlage, der tatsächlich, wie Kraus und Harden schreiben, als § 184 Abs 2 StGB längst geltendes Recht war, »besonders heftig bekämpft« (36/14) worden sei. Das ist schlicht unwahr.

cen in Zeitungen. Hier trübt dem Satiriker sein Pressehaß den Blick. Denn diese Vorschrift zielte primär auf die Annoncierenden, nicht auf die Zeitungen, denen schon wegen der (damals) grundsätzlich verschleierten Form solcher Anzeigen und der weitgehend kontrollfreien Mechanik des Annoncengeschäftes selten (Beihilfe-)Vorsatz nachzuweisen war, die also im wesentlichen nur mittelbar, nämlich finanziell, von der Regelung betroffen waren.[39] Aber die Strafbarkeit all der »strengen Masseusen«, der »Wanda Masochs« und der »vorurteilsfreien Reisebegleiter«[40], die man ansonsten nicht für geboten hält, deshalb zu loben, weil den dafür kassierenden Zeitungen der Profit beschnitten wird, ist logisch wie strafrechtlich nicht akzeptabel. Das hat Kraus schon wenig später selbst so gesehen. Im Oktober 1905 stellt er in einer »Antwort des Herausgebers« an eine fingierte »strenge Masseuse« klar, »daß der peinliche Eindruck Ihrer Annoncen nicht in der Sache selbst, sondern in dem publizistischen Mittel begründet ist, dessen Sie sich zur Förderung einer guten Sache bedienen« (185/23; vgl. bereits 179/5 = S1/154). Knapp zwei Jahre später heißt es deutlich:

> Natürlich halte ich die Veröffentlichung von Sexualannoncen für die weitaus verdienstvollste aller Tendenzen, die die »Neue Freie Presse« verfolgt. Und nur weil die »Neue Freie Presse« nicht selbst dieser Ansicht ist, und in ihrem redaktionellen Teil sich manchmal über das Treiben der Kupplerinnen entrüstet hat, habe ich manchmal den Charakter ihres Inseratenteils zu enthüllen für notwendig erachtet. (227/36; überarbeitet in S1/34).

In dieser Gestalt blieb der Hinweis auf die schäbige Inkonsistenz der moralisierenden, aber per Annonce kuppelnden Journale ein zwar beiläufiges, doch ständiges Motiv der *Fackel*.[41] Einen plau-

39 Daß der verantwortliche Redakteur einer Zeitung wegen solcher Annoncen presserechtlich, nämlich wegen Vernachlässigung der »pflichtmäßigen Sorgfalt« nach Art. 21 des RPreßG, belangt werden konnte, statuierte nur eine sekundäre (Fahrlässigkeits-)Haftung, die mit § 184 Nr. 4 RStGB nichts zu tun hatte und deren Kosten von den Zeitungen oft in den laufenden Etat eingeplant wurden.

40 Vgl. die Beispiele solcher Sexualannoncen im ArchKrimAnthr 12 (1903), S. 344 f.; in der *Fackel* s. die Zitate in 179/5 = S1/154.

41 Vgl. 305/43 ff.; 339/19 (Dezember 1911) über Präservativ-Annoncen (von der Lex Heinze über § 184 Nr. 3 unter Strafe gestellt), die »der einzige anständige, vernünftige und geschmackvolle Beitrag« in der

siblen Grund für ein Lob der Lex Heinze gibt die Erwägung nicht her. Im Mai 1899 druckt Kraus einen Artikel Wilhelm Liebknechts über das »Lex-Heinze-Spektakel« ab, worin der berühmte Sozialdemokrat ohne jede Sympathie für die Philistermoral der Gesetzesvorlage und mit beachtlichen Argumenten die parlamentarischen Aufregungen als »Entrüstungsrummel« und »Komödie des bürgerlichen Liberalismus« denunziert (42/2 ff.[42]). In einer Fußnote stimmt Kraus zwar der Komödienthese zu, lehnt aber ausdrücklich das Verdikt über die Lex Heinze ab. Er muß zwei Jahre später die Friktionen dieser Haltung mit der in »Sittlichkeit und Criminalität« bezogenen deutlich gespürt haben. Denn er versucht sie mit (dem freilich ebenfalls unhaltbaren) Argument zu bereinigen, man könne sehr wohl »für die lex Heinze eintreten« und zugleich »vor jedem Eingriff in das sittenloseste Privatleben warnen« (S1/14 = 115/7). Man kann nicht gut. Richtig ist die Abwehr der Eingriffe ins Privatleben. Richtig ist auch dessen grundsätzliche strafrechtliche Abtrennung vom öffentlichen Verhalten. Falsch ist aber die Auffassung, daher dürfe das letzere schon in den Formen bloßer Belästigungen oder »Schicklichkeits-Verstöße« mit dem Strafgesetz bekämpft werden. Die Kraussche Auffassung zur Lex Heinze ist abwegig. Spätestens 1902 wußte er das auch. Die Bemerkung in »Sittlichkeit und Criminalität« ist vor dem Hintergrund seiner damals schon formulierten Rechtsgutsauffassung ein schlechtes Rückzugsgefecht. Als er am 29. Mai 1905 in einer (allerdings privaten) Veranstaltung Wedekinds *Büchse der Pandora* in Wien zur Aufführung brachte[43], dürfte der »Theaterparagraph« der Lex Heinze längst im Orkus seiner Verdrängungen verschwunden gewesen sein. Ein analoges Gesetz in Österreich hätte Autor, Regisseur und Darsteller nicht nur, wie es Wedekind ja ausführlich widerfuhr[44], mit der Zensur, sondern mit dem Gefängnis bedroht.

Tagespresse seien; vgl. im gleichen Sinn noch 557/36 ff.; 759/92 f., sowie 820/7 ff. (Oktober 1929).

42 Vgl. auch Liebknechts folgenden Artikel dazu (und zur Affäre Dreyfus) in 44/5 ff.

43 Dazu ausführlich *Salvesen* (1981), Alliance, S. 42 ff. Geladene Gäste der Aufführung waren übrigens auch Sigmund Freud und Alban Berg, dessen viel späteres Opernfragment »Lulu« auf dieses Erlebnis zurückgehen dürfte; vgl. *Salvesen* a.a.O., S. 61 f.

44 Wedekind wurde allerdings auch einmal (und zwar ebenfalls 1905)

Bemerkenswerter noch als dieser frühe »sittliche« Fehltritt des Satirikers ist die Tatsache, daß er den eigentlichen Anlaß der Lex Heinze, den Zuhälterparagraphen 181 a, der freilich auch von den liberalen Kämpfern anstandslos gebilligt wurde[45], gänzlich unkommentiert ließ. Die Vorschrift richtete sich gegen die bloße Existenzform des Zuhälters, die auf der Grundlage gänzlich ungesicherter und später widerlegter kriminologischer Annahmen kurzerhand zur »Brutstätte des Verbrechens« stilisiert wurde.[46] Doch selbst ein wirklich kriminogenes Phänomen gibt für ein liberales rechtsstaatliches Schuldstrafrecht noch keinen ausreichenden Pönalisierungsgrund ab.[47] »Brutstätten des Verbrechens« sind zahlreiche andere soziale Sphären, vor allem die der Armut und der Not. Kraus hat später die Figur des Zuhälters als durchaus plausible Schutzeinrichtung für die von einer moralisierenden Gesellschaft verfolgten Dirnen angesehen und von anderen Nutznießern der polizeilichen und strafrechtlichen Prostitutionsverfolgung scharf und positiv abgehoben:

wegen »Verbreitung unzüchtiger Schriften« nach § 184 Abs. 1 StGB angeklagt; corpus delicti war gerade die »Büchse der Pandora«. Nach erstinstanzlichem Freispruch und Aufhebung dieses Urteils durch das Reichsgericht wurde Wedekind in der erneuten erstinstanzlichen Verhandlung lediglich mangels Vorsatzes freigesprochen, das Drama für objektiv unzüchtig erklärt und dessen Einziehung samt Unbrauchbarmachung der Druckplatten nach § 41 StGB angeordnet. Vgl. zum Prozeßverlauf dessen ausführliche Dokumentation in dem 57seitigen Vorwort zur 3. Auflage der »Büchse der Pandora« (1906); vgl. insgesamt zur Zensur von Wedekinds Werken *Becker*, Büchse der Pandora, in: *Austermühl/Kessler/Vincon* (Hg.) (1989), Wedekind, S. 129 ff., sowie *Meyer* (1982), Theaterzensur in München.

45 Und bis 1974 in Kraft blieb, sogar in der 1933 (zum Verbrechenstatbestand) erheblich verschärften Form.

46 Vgl. etwa *Schmidt-Ernsthausen*, Zuhälterei in ZStW 24 (1904), S. 188. – Dieselbe Begründung verwendet noch 1962 der (freilich inzwischen ob seiner viktorianischen Antiquiertheit legendäre) E 62; vgl. ebd., S. 395.

47 Treffende, auch kriminologische Kritik vor allem bei *Jäger* (1957), Sittlichkeitsdelikte, S. 95 f.; ebenfalls bei *Hanack* (1969), Revision des Sexualstrafrechts, S. 204 ff. – Der heutige § 181 a hat eine andere und plausiblere, wenn auch (wegen der Einwilligung der Dirne) nicht problemfreie Schutzrichtung: die Prostituierte gegen Ausbeutung zu schützen.

Der Zuhälter ist das Vollzugsorgan der Unsittlichkeit. Das Vollzugsorgan der Sittlichkeit ist der Erpresser. (309/34 = S8/191)[48]

Im März 1901 greift der Satiriker den Fall einer von der Polizei irrig für eine Prostituierte gehaltenen und zum Zweck des entsprechenden Nachweises zwangsuntersuchten Französin auf und hält der journalistischen Entrüstung über diese Verwechslung die Aufforderung entgegen, nicht die versehentliche Mißhandlung einer falschen, sondern die routinemäßigen Mißhandlungen der richtigen Prostituierten zu monieren (70/9). Im folgenden *Fackel*-Heft weist er auf »die schmähliche, menschenunwürdige Behandlung der Prostituierten in Österreich«, auf die »ebenso grausamen wie unerfüllbaren« sitten- und sanitätspolizeilichen Vorschriften (71/22) hin.[49] Die ursprünglich generelle Strafbarkeit der Prostitution (§ 509 ff. StG) war durch § 5 des sogenannten »Vagabundengesetzes« vom 24. Mai 1885 aufgehoben worden.[50] Seither waren nur noch bestimmte qualifizierte Formen und vor allem die Übertretung etwa bestehender sittenpolizeilicher »Anordnungen« strafbar. Das konnten generelle, im Verordnungsweg erlassene Regelungen, aber auch einzelne polizeiliche Verwaltungsakte sein. Am 17. Januar 1900 wurde die »Instruction für die Überwachung der Prostitution« erlassen, die als ihr vorrangiges Ziel die sanitäre Kontrolle des Milieus bezeichnete. Das zu diesem Zweck an die gemeldeten Prostituierten ausgegebene »Gesundheitsbuch« und die wöchentlich zweimalige, gebührenpflichtige Untersuchung sollten de jure nicht den Charakter einer behördlichen Erlaubnis zur Prostitution annehmen, was sich freilich de facto nicht halten ließ.[51] Motiv dieser Vermeidungsstrategie waren, neben der offiziellen Heuchelei, wonach die Prostitution in keiner Form akzeptiert werden durfte, die Friktionen, die eine polizeilich lizenzierte Prostitution mit

48 Vgl. auch 251/41 = S8/47 und 341/20 sowie das Lob für den Zuhälter in 263/26 = S2/31 (»Prozeß Veith«).

49 Vgl. bereits den nicht von Kraus selbst geschriebenen Aufsatz »Sittenpolizei« in 43/8 ff.

50 Abgedruckt und kommentiert in *Altmann/Jacob* II, S. 1709 ff. Die Regelung ist dem deutschen § 361 Nr. RStGB nachgebildet; zu diesem eingehend *Stenglein*, Prostitution, in: Gerichtssaal 62 (1903), S. 161 ff.

51 Zum Ganzen eingehend *Baumgarten,* Polizei und Prostitution, in: ArchKrimAnthr 8 (1902), S. 233 ff.

dem umfassenden Kuppeleiverbot des § 512 StG erzeugte, nach welchem sich jeder, »der Schanddirnen zur Betreibung ihres unerlaubten Gewerbes bei sich einen ordentlichen Aufenthalt oder sonst Unterschlupf« gab, strafbar machte.[52] Die Judikatur behalf sich schließlich mit einer restriktiven Auslegung des Tatbestandsmerkmals »unerlaubtes Gewerbe«; davon werde die kontrollierte Prostitution nicht erfaßt.[53] Zwischen den vagen Grenzlinien einer de facto erlaubten, de jure bloß informell hingenommenen Prostitution lag eine Zone der ständigen strafrechtlichen Unsicherheit für die registrierten Dirnen und eines korrespondierenden Arsenals von Repressalien durch die Polizei. Schon nach der »Instruction« war den Dirnen »das Betreten einzelner belebter Straßen während der Tageshelle« – auch bei Erledigung von Einkäufen –, war ihnen »auffälliges Benehmen«[54], »wiederholtes Promeniren in einer Straße«, »das Stehenbleiben oder Umhergehen vor Nachtcaffeehäusern«, sogar das »Herabsehen aus dem Fenster ihrer Wohnung« verboten.[55] Diese nicht sanitäts-, sondern offenkundig sittenpolizeilichen Schikanen führten zum massenhaften Ausweichen der Frauen in die illegale Prostitution. Auf 1700 polizeilich gemeldete kamen um die Jahrhundertwende 15 000 clandestine Dirnen.[56] »Der sanitäre Zweck

52 Siehe zu diesem Widerspruch die Bemerkung von Kraus in 216/13 = S1/265. – Zu den analogen Problemen im deutschen Strafrecht (einerseits § 361 Nr. 6, andererseits § 180 RStGB) vgl. *Bohne* (1930), Kuppelei, in Fschr. Frank, Bd. 2, S. 446 ff. (m. w. N.).

53 S. *Altmann/Jacob* I, S. 1011; die Rspr. dazu war gleichwohl schwankend; KH 2945 (30. 4. 1904) steht auf dem Standpunkt, daß nach dem StG »das Schandgewerbe nie ein erlaubtes« sein könne, also der Kuppeleiparagraph grundsätzlich auch auf Besitzer geduldeter Bordelle anwendbar sei; dagegen der OGH vom 20. 4. 1911 in ÖR 2. Band, Nr. 236, S. 237 f., mit zust. Anm. *Löfflers.*

54 Wie rigide dieses Reglement gehandhabt wurde, zeigt die Glosse in 270/37 f.: Verhaftung einer Frau ausschließlich wegen auffälliger Kleidung. – Kraus hat später, nach dem Weltkrieg, immer wieder auf die Unglaubwürdigkeit der demokratischen Revolution hingewiesen, die auch nach Abschaffung der Monarchie deren »Sittenpolizei« (Keuschheitskommission) beibehielt; vgl. 561/102 f. (dazu auch 577/16 f.; 632/ 136 ff.; 649/57 ff.; 679/119 ff.).

55 Zitiert nach *Baumgarten*, Polizei und Prostitution (wie Anm. 51), S. 239 f., 243; vgl. damit die analoge Liste bei Kraus in 70/22.

56 *Baumgarten*, a.a.O., S. 236.

der Regelung der Prostitution«, konstatiert Baumgarten 1902, »das ist die Verhütung der Verbreitung venerischer Erkrankungen, wird von der sittenpolizeilichen Tendenz erschlagen«.[57]

Die typischen Folgeeffekte dieses Zustands legte im Herbst 1906 ein Strafprozeß gegen die Wiener Bordellwirtin Regine Riehl exemplarisch bloß. Eine Woche nach der Urteilsverkündung, am 13. November, erschien die *Fackel* mit einem einzigen Aufsatz unter dem Titel »Der Prozeß Riehl«:

In das nach dem Zustand ihrer Straßen und ihrer Gehirne genannte Weichbild dieser Stadt klatscht eine »Affäre«. Die Besitzerin eines konzessionierten Bordells ist der wirtschaftlichen und gesundheitlichen Ausbeutung ihrer Mädchen beschuldigt. [...] Anderorts ein unbeträchtlicher Fall wie jeder Übergriff, der die Rechtsbeziehungen zwischen Dienstgebern und Dienstnehmern stört. Beträchtlicher, wenn die Aufsichtsorgane – Gewerbeinspektoren oder Polizisten – die Ungebühr, zu deren Beseitigung sie gerufen waren, festigten und von der Willkür Zinsen nahmen. [...] Eine Affäre amtlicher Korruption also, öffentlichen Aufsehens würdig. Würdig der Empörung, doch auch einer zweckbewußten Erledigung, die die zweckvergessene Aufsicht schwerer zu treffen hätte, als das Raubsystem einer konzessionierten, privilegierten und mehrfach ausgezeichneten Kupplerin. (S1/229 = 211/2 f.)

Regine Riehl hatte, mit einer gewissen Fluktuation im Bestand ihres Personals, jahrelang jeweils 20 Prostituierte hinter verschlossenen Türen, vergitterten Fenstern und mit rabiaten Sanktionen für Fluchtversuche gefangengehalten und nahezu nur für sich, die Bordellwirtin, arbeiten lassen. Die kontrollierende Polizei beruhigte sich über die durchaus wahrnehmbare Freiheitsberaubung einerseits mit der Gesetzeslage, nämlich den strengen Abschirmvorschriften der »Instruction«; andererseits war sie, in Gestalt eines Kommissars und eines Polizeiagenten, bestochen: durch Naturalleistungen der Mädchen im Hause Riehl. Das Stimmen- und Tonfallsgewirr des Verfahrens, dem Kraus in der *Fackel* eine manchmal grotesk anmutende Resonanz verschafft, läßt sich anhand einer umfangreichen Dokumentation des Prozeßprotokolls im *Archiv für Kriminal-Anthropologie*[58] exakt ve-

57 A.a.O., S. 242.

58 Vgl. »Der Prozeß Riehl und Konsorten in Wien«, in: ArchKrim Anthr 27 (1907), S. 1-111. – Der Vorsitzende des Prozesses war übrigens, ohne daß Kraus dies erwähnte, jener Johann Feigl, der mit

rifizieren – bis hin zu abstrusen Einzelheiten, jenem Satz der Riehl etwa, den der Satiriker der gesamten Atmosphäre des Prozesses als symbolischen Grundton unterlegt: »Madeln, verführts mir den dicken Kommissär, aber nehmts kein Geld von ihm« (S1/230 = 211/3).[59] Die Mitschuld der Polizei und hinter dieser des gesamten sittenpolizeilichen Reglements an den gravierenden Straftaten der Bordellwirtin[60] wurde im Verfahren so evident, daß sich weder in der Anklageschrift noch in der Urteilsbegründung deutliche Anklänge dieser Erkenntnis vermeiden ließen.[61] Auf den erregten Vorhalt eines der Beisitzer gegenüber einem polizeilichen Zeugen (wobei das Wort »Schandgewerbebehörde« fiel) antwortete dieser: »Ich muß entschieden gegen den Ausdruck ›Schandgewerbebehörde‹ protestieren. Die Polizei ist nicht zum Schutze der Prostituierten da, sondern zum Schutze der Öffentlichkeit gegen die Prostitution.«[62] Dieses Streiflicht auf die Bewußtseins- oder besser Unbewußtseinslage einer Gesellschaft, dieser ehrbare Zynismus und die ihn stützende allgemeine Indolenz: sie sind die eigentlichen »Enthüllungen« des Riehl-Prozesses. Sie sind es, was der Satiriker gegen Ende seines Aufsatzes mit dem kontrastierenden Pathos seiner Hetärenmetaphysik grell markiert. Hier fällt der schlüssige Satz:

> »Den Verachtetsten unter den Verachteten Schutz zu gewähren«, heischt eine Verteidigerphrase.[63] Aber »schützen« heißt hier einzig und allein: *Nicht verachten*! (S1/249 = 211/26)

seinem »Lebenslänglich« gegen den jugendlichen Ringstraßenräuber als »Unhold« auf die Nachwelt des Satirikers gekommen ist (vgl. oben, S. 267 ff.).

59 Dokumentiert in ArchKrimAnthr, a.a.O., S. 71; vgl. auch S. 23.

60 Sie erhielt dreieinhalb Jahre schweren, vierteljährlich durch einen Fasttag verschärften Kerkers; vgl. ArchKrimAnthr, a.a.O., S. 84.

61 Vgl. ArchKrimAnthr, a.a.O., S. 9 und S. 90; vgl. auch die Konstatierung des Verteidigers der Riehl auf S. 57 sowie deren Aussage auf S. 63; vgl. weiterhin den Kommentar »Zum Fall Riehl«, in MschrKrimpsych 3 (1907), S. 618 ff.: »Ermöglicht wurde es [...] nur durch das Verhalten der Polizei.« (S. 618).

62 ArchKrimAnthr, a.a.O., S. 66. – Kraus zitiert den Satz ebenfalls (S1/232 = 211/5 f.).

63 Sie wurde in dem Plädoyer des Verteidigers einiger wegen Falschaussage ebenfalls angeklagter Mädchen aus dem Haus Riehl verwendet; vgl. ArchKrimAnthr, a.a.O., S. 80.

Er habe, schreibt Kraus im Dezember 1922, die Strafjustiz »ein Menschenalter hindurch« beobachtet (608/6). Nichts hat er dabei schärfer wahrgenommen und festgehalten als die gezielten und die beiläufig bewußtlosen Strategien der strafrechtlichen Sittlichkeit »gegen das lebendige Leben« (608/6). Daß etwa die vita sexualis eines – und vor allem einer – Angeklagten als Strafzumessungserwägung für Delikte jedweder Provenienz herangezogen werden dürfe, war damals (und noch lange danach[64]) für die Strafjustiz eine selbstverständliche Lizenz zur Anwendung eines gesinnungsstrafrechtlichen Kriteriums. »In Wien«, schreibt Kraus 1906, in einer Nachbemerkung zum »Prozess Rutthofer« (208/1 ff.; 209/9 ff. = S1/218 ff. und 222 ff.),

> hat ein Gerichtshof den Mut, die »Undankbarkeit« und das »nicht untadelhafte Vorleben« einer Frau als erschwerende Umstände bei einem Todschlag [sic!] anzunehmen und mangels einer »Bescholtenheit« die »Vergangenheit« zu berücksichtigen; in den Geschlechtsakten einer Angeklagten wie in einem Vorstrafenverzeichnis zu wühlen und die Tatsache, daß sie nicht als Jungfrau in die Ehe trat, für eines jener Momente anzusehen, die die Anwendung des § 338 der Strafprozeßordnung ausschließen! (213/5)[65]

Der Kassationshof hatte das Urteil des Schwurgerichts Innsbruck, das zugunsten der Angeklagten von dem »außerordentlichen Milderungsrecht« des § 338 Abs. 2 StPO[66] Gebrauch gemacht und ein Strafmaß unterhalb des gesetzlichen Rahmens (§ 142 StG: 10–20 Jahre) festgesetzt hatte, aufgehoben und wegen ihres sexuellen Vorlebens auf 10 Jahre schweren Kerkers erhöht.[67] Das »Wühlen in den Geschlechtsakten« der Angeklagten hatte hier allerdings bereits in der Vorinstanz ein solches Ausmaß angenommen, daß der Justizminister sich veranlaßt sah, einen Erlaß »über die Leitung der Schwurgerichtsverhandlungen« her-

64 Vgl. hierzu die Kritik *Arth. Kaufmanns* am deutschen StGB-Entwurf 1962, Alternativ-Entwurf und Erbe Radbruchs (1968) in: *ders.* (Hg.), Ged.Schr. Radbruch, S. 324 ff.

65 Daß das sexuelle Vorleben auch bei männlichen Angeklagten als Indiz etwa für einen Betrugsvorwurf herhalten konnte, dokumentiert 179/1 ff. = S1/151 ff.; vgl. auch 484/169 (»Fragen an Mörder«: ausschließlich nach dem Sexualleben).

66 S. oben, S. 87 f.

67 Das Urteil ist in der amtlichen Sammlung nicht abgedruckt. Kraus zitiert aber in 213/4 wörtlich aus den Entscheidungsgründen.

auszugeben.[68] Die funktionale Unlogik einer Justiz, die für das Phantom der sexuellen Sittlichkeit »Menschenopfer unerhört«[69] in Kauf nahm, legt der Satiriker schlagend in dem tragischen Fall der Mizzi Veith bloß, die aus den Einkünften ihres »Schandgewerbes« die Unterhaltspflicht gegenüber ihrem Stiefvater bestritt und, als dieser deswegen verhaftet und angeklagt wurde, Selbstmord beging.[70] § 132 Abs. 4 StG bestrafte »Eltern, Vormünder, Erzieher oder Lehrer«, die ihren Kindern oder den ihnen anvertrauten Personen Gelegenheit zu einem »unerlaubten Verständnis« des Sexuallebens boten, wegen schwerer Kuppelei, eines *Verbrechens*, mit einem bis fünf Jahren schweren Kerkers. Das galt nach der Rechtsprechung und der h. M. im Schrifttum auch, wenn die »verkuppelte« Person volljährig und selbständig[71], ja nach der Rechtsprechung des OGH selbst dann, wenn sie längst vor der zu beurteilenden »Kuppelei« als Prostituierte polizeilich registriert war.[72] Kraus kommentiert dies mit Blick auf den Prozeß Veith schlüssig:

> Er hat also eine strafgesetzlich erlaubte Handlung, die Prostitution seiner Tochter, geduldet und eine ethische Handlung, die Unterstützung des Vaters durch das Kind, gefördert. Der Konnex einer erlaubten und einer sittlich gebotenen Handlung bildet das Verbrechen der Kuppelei. (S2/20 = 263/14[73])

68 Abgedr. in: Gerichtshalle 51 (1907), S. 394. Auch Kraus spielt im Mai 1907 beiläufig auf diesen Erlaß an (225/7 = S1/293).

69 Ein Wort aus Goethes »Braut von Korinth« (I/154), das Kraus im Zusammenhang seiner Kritik an der Strafjustiz gelegentlich verwendet.

70 Erste Erwähnung der Geschichte in 253/21 f.; später ein ganzes *Fakkel*-Heft für den Aufsatz »Prozeß Veith« (263/1 ff. = S2/9 ff.). 16 Jahre danach hat Kraus den Aufsatz noch einmal, mit einem auf die fortdauernde Aktualität hinweisenden Vorwort, in Wien vorgelesen (vgl. 657/97).

71 Vgl. *Altmann/Jacob* I, S. 353 und die dort zitierten Entscheidungen. – Schwer zu glauben, aber wahr ist, daß noch 1953 der BGH zu § 182 Abs. 1 Nr. 2 (a. F.) StGB ebenso entschieden und einen Vater wegen schwerer Kuppelei an seinem 24jährigen Sohn verurteilt hat, wobei expressis verbis der »schwere Sittenverstoß« als alleiniger Strafgrund bezeichnet wurde; vgl. BGHSt 5, S. 185 ff.

72 KH 2036 (13. 11. 1896).

73 Marcell Veith erhielt ein Jahr schweren Kerkers; vgl. dazu (und zu der in der Fackel ebenfalls erwähnten Rolle des Polizeichefs Stukart, der nach einer Tagebucheintragung der Mizzi Veith mit dieser einmal

Noch 1961, zwei Jahrhunderte nach Beccaria und eineinhalb nach Feuerbach, schrieb der bekannte Wiener Kriminologe Grassberger mit deutlicher Zustimmung, das österreichische Sittlichkeitsstrafrecht schütze eben »die für das glückliche Zusammenleben der Menschen maßgebende Gemeinschaftsordnung, ohne allzuviel danach zu fragen, ob und inwiefern das verbotene Verhalten in die Rechtssphäre eines konkreten Individuums eingreift«.[74] Daß es dabei gelegentlich auch nicht allzuviel nach der Logik fragte, ist in der *Fackel* nachzulesen. Aber wer dies für ältere und Grassbergers Votum zwar für jüngere, aber beides für erledigte Vergangenheit halten möchte, der lese die Entscheidung des BayObLG vom 21. 7. 1988 zum geltenden Straftatbestand der verbotenen Prostitution nach § 184 a StGB: »Der verbotenen Prostitution geht nach, wer über seinen im Sperrbezirk gelegenen Telefonanschluß Gespräche über Hausbesuche bei Freiern zu entgeltlicher sexueller Betätigung führt.«[75] Vor dem Hintergrund der seit 200 Jahren geführten Diskussion über die materiellen Unrechtsvoraussetzungen »Sozialschädlichkeit« oder »Rechtsgutverletzung« kann dieses Urteil nicht anders als abwegig genannt werden.[76] Bedenklich genug und weder mit der Rechtsgutslehre noch mit dem Grundrechtsschutz der Wohnung zu vereinbaren ist der gegenwärtige Konsens in Rechtsprechung und Wissenschaft, daß der Tatbestand des § 184 a schon durch den vollkommen unauffälligen Besuch einer Dirne in der im Sperrbezirk gelegenen Wohnung des Freiers erfüllt werde.[77] Doch das zitierte Urteil des höchsten bayerischen Gerichts ist überhaupt nicht mehr rational, sondern nur mit dem ungebrochenen, aber im Strafrecht deplazierten »sittlichen« Ab-

»im Theater gewesen« war) *Eduard von Liszt*, Wie man Beweise herstellt, in: ArchKrimAnthr 32 (1909), S. 52 ff.

74 *Grassberger* (1961) Sittlichkeitsdelikte, in: Fschr. Eb. Schmidt, S. 334.

75 JZ 1989, S. 51 (Leitsatz).

76 Berechtigte Kritik bei *Behm*, JZ 1989, S. 301 f.

77 Vgl. *Sch.-Schr./Lenckner*, Rdnr. 4 zu § 184 a. Allenfalls – und in Wahrheit nicht einmal das – dürfte hier eine Ordnungswidrigkeit angenommen werden. Daran ändert auch die Tatsache nichts, daß § 184 a ein abstraktes Gefährdungsdelikt ist. Denn da dem schlichten Wohnungsbesuch der Prostitutionscharakter nicht anzusehen ist, kann er das geschützte Rechtsgut – die Freiheit von schwerwiegender Belästigung – auch abstrakt nicht gefährden. Die gegenteilige Behauptung ist eine petitio principii.

wehrreflex gegen die Prostitution erklärbar. Während der Beratungen zur Lex Heinze vor knapp hundert Jahren schrieb der damalige Reichskanzler Fürst Hohenlohe in sein Tagebuch:

Das ganze Getue über Prostitution ist auf männlicher Seite Scheinheiligkeit, auf weiblicher Hysterie [...].Es ist ein krankhafter Zug unserer Zeit, die Menschen durch Strafgesetze tugendhaft machen zu wollen. Die menschliche Natur fordert die Befriedigung des Geschlechtstriebs und wird diese finden, auch wenn noch so viele Strafbestimmungen erlassen werden. Das Ergebnis wird nur sein, daß die Heuchelei zunimmt [...]. Was wir brauchen, ist die Regelung der Befriedigung des Geschlechtstriebs und Schutz für die Hetären.[78]

Eine trotz erheblicher strafrechtlicher Verbesserungen noch unerledigte Forderung. Prophetisch war dagegen die Prognose des Karl Kraus vom Dezember 1903, »daß auch die Staatsanwälte des 20. Jahrhunderts über den Geschlechtsregungen der Steuerzahler wachen werden« (150/3).

Eher noch empfindlicher reagierte der Satiriker auf die Ausgrenzungsstrategien, mit denen die Strafjustiz Prostituierte gelegentlich aus dem allgemeinen Schutzbereich des Strafgesetzes hinausdrängte. Denn hier sah er das oberste rechtliche Formprinzip verletzt: das Gebot der Gleichbehandlung, von der schon Seume in seinen »Apokryphen« ganz richtig schreibt, sie sei »im Recht, was der Satz des Widerspruchs in der Philosophie ist«.[79] Das sozusagen klassische und bis heute umstrittene Problem des Betrugs um den »Dirnenlohn« fehlt dabei nicht. In der *Fackel* vom Januar 1912 steht das folgende: Eine Prostituierte war mit einem ungedeckten Scheck bezahlt worden und hatte Strafanzeige wegen Betrugs (§ 197 StG) erstattet. Der Angeklagte wurde freigesprochen, da das Tatbestandsmerkmal des »Schadens« bei der Frau nicht erfüllt sei. Der entgangene Gewinn komme dafür nicht in Betracht, da er »mit Rücksicht auf den Ursprung des Anspruchs nicht einmal zivilrechtlich klagbar wäre« (341/19). Das entsprach der damals in Deutschland wie in Österreich praktisch einhelligen Auffassung in Rechtsprechung und Literatur.[80] Noch 1966 konnte Cramer von einer in der deutschen

78 *Fürst Hohenlohe-Schillingsfürst* (1931), Denkwürdigkeiten, Bd. 3, S. 561, 560.
79 *Seume* (1974), Apokryphen, in: *ders.*, Prosaschriften S. 1296.
80 Vgl. für Deutschland vor allem RGSt 27 (1895), S. 300 f.; *Binding*,

Rechtsprechung »seltenen Einigkeit« sprechen: »Ein Betrug zum Nachteil der Dirne wird abgelehnt; und zwar ohne Rücksicht darauf, ob durch die Täuschung deren sexuelle Preisgabe erreicht oder ihr ›Anspruch‹ auf Bezahlung geleisteter Dienste vereitelt wird.«[81]

Das dürfte noch immer die in Deutschland herrschende Meinung darstellen. Geradezu verräterisch dabei ist, daß eben diese herrschende Meinung wie auch die Rechtsprechung beim Betrug einen rein wirtschaftlichen Schadensbegriff vertritt, wonach es kein strafrechtlich ungeschütztes Vermögen geben dürfe. Der BGH hat schon kurz nach der diesbezüglichen Grundsatzentscheidung[82] das logische Dilemma ein- und vorgeführt, indem er gleichwohl eine Anwendung des Betrugsparagraphen auf das Prellen einer Dirne um die Bezahlung ablehnte.[83] Lackner weist als Vertreter eines »juristisch-ökonomischen« Vermögensbegriffs beim Betrug mit berechtigter Verwunderung darauf hin, daß diese Entscheidung von den Anhängern der wirtschaftlichen Vermögenslehre überwiegend gebilligt wird.[84] Die apodiktische Auflösung des Dilemmas, die der BGH anbietet, ist nicht haltbar: Dem Geschlechtsverkehr komme »für das Recht kein in Entgelt zu veranschlagender Wert zu«.[85] Das ist falsch. Nach dem wirtschaftlichen Vermögensbegriff hat das Recht alleine auf die Usancen der respektiven Verkehrskreise abzustellen. Daß der Prostitutionsleistung ein in Entgelt zu veranschlagender Wert zukommt, zeigen zur Evidenz die in dieser Sphäre üblichen und bezahlten Preise.[86] Der offenkundige Fehler des Arguments ist

Lehrbuch B.T., Bd. 1, S. 343; *Zeiler*, Betrug und Betrugsversuch, in: ZStW 28 (1908), S. 481; für Österreich: *Finger*, Lehrbuch, Bd. 2, S. 569.

81 *Cramer*, Grenzen des Vermögensschutzes, in: JuS 1966, S. 472; zustimmend auch *ders.*, Sch.-Schr., Rdnr. 97 zu § 263.

82 BGHSt 2, S. 364 ff., im Anschluß an RGSt 44, S. 230 ff.

83 BGHSt 4, S. 373.

84 In LK, 10. Aufl., Bd. 6, RdNr. 122 zu § 263, Anmerkung 217.

85 BHSt 4, S. 373.

86 Zutreffende Kritik am BGH bei *Kühne*, Prostitution, in: ZRP 8 (1975), S. 186. Die Kritik läßt sich auch so begründen: Das Unterlassen einer Vorleistungsforderung der Dirne gegen den betrügerischen Freier ist jedenfalls eine durch Täuschung bewirkte, vermögensschädigende Disposition, die von § 263 StGB geschützt ist. Auf den »Entgeltwert« der Dienstleistung der Dirne kommt es dann gar nicht an.

kaum anders zu erklären als mit einer Intervention der Sexualmoral in das Gebiet der juristischen Logik. Die Ablehnung des Dirnenlohnbetrugs ist aber unabhängig von dem vertretenen strafrechtlichen Vermögensbegriff in jedem Fall unrichtig. Denn die zweite, fast durchgängig akzeptierte Prämisse dafür ist schwerlich haltbar: daß nämlich das einzelne Prostitutionsgeschäft nach Zivilrechtsgrundsätzen sittenwidrig und daher nichtig sei (§ 138 BGB). Will man den Sittenwidrigkeitsbegriff nicht einem kriterienlosen Privatvotum des einzelnen Richters überlassen – ein Verfahren, das nach allgemeinen Grundsätzen nicht akzeptabel wäre –, dann gibt es keine guten Gründe für das Nichtigkeitsverdikt über den Prostitutionsvertrag.[87] Die rein private Moralauffassung über einen Vorgang, der täglich von Tausenden rechtstreuer »guter Bürger« veranlaßt und betrieben wird, hat auch für die zivilrechtliche Beurteilung außer Betracht zu bleiben. Keines der sonst für die Sittenwidrigkeit herangezogenen objektiven Kriterien paßt auf die Prostitution.[88] Der Dirnenlohn müßte daher auch zivilrechtlich klagbar sein. Angesichts der herrschenden juristischen Unlogik, die sich von einer imaginären sexuellen »Sittlichkeit« noch immer anders informieren läßt, ist es im übrigen nicht verwunderlich, daß Prostituierte den Schutz, der ihnen von der Rechtsordnung verweigert wird, bei Zuhältern suchen.

Die strafrechtliche Kontrasterfahrung, daß eine Dirne, die sich für die verweigerte Bezahlung am Eigentum des Freiers schadlos hält, Diebstahl begeht, hat Kraus schon früh in der *Fackel* festgehalten.[89] Einem Freier namens Kohn war, da er nicht bezahlen

87 Zutreffend *Kühne* a.a.O, S. 185.

88 So auch *Kühne*, a.a.O.

89 Hinzuweisen ist außerdem auf den umgekehrten Betrugsfall: Die Dirne, die nach Zahlung des Freiers den Geschlechtsverkehr verweigert, betrügt selbstverständlich strafbar. Das kann zwar – weil das gezahlte Geld ganz sicher zum Vermögen des Freiers gehört – nicht einfach als Messen ein und desselben Sachverhalts mit verschiedenem Maß verstanden werden. Es erscheint aber als eine merkwürdige Form von Begriffsjurisprudenz, wenn der BGH den für beide Beteiligte normativ gleich zu bewertenden Prostitutionsvorgang zu juristisch konträr verschiedenen Ergebnissen führen läßt, ohne die Nötigung zu verspüren, das Äquivalent des gezahlten Geldes so zu beurteilen, wie es die Beteiligten getan haben: als Leistung, die ebendieses Geld wert sein sollte.

wollte, von der Dirne die Uhr weggenommen worden. Das anschließende Diebstahlsurteil kommentiert Kraus mit einem charakteristischen Vergleich:

Wenn ein Journalist um die bedungene Bestechungssumme geprellt wird, darf er sie einklagen. Bei uns ist es üblich, daß illustrierte Revolverblätter Schauspieler, die ihnen den Schandlohn für Bild und Lob mit Recht schuldig bleiben, zivilgerichtlich belangen. Kein Richter wagt es, solchen Vertrag als einen, der gegen die guten Sitten verstößt, für ungültig, für eine »causa turpis« zu erklären. Und doch gefährden die Prostituierten der Feder, die Fünfguldenmänner des Gedankens, die Freiknaben, die unter dem Strich gehen, die *öffentliche* Moral. Franziska N., die, wo die Not am höchsten war, Herrn Kohn am nächsten fand, und die schlimmstenfalls ihre individuelle Ethik, deren Wohl kein irdisches Gericht zu bekümmern hat, in Gefahr brachte, würde mit Spott davongejagt, wollte sie mit ihrem Anspruch vor ein Zivilgericht treten. (S1/135 f. = 171/19)[90]

Und zu dem im Januar 1912 zitierten Freispruch für die Dirnenentlohnung mit einem ungedeckten Scheck schreibt der Satiriker:

Ein wahnsinniges Recht gestattet die Verfolgung des Hungrigen, der für eine Semmel nicht gezahlt hat. Aber es verhält den Zechpreller des Geschlechts nicht einmal zum Ersatz; denn es verachtet jenen »Ursprung des Anspruchs«, der näher dem Ursprung der Welt liegt als die Jurisprudenz. Das Gesetz erlaubt bei der Prostitution eben noch den Betrug an der Prostituierten. Der Wiener Richter, heißt es, konnte nichts anderes tun als es anwenden. Die Geschwornenjustiz in Leitmeritz hat da mehr Bewegungsfreiheit. Die kümmert sich nicht um den Buchstaben des Gesetzes, das bloß den Betrug gestattet. Sie bewilligt den Mord, ja sie macht ihn zur Bedingung, indem sie eine Prostituierte nur dann straflos ausgehen läßt, wenn deren Ermordung nachgewiesen ist. (341/19 f.)

Dies spielt auf ein anderes Erlebnis des Satirikers mit der strafgerichtlichen Schutzverweigerung gegenüber Prostituierten an. Am 27. November 1911 sprach ein Schwurgericht in Leitmeritz den geständigen Mörder einer Prostituierten, der sich von ihr bestohlen glaubte, frei. Kraus kommentiert das Urteil in einer fühlbaren Mischung aus Abscheu und Entsetzen mit dem Satz: »Urteilsbegründung: A Hur war's« (338/13). Die Überschrift der Glosse hat eine konzentrierte symbolische Bedeutung: »Wahrung berechtigter Interessen«. Daß dies der strafrechtliche Terminus technicus für ein Rechtfertigungsproblem der Beleidigung

90 Vgl. auch die ähnliche Bemerkung in 185/2.

ist, wußte Kraus.[91] Als Überschrift der Glosse zu dem Leitmeritzer Freispruch für einen Mörder weist die juristische Formel prägnant auf das Gesinnungsapriori dieser Judikatur hin: Schon die Existenz der Prostituierten beleidigt die bürgerliche Ehrbarkeit, die daher gegebenenfalls noch der vorsätzlichen Tötung jener die Logik einer Art Rechtfertigung, einer Wahrung berechtigter Interessen unterzuschieben weiß.[92] Zehn Monate vor dem Leitmeritzer Urteil hatte Kraus schon einmal diesen Zusammenhang hergestellt: zwischen dem schwurgerichtlichen Freispruch für einen Mann, der seine Frau wegen »unsittlichen Lebenswandels« in Tötungsabsicht so schwer verletzt hatte, daß sie dauernd gelähmt blieb, und der in der *Fackel* nachgelieferten Urteilsbegründung »A Hur war's« sowie der Kennzeichnung von Tat und Urteil als »Wahrung berechtigter Interessen« (317/7 f.). Die Erinnerung an die Leitmeritzer Entscheidung einer »sittlich« disponierten Strafjustiz hat den Satiriker nicht mehr losgelassen. Leitmotivisch kehrt der verschwiegene Grund dieses Freispruchs[93] in den satirischen Revisionen der justiziellen Dirnenmißachtung in den folgenden *Fackel*jahrgängen wieder und noch im Oktober 1925 trägt eine entsprechende Glosse, die auch jenes Urteil streift, den Titel »A Hur war's« (697/11).

b) »Perversität«

Das ist die Überschrift eines Aufsatzes in der *Fackel* vom Dezember 1907, in dem Kraus grundsätzliche Überlegungen zur Homosexualität artikuliert (237/16 ff. = S1/301 ff.): eine apodik-

91 Vgl. den so überschriebenen Text in S1/131 zur »Judikatur in Ehrensachen«.

92 Diese genau erwogene Symbolik der Glossenüberschrift verkennt der Herausgeber der Krausschen »Schriften«, Christian J. Wagenknecht, wenn er im Anhang zu S1 (S. 361) meint, Kraus wolle mit der Überschrift seiner Leitmeritzglosse einfach an die frühere Kritik der Geschworenen-Judikatur erinnern, wie er sie in S1/131 für die Beleidigungsproblematik formuliert und mit dem gleichen Titel überschrieben hat.

93 Nach einem Prozeßbericht des »Neuen Wiener Journals« vom 28. 11. 1911 (S. 16) wurde der Täter freigesprochen, da ihn die Geschworenen »nicht für zurechnungsfähig hielten«. Nichts in dem Bericht deutet darauf hin, daß diese Begründung stichhaltig war.

tische Metaphysik, die zwei Grundtypen männlicher Homosexualität stilisiert. Der eine, und zwar gerade jener, den die Gesellschaft als »Wüstling« mit dem Odium des gänzlich Verworfenen umgebe, könne über die hetero- wie über die homoerotische Variante seines Sexuallebens frei disponieren; er stelle daher geradezu die Idealform sexueller Gesundheit dar. Der »geborene« Homosexuelle dagegen, der »Nichtanderskönner«, dessen (vermeintlich) weibliche Seele »ein vertrackter Zufall in einen männlichen Leib gesperrt« habe, sei manchmal durchaus eine »soziale Unbequemlichkeit«. Aber weder für diesen noch für jenen sei das Strafrecht zuständig. Das in unserem Zusammenhang Entscheidende des Aufsatzes ist nicht sein provokatives Desinteresse an jeder empirisch-wissenschaftlichen Plausibilität. Eher noch stärker als in seiner Hetärenmetaphysik ist hier die Stoßrichtung des Satirikers gegen das erotische Philistertum spürbar, dem man eben »so lange mit ›Paradoxen‹ auf den Schädel hämmern« müsse, bis es merke, daß sie die »einzigen Wahrheiten« sind. (237/19 = S1/303). Entscheidend ist vielmehr, daß diesseits aller spekulativen Phantasmen kalt und rational die strafrechtlichen Grenzen markiert werden:

Die Menschheit wird sich mit der Zeit – so etwa in 129–175 Jahren[94] – wahrscheinlich zur schwindelnden Höhe jener Erkenntnis emporschwingen, die die angeborene Homosexualität für eine Krankheit erklärt, die sie definitiv verzeiht, und die »erworbene« für ein Laster, das sie nach wie vor der strafrechtlichen Verfolgung, der sozialen Acht und dem Erpressertum überantwortet. Sie wird die Unterscheidung den psychiatrischen Schergen überlassen, die durch die bekannte Bordellprobe – vergleichbar der Wasserprobe des Hexenglaubens – untrüglich festzustellen vermögen, ob einer ein Kranker oder ein sog. »Wüstling« ist. Der Paragraph wird den »unwiderstehlichen« Zwang anerkennen, also wenigstens der Krankheit gegenüber Gnade für Recht ergehen lassen, aber die Schmach einer Menschheit vermehren, die sich von der Jurisprudenz an die Genitalien greifen läßt. Nie wird sich das Gesetz dazu entschließen, das Einverständnis zweier mündigen Menschen unbehelligt zu lassen, und wenn es schon anerkennen muß, daß Krankheit kein Verbrechen ist, so wird es dafür das »Laster« für ein umso größeres halten.[95] [...] Ich sage, daß man die geborenen Homosexuellen, nicht weil sie Kranke sind, freisprechen soll, sondern weil uns ihre Krankhaftigkeit keinen Schaden zufügt [...]. Auf die Gefahr hin, sich selbst dem

94 Nummern der Homosexualitätsparagraphen in StG und RStGB.
95 Vgl. denselben Gedanken in 324/18 und 376/20 = S8/313 f.

Verdacht der »erworbenen Homosexualität« preiszugeben, müßte jeder denkende Mensch laut aufschreien über die Schändlichkeit, die eine staatliche Norm für die Betätigung des Geschlechtstriebs vorschreibt, und laut und vernehmlich das Recht auf erworbene Homosexualität proklamieren. (S1/301 f. = 237/17 f.)

Als exemplarische Figur für jene Zunft der »psychiatrischen Schergen« dürfte Kraus Richard von Krafft-Ebing im Sinn gehabt haben, der damals freilich schon fünf Jahre tot war. Die Abneigung des Satirikers hatte er sich in einem anderen Zusammenhang zugezogen: als Gutachter der Wiener Medizinischen Fakultät in der Entmündigungssache der Prinzessin Luise von Sachsen-Coburg-Gotha. Damit ist eine Hof-, Klatsch- und Sexualaffäre bezeichnet, die zwischen 1897 und 1905 die öffentliche Sensationsgier Mitteleuropas ebenso in Atem hielt wie Psychiatrie und Justiz.[96] Die Prinzessin hatte 1896 das eheliche Palais in Wien verlassen und war seit 1897 mit ihrem »Kammervorsteher«, einem Oberleutnant Mattachich, durch Europa gereist – einen Berg von Schulden und da und dort offenbar von Mattachich gefälschte Wechsel hinterlassend. Zwischen dem betrogenen und von Gläubigern bedrängten Ehegatten und dem Liebhaber der Prinzessin kam es im Februar 1898 zum Duell, das beiderseits einen glimpflichen Ausgang nahm. 1898 wurde Mattachich verhaftet und militärgerichtlich zu 6 Jahren Gefängnis verurteilt. Auf Antrag des Prinzgemahls wurde Luise von Coburg 1899 entmündigt und in der deutschen Irrenanstalt Coswig interniert. Im Dezember 1903 bestätigte ein Gremium international angesehener Psychiater[97] die klinische Diagnose. Im Herbst 1904 befreite der inzwischen begnadigte Mattachich die Prinzessin in einer kolportageromanhaften Aktion. Die Affäre geriet erneut in den Fokus der öffentlichen Sensationslust. Trotz des ganz überwiegenden Beifalls der Presse für die Flucht und trotz einer geläufigen journalistischen Denunziation der psychiatrischen Gut-

96 Zum folgenden die ausführliche Darstellung von *Frese* (1905), Luise von Sachsen-Coburg und Gotha; speziell zu den strafrechtlichen Teilen der Affäre *Austerlitz* (1931), Die Wechsel der Prinzessin Luise von Coburg, in: *ders.*, Austerlitz spricht, S. 273 ff. (mit Dokumentation verschiedener Strafurteile).

97 Abgedr. bei *Frese,* a.a.O, S. 140 ff. Die Gutachter waren Jolly (Berlin), Wagner von Jauregg (Wien), Mélis (Brüssel), Weber (Sonnenstein).

achter[98] gab Kraus beiden populären Voten in der *Fackel* eine nachhaltige Resonanz.[99] Luises sexueller Normbruch und ihre Irrationalität in den Dingen der Lebensökonomie entsprachen dem Klischeebild des Satirikers vom »Weibe« in so hohem Grad, daß ihm an einer eingehenden Überprüfung der psychiatrischen Gutachten nicht viel gelegen war. Die Frage nach der Richtigkeit der Entmündigung ist heute nicht mehr angemessen zu klären. Im Mai 1905 erstatteten jedenfalls zwei Pariser Psychiater ein Gutachten, das die »Schwachsinnsthese« ihrer Vorgänger dezidiert zurückwies.[100] Entscheidend für unseren Zusammenhang ist dies: Der Gutachter, dessen Votum unmittelbar zur Entmündigung der Prinzessin führte, war Richard von Krafft-Ebing.[101] Kraus zitiert in »Irrenhaus Österreich« (korrekt[102]) aus diesem Gutachten Sätze, die ihm die Konsonanz des Krafft-Ebingschen Denkens mit den Vorurteilen der bürgerlichen Normalgesinnung zwingend zu belegen scheinen. Diese Lesart ist nicht ganz frei von maliziösen Deutungen, aber im wesentlichen plausibel. Durchgängig ist in Krafft-Ebings Gutachten die Neigung fühlbar, jeden Bruch mit den adeligen Konventionen und der bürgerlichen Moral, vor allem den Ehebruch, als Indiz für den Schwachsinn der Prinzessin zu nehmen.[103] Den »im weitesten Seelenreiche beschränktesten Forscher« (166/5 = S1/79) nennt

98 Vgl. dazu *Aschaffenburg*, Luise von Coburg und die Psychiater, in MSchrKrimPsych 1 (1904/05), S. 526 ff.

99 Vor allem in »Irrenhaus Österreich« vom Oktober 1904 (166/1 ff. = S1/76 ff.).

100 Zit. bei *Frese*, a.a.O, S. 171 ff.; vgl. dazu 179/11 f. Kritisch zu diesem Gutachten *Sinn*, Pariser Gutachten über Luise von Coburg, in: MSchrKrimPsych 2 (1905/06), S. 324 ff.

101 Vgl. Wiener »Fakultätsgutachten« vom 13. 5. 1899, zit. bei *Frese*, a.a.O., S. 124 ff., insbes. S. 132.

102 Vgl. insbesondere die von Kraus so genannte »untrügliche Irrenprobe« (166/7 = S1/81) der widerstandslosen »Ergebung« in die Internierung; bei *Frese*, a.a.O., S. 130. Kraus kommentiert dies so: »Bleibt der Patient in der Anstalt, so gehört er hinein; reißt er aus, so ist er gesund.«

103 Vgl. vor allem bei *Frese*, a.a.O., S. 133, wo aus dem sittlichen Ärgernis, das die Prinzessin gegeben hatte, sehr kurzschlüssig die Geistesschwäche deduziert wird, und S. 136, wo von »bedeutender Herabsetzung der intellektuellen und ethischen Funktionen« die Rede ist.

der Satiriker den damals berühmtesten europäischen Psychiater; und das Verdikt mündet in ein generelles über die Gerichtspsychiatrie, das zwar bösartig überzogen ist, dessen skeptisches Motiv aber durchaus (und auch heute noch) bedenkenswert erscheint:

Ich hasse das Handwerk, weil es auf brüchigem Wissensgrund den Machtwahn des Individuums nährt und gleich dem Journalismus seinen Mißbrauch in sich trägt. (S1/79 = 166/4)[104]

Wichtig hieran ist der Akzent, den der Satiriker, bei aller Irrationalität seiner eigenen erotischen Metaphysik, auf die rationale Fundierung jeder Form von staatlichem Eingriff in die Freiheit des Individuums legt. Was die Theoriedebatten der Psychiatrie über die Homosexualität angeht, so gehörte Krafft-Ebing zu einer Gruppe von Wissenschaftlern, die, durchaus moralisierend, zwischen dem »Laster« und der konstitutionellen (krankhaften) »konträren Sexualempfindung« unterschieden, letztere aus Gründen mangelnder Zurechnungsfähigkeit für straflos hielten, aber darüber hinaus für die völlige Freigabe der einfachen Homosexualität plädierten, da eine »krankhafte seelische Veranlagung« bei Homosexuellen die Regel sei und der Paragraph insgesamt weit größeren Schaden als Nutzen bringe.[105] Jedenfalls als

104 Vgl. hierzu noch die Bemerkungen in 183/48 = S1/300 sowie in 261/19: Anläßlich der Hinrichtung der Giftmörderin Grete Beier hatte ein Psychiater öffentlich geäußert, die Reue der Täterin kurz vor ihrer Hinrichtung habe »keinen inneren ethischen Wert gehabt«, und er hatte dies in assoziative Verbindung mit ihrem »messalinischen Wesen« gebracht. Dieser (ungenannte) Psychiater ist identifizierbar, nämlich als der berühmte Wissenschaftler August Forel; vgl. den Kommentar von *Carr* in: Kraus-Hefte 66 (1993), S. 9. Ganz ähnlich wie Forel äußerte sich der psychiatrische Oberarzt *Nerlich*, der im Mordprozeß Beier Gutachter war. Er hat den Fall und seine Stellungnahme dazu ausführlich dargelegt in: ArchKrimAnthr 33 (1909), S. 145 ff. (vgl. dort v. a. S. 165 und 172). Zum Fall Beier s. auch *Glaser*, Grete Beier, in: *Frank/Roscher/Schmidt* (Hg.) (1909), Pitaval, V. Bd., S. 209 ff.

105 Vgl. *Krafft-Ebing* (1912), Psychopathia sexualis, S. 432 ff., *ders.*, Nachwort, zu »Anonymus«, § 175, in: ZStW 12 (1892) S. 52 ff. – Nike Wagners Behauptung, Krafft-Ebing habe für die Beibehaltung des § 175 votiert (vgl. *Wagner*, Geist und Geschlecht, wie Anm. 3, S. 75), ist daher unrichtig, ebenso ihre Behauptung, er qualifiziere die »geborenen Homosexuellen« als »Geisteskranke«: die Diagno-

einen Gegner der Strafbarkeit, wenn schon nicht als Vertreter einer moralfreien Anerkennung der Homosexualität hätte Kraus den Psychiater akzeptieren können.

Einen weitaus schärferen Kontrast zur Krausschen Auffassung in der Frage Homosexualität und Strafrecht bildete die herrschende Meinung der Juristen in Rechtsprechung und Literatur. In einer Nachschrift zu dem Prozeß gegen Theodor Beer[106] – nachdem der Angeklagte zu dreimonatigem Kerker verurteilt worden war und seine Ehefrau sich deshalb erschossen hatte – konstatiert der Satiriker eine »himmelschreiende« Diskrepanz (S1/205 = 200/2) zwischen diesem Urteil und einer vier Jahre älteren Entscheidung des OGH vom April 1902 zu eben der Frage, die Gegenstand der Anklage gegen Beer war: ob das bloße Anfassen der Geschlechtsorgane eines Mannes (oder Knaben) durch einen anderen Mann das Tatbestandsmerkmal der »Unzucht wider die Natur« im Sinne des § 129 lit. b StG erfülle. In Deutschland hatten Rechtsprechung und Lehre diesen in § 175 RStGB ebenfalls enthaltenen Begriff auf sogenannte »beischlafähnliche Handlungen« reduziert[107] und andere Formen der »Unzucht« aus dem Tatbestand ausgeschieden (was freilich erhebliche Abgrenzungsprobleme und eine teilweise abstruse Kasuistik erzeugte). Die österreichische Judikatur hatte dagegen sehr früh eine solche Beschränkung des § 129 lit. b abgelehnt, den sie im übrigen durchaus wortlautgemäß auch auf homosexuelle Handlungen unter Frauen erstreckte: Onaniehandlungen eines Mannes am Körper eines anderen zum Beispiel fielen ebenso unter § 129 lit. b wie deren »bloßes passives Dulden« oder ihre wechselseitige Vornahme.[108]

se »krankhafter seelischer Veranlagung« (vgl. *Krafft-Ebing*, »Psychopathia sexualis, a.a.O., S. 433 und ZStW a.a.O., S. 53) ist nicht die einer Geisteskrankheit.

106 S. oben, S. 238 ff.

107 RGSt 1, S. 395; 34, S. 246; siehe auch Preußisches Obertribunal v. 24. 10. 1877 in *Oppenhoff* (1877), Rechtsprechung, Bd. 18, S. 662 f.; kritisch dazu *Nagler*, Widernatürliche Unzucht, in: Gerichtssaal 82 (1914), S. 27 ff., S. 32. Zur Entwicklung der Rechtsprechung seit 1871 vgl. *Baumann* (1968), § 175, S. 41 ff.

108 Vgl. die in der Manzschen Gesetzesausgabe (21. Aufl. 1908) bei § 129 unter Nr. 1, 6, 7, 11 und 12 zitierten Entscheidungen, sowie *Finger*, Lehrbuch, Bd. 2, S. 776, und die dort zusätzlich zitierten Judikate.

Immerhin hatte der OGH bereits im Oktober 1884 entschieden, daß das »bloße Betasten der Geschlechtsteile eines Mannes durch einen anderen [...] nicht hieher« gehöre.[109] Im Fall Beer wurde anders judiziert und der ohnehin auf einer brüchigen Beweiskonstruktion beruhende Tatvorwurf des »Anfassens« unter § 129 lit. b subsumiert. Kraus erwähnt die kontrastierende Entscheidung des OGH vom 11. 4. 1902 und schreibt:

Unser Oberster Gerichtshof hat sich [...] ausnahmsweise zur vernünftigen Auffassung des unvernünftigsten Paragraphen bekannt, und – bei minder harmlosem Sachverhalt als im Fall Beer – die plane Selbstverständlichkeit ausgesprochen, daß »unzüchtige Betastung« noch nicht den Verbrechensbegriff der »widernatürlichen Unzucht« darstellen kann. [...] Mit einem Eifer, der für die simpelste Deduktion von der Welt die Jurisprudenz aller Völker und Zeiten, die Carolina und die Theresiana, das Josefinische Gesetzbuch und alle Hofdekrete und Prügelpatente von Peking und Wien heranzieht, geht der Oberste Gerichtshof für die Freiheit, die Genitalien des Nebenmenschen zu ergreifen, ins Zeug. (S1/205 = 200/2 f.)

Die Entscheidung wurde nicht in die amtliche Sammlung aufgenommen[110], vielleicht wirklich deshalb (wie Kraus unter Berufung auf die Zeitschrift *Gerichtshalle* vermutet), weil die Generalprokuratur als Herausgeberin der Sammlung »jenen erfreulichen Fehltritt des Kassationshofes« (a.a.O.) lieber der Vergessenheit überantworten wollte. Freilich wurde dies durch den Abdruck des Urteils in Liszts ZStW verhindert.[111] Die von Kraus ironisierte und sachlich funktionslose rechtshistorische Gelehrsamkeit der Entscheidung ist dort nachzulesen; sie reicht tatsächlich weit in die Sphäre des Komischen. Eine Liberalisierung der Homosexuellenjudikatur brachte das Urteil nicht. Und nicht nur der Fall Beer, sondern bereits das OGH-Urteil vom 12. 9. 1902 – wonach jede Handlung unter § 129 fiel, »welche der Erregung

109 Manzsche Gesetzesausgabe Nr. 14 zu § 129.

110 Vgl. aber die in einer Fußnote zu KH 2747 (12. 9. 1902) zit. Passagen daraus.

111 S. *Brunner*, Rechtsprechung des Kassationshofes in Wien, in ZStW 23 (1903), S. 795 ff., S 800 ff. (Dort ist als Datum irrig der 11. 7. 1902 angegeben; daß es sich um die von Kraus herangezogene Entscheidung vom 11. 4. handelt, ergibt sich aus der Zählnummer 13.517, unter der das in der vorigen Anmerkung erwähnte Urteil KH 2747 ebenjene Entscheidung vom 11. 4. zitiert.)

des Geschlechtstriebs dienend, die von der Sitte gezogenen Grenzen überschreitet«[112] – bestätigte die Diagnose des Satirikers:

Das Rechtsgut des § 129 I. b ist wieder ein freiwillig bis auf Widerruf eröffneter Durchgang für kriminalistische Dummheit und Grausamkeit, und wenn zwei österreichische Zollbeamte in Tetschen – wo bekanntlich der Kuß eines Weibes als Übertretung geahndet wird[113] – miteinander kein Verbrechen begehen wollen, müssen sie ums Haus herumgehen (S1/206 = 200/3).

Die von Psychiatern wie Krafft-Ebing, Moll oder Schrenck-Notzing in unterschiedlichem Ausmaß postulierte Straffreistellung der »geborenen« bzw. »echten Konträrsexuellen« wegen »Unwiderstehlichkeit des Triebes« und daraus resultierenden Ausschlusses der Zurechnungsfähigkeit[114] wurde von der höchstrichterlichen Rechtsprechung und der herrschenden Lehre in Österreich durchgängig abgelehnt.[115] Weder sei die homosexuelle Veranlagung als solche ein psychopathischer Zustand im Sinne

112 KH 2747.

113 Zu der Geschichte der »Kußräuberin«, einer Prostituierten, die auf dem Bahnsteig von Tetschen einem fremden Mann einen Kuß gegeben und dafür 14 Tage verschärften Arrests erhalten hatte, s. S1/211 ff. = 196/4, 14 f. Dazu, daß freilich auch sonst ein aufgenötigter Kuß bei Männern wie bei Frauen strafbar war, und zwar als Beleidigung, s. KH 2536 (19. 12. 1900). Im übrigen wurde diese Auffassung auch in Deutschland für § 185 RStGB vertreten; vgl. *Frank* (1915), Kommentar StGB, Anm. I 2 zu § 185.

114 Zu Krafft-Ebing siehe oben, S. 389 ff.; für die beiden anderen Genannten vgl. exemplarisch *Moll* (1898), Libido sexualis, S. 813 ff.; *Schrenck-Notzing*, Forensische Beurteilung von Sittlichkeitsvergehen, in: ArchKrimAnthr 1 (1899) S. 5 ff., S. 11 f.; S. 137 ff.

115 In Deutschland war dies umstritten: das Reichsgericht lehnte 1899 trotz dreier psychiatrischer Gutachten (darunter eines von Krafft-Ebing), die den Ausschluß des freien Willens konstatierten, eine Anwendung des § 51 a. F. StGB ab; abgedr. in ArchKrimAnthr 1 (1899), S. 142 ff.; für die Anwendbarkeit des § 51 a. F. auf die »konträre Sexualempfindung« *v. Liszt*, Lehrbuch, 12/13. Aufl., S. 169 sowie *Wachenfeld* (1901), Homosexualität und Strafgesetz, S. 103 f. (der freilich als entschiedener Befürworter des § 175 RStGB davon ausgeht, daß es »echte Konträrsexuale« selten gebe, vielmehr meist das Vorliegen des »Lasters« zu konstatieren sei); vgl. *ders.*, Strafwürdigkeit des homosexualen Verkehrs, in: GA 49 (1902), S. 37 ff., 39).

des § 2 lit. a-b StG[116] noch könne sie jemals »unwiderstehlichen Zwang« im Sinne von § 2 lit. g StG begründen.[117] Dies folge daraus, daß es ja gerade der Zweck des § 129 sei, »dem Bestehen widernatürlicher Triebe [...] entgegenzuwirken«[118] – eine allerdings abwegige Begründung, mit der sich § 2 lit. g StG praktisch hätte streichen lassen, da jede Strafnorm den Zweck hat, dem »Trieb« zur Realisierung ihres Tatbestandes entgegenzuwirken, und dies über die Möglichkeit von »unwiderstehlichem Zwang« nichts besagt. Im übrigen ist es im Rahmen dieser Arbeit nicht möglich, die sich vielfach kreuzenden Unterscheidungslinien zwischen »Geburts-«, »Anlage-« und »Erwerbstheorie« sowie den Thesen zur Zurechnungs- und Unzurechnungs- bzw. (damals de lege ferenda!) verminderten Zurechnungsfähigkeit nachzuzeichnen, die in der Literatur vorgeschlagen wurden.[119]

Für Kraus' Argumentation spielten solche Debatten praktisch keine Rolle. Er votierte primär für die Streichung und de lege lata für eine restriktive Interpretation der objektiven Tatbestandsmerkmale des § 129 lit. b. Zur Frage des Ausschlusses der Verantwortlichkeit per »unwiderstehlichen Zwang« hat er sich nicht geäußert, von jener zitierten, gleichsam achselzuckenden Prognose abgesehen, daß »die Menschheit« sich irgendwann zur Nachsicht gegenüber der »Krankheit« durchringen werde, um dafür das »Laster« desto härter zu strafen. Die beiden grundlegenden Argumente des Satirikers für die Entkriminalisierung der einfachen Homosexualität waren in der strafrechtlichen Literatur seiner Zeit so geläufig wie umstritten: einerseits die Leugnung einer Rechtsgutsverletzung bzw. der Sozialschädlichkeit; andererseits die katastrophal sozialschädlichen Folgen der Pönalisierung, nämlich Erpressungen, Not und Elend bis hin zu einer dramatisch erhöhten Suizidquote unter Homosexuellen.[120] Die

116 S. KH 2569 (27. 2. 1901); KH 2840 (1. 3. 1903); KH 3474 (15. 6. 1908).

117 Vgl. KH 3066 (17. 4. 1905); KH 3474 (15. 6. 1908), KH 3788 (10. 2. 1911).

118 KH 3788 (10. 2. 1911).

119 Überblick bei *Wachenfeld* (1901), a.a.O., S. 77 ff.

120 Vgl. das umfangreiche, wissenschaftlich sicher kritikbedürftige, aber in seiner empirischen Materialfülle beklemmend eindrucksvolle 35. Kapitel: »Die Verfolgung der Homosexuellen durch Erpresser und Chanteure« in dem Standardwerk von *Hirschfeld* (1914), Homosexualität, S. 873 ff.

Befürworter der Strafbarkeit stützten ihre Ablehnung dieser Argumente im wesentlichen auf folgende Erwägungen: Die einfache Homosexualität sei sehr wohl sozialschädlich; sie verletze zwar keine individuellen Rechte, doch seien die in diesem Bereich zu schützenden »Rechtsgüter«, auf deren Bezeichnung als solche es im übrigen nicht ankomme, staatliche und Gemeinwohlinteressen. Wachenfeld, einer der rigidesten strafrechtlichen Streiter gegen die Homosexualität, stützt sich dabei ausdrücklich auf Feuerbach.[121] Tatsächlich geistern die Argumente Feuerbachs, der allerdings die Homosexualität als bloßes »Polizeivergehen« qualifizierte, durch nahezu alle Plädoyers für deren Pönalisierung zur Zeit der Jahrhundertwende, nämlich die folgenden:

> [...] die aus demselben [= dem homosexuellen Laster] entspringende Verachtung der Ehe, welche Entvölkerung, Schwächung und zuletzt Auflösung des Staats zur Folge haben müsste; endlich die körperliche und geistige Entnervung, welche einen so Entarteten für die Zwecke des Staats unfähig macht [...].[122]

Das Argument einer »Vorschubleistung« der staatlichen Strafnorm für Erpresser und Chanteure wurde mit der Behauptung zurückgewiesen, Grundlage der Möglichkeit solcher Erpressungen sei nicht das strafgesetzliche Verbot, sondern die soziale Ächtung der Homosexualität. Eine Beseitigung der Rechtsnorm beseitige daher nicht die Basis der Erpressung.

Beide Argumente sind unhaltbar. Dabei geht die Behauptung einer notwendigen strafrechtlichen Abwehr von Staats- und Gemeinwohlbedrohungen durch homosexuelles Verhalten zweifach fehl. Es kann und darf einerseits nicht Legitimationsgrundlage einer Strafvorschrift sein, daß sie dem mittelbaren Schutz von Interessen diene, die außerhalb ihrer unmittelbaren Reichweite liegen: der Eheordnung etwa, der »Volkskraft«, der »Reinheit der Geschlechterbeziehungen«.[123] Andererseits und vor allem machten solche Begründungen der Strafbarkeit Gebrauch von kriminologischen Annahmen, die nicht bloß unbewiesen, sondern bis zum offenkundig Irrationalen spekulativ waren, keiner empirischen Forschung standhielten und im Grunde nur als

121 *Wachenfeld*, Strafwürdigkeit, in: GA 49 (1902), S. 56.
122 *Feuerbach* (1847), Lehrbuch, 14. Aufl., § 467, S. 738.
123 Ähnlich – vom Standpunkt eines Befürworters der Pönalisierung aus! – *Würtenberger* (1963), Homosexualität, in: Fschr. von Weber, S. 287.

pseudowissenschaftliche Rationalisierungen populärer »sittlicher« Affekte erklärbar sind. Die vielfachen Varianten der Kollektivschutzthese und der sie stützenden Begründungen können hier nicht dargelegt werden.[124] Beklemmend ist aber, daß die sachliche Substanz solcher Argumente, maskiert nur von einer höheren Finesse des wissenschaftlichen Tonfalls, noch bis in die jüngste Vergangenheit in der Strafrechtswissenschaft reproduziert wurde[125] – bis hin zu dem längst bizarr gewordenen Kassandraruf in der amtlichen Begründung des Entwurfs 1962:

Wo die gleichgeschlechtliche Unzucht um sich gegriffen und großen Umfang angenommen hat, war die Entartung des Volkes und der Verfall seiner sittlichen Kräfte die Folge.[126]

Was das zweite Argument angeht: Erpressungen gegen Homosexuelle hätten ihre Grundlage in deren sozialer Ächtung, nicht in ihrer Kriminalisierung, so ist dagegen einzuwenden, daß es dem Staat keinesfalls erlaubt ist, eine auf irrationalen Vorurteilen beruhende soziale Norm durch einen flankierenden Straftatbestand zu einer destruktiven Waffe für kriminelle Intentionen zu schärfen. Ungerechtfertigte Diskriminierungen und Verfolgungen sind von Staats wegen zu bekämpfen, nicht zu bestärken. Im übrigen machen die Erfahrungen seit der Streichung des Straftatbestands der einfachen Homosexualität in der Bundesrepublik[127] die Vermutung plausibel, daß die soziale Ausgrenzung und damit die Erpreßbarkeit der Homosexuellen maßgeblich von ihrer Kriminalisierung abhing und mit dieser allmählich verschwindet.

124 Ein exemplarischer Vertreter zahlreicher solcher Scheinrationalisierungen ist wieder *Wachenfeld*, Strafwürdigkeit (wie Anm. 121), S. 56 ff.

125 Vgl. die zutreffende kritische Musterung der Argumente in Vergangenheit und Gegenwart bei *Baumann* (1968), § 175, S. 82 ff., S. 99 ff., S. 160 ff.; vgl. auch *Hanacks* kritische Auseinandersetzung in: Revision des Sexualstrafrechts (1969), S. 217 ff.; *ders.* (1968), Reform des Sexualstrafrechts in: *Giehse* (Hg.), Zur Strafrechtsreform, S. 25 ff.; vgl. ebd. die eher traditionelle Gegenposition dazu bei *Jescheck*, Rechtsvergleichende Bemerkungen, a.a.O, S. 45.

126 E 62, BT-Drucksache IV/650 (1962), S. 377. Sachliche Korrektur dieser auch historisch abwegigen Behauptung bei *von Schumann*, Ein geschichtlicher Irrtum, in: MschrKrimPsych 47 (1964), S. 258 ff.

127 Durch das 4. StrRG v. 23. 11. 1973.

Vor diesem strafrechtswissenschaftlichen Hintergrund erweisen sich die Argumente des Satirikers nicht nur als rational, sie demonstrieren zudem, wie Adorno 1964 richtig konstatiert hat[128], eine bis in die Gegenwart reichende Aktualität: Nicht weil homosexuelle Handlungen unter einverstandenen Erwachsenen krankhaft und deshalb schuldlos wären, sondern weil sie niemandem schaden und daher materiell nicht rechtswidrig sind, sind sie straflos zu lassen; sozialschädlich ist dagegen eine dies mißachtende strafgesetzliche Norm. »Gegen die perversen Triebe«, schreibt Kraus im Februar 1904,

> bedarf's keiner anderen gesetzlichen Schranken als gegen die natürlichen: Schutz der Unmündigkeit, der persönlichen Freiheit und der Gesundheit. Ihr Walten kann *nur dort* strafbar sein, wo es diese »fremden Rechtsgüter« berührt hat. (155/6)

Wie sich dagegen die Sittlichkeit manches juristischen Zeitgenossen von Karl Kraus in dieser Frage zu artikulieren wußte, mag dem nachfolgenden Passus aus einem Aufsatz des Wiener Oberstaatsanwalts Hugo Hoegel entnommen werden, des Mannes also, der mit Heinrich Lammasch zusammen bis Ende 1907 an der Reform des österreichischen Strafgesetzes gearbeitet hat[129]:

> Wo es sich um Allgemeininteressen handelt, muß schon über diese fatalen Ritter der Perversität zur Tagesordnung übergegangen werden, die Gesellschaft wird gewiß nicht zugrundegehen, wenn sie der »glänzenden Geistesgaben« dieser Leute entbehren muß, da sie dieselben der »bürgerlichen Ehre, gesellschaftlichen Stellung und Freiheit beraubt«. [...] Was sind diese verlotterten, widerlichen Gestalten, diese süßlichen Heuchler der Wohlanständigkeit nach außen gegen die Millionen, die den harten Kampf ums Dasein führen und zeitlebens erlaubter Lebensgenüsse entbehren, auch zum großen Theile des erlaubten, natürlichen Geschlechtsgenusses entrathen müssen. Man beweise, daß diese Verkehrten krank sind, und wir werden sie als gemeingefährlich in die Irrenhäuser stecken, aber sie frank und frei ihre ekelhaften Genüsse ins Volk tragen zu lassen, wäre Verblendung.[130]

Diese Sätze machen eine Bemerkung in der *Fackel* vom 10. 6. 1907 erst völlig verständlich. Kraus druckt eine Eingabe von

128 *Adorno* (1965), Sittlichkeit und Kriminalität, in: *ders.*, Ges. Schr., Bd. 2, S. 367.

129 Vgl. oben, S. 302.

130 *Hoegel*, »Verkehrtheit« des Geschlechstriebs, in: Gerichtssal 53 (1897), S. 115.

Magnus Hirschfelds »Wissenschaftlich-Humanitärem Komitee« an den österreichischen Justizminister Klein ab, worin dieser gebeten wird, in den laufenden Beratungen über den Strafgesetzentwurf von 1906 auf eine Streichung des § 129 lit. b StG zu drängen. Der Satiriker schreibt dazu:

Sonderbare Schwärmer! Die nicht wissen, daß in Österreich nicht die Menschlichkeit Sexualgesetze macht, sondern die Sittlichkeit, nicht die Lebenserfahrung, sondern die Unverdorbenheit, nicht der Fortschritt, sondern die Feigheit, nicht die Phantasie, sondern die normale Sexualität eines Universitätsprofessors und eines Oberstaatsanwalts. (S1/337 = 227/9)

Damit sind nicht so sehr juristische Berufstypen als vielmehr konkrete Personen gemeint: die Verfasser des Entwurfs, Lammasch und Hoegel. Es ist die einzige Stelle in 37 Jahrgängen der *Fackel*, die, nur leicht maskiert, Heinrich Lammasch angreift.[131] Hoegel wird weder verdeckt noch namentlich jemals wieder erwähnt. Der Entwurf 1912 behielt die Strafbarkeit der einfachen Homosexualität bei. In der vornehmlich von Lammasch verfaßten Begründung wird ausdrücklich klargestellt, daß der Tatbestand »nicht auf beischlafähnliche Handlungen beschränkt« sei.[132]

Im November 1902 reagiert Kraus scharf auf eine sexuelle Denunziation des Industriellen Alfred Krupp durch den sozialdemokratischen *Vorwärts*.[133] Aus offenkundig politischen Motiven wurde »der reichste Mann Deutschlands und Freund des Kaisers« homosexueller Handlungen bezichtigt.[134] Die anschließende Rechtfertigung des *Vorwärts*, man habe mit diesem – im Jargon der Gegenwart »outing« genannten – Verfahren auch gegen den § 175 agitieren wollen, lehnt Kraus mit der überzeugenden

131 Wenn man den sehr komischen Aphorismus in 360/11 über die »Schweinerei der Vollbärte« nicht dazu rechnet, der sich illustrationshalber auf den gerade (September 1912) beendeten 31. Deutschen Juristentag in Wien bezieht, an dem der vollbärtige Lammasch als Referent teilnahm (vgl. DJZ 17, 1912, S. 945 ff.).

132 Vgl. Erläuternde Bemerkungen (1912), S. 245.

133 »Krupp auf Capri«, in: »Vorwärts« vom 15. 11. 1902; abgedr. in: *Johann* (Hg.) (1976), Reden des Kaisers, S. 145 ff.

134 Krupp beging daraufhin (am 25. 11. 1902) Selbstmord. Wilhelm II. nahm am Begräbnis teil und hielt eine Lobrede auf den Toten.

Begründung ab, ohne die *Einwilligung* eines solcherart öffentlich Ausgestellten sei die Methode gänzlich indiskutabel.[135] Aber eine freiwillige Selbstdenunziation »aller Homosexualen in Amt und Würden« hält er für »das Vernünftigste, was die Herren thun könnten« (123/25). Drei Jahre später heißt es in der *Fackel*:

Ich bin nämlich der Ansicht, daß nur dann ein Sieg über den menschenmörderischen Paragraphen in Deutschland und Österreich zu erringen sein wird, wenn die namhaftesten Homosexualen sich öffentlich zu ihrem Verhängnis bekennen. (189/21 = S1/196 f.)[136]

Zur selben Zeit, im November 1905, wurde im Berliner »Wissenschaftlich-Humanitären Kommitee« genau diese Strategie erwogen (und abgelehnt).[137] Zwischen Wien und Berlin könnte es dabei eine persönliche Brücke gegeben haben: Kurt Hiller, Jurist und Mitglied des »Kommitees«, war vermutlich damals schon regelmäßiger Leser der *Fackel*, für die er im März 1911 auch einen Beitrag verfaßte (319/61 ff.). Hiller gehörte (später auch als »Sektionsleiter«) zum kriminalistischen Seminar Franz von Liszts in Berlin, bei dem er 1908 mit einer (thematisch einschlägigen) strafrechtsphilosophischen Studie zum *Recht über sich selbst* promovierte.[138] Den Vorschlag des Karl Kraus zur Massenselbstdenunziation namhafter Homosexueller hat Hiller im Juli 1913 in einem Aufsatz über »Ethische Aufgaben der Homosexuellen« im *Jahrbuch für sexuelle Zwischenstufen* wiederholt.[139]

Zeuge einer Sexualdenunziation ganz anderen Ausmaßes als der vom *Vorwärts* unternommenen wurde Kraus mehr als vier

135 Vgl. im übrigen zur Kritik des Satirikers an der spießbürgerlichen Homosexualitätsphobie der Sozialdemokraten 208/19 ff. = S1/321 ff., ähnlich noch 759/93; allgemeiner zum sozialistischen »Muckertum« in Sexualfragen noch 890/295 f.

136 Hirschfeld zitiert diesen Satz in seinem Werk über Homosexualität (wie Anm. 120), S. 1003.

137 Vgl. *Baumgardt* (1984), Die Homosexuellenbewegung, in: Eldorado – homosexuelle Männer und Frauen in Berlin 1850–1950, S. 22.

138 Heidelberg 1908; vgl. darin die ausführlich begründete Forderung einer strafrechtlichen Freigabe der einfachen Homosexualität, S. 67 ff. Vgl. weiterhin Hillers Festbeitrag zu Liszts 60. Geburtstag »Das Recht über sich selbst und die politischen Parteien«, in: MschrKrimPsych 7 (1911), S. 641 ff. (dort auch die Information über Hillers Status am kriminalistischen Seminar).

139 Jahrbuch 13 (1913), S. 399 ff., S. 406.

Jahre später: Maximilian Harden, Herausgeber der Berliner *Zukunft* und früherer Freund und Förderer der *Fackel*, hatte im Spätherbst 1906 mit kryptischen Anspielungen auf die »normwidrigen Sexualneigungen« des Kreises um den Fürsten Philipp zu Eulenburg-Hertefeld, einen engen Freund und Berater Kaiser Wilhelms II., begonnen.[140] Im Frühjahr 1907 wurden die Angriffe deutlich: Eulenburg und der zur »Tafelrunde« seines Stammschlosses Liebenberg gehörende Stadtkommandant von Berlin, Graf Kuno Moltke, seien homosexuell. Vor allem Eulenburgs Einfluß auf den unberechenbaren Kaiser stelle eine Bedrohung vitaler Interessen des Reiches dar, zumal der Fürst neben seiner homosexuellen Veranlagung zu allerlei spiritistischen und geisterseherischen Phantasmen neige. Mit dieser Selbstlegitimation setzte Harden Eulenburg unter den Druck einer massiven, zunächst auf privatem[141], dann auch auf publizistischem Weg adressierten Nötigung: sich aus allen politischen Funktionen zurückzuziehen oder die Enthüllung seiner Homosexualität zu gewärtigen. Im Mai wurde der Kaiser über Hardens Angriffe informiert. Die allerhöchste Aufforderung an Eulenburg, sich zu rechtfertigen, beantwortete der Fürst mit einer Zurückweisung der Anschuldigungen und dem gleichzeitigen Ersuchen um Entlassung aus allen offiziellen Funktionen, was ihm gewährt wurde. Kuno Moltke wurde angewiesen, gegen Harden vorzugehen. Nach einer abgelehnten Duellforderung kam es im Oktober 1907 zu dem ersten, zunächst als Privatklageverfahren durchgeführten Beleidigungsprozeß Moltkes gegen Harden. Ein Ratten-

140 Vgl. zum folgenden *Young* (1971), Harden, S. 103 ff.; *Rogge* (1959), Holstein und Harden, S. 211 ff.; *Huber* (1969), Deutsche Verfassungsgeschichte, Bd. IV, S. 297 ff. (nicht fehlerfrei); *Röhl* (Hg.) (1976), Eulenburgs politische Korrespondenz, Bd. 1, S. 35 ff.; *ders.* (1978) Philipp zu Eulenburg, in: *ders.* Kaiser, Hof und Staat, S. 35 ff.; gründlich und mit ausgiebigen Quellenzitaten die im übrigen perfide antisemitische Studie von *Frank* (1935), Harden, in: *ders.*, Höre Israel, S. 131 ff. – Aus Hardens eigener Sicht: »Fürst Eulenburg« und »Moltke wider Harden« in: *Harden* (1913), Prozesse, S. 169 ff. und S. 409 ff.; apologetisch für Eulenburg, aber mit aufschlußreichen Dokumenten: *Haller* (1924), Philipp zu Eulenburg, S. 310 ff.

141 Übrigens durch den Freiherrn Alfred v. Berger, mit dem Kraus damals ebenfalls noch befreundet war. Diese Freundschaft zerbrach nicht zuletzt an der Harden-Polemik des Satirikers.

schwanz weiterer Strafverfahren schloß sich an. Auch das Reichsgericht hatte sich mit der Sache zu befassen: in erster Linie mit einer prozessualen, beiläufig aber auch mit einer materiellen Frage des Beleidigungsrechts.[142]

Hintergrund war folgendes: Harden war auf Moltkes Klage hin in erster Instanz vom Schöffengericht freigesprochen worden. Warum die Staatsanwaltschaft zunächst das öffentliche Interesse und die Verfolgung von Amts wegen abgelehnt hatte, ist nicht mehr genau zu rekonstruieren. Vermutlich gab es eine ministerielle Weisung, die der Illusion anhing, die Affäre könne relativ geräuschlos erledigt werden, wenn der staatliche Ankläger sich nicht einmische. Doch hatte sich längst nicht nur die deutsche, sondern die gesamte europäische Presse auf die Sensation der vom »homosexuellen Laster« infizierten »Kamarilla« am deutschen Kaiserhof geworfen. Selbst der Sturz Wilhelms II. schien nicht mehr unmöglich. Denn die Spiritismusvorwürfe gegen seine Freunde in der »Liebenberger Tafelrunde« zielten auf den neuralgischen Punkt eines schon länger (und nicht ganz grundlos) kursierenden Gerüchts über die gelegentliche klinische Unzurechnungsfähigkeit des Kaisers.[143] Nachdem Kuno Moltke gegen den Freispruch Hardens Berufung eingelegt hatte, zog die Staatsanwaltschaft nach § 417 Abs. 2 RStPO (heute § 377 Abs. 2 StPO) das Verfahren an sich. Da infolge der damals auf nicht weniger als fünf verschiedene Strafgerichte verteilten sachlichen Zuständigkeit erster Instanz Privatklageverfahren wegen Beleidigung vor das Schöffengericht, Offizialverfahren aber vor die Strafkammer des Landgerichts kamen[144], hatte sich eine eher abwegige Rechtsprechung des Reichsgerichts gebildet, wonach bei der staatsanwaltlichen Übernahme des auf Privatklage hin eröffneten Verfahrens dieses durch Beschluß einzustellen und ein neuer erstinstanzlicher Prozeß vor der Strafkammer zu beginnen

142 RGSt 41, S. 277 ff.

143 Siehe zu diesen Zusammenhängen *Röhl* (1976), Vorwort zu: Eulenburgs politische Korrespondenz, S. 44 ff. – Vgl. im übrigen die charakteristische Reaktion Wilhelms II. in einem Brief an Houston Stewart Chamberlain vom 23. 12. 1907: »Ein trauter Freundeskreis, der auf einmal gesprengt wird, durch jüdische Verleumdung, Frechheit und Lüge« (Chamberlain, 1928, Briefwechsel, Bd. II, S. 226).

144 §§ 27 Nr. 3, 75 Nr. 4 a. F. GVG.

war.[145] Das sollte selbst dann gelten, wenn bereits ein erstinstanzliches Urteil des Schöffengerichts vorlag und die Staatsanwaltschaft erst während der Berufung das Verfahren an sich zog. Im Einklang mit dieser Rechtsprechung hatte die Berliner Strafkammer als Berufungsgericht im Fall Moltke/Harden auf Antrag des Staatsanwalts das Verfahren per Beschluß eingestellt. Vor einer anderen Strafkammer wurde nun Offizialanklage erhoben und erneut erstinstanzlich verhandelt. Das Urteil gegen Harden lautete jetzt auf 4 Monate Gefängnis. Ein Aufschrei der Empörung ging danach durch die liberale Tagespresse, und zwar vor allem deswegen, weil hier eine ohnehin ungeliebte Behörde, die Staatsanwaltschaft, (angeblich) in die Lage versetzt worden war, einfach ein Gerichtsurteil zu beseitigen.[146] Das Reichsgericht rückte auf Hardens Revision hin deutlich von seiner früheren Auffassung ab, die im übrigen anläßlich der Harden-Prozesse auch in der Literatur, vor allem von Binding, scharf angegriffen wurde.[147] Gleichwohl war es nicht dieser Grund, weshalb das Urteil der Strafkammer aufgehoben und die Sache zurücküberwiesen wurde. Denn der vom Reichsgericht jetzt als prozessual verfehlt angesehene Einstellungsbeschluß des Berufungsgericht wurde dennoch für wirksam gehalten: er sei wegen Ausbleibens der (unbefristeten!) Beschwerde dagegen spätestens mit der Neuanklage durch den Staatsanwalt rechtskräftig geworden.[148] Aufgehoben wurde vielmehr wegen einer bagatellhaften Nebensache: Ein Zeuge war nach eidlicher Vernehmung »entlassen«, zwei Tage später aber erneut und ohne Erinnerung an den früheren Eid vernommen worden, ein Verstoß gegen § 66 RStPO (heute § 67 StPO).[149] Materiell beanstandete das Reichsgericht, daß das Erstgericht Harden wegen Beleidigung nach § 185 und tatein-

145 Vgl. RGSt 10, S. 237; 29, S. 422.

146 Gegen dieses Mißverständnis zutreffend *Finger*, Das Reichsgericht und die staatsanwaltschaftliche Verfolgung von Beleidigungen, in: DJZ 13 (1908), Sp. 665 ff., 666.

147 *Binding*, Eintritt der Staatsanwaltschaft, in: Gerichtssaal 72 (1908), S. 1 ff., 12 ff.; *Oetker*, Verfolgungsübernahme, in: Gerichtssaal 71 (1908), S. 299 ff.

148 RGSt 41, S. 283 f.

149 Das war (und ist) kein absoluter Revisionsgrund. Hier war aber ein Einfluß des Prozeßverstoßes auf das Urteil nicht mit Sicherheit auszuschließen; vgl. *Finger*, DJZ 13 (1908), Sp. 669 f.

heitlich wegen übler Nachrede nach § 186 RStGB verurteilt hatte, während richtigerweise der letztere als lex specialis qua »Gesetzeseinheit« den ersteren hätte verdrängen müssen.

Das gesamte Verfahren wurde neu aufgerollt. Es spricht vieles dafür, daß die Affäre, die nicht nur die institutionellen Fundamente des wilhelminischen Reiches erschütterte, sondern (und deshalb) in die komplexe Vorgeschichte des Ersten Weltkrieges gehört[150], nach und nach versandet wäre, hätte das Reichsgericht die erstinstanzliche Verurteilung bestätigt. In dem erneuten (dritten) Verfahren wurde Harden zu 600 Mark Geldstrafe verurteilt. Die danach wieder eingelegte Revision nahm er nach einem außergerichtlichen Vergleich mit Moltke, nach dem Austausch wechselseitiger Ehrenerklärungen und dem Empfang von 40 000 Mark aus der Reichskasse zur »Deckung von Unkosten« zurück. Inzwischen war er in weiten Teilen der liberalen öffentlichen Meinung zum heroischen Kämpfer avanciert, wobei in den publizistischen Kommentaren (auch in Hardens eigenen) die Aversion gegen Wilhelms Regime und der reflexhafte Abscheu vor der Homosexualität eine ungute Tonfallslegierung eingingen. Jedenfalls waren Hardens Motive und finanzielle Mittel nun stark genug, die Kampagne fortzusetzen. In einem von ihm gegen den Journalisten Städele in München angestrengten Beleidigungsprozeß (April 1908)[151] gelang es ihm, die Vernehmung zweier Zeugen »aus dem einfachen Volk«, des Milchmanns Riedel und des Fischers Ernst aus Starnberg, zu veranlassen, die ihre mehr als 20 Jahre zurückliegenden Sexualerlebnisse mit Philipp zu Eulenburg eidlich bekundeten. Dieser selbst, ebenfalls als Zeuge vernommen, bestritt die Behauptungen und beschwor seine Aussage.[152] Die Indizienkette gegen ihn war freilich lang und stark genug, um ihn anschließend in ein Strafverfahren wegen Meineids zu verwickeln, das im Juli 1908 in Berlin eröffnet wurde.

150 Ähnlich *Huber* (1969), Verfassungsgeschichte Bd. IV, S. 301.

151 Es spricht übrigens alles dafür, daß Harden selbst Städele durch Geldzahlung zu der Beleidigung veranlaßt hat, um klagen und sein »Material« gegen Eulenburg präsentieren zu können. In diesem Sinn auch *Huber*, a.a.O., S. 300.

152 Er hatte zuvor bereits als Zeuge in einem Beleidigungsprozeß des Reichskanzlers Bülow gegen den Schriftsteller Brand, der Bülow einen Homosexuellen genannt hatte, seine eigene geschlechtliche »Normalität« beschworen.

Mehr als 200 Zeugen aus Politik und Diplomatie des In- und Auslandes hatte bereits die Staatsanwaltschaft über Eulenburgs »Normwidrigkeit« vernommen, davon 165 von Harden genannte. Der Skandal nahm europäische Dimensionen an.[153] Im Dezember bescheinigte eine Ärztekommission dem fürs Leben gebrochenen und suizidgefährdeten Eulenburg die dauernde Verhandlungsunfähigkeit. Der Prozeß wurde bis zu Eulenburgs Tode (1921) nicht mehr fortgeführt.

Ich erzähle diese Geschichte deshalb so ausführlich, weil es in der Kraus-Philologie hiervon in der Regel eine charakteristisch unvollständige, nämlich allein aus der *Fackel* bezogene Wahrnehmung gibt. Kraus, der sich spätestens 1904 definitiv von Harden entfernt hatte – und zwar schon damals wegen dessen publizistischer Sexualklatschereien im Fall der Luise von Coburg[154] –, begann im Oktober 1907 mit einer Reihe geradezu verheerender Polemiken gegen den früheren Freund:

> Ich trage einen Haß unter dem Herzen und warte fiebernd auf die Gelegenheit, ihn auszutragen. [...], Nichts, nichts, nichts, was wir an irgendeiner publizistischen Schändlichkeit der letzten Jahre erlebt haben, an irgendeiner Affäre, die den Sexualjammer der Menschheit in dumpfen Gerichtsstuben aufbrechen ließ, vermag diesem Eindruck standzuhalten. Kein Exempel einer Schamhaftigkeit, die mit Badehosen in die Wanne steigt und vor versammeltem Volk exhibitioniert, die das Kleid nicht als Hülle trägt, sondern die Hülle als Kleid, und die sich entblößt, um zu zeigen, daß sie ein Kleid hat; kein Spektakel, dessen Erinnerung uns noch im Traum ängstigt, so daß wir per Automobil ins Mittelalter zu fahren glauben – reicht an dies Bild heran, auf dem sich forensischer Pöbelsinn und journalistischer Geschäftsgeist in der Eintracht einer päderastischen Orgie verewigt haben. [...] Die Völker Europas, soweit sie nicht aus der europäischen Presse sich die Direktiven für Haß und Liebe holen, mögen sich bei dem staatsretterischen Bubenstreich, der an die Schamteile etlicher Familien griff, vor Ekel schütteln – ich bin ein alter Leser der »Zukunft«! (S2/52, 56 =234/1 f., 7)

153 Vgl. die Reminiszenz daran, die *Mezger* noch in den fünfziger Jahren während der Verhandlungen über die deutsche Strafrechtsreform artikulierte: In Frankreich habe man 1907/1908 von der Homosexualität als dem »deutschen Laster« gesprochen; s. NdSchr. StrKomm Bd. 13 (1958), S. 538.

154 Vgl. 166/17 ff.; dazu *Harden*, Luise von Koburg, in: Die Zukunft 48 (1904), S. 437 ff.

Liest man heute die Harden-Polemiken des Satirikers[155], die den definitiven Status seiner literarischen Künstlerschaft fixierten, so erhält man den unabweisbaren Eindruck einer radikalen Vernichtung des Gegners. Und es ist offenkundig, daß die Gestalt Hardens nicht ohne dieses Stigma, das ihr der Haß des Karl Kraus zugezogen hat, auf die Nachwelt gekommen ist. Nur dürfte Harden nach seinen (damals auch allgemein so genannten) »Triumphen« in den Moltke- und Eulenburg-Prozessen, selbst durch die Wucht solcher Schläge nicht wirklich verwundbar gewesen sein, zumal der Berliner *Morgen* im Dezember 1907 begann, eine Enquete bedeutender Schriftsteller zu veröffentlichen, die sich für Harden aussprachen, darunter Heinrich und Thomas Mann, Arno Holz, Arthur Schnitzler, Hugo von Hofmannsthal, August Strindberg und – für Kraus wohl nicht ganz schmerzlos – Frank Wedekind.[156] Wichtig ist das Motiv des Satirikers[157]: Kein noch so gravierendes politisches Anliegen kann die individuelle und gesellschaftliche Zerstörung eines Menschen durch die öffentliche Denunziation seiner sexuellen Neigungen rechtfertigen. Im Juli 1908 steht in der *Fackel*:

> Der österreichische Paragraph 129 blickt mit Verachtung auf den deutschen Paragraphen 175. So schwer ist er doch noch nie kompromittiert worden! Nie hat er sich mit Politik abgegeben, nie sich für patriotische Vorwände mißbrauchen lassen. Öffentliche Interessen tastet er nicht an; er ist so anständig, sich bloß um das Privatleben der Leute zu kümmern. (259/3)

155 Vgl. vor allem noch die in S2 dem Aufsatz »Maximilian Harden. Eine Erledigung« folgenden Texte (S2/79-94) sowie 237/22 ff.; 242/4 ff. (»Maximilian Harden. Ein Nachruf«); 259/1 ff., sowie die später in »Literatur und Lüge« gesammelten Texte (S3/79-138).

156 Vgl. »Morgen« Nr. 27/28/29, 13. und 19. 12. 1907, S. 849-854 und S. 935-939. Vgl. auch den giftigen Ton, in dem Wedekind am 6. 4. 1908 in einem Brief an den dänischen Schriftsteller Georg Brandes (und zwar unter ausdrücklicher Berufung auf die Harden-Affäre) von Kraus als einem »Kleffer« spricht; abgedr. in *Bohnen*, Frank Wedekind und Georg Brandes, Unveröffentlichte Briefe, in: Euphorion 72 (1978), S. 110 f.

157 Zu dem allerdings noch ein persönliches kommt: Harden hatte im Juni 1908 in einem Zeitungsinterview die ihm bekannte tragische Beziehung von Karl Kraus zu der 1901 verstorbenen Annie Kalmar einen »grotesken Roman« genannt. Vgl. dazu Kraus' Erwiderung »Seine Antwort«, in: 257/15 ff. = S3/107 ff.

Das war ein wenig zu optimistisch. Auch Österreich hatte bald danach, wenngleich in wesentlich bescheideneren Maßen, seine politische Homosexualitätsaffäre: den 1913 aufgedeckten Fall des Obersten Redl. Im Juli 1913 druckt Kraus einen Zeitungsbericht, der Redls Selbstmord und als dessen Motiv die Aufdekkung zweier »schwerer Verfehlungen« des Obersten meldet: 1. des homosexuellen Verkehrs; 2. der Spionage für Rußland. Kraus kommentiert dies lakonisch:

Wenn 1. schwerer wiegt als 2., dann ist nichts zu retten. Wenn aber 1. nur vorangeht, weil 2. folgen muß, dann verhindere man 2., indem man 1. straflos macht. Daß die Folge von 1. Erpressung ist, rührt den Staat nicht. Wenn aber die Folge von Erpressung 2. ist und wenn man den Anschein erweckt, als wollte man Landesverrat mit unwiderstehlichem Zwang entschuldigen, dann bleibt zur Verhinderung des Landesverrats nichts übrig, als die Homosexualität freizugeben. (378/42)

Die Prognose des Satirikers vom Februar 1908, man werde es Harden zu verdanken haben, »daß der § 175, der beinahe abgeschafft worden wäre, verschärft werden wird« (245/6), erfuhr eine prompte Bestätigung. Der 1909 vorgelegte »Vorentwurf« eines neuen Strafgesetzes schlug in seinem § 250 eine deutliche Verschärfung der Strafbarkeit vor.[158] In der Begründung[159] wird so auffallend häufig auf einen Aufsatz verwiesen, den der Oberlandesgerichtspräsident a. D. Hamm anläßlich der Harden-Prozesse veröffentlicht hat und der in geradezu hetzerischem Ton ein härteres strafrechtliches Durchgreifen »gegen derartige schmutzige und ekelhafte Dinge«, nämlich die »verabscheuungswürdigen Handlungen der Päderasten«, fordert[160], daß sich Mittermeier einige Jahre später zu der Bemerkung veranlaßt sah:

Die von der deutschen Begründung mehrfach zitierten Äußerungen des Oberlandesgerichtspräsidenten Hamm [...] legen den Verdacht nahe, daß der Prozeß Harden für Deutschland die Gesetzgebung stark beeinflußte.[161]

Im Januar 1924 nimmt der Satiriker das Erscheinen der *Einführung in das österreichische Strafrecht* von Ehrenreich und Alt-

158 Ausführliche Kritik bei *Hirschfeld*, Kritik des § 250, in: ArchKrimAnthr 38 (1910), S. 89 ff.
159 Vgl. Vorentwurf, Begründung. BT (1909), S. 689 ff.
160 *Hamm*, Der § 175 StrGB, in: DJZ 12 (1907), Sp. 1289 ff.
161 *Mittermeier*, Strafbare Handlungen gegen die Sittlichkeit, in: ÖZ StrR 2 (1911), S. 269, Anmerkung 17.

mann (dem Mitherausgeber des StG-Standardkommentars »Altmann/Jacob«) zum Anlaß eines Aufsatzes mit dem inzwischen geradezu nostalgischen Titel »Sittlichkeit und Kriminalität«. Darin steht:

Und es ist schließlich und endlich ja doch zu hoffen, daß diese Republik einmal mit dem Gedanken erwachen wird, daß es beiweitem nicht genügt, eine Staatsform ohne Kaiser zu sein, und daß an einer Justiz, die ihre Mißurteile nicht mehr in seinem Namen fällt (und höchst widerstrebend im Namen der Republik) sich noch lange nicht genug geändert hat. Und daß man einmal auf diesem Gebiet wie auf keinem andern zum Rechten zu sehen habe! [...] Möge bald die Zeit kommen, wo die Republik es mir abnimmt; wo sie endlich sich besinnt, die kulturelle Konsequenz eines politischen Umsturzes zu ziehen und eine ausschließlich in Ehren des Sexuallebens ergraute Justiz wegen Befangenheit abzulehnen, damit der letzte Prozeß, den sie gegen das Leben führen kann, ihr, nicht sein Verwesungsprozeß sei. (640/37 f.)

c) Exkurs zur Abtreibung

Strenggenommen gehört dieses Thema nicht hierher, und zwar weder unter dem Aspekt einer liberalen Strafrechtskritik (obwohl der Kampf gegen das Abtreibungsverbot auch heute oft in diesem Sinne schief legitimiert wird) noch unter dem engeren der Sittlichkeitsdelikte. Aus zwei Gründen soll es dennoch in einem knappen Exkurs behandelt werden. Zum einen hat Kraus selbst den Abtreibungsparagraphen, wenn auch eher beiläufig, als Instrument der Sexualrepression und der Frauenfeindschaft gedeutet. Zum anderen gibt es zur Abtreibungsproblematik einen ausführlichen und auf hohem Niveau argumentierenden Aufsatz in der *Fackel*, dessen Überlegungen auch in der heutigen Diskussion Aufmerksamkeit verdienen. Er stammt nicht von Kraus, sondern von Fritz Wittels, einem jungen Wiener Arzt, der zwischen Februar 1907 und Mai 1908 insgesamt 13 Beiträge für die *Fackel* schrieb und sich dann, primär aus persönlichen Gründen, mit Kraus überwarf.[162] Wittels gehörte seit März 1907 auch zum en-

162 Vgl. dazu v. a. den sehr instruktiven Aufsatz von *Lensing*, »Geistige Väter«, in: Forum (Wien) 36 (Okt./Nov. 1989), S. 62 ff.; außerdem *Hartl*, Karl Kraus und die Psychoanalyse, in: Merkur 31 (1977), S. 144 ff.; *Schneider* (1977), Die Angst und das Paradies des Nörglers, S. 24 ff.; *Carr*, Kraus and Freud, in: *ders./Sagarra* (Hg.), Irish

geren Kreis um Sigmund Freud. Er war Mitglied der »Psychoanalytischen Mittwochsgesellschaft«, in der er sich am 12. Januar 1910, knapp zwei Jahre nach dem Bruch mit Kraus, mit einem Vortrag über »die *Fackel*-Neurose«[163] an dem ehemaligen Freund für dessen zwischenzeitige Kritik[164] rächte. Freuds Reaktion auf den Vortrag war vorsichtig-ambivalent: Er hielt diese Form der Analyse für eine ins Inhumane spielende seelische »Vivisektion«.[165] Wittels' Name hat sich vor allem als der des ersten Biographen Freuds erhalten. Dieser selbst reagierte auf das 1924 erschienene Buch entschieden ablehnend.[166]

Im Dezember 1903 findet sich anläßlich des Freispruchs zweier in Wien wegen Abtreibung angeklagter Frauen eine kurze, nicht von Kraus selbst geschriebene Abhandlung zu diesem Thema in der *Fackel* (149/8 ff.). Der anonyme Autor kritisiert den Zwang, den ein schlechtes Gesetz auf die Justiz ausübe: Sie müsse sich in Fällen wie den beiden genannten, in denen auch für die Richter ein Strafbedürfnis nicht erkennbar sei, darauf zurückziehen, »nicht die Schuld, sondern die Tat selbst zu leugnen«. Man hatte die Frauen mit der Begründung freigesprochen, die Leibesfrucht sei bereits abgestorben gewesen, bevor die Schwangeren den Abtreibungsvorsatz gefaßt hätten. Merkwürdig erscheint, daß hier nicht, wie es § 8 mit i. V. m. § 145 StG eindeutig gefordert hätte, wegen Versuchs bestraft wurde. Der OGH hat allerdings kurz danach diese Rechtsprechung bestätigt: Schon bei Zweifeln über das Leben der Leibesfrucht im Zeitpunkt der Abtreibungshandlung könne das »im § 144 StG behandelte Verbrechen auch als Versuch nicht zugerechnet werden«.[167] Freilich war auch in der

Studies in Mod. Austr. Lit. (1982), S. 1 ff.; *Worbs* (1983), Nervenkunst, S. 149 ff.

163 *Wittels* (1977), Die Fackel-Neurose, in: *Nunberg/Federn* (Hg.), Protokolle, Bd 2 (1908 – 1911), S. 346 ff. Zu dem Zivilprozeß, den Kraus 1910/11 gegen Wittels wegen dessen auf Kraus zielenden Schlüsselromans »Ezechiel der Zugereiste« führte, s. *Scheichl*, Prozeß Wittels–Kraus, in: Kraus-Hefte 65 (1993), S. 1 ff.

164 Vgl. vor allem die Aphorismenreihe in 266/14 ff., die – ohne Namensnennung – erkennbar eine Abrechnung mit Wittels darstellt.

165 Vgl. Protokolle, a.a.O., S. 354.

166 *Wittels* (1924), Sigmund Freud; zu Freuds negativer Reaktion s. die beiden Briefe vom 18. 12. 1923 und vom 15. 8. 1924 in: *Freud* (1960), Briefe, S. 345 f. und 350 f.

167 KH 2981 (6. 5. 1904); kritisch dazu *Finger*, Lehrbuch, Bd. 2, S. 125.

deutschen strafrechtlichen Literatur die Frage der Strafbarkeit eines untauglichen Abtreibungsversuchs umstritten und wenig geklärt.[168] Der Autor des *Fackel*-Beitrags wendet sich scharf gegen die Judikatur des deutschen Reichsgerichts, das eine Frau für strafbar erklärt hatte, die »sich irrtümlich schwanger glaubte und eine grossesse imaginaire zu beseitigen versuchte« (149/8). Die Rede ist von RGSt 34 (1901): Nicht nur die irrtümlich angenommene Schwangerschaft, auch deren versuchte Beseitigung mit einem »absolut untauglichen Mittel« änderte hier nichts an dem strafrechtlichen Schuldspruch.[169] Radbruch, der in der »Vergleichenden Darstellung« die Abtreibung behandelt, spricht (ohne explizite Kritik an der Rechtsprechung des RG) mit einer gewissen Ironie davon, daß also das Tatbestandsmerkmal »eine Schwangere« in § 218 RStGB nicht ausschließe, »daß jener Mann, dem nach der Erzählung des Boccaccio lustige Gesellen die Überzeugung von seiner Schwangerschaft beibringen und sodann zur Abtreibung behilflich sind, der Strafe des § 218 Abs. 1 verfalle«.[170] Der österreichische § 144 entsprach sachlich und in seiner Reichweite ungefähr dem § 218 RStGB, obwohl die höchstrichterliche Judikatur beider Staaten in der Versuchsfrage unterschiedlichen Auslegungen folgte. Einen Indikationenkatalog für Rechtfertigungen im Sinne der heutigen Regelung des § 218a StGB gab es weder hier noch dort. Notstandslösungen bei Gefahr für das Leben der Schwangeren, etwa in Fällen der sogenannten »Perforation«, wurden in beiden Ländern akzeptiert; freilich war sehr strittig, wie sie zu begründen wären.[171]

Der ungenannte *Fackel*-Autor geht kaum auf Grundsatzprobleme der Abtreibungsstrafbarkeit ein. Mit einem (im übrigen auch heute populären) quasi-soziologischen Blick streift er durchaus wichtige, aber sachlich sekundäre Fragen, etwa der Motivation oder der Gefährlichkeit unsachgemäß vorgenommener Abtreibungen und ähnliches.[172]

168 Überblick über den Streitstand bei *Olshausen*, (1909) Strafgesetzbuch, 8. Aufl., § 43, Anm. 19 ff.

169 RGSt 34, S. 217 ff.; s. auch RGSt 8, S. 198 ff.

170 *Radbruch* (1905), Abtreibung, in: VD, BT, Bd. V, S. 159ff, S. 164. – Radbruch meint die dritte Geschichte am neunten Tag des Dekameron.

171 *Radbruch*, a.a.O., S. 169.

172 Auch Carl Stooss wird heftig kritisiert: Sein Schweizer Vorentwurf

Anders verhält es sich mit Wittels' Aufsatz. Nicht als strafrechtsdogmatischer, aber als Beitrag zu fundamentalen *ethischen* Problemen der Abtreibung enthält er wichtige Überlegungen zur strafrechtlichen Grundlagendiskussion. Die Abhandlung steht unter einem Titel mit einer sprechend doppelsinnigen Genitivkonstruktion: »Das größte Verbrechen des Strafgesetzes«. Wittels, der seinen Text mit dem Pseudonym »Avicenna« zeichnete, erörtert zunächst die Frage eines eigenen Rechtsguts des embryonalen Lebens:

Von altersher teilt das Volk die Zeit der Fruchtreife in zwei Teile, die sich mit den ersten, der Mutter fühlbaren Kindesbewegungen von einander absetzen. Dieser Moment erscheint dem unbefangenen Gefühle umso bedeutsamer, als er durch eine witzige Laune der Natur die Zeit der Schwangerschaft ziemlich genau in die Hälfte teilt. Die Kirche glaubte, der Nasciturus habe von diesem Tage an eine lebende Seele. Der Forscher entgegnet ihr, daß sie nach oben und unten irrt. Leben ist im Keime von der ersten Furchungskugel an und noch früher, denn wo Protoplasma ist, da ist Leben; Seele aber, das ist für uns vornehmlich irgend ein Bewußtsein, fehlt dem Nasciturus bis zu seiner Geburt und noch länger. Zwar lebt er, doch erlebt er nichts. (219/1 f.)

Damit sind die rationalen Prämissen des Problems treffend umrissen. Zurückgewiesen wird die auch heute noch geläufige, aber abwegige Auffassung, der Nasciturus könne noch nicht als »menschliches Leben« aufgefaßt werden. Die Wendung vom lebenden, aber nichts erlebenden Embryo schlägt eine deutliche logische Brücke zur Konzeption des von Kraus vertretenen Rechtsgutsbegriffs: als der Schutzformel für die Möglichkeit einer Verwirklichung subjektiver Interessen.[173] Fehlt schon diese Möglichkeit (und nicht nur das konkret reale Interesse), dann liegt kein schützenswertes Rechtsgut vor. Denn einem Leben, das subjektiv nicht erlebt werden kann, liegt kein faßbares Interesse seines Inhabers zugrunde. Gegen dieses Argument, das heute zu den Diskussionsfundamenten der analytischen Moralphilosophie in Fragen der Abtreibung gehört[174], dürfte schwerlich ein

bedrohe Ärzte und Apotheker, die mit Einwilligung der Schwangeren zur Abtreibung nur Beihilfe leisteten, mit 2 bis 10 Jahren Zuchthaus. Die Behauptung ist korrekt; vgl. Art. 56, Abs. 3 des Schweizer Vorentwurfs von 1896.

173 Vgl. oben, S. 313 f.

174 Vgl. exemplarisch *Singer* (1984), Praktische Ethik, S. 146 f., *Leist*

plausibler Einwand zu finden sein. Gleichwohl wird es in der deutschen Strafrechtswissenschaft weitgehend ignoriert.[175] Das Problem ist freilich, anhand biologischer Kriterien die *normativ* entscheidende Grenzlinie zu bestimmen, an der das Lebensinteresse und damit das »Rechtsgut Leben« des Nasciturus entsteht. Wittels neigt deutlich einer Lösung zu, wie sie heute etwa von Hoerster und Singer vertreten wird: Selbst unmittelbar nach der Geburt liege dieses Interesse an sich noch nicht vor; aus ethisch sekundären (pragmatischen) Gründen sei aber die Geburt als entscheidende Zäsur für den Beginn des strafrechtlichen Lebensschutzes festzuhalten und strafrechtlich zu garantieren.[176] Wittels unterscheidet »Wesen mit menschlichem Leben« (das ist schon der Embryo) und »Mensch«. Dieser entstehe erst mit der Geburt. Das vorgeburtliche menschliche Leben sei als interesseloses kein plausibles Rechtsgut. Nach der Geburt sei es dies trotz noch immer nicht vorhandenen Lebensinteresses: als Mensch. Dann kommt er auf das naheliegende Problem eines Rechtsgutsschutzes für *potentielle* Interessen (bzw. Menschen), den er ablehnt; auch dies mit einer sehr modern anmutenden reductio ad absurdum:

> Aber auch Samentierchen und Eizelle sind potentielle Menschen und sollte also bei solcher Rechtsordnung die blühende Gummiindustrie, vom Coitus interruptus nicht zu sprechen, gestattet bleiben? Uralte Rechtsbestimmungen waren konsequent und straften Masturbation, Coitus interruptus und alle diese Dinge mit dem Tode. Sie schützen den potentiellen Menschen wie den lebendigen und nennen beider Vernichtung Mord. Das ist lächerlich streng, aber durchaus nicht lächerlich in seiner ehernen Logik. Eben diese Logik jedoch ist geeignet, das Thema ad absurdum zu führen. (219/3)[177]

Die Problematik dieser These, die in der analytischen Philosophie der Gegenwart überwiegend bejaht, aber auch mit beden-

(1990), Eine Frage des Lebens; *ders.* (Hg.) (1990), Um Leben und Tod, S. 75-211; *Hoerster* (1991), Abtreibung, v. a. S. 69 ff.

175 Ausnahmen etwa *Hoerster*, a.a.O., und *R. Merkel* (1991), Teilnahme, in: *ders./Hegselmann* (Hg.), Euthanasie, S. 104 ff.

176 Vgl. *Hoerster*, a.a.O., S. 128 ff.; gegen einen so späten Zeitpunkt als Beginn des Lebensinteresses *Leist*, Eine Frage ..., a.a.O., S. 152 ff.; *Merkel*, a.a.O., S. 110 f.

177 Vgl. zu dieser reductio ad absurdum in der heutigen philosophischen Diskussion die Übersicht bei *Leist*, Um Leben und Tod (wie Anm. 174), S. 24 ff.

kenswerten Gründen bestritten wird, kann hier nicht eingehend erörtert werden.[178] Anzumerken ist, daß auch diese offenkundig wichtige Diskussion in der heutigen strafrechtlichen Debatte de lege ferenda praktisch ignoriert wird. Wittels erörtert nun eine Reihe von Verbotsgründen außerhalb des fötalen Lebensinteresses und konstatiert einleuchtend einen Entscheidungsvorrang der Schwangeren in dieser Sphäre. Dann kommt er zu dem folgenden:

Im Anfang war der Mord. Er wurde noch im Gesetze des Lykurg den Spartanern zur Pflicht gemacht, denn die Aussetzung auf den Höhen des Taygetos war larvierter Kindesmord. In dieser Larvierung zeigt sich freilich ein Bedenken gegen die Tat. [...] Im Kulturstaat ist die Zahl der Fruchtabtreibungen und der Kindersterblichkeit verkehrt proportional. Im Anfang war der Mord, dann kam die Fruchtabtreibung, und als auch sie verboten wurde, klopfte der Mord wieder an die Türe. Denn nichts ist leichter als Kindesmord. Man legt das Kind bei frostigem Wetter und nackt ins offene Fenster, flugs ist die Lungenentzündung da. [...] Es ist Scharlach im Ort; die Kinder werden zuhauf in die angesteckten Stuben gebracht, zum Kinde, das in Fieber glüht, ins Bett gesteckt. [...] Alles dies und noch viel mehr ist larvierter Mord, es ist durchaus nicht nötig, das Kind mit dem Hammer totzuschlagen, es zu vergiften, zu verbrennen. Die Engelmacherin kann erwischt werden; aber niemals werden die Maschen des Strafgesetzes so eng gezogen werden können, daß das oben Erwähnte und Ähnliches unausführbar wird. (219/7, 9 f.)

Das ist eine einigermaßen furchtbare These. Man mag geneigt sein, sie jedenfalls für die Gegenwart höchstens noch als provokante Fiktion gelten zu lassen (wiewohl ich weder neuere Untersuchungen dazu kenne noch mir ein Urteil über die Plausibilität der Behauptung zutraue). Aber ihre Berechtigung für die Zeit, in der Wittels sie formulierte, läßt sich belegen. Der Münchner Statistiker Georg von Mayr schreibt in seinem 1897 erschienenen Buch *Statistik und Gesellschaftslehre*:

Das Studium der Säuglingssterblichkeit [...] läßt darüber keinen Zweifel, daß absichtliche, oder doch wenigstens fahrlässige, die Sterbegefahr wesentlich steigernde Vernachlässigung der Säuglinge weit verbreitet ist. In ihren schlimmsten Erscheinungsformen berührt sich diese Vernachlässigung unmittelbar mit dem Kindesmord und wird geradezu ein Mittel raffinierter Ausführung desselben. Die auffällig zahlreichen »Verunglückungen« Unehelicher geben ein statistisches Spiegelbild jener Fälle,

178 Zu einer eingehenden Diskussion mit zahlreichen Nachweisen s. *Leist*, Eine Frage des Lebens (wie Anm. 174), S. 83 ff.

in welchen die Vernachlässigung in handgreiflicher Weise vom gewünschten Erfolg begleitet war.[179]

Wittels' Überlegungen münden schließlich in einem Slogan, den er als Grundrecht in der Verfassung verankert wissen will und der mit ebendiesem Anspruch und exakt derselben Formulierung heute in politischen und rechtspolitischen Programmen zu finden ist: »Keine Frau kann zur Austragung ihrer Leibesfrucht gezwungen werden.« (219/12) Er schränkt dies allerdings in einem wichtigen Punkt ein und kritisiert hier eine Schutzlücke des Strafrechts. Die »Eigenschaften des Embryos« ergäben keinen Grund für einen Schutz gegen dessen Tötung, wohl aber gegen seine Schädigung für ein nachgeburtliches Leben; und das heißt: für ein Verbot von Abtreibungshandlungen zu einer Zeit, in der der Fötus bereits extrauterin lebensfähig ist und durch die Abtreibungshandlung in eine dann und deshalb schwer beschädigte Existenz geholt werden könnte. Wittels fordert einen abstrakten Gefährdungstatbestand, der Spätabtreibungsversuche an möglicherweise lebensfähigen Föten gesondert und als vollendete Verbrechen pönalisieren sollte (219/5 f.). Nach den §§ 144 und 145 StG konnte eine solche Handlung nur als versuchte Abtreibung bestraft werden, falls das künstlich frühgeborene Kind, wie schwer geschädigt auch immer, überlebte.[180]

Wittels' Aufsatz gehört ganz gewiß zu den besten der (wenigen) strikt theoretischen Abhandlungen in allen 37 Jahrgängen der *Fackel*. Im folgenden Heft nennt Kraus den wirklichen Namen des pseudonymen »Avicenna«, verkürzt freilich anschließend das sachliche Problem auf den Aspekt, der ihm stets am meisten verhaßt war:

Es ist nicht anzunehmen, daß die in Paragraphenwaffen starrende Niedertracht, die den innersten Besitz an menschlicher Freiheit bedroht und

179 *v. Mayr* (1897), Statistik und Gesellschaftslehre, S. 272.

180 Die von Wittels zum Beleg dieser Strafbarkeitslücke herangezogene Entscheidung des OGH v. 21. 2. 1891 steht in KH 1412. Auch in Deutschland entsprach diese Auffassung der herrschenden Meinung; vgl. nur *Binding* (1872), Normen II, S. 515 und *ders.* (1902) Lehrbuch, BT, 1. Bd., S. 38 f. Die Strafbarkeit solcher Fälle allein als Versuche der Abtreibung ist auch heute geltendes Recht, wobei in Deutschland nach § 218 Abs. 4, S. 2, StGB die Schwangere selbst hier gänzlich straflos bleibt. Wittels' Vorschlag erscheint mir nach wie vor bedenkenswert.

den Uterus zu Abgaben zwingt, sich mit einem Mal eines Bessern besinnen, daß die staatliche Schamhaftigkeit, die den Geschlechtsverkehr lediglich für eine lästige Formalität bei der Fortpflanzung ansieht und unter allen Lebewesen bloß den Störchen eine gewisse Freizügigkeit garantiert, sich plötzlich ihrer selbst schämen werde. Aber der Nachweis, daß das Verbot der Fruchtabtreibung das größte Verbrechen ist, welches ein Strafgesetz – das alte und natürlich auch das kommende – begeht, dient doch wenigstens der Aufrüttelung jener Gehirne, die immer in der besten aller Welten leben. Der Kretinismus sitzt freilich so tief, daß er jenem Weckruf vielfach mit dem Einwand begegnete: wenn die Fruchtabtreibung gestattet würde, fiele die letzte Hemmung, die weibliche Keuschheit heute noch davon abhalte, unkeusch zu sein. Daß doch die Keuschheit überhaupt die Neigung hat, die Keuschheit aufzugeben! Und daß es eines Strafgesetzes bedarf, sie davon zurückzuhalten! (221/19 = S1/281)

Das ist allerdings eine grobe Simplifizierung des Problems. Offenkundig bleiben ja hinreichend viele Schwierigkeiten in der Abtreibungsfrage übrig, wenn man das von Kraus angegebene Strafmotiv restlos streicht. Immerhin gab es dieses und verwandte »sittliche« Motive damals tatsächlich, und zwar auch in strafrechtswissenschaftlichen Abhandlungen zur Abtreibungsfrage.[181] Aber so abwegig eine sexualmoralische Begründung für die Strafbarkeit der Abtreibung ist, so wenig ist deren Zulässigkeit schon mit der Ablehnung *solcher* Gründe nachgewiesen. Kraus dürfte dies wohl selbst so gesehen und Wittels' Argumente als Grundlage der eigenen Kritik stillschweigend vorausgesetzt haben. Nach dem Weltkrieg ergänzt er seine Ablehnung des § 144 StG durch den Kontrasthinweis auf die Unbedenklichkeit, mit der der strafende Staat andererseits den Müttern ihre erwachsenen Söhne auf den Schlachtfeldern »abtreibe«:

[...] die Kirche, die den Eingriff selbst dort verpönt, wo er das Leben der Mutter rettet, segnet ihn, wenn die Mutter darüber weiße Haare bekommt; und die Justiz, dieser Dienstbote aller Lügenherrschaft und Abtreiberin aller Lebensrechte, verurteilt den Arzt und spricht den General frei. (595/30)[182]

181 Ausführliche Darstellung und Kritik dieses Strafgrunds der »Sittlichkeit« bei *E. v. Liszt* (1910), Kriminelle Fruchtabtreibung, 1. Bd., S. 63 ff., S. 72 ff. (m. zahlr. N.).

182 Ähnlich 657/218; vgl. auch die Epigramme »Derselbe« (d. i. § 144) in S9/528 f.; vgl. weiterhin 640/36, wo ein weiteres Argument gegen § 144 angeführt wird: er sorge »für die Vermehrung dieser Kriegs-

Wittels' Aufsatz fand in der strafrechtswissenschaftlichen Literatur der Zeit eine gewisse Resonanz. Und auch von hier aus gibt es in einem Fall eine enge persönliche Verbindung mit Karl Kraus. Erwähnenswert ist sie deshalb, weil sie sich auf den Halbbruder Franz von Liszts, den damaligen Wiener Amtsrichter Eduard von Liszt, bezieht. Ende 1910 erschien der erste Band von dessen umfangreicher Monographie über *Die kriminelle Fruchtabtreibung*. Darin wird Wittels' Abhandlung mehrfach zustimmend zitiert.[183] Liszt plädiert im Ergebnis de lege ferenda für eine Fristenlösung modernen Zuschnitts.[184] Am 29. 1. 1911 sandte er »unter Bezugnahme auf den seinerzeit bei Ihnen erschienenen Artikel von Dr. Wittels ›Das grösste Verbrechen des Strafgesetzes‹« ein Exemplar des Buches an Kraus und bot mit der Anfrage, ob ein Abdruck möglich sei, eine bereits geschriebene Rezension an.[185] Der Eindruck ist nicht ganz abzuweisen, daß der nichtgenannte Verfasser der Rezension Eduard von Liszt selbst war. Obwohl die *Fackel* damals im wesentlichen nur noch *literarische* Fremdbeiträge aufnahm, zeigte sich Kraus offenbar interessiert. Am 4. Februar sandte von Liszt den Besprechungsaufsatz »unter Bezugnahme auf die gefl. Zuschrift vom Mittwoch«.[186] Zu einem Abdruck kam es nicht. Vielleicht teilte Kraus den Eindruck, daß die Rezension eigentlich eine Selbstanzeige des Buchautors war.

Sechs Briefe Eduard von Liszts sind aus dieser Korrespondenz mit Karl Kraus erhalten.[187] Sie begann am 5. 7. 1905 mit einem Lob des Juristen für den *Fackel*-Artikel »Der Fäulnisprozess der Zeit« (180/1 ff.) und der etwas ängstlichen Bitte um strenge Diskretion im Umgang mit der Zuschrift.[188] In den folgenden Jahren gab sich Liszt mehrmals als »alter Anhänger« und als »eifriger Leser der *Fackel*« zu erkennen.[189] Daß diese Selbstkennzeichnung durchaus richtig war, zeigt sich etwa an folgendem: In seiner 1907 erschienenen Broschüre *Weibliche Erwerbsfähigkeit*

und Hungerwelt um rhachitische Kinder«, statt deren Verhinderung zu erlauben.

183 Vgl. *E. v. Liszt*, Fruchtabtreibung, a.a.O., S. 55, 79, 107, 154.

184 *v. Liszt*, a.a.O., S. 89 f.

185 Kraus-Archiv, I.N. 138.032.

186 I.N. 138.033.

187 Kraus' Antwortbriefe sind vermutlich verlorengegangen.

188 I.N. 138.028.

189 I.N. 138.030 und 138.031.

und Prostitution zitiert Liszt auf S. 18 Frank Wedekinds *Totentanz*, der im Juli 1905 in der *Fackel* (183/1 ff.) und bis 1907 nirgendwo anders erschienen war. (Wedekind änderte 1909 den Titel in »Tod und Teufel«, um Verwechslungen mit Strindbergs *Totentanz* zu vermeiden.) Verbunden glaubte sich Liszt dem Herausgeber der *Fackel* vor allem im gemeinsamen Kampf gegen »das Masslose und über jede Gerechtigkeit weit hinausgehende *Ueberwuchern des Feminismus*.[190] Das war insofern ein Mißverständnis, als Kraus zwar den Feminismus ablehnte, aber für den bei Eduard von Liszt gelegentlich durchklingenden misogynen und männlich chauvinistischen Ton[191] keinerlei Sympathie hatte. Wohl deshalb kam es weder zu der von Liszt angebotenen Mitarbeit noch zu einer Rezension der Lisztschen Bücher in der *Fackel*. Mitte der zwanziger Jahre wurde v. Liszt Professor für Strafrecht an der Universität Graz. 1925 erschienen seine *Vorlesungen über die allgemeinen Lehren des materiellen Strafrechts*. Wie stark Wittels' Abhandlung in der *Fackel* auf Liszt gewirkt hat, zeigt sich daran, daß er noch zwei Jahrzehnte nach ihrem Erscheinen in diesem Lehrbuch aus ihr zitiert.[192]

2. *Religionsdelikte*

Das folgende steht in der *Fackel* vom 31. Januar 1906:

Ein Salzburger Bauer sollte eingesperrt werden, weil ihm der Ausruf entfahren war: »Ach was, i fürcht mi vor kein Teufel. Den Teufel hab i z'haus, mei Weib!« Nicht wegen Beleidigung des Weibes, sondern wegen Beleidigung des Teufels, wegen Herabwürdigung einer »Einrichtung der katholischen Kirche« – eine solche ist nämlich der Teufel – sollte der Salzburger Bauer verurteilt werden. Es gehört nämlich zu den unverlierbaren Rechten des österreichischen Staatsbürgers, zu jeder

190 I.N. 138.030.

191 Vgl. etwa die beiden auch an Kraus übersandten Monographien Liszts »Weibliche Erwerbsfähigkeit und Prostitution« (1907) und »Die Pflichten des außerehelichen Konkumbenten« (1907); um eine Rezension der letzteren in der Fackel bat Liszt in seinem Brief an Kraus vom 17. 5. 1907 (I.N. 138.030).

192 *E. v. Liszt* (1925), Vorlesungen, S. 97. – Ein weiteres Echo auf Wittels' *Fackel*-Aufsatz findet sich in der Abhandlung »Strafrechtsreform und Abtreibung« von *Kimmig*, in: ArchKrimAnthr 36 (1910), S. 322, Anm. 1.

Stunde und bei jedem Anlaß »eingespirrt« zu werden. Jener wurde auffallenderweise freigesprochen. Wie schwer es trotzdem in Österreich ist, keine Religionsstörung zu begehen, zeigt der folgende Vorfall: In Olmütz warf ein Friseur bei der Beerdigung seines Freundes eine Erdscholle auf den in die Tiefe gesenkten Sarg mit den in tschechischer Sprache ausgerufenen Worten: »Lebe wohl, Ferdinand, auf der ganzen Linie!« Er wurde wegen Religionsstörung angezeigt und – wiewohl er angab, daß er dem toten Freunde nur dessen Lieblingswort »auf der ganzen Linie« nachgerufen habe, ohne die entfernteste Absicht, jemand zu beleidigen oder ein Ärgernis zu erregen – zu drei Tagen strengen Arrests verurteilt. Also ein Sieg der Betschwestern auf der ganzen Linie! Ob das neue Strafgesetz solche Siege unmöglich machen wird? Ob es verhüten wird, daß der ahnungslose, blinde oder andersgläubige Passant, der eine Prozession nicht grüßt, »eingespirrt« werde? (S1/318 f. = 194/21 f.)

Damit ist das Maß der strafrechtlich garantierten religiösen Empfindlichkeit im habsburgischen Österreich plastisch bezeichnet. Allerdings irrt Kraus in der juristischen Kennzeichnung der dargestellten Sachverhalte: Nicht wegen »Religionsstörung« (§§ 122 ff. StG), sondern wegen »Beleidigung einer gesetzlich anerkannten Kirche und Religionsgemeinschaft« (§ 303 StG) wurde hier angeklagt bzw. verurteilt. Das erstgenannte Delikt, das die Gotteslästerung, die Störung einer »im Staate bestehenden Religionsübung« und den Versuch der Verbreitung von Unglauben umfaßte, war ein Verbrechen; nach § 123 wurde es im Falle der öffentlichen Erregung von Ärgernis mit einem bis fünf, »bei großer Bosheit oder Gefährlichkeit« sogar mit bis zu zehn Jahren schweren Kerkers bestraft. Die Beleidigung einer Religionsgemeinschaft war dagegen bloßes Vergehen. Eine prinzipielle tatbestandliche Trennlinie zwischen beiden Delikten ist nicht zu ziehen.[193] Abgegrenzt wurde im wesentlichen nach dem Gewicht der Tathandlung und dem daraus per Rückschluß ermittelten Tätervorsatz. Das entsprach jener eigenartigen Zweiteilung des StG in einen Verbrechens- und einen Vergehens- und Übertretungsteil, die zu zahlreichen tatbestandlichen Wiederholungen mit lediglich graduellen Unterschieden führte.[194]

Wie in der deutschen strafrechtlichen Diskussion war auch in

193 Vgl. KH 2465 (24. 3. 1900), wonach nicht die äußere Deliktshandlung, sondern der Tätervorsatz maßgebend sein sollte, eine freilich kaum handhabbare Abgrenzungsstrategie.

194 Vgl. oben, S. 74, Anm. 212.

Österreich die Frage nach dem legitimen Schutzobjekt der Religionsdelikte seit dem Säkularisierungsschub der Aufklärung zu einem verworrenen und umstrittenen Problem geworden. Die Theresiana von 1768 hatte in der Gotteslästerung einen Angriff gegen das höchste Wesen selbst gesehen, zu dessen Versöhnung die weltliche Justiz seine Ehre zu restituieren habe. Gotteslästerung war daher nach Art. 56, § 4 das »erste und ärgste« aller Verbrechen und wurde mit dem Feuertod bestraft.[195] Knapp 20 Jahre später vollzog die Josephina eine radikale Wendung: Gotteslästerung galt nun als »bloßes politisches Verbrechen«, dessen Pönalisierung nur wegen der »Sittenverderbnis«, die es nach sich ziehe, geboten sei. Feuerbach hielt 1801 in seinem Lehrbuch jeder strafrechtsdogmatischen Auffassung der Religionsdelikte als eines Schutzes der Gottheit selbst den definitiven, seither nicht mehr ernsthaft bestrittenen Nekrolog:

> Dass die Gottheit injuriiert werde, ist unmöglich; dass sie wegen Ehrenbeleidigungen sich an Menschen räche, undenkbar; dass sie durch Strafe ihrer Beleidiger versöhnt werden müsse, Thorheit.[196]

Vor allem zwei Meinungen zum geschützten Rechtsgut der Religionsdelikte standen sich am Ende des 19. Jahrhunderts gegenüber: die vom Schutz der Religion als solcher[197] und die sogenannte Gefühlsschutztheorie, die von einem Rechtsgut des »religiösen Empfindens« der Menschen ausgeht. In Deutschland herrschte in Rechtsprechung und Literatur die zweite Auffassung deutlich vor[198], in Österreich ebenso deutlich die erste.[199] Schon die jeweiligen Überschriften über den Tatbeständen der

195 Vgl. *Wahlberg* (1875), Religiöse Beziehungen, in: *ders.*, Ges. kl. Schr., Bd. 1, S. 68 ff.

196 *Feuerbach* (1847), Lehrbuch, § 302, S. 488 f.

197 Vgl. *Kohler* (1890), Studien aus dem Strafrecht, Bd. 1, S. 160 ff.; *ders.*, Strafrechtlicher Religionsschutz, in: GA 54 (1907), S. 239 ff.; *Kahl* (1906), Religionsvergehen, in: VD, BT, Bd. 3, S. 1 ff., S. 84 f.

198 Vgl. *Binding* (1902), Lehrbuch, BT, S. 176 ff.; *v. Liszt* (1903), Lehrbuch, 12./13. Aufl., S. 397; *Beling* (1905), Beschimpfung von Religionsgemeinschaften, in: Fschr. Felix Dahn, 3. Teil, S. 1 ff.; *Ahrens* (1912), Strafrechtlicher Schutz des religiösen Gefühls, bes. S. 29 ff.; RGSt 16, S. 245 ff., 248; 23, S. 103 f.; 28, S. 403 ff., 407; 56, S. 128 f.

199 Vgl. *Lammasch*, Grundriß, S. 115; *Finger*, Lehrbuch, Bd. 2, S. 711; vgl. auch die in Nr. 1 zu § 122 der Manzschen Gesetzesausgabe zitierten Entscheidungen des OGH.

Religionsdelikte signalisieren diesen Unterschied: »Von der Religionsstörung« im StG[200]; »Vergehen, welche sich auf die Religion beziehen« im RStGB. Allerdings wurde bereits gegen Ende des 19. Jahrhunderts eine dritte Rechtsgut-These artikuliert: Geschützt sei der »religiöse Friede«, also die Sicherung zivilisierter Mindeststandards in der Auseinandersetzung zwischen und mit den konkurrierenden religiösen Überzeugungen. Das ist im Grunde eine Antizipation der heute herrschenden Meinung zu § 166 StGB[201], der nach nahezu einhelliger Auffassung ausschließlich den (in seinen beiden Tatbeständen genannten) öffentlichen Frieden schützt. Im übrigen wird heute für die unterschiedlichen Regelungen der §§ 166 ff. StGB von verschiedenen geschützten Rechtsgütern ausgegangen.[202]

Gegen jede dieser Deutungen gibt es erhebliche Einwände. Was die heutige Dogmatik angeht: Ich halte es auch im Fall der Bekenntnisbeschimpfung des § 166 für ein Mißverständnis, darin mit der herrschenden Meinung einen unmittelbaren und ausschließlichen Schutz des öffentlichen Friedens zu sehen.[203] Der öffentliche Friede ist das Schutzgut des gesamten Strafrechts und damit immer auch das mittelbare, sozusagen das Fern-Schutzgut jeder konkreten Strafrechtsnorm. Aber als unmittelbarer und alleiniger Schutzgegenstand einer solchen Norm, die ja ganz bestimmte Verhaltensweisen gegenüber bestimmten Objekten verbietet, ist er ein Unding. Schon logisch sind die Angriffsobjekte einer Handlung durch deren Verbot zumindest mitgeschützt, müssen also auch *legitimerweise* (mit-)geschützt sein, damit das Verbot berechtigt ist. In Wahrheit kann nur die Legitimität dieses konkreten Schutzes die Verbotsnorm grundsätzlich legitimieren. Der öffentliche Friede ist auch dort, wo seine Störung oder Bedrohung im gesetzlichen Verbotstatbestand ausdrücklich vorausgesetzt wird, nicht das unmittelbare Schutzgut, sondern der *Maßstab* für die erforderliche Intensität des Angriffs: Erst von

200 § 303 (Beleidigung einer Kirche oder Religionsgesellschaft) gehörte zu den »Vergehen gegen die öffentliche Ruhe und Ordnung«.

201 Beschimpfung von Bekenntnissen, Religionsgesellschaften und Weltanschauungsvereinigungen.

202 Vgl. *Sch.-Schr./Lenckner*, Rdnr. 2 vor § 166 ff., mit zahlr. w. N.

203 *Sch.-Schr./Lenckner*, a.a.O. und die dort Zitierten. Vgl. zu dieser Problematik schon oben S. 307 ff., meine Erörterungen zum Tierschutz.

dem davon bezeichneten Niveau der Verletzungs- oder Gefährdungsintensität an wird ein Attackieren des konkreten Objekts (im Fall des § 166: des »Bekenntnisses« etc.) strafbar. Die Theorie des unmittelbaren und ausschließlichen Schutzguts »öffentlicher Friede« kann nicht erklären, warum gerade *diese* Störung (zum Beispiel qua »Bekenntnisbeschimpfung«) verboten ist und nicht beliebige andere, sagen wir, der Zuzug einer großen afrikanischen Asylantenfamilie in ein durchgängig fremdenfeindliches entlegenes Provinzdorf. Daß dadurch der »öffentliche Dorffriede« ganz erheblich gestört werden könnte, dürfte gerade nach den jüngsten Erfahrungen in Deutschland genauso wenig bestreitbar sein wie die Tatsache, daß hier nicht der Zuzug, sondern der öffentliche Unfriede illegitim wäre. Die Behauptung, § 166 schütze allein und unmittelbar den öffentlichen Frieden, dürfte in Wahrheit der Verlegenheit entspringen, in einer säkularisierten Rechtsordnung ein Delikt der Bekenntnisbeschimpfung noch rational begründen zu sollen. Aber diese Verlegenheit müßte richtigerweise zur Problematisierung der *Existenz* des Paragraphen führen und nicht zu einem unplausiblen Ausweichkonzept in der Frage seines Schutzguts. Richtig gesehen wird dies gegenwärtig etwa von Arthur Kaufmann, der daher konsequent die Perspektive einer Streichung der §§ 166 ff. StGB skizziert.[204] Die herrschende Meinung scheint mir dagegen eine exemplarische Anwendung der klassischen Maxime zu demonstrieren, daß nicht sein könne, was nicht sein darf.

Das heißt, daß de lege lata auch heute die generell als antiquiert abgelehnte »Gefühlsschutztheorie« des Reichsgerichts und der früher herrschenden Meinung den richtigen Schlüssel zum Rechtsgut des § 166 StGB darstellt. Denn *reale* Grundlage einer Störung des öffentlichen Friedens können nur die verletzten Empfindungen einer hinreichend großen Anzahl von Menschen sein.[205] Die (berechtigten) Einwände gegen diese Logik der Straf-

204 *Arth. Kaufmann* (1991), Moderne Rechtsprobleme und die Katholische Kirche, in: *ders.*, Vom Ungehorsam gegen die Obrigkeit, S. 65 ff. Kaufmann weist auch mit Recht darauf hin, daß selbstverständlich in bestimmten Fällen religiöser Beschimpfungen die allgemeinen Schutznormen des Strafrechts (etwa das Beleidigungsverbot) eingreifen können (S. 68).

205 Das heißt nicht, daß der Rechtsbegriff »öffentlicher Friede« als Funktion einer empirisch nachweisbaren Anzahl bestimmter sub-

barkeitsbegründung treffen den Paragraphen selbst, aber nicht eine Auslegung, die das tatsächliche Schutzobjekt nicht einfach deshalb ignoriert, weil sie es nicht (mehr) für berechtigt hält. In der Rechtsguts-Terminologie läßt sich das so ausdrücken: Die »methodische« (»hermeneutische«) Rechtsguts*ermittlung* führt bei § 166 zum »religiösen Gefühl«, das allerdings nur gegen Angriffe mit einer für die öffentliche Friedensstörung geeigneten Intensität geschützt ist; die »kriminalpolitische« Rechtsguts*prüfung*[206] führt zur Ablehnung eines solchen Schutzes. Die sachlichen Gründe gegen die Legitimität eines strafrechtlichen Schutzes religiöser Empfindungen, wie auch die Erwägungen zu einer konkurrierenden Deutung des Schutzes der Religion als solcher, führen zurück zur Diskussion am Anfang des Jahrhunderts und zu Karl Kraus.

Die Regelungen des österreichischen StG griffen weiter aus und härter zu als die §§ 166 ff. RStGB. Die Frage, ob sie den Gefühls- oder den unmittelbaren Religionsschutz bezweckten, war de lege lata einfach mit »sowohl als auch« zu beantworten. Denn schon die Zweiteilung der Religionsdelikte in Verbrechen und Vergehen und die Zuweisung nur der letzteren zur Gruppe der Straftaten »gegen die öffentliche Ruhe und Ordnung« zeigte an, daß jenseits des öffentlichen Friedens und der ihn tragenden (normativ idealisierten) Befindlichkeit der gläubigen Staatsbürger noch mehr geschützt werden sollte. Daß dies »die Religion selbst sei«, wurde von der nahezu einhelligen Auffassung in Literatur und Rechtsprechung schon deshalb angenommen, weil jedenfalls für den Gotteslästerungsparagraphen (122 lit. a) – da Gott selbst nicht mehr in Frage kam und der Gefühlsschutz anderweitig besorgt wurde – gar keine plausible Alternative erkennbar war.

jektiver Befindlichkeiten zu interpretieren ist. Vielmehr ist er als primär normativer Begriff aufzufassen: nicht als das, was viele denken oder empfinden, sondern das, was nach der Wertordnung des Rechts als (idealisierte) subjektive Befindlichkeit garantiert *sein soll.* Aber dieses Konzept muß natürlich im Prinzip plausibel mit der empirischen Realität verbindbar sein. Pointiert: Die Annahme einer Friedensstörung auch in Fällen, wo sich realiter einfach niemand gestört fühlt, würde den normativen Rechtsbegriff »öffentlicher Friede« sinnleer, fiktiv und damit illegitim machen.

206 Zu dieser Terminologie s. oben, S. 277 f.

Entscheidend hinzu kam, daß für die Verwirklichung des § 122 ein öffentliches Ärgernis, also eine Gefühlsverletzung bei irgend jemandem, nicht erforderlich, sondern lediglich strafverschärfend war.[207] § 122 lit. b gewährleistete (wie der analoge § 167 RStGB) den Schutz der Religionsausübung; § 122 lit. d schließlich enthielt die nach der Reform vom 25. 5. 1868[208] übriggebliebene abstruse Strafdrohung gegen den Versuch einer »Verbreitung von Unglauben«. Daß ein solcher Paragraph erhebliche Kollisionsprobleme mit der Philosophie und der naturwissenschaftlichen Forschung, etwa darwinistischer Provenienz, aufwerfen mußte, liegt auf der Hand. Schon 1867 hatte Adolf Merkel in seinem Gutachten über den damals vorgelegten StG-Entwurf dringend vor der Beibehaltung dieser Regelung gewarnt:

> Es ist völlig eitel, die Schranken der Wissenschaft niederreißen und derselben doch gewisse Ziele strafpolizeilich verlegen zu wollen; der Philosophie freien Raum geben, den Lehren atheistischer oder pantheistischer Denker gegenüber eine Gedankensperre festhalten zu wollen! Die Zeit des Kämpfens um Überzeugungen mit den Waffen der Kriminaljustiz ist im Gebiete unserer Kulturländer vorbei. Machen wir uns – man verzeihe das Wort – nicht einer neuen Don-Quixoterie schuldig, indem wir sie festzuhalten suchen![209]

Festgehalten wurde sie gleichwohl bis 1974.[210] Der Katholik Lammasch, der offenbar keine grundsätzlichen Einwände gegen die Regelung hatte, versuchte die skizzierte Schwierigkeit mit dem Argument zu beheben, der selbstverständlich straflose wissenschaftliche oder philosophische Atheismus unterscheide sich vom Versuch des Verbreitens von Unglauben durch seinen methodischen Anspruch, Begründungen seiner Thesen zu geben. Wer ohne solche Begründungen atheistische Dogmen verbreite, sei nach § 122 lit. d strafbar.[211] Daß dies ein gänzlich unhaltbares,

207 Vgl. §§ 123, 124 StG.
208 Dazu oben, S. 79.
209 *A. Merkel* (1899), Bemerkungen über den österreichischen Entwurf, in: *ders.*, Ges. Abhdlg. 2/1, S. 76.
210 Freilich geht *Rittler* in der 2. Auflage seines Lehrbuchs (1962), S. 290 (anders noch in *Lammasch/Rittler*, 5. Auflage, 1927, S. 360) davon aus, daß die Regelung derogiert, nämlich »per desuetudinem außer Kraft getreten« sei.
211 *Lammasch*, Grundriß, S. 115.

wenngleich gesetzlich erzwungenes Ergebnis darstellt, ist evident: Der naturwissenschaftliche Vertreter des Materialismus hat nichts zu fürchten; wer aber seine Lehren übernimmt und weitererzählt, macht sich strafbar (wobei als ironische Pointe hinzukommt, daß der »wissenschaftlich begründete« Atheismus für die geschützte Religion weitaus gefährlicher ist als etwa eine apodiktische Privatmeinung am Biertisch).

Auch abgesehen von solchen Strafgesetzfossilien läßt sich den Äußerungen von Karl Kraus über die Religionsdelikte des StG ein generelles Unbehagen abhören, obwohl er jede rohe oder schäbig motivierte Mißachtung religiöser Symbole oder Empfindungen haßte. Was die Frage einer legitimen Begründung dieser Tatbestände angeht, so ist eine charakteristische Unsicherheit in seinen Auffassungen spürbar. In dem Aufsatz »Sittlichkeit und Criminalität« vom September 1902 heißt es:

Ein Gesetz, das mit Recht den religiösen Glauben schützt und seine Beleidigung straft, dürfte sich nimmer vermessen, in die irdischem Einfluß verschlossenen Tiefen der Menschenbrust langen zu wollen. (115/5)

Das entspricht der damals in Österreich herrschenden Interpretation: Schutz der Religion als solcher. Der Herbst 1902 war die Zeit des intensivsten persönlichen Kontakts zwischen Kraus und Lammasch. Fünfeinhalb Jahre später, in der Buchausgabe von *Sittlichkeit und Kriminalität* lautet die Stelle so:

Gerade ein Gesetz, das auch religiöse Gefühle behütet und die Beleidigung des Glaubens straft, dürfte sich nimmer vermessen, ... [etc.] (S1/13)

Eindeutig konfisziert wird mit der Streichung des »mit Recht« die eigene Zustimmung zur Strafbarkeit. Übriggeblieben ist ein Argument, das wertungslos die logische Konsistenz eines Gesetzes anmahnt, welches innerste Überzeugungen einerseits strafrechtlich schützt und andererseits belangt. Hinzu gekommen ist die Erwähnung des Schutzguts »religiöse Gefühle«. Und die unmittelbare syntaktische Nähe dieser Formel färbt gewissermaßen ab auf die nachgestellte »Beleidigung des Glaubens«. Sie liest sich nicht mehr eindeutig als Genitiv von »der Glaube«, sondern beinahe wie ein substantivierter Infinitiv: nicht die Religion, sondern »religiös zu glauben«, also wieder ein subjektives inneres Empfinden, soll (allenfalls) strafrechtlich geschützt sein. Der Grund für diese unscheinbare, aber sachlich wichtige sprachliche

Änderung liegt – abgesehen von der zwischen 1902 und 1908 sich lockernden persönlichen Verbindung mit Lammasch – in der Unverträglichkeit eines Schutzes der Religion als solcher mit dem Rechtsgutsbegriff des Satirikers: Legitime Rechtsgüter sind typisierte und symbolisch abstrahierte subjektive Interessen. Die Religion als System von Dogmen und Lehren paßt nicht hierher. Auch ist schwer zu sehen, wie in einem von Verfassungs wegen weltanschaulich neutralen Staat[212] die Schutzprivilegierung gerade der Religion (selbstverständlich nicht nur der christlichen) begründet werden könnte. Lammasch begreift die *Wirkungen* der Religion, eines »der höchsten Kulturwerte der Menschheit«, als Grund ihres strafrechtlichen Schutzes.[213] Aber dieses Argument könnte auch für Wissenschaft und Kunst geltend gemacht werden. Kraus jedenfalls fühlte offenbar deutlich die Unplausibilität eines Rechtsguts »Religion« und verschob nach 1902 seine Interpretation der Religionsdelikte erkennbar in Richtung der liberaleren Auffassung vom subjektiven Empfindungsschutz, wie sie im deutschen Reich herrschend war und wie sie im übrigen im Sog der Aufklärung schon mehr als hundert Jahre zuvor die Josephina erstmals in Österreich, wenngleich nur für kurze Zeit, durchgesetzt hatte.

Daß es aber auch damit erhebliche Schwierigkeiten gibt, mußte dem Satiriker gerade an den Fällen klarwerden, wo nicht das Verbrechen der Religionsstörung, sondern das bloße Vergehen der Beleidigung oder Verspottung von Bekenntnissen oder religiösen »Einrichtungen« (§ 303 StG) zu beurteilen war. Und hier kehrt Kraus angesichts der haarsträubenden Empfindlichkeit des österreichischen religiösen Gefühls ein wenig ratlos und sachlich irrig zum Schutz der »Religion« als dem vermeintlich kleineren strafrechtlichen Übel zurück. In der oben zitierten Notiz über den Salzburger Bauern, der dem Teufel, und den Olmützer Friseur, der einer Trauergesellschaft zu nahegetreten war, steht am Ende:

> Rechtsgut wird wohl auch künftig nicht die Religion, sondern die Empfindlichkeit der Betschwestern sein. (194/22)

Die Stelle blieb in *Sittlichkeit und Kriminalität* sachlich unberührt. In Wahrheit sind beide Rechtsgüter unplausibel. Zwar ist

212 Das war, wie das Staatsgrundgesetz vom 21. 12. 1867 bekräftigte, auch die Habsburgermonarchie.

213 *Lammasch*, Grundriß, a.a.O. S. 155.

der Vorwurf, der damals den »Gefühlsschutzlehren« gemacht wurde[214]: religiöse Gefühle seien über eine nicht rational faßbare Bandbreite beliebiger Neigungen verteilt, nicht durchschlagend; denn es kommt nicht auf empirisch vorfindbare Neigungen, sondern auf einen normativ abstrahierenden Begriff des »seinsollenden« Gefühlsschutzes an. Aber dessen Privilegierung etwa gegenüber einer Begeisterung für Monismus oder Darwinismus ist im neutralen und liberalen Rechtsstaat genausowenig begründbar wie die der Religion an sich. Im Oktober 1906 greift Kraus das Thema noch einmal grundsätzlich auf, und hier zeigt sich deutlich seine Abneigung gegen alle strafrechtlichen Interventionen im religiösen Meinungsstreit. Der Zuschauer einer Fronleichnamsprozession, der seinen Hut nicht abgenommen hatte, war verurteilt worden. Staatsanwalt und Richter[215] in diesem Prozeß waren Juden, der Angeklagte gläubiger Katholik. Kraus schreibt:

Die leidige Tatsache, daß der liebe Gott die österreichischen Staatsanwälte mit der Vertretung seiner Interessen betraut hat, zeigt ihre parodistische Seite erst im Licht eines Prozesses, der dank der Überführung durch sachverständige Israeliten mit der Bestrafung eines strenggläubigen Christen wegen Religionsstörung[216] endet ... Wann wird die Gesetzgebung den Geßlerhut beseitigen? Nicht darüber, daß der Staatsbürger das Allerheiligste der katholischen Religion nicht grüßt, erhitzen sich die Gemüter aller Konfessionen, sondern darüber, daß er dem Hut, den die Andern ziehen, »nicht Reverenz bewiesen hat«. (210/3)[217]

214 Vor allem *Kahl*, VD, BT (wie Anm. 197), S. 83 f.

215 Übrigens der oben, S. 267 ff., ausführlich dargestellte Herr Feigl.

216 Richtig: Verspottung der »Einrichtung einer gesetzlich anerkannten Kirche« (§ 303).

217 Vgl. auch die Bemerkung in 267/6 = S3/90: »Den Hut vor der Monstranz zu ziehen, ist bei weitem kein so schönes Verdienst wie ihn jenen vom Kopfe zu schlagen, die kurzsichtig oder andersgläubig sind.« – Der vor Prozessionen nicht abgenommene Hut hat übrigens die höchstrichterliche Rechtsprechung in Östereich wiederholt beschäftigt; vgl. bereits KH 399 (23. 12. 1881): Nichtabnehmen des Hutes erfülle den Tatbestand des § 303. Etwa zur selben Zeit, als Kraus den zitierten Passus schrieb, entschied der OGH, daß Fronleichnamsprozessionen gegen nicht abgenommene Hüte strafrechtlich geschützt seien; vgl. die in der Manzschen Gesetzessammlung als Nr. 9 zu § 303 zitierte Entscheidung des OGH vom 29. 9. 1906; vgl. noch die zwar zurückhaltenderen, aber sachlich

Der »Ernst der kirchlichen Zeremonie«, heißt es zwei Jahre früher, sei kein plausibles, sei vielmehr eines »jener transcendentalen Güter, als deren Wächter sich die österreichische Gerechtsame so gern aufspielt« (168/5 = S1/108 f.). Am 8. 8. 1902 hatte Lammasch dem Satiriker geschrieben, er hoffe, Kraus werde, »wenn der Schleier einmal von dem geheimnisvollen Bilde« des kommenden Entwurfs eines neuen Strafgesetzes gefallen sei, mit der dortigen Behandlung der Religionsdelikte zufrieden sein.[218] In den »Erläuternden Bemerkungen« des 1912 endlich vorgelegten Entwurfs, die im wesentlichen Lammasch verfaßt hat, wird der doppelte Schutz sowohl der Religion als auch des religiösen Gefühls ausdrücklich als fortbestehend hervorgehoben.[219] Daß der Satiriker damit »zufrieden« war, ist nicht anzunehmen.[220]

11. Erweiterung: Soziales Strafrecht

Gegen Ende des 19. Jahrhunderts entstand als ein zunächst vieldeutiger, die rechtlichen Reaktionen auf die krisenhaften Entwicklungen der Industrialisierung in ein unklares Symbol zu-

gleichsinnigen Entscheidungen vom 21. und 24. 10. 1913, in: ÖR 508 [a) und b)], S. 15 ff.

218 Genauer Wortlaut des Briefes oben, S. 207.

219 Erläuternde Bemerkungen (1912), S. 227. Aufschlußreich ist auch, daß Lammasch in seiner im ganzen lobenden Besprechung des Schweizer Entwurfs von Carl Stooss ausdrücklich die Streichung der Religionsdelikte zugunsten der »Meinungsfreiheit« mißbilligt; vgl. *Lammasch*, Entwurf eines Schweizerischen StGB, in: SchwZ StrR 8 (1895), S. 130 f.

220 Kraus hat viel später, im Juli 1931, die Frage noch einmal gestreift: Schauspieler, die ein Stück Walter Hasenclevers gespielt hatten, waren wegen eines Religionsdelikts verurteilt worden. Kraus lehnt *dieses* Urteil ab, spricht aber zugleich vom »fühlbaren Mangel eines Strafgesetzes, das es verböte, mit niedrigen Scherzen über höhere Dinge [...] Tantiemen zu erstreben« (857/62). Das entspricht ungefähr seiner ersten Stellungnahme vom Juli 1902, wo er – in Verteidigung einer Herrenhausrede Lammaschs – die »gelinde Bestrafung« öffentlicher Taktlosigkeiten gegenüber religiösen Dingen befürwortet, aber nicht als Religionsdelikt im Sinn des StG, sondern etwa im Modus eines Paragraphen gegen »groben Unfug«, wie § 360 Nr. 11 RStGB ihn vorstellte (vgl. 109/25). Besonders plausibel ist freilich auch dies nicht.

sammendrängender Begriff, der des »sozialen Rechts«. Dessen materiale Prinzipien setzten sich zunächst vor allem im Wirtschafts- und Arbeitsrecht durch: als Strategien einer stärkeren Intervention öffentlich-rechtlicher Regelungen im Bereich des Privatrechts, das in der Blütezeit des Liberalismus noch durchgängig von der Fiktion autonomer, gleichberechtigter Individuen und ihrer vertraglich geregelten Verkehrsformen bestimmt war. Wieacker beschreibt den sozialen Druck, unter dem diese zunehmend dysfunktionale und gesellschaftsfeindliche Konzeption erodierte, als die Einsicht,

> daß die sozialen und wirtschaftlichen Funktionsabläufe weder durch unmittelbare staatliche Anordnung noch durch das freie Spiel der Privatautonomie der Wirtschaftssubjekte gesteuert werden kann, sondern durch Kooperation zwischen sozialen Gruppen oder durch einen von der öffentlichen Gewalt koordinierten Ausgleich.[221]

Im Strafrecht wurde die Formel vom »sozialen Recht« vor allem in der Schule Franz von Liszts aufgenommen. Die Abkehr von der Fiktion des Straftäters als eines abstrakt autonomen und verantwortlichen Subjekts seiner Tat führte zunächst zu jener Forderung einer »Individualisierung« der Strafrechtspflege, die Liszt von Wahlberg übernahm[222], und zum Angriff gegen das Vergeltungs- im Zeichen eines sozial orientierten Zweckstrafrechts. Daß und in welchem Maße Kraus diese Korrekturen an der »klassischen« Strafrechtsauffassung seiner eigenen kritischen Perspektive zugrunde legte, habe ich zu zeigen versucht. Damit ist allerdings im wesentlichen erst und nur der Bereich der Dogmatik in den Blick genommen. Im folgenden verstehe ich »soziales Strafrecht« in einem umfassenderen Sinn, der auch und vor allem die Kriminalpolitik einschließt, die ja schon für Liszt mit den neuen Formen der Dogmatik vielfach verbunden bzw. zu

221 *Wieacker* (1967), Privatrechtsgeschichte, S. 547. Vgl. zu dieser Entwicklung die knappe Darstellung bei *Seelmann* (1973), Soziales Recht bei Radbruch, S. 101 ff.

222 Vgl. *Wahlberg* (1869), Princip der Individualisierung; dazu *Moos* (1968), Verbrechensbegriff, S. 448 ff., 475 ff.; zum Einfluß auf Liszt S. 482 f. Zur Fortentwicklung dieses Konzepts in der Liszt-Schule vgl. vor allem *Radbruch* (1957), Vom individualistischen zum sozialen Recht, in: *ders.*, Der Mensch im Recht, S. 35 ff., S. 45 f.; dazu *Seelmann*, a.a.O, S. 143 ff.

verbinden war. Als konzeptuelles Gelenk zwischen beiden Sphären fungierte der Rechtsgutsbegriff.[223] In jener Lisztschen Deutung, die ihn als »Grenzbegriff der abstrahierenden juristischen Logik«[224] auffaßte, gab er den wissenschaftlichen Blick in beide Richtungen frei: auf die allen Normen des positiven Rechts gemeinsame Schutzfunktion und auf die außerjuristische Sphäre der zu schützenden »Lebensgüter«. Die Spannung, die damit für eine grundsätzlich liberale und tendenziell strafrechtsskeptische Auffassung entsteht, ist evident: Der kriminalpolitische Rechtsgutsbegriff erlaubt nicht nur, er gebietet in bestimmten Fällen die »soziale« Intervention des Strafrechts.

Es sind vor allem drei Bereiche des modernen gesellschaftlichen Lebens, in denen Kraus den Schutz des geltenden Rechts als mangelhaft empfand und neue oder härtere Zugriffe des Strafrechts reklamierte: die Ökonomie, die Presse und eine bestimmte Spielart des pathologischen Familienlebens: die der Kindesmißhandlung.

1. Wirtschaftsstrafrecht

Der erste Beitrag zum Problemkreis eines »sozialen Strafrechts« in der *Fackel* enthält kein Pönalisierungsvotum, sondern entschieden das Gegenteil. Ende Juni 1899 erschien ein Artikel Hugo Heinemanns[225] über die damals in Deutschland vor allem von den Sozialdemokraten, zu denen Heinemann gehörte, erbittert bekämpfte sogenannte »Zuchthausvorlage«. Heinemanns Text hat die Form eines Briefes an den Herausgeber der *Fackel*. Er beginnt so:

> Lieber Freund,
> Sie wollen von mir etwas über das *Zuchthausgesetz* hören, wollen wissen, wie man in Deutschland die Einbringung eines Gesetzentwurfes

223 Vgl. oben, S. 114 und S. 276 ff.
224 *v. Liszt*, Rechtsgut, AuV I, S. 222.
225 Zum Verhältnis Kraus–Heinemann s. oben, S. 162 f., 168 f. In einem Brief vom 5. 7. 1899 an Kraus kommentiert Heinemann seinen *Fackel*-Artikel mit dem Satz: »Sollte der in größter Hast hingeschmierte Artikel Ihnen wirklich nutzbringend sein, so bin ich gern bereit, Ihnen wirklich einmal etwas Ordentliches zu schicken.« (Kraus-Archiv I.N. 169.273).

ertragen konnte, der das ungeheuerlichste Ausnahmegesetz der Neuzeit darstellt und dem gegenüber das Bismarck'sche Socialistengesetz als wahres Palladium der Gerechtigkeit erscheint. Richtete sich dieses doch nur gegen eine *politische* Partei, das Zuchthausgesetz jedoch gegen eine ganze Bevölkerungs*classe*, gegen die überwiegende Mehrzahl des deutschen Volkes. (9/1)

Hintergrund war folgendes: Seit Beginn der neunziger Jahre hatten die gesellschaftlichen Friktionen in dem noch jungen und daher weitgehend norm- und erfahrungslosen Bereich des kollektiven Arbeitsrechts erheblich zugenommen.[226] Auf seiten der Unternehmer und der ihnen nahestehenden politischen Parteien wurde die wachsende Zahl von Streiks der gewerblichen Arbeiter als »terroristische« Bedrohung der Wirtschaft und des sozialen Friedens empfunden oder jedenfalls so bezeichnet. Der Ruf nach dem Strafrecht gewann Konjunktur. Die Sozialdemokraten forderten dagegen eine Befreiung des gewerkschaftlichen Koalitions- und Streikrechts von allen strafrechtlichen Drohungen. § 153 (a. F.) der Gewerbeordnung; vor allem aber auch die allgemeinen Bestimmungen des RStGB über Nötigung, Erpressung, Beleidigung und Körperverletzung wurden in regelmäßig mehr als 150.000 Fällen pro Jahr zur strafjustiziellen Disziplinierung streikender Arbeiter aktiviert.[227] § 153 GewO, der an die grundsätzliche Aufhebung des strafrechtlichen Koalitionsverbots durch § 152 GewO anknüpfte, bedrohte mit Freiheitsstrafe jeden, der andere »durch Anwendung körperlichen Zwanges, durch Drohungen, durch Ehrverletzung oder durch Verrufserklärungen bestimmt oder zu bestimmen versucht, an solchen Verabredungen theilzunehmen oder ihnen Folge zu leisten, oder Andere durch gleiche Mittel hindert oder zu hindern versucht, von solchen Verabredungen zurückzutreten«. Das Reichsgericht hatte durch eine extensive Auslegung dieser und der Tatbestandsmerkmale einschlägiger StGB-Normen »das Streikrecht der Arbeiter nicht unbeträchtlich« ausgehöhlt und allmählich »Streik- und Boykotthandlungen als solche kriminalisiert«.[228] In dem zi-

226 Dazu und zum folgenden vor allem die gründliche Darstellung von *Köhne* (1977), Nationalliberale und Koalitionsrecht, S. 248 ff.; ebenfalls *Born* (1957), Staat und Sozialpolitik seit Bismarcks Sturz, S. 146 ff.; *Saul* (1974), Staat, Industrie, Arbeiterbewegung, S. 283 ff.

227 *Born*, a.a.O., S. 150.

228 So *Schröder* (1988), Entwicklung des Kartellrechts und des kollek-

tierten *Fackel*-Artikel nennt Heinemann ein plastisches Beispiel: »Der Zuruf eines Maurers an seinen Unternehmer: ›Wenn Sie nicht pro Stunde 45 Pf. Lohn zahlen, sorgen wir dafür, dass vier Wochen lang kein Maurer auf den Bau kommt!‹ wurde erst jüngst mit sechs Monaten Gefängnis und *drei Jahren Ehrverlust* geahndet.« (9/3)

Nicht in der *Fackel*, aber in seinem Aufsatz in der Festschrift für Wilke identifiziert Heinemann Ort, Zeit und Urheber dieses Urteils genauer: das Landgericht Dresden in einer Entscheidung vom November 1898.[229] Eine prohibitive Waffe gegen jeden Streik schmiedete das Reichsgericht mit seiner Entscheidung vom 6. 10. 1890, wonach gewerkschaftliche Ankündigungen von Streikmaßnahmen gegenüber Unternehmern nicht nur den Tatbestand des § 153 GewO (dessen ratio legis aber eindeutig nicht die jeweilige Gegenpartei eines Arbeitskampfes, vielmehr nur die kampfunwilligen Kollegen schützen sollte), sondern vor allem den Erpressungstatbestand des § 253 RStGB erfüllten.[230] Diese Rechtsprechung legte übrigens der österreichische Strafgesetzentwurf der Regierung Plener/Windischgrätz von 1891/93 seinem § 141 zugrunde: Die Motive erläuterten die Vorschrift ausdrücklich im Sinne der reichsgerichtlichen Erpressungs-Rechtsprechung zu Streikankündigungen. Heinemann hat 1894 den Entwurf in einem langen Aufsatz vernichtend kritisiert.[231] Dieser liefert beiläufig den Schlüssel zu der oben (S. 228) bereits zitierten Bemerkung des Karl Kraus vom September 1899: Heinrich Lammasch habe »zum Fallen des socialpolitisch einsichtslosesten Gesetzes der Gegenwart, des Plener/Windischgrätz'schen Strafgesetzentwurfs« beigetragen (17/12). Heinemann zitiert in seiner Kritik des Entwurfs mehrfach die Polemik Lammaschs, des »hervorragendsten österreichischen Strafrechtslehrers«, der die »innere Unwahrheit, Ungerechtigkeit und soziale Schädlichkeit«

tiven Arbeitsrechts, S. 335; vgl. dazu auch *Heinemann* (1900), Behandlung der Streikvergehen in: Fschr. Wilke, S. 137 ff.

229 *Heinemann*, a.a.O., S. 157.

230 RGSt 21, 114 ff.; kritisch dazu *Heinemann*, Rechtliche Natur des Streiks, in: DJZ 7 (1902), S. 113 f.; zu dem zitierten RG-Urteil und zu nachfolgenden analogen Entscheidungen auch *Schröder*, a.a.O., S. 297 ff.

231 *Heinemann*, Österreichischer Strafgesetzentwurf, in: Archiv für soziale Gesetzgebung und Statistik 7 (1894), S. 359 ff.

vieler Bestimmungen der Vorlage »treffender als vielleicht irgend ein anderer dargelegt« habe.[232] Ganz offenbar hat Kraus sein Votum über den Entwurf und über Lammaschs Kritik aus diesem Aufsatz bezogen, den ihm Heinemann geschickt haben dürfte.[233]

Trotz eines derartigen strafrechtlichen Zugriffs auf das Streikrecht betrieb die Reichsregierung eine weitere Verschärfung des sogenannten »Schutzes Arbeitswilliger« gegen den Koalitionszwang. Am 6. 9. 1898 kündigte der Kaiser in Bad Oeynhausen in einer seiner allseits wegen ihrer Besinnungslosigkeit gefürchteten Brandreden ein Gesetz an, das jeden mit Zuchthaus bestrafen werde, »der einen deutschen Arbeiter, der willig wäre, seine Arbeit zu vollführen, daran zu hindern sucht oder gar zu einem Streik anreizt«.[234] Die Rede löste Unruhe und Polemik auch in der liberalen Presse aus, die ansonsten keine Einwände gegen eine Verschärfung des § 153 GewO hatte. Das Stigma der »Zuchthausvorlage« hing dem angekündigten Gesetz lange vor seiner Ausarbeitung an. Dennoch wurde es am 26. 5. 1899 als »Gesetz zum Schutz des gewerblichen Arbeitsverhältnisses« im Reichstag eingebracht. Es mutet aus heutiger Sicht wie ein archaisches Relikt des frühkapitalistischen »Klassenkampfs von oben« an.[235]

232 *Heinemann*, a.a.O, S. 367; vgl. auch S. 372 und 380 f.; zu § 144 der Vorlage s. S. 378 ff. Vgl. dazu *Lammasch*, Werk des Strafgesetzausschusses, in: Allg. Ö. GerZ 44 (1893), Nr. 18-20 sowie Nr. 41-51; sowie *ders.*, Vorschläge zur Revision des Strafgesetzentwurfes, in: Allg. Ö. GerZ 45 (1894) Nr. 41-45.

233 Kraus erwähnt in einer Anmerkung zu Heinemanns Artikel in 9/1 ff. einen nicht genauer bezeichneten Aufsatz des Autors im »Braun'schen ›Archiv für Sociale Gesetzgebung und Statistik‹«; dabei kann es sich nur um den oben zitierten Aufsatz handeln. Für die Vermutung, daß Kraus sein Votum über Lammaschs Kritik mehr oder minder ungeprüft von Heinemann bezogen hat, spricht auch, daß diese Kritik insgesamt keineswegs nur »socialpolitisch einsichtsvoll« genannt werden kann; vgl. etwa *Lammasch*, a.a.O., Nr. 18, S. 146 f., wo der Autor für größere Härte im Strafvollzug und für die lebenslange »Unschädlichmachung« der sogenannten »Unverbesserlichen« plädiert.

234 Abgedr. in *Johann* (Hg.) (1977), Reden des Kaisers, S. 79.

235 Mit Begründung abgedr. in *Rassow/Born* (Hg.) (1959), Akten zur staatlichen Sozialpolitik, S. 113 ff.; vgl. auch die radikale Kritik bei *Loewenfeld*, Koalitionsrecht und Strafrecht, in: Archiv für soziale Gesetzgebung und Statistik 14 (1899), S. 471 ff.; ebenfalls *Heine-*

Eine Chance auf Annahme durch den Reichstag hatte es nach Wilhelms Rede nicht mehr. Heinemann formulierte seinen *Fakkel*-Aufsatz bereits als Nekrolog (vgl. 9/6). Knapp eine Woche vor dessen Erscheinen, am 22. Juni 1899, war die »Zuchthausvorlage« in erster Lesung vom Reichstag abgelehnt worden. Die vom Kaiser gleichwohl erzwungene zweite Lesung führte fünf Monate später zur definitiven Verwerfung. Mitte Dezember 1899 erwähnt Kraus eine »kurze Mittheilung«, die ihm Wilhelm Liebknecht »von dem lustigen Begräbnis der Zuchthausvorlage« im Reichstag geschickt habe (26/8). Das blieb der Epilog.

Am 12. Februar 1904 erschien in der *Fackel* ein längerer, nicht von Kraus selbst geschriebener Aufsatz mit der Überschrift »Wucher«:

Zwei Arten von Prozessen sind bei den Wiener Gerichten die zahlreichsten: Die Wucher- und die Ehrenbeleidigungsprozesse. Man kann daraus schließen, daß zwei Klassen von Menschen in Wien die zahlreichsten sind: Die Bewucherten und die Leute mit einer ramponierten Ehre. Die österreichische Rechtspflege aber besteht darin, daß die Männer mit der schadhaften Ehre in unseren Gerichtssälen regelmäßig als Kläger auftreten, während die Bewucherten die Rolle von Angeklagten zu spielen haben. Als im Mai 1881 das Wuchergesetz erlassen ward, da dachte man, nun würden die Wucherer einer nach dem andern vor das Strafgericht gezogen werden. Und seither erscheinen die Wucherer auch wirklich ohne Unterlaß vor den Strafgerichten, – als Zeugen, als Privatbeteiligte, Schutz gegen ihre Opfer heischend. (154/13)

Wie in Deutschland hatte auch in Österreich der mit der Dezemberverfassung von 1867 konstitutionell durchgesetzte Liberalismus mit der umgehenden Aufhebung aller Strafdrohungen gegen den Wucher (1868) eines seiner ökonomischen Glaubensbekenntnisse verwirklicht. Selbst vor dem Hintergrund der verheerenden Erfahrungen, die diese Form des doktrinären *Laissez-faire* den österreichischen Staatsbürgern in den folgenden Jahren aufzwang[236], mußte den Liberalen eine neue strafrechtliche Re-

mann, Schutz der Arbeitswilligen, in: Die Nation (1899), Nr. 23, S. 327 ff., und Nr. 24, S. 338 ff.; *v. Liliental*, Über den Entwurf, in: DJZ 4 (1899), S. 425 ff.; aus liberaler nationalökonomischer Sicht die Kritik *Lujo Brentanos* (1899), Gegen die Zuchthausvorlage.

236 Vgl. die zahlreichen Belege bei Graf *Chorinsky* (1877), Wucher in Österreich, S. 92 ff.

gelung gegen den Wucher buchstäblich abgerungen werden. Sie fiel, nachdem die Landtage Galiziens und der Bukowina 1877 mit Spezialgesetzen für ihre Kronländer einen zögernden Anfang gemacht hatten, mit dem Gesetz vom 28. Mai 1881 entsprechend halbherzig und unentschlossen aus.[237] 1913 erstattete Heinrich Lammasch dem Herrenhaus einen ausführlichen Bericht über den Strafgesetzentwurf von 1912, der in seinen §§ 377–381 eine moderne Neuregelung der Wuchertatbestände enthielt; die Wirksamkeit der alten skizziert Lammasch so:

Nach der unseligen Periode der Wucherfreiheit, die für Österreich durch die Legislation von 1866 inauguriert worden war, trug die Gesetzgebung trotz der verheerenden Wirkungen, die das Dogma der Verkehrsfreiheit erzeugt hatte, zunächst Bedenken, gegen den Wucher mit jener Energie einzuschreiten, die gegen dieses schwere ökonomische Übel gerechtfertigt und notwendig ist. Deshalb vermeidet sowohl das Spezialgesetz für Galizien und die Bukowina von 1877 als auch das Reichswuchergesetz von 1881 nicht bloß die Verhängung schwerer Strafen, und die Behandlung als Verbrechen, sondern auch die Verwendung des allein bezeichnenden Namens. Deshalb haben sie den Wucher auf den Fall des Kreditwuchers beschränkt, beiderseitige Handelsgeschäfte durch ein *privilegium odiosum* der Kaufmannschaft ausgenommen, den Tatbestand durch eine Häufung schwer zu beweisender Merkmale überlastet und spricht das Gesetz von 1881 mit übelangebrachtem Zartgefühl nur von »unredlichen Vorgängen bei Kreditgeschäften«. Der Entwurf will nach allen diesen Richtungen hin Wandel schaffen.[238]

Vor allem die Tatbestandserfordernisse des Ausnützens »einer Nothlage« beim Kreditnehmer und des »wirtschaftlichen Verderbens«, das das wucherische Geschäft für diesen »herbeizuführen oder zu befördern« geeignet sein mußte (§ 1 WucherG 1881[239]), rissen zwei breite Lücken in das ohnehin brüchige Netz des Paragraphen, wenn er auch vom OGH immerhin als abstraktes Gefährdungsdelikt, also so weit, wie es der Wortlaut zuließ, interpretiert wurde.[240] (Nach dem 1880 in das deutsche RStGB eingefügten § 302a war lediglich ein »auffälliges Mißverhältnis« von Leistung und Gegenleistung erforderlich.) Der anonyme,

237 Vgl. oben, S. 81 f., und die dort zit. Lit.

238 *Lammasch* (1913), Bericht der Kommission für Justizgegenstände, Sten. Prot. des Herrenhauses, XXI. Session, 1913, S. 158.

239 Abgedr. in der Manzschen Gesetzessammlung, 4. Bd., 2. Abtlg., Strafrechtl. Nebenges., 13. Aufl. (1902), Anh. XVI, Nr. 2, S. 211 ff.

240 Vgl. KH 1308 (14. 3. 1890); ähnlich bereits KH 1077 (7. 7. 1887).

nur mit dem Kürzel »JF« zeichnende *Fackel*-Autor kommentiert dieses Tatbestandsmerkmal der Eignung zum »wirtschaftlichen Verderben« etwas überpointiert, aber sachlich durchaus erhellend, mit der Bemerkung:

Jedes gelungene Wuchergeschäft ist daher straflos. Denn wenn es dem Schuldner glückte, seine Verpflichtungen zu erfüllen, ist der unwiderlegliche Beweis erbracht, daß die Bewucherung nicht geeignet war, sein wirtschaftliches Verderben herbeizuführen oder zu befördern. Man muß in Österreich, damit einen der Staat vor dem Wucherer rette, zuerst durch Wucher ruiniert sein. (154/19)

Darüber hinaus enthielt § 7 des WucherG eine Regelung, die, wie der *Fackel*-Autor mit Recht anmerkt, »auch das mißlungene Wuchergeschäft straffrei macht«:

Die Strafbarkeit erlischt, wenn der Thäter, bevor der öffentliche Ankläger oder das Strafgericht von der That Kenntniß erlangt, den gesetzwidrigen Vorgang behebt und dem Creditnehmer das bezogene Uebermaß sammt gesetzlichen Zinsen vom Tage des Bezuges an zurückerstattet.

Dies reduzierte das Risiko des Wuchers in Österreich für einen aufmerksamen Kreditgeber auf ein nahezu verlockend kalkulierbares Minimalmaß. »Österreich«, schreibt der Autor, »ist das klassische Land des Wuchers, heute wie zuvor« (154/22). Dies ist eine der markanteren Schattenseiten jenes »falschen« Liberalismus, der das Objekt einer lebenslangen Verachtung des Satirikers war. Die Kraus-Philologie, die den »reaktionären Antiliberalismus« von Karl Kraus für die Jahre vor 1914 meist an der rhetorischen Frontseite seiner Texte diagnostiziert, müßte sich eingehender als um die Schablonen solcher (Selbst-)Kennzeichnungen um die Plausibilität seiner Angriffe kümmern. Der anonyme Autor in der *Fackel* Nr. 154 zitiert Rudolf von Jhering mit einem Satz aus dessen österreichischer Zeit:

Es wird erst neuer bitterer Erfahrungen bedürfen, bis man wieder inne wird, welche Gefahren der von allen Seiten entbundene Individualismus für die Gesellschaft in seinem Schoße trägt [...]. Unbeschränkte Verkehrsfreiheit ist ein Freibrief zur Erpressung, ein Jagdpaß für Räuber und Piraten mit dem Rechte der freien Pürsch auf Alle, die in ihre Hände fallen [...]. (154/18)[241]

241 Das (in der *Fackel* nicht nachgewiesene) Zitat stammt – mit kleinen Abweichungen vom Original – aus *Jhering* (1893), Der Zweck im Recht, 1. Bd., S. 138.

Die Figur des »Wucherers« blieb als exemplarischer Idealtypus einer verkehrten Lebensform im Panoptikum der *Fackel* präsent. Der Leser trifft sie in unterschiedlichen Varianten auch auf der Höllenfahrt der *Letzten Tage der Menschheit*, obwohl mit dem 20. Oktober 1914, erzwungen von den Kriegsnotwendigkeiten, eine Kaiserliche Verordnung gegen den Wucher in Kraft trat, die Lammaschs Regelungen aus dem Entwurf 1912 (§§ 377 ff.) nahezu wörtlich übernahm.[242] Sie wurde durch die Preistreiberei-Verordnungen vom August 1916 und vom März 1917 ergänzt. Im Mai 1917 druckt Kraus unter der Überschrift »Wehr und Wucher« eine 16seitige, von seinen lakonischen Anmerkungen unterbrochene Zitaten-Collage aus einem damals sensationellen Strafprozeß wegen Preistreiberei gegen den ehemaligen Präsidenten der Wiener »Allgemeinen Depositen-Bank«, Josef Kranz, und verschiedene Mittäter ab: eine geradezu klassische Variante der parasitären Spekulation mit Not und Tod des Krieges. Der Prozeß endete mit erheblichen Haftstrafen. Kraus schreibt:

An dem Urteil ist nur das Gesetz zu bemängeln. Es hat gar keinen Sinn, Wucherer einzusperren und die zugelegte höchste Geldstrafe mit einer Summe zu bemessen, die einer in Wien durch ein Telephongespräch selbst bei falscher Verbindung hereinbringt. Die Strafe sollte keinen andern Sinn haben als den, dem Volk die ganze ihm abgenommene Summe zurückzugeben, also annähernd das Gesamtvermögen des Wucherers. Er wäre zur Abschreckung auf freiem Fuß zu belassen, um also möglichst oft der Verlockung zur Sparsamkeit ausgesetzt zu sein. Der Arrest ist keine Remedur für Gefährdung der Volkswirtschaft; eine Abschließung aber, und zwar auf Lebensdauer, bei nachgewiesener Kulturwidrigkeit der Erscheinung dürfte von Gesetzgebern, die selbst gern auf freiem Fuß bleiben möchten, nicht zu erwarten sein. (457/16 = S5/222 f.)

Der Schlußsatz, als Postulat wörtlich genommen, ist ein Unding. Gewiß hat er auch, aber keineswegs nur den hyperbolischen Ton der Satire. Er ist die einzige vage Berührung des Karl Kraus mit jener radikalsten Konsequenz des Schutzstrafenkonzepts Franz von Liszts, die er ansonsten nicht akzeptiert hat.[243] Jedenfalls zeigt die Bemerkung die Intensität des Krausschen Affekts. Und die ihr folgende auch:

Daß sich eine Menschheit, die ihre Phantasie auf die Erfindung von Gasbomben ausgegeben hat, deren Wirksamkeit am 1. August 1914

242 Abgedr. in *Altmann/Jacob* II, S. 1582 ff.
243 Vgl. oben, S. 259 f., 266.

nicht vorstellen konnte, macht sie erbarmungswürdig. Daß sie aber auch von der magischen Anziehungskraft des Blutes auf das Geld keine Ahnung hatte, macht sie verächtlich. So konnte sie die vollständige Einkreisung des Molochs durch den Mammon erleben und die Wehrlosigkeit der Kriegsgewalt vor der Autorität des Wuchers wie eine letzte Entschädigung genießen. Daß ein Kriegsminister von jener ehrenhaften Ahnungslosigkeit, die eben noch die neue Waffe, aber nicht deren furchtbaren Zusammenhang mit der neuen Macht kennt, das Opfer eines Konsortiums offener und verkleideter Warenagenten wird, sollte nicht zu einer Trennung der »Ressorts«, sondern zu einer Denkrevolte auf den Höhen des Staatslebens führen. (457/17 f.)

Nämlich auch und vor allem zum härteren Eingreifen des Strafrechts. Dreizehn Jahre früher hatte er anläßlich des Bigamie-Prozesses gegen die Ehefrau eines Bezirkshauptmanns geschrieben:

[...] ich halte Wucher, Ausbeutung, und den im frommen Österreich straflosen unlautern Wettbewerb noch immer für ruchlosere Taten als die Durchbrechung des »sittlichen Prinzips der Monogamie«. (165/8 = S1/100)

Das ist ein weiterer Zweig jener liberalen »Wirtschaftsblüte«, für die im März 1903 in der *Fackel* ein erhöhter Strafrechtsbedarf konstatiert wird (134/5): der unlautere Wettbewerb. Knapp zwei Jahre vor der Klarstellung der kriminellen Rangordnung zwischen Bigamie und unlauterem Wettbewerb zugunsten der ersteren war in der *Fackel* das folgende zu lesen:

Den Mangel eines Gesetzes gegen den unlauteren Wettbewerb haben wir in Österreich immer wieder zu beklagen; immer wieder erweist sich die in Specialgesetzen versuchte Differenzierung von Rechtswidrigkeiten – das Correlat zunehmender Differenzierung der Rechtsverhältnisse – als unzulänglich und das verletzte ethische Gefühl verlangt vergebens ein Gesetz, das einem ethischen Rechtsbegriff die Kraft, sich durchzusetzen, die Strafsanction auch dort liehe, wo der Verletzer der Vorausicht des strafbare Thatbestände unterscheidenden Specialgesetzgebers spottet (114/8).

Der Text ist nicht von Kraus, aber in hohem Grad in dessen Sinn: nicht nur, weil er selbst diese Beschwerde mehrfach vorgetragen hat, sondern auch, weil sie sich hier gegen einen dreisten Fall literarischen Parasitentums, nämlich an dem Schriftstellernamen des mit Kraus befreundeten Peter Altenberg richtete. Die unmittelbare Inspirationsquelle dieser Mahnung in der *Fackel* ist genau identifizierbar. Kurz zuvor, am 31. Mai 1902, hatte Heinrich Lammasch im Herrenhaus jene Rede gehalten, die als »glänzende Herrenhausrede zum Justizetat« sechs Tage später ein deutliches Echo in der *Fackel* fand (105/13). In dieser Rede, die sich mit Grundsatzfragen der Strafrechtsreform befaßte, sagte Lammasch unter anderem:

Wir entbehren einer Strafdrohung gegen den unlauteren Wettbewerb, gegen das Denigrement, gegen die Creditverleumdung, gegen die Verbreitung von wissentlich falschen Nachrichten, um den Credit eines anderen zu untergraben. Wir entbehren einer Strafdrohung gegen den Verrath von Betriebsgeheimnissen, zum Theile auch von Berufsgeheimnissen [...]. In dieser Beziehung sind allerdings einzelne Specialgesetze in Vorbereitung, aber Specialgesetze vermögen den Bedürfnissen der Gerechtigkeit selten zu genügen. Specialgesetze gehen von einzelnen Anlässen aus und sind sehr geneigt, den einzelnen Anlaß zu überschätzen und über das Ziel hinauszuschiessen, in anderer Richtung hingegen fügen sie sich doch nicht lückenlos in den Rahmen des Ganzen ein.[244]

In diesem Punkt, dem einer »sozialstaatlichen« Korrektur des wuchernden Laissez-faire-Liberalismus durch das Strafrecht, liefen die Interessen des Konservativen Lammasch, des Sozialisten Heinemann und des Satirikers Kraus zusammen, wenn auch ihre Motivhintergründe nicht vollständig deckungsgleich waren. Die Forderung nach größerer sozialer Gerechtigkeit hatte bei Lammasch eine katholische und bei Heinemann eine sozialistische (also eine Art Partei-) Färbung, während Kraus bereits den abstrakteren ethischen Standpunkt eines satirischen »Complementärs« der Gesetze bezog. Schon im März 1902 zitiert er aus einem deutschen Lehrbuch zum Handelsrecht Passagen über den unlauteren Wettbewerb im Annoncengeschäft der Zeitungen und schreibt, die *Fackel* wolle »Ergänzungen zu den in Berathung stehenden oder angekündigten Gesetzentwürfen« über unlauteren Wettbewerb und Preßreform geben (98/1). Bis zu seiner in »Ethik und Strafgesetz« überpointierten These einer Trennung beider Sphären dauert es noch zwei Jahre. Sie gehört zu den markanteren Requisiten seiner *liberalen* Strafrechtskonzeption. Einstweilen und zusätzlich akklamiert er die *sozialen*, die »staats- und culturerhaltenden Absichten« Lammaschs, die das »neue Strafgesetz durchdringen werden« (105/13), und zwar vor allem mit jenen »neuen Paragraphen«, die der Satiriker »den neu-

244 Zit. in: Oesterreichisches Patentblatt 4 (1902), S. 557.

en Formen« des ökonomischen Manchestertums »an den Hals« wünscht (115/5 = S1/12). Verfolgt man allerdings den legislativen Weg, den Lammaschs »Absichten« in Sachen unlauterer Wettbewerb nach seiner Herrenhausrede zu gehen hatten, erhält man ein vielleicht marginales, aber geradezu bizarres Beispiel für die politische Ohnmacht des späten Habsburgerreiches, die zu den Bedingungen seines Zerfalls gehörten. Lammasch selbst, der fast zwei Jahrzehnte später starb, hat ein österreichisches Gesetz gegen den unlauteren Wettbewerb nicht mehr erlebt. Wenige Monate nach der Herrenhausrede legte eine Ministerialkommission den ersten Entwurf vor. Lammasch erläuterte dessen strafrechtliche Bestimmungen in einem Aufsatz im *Oesterreichischen Patentblatt* vom 1. Dezember 1902:

> Der wesentlichste Unterschied der strafrechtlichen Bestimmungen des Gesetzentwurfs gegen den unlauteren Wettbewerb [...] von dem im Deutschen Reiche seit 6 Jahren geltenden Gesetze über dieselbe Materie liegt darin, dass unser Entwurf nur *eine* Strafbestimmung, nämlich eine solche gegen die trügerische Reclame oder den Kundenfang enthält und die im deutschen Gesetze ausserdem enthaltenen Strafdrohungen gegen die geschäftliche Anschwärzung (dénigrement) oder Erwerbsverleumdung und gegen den Verrath von Betriebs- und Geschäftsgeheimnissen nicht aufgenommen hat. Der österreichische Entwurf kommt durch diese Einschränkung der Strafdrohung jener noch immer verbreiteten Richtung entgegen, welche auf wirtschaftlichem Gebiete, wenn sie schon nicht die schrankenlose Vertragsfreiheit retten und das Einschreiten des *Civil*gerichtes auschliessen kann, so doch jenes des *Straf*gerichtes vermeiden will.[245]

Der Gesetzentwurf kam nicht zur parlamentarischen Verabschiedung. In mehreren Landtagen wurde der Verdacht geäußert, die Regierung habe kein Interesse an dem Gesetz.[246] In den folgenden Jahrgängen des *Oesterreichischen Patentblatts* alternieren mit einer gewissen Komik die Bekräftigungen einer »dringenden Notwendigkeit« des Gesetzes mit den Feststellungen, es sei im Abgeordneten- oder im Herrenhaus leider »nicht mehr zur Erledigung gelangt«.[247] Auch in der *Fackel* bleibt das Gesetz auf der

245 *Lammasch*, Strafrechtl. Bestimmungen im Entw. eines Gesetzes gegen den unlauteren Wettbewerb, in: Oesterreichisches Patentblatt 4 (1902), S. 960.
246 Vgl. Oesterreichisches Patentblatt 6 (1904), S. 936 und S. 974.
247 Vgl. Oesterreichisches Patentblatt 9 (1907), S. 85 und S. 163 f.; 14 (1912), S. 113; immer noch in 21 (1919), S. 84.

Liste unerledigter staatlicher Aufgaben (vgl. noch 305/37 vom Juli 1910). Der Strafgesetzentwurf von 1912, dessen Inkrafttreten zwei Jahre später am Kriegsausbruch scheiterte, wollte mit seinem § 388 eine Bestimmung gegen »wahrheitswidrige Anpreisungen« in das allgemeine Strafgesetz übernehmen. Erst im September 1923, fast vier Jahre nach Lammaschs Tod, wurde ein Bundesgesetz gegen den unlauteren Wettbewerb vom Nationalrat verabschiedet.[248] Karl Kraus hat die überfällige Verwirklichung seiner alten Forderungen nicht mehr kommentiert. Neben dem Blick auf gelegentliche Unmenschlichkeiten der Strafgerichte im allgemeinen und der Sexualjustiz im besonderen konzentrierte sich nach dem Krieg seine strafrechtliche Aufmerksamkeit fast nur noch auf den alten und immer neuen Feind: die Presse.

2. Presse und Strafrecht[249]

In der *Fackel* vom Februar 1902 steht das folgende:

Seit Jahren wird in Parlamentskreisen hoffend und bangend von einer bevorstehenden Pressreform gesprochen. Die wahre Pressreform, die wir zum Wohl einer verschüchterten, in Furcht vor der Druckerschwärze erzogenen Oeffentlichkeit herbeisehnen, ist die *Reform des Strafgesetzes*. (95/6)

Das kann man ohne Übertreibung einen Programmsatz aller 37 *Fackel*-Jahrgänge nennen. Eineinhalb Jahre später kommentiert Kraus die Verurteilung eines Redakteurs in Deutschland, der ein offenkundig schwindelhaftes Inserat aufgenommen hatte, wegen Beihilfe zum unlauteren Wettbewerb mit der Bemerkung, »die Durchführung dieses von keinem Strafrechtler der Welt geleug-

248 Abgedr. in: *Altmann/Jacob* II, S. 1488 ff.

249 Ich gehe in diesem Kapitel nicht auf die zahlreichen Texte der *Fakkel* zu dem vielfach problematischen Verhältnis Strafjustiz/Gerichtsberichterstattung (und hierbei vor allem zu den nach wie vor prekären Friktionen zwischen »Vorverurteilung« und den Erfordernissen eines fairen Strafverfahrens) ein. Dies würde den gegenwärtigen thematischen Zusammenhang zu weit überdehnen. Vgl. aber exemplarisch 132/16 ff. sowie 221/17 f. Hingewiesen sei noch auf 781/40 ff. (»Für Hildegard Scheller«); zu dem zugrundeliegenden »Prozeß Krantz« in Berlin s. die Darstellung bei *Schild* (1988), Berühmte Berliner Kriminalprozesse, in: *Ebel/Randelzhofer* (Hg.) Rechtsentwicklungen in Berlin, S. 163 ff.

neten Grundsatzes in der Praxis würde ein Dutzend Pressreformen aufwiegen« (142/9).[250]

Daß Strafgesetz- und Preßgesetzreform nicht voneinander getrennt werden sollten, zitiert er Mitte Juni 1902 aus jener bereits erwähnten »trefflichen« Herrenhausrede Lammaschs vom 31. Mai (106/2). In keiner anderen Sphäre des sozialen Lebens hat er die Zuständigkeit des Strafrechts neben der der Satire nachdrücklicher reklamiert, und nirgendwo sonst hat er die Staatsmacht kompromißloser auf die Grenzlinie hingewiesen, an der die Agenda der strafenden Kompetenz von der Satire definitiv zur Justiz zu wechseln hätten. Die Presse als Ferment der Kulturzersetzung, als unautorisierter Erzeuger, Imprägnator, Verschieber von Weltbildern, Lebens- und Erlebensformen, als Instanz der öffentlichen Sprach-, Denk- und Moralzerstörung – alles dies ist für das Strafrecht grundsätzlich nicht faßbar; es sind Gegenstände der satirischen »Strafe«: der Verteidigung von Normen einer besseren Welt.[251] Aber diesseits solcher destruktiven Fernwirkungen markiert der Rechtsgutsbegriff des Satirikers auch hier den Bereich, in dem nicht mehr die Kunst, sondern rational und sachlich die Schutzfunktionen des Strafrechts gefragt sind. Drei typische Varianten journalistischer Möglichkeiten sind damit vor allem gemeint: der unlautere und im weitesten Sinne betrügerische Umgang mit dem Inseratengeschäft; dann jener gewinnbringende Mißbrauch der Denunziationsmacht des öffentlichen Wortes, der eine bestimmte Presse in die sprichwörtliche Verbindung mit dem »Revolver« gebracht hat und auf den Kraus gelegentlich sarkastisch mit dem Hinweis auf einen »etymologischen Zusammenhang« von Presse und Erpressung anspielt (zum Beispiel 159/7 = S1/58); und schließlich die Spekulation mit einer schäbigen Sensationsgier des Publikums, der die Interessen, ja gelegentlich Lebensschicksale einzelner bedenkenlos geopfert werden.

250 Dieser (freilich bei weitem zu optimistische) Gedanke, der bereits in 61/14 auftaucht, blieb eines der Motive der Krausschen Kritik am Inseratenwesen der Zeitungen; vgl. auch 99/21 f. und dazu die (strafrechtliche) Selbstkorrektur in 100/22 f.; 135/3 ff.; und noch im Juni 1924 »An den Staatsanwalt« (649/122 ff.), mit der Aufforderung, ein Ermittlungsverfahren gegen die »Neue Freie Presse« wegen Betrugsbeihilfe qua betrügerischer Annonce zu eröffnen.

251 S. dazu oben, S. 318 ff., den Exkurs zur Satire.

a) Kritik des Preßgesetzentwurfs 1902

Am 8. August 1902 schrieb Lammasch an Kraus:

> Ihre Abwehr gegen den Preßgesetzentwurf ist eine wahrhaft patriotische That. Leider kann ich *derzeit* an derselben nicht mitwirken, verspreche Ihnen aber, es später in einer Art zu thun, die vielleicht auch nicht ganz ohne Wirkung sein wird.[252]

Am 11. Juni 1902 hatte die österreichische Regierung unter Ministerpräsident Ernest von Koerber dem Abgeordnetenhaus des Reichsrats einen seit langem angekündigten Entwurf zur Reform des Preßgesetzes von 1862[253] vorgelegt. Schon fünf Tage später war in der *Fackel* folgendes zu lesen:

> Der Entwurf des neuen Pressgesetzes, den Herr v. Koerber am 11. Juni 1902 dem Abgeordnetenhause vorgelegt hat, bedeutet nicht weniger als die vollständige Abdication der sogenannten Regierung zu Gunsten jener wirklichen Macht im Staate, deren Ueberlegenheit sie längst bebend erkannt hat und nunmehr auch officiell anzuerkennen willens und gezwungen ist. (106/1)

Das ist nicht frei von Übertreibungen[254] und jedenfalls erläuterungsbedürftig. Der Koerbersche Entwurf fand auch bei der Presse und zumindest bei den an Vormärz-Parolen orientierten Liberalen wenig Beifall.[255] Daß es zwischen diesen und Kraus Unterschiede in den Motiven des Tadels gab, liegt auf der Hand. Sie lassen sich genau benennen. Der Entwurf brachte im Bereich des Preßordnungs- bzw. »Preßgewerberechts« eine Reihe vor

252 Kraus-Archiv, I.N. 158.812.

253 Zum Preßgesetz 1862 vor allem Franz *v. Liszt* (1878), Lehrbuch des österreichischen Preßrechts, das bis in die zwanziger Jahre auf die Rechtsprechung einen »bestimmenden Einfluß« ausgeübt hat (so *Altmann/Jacob* II, S. 1280).

254 Vgl. immerhin die Bemerkung bei *Dolenc* (1910), Verfassung der österreichischen Strafgerichte, in: *Mittermaier/Liepmann*, Schwurgerichte und Schöffengerichte, Bd. 2, S. 570: Koerber habe den Entwurf im Parlament mit einer Rede eingeleitet, »die in eine tiefe Verbeugung vor der Presse ausklang«.

255 Vgl. als ziemlich krasses Beispiel einer klischeegestützten Empörung *Byloff*, Studien zur österreichischen Pressrechtsreform, in: Ö.Zentr.Bl.JP 26 (1908), S. 169 ff., 265 ff., 383 ff., 480 ff., 567 ff., 662 ff., hier v. a. S. 170 f. S. auch die zahlreichen Nachweise des liberalen Unmuts bei *Dolenc*, a.a.O, S. 570 ff.

allem kommerzieller und betriebsbezogener Erleichterungen[256], die aber weder der Sympathie noch der Antipathie der Presse einen nennenswerten Anhaltspunkt boten. Wichtig war dagegen dies: Seit Einführung der Schwurgerichtszuständigkeit für die mittels Druckschriften begangenen Verbrechen und Vergehen durch Art. 11 des Staatsgrundgesetzes von 1867[257] war, wie Brunner in seiner Besprechung des Entwurfs schreibt, »für die durch die Druckschriften begangenen Vergehen der Ehrenbeleidigung [...] anstelle des höheren Schutzes der Ehre ein verminderter Schutz getreten«. Denn: »Die Verurteilung des Angeklagten in schwurgerichtlichen Preßprozessen war so selten wie der Schnee im Hochsommer.«[258] Da für eine Änderung der sachlichen Zuständigkeit der Schwurgerichte in diesem Fall eine Verfassungsänderung und damit eine Zweidrittelmehrheit im Parlament, die politisch undenkbar war, erforderlich gewesen wäre, kam man in § 37 des Preßgesetzentwurfs auf die folgende Idee: Nach § 493 StG waren Ehrenbeleidigungen, wenn sie durch Druckschriften begangen wurden, Vergehen. Um sie ohne Verfassungsänderung den Schwurgerichten zu entziehen, wurden sie in § 37 des Preßgesetzentwurfs einfach zu Übertretungen und damit unter die Schwelle herabgestuft, ab der nach der Verfassung die Schwurgerichtszuständigkeit für Pressedelikte begann. Das wurde in der liberalen Presse als Anschlag sowohl auf die Pressefreiheit als auch auf die Schwurgerichte empfunden. Und waren diese ohnehin ein politischer Fetisch des Liberalismus, so waren sie in Verbindung mit jener geradezu sakrosankt. Man denunzierte, und allerdings nicht ganz grundlos, den »Taschenspielertrick«[259], eine faktische Verfassungsänderung hinter einem terminologischen Vexierspiel zu verstecken, als ein »agere in

256 Vgl. die eingehende Besprechung von *Brunner*, Österreichischer Preßgesetzentwurf, in: ZStW 23 (1903), S. 537 ff.

257 Durch das Gesetz vom 9. März 1869 wurde das Verfassungsgebot des Art. 11 einfachgesetzlich realisiert.

258 *Brunner*, a.a.O, S. 559; vgl. auch *v. Liszt*, Preßrecht, a.a.O. S. 25 (»förmliche Justizverweigerung«). – Bemerkenswert ist auf diesem Hintergrund, daß Kraus selbst Anfang 1901 in einem solchen Beleidigungsprozeß, den Hermann Bahr und der Theaterdirektor Bukovics gegen ihn angestrengt hatten, zu einer empfindlichen Geldstrafe verurteilt wurde; vgl. 69/2 ff.

259 *Byloff*, a.a.O., S. 171; s. auch S. 664.

fraudem legis«.[260] Kraus registriert seinerseits diese Zuständigkeitsverschiebung zunächst eher beiläufig und emotionslos. Da das materielle Beleidigungsrecht der §§ 487 ff. StG antiquiert und schlecht sei[261], verbessere auch seine korrekte Handhabung durch Einzelrichter nicht viel (106/2).

Aber im nächsten Heft der *Fackel* kommt der Satiriker in einer ausführlichen Besprechung und in einer Art Tonfallsmischung aus Triumph und Feueralarm auf die Neuregelung zurück: »Die äußerste Pressfreiheit« (107/1) sei erreicht. Der Entwurf hatte tatsächlich übersehen, daß die zwecks richterlicher Kompetenzverschiebung eingefädelte Abstufung der Beleidigung durch Druckschriften zur bloßen Übertretung gerade für den Normalfall solcher Beleidigungsprozesse eine sozusagen umfassende Strafbarkeitslücke riß. Das österreichische Presserecht kannte, ähnlich wie das deutsche Reichspreßgesetz von 1874, für die Frage der strafrechtlichen Verantwortlichkeit wegen eines Pressedelikts eine Kombination zweier Haftungsformen: eine primäre Haftung nach dem StG, entsprechend seinen allgemeinen Grundsätzen über Täterschaft und Teilnahme[262]; und eine sekundäre, spezifisch presserechtliche Haftung für die »Vernachlässigung der pflichtgemäßen Obsorge« durch den verantwortlichen Redakteur. Diese letztere Konstruktion fing den Regelfall der Strafgesetzverletzungen durch Zeitungsartikel auf: Da solche Artikel damals fast ausschließlich anonym erschienen, ein strafprozessualer Zeugniszwang, der (bis zum Preßgesetz 1922[263]) nach den Normen der ÖStPO an sich durchsetzbar gewesen wäre[264], von den Gerichten nicht exekutiert wurde, also wegen des *straf*rechtlichen Delikts (des sogenannten Presseinhaltsdelikts)

260 So der in der Fackel oft angegriffene Burgtheater-Direktor und Jurist Max *Burckhard* (1902), Entwurf eines neuen Preßgesetzes, S. 32.

261 Dazu oben, S. 210 ff.

262 § 28 PreßG von 1862 i. V. m. § 7 StG (wonach neben dem Autor auch Verleger, Herausgeber, Drucker, verantwortlicher Redakteur und Verbreiter einer Zeitung als *Täter* hafteten).

263 Wo er in dessen § 45 aufgehoben wurde.

264 Genauer dazu *v. Liszt*, Preßrecht a.a.O., S. 343 ff. Wurde freilich sofort auch gegen den verantwortlichen Redakteur wegen »Vernachlässigung der Obsorge« ein Ermittlungsverfahren eingeleitet, war er als Mitbeschuldigter von der Zeugnispflicht befreit.

regelmäßig niemand faßbar war, pönalisierte man über eine spezifisch presserechtliche Fahrlässigkeitshaftung wenigstens die Unaufmerksamkeit des verantwortlichen Redakteurs, der den Abdruck nicht verhindert hatte. Die »Vernachlässigung der pflichtgemäßen Obsorge« war aber nur dann strafbar, wenn das durch einen inkriminierten Artikel begangene Strafgesetzdelikt ein Verbrechen oder ein Vergehen darstellte. Mit der Herabstufung aller gedruckten Beleidigungen zu Übertretungen war also die Vernachlässigung der Obsorge in Beleidigungsfällen straflos geworden. Da der regelmäßig anonyme Autor selbst nicht zu fassen war, machte der Entwurf anonyme Schmähartikel tatsächlich völlig sanktions- und risikofrei. Der Fehler ist auch schnell, aber in der *Fackel* vielleicht zuerst (107/3 f.)[265], bemerkt und gerügt worden.[266] In den an die Vorlage des Entwurfs anschließenden Beratungen des Preßausschusses im Abgeordnetenhaus wurde die Bestimmung geändert und die gleichwohl beibehaltene Zuweisung einzelner Preßbeleidigungen an den Bezirksrichter offen als Verfassungsänderung deklariert. Die Chancen, den Entwurf selbst in seiner revidierten Form zum Gesetz zu machen, waren damit, aber auch aus den sonstigen Gründen der allseitigen Unzufriedenheit mit unterschiedlichen Einzelregelungen, auf Null gefallen. Zehn Jahre nach der Erstvorlage schrieb Alexander Löffler bissig:

> Am 11. Juni 1902 hat die Regierung einen Preßgesetzentwurf eingebracht; seit 10 Jahren bildet dieser Entwurf den Gegenstand parlamentarischer »Arbeit«. Es war also höchste Zeit – eine neue Enquete über den Entwurf zu veranstalten! Das geschieht nunmehr. Da die Bearbeitung des zu erwartenden »wertvollen Materiales« wahrscheinlich weitere zehn Jahre in Anspruch nehmen wird, so haben sich die Abgeordneten [...] bewogen gefühlt, einen einzelnen Punkt herauszugreifen; sie haben einen Antrag betreffend die Abänderung des Preßgesetzes eingebracht [...].[267]

265 Kraus, der von einem »jüngeren Kenner des Strafrechts« auf die Lücke hingewiesen wurde (107/2), erwähnt eine Besprechung des Oberlandesgerichtspräsidenten v. Krall in der NFP, der zwar »die monströse Sache flüchtig und schüchtern berührt«, aber ihre Konsequenzen offenbar nicht gesehen habe (107/3).
266 Vgl. *Brunner*, ZStW 23 (1903), S. 552, 565 (mit eher zurückhaltender Kritik).
267 *Löffler*, Justizgesetzentwürfe, in: ÖZStR 3 (1912), S. 264.

Noch eine andere Beschwerde gegen den Koerberschen Entwurf brachte, ein Jahr nach dessen Vorlage, Kraus in der *Fackel* vor:

Was noch an Staatsgefühl, an Culturgefühl in unserem Parlamente lebt, muß sich gegen den Versuch aufbäumen, die Journaille aller Verantwortung ledig zu machen, das objective Verfahren zu beseitigen und zugleich das subjective illusorisch zu machen. (130/2).

Das ist zumindest ungenau. Das sogenannte objektive Verfahren war in den §§ 492 und 493 der ÖStPO 1873 geregelt: Konnte niemand persönlich für eine per Druckschrift begangene Tat bestraft werden, so hatte das Gericht »die gänzliche oder theilweise Vernichtung der für strafbar erklärten Druckschriften zu verfügen und das Verbot der weiteren Verbreitung derselben auszusprechen« (§ 492); nach § 493 konnte der Staatsanwalt das gerichtliche Verbot der Weiterverbreitung »im öffentlichen Interesse« auch dann beantragen, wenn er gar keine Anklage erheben wollte oder konnte. Dieses Verfahren sollte nach dem Koerberschen Entwurf erheblich reduziert und vor allem als zwingend subsidiär zum (subjektiven) Verfahren gegen konkrete Verantwortliche ausgestaltet werden.[268] Gänzlich beseitigt werden sollte es aber nicht. Richtig an Kraus' empörter Behauptung ist allerdings, daß diese Beschneidung des objektiven Verfahrens »einen der wesentlichsten pressefreundlichen Bestandteile«[269] des Entwurfs darstellte. Was das subjektive Verfahren angeht, so ist das Votum des Satirikers eindeutig:

Und so wird das Parlament den Ministerpräsidenten vor die Alternative zu stellen haben: Entweder habe das Pressgesetz ausdrücklich den Zeugenzwang für Redacteure festzustellen, oder es müsse eine wirkliche Pressverantwortlichkeit geschaffen werden. (130/3)[270]

Die gewissermaßen historische Tendenz ging, und darüber hatte Kraus keine Illusionen, damals längst nicht mehr zum Zeugniszwang, sondern zu einem umfassenden Zeugnisverweigerungs-

268 Vgl. *Byloff*, Studien, (wie Anm. 255), S. 673 ff.

269 So die Formulierung *Byloff*s, a.a.O, S. 673.

270 Diese Frage hat Kraus stets für wesentlich wichtiger gehalten als die, welches Gericht sachlich zuständig sein solle; vgl. bereits 84/25 (nicht von Kraus selbst), 130/3, 174/9 (zur Rspr. des OGH) sowie noch immer in 726/14. Durchaus ähnlich im Sinne des Krausschen »entweder/oder« *v. Liszt*, Preßrecht, S. 350 f.

recht von Presseangehörigen, wie es heute etwa in § 53 Abs. 1 Nr. 5 der deutschen StPO geregelt ist. Der Koerbersche Entwurf wurde niemals Gesetz. Das 1922 in Kraft getretene neue österreichische Preßgesetz erledigte die bis dahin immerhin umstrittene Frage des Zeugniszwangs eindeutig: mit dessen Ablehnung. Daß dieses Gesetz eine andere alte Forderung von Karl Kraus zum Inseratengeschäft der Zeitungen erfüllte und sogar unter einem nachweisbaren Einfluß des Satirikers, werden wir noch sehen. Irritierend an dessen Kritik des Koerberschen Entwurfs ist etwas anderes: daß er den § 33 dieses Entwurfs, der »Mittheilungen aus dem Privatleben« bestrafen wollte, die – auch ohne ehrenrührig zu sein – »geeignet sind, das Ansehen und die gesellschaftliche Stellung zu beeinträchtigen«, »wirklich albern« nennt (107/1). Denn dies geht deutlich und presseunfreundlich über die Regelung der §§ 489, 490 StG hinaus, wonach nur die Verbreitung »*ehrenrühriger*, wenn auch wahrer Tatsachen des Privat- oder Familienlebens« durch Druckschriften ohne Zulassung eines Wahrheitsbeweises strafbar waren. Die neue Regelung, die im übrigen in den nachfolgenden Beratungen des Preßausschusses auch prompt wieder gestrichen wurde[271], entsprach durchaus einer anderen Forderung von Karl Kraus: der nach einem umfassenden strafrechtlichen »Indiskretionstatbestand«.

b) Indiskretionsdelikt

§ 489 StG hatte folgenden Wortlaut:

[Einer Ehrenbeleidigung macht sich schuldig:] Wer in Druckwerken, verbreiteten Schriften oder bildlichen Darstellungen, oder wer, ohne hiezu durch besondere Umstände genötiget zu sein, öffentlich wider jemanden ehrenrührige, wenn auch wahre Tatsachen des Privat- oder Familienlebens bekanntmacht.

Das ist, wenn auch in einer noch zu erläuternden »unreinen« Form, der Straftatbestand eines sogenannten Indiskretionsdelikts. § 490, Abs. 1 S. 2 schließt konsequent für diesen Fall jeden Wahrheitsbeweis aus. Das deutsche StGB kannte und kennt ein solches Delikt nicht. Kurz nach der Jahrhundertwende begann aber, vor allem im Anschluß an Belings grundlegende Monographie über *Wesen, Strafbarkeit und Beweis der üblen Nachrede*,

271 Vgl. *Byloff*, a.a.O., S. 567.

auch in Deutschland eine Diskussion über Zweckmäßigkeit und Notwendigkeit eines allgemeinen Indiskretionstatbestands, die bis heute nicht völlig zur Ruhe gekommen ist.[272] Karl Kraus, der in seiner Kritik des Koerberschen Preßgesetzentwurfs merkwürdigerweise und ohne Angabe von Gründen den darin enthaltenen Indiskretionstatbestand »albern« nennt, hat später den § 489 StG »die vernünftigste Bestimmung unseres alten Strafgesetzes« genannt (159/18). Allerdings hat er anschließend »angesichts der Kalamität des Geschworenenverfahrens«, in dem Indiskretionen des Privat- und Familienlebens abzuurteilen waren, »einen solchen Notstand« der Rechtsverfolgung konstatiert, »daß – in diesem einen und einzigen Fall – der Selbsthilfe das Wort geredet« (159/19)[273], nämlich die Satisfaktion durch »Peitsche oder einfache Handreichung« empfohlen werden müsse. Schon wenige Wochen später artikuliert er neben dem Lob des Paragraphen eine Kritik, der ein scharfsinniges juristisches Argument gegen die systematisch falsche Plazierung der Regelung im Beleidigungsrecht zugrunde liegt. An das Zitat eines schmierigen Zeitungsartikels, der seine Pikanterien aus zwinkernden Anspielungen auf die leibliche Notdurft der dargestellten, namentlich genannten Personen bezog, schließt Kraus den Wunsch:

> Hoffentlich bestimmt dieser Fall die Reformatoren unseres Strafgesetzes endgiltig, den Paragraphen, der nur die ehrenrührigen Eingriffe in das Privatleben ohne Zulassung eines Wahrheitsbeweises straft, auch auf die bloß *verletzende* Erörterung privater Verhältnisse (vor allem die Berührung der leiblichen Sphäre) auszudehnen und das Antragsdelikt zum Offizialdelikt zu erheben[274], das, wenn es nicht in Wahrung eines öffentlichen Interesses begangen wurde, *beweislos* abzustrafen ist. (163/20)

272 Vgl. als eine der gründlichsten Abhandlungen der letzten Jahre hierzu *Schünemann*, Schutz von Privatgeheimnissen, in: ZStW 90 (1978), S. 11 ff., insbesondere S. 34 ff.

273 Zu seiner ansonsten strikten Ablehnung der »Selbsthilfe« vgl. oben, S. 242 ff.; vgl. aber auch die ganz ähnliche Befürwortung der Selbsthilfe mittels »Hundspeitsche« bei Indiskretionen noch in 811/58 (August 1929).

274 *Das* ist allerdings eine wenig plausible Forderung. Der durch eine Indiskretion Verletzte kann, auch wenn der Wahrheitsbeweis grundsätzlich ausgeschlossen ist, ein erhebliches eigenes Interesse am Unterbleiben eines Strafprozesses haben. Dessen Einleitung sollte daher jedenfalls vom Strafantrag des Verletzten abhängig bleiben.

Interessant ist hieran zunächst die richtige Einschränkung durch das Merkmal der »Wahrung eines öffentlichen Interesses«. Kraus sagt nicht, ob er dies als Rechtfertigungsgrund oder als Einschränkung des objektiven Tatbestands, nämlich als Kriterium einer Ausnahme aus dem Begriff des »Privaten«, verstanden wissen will. Daß er der zweiten, der Tatbestandslösung zuneigt, ergibt sich aber aus einem fast vier Jahre älteren Aufsatz mit der Überschrift »Privatleben. (Eine Auskunft)«:

Was ist aber »Privatleben«? Gewiss nicht mehr eines, das mit einem *öffentlichen Interesse* so verquickt ist, dass eine Schonung des Privatlebens eine Verletzung des öffentlichen Interesses nach sich ziehen müßte. (57/19 f.)[275]

Im April 1905 kommt er auf das Grundsatzproblem zurück:

Wenn wir fortfahren, mit dem, was zwischen vier Wänden geschah, die »Ehre« zu belasten, so könnten wir Gefahr laufen, daß ein mutiger Mann oder eine mutige Frau uns das Klatschmaul mit dem gewissen Paragraphen stopft, der zwar auch so rückständig ist, unsere Heimlichkeiten »ehrenrührig« zu nennen, aber doch so gerecht, ihre öffentliche Erörterung zu untersagen. Achten wir diesen Paragraphen, der die Stelle bedeutet, wo unser altes Strafgesetz feinfühlig ist, und der uns sogar einen kulturellen Vorzug vor den reichsdeutschen Bürgern gibt, die sich gefallen lassen müssen, daß die Angelegenheiten ihres Sexus in das Gebiet des »erweislich Wahren«[276] gerückt werden (SI/154 f. = 179/5 f.).[277]

Hier wird zutreffend die einzig sinnvolle ratio legis des Indiskretionstatbestands als Schutz des Privat- und Intimlebens fixiert und vom Schutz der Ehre, dem er im StG unterstellt war, scharf

275 Daß diese vage, für ein Strafgesetz kaum taugliche Formel erhebliche Abgrenzungsprobleme aufwirft, fühlt der Satiriker offenkundig. Er illustriert die vorgeschlagene Trennlinie anschließend mit einer Reihe plastischer Beispiele, die freilich keineswegs alle Schwierigkeiten beheben.

276 Vgl. § 186 RStGB.

277 Vgl. die ganz ähnlichen Formulierungen in 242/15 f., wo Kraus im Hinblick auf den Moltke/Harden-Prozeß in Berlin den Mangel des deutschen Strafgesetzes in diesem Punkt kritisiert und das österreichische lobt. Wie sehr übrigens der Fall Moltke/Harden die strafrechtliche Reformdiskussion um einen Indiskretionstatbestand bis in die Gegenwart beeinflußte, kann man den entsprechenden Nachweisen bei *Schünemann* entnehmen (wie Anm. 272, S. 34, 38, Anm. 81).

abgehoben. Das ist ein sprechendes Indiz für den spezifisch juristischen Scharfsinn des Satirikers. Man mag dies an der folgenden Bemerkung Schünemanns ermessen, der die Anfänge der deutschen Diskussion um das Indiskretionsdelikt rekonstruiert:

Beling wies aber schon im Jahre 1909 in einer grundlegenden Monographie nach, daß der in der öffentlichen Bloßstellung des Intimlebens liegende Unwert grundsätzlich nicht von der Ehrenrührigkeit der publizierten Tatsache abhängt, und konzipierte deshalb als erster einen allgemeinen Indiskretionstatbestand [...].[278]

»Als erster« nicht: das war in der *Fackel* schon vier Jahre früher nachgewiesen. Allerdings gab es in diesem Fall auch für Kraus eine noch deutlich ältere Quelle: Heinrich Lammasch. In seiner Monographie über *Diebstahl und Beleidigung* von 1893 bespricht er die im österreichischen Strafgesetzentwurf von 1891/93 vorgeschlagene Regelung, begrüßt die Ausweitung der Strafbarkeit für »ehrenrührige« auf die für bloß *»verletzende* Mittheilungen« des Privatlebens (derselbe Terminus, den Kraus verwendet!) und hebt konsequent das Delikt von der Beleidigung deutlich ab:

Alle diese Mittheilungen würden, wenn man daran festhält, daß die Beleidigung einen Angriff auf die *sittliche* Würdigkeit des Beleidigten darstellt [...], eine Beleidigung im eigentlichen Sinne des Wortes nicht constituieren. Trotzdem ist es nothwendig, auch sie unter Strafdrohung zu stellen.[279]

Daß Kraus Lammaschs Monographie gelesen hat, läßt sich (außer mit diesem Indiz und dem ihrer Erwähnung in 19/32) mit der folgenden Geschichte, die im übrigen einen Beweis für das erstaunliche Gedächtnis des Satirikers abgibt, einigermaßen sicher belegen. Im Mai 1918 steht in der *Fackel*:

Ist denn nicht selbst das österreichische Strafgesetz fehlbar? Wurde nicht nach dem § 490 jahrelang falsch judiziert, weil sich dort »hinreichende Gründe *ergeben*« statt »ergaben« [...]. (474/10)

Die betreffende Stelle in dem Paragraphen lautet korrekt: »Wurde [eine Beleidigung nach den §§ 487, 488] in anderer, als der in § 489 bezeichneten Weise geäußert« – also nicht als »Indiskre-

278 *Schünemann,* a.a.O., S. 34; s. bei *Beling* (1909), Wesen, Strafbarkeit und Beweis der üblen Nachrede, S. 48.

279 *Lammasch* (1893) Diebstahl und Beleidigung, S. 74.

tion« oder per »Druckwerk« –, »so wird der Beschuldiger straflos, wenn er entweder die Wahrheit seiner Angabe beweiset, oder doch solche Umstände dartut, aus welchen sich hinreichende Gründe *ergaben*[280], um die vorgebrachte Beschuldigung für wahr halten zu können«. Was es mit der von Kraus erwähnten »Fehlbarkeit« des österreichischen Strafgesetzes und ihren Folgen auf sich hat, wird aus einer Bemerkung in Lammaschs Monographie deutlich:

Es ist nahezu unglaublich, aber leider dennoch wahr, daß ein Druckfehler, welcher in der zur praktischen Gesetzeskraft gelangten Manz'schen Ausgabe des Strafgesetzbuches bis zur 14. Auflage unbemerkt stehengeblieben war (»ergeben« statt »ergaben« im Schlußsatze des § 490, al. 2), auch noch in die zweite Auflage des Lehrbuches von Janka übergegangen ist [...]. Nur auf diesem Druckfehler beruht die in der Praxis verbreitete Anschauung, daß es sich im Falle des § 419 al. 2 um den *Beweis der Wahrscheinlichkeit* der vom Angeklagten dem Beleidigungskläger imputierten Thatsache handle.[281]

Nach dem korrekten Gesetzeswortlaut kam es jedoch nicht auf die objektive Wahrscheinlichkeit der behaupteten Tatsache (zur Zeit der Gerichtsverhandlung) an, sondern auf die guten Gründe für den Angeklagten, seine beleidigende Äußerung für wahr zu halten, als er sie machte. Die 14. Auflage der Manzschen Textsammlung, die 1889 (als Kraus 15 Jahre alt war) erschien und die als letzte den zitierten Druckfehler enthielt, kannte Kraus ganz gewiß nicht. Seine Bemerkung in 474/10 ist ein schlagender Beleg für die Intensität seiner sachlichen Befassung mit dem Strafrecht, nämlich seiner Erkundigungen bei der zuständigen Wissenschaft selbst, und damit: für die rationale Fundierung, die er seinen strafrechtlichen Interventionen zu geben versuchte.

Damit ist offenkundig noch nichts für die *Richtigkeit* seines Standpunkts bewiesen. Es ist allerdings im Rahmen dieser Untersuchung nicht möglich, alle Probleme des Indiskretionsdelikts auch nur annähernd vollständig sichtbar geschweige denn durchsichtig zu machen.[282] Im Hinblick auf § 489 StG ergibt sich

280 Hervorhebung von mir.

281 *Lammasch*, a.a.O., S. 43, Anm. 3.

282 Vgl. hierzu aus der älteren Literatur vor allem *Beling*, Üble Nachrede (wie Anm. 278), S. 44 ff.; *Liepmann*, Wahrheitsbeweis bei Beleidigungsklagen, in: ÖZStR 1 (1910), S. 205 ff.; *Pester* (1931),

für den gegenwärtigen Zusammenhang immerhin sofort eine Beschränkung: auf Indiskretionen, die durch *Zeitungen* begangen wurden (andere Fälle öffentlicher Indiskretion waren nach § 489, zweiter HS StG, nur strafbar, wenn sie ohne »Nötigung durch besondere Umstände« geschahen[283]), doch auch die übrigen Schwierigkeiten können hier nur in groben Zügen und nicht mit einem Anspruch auf Lösungen skizziert werden.

Ich konzentriere mich dabei im folgenden auf die Erörterungen Schünemanns, weil sie, soweit ich sehe, in der modernen Dogmatik am nachdrücklichsten die Argumente gegen einen Indiskretionstatbestand vertreten.[284] Dessen bleibende »Crux« sei, so jedenfalls die verbreitete Überzeugung der neueren Literatur, »die Regelung des Wahrheitsbeweises«.[285] Schünemann formuliert das Problem so:

> Durch seinen völligen Ausschluß[286] [...] wird geradezu ein Motiv zur Verleumdung im Intimbereich gesetzt, weil hiernach bei der Prüfung der Rechtswidrigkeit, zumindest aber bei der Strafzumessung, die Wahrheit der behaupteten Tatsache zugunsten des Täters unterstellt werden muß. Hierdurch wird infolgedessen die generalpräventive Aufgabe und damit der wichtigste Zweck des Strafrechts vernachlässigt, um die Rehabilitie-

Schutz des Privatlebens; aus der neueren Literatur *Arzt* (1970), Schutz der Intimsphäre; *Schünemann*, a.a.O.; *Roeder* (1972), Wahrheitsbeweis und Indiskretionsdelikt, in: Fschr. Maurach, S. 347 ff.

283 Kraus hat die Regelung des § 489, 2. HS, gelegentlich auch als Argument gegen eine das Intimleben von Angeklagten ausforschende Strafjustiz mobilisiert (vgl. 115/12 = S1/19; 179/3 = S1/152; 242/15 ff.: gegen die deutsche Justiz). Das Argument ist juristisch freilich schief, wenn auch die Ablehnung solcher unnötigen Ausforschung völlig berechtigt ist. An einer anderen Stelle beruft er sich auf die ratio dieser Regelung gegen die »konzessionierten Schnüffler« der privaten Detektivbüros, wobei er lange Passagen aus einem Aufsatz im ArchKrimAnthr zitiert (162/1 ff.; ohne die Zitate aus dem »Archiv« in S1/311 ff.); vgl. *Weingart*, Detektivinstitute, in: ArchKrimAnthr 7 (1901), S. 213 ff.

284 *Für* die Schaffung eines Indiskretionstatbestands *Arzt* (1970) Schutz der Intimsphäre, S. 335 ff.; *G. Schmidt*, Indiskretionsdelikt in ZStW 79 (1967), S. 741 ff.; *Roeder*, Wahrheitsbeweis und Indiskretionsdelikt, a.a.O., S. 374; *Schwinge*, Zur Reform des Beleidigungsrechts, in: GA 1956, S. 306 ff., 311.

285 *Schünemann*, a.a.O., S. 37.

286 Wie es § 182 des E 62 wollte.

rung des Verletzten und damit die eigentlich dem Zivilrecht zugehörige Restitution nicht zu gefährden.[287]

Das ist kein überzeugender Einwand. Wenn es, wie beim Indiskretionsdelikt, nicht um den Schutz der Ehre, sondern den des Privat- oder Intimlebens geht, spielt die Frage der Wahrheit einer tatbestandsmäßigen Äußerung keine Rolle. Der § 489 StG bringt dies richtig in der Wendung »wenn auch wahre Tatsachen« zum Ausdruck (falsch ist nur das vorangestellte »ehrenrührige«). Die Indiskretion wird nicht durch Lügen begangen, sondern, bildlich gesprochen, durch das Wegziehen eines Vorhangs vor dem Bereich des innersten persönlichen Lebens und damit durch dessen Preisgabe an ein Publikum, dessen ständig und notorisch drohende Zeugenschaft jenen Bereich des Intimen radikal paralysieren müßte.[288] Beling zitiert in seiner Monographie aus einem Aufsatz im *Türmer* über die Moltke/Harden-Affäre, die erhellende Formel vom »moralischen Hausfriedensbruch«, den das Indiskretionsdelikt darstelle. Das muß nur insofern präzisiert werden, als es bei diesem nicht, wie beim echten Hausfriedensbruch, auf das Eindringen in die geschützte Sphäre, sondern gewissermaßen umgekehrt auf deren Herauszerren ins schutzlose Freie ankommt. Beides ist, wie das in neuerer Soziologendiktion heißt, funktional äquivalent: In beiden Fällen werden rechtlich voneinander getrennte Zuständigkeitskreise gegen den Willen des Inhabers eines von ihnen zwangsweise miteinander vermischt. Es ist auch moralisch (nämlich unmoralisch) äquivalent – mit der hier ebenfalls erforderlichen Präzisierung, daß ein Ans-Licht-Zerren seines Intimlebens das Opfer regelmäßig härter treffen dürfte als etwa ein physisches Eindringen in seine Wohnung. Wichtig ist jedenfalls, daß es in beiden Fällen nicht auf die *Tatsachen* im Innenbereich der unzulässig verkuppelten Sphäre, sondern auf die Verkupplung selbst ankommt. Kurz: Da die Unwahrheit der Indiskretion nicht zum Unwertgehalt des Delikts gehört, kann deren Wahrheit bei der Prüfung ihrer Rechtswidrigkeit problemfrei unterstellt werden, ohne daß damit, wie Schünemann befürchtet, »geradezu ein Motiv zur Verleumdung im Intimbereich« geschaffen würde. Denn die Wahr-

287 *Schünemann*, a.a.O., S. 37.
288 Und daß dieser Bereich im höchsten Grad persönlichkeitskonstitutiv ist, wird von *Schünemann* selbst überzeugend dargelegt (vgl. a.a.O., S. 27 ff.).

heit allein, die genauso wie ihr Gegenteil mit dem Delikt nichts zu tun hat, schafft keine Rechtfertigung. Für die denkbaren Rechtfertigungsgründe – abstrakt: die Wahrnehmung berechtigter höherrangiger Interessen[289] – kann als eine *Voraussetzung* selbstverständlich auch die Wahrheit der indiskreten Behauptung eine Rolle spielen; der Beweis ist dann ebenso selbstverständlich zuzulassen.[290] (Das hat übrigens § 145 Abs. 2 des Alternativentwurfs 1971 ausdrücklich so geregelt.) Aber das ist trivial: Natürlich müssen die tatsächlichen Voraussetzungen einer möglichen Rechtfertigung dem Beweis zugänglich sein – wie bei jedem anderen Delikt, mit dessen Tatbestand die Wahrheit von irgend etwas, das für die Rechtfertigung wichtig sein kann, nichts zu schaffen hat. Um es in der Logik des bei Beling zitierten Bildes vom Indiskretionsdelikt als einem »moralischen Hausfriedensbruch« zu erläutern: Beim Tatbestand des echten Hausfriedensbruchs ist es vollkommen belanglos, was oder wer sich in einer Wohnung befindet, in die jemand gegen den Willen ihres Inhabers eindringt. Für eine *Rechtfertigung* (etwa qua Notwehr) kann es dagegen sehr wohl entscheidend und damit beweisbedürftig sein: zum Beispiel wenn sich darin das entführte Kind des Eindringenden oder eine Observierungsanlage für dessen gegenüberliegendes Schlafzimmer befindet. Deswegen käme niemand auf die abstruse Idee, für den Hausfriedensbruch einen »Wahrheitsbeweis« bezüglich des tatsächlichen Inhalts der umfriedeten Räumlichkeit zu regeln. Ich halte es für einen analogen grundsätzlichen Fehler, zu glauben, man müsse dies beim Indiskre-

289 Zu diesen kann niemals das öffentliche »Informationsinteresse« alleine an der Intimtatsache gehören. Dieses ist weder höherrangig (worauf *Schünemann* mit Recht selbst hinweist, vgl. a.a.O., S. 15 und S. 28 f.) noch berechtigt. Das zeigt (in Deutschland: würde zeigen) zwingend die Existenz des Indiskretionsdelikts selbst. Allenfalls als notwendige Voraussetzung der Realisierung eines *anderen* öffentlichen Interesses kann die Kenntnis der Intimtatsache in den Schutzkreis »berechtigter Interessen« eintreten (dazu gleich im Text).

290 Im übrigen dürfte dann regelmäßig schon der Nachweis des gegründeten, wenn auch irrigen guten Glaubens an die Wahrheit (und nicht erst der Beweis dieser selbst) für die Straflosigkeit ausreichen: nämlich als Nachweis eines Erlaubnistatbestandsirrtums, mit (nach h. M.) der Folge des Vorsatzausschlusses bzw. (nach anderer Ansicht) einer analogen Anwendung des § 16 StGB.

tionsdelikt tun, und sich dann und damit ein Problem zu schaffen, das keines sein müßte. Eine Regelung, die ähnlich wie § 489 StG klar besagte, daß *»wahre oder falsche Behauptungen«* über das Intimleben eines anderen nicht publiziert werden dürfen, brächte dies und damit die Überflüssigkeit einer Wahrheitsbeweisregelung deutlich zum Ausdruck. Der Grund jenes prinzipiellen Fehlers der herrschenden Auffassung in der deutschen Strafrechtsdogmatik zum Indiskretionsdelikt liegt offensichtlich darin, daß man dieses nach wie vor für eine Variante der Beleidigung bzw. der üblen Nachrede hält. Bei diesen gehört, von der Formalbeleidigung abgesehen, die Unwahrheit selbstverständlich *stets* zu den Voraussetzungen der Strafbarkeit, sei es als Tatbestandsmerkmal, sei es als objektive Bedingung der Strafbarkeit.[291] Aber die ratio legis des Indiskretionstatbestands gehört nicht hierher; sie ist tatsächlich viel enger mit der des Hausfriedensbruchs als mit der der Beleidigungsdelikte verwandt.

Schünemanns Einwand, bei der Prüfung der Rechtswidrigkeit müsse die Wahrheit der Indiskretion unterstellt werden, und dies schaffe geradezu ein Verleumdungsmotiv, ist daher nicht stichhaltig, weil diese Wahrheitsunterstellung an der Strafbarkeit grundsätzlich nichts ändert. Ein analoges Argument trifft auch seinen zweiten Einwand: Bei der Strafzumessung müsse die hier ebenfalls erforderliche Wahrheitsunterstellung zur unangemessenen und daher ebenfalls motivierenden Privilegierung der lügnerischen Indiskretion führen. Auch für die Strafzumessung kann die für den Unwertgehalt des Delikts belanglose Wahr- oder Falschheit der Behauptung grundsätzlich keine Rolle spielen. Soweit im Einzelfall Zumessungsnuancen gleichwohl davon abhängen können, ist problemlos (und ohne die Folge einer öffentlichen Deliktsmotivierung) von der dem Täter günstigeren Sachlage auszugehen. *Wesentlich* begünstigen kann ihn die Unterstellung eines im Prinzip irrelevanten Umstands nicht, und strafbar ist er jedenfalls. Abgesehen davon ist es keineswegs so, daß die erlogene Indiskretion regelmäßig die stärker strafwürdige darstellt.[292] Eher im Gegenteil: Die wahre bloßstellende Indiskretion dürfte ihr Opfer meist wesentlich härter treffen, weil sie, von der öffentlichen Prangerwirkung abgesehen, zusätzlich die Usancen seines Intimlebens erheblich alterieren kann. Die Mit-

291 Vgl. *Sch.-Schr./Lenckner*, Rdnr. 6 zu § 185.
292 Richtig *Roxin*, Literaturbericht, in: ZStW 77 (1965), S. 69.

welt, die nun informiert ist, liegt gewissermaßen auf der Lauer entsprechender Beobachtungen. Pointiert: Der verheiratete Mann, über den der wahre Umstand bekannt wird, daß er nur mittels masochistischer Praktiken bei Prostituierten seine Sexualität ausleben kann, wird in diesem Punkt unter die gnadenlose und geradezu prohibitive Aufsicht seiner Nebenmenschen gestellt. Sein Leben wird auf wesentlich gravierendere Weise beeinträchtigt, als es der Fall wäre, hätte der Verbreiter der Behauptung diese erfunden.

Die prinzipiellen strafrechtsdogmatischen Einwände gegen einen Indiskretionstatbestand erscheinen mir daher unrichtig. Das ändert natürlich nichts an den verbleibenden Schwierigkeiten einer klaren und handhabbaren Konturierung der Tatbestandsmerkmale, insbesondere des »Intim«- oder des »Privat«-Begriffs, die Kraus ein wenig zu apodiktisch behandelt (vgl. den gleichwohl scharfsinnigen Text »Privatleben« in 57/19 ff.[293]). Aber das sind im Strafrecht geläufige Alltagsprobleme. Ich halte daher die Krausschen Auffassungen zum Indiskretionstatbestand im Prinzip für stärker als die erörterten Einwände der Strafrechtsdogmatik. Mit Blick auf den Prozeß Moltke/Harden und den dort unter Eid über seine eigene Homosexualität vernommenen Fürsten Eulenburg votiert der Satiriker im Januar 1908 gegen das deutsche und für das österreichische Strafrecht in diesem Punkt:

Die Beschaffenheit *unserer* Leintücher gehört nicht in den Bereich des erweislich Wahren und ein coitus interruptus kann nicht vor Gericht gestellt werden! Der Journalist, der sich vermäße zu behaupten, einer tauge nicht zum General, weil er einmal seine Frau nicht besiegen wollte, würde es nicht erleben, daß die Hysterie dieser Frau gerichtsordnungsmäßig festgestellt wird[294], um die Unwahrheit der Information

293 Der Grundgedanke dieser Abhandlung ist richtig und trifft den entscheidenden Punkt: An sich private Angelegenheiten hören auf, solche zu sein, wenn sie untrennbar verbunden sind mit gravierenden öffentlichen Interessen, deren angemessene Wahrnehmung die Information über die »privaten« Tatsachen voraussetzt. Solche Tatsachen sind daher schon vom Tatbestand des § 489 StG nicht erfaßt (vgl. oben, S. 449). Genau den gleichen Gedanken hat übrigens das BVerfG 1957 in E 6, S. 433, formuliert. Ebenso für die heutige Strafrechtsdogmatik *Roeder*, Wahrheitsbeweis, in: Maurach-Fschr., S. 366 f.

294 Moltke war vor allem durch die Aussagen seiner geschiedenen Frau

oder den guten Glauben des Irregeführten zu beweisen. Gottseidank! Und danken wir dem Schutzengel unserer Schwerfälligkeit, daß er dies alte Strafgesetz noch nicht abgeschafft hat. Er hat uns einen Paragraphen erhalten, der vielleicht einem Reformeifer, den öfter das reichsdeutsche Vorbild blendet, zum Opfer fiele [...]. Erinnern wir uns immer wieder dieses Paragraphen, der die Stelle hütet, wo wir sterblich sind: er bedeutet in Wahrheit die Stelle, wo unser altes Strafgesetz unsterblich ist. Weil es da eine Feinfühligkeit offenbart, die förmlich aus dem Bilde engstirniger Grausamkeit herausfällt. Und wäre es auch nur die Feinfühligkeit der Heuchelei. Aber die Heuchelei schützt die Freiheit des Geheimnisses, und diese ist ein höheres Gut als die Öffentlichkeit der Unfreiheit. Wenn uns ein Geschlechtsleben nur erlaubt ist, gegenüber der Sklaverei, es verheimlichen zu müssen, ist es schon Freiheit, es verheimlichen zu dürfen. Diesem österreichischen Heuchelglauben, der da annimmt, daß unser sexuelles Tun uns zur Schande oder zum Schaden gereiche, verdanken wir es, daß unsere Sexualprozesse wenigstens nicht letal enden; denn der Zeuge wird wenigstens nicht zum Dilemma zwischen einem Meineid und der eidlichen Aussage über seine Beziehungen zu einer Frau gezwungen. Diesem heuchlerischen Schutz des Privatlebens, der dem Kläger in einer Beleidigungssache oder dem Zeugen in einem Ehebruchsprozeß gewährt wird, liegt ein weise paktierendes Verständnis für die Sphäre, in der das Sittengesetz mit dem Geschlechtsleben kollidiert, zugrunde, ein tiefes Gefühl dafür, daß jene Beleidigung[295] des Privatlebens die schmerzlichere ist, die die Wahrheit sagt. Trifft ein ehrenrühriger Vorwurf eine korrupte Handlung, die wir öffentlich zu verantworten haben, so trifft er härter, wenn er unbegründet ist. Aber ein unbegründeter Vorwurf einer sexuellen Anomalie kann so ins Innerste nie eingreifen wie ein begründeter. (242/15 ff.)

Dem ist kaum etwas hinzuzufügen. Ich halte diese Erwägungen sachlich für durchaus geeignet, auch in den gegenwärtigen rechtswissenschaftlichen Diskussionen[296] zum Indiskretions-

Athalie v. Heyden (spätere v. Elbe), die auch Hardens Informantin war, schwer belastet worden. Nach einem älteren psychiatrischen Gutachten war Frau v. Elbe eine »Hysterikerin«; vgl. *Young* (1971), Harden, S. 103 f., 116, 119; vgl. ebenfalls *Frank* (1935), »Apostata« in: *ders.*, Höre Israel!, S. 164 ff.

295 Das müßte richtig und nach Kraus' eigener Argumentation »Bloßstellung« heißen und hat hier wohl einen von der juristischen zur umgangssprachlichen Bedeutung gewendeten Sinn.

296 Das österreichische StGB hat nach der Reform von 1974 ein Indiskretionsdelikt mit Ausschluß des Wahrheitsbeweises beibehalten; vgl. §§ 111; 112, S. 2.

delikt Gehör und Überlegung zu reklamieren. Aber die Notwendigkeit oder auch nur Zulässigkeit eines Straftatbestands ist damit noch nicht bewiesen.

Schünemann stellt nach den oben erörterten und meines Erachtens nicht durchschlagenden dogmatischen Einwänden die berechtigte Frage, ob ein Indiskretionstatbestand eine »*kriminalpolitisch notwendige* und sinnvolle Maßnahme« sei.[297] Die Antwort hängt nach heute allgemeiner Auffassung von der Prüfung dreier grundsätzlicher Kriterien ab: »Es muß ein *schutzwürdiges Rechtsgut* vorhanden sein, das Strafrecht muß zu seinem Schutz *geeignet* sein, es muß schließlich mangels Verfügbarkeit ebenso wirksamer milderer Maßnahmen dafür auch *erforderlich* sein.«[298] Schünemann unterscheidet mit der geläufigen Auffassung bei der Frage nach dem schutzwürdigen Rechtsgut zwischen der objektiven Schutzwürdigkeit, die er für den Intimbereich bejaht, und dem subjektiven Schutzbedürfnis (»Bedrohungsgefühl«) der Bevölkerung, das er heute für die Allgemeinheit verneint und allenfalls für die Gruppe der sogenannten »prominenten Zeitgenossen« gelten läßt. Im wilhelminischen Deutschland mit seiner Flut an Schmutz- und Skandalblättchen sei dies anders gewesen.[299] Auch hätten sich die Modi der kollektiven Wahrnehmung und Bewertung solcher Indiskretionen verschoben; es gebe in dieser Sphäre inzwischen einen geläufigen und »durchkommerzialisierten Exhibitionismus«.[300] Im übrigen seien die psychischen und moralischen »Kosten« von Strafverfahren wegen Indiskretionen für das Opfer auch bei abgeschnittenem Wahrheitsbeweis im-

297 *Schünemann*, Privatgeheimnisse (wie Anm. 272), S. 40.

298 A.a.O.

299 Einen Beleg dafür zitiert übrigens Hugo *Heinemann* in der DJZ 13 (1908), S. 960: Ein sogenannter Fachverlag suchte per Zeitungsannonce für eine neuzugründende Wochenschrift Zuträger für »aktuelle Sensations- und interessante Affären privaten bzw. öffentlichen Charakters«. Heinemann, auf den in dieser Hinsicht die Haltung seines Freundes Karl Kraus sicher gewirkt hat, fordert hiergegen scharfe strafrechtliche Reaktionen, die auf dem Boden des geltenden Rechts vor allem mit den §§ 185, 186 und 253 RStGB zu operieren hätten. Zu der tatsächlich unfaßbaren damaligen Flut von Schmutzzeitungen dieser Art vgl. die anschaulichen Beispiele bei *Pester* (1931), Schutz des Privatlebens, S. 34 ff.

300 *Schünemann*, a.a.O, S. 42.

mens: die inkriminierte Behauptung würde der Öffentlichkeit ein weiteres Mal beweislos aufgetischt.

Die soziologische und sozialpsychologische Diagnose dürfte stimmen, obwohl sie durchaus empirisch beglaubigungsbedürftig ist. Heikel erscheint die beiläufige Suggestion, man könne »die Prominenten« als soziale quantité négligeable behandeln. Schünemann denkt dabei nur an nationale Notorietäten. »Prominent« sein (übrigens eines der von Kraus meistgehaßten »Ekelwörter« des neueren Jargons) kann aber jemand schon in viel kleineren lokalen Umfeldern. Jede Provinzstadt hat ihre »Prominenten«, auf deren im Lokalblatt unfreiwillig exhibitioniertes Intimleben sich ein interessiertes Publikum in oft destruktiverer Unmittelbarkeit zu stürzen bereit ist als irgend jemand auf das der nationalen »Idole«. Relativ Prominente und daher Bedrohte in diesem Sinne gibt es in Deutschland Zehntausende. Auch ist die bei Schünemann gleichsam spielerisch angetippte Idee, der massenmediale Zugriff auf das Intimleben »Prominenter« könnte eine Art plausibler Tribut für den von den gleichen Instanzen vorher »gemachten« Ruhm sein[301], nicht überzeugend. Sie stellt das gerade von Schünemann eindrucksvoll skizzierte funktionale Rangverhältnis der Zuständigkeiten im individuellen Intimbereich, nämlich die prinzipielle Ausschlußmacht des Individuums gegenüber den »Informationsinteressen« der Allgemeinheit[302], mit einem empirisch zweifelhaften Argument auf den Kopf.

Gravierender erscheint dagegen der Hinweis auf die psychischen und die Reputations-»Kosten« des Strafverfahrens für den Verletzten und damit der Zweifel an der Erforderlichkeit einer Form von »Rechtsgutsreparatur«, die eine zusätzliche Verletzung bedeutet. Liepmann hat bereits 1910 die Frage der Kontraindikation des Strafverfahrens für den Intimschutz um einen weiteren Aspekt ergänzt: Der Täter werde sich öffentlich auf den Standpunkt zurückziehen, er sei nur verurteilt worden, weil ihm der Wahrheitsbeweis verboten gewesen sei; die Öffentlichkeit – »dieses beschränkte und vielköpfige Ungeheuer« – werde das einleuchtend finden; der Verletzte, dem ihm Prozeß Peinlichkeiten erspart blieben, sei ihnen anschließend weit schlimmer ausgesetzt; er müsse daher die Möglichkeit haben, den Angeklag-

301 A.a.O., S. 43; deutlich stärker artikuliert bei dem von Schünemann hier zitierten *Arzt*, Intimsphäre (wie Anm. 282), S. 135, Anm. 19.

302 *Schünemann*, a.a.O. S. 15, 28 f.

ten zum Wahrheitsbeweis zu zwingen und dabei coram publico scheitern zu lassen.[303] Daß solche Bedenken Gewicht haben, ist evident. Sie scheinen auch empirisch bestätigungsfähig zu sein, etwa durch das Faktum einer auffallenden Scheu der österreichischen Opfer öffentlicher Indiskretionen vor dem Verfahren nach § 489 StG. Kinsbrunner behauptete 1905 in der *Österreichischen Richter-Zeitung*, § 489 sei deshalb »toter Buchstabe« geblieben.[304] Immerhin läßt sich gegen Liepmanns Einwand vorbringen, daß er sozusagen die irreversible Verlängerung der falschen Auffassung vom Indiskretionsdelikt ins öffentliche Bewußtsein voraussetzt. Solange freilich die Strafrechtler (und das Strafgesetz) selbst hier immer wieder ein »Primärproblem« des Wahrheitsbeweises erörtern, das nicht hierher gehört, kann sich daran kaum etwas ändern. Könnte sich dagegen das Bewußtsein allgemein durchsetzen, daß bei Indiskretionen (»moralischen Hausfriedensbrüchen«) nichts als der »Einbruch« in die Intimität bestraft wird, daß deshalb Täter und Opfer im Verfahren, auch wenn sie es wünschen, grundsätzlich keine Möglichkeit erhalten, die faktische Beschaffenheit der verletzten Intimsphäre klären zu lassen, dann ginge wohl irgendwann auch das Odium eines entsprechenden Strafurteils wegen der »nicht ausgeräumten«, aber eben auch nicht auszuräumenden Tatsachenbehauptung verloren.

Für durchschlagend halte ich aber Schünemanns Argument, der Schutz des Rechtsguts »Intimität« sei heute beim Zivilrecht besser aufgehoben.[305] Seit der höchstrichterlichen Anerkennung von Schmerzensgeldansprüchen in oft erheblichem Umfang bei Verletzungen des allgemeinen Persönlichkeitsrechts[306] erscheint der Zivilprozeß im Vergleich zum Strafverfahren tatsächlich als das bessere, nämlich als relativ »nebenwirkungsfreies Heilmittel«[307] mit einer de facto gleichen oder sogar stärkeren Sanktions- und Präventionswirkung. Dem kann im einzelnen hier nicht ge-

303 *Liepmann*, Einschränkung des Wahrheitsbeweises, in: ÖZStR 1 (1910), S. 217 ff., 226 ff. und passim.

304 *Kinsbrunner*, Formen der Ehrenbeleidigung, in: Österreichische Richter-Zeitung 2 (1905), Sp. 317.

305 *Schünemann*, a.a.O., S. 45 f.

306 Erstmals BGHZ 26, S. 349 ff. (»Herrenreiterurteil«).

307 *Schünemann*, a.a.O., S. 45 mit anschließender überzeugender Begründung.

nauer nachgegangen werden. Jedenfalls sind damit für die Auffassung des Karl Kraus zum Indiskretionsdelikt einerseits ihre zeitgebundene Richtigkeit, andererseits historische und funktionale Grenzen markiert. Denn eine zivilrechtliche Sanktionsmöglichkeit für publizistische Indiskretionen gab es noch nicht. Die allgemeine Bedrohung des intimen Privatlebens durch eine parasitäre Presse war damals wohl tatsächlich größer als heute und dürfte als soziale Gefahr irritierenden Ausmaßes auch weitgehend empfunden worden sein. Finger weist in der DJZ 1909 darauf hin,

daß es ein eigenes Gewerbe gibt zur Ausbeutung des Unglückes und der Schande des Nächsten, daß es Menschen gibt, die nicht etwa gelegentlich, in Not, sondern gewerbs-, geschäftsmäßig das Leiden anderer erhöhen, um es zur Quelle ihres Unterhaltes zu machen.[308]

Da die heutigen kriminalpolitischen Einwände zu Kraus' Zeiten noch nicht möglich waren und die strafrechtsdogmatischen Bedenken etwa Liepmanns und Schünemanns gegen ein Indiskretionsdelikt im wesentlichen auf einem Mißverständnis der ratio des entsprechenden Tatbestands beruhen, läßt sich sagen, daß die Forderung des Satirikers nach strafrechtlichem Schutz gegen (wahre oder erlogene) »moralische Hausfriedensbrüche« in der Sphäre des Intimlebens gut begründet war.[309] Noch im Februar und im Oktober 1929 hat er, jeweils unter der Überschrift »Die Hundspeitsche« – übrigens das durch drei Jahrzehnte beibehaltene Symbol der *Fackel* für die Regulierung dieser spezifischen Variante von »Preßpiratentum« (577/98) – die Notwendigkeit seines Postulats nachdrücklich belegt; und kritikwürdig erschien ihm dabei nur, daß der ratio legis des § 489 StG nicht prozessual nachdrücklicher Geltung verschafft wurde:

Daß die Gefahr journalistischer Befassung mit dem, was den Nachbarn angeht, weil es ihn nichts angeht, innerhalb der fragwürdigen Gesetzlichkeit eines durch und durch ehrlosen Staates keine andere Remedur als die der Hundspeitsche übrigläßt, das hat die Neue Freie Presse in ihren letzten Jahrgängen [...] so anschaulich dargetan, daß man sich hingerissen fühlt, mit der Hundspeitsche schon an ihre Lektüre zu gehen. [...] Und gegen eine lebensfremde Justiz, die geheime Verhandlun-

308 *Finger*, Strafrecht und Revolverpresse, in: DJZ 14 (1909), Sp. 1349.
309 Vgl. die modernen, aber ganz ähnlichen Erwägungen *Roxins*, Literaturbericht, in: ZStW 77 (1965), S. 69 f.

gen anordnet und es zugleich unterläßt, Maßnahmen gegen deren tausendfache Veröffentlichung zu treffen, gibt es kein Mittel des Schutzes, solange eine Gesetzgebung teils aus Dummheit das Idol der Preßfreiheit, teils aus Feigheit das Privileg einer staatsbedrückenden Kaste für wichtiger hält als die primitivsten Lebensrechte der übrigen Bevölkerung. (811/51, 56 f.; vgl. auch 820/ 136 ff.)

Der österreichische Entwurf eines neuen Strafgesetzbuchs von 1912 behielt den Indiskretionstatbestand ebenso bei wie der Entwurf 1927 und wie das heute geltende österreichische Recht. Darauf, daß der Gesetzgeber allerdings eine noch gefährlichere Spielart des Schmutzjournalismus, den erpresserischen, härter angriff, mußte Kraus noch lange warten. Immerhin: ein wenig früher kam der Inseratenschwindel in den Fokus der legislativen Aufmerksamkeit.

c) Das Preßgesetz 1922

Am 7. April 1922 verabschiedete der Nationalrat der ersten Österreichischen Republik ein neues Pressegesetz, dessen § 26 folgenden Wortlaut hatte:

1. In einer Zeitung müssen Ankündigungen und Anpreisungen, für deren Aufnahme die Zeitung ein Entgelt erhält, als solche deutlich zu erkennen sein.
2. Der Herausgeber und der Eigentümer einer Zeitung, in der diese Vorschrift verletzt wird, sind wegen Übertretung [...] zu bestrafen. Daneben ist auf den Verfall des Entgeltes zu erkennen, das für die verschleierte Ankündigung genommen worden ist.

Die Konstruktion dieser Haftung ist ersichtlich der für die »Vernachlässigung der pflichtgemäßen Obsorge« nachgebildet: Den Herausgebern und Eigentümern von Zeitungen wird die neugeschaffene Pflicht auferlegt, für die hinreichende Kennzeichnung bezahlter Texte zu sorgen. Weder für die Verletzung dieser Pflicht noch für die unmittelbare Handlung der Aufnahme nicht genügend kenntlich gemachter Inserate ist, da § 26 eine bloße Ordnungswidrigkeit statuiert, Vorsatz erforderlich. Über den Zweck der Vorschrift gibt der Bericht des Justizausschusses im Nationalrat Aufschluß:

Diese neue Bestimmung will dem immer schrankenloser auftretenden Unfug steuern, daß Ankündigungen und Anpreisungen, für die gezahlt wird, in den redaktionellen Teil eingeschleppt werden, damit den Anschein gewinnend, daß sie, die bezahlte Reklame sind, die Wiedergabe redaktioneller Meinungen wären. Diese Vermengung von Reklamen und redaktionellem Teil kann an jeder Sonntagsnummer eines bestimmten Wiener Blattes faßlich studiert werden.[310] [...] Für diese maskierten Reklamen fließt das Entgelt natürlich sehr reichlich und die bedenkenlosere Zeitung gewinnt dadurch Mittel, die ihr danach auch in der redaktionellen Ausstattung einen Vorsprung sichern; also hat das Gesetz dafür zu sorgen, daß die Existenzbedingungen der Zeitungen durch Gewissenhaftigkeit nicht verschlechtert, durch Gewissenlosigkeit nicht verbessert werden.[311]

Der Sinn des Gesetzes war also ein doppelter: die Abwehr einer Irreführung der Leser und einer bestimmten Form des unlauteren Wettbewerbs. Verfasser der zitierten Sätze, nämlich Berichterstatter des Justizausschusses in dieser Sache, war Friedrich Austerlitz[312], Mitglied des Nationalrats und Chefredakteur der *Sozialdemokratischen Arbeiter-Zeitung*. Kraus und Austerlitz waren seit Herbst 1914 gut miteinander bekannt, ja befreundet, und »im gemeinsamen Kampf gegen Presse und Krieg«[313] für eine Reihe von Jahren eng verbunden.[314] Im Juni 1923 schreibt Kraus, ohne Austerlitz zu nennen, aber über ihn:

Das Parlament hat einstimmig ein Preßgesetz beschlossen und dessen Urheber gedankt, einem Publizisten, der den Wunsch hat, den Beruf von der handgreiflichsten Unsauberkeit, mit der ihn wie in keinem andern Land der Welt die Gewinnsucht der Unternehmer durchsetzt hat, zu befreien und die offenbare Lücke des Gewissens wenigstens durch die Strafdrohung auszufüllen [...]. (622/183).

Daß Kraus auf Entstehung und Formulierung des § 26 PreßG 1922 via Austerlitz erheblichen Einfluß hatte, kann als sicher

310 Gemeint ist die Neue Freie Presse.

311 Zitiert bei *Ehrenreich*, § 26 Preßgesetz, in: Gerichts-Zeitung 77 (1926), S. 242 f.

312 S. *Altmann/Jacob* II (Preßgesetz), S. 1282.

313 So *Früh* (1986), »Arbeiter-Zeitung« als Quelle der »Letzten Tage der Menschheit«, in: *Scheichl/Timms* (Hg.), K. K. in neuer Sicht, S. 211.

314 Vgl. dazu auch *Austerlitz*' in 649/105 ff. nachgedruckten Artikel zum 50. Geburtstag des Satirikers sowie den Nachruf des Satirikers auf den am 5. Juli 1931 verstorbenen Austerlitz: »Zu der Tragödie Friedrich Austerlitz« (857/129 ff.).

angenommen werden.[315] Gerade für die Wochen vor der Verabschiedung des Gesetzes ist der enge persönliche Kontakt zwischen Kraus und Austerlitz bezeugt. Sidonie Nádherný von Borutin, die langjährige Geliebte des Satirikers, schreibt unter dem Datum des 10. April 1922 in ihr Tagebuch, sie habe während ihres Besuches in Wien im März desselben Jahres mit Kraus Austerlitz nachts in der *Arbeiter-Zeitung* besucht.[316] Wenige Wochen nach Inkrafttreten des Gesetzes, im November 1922, geht der Satiriker bereits auf die zahlreichen Versuche der Wiener Zeitungen ein, den neuen § 26 zu umgehen, »welcher der in der Welt einzigartigen Preßschande jener als redaktionelle Meinung vorgeschwindelten Inserate beizukommen sucht« (601/58). Wie solche Versuche beispielsweise aussahen, kann man – außer in der plastisch detaillierten Form dieses *Fackel*-Artikels mit der Überschrift »Es ist ein Kreuz« – in der Kommentierung bei Altmann/Jacob nachlesen:

Zu Beginn der Geltung des gegenwärtigen Preßgesetzes wurden verschiedene Versuche gemacht, die Entgeltlichkeit in versteckter Weise zu bezeichnen [...]. Solche dem Gesetz nicht entsprechenden Versuche waren u. a. folgende: Die entgeltlichen Ankündigungen wurden mit einem Kreuz oder einem Stern bezeichnet und an einer Stelle der Zeitung vermerkt, daß für die entsprechend dem § 26 PreßG. mit einem Kreuz oder einem Stern bezeichneten Artikel und Notizen die Redaktion ausschließlich *die preßgesetzliche Verantwortung übernimmt.*[317]

Das war eine doppelte Maskerade: der versteckte Hinweis auf anderswo gedruckte, bezahlte Notizen, in einer undeutlichen, dem juristisch nicht bewanderten Leser keinesfalls verständlichen Form. Die Staatsanwaltschaft akzeptierte solche und ähnliche Täuschungsmanöver nicht. § 26 PreßG schrieb nicht vor, daß bezahlte Anzeigen als solche irgendwie und -wo zu bezeichnen, sondern dem Leser deutlich erkennbar zu machen waren. In der *Fackel* steht, nach einer Ermunterung für den Preßstaatsanwalt, dies:

Der jesuitischen Argumentation, gerade seine Anklage wegen der mit einem Kreuz versehenen Notizen sei ja ein Beweis dafür, daß sie als Inserate kenntlich waren – wonach freilich aus dem Umstand, daß die

315 Der Paragraph entspricht im übrigen einer alten Forderung des Satirikers; vgl. bereits 98/1 ff. (März 1902).
316 Abgedr. in Kraus (1977), Briefe an Sidonie Nádherný, Bd. 2, S. 332.
317 *Altmann/Jacob* II, S. 1329

Behörde einen Betrüger erwischt, die Untauglichkeit seiner listigen Vorstellungen erschlossen werden könnte –: eben einer solchen ist er nicht hineingefallen. (601/61)

Es muß für Kraus ein Moment von hoher Spannung und geradezu symbolfähiger Bedeutung gewesen sein, als der Herausgeber der *Neuen Freien Presse*, Ernst Benedikt (der Sohn des durch die *Fackel* und die *Letzten Tage der Menschheit* zu einer zweifelhaften Unsterblichkeit gelangten Moriz Benedikt), in einem der ersten spektakulären Verfahren nach § 26 PreßG angeklagt wurde. Mit Urteil des Bezirksgericht Wien I vom 17. Oktober 1922 wurde Benedikt wegen Verletzung des § 26 in 119 Fällen zu einer Geldstrafe von 5000 Kronen verurteilt: Er hatte die entsprechenden bezahlten Inserate in der oben nach Altmann/Jacob zitierten doppelt verschleierten Form gekennzeichnet (vgl. die Darstellung in 601/62 ff.). Am 20 November 1922 hob das Landesgericht Wien I als Berufungsinstanz das Urteil auf und sprach Benedikt frei. Vier Wochen später erschien das nächste Heft der *Fackel* und darin der Abdruck eines Vortrags mit dem Titel »In eigenster Sache« – übrigens eine deutliche Anspielung auf die von Kraus reklamierte Miturheberschaft an § 26 PreßG:

Um als Sprecher des eigenen Wortes [...] auch nur den heutigen Vortrag durchstehen zu können; um als vortretender Bürger dieses Staats nicht von der Atmosphäre der allgemeinen Ehrlosigkeit anzuziehen, bin ich zu der folgenden Erklärung genötigt: Diesem Staat dringt die Ehrlosigkeit aus allen Poren. Er hat aus der Verlassenschaft der Monarchie nichts übernommen als die Schande, unter der sie zusammengebrochen ist, und er lebt von dem Vergnügen, diesen psychologischen Zusammenhang, diese Identität des der Welt unverlorenen österreichischen Antlitzes in jedem Zug nachweisen zu können, sich dauernd in den letzten Zügen jenes Monstrums wiederzuerkennen, dessen Hingang doch die einzige Errungenschaft bedeutet, die das Leben in dieser Zeit lebenswert macht. [...] Nun aber hat sich, zu aller Preisgegebenheit vor der Suggestion des gedruckten Worts, die Unterwerfung unter den schuftigen Willen dieser Presse, die aus dem kommerziellen Hinterhalt die völlige Beschlagnahme des Denkens und Fühlens der hiesigen Menschheit vermocht hat, soeben mit der Feierlichkeit eines Gerichtsverfahrens vollzogen, und nichts bleibt übrig, als zähneknirschend – denn das Kulturgewissen hat nicht Macht über eine Staatslüge, die vor der Preßlüge kapituliert – diesen Tiefpunkt der Entartung zu verzeichnen und sich mit allem, was man gewollt, gehofft und zur Hebung eines sozialen Ehrgefühls je versucht hat, besiegt zu erklären. [...] Dieser Staat [...] ist ausgezeichnet durch eine Justiz, vor der ich immer schon die größte Hochachtung gehabt habe und die sich nun förmlich anstrengt, den flagranten Bruch eines Gesetzes nicht nur ungestraft zu lassen, sondern gutzuheißen, zur Nachahmung zu empfehlen, jeden Skrupel, den sich die hart bedrängten Zeitungen sukzessive gemacht haben, für übertrieben, das Gesetz selbst für überflüssig, dessen Willen schon durch Nichtbeachtung für erfüllt zu erklären, geschweige denn durch die Mühe eines Kreuzchens, und im übrigen aus dem vollendeten Betrug nicht dem Betrüger, sondern dem Betrogenen einen Vorwurf zu machen, der, um vor Schaden bewahrt zu bleiben, verpflichtet sei, das Gesetz besser zu kennen als jene, gegen die es geschaffen ist. (608/1, 2, 3 f.)[318]

Doch dabei blieb es nicht. Fünf Monate später hob der Kassationshof den landesgerichtlichen Freispruch auf. Die Entscheidung erging nach § 292 ÖStPO auf eine (im heutigen deutschen Strafprozeß unbekannte) von der Generalprokuratur erhobene »Nichtigkeitsbeschwerde zur Wahrung des Gesetzes«.[319] Das Urteil ist mit seiner ausführlichen Begründung im dritten Band der neuen Entscheidungssammlung des OGH abgedruckt.[320] Die Kraussche Erbitterung über das Berufungsurteil wird hierin einigermaßen verständlich. Der OGH weist eine Reihe eklatanter Rechtsirrtümer des Landesgerichts zurück, die »die Anwendbarkeit des Gesetzes geradezu unmöglich machen« müßten.[321] Insbesondere das auch von Kraus angegriffene Argument: zwar sei nicht ausdrücklich auf die Entgeltlichkeit, wohl aber auf § 26 PreßG hingewiesen worden, aus dem sich der Leser ja Belehrung holen könne – ein allerdings absurder justizieller Segen für einen flagranten Gesetzesbruch –, wird für abwegig erklärt. Der Satiriker reagierte prompt. Am 5. Mai hielt er den (im Juni abgedruck-

318 Vgl. dazu in demselben *Fackel*-Heft 608 den Vortragstext »Die sechste Großmacht« (S. 84 ff.), in dem Kraus neben dem Urteil des Berufungsgerichts auch dessen vorsitzenden Richter Wessely scharf angreift.

319 Vgl. zu diesem Rechtsbehelf (der, außerhalb des Rechtsmittelverfahrens liegend, nur der Einheit der Rechtsprechung und der Korrektur geschehener bzw. der Verhinderung künftiger Rechtsirrtümer dient) v. a. die ausführliche, auch geschichtliche Darstellung bei *Rittler,* Nichtigkeitsbeschwerde zur Wahrung des Gesetzes, in: ZStW 32 (1911), S. 436 ff. Vgl. dort auch zu den partikularen deutschen Prozeßordnungen, die das Rechtsinstitut im 19. Jahrhundert vor Inkrafttreten der RStPO kannten, S. 457 ff.

320 SSt III Nr. 21, S. 37 ff. (16. 4. 1923).

321 A.a.O., S. 43.

ten) Vortrag »Rehabilitierung der Justiz, Reglementierung der journalistischen Prostitution«:

Wäre die Entscheidung vom 16. April 1923 anders ausgefallen – und einem Generalprokuratur, der für das Extrablatt schreibt, mag es schon hart genug angekommen sein, die Nichtigkeitsbeschwerde zu erheben –: die nächste Volkszählung hätte auf meine Mitwirkung verzichten müssen, ganz abgesehen davon, daß ich kein Wort mehr in diesem Unstaat gesprochen, keines mehr hätte in Österreich erscheinen lassen. [...] (Erschütternder Anblick, auf dem nun von der Judikatur vorgezeichneten Strich – man traut seinen Augen nicht – der in Ehren ergrauten »Wiener Zeitung« zu begegnen, dem mit dem guten Beispiel vorangehenden Regierungsblatt, einer Staatsmatrone mit dem Erlaubnisschein, und zu ersehen, daß die hohe Regierung selbst aus dem Verkuppeln der öffentlichen Meinung an das Bedürfnis der Inserenten Gewinn zieht. Und daß eine Amtszeitung erst die oberstgerichtliche Weisung gebraucht hat, um, wenn sie schon Unzucht treibt, wenigstens die diesbezügliche Vorschrift zu erfüllen.) [...] Schadenfreude wird zur reinsten sittlichen Regung, wenn man genug Ohr hat, diesen stummen Groll zu hören eines durch oberstgerichtlichen Blitz getroffenen Bordellprestiges, dieses Zähneknirschen zwischen den Zeilen der entwerteten Reklame, diese Wut der Gezeichneten beim täglichen Anblick des Schandmals aere perennius auf der Stirnseite, die seit jeher ihr Stolz und ihre Frechheit war. (622/13, 15 f.)[322]

Das Urteil des OGH vom 16. 4. 1923 blieb als Grundsatzurteil für die Rechtsprechung maßgebend. Zweieinhalb Jahre später griff das höchste Strafgericht noch einmal in die wieder weitläufiger gewordenen journalistischen Verschleierungsstrategien im Annoncengeschäft und in die großzügiger judizierende Praxis der Untergerichte scharf korrigierend ein.[323] Der Satiriker hat

322 Vgl. auch das anschließend gedruckte satirische Gedicht »Das Schandmal« (622/21 f. = S9/450 f.) sowie noch die Glosse in 657/192 f. – Alfred Pfabigan, der in seiner informativen, aber nicht fehlerfreien »politischen Biographie« des Satirikers dessen »Enttäuschung« über den landesgerichtlichen Freispruch verzeichnet, übersieht völlig die anschließende Remedur durch den OGH und Kraus' Genugtuung darüber; er kommt daher im Hinblick auf den Satiriker hier zu anfechtbaren Schlüssen; vgl. *Pfabigan* (1976), K. K. und der Sozialismus, S. 210 ff.

323 SSt VI Nr. 122, S. 269 ff. (3. 11. 1926): »Der Entgeltlichkeitsvermerk muß sich an einer so in die Augen springenden Stelle des Blattes befinden, daß der Leser [...] auch den Sinn des beigedruckten Zeichens *leicht erkennen* kann [...].«

das Urteil vermutlich beifällig, aber jedenfalls kommentarlos registriert. Seine polemische Aufmerksamkeit für die Sumpfblüten des Pressegeschäftes war bereits von einer neuen, weitaus üppigeren gefesselt.

d) »Lex Békessy«: Der Gesetzentwurf 1926 »Zur Bekämpfung von Mißbräuchen im Pressewesen« und die Strafgesetznovelle 1929

Die Hauptfigur in dem »Nachkriegdrama« des Satirikers »Die Unüberwindlichen«, das zwischen Dezember 1927 und Februar 1928 entstand: der Zeitungsherausgeber Barkassy, sagt im I. Akt zu einem seiner Redakteure: »Ich arbeite an einem sehr wichtigen Artikel, der nicht erscheinen soll. Und zwar schon morgen.« Was das bedeutet, liegt auf der Hand: die Verfertigung eines Erpressungsrequisits. Das lebende Urbild, dem die Dramenfigur mit dem sprechenden Namen nachgezeichnet ist, war Emmerich (Imre) Békessy, Journalist aus Budapest, der 1920 nach dem Sturz der ungarischen Räteregierung nach Wien kam und dort sehr schnell als Herausgeber verschiedener Zeitungen[324] reüssierte, aber mehr noch als Protagonist einer neuen Qualität von »Preßpiratentum«: der gänzlich schamlosen, nämlich das Prinzip ihrer publizistischen Wirksamkeit offensiv propagierenden Erpressung. Deren Methode war einfach und schlagend: Békessy verschaffte sich Informationen über öffentlichkeitsscheue Details aus dem Privatleben wohlhabender Wiener Zeitgenossen (etwa auch seiner Zeitungsherausgeber-Kollegen) und spielte dann vor seinen Opfern einigermaßen virtuos an den Grenzen des Erpressungstatbestands (§ 98 lit. b) mit dem »Revolver« einer Veröffentlichung. Das Verfahren funktionierte mit einer Präzision, die die präventiven Schwächen sowohl des Erpressungs- als auch des Indiskretionstatbestands peinlich bloßlegte: Die Opfer kooperierten, wenn auch zähneknirschend, in einer gemeinsamen Strategie der Verdunklung mit dem Täter. Békessy war 1923 von der renommierten Wirtschaftszeitung *Der Österreichische Volkswirt* erstmals erpresserischer Methoden bezichtigt worden. Während des anschließenden Beleidigungsverfahrens (dessen Privatklage

324 Vor allem des Boulevardblatts »Die Stunde« und des Wirtschafts-Wochenblatts »Die Börse«.

er zurückzog, als er das Material seiner Gegner für einen Wahrheitsbeweis überschauen konnte), berief sich Békessy in einer unerschrockenen, aber durchaus unvorsichtigen Anbiederung auf Karl Kraus. Der Satiriker reagierte im Januar 1925 scharf abweisend, aber noch im Ton des unbeteiligten Beobachters eines Schauspiels, in dem ein moderner Raubritter den schon älter eingesessenen das Fell über die Ohren zieht:

Er [Békessy] wird mich gewiß als den letzten einer Voreingenommenheit für die abgelebten Korruptionsideale jener Wiener Presse für fähig halten, gegen deren Heuchelei er mit wahrem Bekennermut ein neues aufrichtet, und ich bin unter allen Zeitgenossen vermutlich am weitesten von dem Verdacht entfernt, zugunsten der Räuberhöhlen zu sprechen, die durch kulturellen Zierrat von ihrer Bestimmung ablenken, wenn ich die Korruption, die sich mit einer durch die Gunst der Zeitumstände beförderten Schamlosigkeit als Weltanschauung gebärdet, weniger mit dem Pathos der Mitempfindung, das einer heroischen Tatsache gebührte, als mit Übelkeit begleite. (640/86)

Békessy begann in den folgenden Monaten, seine Methode der publizistischen Privatlebensanspielungen mit der Usance der *zweckfrei* erfundenen Rankűne auf Kraus auszudehnen.[325] Im März 1925 wechselte der Satiriker im Tonfall zu jener pathetischen Wucht, die einen ernsthaft gemeinten Vernichtungskampf ankündigte:

Aus dem Blutdunst einer Epoche, die den Heldentod als Vorwand zum Betrug an der Menschheit gebraucht hat, ist ein Raubtiergesicht aufgestiegen, ein nachsintflutliches Ungeheuer, nur vergleichbar dem Trachodon, dem Triceratops und den andern dinosaurischen Schiebern aus der Kreidezeit: der Castiglioni[326] aus der Tintenzeit. Seine Züge sind die Schriftzüge einer erbarmungslosen Journalistik, die dieses Gesicht rehabilitiert und selbst dort noch erkennend verklärt, wo ein zerfleischter Kindesleichnam zum Fraß ihrer Betrachtung dient.[327] Seine Stimme ist

325 Vgl. v. a. den in 686/1 ff. dargestellten Fall eines bösartig retuschierten Jugendbildes von Karl Kraus, das in der »Stunde« abgedruckt war.

326 Camillo Castiglioni, Industrieller und Großaktionär der österreichischen Depositenbank, war der (nach Kraus' Behauptung von Békessy erpreßte) Financier des Zeitungsherausgebers. Castiglioni ist als »Camillioni« eine der Hauptfiguren in den »Unüberwindlichen«. Vgl. zu ihm *Attlmayr*, Castiglioni, in: Kraus-Hefte 58 (1991), S. 2 ff. m. w. N.

327 Anspielung auf 668/158 ff. (»Ein kalter Schauder über den Rük-

der Schrei von den Lettern, die die Welt bedeuten. Dieser typographische Alpdruck eines am hellen Mittag unverdrängbaren Phantoms lagert jetzt über einer Stadt, die aus der Unterwerfung durch die angestammte Preßkanaille kein kulturelles Ehrgefühl mehr übrig hat, um sich der neuen Unform mit Grausen zu entziehen (679/133 f.).

Das markiert den Beginn eines fast eineinhalbjährigen publizistischen Kampfes des Satirikers gegen den Erpresser. Der wichtigste Verbündete dabei, den Kraus immer wieder mahnend berief, war die Strafjustiz.[328] Im August 1926, nachdem die Staatsanwaltschaft Wien ein Ermittlungsverfahren gegen Békessy eingeleitet hatte und dieser nach Paris geflohen war, erschien ein Heft der *Fackel* mit dem Titel »Die Stunde des Todes«, worin Kraus den Verlauf der Begebenheiten bis zu Békessys Flucht nachzeichnet.[329] Das ist ein Thema der Kultur-, der Literatur- und etwa noch der Zeitungsgeschichte. In unserem Zusammenhang ist etwas anderes wichtig: die strafrechtlichen, vor allem die legislativen Konsequenzen.

Schon im Dezember 1925 hatte Kraus geschrieben, Békessy habe versucht, »die Angelegenheit auf ein sozusagen literarisches Gebiet abzulenken, auf welches ich aber, da ich mehr Strafrechtler bin, nicht folge [...].« (706/107) Fünf Monate später heißt es in der *Fackel* im Zusammenhang einer Beschwerde gegen die

ken«): »Ein armer Junge ist über eine Planke geklettert, um in einem Garten zu übernachten. Dort wird er am nächsten Tag zerfleischt aufgefunden. Der Ruf des Sterbenden: ›Mutter! Mutter!‹ sei gehört worden. Es wird festgestellt, daß die tödlichen Verletzungen von Bluthunden herrühren. Dieser grauenvolle Sachverhalt ließe die grauenvollere Perspektive zu, daß der Besitz mehr Schutz genießt als das Leben.«

328 Vgl. v. a. 717/130 f. Vgl. auch die kryptischen und positiven Anspielungen auf den damaligen Wiener Presse-Staatsanwalt Franz Schwartz in 735/43: »[...] hier bin ich mehr Schwartzseher«, und in 751/15: »Operateur [...] Schwartz«.

329 Wichtig dazu auch das vorangehende *Fackel*-Heft »Die Stunde des Gerichts« (730). Im übrigen waren Kraus' eigene strafgerichtliche Auseinandersetzungen mit Redakteuren Békessys nach dessen Flucht noch nicht beendet; vgl. dazu den in Kraus-Hefte 56 (1990), S. 1 ff. abgedruckten ausführlichen Schriftsatz des Satirikers an das Bezirksgericht Wien I in einem Verfahren nach § 30 PreßG (i. d. F. vom 20. Dezember 1929) gegen einen Redakteur der »Stunde« wegen »Vernachlässigung der pflichtgemäßen Sorgfalt«.

Indolenz der Sozialdemokratie, mit der Kraus seit dem Weltkrieg eine zunehmend prekäre – und schließlich ins Gegenteil umschlagende – Verbindung der gemeinsamen moralischen Perspektiven unterhielt:

Aber lesen wir nicht Tag für Tag, daß sie entschlossen ist, eine Gesetzesreform, die das schändlichste aller Handwerke unterbinden soll, durchzusetzen? [...] Ich kenne keine Parteien mehr, aber ich bin überzeugt, daß die Herren Eldersch und Renner auf der einen, die Herren Ahrer, Gürtler und Heinl auf der andern Seite des Hauses mich nicht enttäuschen und auf das Gesetz gegen die Zeitungserpresser nicht allzulange warten lassen werden. Ich glaube, daß, wenn ich diese Erwartung mit dem 1. Mai befriste, ich der Sache einer entehrten Freiheit die eindrucksvollste Huldigung darbringe [...]. Mit äußerster Spannung, wie sie schon nicht mehr einer Novelle zum Preßgesetz, sondern eher einem Kriminalroman angemessen ist, werde ich die »Lesung« verfolgen [...]. (717/128)

Der hier gemeinte »Entwurf des Bundesgesetzes zur Bekämpfung von Mißbräuchen im Pressewesen«[330] war bereits vorher im Nationalrat eingebracht worden. Er sah vor allem eine strafrechtliche Ergänzung des weitgehend wirkungslosen § 27 PreßG 1922 vor[331], nach welchem jemand, der »einen Vermögensvorteil annimmt, um herbeizuführen, daß in einer Zeitung eine Veröffentlichung erfolgt oder unterbleibt«, diesen Vermögensvorteil dem, der ihn geleistet hat, auf dessen Verlangen zurückzuerstatten hatte. Daß eine solche Regelung zu sanktions- und schlimmstenfalls erfolglosen journalistischen Grenzgängen zwischen Erpressung und bloßer passiver Bestechung geradezu animieren mußte, liegt auf der Hand.[332] Art. I, Ziff. 1 des Entwurfs stellte nun die Annahme von Schweigegeldern, also die passive Bestechung zum Zweck der Unterdrückung eines Zeitungsberichts, als *Verbrechen* unter Strafe.[333] Auch dies entsprach einer alten Forderung

330 Vgl. dazu *Schwartz* (jenen in 735/43 und 751/15 kryptisch berufenen Wiener Pressestaatsanwalt), Der Entwurf eines Bundesgesetzes zur Bekämpfung von Mißbräuchen im Pressewesen, in: Gerichts-Zeitung 77 (1926), S. 117 ff.

331 Die weiteren Regelungen des Entwurfs (v. a. Art. II: eine Art »Kreditverleumdungs«-Tatbestand) bleiben im folgenden außer Betracht.

332 Vgl. *Altmann/Jacob* II, S. 1331: die Begründung der Norm zeuge von »ganz besonderer Weltfremdheit«.

333 Die *Aufnahme* einer bezahlten Veröffentlichung blieb – mit der

des Satirikers: Schon im November 1899 und dann deutlich im Oktober 1902 hatte er ein Analogon zu § 104 StG – dem Amtsdelikt der »Geschenkannahme« im Rahmen hoheitlicher Tätigkeiten – für Journalisten verlangt (24/26; 119/32). Denn die Unverfälschtheit der öffentlichen Meinung sei in konstitutionellen Staaten ein politisches und gesellschaftliches Gut hohen Rangs und entsprechend schutzbedürftig. Auch Art. I des Entwurfs von 1926 verfolgte den Primärzweck, die Sauberkeit der Voraussetzungen öffentlicher Meinungsbildung zu schützen. Dennoch projizierte die Vorschrift vor allem schwierige Probleme der Abgrenzung zu der Individualschutznorm des Erpressungstatbestands (§ 98 lit. b StG). Aber da sie gerade auf die von diesem nicht mehr erfaßten Grenzfälle zielte, lag das in der Natur der Sache und durchaus in der Absicht des Gesetzgebers. Unmittelbarer Anlaß der Vorlage war, neben dem offiziell noch verschwiegenen, aber wichtigeren Fall Békessy, ein Strafprozeß im Frühjahr 1926 gegen den Wiener Journalisten Alexander Weiß, der Békessy in bescheideneren Maßen kopiert und dabei Pech gehabt hatte (vgl. dazu 717/78, 124 ff.; 726/1 ff., 11 ff.). Weiß wurde wegen Erpressung verurteilt, seine Nichtigkeitsbeschwerde vom OGH verworfen. Der Fall machte die dünne Grenzlinie zwischen der Erpressung und der straflosen (noch) passiven Bestechung deutlich: Der Angeklagte konnte nur deshalb verurteilt werden, weil er das ihm ohne sein Zutun offerierte »Geldgeschenk« für die Unterlassung eines Zeitungsartikels als zu niedrig abgelehnt und eine höhere Summe gefordert hatte.[334] Fühlbar geworden war damit das Bedürfnis einer Strafnorm auch gegen die Praxis der nichterpreßten journalistischen Schweigegelder. Zudem erfaßte § 98 lit. b StG nur Drohungen mit einer Verletzung an »Körper, Freiheit, Ehre oder Eigentum«, also beispielsweise nicht den Fall eines angedrohten Verrisses für eine Theatervorstellung, den sich der Kritiker buchstäblich abkaufen zu lassen bereit war. Varianten einer offenkundig fehlenden Strafwürdigkeit – Beispiel: X macht einen Lotteriegewinn, bittet zur Vermeidung von Aufsehen und Bettlern um Unterlassung des entsprechenden, bereits geschriebenen Artikels und zahlt dafür

nach § 26 PreßG erforderlichen Kenntlichmachung – selbstverständlich straflos.

334 Darstellung des Falles in *Altmann/Jacob* I, S. 292. Weiß wurde übrigens bereits im Frühjahr 1928 begnadigt; vgl. 781/127 f.

lediglich ein angemessenes Ausfallshonorar – sollten mit dem Tatbestandserfordernis des »unrechtmäßigen« Vermögensvorteils, den das Schweigegeld darstellen müsse, abgefangen werden.

Daß diese Vorschrift Kraus' Beifall fand, ist sicher. Wegen des Endes der zweiten Legislaturperiode der Republik Österreich wurde sie zunächst nicht Gesetz. Aber die Reminiszenz an den geflüchteten Großerpresser war stark genug, um schon 1927 eine erneute Regierungsvorlage sachlich gleichen Inhalts zu veranlassen. Sie trat mit einer Reihe weiterer Änderungen[335] als Art. IV der »Strafgesetznovelle 1929« am 1. 1. 1930 in Kraft.[336] Kraus hat sie merkwürdigerweise nicht mehr kommentiert. Im Mai 1926 hatte er noch in einer scharfsinnigen Analyse den damals eben vorgelegten Entwurf gegen den Vorwurf verteidigt, darin werde ungerechterweise nur der bestochene Journalist, nicht der Bestecher mit Strafe bedroht. Wollte man, so Kraus' schlüssiges Argument, den Bestechenden selbst verfolgen, so machte man nicht nur den einzigen Zeugen der Tat zum Angeklagten und diese selbst damit praktisch unverfolgbar, sondern gäbe dem Bestochenen auch ein probates Druckmittel zur Verhinderung einer Straf-

335 Worunter im Hinblick auf die Fackel noch die des Art. II erwähnenswert ist: Danach erhielt bei (kollektiv-)beleidigenden Angriffen gegen eine Zeitung deren Herausgeber ein Privatanklagerecht. Das schlägt eine fast dreißigjährige Zeitbrücke zurück zur frühen *Fackel*: Der OGH hatte am 12. 3. 1902 entschieden, daß »die Zeitung« als solche nicht Objekt einer Kollektivbeleidigung sein könne, hatte die Beleidigungsklage eines Herausgebers, dessen Blatt im Wiener Gemeinderat »der letzte Preßköter« genannt worden war, zurückgewiesen und damit natürlich Kraus' Beifall gefunden (vgl. 99/1 ff.; 100/8 ff. sowie die folgenden *Fackel*-Hefte noch bis 113/4). Das OGH-Urteil löste auch in der juristischen Literatur neue Diskussionen zur Frage der Kollektivbeleidigung aus; vgl. *van Calker*, Die Zeitung als Objekt der Beleidigung, in: DJZ 7 (1902), S. 277 ff. (*gegen* den OGH). Kraus zitiert diesen Aufsatz übrigens in 108/9. Dem OGH zustimmend dagegen *Lorenz*, Zeitung Object der Ehrenbeleidigung?, in: Allg. Ö. GerZ. 53 (1902), S. 165 ff.; *Finger*, Lehrbuch Bd. 2, S. 253, Anm. 242 (m. w. N.). Die Novelle von 1929 stellte die gegenteilige Rechtsauffassung gesetzlich außer Zweifel.

336 Vgl. dazu *Weiser* (1930), Die Strafgesetznovelle 1929, S. 6; *Altmann*, Journalistenbestechung, in: Österreichische Richter-Zeitung 1929, S. 232 ff.; *Swoboda* (1930), Kommentar zum Preßgesetz und zur Strafgesetznovelle 1929, S. 91 ff.

anzeige, nämlich das der Gegenanzeige, in die Hand. Der Verdunklungsbund zwischen beiden müßte nachgerade hermetisch werden: »Hieße es nicht den Revolver des Journalisten von gesetzeswegen frisch laden, wenn seine Bezahlung ein Verbrechen war? Sollte sie nicht das neue Material bilden, das er nun gegen den Komplizen in der Hand hat?« (726/21). Daß der Gesetzgeber – und vermutlich wieder nicht ohne Austerlitz' Einfluß[337] – sich solchen Argumenten zugänglich zeigte, ist ihm von Kraus nach der Novelle von 1929 nicht mehr lobend attestiert worden, genausowenig übrigens wie die Beseitigung der Schwurgerichtsbarkeit für Verbrechen und Vergehen, die durch den Inhalt einer Druckschrift begangen werden, durch Art. IX der Novelle, der damit eine andere alte Forderung des Satirikers erfüllte. Dessen Schweigen dürfte mit seinem damals bereits irreversiblen Bruch mit der Sozialdemokratie ebenso zusammenhängen wie mit der bitter gewordenen Enttäuschung über eine Republik, deren politische Orientierung im allgemeinen »zwischen ›Dem wir' i's zag'n!‹ und ›Bitt, i hab nix tan‹, zwischen dem Vorsatz, daß etwas geschehen muß, und dem Resultat: Gut is gangen, nix is g'schehn« (820/19) oszillierte. Ob dieses Verdikt ganz gerecht war, mag hier offenbleiben. Die Satire des Karl Kraus, die schon während des Weltkriegs ihren Ton zur vornehmlich »strafenden« gewandelt hatte, verfinsterte sich jedenfalls nach 1930 noch einmal deutlich: zur Vision vom Untergang der Epoche in den kommenden Blutbädern.

3. Kindesmißhandlung

Dies ist vielleicht das trostloseste aller Themen, zu denen 37 Jahrgänge der *Fackel* dem Gedächtnis der Nachwelt Dokumente des Schreckens hinterlassen haben. Das folgende stammt aus der Zeit des Weltkriegs, nämlich vom Mai 1917. Eine Zeitung berichtete über den Selbstmordversuch eines von sechs Geschwistern, eines 13jährigen Mädchens. Als Motiv wurden die grausamen Mißhandlungen durch ihren Vater ermittelt. Der Bericht fährt fort:

337 Zu dessen Anteil als Abgeordneter an der Novelle 1929 siehe *Weiser*, a.a.O., S. 6.

Laut einer dem Polizeikommissariat Schmelz erstatteten Anzeige hatte Josef Pichl, der alle sechs Kinder durch Schläge mit einem Ochsenziemer und durch Fußtritte auf barbarische Weise mißhandelte, für eines der unglücklichen Kinder, die 13jährige Anna, eine förmliche Folter erfunden, indem er dem Mädchen einen Riemen um den Hals schlang, sie an dem selben in die Höhe zog und sie baumeln ließ. [...] Die unglückliche Anna habe oft am Riemen baumeln müssen, an dem sie der Vater emporgezogen habe, indem er gleichzeitig ihren Rücken mit einem Ochsenziemer bearbeitete [...] – Bezirksrichter Dr. Mihatsch verurteilte den Angeklagten zu 14 Tagen verschärften Arrests [...] Die mitangeklagte Gattin wurde freigesprochen.

Hier schließt der Satiriker an:

Ist dies nicht von allen Schlachtberichten der ärgste? Jener hatte das »häusliche Züchtigungsrecht« zwar angewandt, jedoch »überschritten«. Die Menschheit, die es liest, geht am Abend ins Theater. Hätte das Elternpaar seinerzeit sechsfach am keimenden Leben sich vergriffen, es säße heute noch im Zuchthaus. In dieser Wildnis leben wir und nennen sie Gesetzlichkeit. Die berufen sind, dies Unmaß abzuschwächen, opfern sich für die böhmische Kreiseinteilung. (457/90 f.)

Hier sind die drei wesentlichen Elemente der Krausschen Kritik am strafrechtlichen Umgang mit dem Phänomen Kindesmißhandlung versammelt: der Hinweis auf gesetzliche Sanktionsinstrumente, die ihre – gemessen am Gewicht des zu schützenden Rechtsguts – hoffnungslose Unzulänglichkeit hinter euphemistischen Benennungen und entsprechend programmierten Urteilen unkenntlich machten; das Kontrastargument mit Blick auf den oft weit überzogenen Schutz anderer Rechtsgüter; und der Vorwurf an einen indolenten Gesetzgeber, der zu keiner Reform des gesetzlichen Kinderschutzes, wohl aber zum lärmenden Streit um Trivialitäten in der Lage war. Der hier erwähnte Selbstmordversuch des Mädchens war immerhin gescheitert. In demselben Heft der *Fackel* steht 60 Seiten vorher das folgende, wieder beginnend mit dem Abdruck einer Zeitungsmeldung:

Am 6. Februar d. J. wurde der zwölfjährige Leopold Glaser in der Wohnung seiner Eltern tot aufgefunden. Er hatte sich an seinem Leibriemen erhängt. In der Nachbarschaft wurde sofort gesagt, der Knabe habe den Selbstmord nur deswegen verübt, weil er von seiner Mutter unmenschlich behandelt worden sei. [...] Johanna Proksch war wegen Überschreitung des Züchtigungsrechtes angeklagt. Der Knabe war ihr voreheliches Kind. Sie gab zu, daß sie ihn mit dem »Pracker« öfter hart gezüchtigt habe, weil er einen Hang zum Stehlen gehabt habe. Daß er einen Selbstmord verüben werde, habe sie nicht denken können. Am Tage vor der Tat sei er traurig gewesen, das habe sie aber nicht weiter beachtet. Die Zeugin [...] und auch die Schulleitung bezeichneten den Knaben als brav, sehr wahrheitsliebend und Ermahnungen leicht zugänglich. Bezirksrichter Dr. Tittel verurteilte die Angeklagte zur Strafe des Verweises. (457/27 f.)

In der unmittelbar vorher abgedruckten Glosse waren Strafurteile gegen Frauen zitiert, die wegen »Geschlechtsverkehrs mit Kriegsgefangenen« bis zu 18 Monate Gefängnis erhalten hatten. Kraus schreibt:

Nicht einmal die Vorstrafe, die eine wegen Geschlechtsverkehrs mit einem Kriegsgefangenen bekommen hat, würde als erschwerend in Betracht kommen, wenn sie wegen Tötung des von diesem Geschlechtsverkehr herrührenden Kindes angeklagt wäre. So will es ein Gesetz, das keine glücklich parlamentlose Regierung[338] zum Teufel jagt. Ich würde mich als Richter absetzen, sollte ich dieses Gesetz »anwenden« müssen. Die Trauer des Knaben am Tage vor dem Tod, nicht dieser selbst, würde in alle Nächte meines Lebens klagen. Welch eine Welt! Ich glaube, daß menschenfressende Völkerschaften, sollten sie es einmal erfahren, durch keine Hungersnot bewogen werden dürften, auf uns zu reflektieren. (457/28)

Das hier gemeinte Gesetz ist vor allem der Übertretungstatbestand des § 413 StG:

Das Recht der häuslichen Zucht kann in keinem Falle bis zu Mißhandlungen ausgedehnt werden, wodurch der Gezüchtigte am Körper Schaden nimmt.

Damit war die Schwelle der Strafbarkeit relativ hoch gesetzt. Sie ergab sich im übrigen aus dem Zusammenspiel des § 413 mit § 145 ABGB, wonach Eltern ein Züchtigungsrecht gegen »unsittliche, ungehorsame oder die häusliche Ordnung störende Kinder« hatten, allerdings nur auf eine »nicht übertriebene und ihrer Gesundheit unschädliche Art«. Die Überschreitung dieses

338 Ministerpräsident Karl Graf Stürgkh schloß zu Kriegsbeginn 1914 die Sitzungsperiode des Reichsrats, ohne jedoch das Parlament aufzulösen, weil sonst Neuwahlen hätten durchgeführt werden müssen. Verschiedene Initiativen zur Wiedereröffnung des Parlaments während der Kriegsjahre scheiterten. Seit Kriegsbeginn war daher die k. k. Regierung, gestützt auf den Notverordnungsparagraphen 14 des Verfassungsgesetzes vom Dezember 1867, Legislative und Exekutive zugleich.

Rechts bedrohte § 413 StG mit Strafe. Das Tatbestandsmerkmal »am Körper Schaden nehmen« wurde dabei von der Rechtsprechung und der herrschenden Literatur eng ausgelegt: Erst Mißhandlungsfolgen, die einen echten Krankheitsbefund ergaben, nicht dagegen die typischen Konsequenzen roher Züchtigungen (wie Striemen, blaue Flecke und ähnliches) sollten nach § 413 strafbar sein. Andererseits fielen Mißhandlungen, deren Motiv überhaupt nichts mit einem möglichen Erziehungszweck zu tun hatte, ganz aus dem Tatbestandsrahmen und in die Sphäre der allgemeinen Körperverletzungsdelikte (§ 152 f., 335 StG). Eine »Überschreitung des häuslichen Züchtigungsrechts« lag also grundsätzlich dann vor, wenn, wie das in der Diktion des OGH hieß[339], mit »animus corrigendi« geschlagen und dadurch *fahrlässig* eine Körperschädigung mit Krankheitsqualität verursacht wurde. Die Rechtsprechung dehnte aber weitergehend den § 413 auf solche Fälle aus, wo der Vorsatz auch die Folge der Körperschädigung selbst umfaßte, wenn diese – animo corrigendi – nur als Mittel der Züchtigung gewollt war.[340] Die dogmatische Ratio dieser Konstruktion war also folgende: Bei einer vorsätzlichen erheblichen Körperbeschädigung, die an sich nach den allgemeinen Vorschriften strafbar war, die aber mit animus corrigendi begangen wurde, zog man gewissermaßen den *gesamten* Vorsatz ab und unter die Rechtfertigung des Züchtigungsrechts; was übrigblieb, schob man als dessen Überschreitung in die Sphäre des § 413; allenfalls konnten darüber hinausreichende schwere Folgen zusätzlich als fahrlässige Körperverletzungen von den §§ 335, 431 StG (Übertretungen) erfaßt werden (obwohl sie de facto vorsätzlich herbeigeführt worden waren). Kurz: der »erzieherische« Vorsatz amalgamierte den gleichzeitigen Vorsatz selbst einer gravierenden Körperverletzung mit der Rechtfertigungswirkung des Züchtigungsrechts. Der Rest wurde strafrechtlich als Bagatelle behandelt.

War schon dies die einigermaßen abenteuerliche Konstruktion eines Privilegs, das sich jeder noch so verheerende Schläger seiner Kinder mit der schlichten, Widerlegungen kaum zugänglichen Behauptung des eigenen animus corrigendi sichern konnte, so bedeuteten die *Rechtsfolgen* der »Züchtigungsüberschreitung«

339 Vgl. KH 1775 (1. 5. 1894).
340 Vgl. a.a.O.; dem OGH (erstaunlicherweise) folgend *Lammasch*, Grundriß, S. 50; dagegen *Finger*, Lehrbuch Bd. 2, S. 108 ff., 116 f.

nach § 413 praktisch die völlige Preisgabe des Strafrechtsschutzes für das geschlagene Kind:

§ 414 Bei Mißhandlungen der Eltern an ihren Kindern sind die ersteren vor Gericht zu berufen, und ist ihnen das erste Mal der Mißbrauch der Gewalt und die gegen die Natur laufende Lieblosigkeit ihres Betragens mit Ernst und Nachdruck vorzuhalten; bei einem zweiten Falle ist den Eltern ein Verweis zu geben, und die Bedrohung beizusetzen, daß sie bei abermaliger Mißhandlung der elterlichen Gewalt verlustig erklärt und ihnen das Kind abgenommen, und auf ihre Kosten an einem anderen Orte werde erzogen werden.
§ 415 Bei einem dritten Rückfalle, oder wofern entweder die erste Mißhandlung schon an sich sehr schwer oder die Gemütsart der Eltern so beschaffen wäre, daß für das Kind weitere Gefahr zu besorgen stünde, ist sogleich das erste Mal auf die oben angedrohte Strafe zu erkennen, und in dieser Absicht mit der Behörde wegen Benennung eines Vormundes das Einvernehmen zu pflegen.
§ 416 Sind die Eltern die Erziehungskosten zu tragen unvermögend, so soll von der Obrigkeit für die Unterbringung des Kindes gesorgt, die Mißhandlung aber mit verschärftem Arreste, nach Beschaffenheit der Mißhandlung auch mit strengem Arreste von einer Woche bis zu drei Monaten bestraft werden.

Zusätzlich zu allen oben skizzierten Restriktionen des Tatbestands setzte also eine materiale Strafsanktion erst bei der dritten Mißhandlung mit körperlichen Schadensfolgen ein. (Der Strafcharakter von »Vorhalt« und »Verweis« ist, obwohl er formell gesetzlich statuiert war, also zum Beispiel die Rechtskraft des Urteils voraussetzte, mit gutem Grund bezweifelt worden.[341]) Aber die Art dieser Sanktion: nämlich allein der Entzug des Sorgerechts[342], mutet geradezu absurd an. Sie konnte in bestimmten Konstellationen offensichtlich zum *Motiv* der Mißhandlung werden. Finger schreibt dazu mit Recht:

Die Strafbestimmung ist kriminalpolitisch verwerflich. Sie gibt Eltern, die gern ihre Kinder loswerden wollen, die Möglichkeit, dieses Ziel durch systematische Mißhandlung der Kinder zu erreichen. Mir sind in meiner Gerichtspraxis zwei derartige Fälle vorgekommen.[343]

341 Vgl. *Altmann/Jacob* I, S. 867; vgl. auch § 240 StG, der die Strafarten aufzählt und weder »Vorhalt« noch »Verweis« nennt.
342 Die Arreststrafe in § 416 ist erkennbar nur die Ersatzstrafe für die uneinbringliche Kostenforderung und hat nichts mit dem Schutz des Rechtsguts zu tun.
343 *Finger*, Lehrbuch, Bd. 2, S. 119, Anm. 114.

Auch hierin zeigte sich der absolutistische Staat, der dem pater familias dessen staatsbürgerliche Subalternposition quasi kompensatorisch mit einer kaum beschränkten und von Staats wegen garantierten Herrschaft über »die Seinen« ausglich. Und auch hierin zeigte er sich grausam: paradoxerweise durch seine strafrechtliche Askese; aber deren Rückseite war die demonstrative Indolenz gegenüber dem Leid der Wehrlosen. Auch im deutschen Reich wurde damals der strafrechtliche Schutz der Kinder gegen Mißhandlungen als unzulänglich empfunden.[344] Doch zumindest materiellrechtlich war er im Körperverletzungsparagraphen 223 RStGB mit dem Strafschutz gegen physische Mißhandlungen jeder Art gleichgestellt. Dessen weitgehende Wirkungslosigkeit im Falle geschlagener Kinder wurde freilich garantiert von dem Antragserfordernis des § 232 RStGB, das in Vertretung der Kinder den Eltern zustand, also in der großen Mehrzahl der Fälle gerade den Tätern. Die vormundschaftsgerichtliche Ersetzung des Antrags nach § 1909 a. F. BGB war umständlich und entsprechend selten. Schon der Regierungsentwurf für die »kleine Strafrechtsnovelle« von 1903 schlug daher einen (dem heutigen § 223 b entsprechenden) Kinder- und Wehrlosenschutztatbestand als Abs. 2 zu § 223 a vor, und zwar in Form eines Offizialdelikts.[345] Die Regelung kam mit dem Strafrechtsänderungsgesetz 1912 ins RStGB.

Der Wiener erste Staatsanwalt Erwein von Höpler hat 1918 eine sechzigseitige erschütternde Dokumentation über fünfzehn Fälle schwerster Kindesmißhandlung in Österreich seit der Jahrhundertwende veröffentlicht.[346] Die meisten dieser Fälle spielen schon wegen ihres tödlichen Ausgangs strafrechtlich jenseits der §§ 413 ff. StG. Wie schwierig aber ihre tatbestandliche Abtrennung von dem durch praktische Straflosigkeit privilegierten Bereich des »überschrittenen Züchtigungsrechts« war, zeigt der groteske Bagatellcharakter einiger der verhängten Strafen: Die Unsicherheit der Gerichte über diese Abgrenzung, die normative Vorgabe einer gesetzlichen Permissivität selbst gegenüber schwe-

344 Vgl. *Jacobsohn* (1912), Der gesetzliche Schutz des Kindes gegen körperliche Misshandlung, S. 7 ff.; ebenfalls *Bauer* (1969), Kindesmißhandlung, S. 19 ff.

345 Vgl. *Bauer*, a.a.O., S. 20.

346 *v. Höpler*, Über Kindermißhandlung, in: ArchKrim 69 (1918), S. 223 ff.

ren Mißhandlungen, deren Tätern der animus corrigendi nicht zu widerlegen war, führte auch für Fälle außerhalb der §§ 413 ff. zu Urteilen von einer buchstäblich schmerzhaften Lächerlichkeit. Höpler nennt die Strafdrohungen der §§ 413 ff. »völlig unzureichend«; sie müßten »mitunter geradezu wie Hohn wirken«.[347] Waren aber in Einzelfällen Kinder so grausam zu Tode gequält worden, daß Erwägungen über einen animus corrigendi für den Peiniger von Anfang an nicht in Betracht kamen, verschob sich der Rahmen für die Strafzumessung oft abrupt und disproportional nach oben: Als hätte die Justiz an einem bestimmten Punkt den Schleier des »Erziehungszwecks«, hinter dem die Kinderquälerei als sozialadäquat galt und unbehelligt blieb, weggezogen und wäre nun vor dem wahren Gewicht der plötzlich erkannten Rechtsgutsverletzungen so erschrocken, daß sie bei ihrer heftigen Reaktion die eigene Blindheit unmittelbar vor diesem Punkt vollkommen vergaß. Das ist gewiß ein mit diversen Schiefheiten belastetes Bild. Es macht aber die schwer erträglichen Spannungen deutlich, die eine dünne gesetzliche und justizielle Grenzlinie erzeugen mußte, an der die »Überschreitung des häuslichen Züchtigungsrechts« umschlug in den Mord und das Strafmaß vom »Verweis« zum Henker.

Einige der Beispiele, die Höpler in seiner wahrhaft entsetzlichen Sammlung nach den jeweiligen Gerichtsakten eingehend rekonstruiert, standen zuvor, wesentlich knapper, in der *Fackel*. Die anderen bestätigen zunächst das Typische der von Kraus aufgegriffenen Fälle. Sie machen aber auch in einem gewissen Grad die Vermutungen plausibel, mit denen der Satiriker gelegentlich auf einige erklärende Hintergründe des sozialen Phänomens Kindesmißhandlung deutet: zwischen 1914 und 1918 etwa auf den Krieg; und ab und zu auf den von einer rigiden Pönalisierung der Abtreibung durchgesetzten Gebärzwang, der die unerwünschten Kinder einem hohen, statistisch beglaubigten Risiko des unkontrollierten Elternhasses bis hin zum larvierten Tötungsvorsatz aussetzte.[348]

347 *v. Höpler*, a.a.O., S. 276.

348 Vgl. dazu auch 778/11 sowie die kriminologischen Erkenntnisse zu diesem Zusammenhang bei *Jacobsohn*, a.a.O., S. 3 f.; s. v. a. die dort zitierten Sätze Lydia v. Wolfrings, der Gründerin der Wiener Kinderschutz- und Rettungsgesellschaft, von der und deren Tätigkeit Kraus im Dezember 1903 mit großer Hochachtung spricht (149/5).

Ende November 1899 streift Kraus das Thema zum ersten Mal:

Die furchtbaren Leiden, die Tausende von Kindern, um die niemand sich kümmert, zu erdulden haben, gelangen in einem crassen Falle an die Oeffentlichkeit und selbst die dicken Nerventaue der Philister beginnen zu schwingen. Man statuiert ein Exempel und verhängt als Verschärfung eines einfachen Verweises über ein unmenschliches Elternpaar die Todesstrafe, obwohl jedem Vernünftigen klar sein muss, dass hier kein Mord, sondern schwere Körperverletzung, die den Tod zur Folge hatte, vorlag. (24/13)

Es handelt sich um jenen Fall Kutschera, den Heinrich Lammasch etwa eine Woche später in seinem ersten Brief an Kraus erwähnt.[349] Kraus' Rechtsauffassung (der Lammasch zustimmt), daß hier kein Mord, sondern Körperverletzung mit Todesfolge vorliege, ist nach den bei Höpler gedruckten Aktenausszügen[350] wohl richtig. Die Mißhandlungen des getöteten Kindes waren allerdings so scheußlich, daß die Geschworenen den Tötungsvorsatz der Angeklagten für sicher hielten. Der OGH änderte jedoch, wie es Lammasch in dem Brief an Kraus prognostiziert hatte, das Todesurteil in acht Jahre schweren verschärften Kerkers ab.

Nur wenige Wochen später, im Januar 1900, deutet Kraus anläßlich eines anderen, aber ähnlichen Falles genauer auf die normative Diskrepanz zwischen der strafrechtlichen Duldung der Kindesmißhandlung einerseits und deren plötzlichem Avancement zur Schwerstkriminalität andererseits:

Jahraus, jahrein sind unserer Themis die Augen umhüllt. Wenn aber Uebelstände, die alle längst erkannt haben, endlich *schreien*, dann reißt sie erschreckt die Binde weg und schlägt die Hände überm Kopf zusammen: »Man sollt's nicht für möglich halten!« Und dann excediert sie im Strafen. [...] Juliane Hummel und ihr Gatte hatten ihr schwächliches Kind misshandelt. Nachbarn hatten wiederholt die Anzeige gemacht. Die Behörde blieb untäthig. Endlich raffte sie sich auf und den unmenschlichen Eltern ward ein Verweis erteilt. Doch das Kind blieb in ihren Händen; und weil sie seinetwegen die Schande des Verweises erlit-

349 Kraus-Archiv, I.N. 158.804; der Wortlaut oben, S. 202 f.

350 *v. Höpler*, a.a.O., S. 228 ff.; vgl. allerdings auch die bei Höpler dokumentierten unfaßbaren Quälereien des elfjährigen Mädchens und dazu die (bezeugte) Bemerkung der Angeklagten Marie K., sie werde »das Kind so lange martern, bis sie es endlich los sei«; a.a.O., S. 231.

ten hatten, begannen sie es zu hassen. Und so wurden die Misshandlungen häufiger und roher. Der schwache Körper und die gebrochene Lebensenergie hielten nicht stand; die Kleine starb. (28/1)

Dann hält er den Geschworenen »Gefühlsjustiz« vor, nämlich die Unfähigkeit, den, wie er glaubt, nicht beweisbaren Mord von der schweren Körperverletzung mit Todesfolge zu unterscheiden. Stärker als für die Tötung des fünfjährigen Kindes, die ohnehin in allen Nuancen des Schreckens wochenlang ein Sensationsthema der Wiener Presse war, interessiert sich Kraus hier für die logischen Defekte der Geschworenenjustiz, den (vermeintlichen) Fehler des schließlich gefällten Todesurteils und die Tonfallsorgien der Presse.[351] Aber sachlich irrt er hier offensichtlich. Höpler, der diesen erschütternden Fall eines »qualvollen Martyriums« mit »schwersten, grausamsten und ausgesuchtesten Mißhandlungen«[352] eingehend und mit Dokumentation des Obduktionsbefunds und der Zeugenaussagen darstellt, begründet einleuchtend, warum hier der Tötungsvorsatz der Angeklagten nicht mehr zu bezweifeln war.[353] Das Urteil wurde an Juliane Hummel vollstreckt, ihr Ehemann zu lebenslangem schweren Kerker begnadigt.

Später wendet sich der Blick des Satirikers schärfer und eindeutiger dem Phänomen der Mißhandlungen selbst zu[354], vor allem aber immer wieder der strafrechtlichen Unfähigkeit, ein vernünftiges Instrumentarium für den Umgang damit zu entwickeln. Im Dezember 1901 schreibt er zu dem Fall eines Mannes, der seinen dreijährigen Stiefsohn über Monate hinweg durch tägliches barbarisches Schlagen mit einer Peitsche getötet hatte:

Das Zeitalter der Humanität weiss nichts von einem starren pater familias, der über Leben und Tod Gewalt hat. Es kennt in der Familie, der geheiligten, nur eine elterliche *Liebe* – die da züchtigt. Und weil ihm die Züchtigung so recht als der Ausdruck der Liebe gilt und diese aus jener erschlossen wird, gibt es ein Züchtigungsrecht und, wo es überschritten

351 Vgl. zu den letzteren als typischen Begleitgeräuschen solcher Prozesse auch *v. Höpler*, a.a.O., S. 279.

352 A.a.O., S. 226.

353 A.a.O., S. 227 f.

354 Etwa aus der Zeit um die Jahreswende 1899/1900 stammt übrigens eine undatierte Karte von Lammasch, mit der er dem Satiriker für eine Spende von 20 Kronen zugunsten der Kinderschutz- und Rettungsgesellschaft dankt (Kraus-Archiv, I. N. 158.823).

ward, gelinden Verweis. [...] Wenn Hass und Liebe bei Eltern so schwer zu differenzieren sind, gibt es ja einen einfachen Ausweg. Wir decretieren, dass es keinen Elternhass gibt. Kinderquälerei bleibt, was sie früher war: Ueberschreitung des häuslichen Züchtigungsrechts. Und der Mann, der an dem Martyrium eines dreijährigen Kindes die Schuld trägt, ist jüngst nur, weil er auch der Verleitung zu falscher Zeugenaussage schuldig erkannt wurde, mit drei Monaten Kerkers bestraft worden. (88/1 f.)

Die anschließend abgedruckte Zuschrift konstatiert als klaffende Lücke im Strafgesetzbuch die Schutzlosigkeit des Kindes, das im Strafensystem der §§ 414 ff. StG der einzige wirklich Bestrafte, nämlich nach dem »Verweis« gegen die Eltern deren Hass »doppelt und dreifach« ausgesetzt sei. Im Juli 1904 druckt Kraus mit der vorangestellten Bemerkung »... mir steht der Verstand still« zwei Gerichtssaalberichte ab: Ein Handwerksmeister und sein Sohn hatten durch fortgesetzte schwere Mißhandlungen ihren Lehrling zum Selbstmordversuch getrieben, waren in erster Instanz zu je 14 Tagen Arrest verurteilt und in der Berufungsverhandlung freigesprochen worden (164/18 ff.). Zwei Jahre später zitiert die *Fackel* einen Brief Oscar Wildes über die Zustände in englischen Gefängnissen und die »fürchterliche Behandlung, die die Kulturnation den kleinsten Kindern in den Gefängnissen angedeihen lasse« (205/25). Im März 1907 fand in Wien der erste österreichische Kinderschutzkongreß statt. Heinrich Lammasch erstattete ein Gutachten zur Frage der Notwendigkeit eines neuen und verstärkten Strafrechtsschutzes für Kinder, den er unter prononcierter Kritik an der österreichischen »Verweis«-Rechtsprechung ausdrücklich forderte.[355] Der Kongreß selbst war trotz seiner eindeutigen Orientierung mit verschiedenen Ambivalenzen und Mißtönen durchsetzt.[356] Einen davon fing die *Fackel* auf. Eine Resolution gegen Kindesmißhandlungen speziell im polnischen Posen war gefordert und mit dem Hinweis, es handle

355 *Lammasch* (1907), Gutachten, in: Schriften des 1. Österreichischen Kinderschutzkongresses, 2. Band, S. 137 ff.

356 Vgl. die Bemerkung in dem anonymen Bericht »Der erste österreichische Kinderschutzkongress«, in: Allg. Ö. GerZ. 58 (1907), S. 147. Die Debatte zu Lydia v. Wolfrings Referat über »Ursachen der Kindermißhandlungen und Abhilfe dagegen« habe sich in eine Polemik »gegen angeblich irreligiöse und verletzende Tendenzen der verdienstvollen Dame« verloren.

sich um die Angelegenheiten eines befreundeten Nachbarstaats, abgelehnt worden. Kraus kommentiert dies so:

Grell war der Blitz, der den geistigen Horizont der Versammlung erhellte. Daß ein Kinderschutzkongress die Erinnerung an das Martyrium von 70 000 Kindern nicht nur nicht ablehnen sollte, sondern daß er keinem dringenderen Antrag Folge geben konnte, versteht sich bloß für die Humanität nicht von selbst. [...] Wenn die Posener Kindermißhandlung in einer Diplomatenkonferenz zur Sprache käme, würde sich der Vorsitzende wahrscheinlich mit einem humanen Sprüchlein aus der Affaire retten. In einer Versammlung, deren Tagesordnung die Humanität ist, wird die Sache mit einer diplomatischen Wendung erledigt. (222/1 f.)[357]

In der Folgezeit wird der Ton, in dem Kindesmißhandlungen und die Unzulänglichkeit der justiziellen Reaktion registriert werden, bitterer. Das Argument der Inkonsistenz im Rechtsgüterschutz des Strafgesetzes rückt in den Vordergrund der Darstellungsform. Die dabei vorgeführten Kontraste denunzieren den strafrechtlichen Umgang mit dem Phänomen Kindesmißhandlung als Ausgrenzungsstrategie, mit der die wehrlosesten Opfer aus dem Schutzbereich einer Rechtsordnung hinausgedrängt wurden, die sich andererseits die Bewahrung der sexuellen Sittlichkeit mittels rigider Strafen über jedes akzeptable Maß hinaus angelegen sein ließ. In der *Fackel* vom April 1907 werden zu beiden Seiten eines vertikalen Mittelstrichs zwei Entscheidungen ineinandergespiegelt, deren eine vier Monate schweren Kerkers für einen ab- oder aufgenötigten Kuß verhängt, während die andere für die grausame Quälerei eines dreijährigen Kindes jenen dubiosen »Verweis« des § 414 ausspricht (223/16 = S1/284). Charakteristisch ist übrigens der Wechsel der Überschrift dieser Glosse zwischen dem Abdruck in der *Fackel* und dem nur wenig späteren in »Sittlichkeit und Kriminalität«: Stand dort noch »Das Gesetz«, so steht hier »Das Gericht«. Angegriffen werden beide: Der »strenge Verweis« für die Kinderquälerei ist dem Gesetz, die strenge Kontrolle des sittlichen Verkehrs vor allem dem Gericht anzulasten. Im »Prozess Veith« vom Oktober 1908[358] heißt es zu dem Zuchthausurteil gegen den Vater, der aus dem »unsittlichen« Lebenswandel seiner Tochter seinen Unterhalt bezogen hatte:

357 Vgl. in demselben *Fackel*-Heft S. 13: das absurde Urteil des »strengen Verweises« für eine Frau, deren Kind an den Mißhandlungen gestorben war (222/13 = S1/333).

358 Dazu oben, S. 381 f.

Hätte der Vater sie gestoßen, gepeitscht, am Familienherd geröstet, er wäre mit der Strafe der Verwarnung davongekommen. Aber weil er ihren Körper Zärtlichkeiten aussetzte, kommt er auf ein Jahr ins Zuchthaus. In diesen Grenzen des Irrsinns lebt unsere Sittlichkeit. (263/27 = S2/32)[359]

Der Krieg verschob diese Grenzen weit ins Innere aller Lebensbereiche. Die Zahl der in der *Fackel* registrierten Fälle schwerer Kindesmißhandlung nimmt zwischen 1914 und 1918 deutlich zu.[360] Das korrespondiert einleuchtend mit kriminologischen Beobachtungen, die Erwein von Höpler 1918 notiert: Eine »der vielen schädlichen Folgen des Krieges« sei die Verstärkung einer destruktiven, den Kindern vielfach gefährlichen Atmosphäre des familiären Lebens in weiten Kreisen der Bevölkerung.[361] Im Juni 1916 zitiert Kraus einen Zeitungsbericht über die fortgesetzte schwere Mißhandlung eines vierjährigen Mädchens und die anschließende »Verweis«-Strafe gegen die Eltern, deren männlicher Teil sich zur Verteidigung auf seine schlimmen Kriegserlebnisse berufen hatte. Ein anderer justizieller Kontrast kommt dem Satiriker hier in den Sinn: die in zwölf Jahren nicht verblaßte Erinnerung an den Fall des Anton Kraft und des Hofrats Feigl.[362] Und selbst die längst verworfene Option der Todesstrafe wird ihm hier zumindest als der hyperbolische Ausdruck eines verzweifelten Affekts wieder verfügbar:

Es ist ja bekannt, daß wir ein Gesetz haben, welches zwischen lebenslänglicher Strafe für einen, der einer Frau eine Handtasche zu entreißen versucht, und dem Verweis für diese selbst, wenn sie ihr Kind mit Erfolg auf dem häuslichen Herd geröstet hat, Verstand und Herz zum Narren hält. [...] Es wäre eine kleine logische Entschädigung im Chaos, wenn sich die Gewalt entschließen könnte, noch vor dem Friedensschluß – der wirklich nicht nur für die Verdiener ein Risiko ist – ein Gesetz zu diktieren, das Vätern, die sich für ausgestandene Strapazen dereinst an den

359 Vgl. auch den in 354/68 ff. (= S4/352 ff.) dokumentierten und kontrastierten Fall, und dazu oben, S. 142 f.

360 Vgl. 426/86 f.; 457/27 f.; 457/90 f.; 462/40; 474/151; 484/56.

361 *v. Höpler*, a.a.O., S. 263 ff., S. 273. Das Problem erschien offenbar so außergewöhnlich und so bedrohlich, daß sich das Justizministerium im Mai 1917 veranlaßt sah, die Staatsanwaltschaft zu einer härteren Gangart bei der Verfolgung von Kindesmißhandlungen anzuweisen; vgl. Erlaß vom 25. 5. 1917, abgedr. bei *Lißbauer/Suchomel* (1933), Österr. Strafprozeßgesetze, S. 849 f.

362 Vgl. oben, S. 267 ff.

Kindern rächen wollten, statt eines Verweises lieber den Galgen androht. Denn es wäre doch zu infam, daß unter einer Menschheit, die es schließlich verdient hat, die Beute ihrer demokratischen Ambition oder das Opfer ihrer törichten Weltpolitik zu sein, die Unschuldigen am schwersten zu büßen hätten. Wehe den Erwachsenen, von deren blutigem Spiel die Unterlaufungen am Rücken der Kinder zeugen! (426/87)

Keineswegs insinuiert Kraus ein schlichtes Kausalverhältnis zwischen dem Krieg und der Zunahme von Kindesmißhandlungen. Vielmehr scheinen ihm beide in der individuellen wie in der globalen Katastrophe eine gemeinsame psychologische Wurzel bloßzulegen: eine umfassend verheerende Disposition der modernen Zivilisationsseele, als deren tödliche Komplizierung der Weltkrieg auch zu deuten wäre. »Was erleben wir?« fragt er im Mai 1917, und auch hier wird der Vorwurf gegen die Indolenz des Strafrechts hörbar:

Die verdient haben, Zeitgenossen des Menschenmords zu sein, weil wir tatlose Zeugen des Tiermords und des Kindermordes waren! [...] Unser verlorenes Paradies war ein Irrgarten der Macht, selbst die Schlange war eine Phrase, und es ist der Fluch aller Kreatur, die kriecht und glänzt, sich unversehens in den Schwanz zu beißen. (457/100)[363]

Auch nach dem Krieg bleibt dies Thema in der *Fackel*.[364] Im Mai 1928 zeichnet Kraus auf den Hintergrund der Vorbereitungen zur Hundertjahrfeier des Todestages von Franz Schubert den »Riesenschatten des gemordeten Kindes, der am Himmel der Schubert-Greislerei für alle Tage menschlichen Gedenkens stehen wird« (778/10). Das nächste *Fackel*-Heft zitiert den strafgerichtlichen Befund dazu: ein polizeiliches Protokoll über das monatelange Zu-Tode-Quälen eines fünfjährigen Mädchens, buchstäblich unter den Augen einer informierten Behörde, die mit dem Eingriff in das elterliche Züchtigungsrecht bis zum Tod des »gezüchtigten« Kindes zögerte (781/125 ff.; weitere Erwähnungen in 778/44 und 800/55).

363 Vgl. auch die analoge Bemerkung in dem großen Monolog des »Nörglers«, als der Karl Kraus selbst den apokalyptischen Lauf seines Weltkriegsdramas begleitet, im V. Akt der »Letzten Tage der Menschheit« (S10/676).

364 Vgl. 608/21; 778/11, 44; 781/125 ff.

Die oben (S. 139) zitierte Bemerkung aus Jacob Burckhardts *Kultur der Renaissance in Italien*: »Eine gründliche, mit psychologischem Geist gearbeitete Geschichte des Prügelns [...] wäre wohl soviel wert als ein paar Bände Depeschen und Unterhandlungen«[365], findet in drei Jahrzehnten der *Fackel* einen beklemmend eindrucksvollen Beleg. Keineswegs nur, aber auch daran erweist sich der meistzitierte Satz aus Walter Benjamins Abhandlung über Kraus als ihr falschester: Der »soziologische Bereich« sei dem Satiriker »nie transparent« geworden.[366] Wie genau ihm dieser Bereich im Falle von Kindesmißhandlungen transparent geworden ist, das läßt sich auch an deren sachlich richtiger Unterscheidung von den Problemen der einfachen Kindestötung ablesen. Mehrfach dokumentiert Kraus in der *Fackel* Fälle, in denen Mütter in Not und Verzweiflung ihre neugeborenen unehelichen Kinder vorsätzlich getötet haben, aus Angst, sie sonst dem grausameren Schicksal eines langsamen Zugrundegehens auszuliefern.[367] Nicht die Tat der Frauen, sondern der Zustand einer Gesellschaftsordnung, die neben der Privatisierung des materiellen Elends vor allem das gnadenlose Verdikt der »sittlichen« Ächtung für uneheliche Mütter bereithält und sich im übrigen hinsichtlich der Folgen solcher Not für unzuständig hält, ist hier der Gegenstand des satirischen Angriffs. Vor allem aber die schablonenhafte Härte der Strafjustiz, die außerhalb eines lebensgefährdenden elterlichen »Züchtigungsrechts« wenig Hemmungen in der Anwendung der Todesstrafe kannte. Im Oktober 1904 zitiert Kraus aus dem Bericht über den Prozeß gegen eine Dienstmagd, die ihr »körperlich verkümmertes, fast idiotisches Kind, das man im Spital nicht behalten wollte, in den Donaukanal geworfen hatte«:

Sie hatte 15 Kronen Monatslohn, sollte 24 Kronen Kostgeld für das Kind zahlen und mußte noch für ein zweites, jüngeres sorgen, dessen Vater nicht erreichbar war, weil er ihr »eine falsche Adresse angegeben hatte«. – Der Vorsitzende sagte: »Sehen Sie, Sie sind etwas leichtfertig!« – Der

365 *Burckhardt* (1955), Kultur der Renaissance in Italien, Ges. Werke, Bd. III, S. 272, Anm. 1.
366 *Benjamin* (1977), Karl Kraus, Ges. Schr. II/1, S. 353.
367 Vgl. 167/1 f. = S1/39 f.; vgl. v. a. »Die Mütter«, in: 294/1 ff. = S2/275 ff. – Eingehend zum Kindesmord nach österreichischem Strafrecht *Amschl*, Verbrechen des Kindesmordes, in: ArchKrimAnthr 30 (1908), S. 71 ff.

Vater des getöteten Kindes, der der Wöchnerin einen Stall als den »ihrer würdigsten Niederkunftsort« angewiesen hatte, war vom Zivilgericht für eine Summe von 440 Kronen von seinen Vaterpflichten befreit worden. – Die sich der Mutterpflichten entledigt hatte, wurde vom Strafgericht zum Tode durch den Strang verurteilt. (S1/40 = 167/1)

Einen strafrechtlichen Schutz des gesetzlichen Unterhalts, wie er als § 361 Nr. 5 und 10 1894 ins deutsche RStGB eingefügt worden war, kannte das österreichische StG nicht. Der Entwurf 1912 enthielt erstmals einen Tatbestand der Unterhaltspflichtverletzung (§ 256).[368] 1917 wurde er in die Vorlage eines »Gesetzes über das Jugendstrafrecht« übernommen.[369] Erst im Februar 1925 trat er mit dem »Bundesgesetz über den Schutz des gesetzlichen Unterhaltsanspruchs« in Kraft.[370] Bestürzend ist die Tatsache, daß der in der *Fackel* zitierte Fall der Wiener Dienstmagd einen sachlich nahezu identischen, aber mehr als hundert Jahre älteren Vorläufer hat, der strafrechtlich und kriminologisch richtiger und humaner, kurz: aufgeklärter beurteilt worden ist, als es im Oktober 1904 das Wiener Schwurgericht zuwege brachte. In einem Gutachten der »Criminal-Deputation des Cammergerichts« in Berlin wurde die Not der Catherine Dorothee Gerlach, die ihr Kind 1795 ins Wasser geworfen hatte, auch strafrechtlich angemessen berücksichtigt, die Strafe einer zweijährigen Festungsarbeit gefordert und schließlich auch verhängt.[371]

368 Vgl. dazu Erläuternde Bemerkungen (1912), S. 237.

369 Vgl. *v. Höpler*, a.a.O., S. 275.

370 S. *Altmann/Jacob* II, S. 1575 f.

371 Vgl. »Gelinde Strafe der Catherine Dorothee Gerlach, welche bekannte, ihr Kind ins Wasser geworfen zu haben«, in: Annalen der Gesetzgebung und Rechtsgelehrsamkeit in den Preußischen Staaten, hg. v. *E. F. Klein*, 16. Band (1798), S. 93 ff., S. 105. Zum geradezu epidemisch verbreiteten Kindesmord im 18. Jahrhundert s. im übrigen *Radbruch/Gwinner* (1990), Geschichte des Verbrechens, S. 302 ff.

III. Liberaler Strafprozeß

1. Kritik des Vorverfahrens[372]

Ende März 1903 druckt Kraus die Zuschrift eines ungenannten Juristen ab, die den Richtermangel in der Strafjustiz mit dem »Richterüberfluß« am Handelsgericht kontrastiert und unter anderem die folgenden Zustände beschreibt:

Untersuchungsrichter im Wiener Landesgericht haben wiederholt um Sperrung ihrer Referate gebeten: zu Dutzenden seien verwickelte Fälle unerledigt, Wochen- und Monate lang säßen Leute in Untersuchung, ehe es zur Verhandlung kommt, bei der sie mit einigen Tagen Arrests bestraft werden [...]. Mit der Entschuldigung, daß kein Geld vorhanden sei, um die Strafrichterstellen zu verdreifachen, hilft man sich darüber hinweg, daß beim Wiener Landesgericht ein Mann, der im Verdacht steht, eine silberne Taschenuhr (Werth 12 Kronen) gestohlen zu haben, vier Monate und länger in Untersuchungshaft sitzt. Und wenn ein Untersuchungsrichter jammernd eingesteht, daß er Proletarier aus keinem anderen Grunde in Untersuchungshaft hält als dem, daß die Vorführung des Häftlings in jeder freien Viertelstunde des Richters möglich ist, während die Citierung des in Freiheit befindlichen Beschuldigten wegen des häufigen Wohnungswechsels der Proletarier Mühe und Zeit kostet, – so wird niemand es dem gewiss nicht unmenschlichen, aber unmenschlich überbürdeten Strafrichter verargen, daß er sich seine Arbeit vereinfacht [...]. (134/1 f.)

Rund 17 Jahre früher war Julius Glaser gestorben. Die Zuschrift, an deren sachlicher Richtigkeit zu zweifeln kein Anlaß besteht[373], wirft ein Streiflicht auf die, gemessen an Glasers Fähigkeiten und Absichten, beinahe tragische Metamorphose seines legislatorischen Lebenswerks.[374] Sechs Wochen nach jener Zuschrift kommentiert Kraus deren Tendenz als ein berechtigtes Verdikt über

372 Vgl. dazu allgemein oben, S. 97 ff.
373 Vgl. zu dieser Arbeitsüberlastung der damaligen Wiener Strafrichter, die ihren sachlichen Grund vor allem in der Tatbestandshypertrophie des österreichischen StG und in der damit verbundenen Überschwemmung der Strafgerichte mit Bagatelldelikten und Ordnungswidrigkeiten hatte, eingehend *Dolenc* (1910), Verfassung der österreichischen Strafgerichte, in: *Mittermaier/Liepmann* (Hg.), Schwurgerichte und Schöffengerichte, Bd. 2, S. 467 ff., 494 ff.
374 Dazu oben, S. 108 f.

die Cultur eines Staates [...], in welchem so reichlich – vielleicht überreichlich – für die Rechtssicherheit des Wirtschaftslebens gesorgt ist, während Leben, Freiheit, Ehre, Gesundheit und Glück von Tausenden, die unserem verrotteten Strafverfahren zum Opfer fallen, nichts gelten. (137/8)[375]

Beinahe wie ein Echo hierauf mutet an, was der Richter und Reichsratsabgeordnete Isopescul-Grecul viereinhalb Jahre später im österreichischen Parlament sagte:

Die Strafrichter tragen zwar ihre kolossale Arbeitsbürde mit Resignation, werden aber vollständig aufgerieben. Die Justizverwaltung möge bedenken, daß es bei der Urteilsfällung in Sachen, wo es sich um das Leben, die Freiheit und die Ehre Tausender von Bürgern handelt, nicht gleichgültig sein kann, unter welchen Umständen die Richter arbeiten [...].[376]

Bereits im Dezember 1899 befaßt sich die *Fackel* erstmals mit groben Mängeln in der Anwendungspraxis der ÖStPO (27/19 ff.). Der ungezeichnete Artikel ist nach Stil und Konzeption nicht von Kraus selbst. Er macht exemplarisch den Modus deutlich, in dem mehr oder weniger illegal semantische Spielräume der gesetzlichen Regelungen ausgenützt oder geschaffen wurden, um deren Intentionen zu unterlaufen. Daß oft »ein Diurnist, also ein Mensch, der auf die erfolgreiche Absolvierung einer Volksschule zurückblickt, in Abwesenheit des Untersuchungsrichters den Zeugen oder Beschuldigten« vernahm (27/20), sollte man allerdings, wie der Verfasser schreibt, »kaum für möglich halten«. Annehmen darf man aber, daß die Behauptung nicht unberichtigt geblieben wäre, hätte sie offiziell glaubhaft berichtigt werden können. Auch die österreichische Verhaftungspraxis wird gerügt, vor allem die verbreitete Übung, die Untersuchungshaft allein zum Zweck der Abnötigung eines Geständnisses zu verlängern (27/21). Schon zwei Wochen nach dieser Beschwerde setzt der Satiriker selbst nach. Die »Untersuchung«, das heißt die »Vorerhebungen« (§§ 84 ff. ÖStPO) und die richterliche »Voruntersuchung« (§§ 91 ff.), sei dem österreichischen Staatsbürger »so nahe gerückt, dass man sich wundern kann, wie wenig man von ihren schreienden Uebelständen vernimmt« (29/5):

375 Schon in dem Heft, in dem die anonyme juristische Zuschrift steht, spricht Kraus von der »oft beklagten Schmach der langen Untersuchungshaft« (134/27).

376 Rede im Abgeordnetenhaus, 20. 12. 1907, zit. bei *Dolenc*, S. 498.

Und die Verhaftung selbst? Bekanntlich gibt es im Gesetz genau normierte Haftgründe. Ob sie vorhanden sind, ob nicht, das prüft in Wien – die Polizei. Am häufigsten wird Fluchtverdacht genannt. Selbstverständlich ist irgendein rumänischer Banquier jederzeit weniger fluchtverdächtig als ein armer, in Wien geborener und zuständiger, eventuell auch lahmer und blinder Greis. Die Haftgründe (Flucht, Collusions-, Repetitionsgefahr) werden wahllos genannt, wenn der Thäter in Haft kommen soll. (29/7)

Kraus meint hier nicht die Untersuchungshaft im technischen Sinn der ÖStPO, sondern die in den §§ 175 ff. geregelte »vorläufige Verwahrung«. Insofern ist seine Behauptung, in Wien prüfe die Polizei die gesetzlichen U-Haftgründe, zumindest ungenau. Die vorläufige Verwahrung ist zwar funktional der »vorläufigen Festnahme« im Sinne der §§ 127 ff. der deutschen StPO verwandt, geht aber in den Möglichkeiten ihrer Anordnung und in ihrer Reichweite deutlich darüber hinaus. Sie kann (was Kraus zu beanstanden scheint, was aber nach § 127 Abs. 2 der (R)StPO für die vorläufige Festnahme des deutschen Rechts ebenfalls möglich ist) auch von der Polizei vorgenommen werden; der »Verwahrte« ist dann »ungesäumt« zu vernehmen, und, falls er festgehalten wird, binnen 48 Stunden »an den Untersuchungsrichter abzuliefern« (§ 177 ÖStPO 1873; heutige Formulierung geändert). Allerdings kann, falls die erste Vernehmung von einem zuständigen Bezirksrichter vorgenommen wurde, dieser (nicht die Polizei!) den Beschuldigten[377] acht Tage lang in Verwahrung halten, bevor er ihn der Staatsanwaltschaft überstellt, die ihrerseits drei Tage Zeit für den Antrag auf Verhängung der ordentlichen U-Haft durch den Untersuchungsrichter hat (§ 89 Abs. 3 ÖStPO). Die vorläufige Verwahrung ohne Erlaß eines Haftbefehls kann also auf rund zwei Wochen ausgedehnt werden.[378] Da außerdem die wichtigsten Haftgründe (§ 180) bereits als Voraussetzungen der vorläufigen Verwahrung normiert sind[379], wird die Grenze zwi-

377 Die Bezeichnung entspricht in diesem Stadium des Verfahrens der des deutschen »Angeschuldigten«.

378 Darüber hinaus läßt § 178 Abs. 1 ÖStPO bei fortbestehendem Tatverdacht auch den bezirksgerichtlichen Beschluß zu, »daß der Beschuldigte bis auf weitere Weisung des Untersuchungsrichters in Verwahrung zu bleiben habe«.

379 Wozu auch der in Deutschland damals noch unbekannte (und heute sehr umstrittene) Grund der »Repetitions-«, darüber hinaus aber

schen dieser und der ordentlichen U-Haft fließend. Mittermaier hat sie in seiner rechtsvergleichenden Studie zum österreichischen Strafverfahren 1933 für »praktisch völlig belanglos« erklärt.[380] Die vorläufige Verwahrung war zumindest zu Kraus' Zeiten die typische und quasi automatisch überleitende Vorstufe zur U-Haft; da sie an weniger strikte Voraussetzungen als diese gebunden war und meist reflexhaft von den Sicherheitsbehörden angeordnet wurde, ist die Kritik des Satirikers an der entsprechenden Praxis plausibel. Die weitergehende Suggestion, die Polizei sei geradezu die für eine U-Haft-Verhängung zuständige Instanz, ist dennoch unrichtig.

Im April 1901 nennt Kraus das Untersuchungsverfahren den »misslungensten Theil des veralteten Glaser'schen Strafprocesses« (75/1). Er kritisiert eine Schrift des bekannten Wiener Strafverteidigers Elbogen, in der »die Verwahrungshaft« als Ursache dafür bezeichnet wird, daß »der Untersuchungsrichter so oft nach der Seite des Staatsanwalts gravitiert« und keine Neigung zeige, die Untersuchung gegen einen Verhafteten einzustellen, weil dies das Bekenntnis involviere, mit der Verhaftung »einen Missgriff begangen zu haben«. Das ist tatsächlich eine etwas platte Psychologie. Kraus hält dem Advokaten die Justizstatistik entgegen, wonach es in mehr als 48 Prozent der Fälle, in denen verhaftet wurde, zu keiner Anklage gekommen ist, und schließt an diesen auf ganz andere Art skandalösen Sachverhalt eine plausiblere Kritik als die des Strafverteidigers an: Das Glasersche Untersuchungsverfahren selbst sei »so schlecht, daß es zu leichtfertigen Verhaftungen« zwinge; zu einem Glauben an den Idealismus der Untersuchungsrichter, die ihre Mißgriffe anschließend durch Enthaftungen eingeständen, bestehe allerdings kein Anlaß; viel eher sei anzunehmen, daß sie sich damit einfach das Übermaß ihrer Arbeit vom Hals schafften, daß dies aber nach einem Prinzip des Zufalls geschehe und daher in den erwähnten 48 Prozent der Fälle »nicht viel weniger leichtfertige Enthaftungen als unbegründete Verhaftungen sein mögen« (75/3 f.).

Daß die Verknüpfung solcher Befunde mit dem Motivkreis des Sittlichkeitsstrafrechts in den Augen des Satirikers ein besonderes Stigma für die Strafjustiz abwerfen mußte, liegt auf der Hand.

sogar der »Erstbegehungsgefahr« – und zwar bezüglich sämtlicher Verbrechen und Vergehen – gehört (§ 175 Nr. 4 ÖStPO).

380 *Mittermaier* (1933), Österreichisches Strafverfahren, S. 27.

Im Sommer 1904 erschoß sich im steirischen Mürzzuschlag der Bezirkshauptmann Franz von Hervay. Seine Ehefrau war wegen ihres vor- und außerehelichen »Lebenswandels« ins Gerede und in die Klatschspalten der Lokalzeitung gekommen. Aus dem Labyrinth der öffentlichen Bosheit und der anschließenden amtlichen Suspendierung von seinem Dienst fand der Bezirkshauptmann keinen anderen Ausweg als den in den Tod. Die Ehefrau wurde verhaftet; unklar war zunächst, warum. Nach fünfmonatiger Untersuchungshaft, in deren Verlauf sich im Nebel des Vorlebens der Frau von Hervay immerhin die Umrisse des Verbrechens der Bigamie (§ 207 StG) erkennen ließen, wurde sie im November 1904 vom k. k. Kreisgericht Leoben deswegen zu einer fünfmonatigen Gefängnisstrafe verurteilt. Das Urteil ist mit einiger Sicherheit und nach dem Votum eines juristischen Kritikers in der *Gerichtshalle* vom 6. November 1904 sachlich falsch: Die Trauung war von dem Gemeindepfarrer ausdrücklich »sub conditione« des (dann auch beigebrachten) Scheidungsurteils für Frau von Hervays erste Ehe vorgenommen worden. Damit waren schon die Förmlichkeiten einer gültigen (natürlich bedingungsfeindlichen) Eheschließung und deswegen auch der Bigamietatbestand nicht erfüllt.[381] Der Verfasser des Aufsatzes weist beiläufig darauf hin, daß in der Verhandlung »zur Illustration der persönlichen Qualität der Frau v. Hervay [...] des Guten genug«, nämlich zuviel, geschehen sei. Daß es hierbei vor allem um das Sexualleben der Angeklagten ging, ist in der *Fackel* nachzulesen (168/1 ff. = S1/105 ff.).[382] Aber auch das folgende zu einem typischen Beispiel der Handhabung des österreichischen Haftrechts:

Und österreichische Behörden, die sonst im Schweiße ihres Angesichts den Täter suchen, fahndeten diesmal steckbrieflich nach der Tat. Mindestens war Leontine von Hervay schuldig, sich durch fünf Monate der Herstellung eines Tatbestandes hartnäckig widersetzt zu haben. Je ge-

381 Vgl. Dr. V. H. S., Der Fall Hervay, in: Gerichtshalle 49 (1904), S. 61 f.; ähnlich der von Kraus oft angegriffene *Max Burckhardt*, Die Strafsache Hervay, in: Die Zeit v. 23. 2. 1905, wieder abgedr. in *ders.* (1908), Quer durch das Leben, S. 200 ff. Zur Voraussetzung einer äußerlich korrekten Trauungszeremonie für den objektiven Bigamietatbestand s. *Altmann/ Jacob* II, S. 622.

382 Zu der »imaginierenden Form« dieser Satire, das heißt ihrem hohen Gehalt an symbolischer Bildhaftigkeit, s. *Timms* (1986), Apocalyptic Satirist, S. 64 ff.

ringer die Aussicht auf die juristische Fundierung einer Anklage wurde, desto länger mußte ihre Untersuchungshaft dauern, die erst geendet ward, als der erlösende Einfall »Bigamie« sich der Sterzschicht unter der Schädeldecke eines steirischen Staatsanwalts entrang. [...] Pfui über eine Regierung, die in diese richterliche Unabhängigkeit von Vernunft und Erbarmen nicht eingreift, die die Ungeheuerlichkeit einer Verhaftung wegen des Verdachtes, verdächtig zu sein, geschehen läßt, der verlegenen Konstruktion von Tatbeständen, der Aufpirschung eines alten Meldzettels, dem Ballspiel zwischen Kerkerzelle und Beobachtungszimmer – die Frau sollte, wenn nicht schuldig, »wenigstens« verrückt sein – und zwischen Spital und Kerker ruhig zusieht [...]. (S1/107, 109 f. =168/3, 6)

Ganz offenkundig war hier der schon 1867 in der »Dezemberverfassung« beseitigte, aber informell und rechtswidrig bis in die jüngere Vergangenheit angewendete Haftgrund des »großen öffentlichen Ärgernisses«[383] herangezogen worden. Daß Beschwerden wie die des Satirikers ihren Grund in typischen Erscheinungen der strafprozessualen Praxis hatten, war auch der Regierung bekannt. Am Ende des Aufsatzes über den Leobener »Hexenprozeß« zitiert Kraus aus einem Erlaß, der – wie die Spucknäpfe in Amtsgebäuden – seine Existenz einer humanen Anwandlung der Regierung verdanke:

»Stets ist streng darauf zu achten, daß Untersuchungshaft überhaupt nur dann zu verhängen ist, wenn die gesetzlichen Voraussetzungen zweifellos vorliegen. [...] Keinesfalls ist es zulässig, sich bei Beantwortung der Frage, ob Haft zu verhängen sei oder nicht, durch äußere Erscheinungen, etwa durch das mit der Tat verbundene Aufsehen bestimmen zu lassen.« (S1/121 f. = 168/20)

Der Passus stammt (nicht ganz exakt zitiert) aus einer Verordnung des Justizministeriums vom 12. 12. 1900 »betreffend den Gang des Strafvorverfahrens« und die Anwendung der Haftvorschriften«, an deren Anfang die verbreitete gesetzwidrige Praxis in der Verhängung und der Dauer von vorläufiger Verwahrung und Untersuchungshaft festgestellt und gerügt wird.[384]

383 Dazu oben, S. 105 f.

384 Abgedr. als Anhang VIII in der Manzschen Sammlung der StPO samt ergänzenden Verordnungen, 10. Auflage (1901), S. XXII ff.; die von Kraus zitierten Stellen S. XXIV und XXV. Der unmittelbar davor (ebenfalls nicht ganz exakt) zitierte Passus stammt aus einem zwei Jahre später ergangenen Erlaß (vom 7. 12. 1902), abgedr. bei *Lißbauer/Suchomel* (wie Anm. 361), S. 827 f. – Vgl. zur Kritik

Als Stereotyp der praktischen Gesetzesumgehung im Vorverfahren wird auch die Automatik der U-Haft-Verhängung im Anschluß an die vorläufige Verwahrung und unter Übernahme der dafür von der Polizei angegebenen Gründe moniert. Daß Kraus diese Verordnung zur Kenntnis nahm und zitierte, ist einleuchtend: Sie bestätigt die in der *Fackel* erhobenen Vorwürfe deutlich. Daß sie ihnen wirksam abgeholfen hätte, ist weder erkennbar noch wahrscheinlich.

Auch andere neuralgische Punkte des österreichischen Strafverfahrens streift der Satiriker gelegentlich. Nach jener Zeitungsaffäre der schäbigen Indiskretionen gegenüber der sterbenden Annie Kalmar[385] vermißt er buchstäblich schmerzlich die Möglichkeit einer Popularklage oder eines Klageerzwingungsverfahrens für jedermann (84/23 und 107/18). Von seiner Forderung, den Zeugniszwang gegenüber Redakteuren in Presseprozessen gesetzlich zu regeln, war bereits die Rede (siehe v. a. 130/3 und 726/14). Beanstandet werden gelegentlich auch bestimmte Formen prozeßordnungswidriger Verhandlungsführung (144/23[386]; 372/43 f.; 374/54 ff.; 640/35; 751/5 f.). Wichtigstes Angriffsziel der *Fackel* ist aber, und aus guten Gründen, das Vorverfahren. Dabei gehört nicht nur das unverlierbare Recht des österreichischen Staatsbürgers, »zu jeder Stunde und bei jedem Anlaß ›eingespirrt‹ zu werden« (194/21 = S1/318), sondern auch der strikt inquisitorische Charakter des Vorverfahrens zu den Agenden der satirischen Beschwerde. »[Wir] bekämpfen«, heißt es im Oktober 1902, »ein Strafprocessgesetz, das alle Stadien des Verfahrens bis zum Zeitpunkt der Verhandlung sogar dem vollen Einblick der betheiligten Rechtsanwälte entzieht« (118/17).[387] Das hatte von Bar schon 1874 in seiner ansonsten lobenden Besprechung des Glaserschen Gesetzeswerkes gerügt.[388] Knapp ein halbes Jahrhundert später hat Mittermaier die Kritik erneu-

überlanger U-Haft-Dauer bei Kraus noch S1/149 (in 177/3 ff. noch nicht enthalten).

385 S. oben, S. 193, Anm. 108.

386 Vgl. zu dem dort scharf kritisierten OGH-Urteil (»Fall Bartmann«) die Nr. 3 zu § 76 der Manzschen Gesetzesausgabe des StG (21. Aufl. 1908).

387 Dazu oben, S. 104 f.

388 *v. Bar*, Prinzipien der österreichischen Strafprozeßordnung, in: Grünhut's Z. 1 (1874), S. 303 ff., S. 311.

ert.[389] Daß sie noch heute berechtigt und notwendig ist, kann man in den Analysen von Reinhard Moos nachlesen.[390]

Nicht zum Problembereich »Vorverfahren« gehörig, aber aufschlußreich ist der folgende Fall. Im Januar 1924 nimmt Kraus das Erscheinen der »Einführung in das österreichische Strafrecht« von Ehrenreich und Altmann zum Anlaß für eine Reminiszenz:

Herr Dr. Altmann, ein Jurist von hoher Autorität, dessen Scharfsinn ich auch in etlichen mir günstigen Entscheidungen zu erkennen Gelegenheit hatte, ist identisch mit jenem Richter, der im letzten Sommer seinen Namen bedenkenlos unter ein der Geschichte der Justizbarbarei vorbehaltenes Schriftstück der »Ratskammer«[391] gesetzt hat, die bekanntlich keine camera caritatis ist. (640/34)

Der zugrundeliegende Sachverhalt war dieser: Ein wegen »Amts- und Privatehrenbeleidigung« zu drei Wochen Arrest verurteilter Invalide hatte das bezirksgerichtliche Urteil mit einem Rechtsmittel angefochten. Die Hauptverhandlung war in Abwesenheit des schuldlos verhinderten Angeklagten durchgeführt worden, eine Möglichkeit, die in der ÖStPO für das (summarisch vereinfachte und in einzelnen Aspekten dem deutschen Strafbefehlsverfahren vergleichbare) Verfahren vor den Bezirksgerichten vorgesehen ist (§§ 454 S. 2, 459 S. 2). Der Verurteilte hatte sein Rechtsmittel zwar fristgerecht eingebracht, es aber unrichtig als »Rekurs« statt als Berufung bezeichnet. Obwohl ihm hier wegen seiner unverschuldeten Abwesenheit in der Hauptverhandlung zunächst der Einspruch zum erkennenden Bezirksgericht selbst zugestanden hätte (§ 479 Abs. 1), hatte er offenbar sofort das statthafte Rechtsmittel zum Gerichtshof erster Instanz gewählt. Genauer: wählen wollen; denn er wurde dort mit der Begrün-

389 *Mittermaier* (1933), Österreichisches Strafverfahren, S. 25 ff.
390 Vgl. v. a. *Moos* (1981), Zur Reform des Strafprozeßrechts, S. 21 ff.
391 Diese Bezeichnung beruht hier offenbar auf einem Irrtum des Satirikers: Die »Ratskammer« bei den Gerichtshöfen erster Instanz war und ist nach § 12 ÖStPO ein richterliches Aufsichtsorgan für die Vorerhebungen und die Voruntersuchung, mit einer Reihe zusätzlicher Funktionen im Haftprüfungs- und im Zwischenverfahren. Für Rechtsmittelentscheidungen (und um eine solche geht es Kraus hier) ist sie nicht zuständig. Vielmehr sind diese für bezirksgerichtliche Ersturteile von § 13 Abs. 1 Ziff. 1 StPO 1873 (heute § 13 Abs. 3) den Senaten der Gerichtshöfe erster Instanz zugewiesen.

dung abgewiesen, er habe »nicht die Berufung angemeldet, sondern einen Rekurs eingebracht«. Dieser sei nicht statthaft, die Berufungsfrist vorbei und der Strafantritt somit fällig. Die daraufhin von einem Verteidiger eingelegte und auf die Rechtsunkenntnis des Verurteilten gestützte Beschwerde wurde von einem Senat des Landesgerichts Wien I unter Altmanns Vorsitz mit einer mehr als lakonischen Begründung verworfen: Es sei kein Rechtsmittel gegen das Urteil eingelegt worden und dieses daher rechtskräftig. Der Satiriker kommentiert die Entscheidung so:

> Man hat bis heute weder davon gehört, daß gegenüber diesem eiskalten Triumph der juridischen Wortbeschlagenheit über das Leben der Generalstaatsanwalt die Nichtigkeitsbeschwerde erhoben[392], noch daß der Präsident der Republik mit einem Straferlaß eingegriffen hätte, und vielleicht war inzwischen der verkrüppelte Werkelmann eingesperrt, weil er nicht gewußt hat, daß man statt »Berufung« nicht »Rekurs« sagen darf. Was, wenn es noch eine Strafe auf den Gebrauch eines Fremdworts in der Ära eines hakenkreuzlerischen Justizministers wäre, weit mehr lebendigen Sinn hätte als die terminologische Tücke einer blindwütigen Jurisprudenz, die den Armen schuldig werden läßt, weil er nicht zwischen »Rekurs«, »Berufung«, »Beschwerde«, »Einspruch«, »Widerspruch«, »Einwendung« und »Revision« unterscheiden kann, lauter Fachbezeichnungen, die zumeist einer und derselben menschlichen Notwehr gelten gegen die Attacken, die die Lebensfremdheit des Richters mit Hilfe der aus dem Lebenshaß geschaffenen Gesetze gegen das Menschentum verübt. (640/35 f.)

Sachlich ist die Kritik doppelt berechtigt. Zum einen fehlte (und fehlt) in der ÖStPO eine dem § 342 der deutschen RStPO (heute § 300 StPO) entsprechende Norm, wonach die falsche Bezeichnung eines zulässigen Rechtsmittels unschädlich ist. In liberalen Prozeßordnungen fixiert eine solche Vorschrift nichts anderes als einen selbstverständlichen allgemeinen Rechtsgedanken. Auch in Österreich war zu der Zeit, als Kraus den zitierten Angriff schrieb, jener gesetzliche Mangel (jedenfalls teilweise) längst von der Rechtsprechung des OGH kompensiert worden. Danach war nicht die Bezeichnung, sondern der erkennbare Sinn einer Rechtsmitteleinlegung maßgebend.[393] Mayer hatte schon

392 Gemeint ist die gegen Berufungsurteile der Gerichtshöfe erster Instanz nach § 479 ÖStPO *allein* zulässige »Nichtigkeitsbeschwerde zur Wahrung des Gesetzes«.

393 Vgl. KH 3581 (6. 4. 1909), wonach es, unbeschadet irriger Bezeichnungen, für die Berufungseinlegung genüge, wenn der Wille, das

1884 in seinem Handbuch geschrieben, die »bei Anmeldung des Rechtsmittels zu wählende Ausdrucksweise [sei] an sich nicht sacramental, sobald die Absicht klar zu erkennen« sei.[394] Dennoch ließ die (durchaus erstaunliche) gesetzliche Lücke den Instanzgerichten Spielraum für abwegige und tatsächlich einigermaßen tückische Entscheidungen wie eben die von Kraus dokumentierte. Sie kamen daher bis in die Gegenwart gelegentlich vor.[395] Mit der Rechtsprechung des OGH waren sie so wenig zu vereinbaren wie mit dem Geist der Glaserschen StPO. Die Kritik des Satirikers am Ausbleiben der Nichtigkeitsbeschwerde zur Wahrung des Gesetzes war daher – und zum anderen – gut begründet.

Die skizzierte Perspektive der Strafprozeßkritik des Satirikers ist die eines konsequenten politischen Liberalismus. Das dürfte an dieser Stelle nicht mehr weiter beweisbedürftig sein.[396] Anders scheint es sich mit seiner Ablehnung der Geschworenenjustiz zu verhalten. Soweit die Sekundärliteratur zu Kraus dieses Thema streift, wird die Auffassung des Satirikers regelmäßig unter der Kennmarke des »Anti-Liberalismus« rubriziert[397] oder gar, wie etwa von Pfabigan, »ihrer gedanklichen Substanz nach« der reaktionären Ideologie des »Feudalismus im 18. Jahrhundert« zugeschlagen.[398] So funktioniert die Registratur parteipolitischer Schablonen. Pfabigans Behauptung ist gänzlich abwegig.

Rechtsmittel zu ergreifen, »in klarer Weise zum Ausdruck gelangt«. Entschiedener noch aus jüngerer Zeit insbesondere SSt XXXI, Nr. 105 (14. 11. 1960).

394 *Mayer* (1884), Hdb. des österr. Strafproceßrechts III/2, S. 596, Ziff. 63.

395 Vgl. das zitierte Urteil SSt XXXI, Nr. 105, und die dortigen Nachweise.

396 Auch, aber keineswegs nur deswegen ist die Behauptung Pfabigans, das politische Programm der Fackel sei in den Jahren vor dem Weltkrieg »freiheitsfeindlich« gewesen, falsch; vgl. *Pfabigan* (1976), K. K. und der Sozialismus, S. 153.

397 Etwa *Scheichl* (1971), K. K. und die Politik, S. 341 ff. (allerdings ohne Kraus deswegen zu kritisieren und mit angemessenem Verständnis für seine Motive); *Halliday* (1986), K. K., Franz Pfemfert and the First World War, S. 75.

398 *Pfabigan*, a.a.O., S. 155.

Die Schwurgerichte waren seit der Durchsetzung des reformierten Strafprozesses ein zunehmend dysfunktionales Relikt aus der liberalen Kampfzeit, hoffnungslos infiziert von ihrem prinzipiellen Widerspruch zur Ratio und Fundamentalnorm des liberalen Strafverfahrens: dem Gebot der freiheitsschützenden »Formen«.[399] Eine »*liberale* Wahngeburt« (378/2), als die sie der Satiriker auffaßte, waren sie nur in den Grenzen jenes Horizonts, den die Schlagwörter der Parteipolitik abstecken und besetzt halten. In Wahrheit erwiesen sich die Schwurgerichte wegen ihrer Unberechenbarkeit und Irrationalität längst vor der Jahrhundertwende als ein genuin *antiliberaler* Fremdkörper im Reliquienarsenal der liberalen Parteien: ein verjährtes Dogma oder, wie Schwinge schreibt, nur noch ein »Glaubensartikel«.[400] Mehr und Besseres waren sie nicht. In Karl Heinrich Görres' 1903 erschienener Studie über die psychologischen Grundlagen der Jury-Wahrsprüche, einer der ersten ernsthaften empirischen Untersuchungen dieser Frage, heißt es am Ende (und zwar gerade aus der Sicht eines skeptischen Liberalen):

Inmitten dieses kritischen Zeitalters steht die Spruchpraxis der Geschworenenbank wie ein erratischer Block. Kraft dieses Instituts werden jährlich hunderte von Wahrsprüchen gefällt, welche, entstanden in geheimer Beratung, als einzigen Grund ihrer Wirksamkeit die Parole anzugeben imstande sind, mit der sich die Ordonnanzen der französischen Könige in den Jahrhunderten des Absolutismus schmückten: »car tel est notre plaisir«. Kein noch so mächtiger Monarch, dessen Wort heute nicht bekrittelt, kein Philosoph, dessen System nicht zerpflückt, keine Entscheidung eines höchsten Gerichtshofes, welche nicht mit dem Aufgebot allen Scharfsinns bekämpft würde, – nur die Sprüche der Geschworenen werden mit der Resignation entgegengenommen, welche der Dunkelheit und Weisheit des Orakels ziemt. Kein Urteil, keine Gerichtsentscheidung von noch so minimaler Tragweite, gegen die nicht in irgendeiner Form der Rekurs an eine höhere Instanz statthaft wäre. Nur der Wahrspruch ist in seinem sachlichen Kern nahezu irreversibel, inappellabel – irreparabel.[401]

Alles das hat der Satiriker genau und richtig gesehen. Sachlich kann von »Antiliberalismus« in seiner Kritik der Geschworenenjustiz keine Rede sein. Daß er selbst diese *falsa demonstratio* aufnimmt, ist belanglos. Wie in verschiedenen anderen Hinsich-

399 Dazu eingehend oben, S. 66 ff.
400 *Schwinge* (1926), Kampf um die Schwurgerichte, S. 43.
401 *Görres* (1903), Wahrspruch der Geschworenen, S. 72 f.

ten vertritt er auch hier einen besseren, nämlich aufgeklärteren Liberalismus als dessen nominelle Agenturen in der Parteipolitik.

2. *Kritik der Geschworenenjustiz*[402]

Im Juli 1913 steht das folgende in der *Fackel*:

Selbst in Österreich, wo doch wirklich alles wurscht ist, mußte man merken, daß es mit einer Einrichtung nicht so weitergeht: mit den Geschwornen. Mag man sich damit abfinden, daß alles, was in diesem Staate geschieht, letzten Endes auf Verwirrung, Teuerung, Anstände, Um- und Aufstände, Ramasuri, Pallawatsch und Pahöl abzielt, in diesem einen Punkte mußte auch der Blinde erkennen, daß man, um nicht vorwärtszukommen, keinen Umweg zu machen braucht. Wenn die Justiz sich selbst ernstnimmt – wir tuns ja nicht –, so hat sie sich unbegreiflich lange von einer fixen Idee des Liberalismus die Teilung der Gewalt mit jenen aufoktroyieren lassen, in denen die Richter mit Recht ihre Viktualienhändler und Fleischhacker erkennen müßten. Die Zumutung, daß diesen die Kunden in ihren Betrieb hineinpfuschten, möchte von ihnen mit Entrüstung zurückgewiesen werden. Das Essen ist schließlich auch eine Angelegenheit, die »alle angeht«, aber daß die Esser in die Restaurantküchen eindringen und den Köchen zeigen, wie's gemacht werden muß, weil sie »ein gesundes Empfinden« dafür haben, diese Sitte ist selbst in Wien unbekannt; [...]. Weil das Essen jeden angeht, sollte das Kochen kein Fach mehr sein? Ja was soll denn eine Justiz, die nichts dagegen hat, sich im Bedarfsfall vom Laienurteil regulieren zu lassen? Die zugibt, daß sie den gesunden Menschenverstand als Ergänzung braucht? Oder die, anstatt für die Änderung eines schlechten Gesetzes zu sorgen, es jeweils von Unberufenen aufheben läßt? (S4/268 = 378/1 f.)[403]

402 Ich verwende im folgenden »Schwurgerichte« und »Geschworenengerichte«, entsprechend dem in Deutschland geläufigen Sprachgebrauch, synonym. In Österreich wird vor allem seit dem 19. Juni 1934, als die autoritäre Dollfuß-Regierung die Geschworenengerichte abschaffte und an deren Stelle unter dem Namen »Schwurgerichte« große Schöffengerichte setzte, die terminologische Unterscheidung strikter beachtet als in Deutschland. Seit dem 1. Januar 1951 hat Österreich wieder Geschworenengerichte. Vgl. zum Ganzen *Rittler* (1956), Das neue österreichische Geschworenengericht, in: Fschr. Pfenninger, S. 99 ff.

403 Vgl. dazu den drei Monate später erschienenen Aufsatz »Zeugenschaft gegen die Geschworenen« (384/17 ff.), wo Kraus seine Auf-

Damit ist der erste und nächstliegende Einwand fixiert: der Hinweis auf die sachliche Inkompetenz der Geschworenen in einer Sphäre, in der ihnen schwierige Entscheidungen über Eigentum, Freiheit und Leben anderer zugeschoben werden. Wer die Ausführungen des Satirikers für wenig mehr als ein geistreiches Spiel mit Antithesen hält, vergleiche sie mit den folgenden Bemerkungen Bindings, des scharfsinnigsten strafrechtlichen Kritikers der Schwurgerichte jener Zeit:

Was ich aber nicht begreife, das ist die Hyperbescheidenheit meiner Fachgenossen, welche sich aus Abscheu vor der grundverderblichen Allmacht der früheren Inquisitionsrichter auch da des Anspruchs auf Alleinherrschaft begeben, wo ihn zu erheben meiner Ansicht nach Pflicht ist. Wo wäre der Arzt zu finden, der in dem Ungelehrten seinen Meister in der Heilkunde anerkennen würde? Wo der einfache Handwerker, der sich in seinem Handwerke nicht dem gescheutesten Advokaten überlegen erachtete? Gerne lasse ich mich vom Maschinisten über seine Maschine, vom einfachsten Holzschnitzer über seine Kunstgriffe belehren und freue mich, dass Jeder, der etwas *kann*, sich eben grade dadurch für sein grösseres und kleineres Gebiet über eine ganze Anzahl seiner Mitmenschen hinaushebt, mag im Uebrigen seine Lebensstellung noch so bescheiden sein. Soll der Jurist allein dieses erarbeiteten Vorzugs entbehren? Soll er sich auf seinem eigenen Gebiete von Unkundigen meistern lassen? [...] Eine ganze Reihe von Staatsprüfungen, deren siegreiche Ueberwindung langjährige Vorbereitung erfordert, verschließt den Zugang zum Advokatenstand und zum Richteramt. Und in dem selben Athemzuge begehen wir die Inkonsequenz, Männer, deren Rechtsunkenntniss notorisch ist, zu Richtern über Leib und Leben zu machen?[404]

Unmittelbarer Anlaß für den zitierten Aufsatz in der *Fackel* war die Sitzung des Herrenhauses vom 27. Juni 1913, in der die Gesetzesvorlagen zur Straf- und Strafprozeßrechtsreform behandelt wurden. Kraus erwähnt zustimmend Heinrich Lammaschs Rede, der als Berichterstatter der Reformkommission die Geschworenenjustiz als »in der Grundlage verfehlt« angegriffen und den Kommissionsbeschluß begründet hatte, die Zuständigkeit der Schwurgerichte erheblich zu beschränken und dafür

fassung an einem Vergleich mit ähnlichen Äußerungen Schopenhauers beglaubigt.

404 *Binding* (1876), Drei Grundfragen, S. 44 f. Das gleiche Argument bei *Lelewer*, Laien als Strafrichter, in: ArchKrimAnthr 12 (1903), S. 41 f.

Schöffengerichte einzuführen.[405] Einer der Redner im Herrenhaus, Graf Leon Pininski, nahm in seiner scharfen Kritik der Schwurgerichte die oben skizzierte Perspektive von Binding und Kraus ein: die des kopfschüttelnden Unverständnisses für den gesetzlichen Verzicht auf Kompetenz in einem Bereich von solcher Wichtigkeit wie dem des Strafrichters. Im Zuge dieser Kritik nannte Pininski die Geschworenen »juristische Analphabeten«.[406] Vor allem darauf reagierten die liberalen Zeitungen mit lärmender Entrüstung. In der Satire von Karl Kraus spiegelt sich die Angelegenheit so:

Über den Buchstaben des Gesetzes, der Schwarmgeister irritiert, sollten sich nur jene hinwegsetzen dürfen, die ihn lesen können. Ein Redner im Herrenhaus hat die Geschwornen juristische Analphabeten genannt und sie haben es als Beleidigung aufgefaßt. Jeder Fachmann, der bekanntlich schon im eigenen Fach ein Esel sein soll, ist aber im fremden Fach ein Analphabet, und wenn er das als den Vorwurf versteht, daß er überhaupt ein Analphabet sei, so ist er es. Auch dies ist durchaus nichts Unehrenhaftes. Es ist sogar etwas Sittliches neben einer ausgeliehenen Bildung, die den Geschwornen mit der Ermutigung beispringt, »sich nur ehrlich als Teil des Ganzen zu fühlen«: dann dürfe sich ihr Freispruch, »wenn er den gelehrten Richter noch so entsetzt, auf das kluge Rechtssprichwort der Römer stützen: Volenti non fit injuria«. Wenn die Kleingewerbetreibenden das Gesetz nicht besser anwenden, als die Leitartikler dieses Zitat, dann kann man es am besten anwenden auf einen Staat, der sich alles gefallen läßt und dem darum kein Unrecht geschieht. Ein Analphabet, der statt der Unterschrift drei Kreuze macht, ist besser als ein Freigeist, der anonym bleibt. Ein Salzburger Bauer steht kulturell berghoch über einem Wiener Volkswirt. Ich würde aber doch glauben, daß es nicht nötig ist, Salzburger Bauern vom Pflug zu holen, auf daß sie einen Betrüger freisprechen und auf die Frage eines Gerichtsfunktionärs, warum sie denn das eigentlich getan haben, die Antwort finden: »Was wollts ös? Der hat ja nix angstellt, der Staatsangwalt hat ja selber gsagt: *der Bilanz* ist schuld, *der Bilanz* müßt her!« Ich finde das nicht unsympathisch und ziehe den Sprecher jenem Staatsanwalt, der den Bilanz berufen hat, beiweitem vor. Aber ich bin nicht dafür, daß der Staat seine Steuerzahler mißbraucht und sie von den Plätzen, wo sie ihren Nutzen finden, an solche lockt, wo sie Schaden stiften. (S4/275 = 378/8 f.)

405 Sten. Prot. Herrenhaus, XXI. Session, 30. Sitzung, 27. 6. 1913, S. 652 ff.; die von Kraus zitierten Pasagen auf S. 659.

406 Pininskis Rede ist zum großen Teil abgedruckt bei *Löffler*, Beratungen des österreichischen Herrenhauses, in: ÖZStR 4 (1913), S. 232 ff., 237 ff.

Einige der wesentlichen Motive der Krausschen Kritik an den Schwurgerichten sind hier zusammengefaßt. Zunächst und vor allem der Einwand gegen die Entformalisierung der Strafjustiz: nur »Schwarmgeister«, nämlich solche, denen der rationale Blick für die notwendige Trennung von Strafrecht und Moral fehlt[407] und die deshalb in jedem Einzelfall nichts als eine »höhere« Gerechtigkeit verwirklicht sehen wollen, sind vom »Buchstaben des Gesetzes« irritiert. Das ist, heißt es knapp vier Jahre zuvor in der *Fackel*, »eine fixe Idee des Liberalismus, der starrer ist als alles Gesetz« (272/38). Wer sich über den »Buchstaben« der Norm »hinwegsetzen« will, muß zunächst zeigen, daß er ihn versteht; und das bedeutet: er muß die *Gründe* für das Abweichen davon transparent machen, weil diese überprüfbar und damit revisibel sein müssen, was sie bei den Wahrsprüchen der Geschworenen grundsätzlich nicht sind.[408] Implizit gibt der Satiriker auch in dieser winzigen Bemerkung den Rang zu erkennen, den er dem liberalen Fundamentalprinzip der »schützenden Formen« zumißt. Hiermit ist das Verdikt über die sachliche Inkompetenz der Geschworenen verbunden: Denn diese erzwingt die Entformalisierung und lebt sich dann ungebunden und im Modus des strafrechtlichen Analphabetentums schadensstiftend aus. Das Beispiel des Salzburger Bauern, der den Bilanz verantwortlich machen wollte, mag als satirische Überzeichnung empfunden werden. Es ragt aber im Grad seiner Absurdität keineswegs über zahlreiche der etwa von Dolenc dokumentierten Fälle justiziellen Analphabetentums der Geschworenen hinaus. »Ein anderes Mal«, heißt es bei Dolenc zum Beispiel, »meinten einige Geschworene, wenn der Angeklagte nicht schuldig wäre, hätten ihn die Herren nicht geklagt«.[409] In einem weiteren Fall hatte

407 Vgl. oben, S. 231 ff.

408 Natürlich gab (und gibt) es gegen die Schwurgerichtsurteile – neben der in Österreich auf das Strafmaß beschränkten Berufung (§§ 280, 283 ÖStPO) – das Rechtsmittel der Nichtigkeitsbeschwerde (§§ 343, 344, heute §§ 344, 345), mit der im wesentlichen Verfahrensfehler angegriffen werden können. *Materielle* Gesetzesverletzungen durch das Schuldverdikt sind aber wegen dessen Begründungslosigkeit praktisch nicht zu rügen, Nichtigkeitsbeschwerden auch gegen krasse Fehlurteile daher so gut wie aussichtslos.

409 *Dolenc* (1908), Psychologische Grundlagen, in: *Mittermaier/Liepmann* (Hg.) Schwurgerichte und Schöffengerichte, Bd. 1, S. 427.

der Hauptbelastungszeuge, ein Jude, seinen Eid vorschriftsmäßig nach der Thora, also mit bedecktem Haupt abgelegt, woraufhin der offenkundig schuldige Angeklagte freigesprochen wurde. Dem Zeugen, sagte hinterher ein Geschworener, hätte nicht geglaubt werden können, denn: »Ist das ein Eid, wenn der Zeuge den Hut auf dem Kopf behält und wenn keine Kerzen brennen?!«[410] Im Dezember 1903 druckt die *Fackel* unter der Überschrift »Die Geschworenen (Zwei Elementarereignisse)« zwei Gerichtssaalberichte ab, in denen die Verblüffung der jeweiligen Jury über Inhalt und Konsequenz des eigenen Wahrspruchs im Anschluß an die Urteilsverkündung festgehalten wird (149/6 f.). Im zweiten der geschilderten Fälle war die Zusatzfrage[411] gestellt worden, ob bei der Täterin, die ihr 14 Tage altes Kind in großer Not und Verzweiflung getötet hatte, eine »Sinnesverwirrung« vorgelegen habe; das wurde von der Jury mit 7 gegen 5 Stimmen verneint, woraufhin die Angeklagte zum Tod durch den Strang verurteilt wurde. Vier der darüber erschrockenen Geschworenen, die »ganz bestimmt den Freispruch erwartet« hatten, gaben anschließend an, »sie hätten gemeint, die Beantwortung mit ›Nein‹ sei auch bei der Sinnesverwirrung soviel wie *nicht schuldig*...« (149/7).

410 *Dolenc*, a.a.O., S. 451.

411 Die ÖStPO 1873 unterscheidet Hauptfrage, Eventualfragen und Zusatzfragen. Die Hauptfrage ist darauf gerichtet, ob der (die) Angeklagte die der Anklage zugrundliegende Handlung begangen und damit den dort bezeichneten Straftatbestand erfüllt habe (§ 318, heute § 312 ÖStPO); die Eventualfragen eröffnen die Möglichkeit, im Falle der Verneinung der Hauptfrage das Vorliegen eines anderen als des vom Ankläger benannten Delikts bzw. einer anderen Deliktsstufe (etwa des Versuchs) zu bejahen (§ 320 ÖStPO 1873, heute § 314). Haupt- und Eventualfragen sind echte Schuldfragen; für ihre Bejahung war jeweils eine Zweidrittelmehrheit, also acht der zwölf Jurystimmen, erforderlich (§ 329 ÖStPO 1873, heute in § 331 geändert: einfache Mehrheit ausreichend). Die Zusatzfragen werden nur nach der *Bejahung* einer Schuldfrage gestellt; sie sollen das Vorliegen von Strafausschließungs-, Strafaufhebungs-, Erschwerungs- oder Milderungsumständen ermitteln (§ 319, heute § 313). Das Fragesystem ist verwirrend kompliziert und ist einer der Hauptgründe für die hohe Zahl offenkundiger Fehlurteile (jedenfalls gewesen). Vgl. zum Ganzen *Rittler* (1910), Fragestellung, Wahrspruch und Urteil, in: *Mittermaier/Liepmann*, a.a.O., Bd. 1, S. 457 ff., S. 488 ff.

Mit solchen durchaus gutgläubigen Rechtsverweigerungsakten der schieren Inkompetenz hängt ein Vorschlag des Satirikers vom Juli 1902 zusammen: »eine neue Vertheilung der Competenzen innerhalb des Schwurgerichts« vorzunehmen (109/2, »Anm. des Herausgebers«). Kraus kritisiert zunächst, sachlich richtig, die Verfälschung des ursprünglichen englischen Jury-Konzepts durch das französische Schwurgericht und dessen Übernahme in Deutschland und Österreich. Dann fordert er einen Kompetenztausch zwischen Geschworenen und Gerichtshof: Die schwierige Rechtsfrage des »Schuldig vor dem Gesetz« müsse um der Rechtssicherheit willen den Juristen vorbehalten bleiben; das Strafmaß solle der Zuständigkeit der Laien zugeschoben werden:

Eine Rechtspflege, die psychologisch sein will, kann nicht, was beim einzelnen Verbrechen mildernd oder erschwerend ist, den Juristen nach festen Regeln entscheiden lassen. Und andererseits wird eine Rechtspflege, die das Recht finden will, nicht die Beantwortung der Schuldfrage der Laienwillkür anheimstellen. (109/3, Anm.; vgl. auch 123/21 f.)

Die »psychologische«, nämlich die im Hinblick auf den konkreten Täter individualisierende »Rechtspflege« enthält eine deutliche Assonanz an Franz von Liszt und dessen Lehrer Wilhelm Emil Wahlberg. Interessant ist, daß Wahlberg, der (wie Liszt) ein Anhänger der Jury war und deren Kompetenzentmachtung hinsichtlich der Schuldfrage keinesfalls gebilligt hätte, in seinem »Princip der Individualisierung« für die Strafzumessung aus ganz ähnlichen Erwägungen wie Kraus zu der Forderung kommt, alle Milderungs- oder Erschwerungsumstände zur Schuldfrage und damit zur Zuständigkeit der Geschworenen zu ziehen.[412] Der Vorschlag des Satirikers, für den er fünf Monate später gegenüber dem *Neuen Wiener Tagblatt* eifersüchtig und etwas übertrieben das Urheberrecht reklamiert (123/21 f.), ist jedenfalls rationaler als die damalige Konzeption des Schwurgerichts. Aber er zielt evidenterweise nicht auf dessen Reform, sondern auf seine Abschaffung. Der Lebensnerv der Jury ist die Idee des »unverbildeten« Laienvotums über die *Tatbegehung* und damit über die Schuldfrage vor dem Gesetz. Ein solcher Kompetenz*tausch* wurde daher in den damaligen juristischen Reformvorschlägen für das Schwurgericht, soweit ich sehe, nicht

412 *Wahlberg* (1869), Princip der Individualisierung, S. 189 ff.

erwogen. Wohl aber wurde – im Anschluß an Bindings nachdrücklichen Hinweis auf das, was er als den »Kern der Juryfrage« ansah, nämlich die sachliche Unteilbarkeit von Schuld- und Strafausspruch[413] – die Mitwirkung der Laien auch an dem letzteren diskutiert.[414] Auffallend ist die offene Inkonsistenz, mit der viele Jury-Anhänger die Laienbeteiligung an der Strafzumessung verwarfen. Ein so scharfsinniger Theoretiker wie Liepmann begründet dies ausgerechnet mit der juristischen Inkompetenz der Laien in einer so schwierigen Frage, votiert aber zugleich für die Alleinzuständigkeit der Geschworenen in der offensichtlich noch weitaus schwierigeren Schuldfrage.[415] Kraus' Vorschlag ist, trotz seiner gleichzeitigen Konzession an die »Vernünftigkeit« einer strafjustiziellen Laienbeteiligung (109/2, Anm.), in Wahrheit ein Angriff auf die gesamte Institution des Schwurgerichts. Schon deshalb ist er plausibler als diese selbst, wenn er auch naheliegenderweise auf die Einführung von Schöffengerichten hätte hinauslaufen müssen.

In einigen seltenen Fällen hat der Satiriker allerdings den offen gesetzwidrigen Freisprüchen durch Geschworene zugestimmt. Die Motive dieser Wahrsprüche berührten sich mit denen der Krausschen Kommentare dazu in einem entscheidenden Punkt: dem des Sexuallebens. Hier dominierte die Geschlechtsmetaphysik und weniger der juristische Sinn des Satirikers sein Votum. Im Juli 1902 wurde in Wien eine überführte und geständige Brandstifterin freigesprochen; sie hatte auf Wunsch und unter dem übermächtigen Einfluß ihres Geliebten, der seine Versicherung betrügen wollte, dessen Geschäft angezündet. Die populäre Psychologie, die hier eine »Sinnesverrückung« nach § 2 StG annahm, fand die ausdrückliche Billigung des Satirikers: Die Geschworenen hätten »nicht per fas, aber mit Recht« freigesprochen (109/10 = S1/306). Allerdings ist ebendieser Fall in der juristischen Lite-

413 *Binding* (1876), Drei Grundfragen, S. 63; ähnlich *Wach*, Schöffen oder Geschworene, in: DJZ 10 (1902), Sp. 81 ff., 87 f. Diese These von der »Unteilbarkeit« lebt freilich nicht zuletzt von einer rein *tat*bezogenen Strafauffassung, für die eine psychologisch individualisierende Täterbeurteilung (anders als für v. Liszt und Kraus) weitgehend belanglos ist.

414 Vgl. die Nachweise bei *Liepmann* (1910), Reform, in: *Mittermaier/Liepmann* (Hg.), a.a.O., Bd. 2, S. 254.

415 *Liepmann*, a.a.O., S. 255 ff.

ratur mit einigem Grund als Musterbeispiel für die Defekte einer irrationalen Gefühlsjustiz der Schwurgerichte zitiert worden.[416] Für Kraus dagegen gehörte die Vorstellung einer prinzipiellen Schuldunfähigkeit von Frauen bei sexuell motivierten Straftaten zu den Selbstverständlichkeiten seines erotischen Weltbildes. Seine Auffassung des Strafrechts als eines von der Moral unterschiedenen, rationalen Unternehmens wurde davon nicht berührt: Denn er hielt seine Konzeption nicht für irrational, sondern für sachlich evident. Allerdings muß auch hier die gelegentlich überscharfe Pointierung einer polemischen Kontrastposition gegen die ansonsten geläufige justizielle Sexualrepression bedacht werden. Im Oktober 1913 projiziert er das Todesurteil in einem Schwurgerichtsverfahren gegen eine alternde Frau, die den sie verlassenden Geliebten getötet hatte, mit einer Geste des hoffnungslosen Ekels auf abwegige Freisprüche in anderen Verfahren, etwa den des Leitmeritzer Prostituiertenmörders:

Die Psychiater haben die Erfahrung und die Geschwornen den Instinkt. Also Sinnesverwirrung überall im Saal, nur nicht bei der Angeklagten. Und darum Richter und Henker. (384/16)

Der Inkompetenzvorwurf ist nur eines der Argumente, die den Angriff des Satirikers gegen die Schwurgerichte stützen. In dem zitierten Aufsatz »Der Bilanz ist schuld« vom Juli 1913 steht:

In Österreich wird der Staat noch lange die Gefahr sein, ehe man erkennen wird, daß er in Gefahr ist, aber auch dann wird man noch überzeugt sein, daß die Geschwornen »unabhängig« sind. Man würde sich höchstens einer Reform fügen, die die Greisler durch Verwaltungsräte ersetzt, weil man sich bei ihnen – bei gleicher Unabhängigkeit vom Staat – ein feineres Verständnis für die standesgemäßen Delikte erhofft. Doch die Lebenskenntnis des Kleingewerbes versöhnt wenigstens durch jene natürliche Rankünе, die lieber die großen Diebe hängt, und wenn ein Greisler richtet, so ist es immerhin die Volkesstimme, die wir mit ihren vielen Nebengeräuschen schließlich als etwas Unabwendbares hinnehmen. Die Grammophonplage mit allen Platten einer eingelegten Intelligenz wäre ärger. Indes, selbst wenn diese Reform der Volksjustiz ein Ideal bleiben müßte, wenn die Abhängigkeit der Geschwornen von der Presse nicht zu sichern wäre, ihre Unabhängigkeit vom Staat ist schon heute ein so sichtbarer Vorteil, daß man mit dem zufrieden ist, was man hat und ein Mehr purer Luxus wäre. Und das alles wird gegen einen Staat

416 S. bei *Görres*, Wahrspruch (wie Anm. 401) S. 95, Anm. 99: Fall der Brandstifterin Marie Schuh.

gesagt, wo alles von allem eher abhängig ist als vom Staat; gegen einen Staat, in dem jeder Klafter seine Nation und jeder Nachbar seine Individualität hat. Und es wird für Geschworne gesagt, bei deren Auslosung sich der Verteidiger zu allererst dafür interessiert, ob einer Jud oder Christ, Antisemit oder Freimaurer, Tscheche oder Deutscher, Christlichsozialer oder Alldeutscher, Hausherr oder Hausmeister, Cafétier oder Stammgast, Hammer oder Amboß ist (S4/273 f. = 378/7 f.).

Hundert Jahre früher hatte bereits Feuerbach als »unvermeidliche Folge« der Jury konstatiert, »dass dabei das Strafgesetz leicht in die Knechtschaft der öffentlichen Meinung, oder des Vorurtheiles der Geschworenen fällt«.[417] Binding nahm 1876 den Vorwurf auf und verschärfte ihn gerade mit Blick auf den beamteten Richter, dessen Abhängigkeit vom Staat weit geringer sei als die der Jury von dem »elendesten aller Despoten, der sog. öffentlichen Meinung«.[418] »Der Liberalismus«, schreibt Kraus im Oktober 1906 mit einem Hinweis auf das Dogma der »unabhängigen« Volksjustiz, »denkt im luftleeren Raum« (210/26; ähnlich bereits 145/23). Merkwürdig ist, daß die dort entstandene Phrase von der Unabhängigkeit der Jury ihre Verkehrsfähigkeit gegen jede empirische Evidenz behaupten konnte. Auch das Gesetz selbst ging in Wahrheit nicht vorbehaltlos von einer solchen Unabhängigkeit aus. Nach § 308 ÖStPO konnten der Ankläger und der Verteidiger bei der Auslosung der Geschworenenbank jeweils die Hälfte der Ausgelosten, soweit deren Zahl 12 überstieg (regelmäßig waren 36 Haupt- und 9 Nebengeschworene zu laden: § 302), ohne Angabe eines Grundes ablehnen.[419] Das war ein begrenztes Aussiebungsrecht für beide »Parteien« des Prozesses, das offensichtlich im Hinblick auf ideologische, nationale und berufsständische Befangenheiten der Geschworenen eingeräumt worden war. Und genau in diesem Sinn wurde es ausgeübt. Darauf spielt Kraus mit seiner ironischen Skizze der Verteidigerinteressen an der Auslosung der Geschworenenbank an.

Schon im ersten Heft der *Fackel* weist der Satiriker, noch ohne deutliche Kritik an der Institution selbst, auf die Geschworenenbank als einen Kampfplatz nationaler und ideologischer Interessen hin (1/11). Neun Monate später konstatiert er »theils Clas-

417 *Feuerbach* (1813), Betrachtungen über das Geschwornen-Gericht, S. 152.
418 *Binding* (1876), Drei Grundfragen, S. 51.
419 Die heutige ÖStPO kennt dieses Ablehnungsrecht nicht mehr.

sen-, theils Gefühlsjustiz« (28/2) und ein weiteres dreiviertel Jahr danach eine nationalistisch motivierte Interessenjudikatur (59/4) bei den Schwurgerichten, die im österreichischen Vielvölkerstaat zu einer verheerenden Rechtsunsicherheit führen mußte. Schon 1878 hatte Franz von Liszt (als Jury-Anhänger!) über die zunächst isolierte Einführung der Jury für Pressesachen (1869) geschrieben:

Die Wirklichkeit übertraf die schlimmsten Erwartungen; der Fehler, den die Gesetzgeber begangen, hatte Zustände im Gefolge, welche, noch heute fortwirkend, auf den dunkelsten Blättern in der Geschichte der österr. Rechtspflege verzeichnet werden müssen. Nationale Leidenschaft führte das Schwert der Gerechtigkeit: in Prag, Krakau, Cilli, überall, wo der Racenkampf entbrannt war, kamen die trotz unzweifelhafter Schuld der Angeklagten erfolgenden Freisprechungen einer förmlichen Justizverweigerung gleich.[420]

Dem Satiriker Kraus erschien allerdings sehr bald eine andere Einflußmacht als die weitaus gewichtigere:

Jeder Kenner unserer Schwurgerichte weiß, daß dort Vorsitzender und Votanten, Geschworne, Staatsanwalt und Vertheidiger bloß Rollen spielen, einem verehrten Publicum und sich selbst den Schein einer Handlung vortäuschen; die Gerichtssaalreporter haben die wirkliche Processleitung, die Abwägung der Zeugenaussagen, der Argumente für und wider, die Urtheilsfällung, alle Macht im Process an sich gerissen, sie sind die Dichter der Handlung, die uns Berufsschauspieler und Dilettanten des Rechts vorführen, und wissen, so sehr sich auch die Fäden verwirren, das Ende voraus, zu dem sie alles leiten. Ehe noch die Anklage verlesen wird, haben die Zeitungen in Vorberichten die Chancen von Verurtheilung oder Freispruch erwogen, in der Mittagspause nimmt der Geschworne sein Leibblatt zur Hand und prägt sich das Bild ein, das da von der Vormittagsverhandlung entworfen wird, und wenn am Schlusse einer mehrtägigen Verhandlung plaidiert und resumiert wird, hat die Presse längst die Arbeit der Materialsichtung besorgt und in allmorgendlichen und allabendlichen Resumés gethan, wessen sich kein resumierender Vorsitzender [...] je erdreistete: sie hat mit unzweideutigen Worten das Urtheil gesprochen, und Volkesstimme ist jedesmal Preßstimme. (132/17)

Das ist gewiß eine satirische Hyperbel, und sie fügt sich schlüssig in das Weltbild des Satirikers ein. Falsch ist sie nicht. Zwei Jahre später klingt, was Heinrich Lammasch zu dieser Frage schreibt, wie ein wissenschaftliches Echo auf die *Fackel*:

420 *v. Liszt* (1878), Österr. Preßrecht, S. 25.

> […] die heutigen Geschworenen [stehen] allzusehr unter dem Einflusse *jener* öffentlichen Meinung, welche einzig und allein durch die von den betreffenden Gesellschaftsschichten mit Vorliebe gelesenen Zeitungen gebildet und vertreten wird. Durch die oft wochen- und monatelang den Gerichtsverhandlungen präludierenden Berichte dieser Zeitungen in ihrem Urteil wesentlich beeinflußt, betreten unsere Geschworenen nur zu oft den Sitzungssaal, unfähig, diese absichtlich oder unabsichtlich ihnen suggerierten Anschauungen durch die im Gerichtssaal auf sie einstürmenden Eindrücke, die sie in der Schnelligkeit nicht genügend zu verarbeiten zu vermögen, zu berichtigen. Und vollends, wenn die Schwurgerichtsverhandlung mehrere Tage dauert, stehen sie unter dem Einflusse jenes nicht authentisierten Verhandlungsprotokolles, welches der Bericht ihres Leibblattes über die Verhandlung ihnen darbietet. Das, was sie abends in diesem Berichte nachlesen, haftet viel besser in ihrem Gedächtnisse, als was sie nur gehört haben und dann nicht noch außerdem »schwarz auf weiß« vor sich sehen. […] Und so kommt es, daß jener wichtigste moderne Prozeßgrundsatz, der der Unmittelbarkeit des Verfahrens, der Grundsatz, daß das Gericht nur auf Grundlage jener Beweismittel urteilen dürfe, die ihm in der Verhandlung vorgeführt worden sind, für die Geschworenen praktisch außer Wirksamkeit gesetzt ist. Während der Richter sein privates *Wissen* im Prozesse nicht verwenden darf, wird der Geschworene nicht gehindert, aufgrund seines privaten *Meinens* und *Dafürhaltens* über die höchsten Güter der Nebenmenschen zu entscheiden und sich dabei von Stimmen leiten zu lassen, die jeder Verantwortlichkeit dafür entrückt sind.[421]

Die Suggestionsmacht der »öffentlichen Meinung« ist nur eine, die *externe* Befangenheitsfessel für die laienrichterliche Unabhängigkeit. Sie wird gefährlich ergänzt durch eine intern-persönliche, die der Geschworene aus dem Organisations- und Interessenkreis seines eigenen Berufslebens mitbringt. Im »Reich der Ehrenbeleidigung«, in dem, wie der Satiriker im Dezember 1904 schreibt, »alle Lebensfragen zusammenstoßen« (171/10 = S1/131), zeigt sich dies in exemplarischer Deutlichkeit. Einen Rechtfertigungsgrund der »Wahrung berechtigter Interessen« für die Beleidigung kannte das dogmatisch unbeholfene österreichische StG nicht.[422] Dem nach dem Schema des Gesetzes judizierenden Berufsrichter, schreibt Kraus, »wäre jede Satire als ›Verspottung‹

421 *Lammasch*, Schwurgericht oder Schöffengericht?, in: Österr. Richter-Zeitung 2 (1905), Sp. 300 f. Vgl. auch die ganz ähnliche, mit Nachweisen aus der Praxis gestützte Kritik bei *Görres* (wie Anm. 401), S. 60.

422 Vgl. dazu oben, S. 213 ff.

ausgeliefert; jeder nicht erwiesene Vorwurf eines gestohlenen Kreuzers bei erweisbarem Diebstahl eines Guldens wäre strafbar, jede kleinste falsche Tatsache im Kampf für die größte Wahrheit« (171/9 = S1/131). Aber die Korrektur auch dieses Gesetzesmangels ist bei den Geschworenen in schlechten Händen. Der Perspektivenwechsel aus dem Interessenkreis der eigenen berufsständischen Orientierung in den einer anderen Lebensauffassung gelingt dem juristischen Laien in aller Regel nicht:

Das ist die Befangenheit des in seinem engen Bereich tüchtigen Mannes, der »Ruh' haben will« und den Kämpfe, deren ethische Bedeutung er nicht ahnt, viel weniger interessieren als der Schaden, der seinem Unternehmen, seinem Hausstand durch unfreiwillige Beschäftigung mit unnützen Dingen erwächst und den er schon vor der Übernahme des Ehrenamts ziffernmäßig berechnen kann. In einem Theaterprozeß, in dem ich angeklagt war und wegen Beleidigung eines Kritikers und eines Direktors zu einer sehr hohen Geldstrafe verurteilt wurde[423], sollten die Geschwornen – nach dem Beschluß des Gerichtshofs, der die Vorladung von Theatersachverständigen ablehnte, – »sich selbst ein Urteil bilden«, ob die Vereinigung von Kritikeramt und Autorenberuf »kompatibel« sei, ob es ein Theaterdirektor in der Macht habe, die Stücke eines begünstigten Autors »durch's Repertoire zu peitschen«. Ein Riemermeister, der auf der Geschwornenbank saß, erwachte aus seiner Lethargie. Und er wußte, wenn er je im Theater war, ganz genau, daß man zwar einen Autor für sein Theaterstück, aber nie ein Theaterstück für seinen Autor durchpeitschen könne; und sprach mich schuldig. Fremdworte, Fremdwelten [...]. Dennoch gibt es eine Brücke des Verständnisses zwischen den fernen Sphären, aus denen eine Beleidigung geschöpft sein kann, und den Männern, die über sie zu richten haben. Das diesen Welten einzig Gemeinsame ist das *Geschäft*. Hier ist der Punkt, wo die Zuerkennung »berechtigter Interessen« einsetzt. Und diese Auffassung ist so unerhört menschlich, daß nur vertrackte Ideologen, die sich die Geschwornenweisheit im luftleeren Raum der liberalen Doktrin wirkend dachten, davon enttäuscht sein können. (S1/132 f. = 171/11)

Das ist weniger komisch als wahr. Auch für die Strafrechtswissenschaft rückte damals diese Form einer standesgebundenen in-

423 Gemeint ist der Prozeß Bahr/Bukovics gegen Kraus (vgl. 69/2 ff.). Kraus wurde zu einer Geldstrafe von 1800 Kronen verurteilt (vgl. 183/40), weil er die Korruption von Theaterdirektor (Bukovics) und Autor/Kritiker (Bahr) u. a. mit der wohl richtigen, aber in der Verhandlung wegen eines »umgefallenen« Zeugen nicht beweisbaren Behauptung gestützt hatte, Bukovics habe Bahr ein Grundstück geschenkt.

neren Abhängigkeit der Geschworenen in den Blickwinkel der Aufmerksamkeit und in den Rang eines Problems. In der wissenschaftlichen Jury-Kritik jener Jahre lassen sich die Argumente des Satirikers in allen Details bestätigen.[424] Auch hier erweist sich sein Angriff gegen die Klischees des politischen Liberalismus als die bessere, die wirklich liberale Position: als die Verteidigung einer formalisierten Rationalität, Gleichförmigkeit, Kalkulierbarkeit und damit größeren Gerechtigkeit des Strafprozesses. Daß die bürgerliche Befangenheit der Laienrichter, die nach dem unerforschlichen Prinzip des Zufalls ihre Ignoranz und in den erkennbaren Schranken ständischer Interessen ihre Vorurteile auslebte, im Bereich der Sexualjustiz auch die Ausgrenzungsstrategien der »Sittlichkeit« gegen die Prostituierten durchsetzte, war nur konsequent. Und:

> [...] noch der bornierte Fachkriminalist, der einem jungen Burschen für den Raub von ein paar Kreuzern lebenslänglichen Kerker gab, steht sittlich über den Geschwornen von Leitmeritz, die einen jungen Burschen freisprachen, weil er eine Prostituierte für den Verlust von vier Kronen massakriert hat. [...] Welche Frische und Ursprünglichkeit des Laienurteils! Sie geht nie fehl, wenn sie über alle Härten der Kriminalität hinaus die Sittlichkeit schützen und alles Gesetz ihrem Haß gegen die Sexualität fügsam machen kann. [...] Sie möchte den Haß gegen Natur und Persönlichkeit überbieten und jenen Trieben freien Lauf lassen, deren Niederschrift sich die Bildung widersetzt hat: Sentimentalität der Gewinnsucht, Gewalttätigkeit der Schwäche. [...] Müßte der Fortschritt nach der Tat, die eine erwählte Bierbank vor seinen Augen vollbracht hat, in Reue umkehren, so trinkt er sich wieder einen Phrasenrausch an und vergißt, anstatt zu verzweifeln. (S4/271 f. = 378/5 f.)

So ist das in Österreich geblieben. Und wie ein finsteres Symbol ragt in das letzte Lebensjahrzehnt des Satirikers und der ersten Österreichischen Republik ein schwurgerichtliches Fehlurteil, das den unmittelbaren Anlaß für die blutigen Ereignisse des 15. Juli 1927 in Wien gab, und damit für den Anfang vom Ende der Republik.

Am 30. Januar 1927 erschossen im burgenländischen Schattendorf drei Mitglieder der rechtskonservativen und paramilitäri-

424 Vgl. statt aller *Dolenc,* Österr. Strafgerichte und Laienrichtertum, in: *Mittermaier/Liepmann* (wie Anm. 373), Bd. 2, v. a. S. 519 ff. m. zahlr. N.; vgl. ganz ähnlich noch für die jüngere Vergangenheit *Baur* (1968), Laienrichter – Heute? in: Fschr. Kern, S. 49 ff., 55 ff.

schen »Frontkämpfervereinigung« aus dem Hinterhalt zwei sozialdemokratische Demonstranten, einen vierzigjährigen Kriegsinvaliden und ein achtjähriges Kind.[425] Den Schüssen vorausgegangen waren Auseinandersetzungen zwischen den »Frontkämpfern« und mehreren hundert Angehörigen des (ebenfalls bewaffneten) »Republikanischen Schutzbundes« der Sozialdemokraten. Auf beiden Seiten waren Provokationen gesucht und in Szene gesetzt worden; die Schuld der zahlenmäßig überlegenen Sozialdemokraten hieran war keineswegs geringer, eher sogar gravierender als die ihrer politischen Gegner. Nach verschiedenen, auch handgreiflichen Kollisionen fielen am Nachmittag, als sich ein Demonstrationszug der Schutzbündler zum Marsch durch das Dorf formiert hatte, aus dem Haus zweier später mitangeklagter Brüder die tödlichen Schüsse.

Am 5. Juli 1927 begann vor dem Geschworenengericht des Landesgerichts Wien II die Hauptverhandlung. Die Anklageschrift war der Einlassung der drei Beschuldigten insofern gefolgt, als sie von Anfang an einen Totschlagsvorsatz für nicht nachweisbar hielt und einen Schuldvorwurf nur wegen des »Verbrechens der öffentlichen Gewalttätigkeit durch boshafte Handlungen oder Unterlassungen unter besonders gefährlichen Verhältnissen« (§ 87 StG) erhob.[426] Schon der Beginn des Prozesses legte die politische, ideologische und sozusagen populistische Anfälligkeit des österreichischen Schwurgerichtsverfahrens in aller Deutlichkeit bloß. Das oben (S. 508) erwähnte Ablehnungsrecht der Staatsanwaltschaft und der Verteidigung gegenüber den ausgelosten Geschworenen (§ 308 ÖStPO) wurde hier mittelbar auch von dem Vertreter der Privatbeteiligten, denen dieses Recht nicht zustand, usurpiert. Während der Auslosung trat er an den Staatsanwalt heran, bezeichnete diesem einzelne Ausgeloste als »politische Freunde« der Angeklagten und bat ihn um deren Ablehnung. Daß der Staatsanwalt diesem Ersuchen entsprach,

425 Zur genauen Darstellung des Sachverhalts und seiner Vorgeschichte vgl. aus der umfangreichen Literatur v. a. *Neck/Wandruszka* (Hg.) (1979), Die Ereignisse des 15. Juli 1927; *Botz* (1983), Gewalt in der Politik, S. 141 ff.; *Garscha/McLoughlin* (1987), Wien 1927, S. 5 ff.

426 Zu den Einzelheiten des Verfahrens vgl. die gründliche Darstellung von *Liebscher* (1979), Die Österreichische Geschworenengerichtsbarkeit und die Juliereignisse 1927 in: *Neck/Wandruszka* (Hg.), a.a.O., S. 60 ff., auf die ich mich im folgenden stütze.

löste Empörung auf seiten der Verteidigung aus, und noch in seinem Plädoyer fühlte sich der Anklagevertreter zu der folgenden Erklärung gedrängt:

Es ist richtig, daß Dr. Reichard mich aufgefordert hat, gewisse Geschworne abzulehnen. Hätte ich es nicht getan, so hätte die gesamte Presse, die hinter ihm steht, Lärm geschlagen, daß ich meine Pflicht vernachlässige [...]. mein Wunsch ist es, keine Leute auf der Bank zu sehen, die »rot« oder »schwarz« eingestellt sind [...]. Wenn mir die Verteidigung jemanden genannt hätte, der seiner politischen Einstellung nach nicht auf die Bank gehört, hätte ich auch diesen Wunsch berücksichtigt.[427]

Liebscher kommentiert diese, wie er schreibt, »ebenso peinliche wie tragische« Bemerkung, mit den Worten, sie enthülle »das Zerrbild einer unentrinnbar in parteipolitische Fänge geratenen Laiengerichtsbarkeit«.[428]

Die Beweisaufnahme bestätigte im wesentlichen das Ermittlungsergebnis, wie es die Anklage vorgetragen hatte. Das einzige Problem des Urteils schien sich in der Frage zuzuspitzen, ob den Angeklagten die geltend gemachte Putativnotwehr und deren Überschreitung im sogenannten »asthenischen Affekt«, also aus Bestürzung, Furcht oder Schrecken, zugebilligt werden konnte – eine Version des Tathergangs allerdings, die mit dem objektiven Geschehen bis zur Abwegigkeit kollidierte. Den Geschworenen wurden für jeden Angeklagten neun Fragen gestellt, wobei die ersten vier als »echte Schuld-«, nämlich Haupt- und Eventualfragen sich auf die gegebenenfalls erfüllten Tatbestände bezogen, während die folgenden Zusatzfragen das im Prozeß umstrittene Notwehrproblem behandelten. Für keine der Schuldfragen wurde in der Abstimmung der Jury die zur Verurteilung erforderliche Mehrheit erreicht. Eine Beantwortung der Notwehrfragen entfiel daher. Am Abend des 14. Juli 1927 wurden die Angeklagten freigesprochen.

Das Urteil rief Bestürzung und Wut in der sozialdemokratischen Partei und in großen Teilen der organisierten Arbeiterschaft hervor.[429] Aber gerade weil sich hier die Frage der Geschworenenjustiz – und im Tonfall der politischen Phrase heißt

427 »Neue Freie Presse« vom 14. Juli 1927, zit. nach *Liebscher*, a.a.O., S. 81 f.

428 A.a.O., S. 82.

429 Vgl. zum folgenden v. a. *Botz*, Gewalt (wie Anm. 425), S. 142 ff.

das: einer »Errungenschaft des Fortschritts« – mit großer Schärfe stellte, wich die Parteiführung einer klaren Entscheidung aus und begann ein ratloses Spiel auf Zeit. In der Nacht zum 15. Juli beschlossen die Führer des »Republikanischen Schutzbundes« für den kommenden Tag eine Demonstration vor dem Parlament und die stark linksorientierte Belegschaft der Städtischen Elektrizitätswerke einen einstündigen Verkehrsstreik. Ein bei der sozialdemokratischen Parteiführung zu diesen Plänen erbetener Kommentar blieb aus. Doch erschien am 15. Juli in der *Arbeiter-Zeitung* ein Leitartikel von Friedrich Austerlitz, der dem verletzten Rechtsgefühl empörten Ausdruck gab, vor den gravierenden Konsequenzen einer solchen Strafjustiz warnte und Wahrsprüche dieser Art als eine Form des kalten Bürgerkriegs bezeichnete, ohne jedoch auf die Institution der Schwurgerichte als solche auch nur den leisesten Schatten einer Skepsis fallen zu lassen.[430] Um 8.00 Uhr morgens wurde der Strom für die Straßenbahnen abgeschaltet. Aus zahlreichen Wiener Betrieben machten sich Arbeiter zum Marsch in das Stadtzentrum auf. Auf einem Transparent der Elektrizitätsarbeiter stand als Parole der Demonstration: »Protest gegen das Schandurteil! Wir greifen zur Selbsthilfe!«. Zunächst versuchten einzelne Gruppen vergeblich, die Universität, den »Hort der nationalen Reaktion«, zu stürmen. Vor dem danach erreichten Parlament ließ der dort zuständige Einsatzleiter der Polizei eine erste Reiterattacke gegen die Demonstranten unternehmen, was die Wut der Menge in gefährlichem Maße steigerte. Die Arbeiter bewaffneten sich mit Pflastersteinen und Holzlatten und wandten sich dem schlechter bewachten Justizpalast zu, den sie regelrecht belagerten und mit einem Hagel von Steinen belegten. Hierbei wurden die ersten Demonstranten durch Schüsse der Polizei getötet. Der Haß der Menge begann in eine kollektive Besinnungslosigkeit umzuschlagen. Demonstranten erkletterten die Fassade des Gebäudes, drangen durch die Fenster ein und begannen, die Büroeinrichtung zu zertrümmern und zusammen mit den Akten auf die Straßen zu werfen. Gegen Mittag schlugen die ersten Flammen aus dem Justizpalast. In nahe gelegenen Straßen wurden inzwischen die Redaktionsräume der deutschnationalen *Wiener Neuesten*

430 *Austerlitz* (1931), Schattendorf, in: *ders.*, Austerlitz spricht, a.a.O., S. 301 ff.

Nachrichten, der christlichsozialen *Reichspost* und der *Hausherrenzeitung* verwüstet.

Was nun begann, ist mit gutem Grund als Menetekel der Ersten Republik in die Geschichtsschreibung eingegangen. Der Polizeipräsident Johann Schober ließ mehrere hundert Wachleute mit Karabinern und mit einer für Schießübungen des Bundesheeres verwendeten Munition bewaffnen, die bei Treffern an Menschen die verheerenden Wirkungen von Dum-Dum-Geschossen hervorrief, und gab einen bedingungslosen Schießbefehl. Das Massenwahnsyndrom, das zuvor die Menge getrieben hatte, wechselte die Seiten: zur Polizei. Ein furchtbares Blutvergießen begann. Am Abend des 15. Juli waren 89 Personen erschossen, weit über 1000 zum Teil schwer verletzt worden, viele der Opfer waren unbeteiligte Passanten. Das 90. Todesopfer, ein 16jähriger Junge, starb ein halbes Jahr später nach schwerem Leiden im Krankenhaus. Der Theoretiker der sozialdemokratischen Partei, Otto Bauer, der vom Parlamentsgebäude aus die Vorgänge beobachtet hatte, schilderte am 26. Juli 1927 in einer Rede vor dem Nationalrat seinen Eindruck:

> Da geht nun eine Abteilung vor, ich habe sie gehen gesehn, das Gewehr in der Hand. Leute, die zum großen Teil nicht schießen gelernt haben, sie stützten den Kolben auch beim Schießen auf den Bauch und schossen links und rechts auf die Seite und wenn sie Menschen sahen – es war eine kleine Gruppe vor dem Stadtschulratsgebäude, eine größere Gruppe gegenüber dem Parlament, da schossen sie. Der Menschen bemächtigte sich eine wahnsinnige Angst; sie hatten zum großen Teile die Abteilung gar nicht gesehen. Man sah die Leute in blinder Angst davonlaufen, und die Wachleute schießen den Laufenden nach.[431]

Die schon länger auf der österreichischen Innenpolitik lastende Atmosphäre des latenten Bürgerkriegs hatte sich in einem kurzen, aber in jeder Hinsicht folgenschweren Ausbruch entladen. Von dieser blutigen Manifestation ihres wahren inneren Zustands hat sich die junge Republik bis zu ihrem endgültigen Fall im Februar 1934 nicht wieder erholt. Auch in der österreichischen Literatur des 20. Jahrhunderts hinterließ der 15. Juli 1927 unter dem emblematischen Symbol des Feuers eine bleibende

431 Zit. nach *Botz*, a.a.O., S. 151. Auch Karl Kraus zitiert diese und andere Passagen der Rede in dem *Fackel*-Heft »Der Hort der Republik« vom Oktober 1927 (766/2).

Spur. Heimito von Doderer läßt das weitausgelegte Labyrinth seines monumentalen Epos *Die Dämonen* in dessen vorletztem Kapitel mit der Überschrift »Das Feuer« im Ereignis jenes 15. Juli münden, der, wie Doderer schreibt, »ganz nebenhin das Cannae der österreichischen Freiheit bedeutete«.[432] Er meint dies freilich nicht im Hinblick auf das von der Polizei zu verantwortende Blutbad, sondern als Kritik an dessen Opfern, den Demonstranten. Die verfehlte politische Perspektive, in der er das Ereignis nur als den Aufbruch einer dämonischen Unterwelt wahrnahm und die blutige Durchsetzung der Räson einer entlegitimierten Macht als Verteidigung seiner bürgerlichen Welt begrüßte, mag aber hier auf sich beruhen.[433] Mit »Der rote Hahn« überschreibt Elias Cannetti das Schlußkapitel seines Romans *Die Blendung* (vollendet 1931, veröffentlicht 1935); und obwohl der Justizpalastbrand von 1927 darin nicht erwähnt wird, spiegelt es dessen Wiederschein in dem vielfach variierten (und auch graphisch hervorgehobenen) Motiv des Feuers. Gerald Stieg hat überzeugend nachgewiesen, daß auch *Die Blendung* eine »Frucht des Feuers«[434] vom 15. Juli ist.[435] Der dritte bedeutende literarische Text zu diesem Ereignis ist das 92seitige *Fackel*-Heft vom Oktober 1927 mit dem Titel »Der Hort der Republik«, einer bitter-ironischen Anspielung auf das Lob, mit dem der Prälat und Bundeskanzler Ignaz Seipel dem Polizeipräsidenten Schober für die blutige Niederschlagung der Unruhen gedankt hat. Zwei Wochen zuvor hatte Kraus seinen dann in der *Fackel* und später im Gerichtssaal fortgesetzten Angriff gegen Schober mit einem Plakat eröffnet, das er am 17. September an Wiener Litfaßsäulen anschlagen ließ:

432 *v. Doderer* (1985), Die Dämonen, S. 1328.

433 Vgl. dazu die erhellende und kenntnisreiche Studie von *Stieg* (1990), Frucht des Feuers. Canetti, Doderer, Kraus und der Justizpalastbrand, S. 108 ff., 149 ff.

434 So die eigene Formulierung *Canettis* in der Überschrift zum 5. Teil des zweiten Bandes seiner Autobiographie »Die Fackel im Ohr« (1980) – gemeint ist damit übrigens die Kraussche *Fackel* –, S. 347. Vgl. dort auch das Kapitel »Der 15. Juli«, S. 274 ff., in dem Canetti sein eigenes Augen- und Ohrenzeugnis des Katastrophentages festhält.

435 *Stieg*, a.a.O., S. 139 ff.

An den Polizeipräsidenten von Wien
Johann Schober

Ich fordere Sie auf,
abzutreten.

KARL KRAUS
Herausgeber der Fackel

Auf den ersten 48 Seiten der Oktober-*Fackel* zitiert der Satiriker zunächst kommentarlos ein beklemmendes Gewirr aus Zeitungsartikeln, amtlichen Verlautbarungen und Augenzeugenberichten zu dem Blutbad des 15. Juli. Dann setzt er mit dem von Haß und Erschütterung geradezu vibrierenden Pathos der eigenen Stimme ein:

Die Menschheit, die für die Idiotie ihrer Vaterländer sich ins Chaos gestürzt hatte und überlebend, ihren seelischen Selbstmord überlebend, die größere Schmach nicht mehr empfinden kann, den größeren Weltkrieg zu ersehnen, alles vergessend und nichts mehr im Sinne als den Fortschritt der Vernichtung – welch eine Idylle! Welch eine Idylle, wenn der technisch avancierte Fleischerknecht, der sie trotz allem Humbug politischer Freiheit regiert, nur gegen den Sohn der anderssprachigen Mutter wütet! Hier – an einem Tag des Wehs, dessen Gedenken der Ruf dieser scheußlichen Gemütlichkeit durch die Jahrhunderte mitnehmen möge – war er gegen die »Eigenen« losgelassen. Hier haben das povere Hirn der Vorschriftsmäßigkeit, die sanierte Dreckseele, das Fibelchristentum – mit dem die Luft einer Friedenswelt zu atmen schon tödlich war –, hier hat eine Menschenart, die in ihrer unbesiegbaren Jämmerlichkeit doch den Phönix des Weltbrands vorstellt, hier hat der überschüssige Haß der besiegten Nation, die Rache der geistigen Unterernährung, das dumpfe Gefühl, die anrüchige Spezialität der europäischen Zivilisation zu bilden – hier haben sie, im Bunde und Dienste welttüchtigerer Mächte, befohlen, gebilligt und bejubelt: daß hundert Herzen zu schlagen aufhören, Hunderte aus den Qualen der furchtbarsten Verwundung bleibendes Siechtum davontragen und Invalide eines Polizeikriegs, vom Vaterland preisgegebener als seine ruinierten Beschützer, auf den Straßen betteln werden, über die ihr Blut geronnen ist. [...] Daß, was immer am Vormittag jenes Unglückstages geschehen wäre, die beispiellose Vergeltung der folgenden Stunden nicht rechtfertigen kann; daß durch die Missetat einiger Steinwerfer, Brandleger und Plünderer die einer Überzahl von Ordnungsstützen nicht Sinn und Sühne empfängt, daß die mörderische Razzia gegen Wehrlose, Ahnungslose und Unschuldige für alle Zeiten ein Brandmal Wiens bleiben wird – unmöglich, mit solcher Erkenntnis die Macht des Tonfalls zu entwaffnen. [...] Denn die Inhaber der bürgerlichen Kulturehre einer Stadt, die ihre Gaben wie keine andere auf dem Erdenrund auszubieten weiß und deren Einwohner sich mit einer Art von Geusenstolz unaufhörlich als »die Wiener« bezeichnen; die Wortführer einer öffentlichen Meinung, die peinlich das Dekorum ihrer geistigen Unzulänglichkeit wahrt: sie haben sich, froh, vor der Polizei in Sicherheit zu sein, verkrochen wie in den Tagen der üppigsten Kriegsschande, sie ertragen nicht allein das Gedenken dieser achtundachzig hingemordeten Mitmenschen und Mitbürger[436], sondern auch die spezifische Unehre eines Gemeinwesens, worin die protegierte Pest des Nadderertums umgeht und jedes Stinktier von nebenan über Rechtsgüter und Schicksale bestimmen kann. Sie ertragen in dieser dem Kriegsleid entrungenen Republik die Vorstellung der tausend von Büttelarmen aus ihrem Lebenswinkel gezerrten, von Büttelfäusten in Wachstuben traktierten Unglücklichen, die nichts getan haben – wenn nicht die Tat des Wortes, zu dem die Kulturträger zu feige sind, des einzigen Wortes, das der erbarmungslosen Hinschlachtung Fliehender, der Erbärmlichkeit des Triumphes gebührt hat und das wie kein anderes auch dieser schuftigen Rache an den Empörten gebührt – *Pfui*! (766/49, 51 f.).

Dies ist das Wort, in dem der gesamte Text kulminiert: ein mächtiger Verstärker jenes »Pfui«, das zahlreiche Demonstranten am 15. Juli der schießenden Polizei zugerufen und anschließend mit dem Leben bezahlt hatten. Hinter diesem »Pfui!« tritt der Anlaß der Juli-Unruhen, das schwurgerichtliche Fehlurteil gegen die Täter von Schattendorf, weit zurück. Aber ganz verschwindet er nicht. In den Monaten nach dem 15. Juli 1927 stand der Satiriker im Kampf gegen die Verantwortlichen des Massakers zum letzten Mal an der Seite der österreichischen Sozialdemokratie, von der ihn zuvor schon deutliche Divergenzen und hinterher eine nicht mehr überbrückbare Gegnerschaft trennten; sofort und kompromißlos zurückgewiesen hat er aber die ideologische Blindheit gegenüber der Institution des Schwurgerichts:

Der falsche Freiheitsbegriff allerdings, der zu dem Nonsens gelangt, die Richter des gesetzlichen Buchstabens zu verdammen, denen das Geschwornenurteil über Schattendorf doch ein Greuel ist, und die Geschworenen anzuklagen, die ihrer liberalen Befugnis zur Stimmungsjustiz doch entsprochen haben – der ist zu allerletzt berechtigt, vom blutigen Ausgang der Posse eines Staatslebens überrascht zu sein, dessen

436 Es waren damals schon neunundachtzig. Zum späteren Tod des neunzigsten Opfers, des 16jährigen Hans Erwin Kiesler, vgl. 777/5 ff. und 778/3 ff.

Politik ausschließlich in der Gewandtheit besteht, Sachverhalte durch Phrasen unkenntlich zu machen. (766/65)

Die genaue Darstellung der Polemik gegen Schober, die der Satiriker in den folgenden Jahren fortsetzte (trotz des seit Juni 1928 in den Vordergrund tretenden und schließlich vor dem Amtsgericht Charlottenburg ausgetragenen Kampfes gegen Alfred Kerr[437]), liegt außerhalb des Rahmens unserer Untersuchung. Wichtig ist aber, daß auch hierbei die Unzulänglichkeit der Geschworenenjustiz eine gewisse Rolle spielte. Schon im Oktober-Heft von 1927 erhob Kraus gegen den Polizeipräsidenten den gravierenden Vorwurf der Begünstigung im Amt[438] gegenüber dem Erpresser Békessy und damit des Mißbrauchs der Amtsgewalt[439]:

Wie? Er hat sich – und vor einem Interviewer der »Stunde«[440] – gerühmt, daß die Polizei zehntausend ihrer Leute mit Karabinern bewaffnen könnte? Mag sein – aber ich kann beweisen, daß er vor einem einzigen Revolver die Flucht ergriffen hat [...]. (766/92)

Das Motiv des Satirikers war deutlich: Schober zu einer Strafanzeige wegen Beleidigung zu zwingen, um dann Gelegenheit zum gerichtlichen Wahrheitsbeweis zu erhalten (vgl. 771/112). Da die durch Druckschriften begangenen Ehrenbeleidigungen nach § 484 S. 2 ÖStPO 1873 den Schwurgerichten zugewiesen waren, lag für Schober allerdings die Ausflucht nahe, auf die grundsätzliche Aussichtslosigkeit solcher Verfahren für den Beleidigten hinzuweisen und den Verzicht auf eine Strafanzeige damit zu motivieren. Kraus wiederholte deshalb – unter ausdrücklicher Anerkennung des Arguments – seine Beschuldigungen in einer

437 Vgl. dazu das (gesamte, 208seitige) *Fackel*-Heft 787-794 (September 1928): »Der größte Schuft im ganzen Land ... (Die Akten zum Fall Kerr)«, sowie 795/52 ff.: »Der größte Schriftsteller im ganzen Land«.

438 Strafbar als »Vorschub zum Verbrechen« in Form der »Verhehlung« nach § 214 StG. § 214 war kein Amtsdelikt; Täter konnte jedermann sein. Darüber hinaus statuierte aber § 84 ÖStPO für alle öffentlichen Amtsträger eine Anzeigepflicht gegenüber Straftaten, die disziplinarrechtlich sanktionsbewehrt war bzw. ist.

439 Strafbar als Verbrechen nach § 101 StG; Strafe: zwischen einem und fünf Jahren schweren Kerkers (§ 103 StG).

440 Einer der von Békessy gegründeten Zeitungen.

Vorlesung vom 13. Januar 1928 (777/9 ff.). Gegen diese *mündliche* Beleidigung war nun der Weg der Privatanklage zum Berufsrichter des Bezirksgerichts offen (§§ 447 ff. ÖStPO). Schober wich dennoch aus. In einer Rede sprach er aber am 24. Februar 1928 von Vorwürfen, die »wider besseres Wissen« gegen ihn erhoben würden; doch könne er nicht jedermann »das lose Maul verriegeln«. Daraufhin erhob Kraus seinerseits Privatanklage wegen Beleidigung gegen den Polizeipräsidenten. In der Verhandlung erklärte dessen Rechtsanwalt, mit jener Formulierung sei Kraus nicht gemeint gewesen. Schober wurde freigesprochen.[441] Ein satirisches Epigramm auf die Justizscheu des Polizeichefs steht in der *Fackel* vom Juli 1928: eine jener gegenwartsbezogenen »Zeitstrophen«, mit denen Kraus seine Offenbach- und Nestroy-Vorlesungen aus der Sphäre der eigenen satirischen Zuständigkeit zu ergänzen pflegte. Die folgende wird dem Grafen Oskar aus Offenbachs »Blaubart« in den Mund gelegt; zu ihrem Verständnis muß man von Schobers Neigung wissen, bei mehr oder minder passenden Gelegenheiten öffentlich Verse Friedrich Rückerts zu zitieren:

> Alles eher als ein Lober,
> Hab' ich manches Wort gewagt.
> Wie Sie wissen hat Herr Schober
> Mich bis heute nicht geklagt.
> Man zwingt ihn diesbezüglich nicht!
> Wenn der Schuh ihn noch so drückert,
> Schiebt er lieber vor den Rückert,
> Mich jedoch zitiert er nicht:
> Nämlich vor's Bezirksgericht. (781/108)

Schobers Spur in der *Fackel* blieb.[442] Noch in deren letztem Heft vom Februar 1936 ist sie zu lesen (917/96 f., 107). Auch die des 15. Juli taucht, sieben Jahre nach dem Justizpalastbrand, noch einmal auf: In dem 315seitigen Heft vom Juli 1934 »Warum die *Fackel* nicht erscheint«, dem großen und in mancher Hinsicht

441 Vgl. zu dem Verfahren und dem zugrundeliegenden Sachverhalt 778/16 ff.

442 Von dem Drama »Die Unüberwindlichen« abgesehen, in dem Schober als Polizeipräsident Wacker eine der Hauptfiguren vorstellt, vgl. v. a. 864/1 ff. (»Schober«), 864/66 ff. (»Johann Seb. Perger«, d. i. Pseudonym für Schober) und 868/87 ff. (»Perger über Schober«).

tragischen Schlußdokument der lebenslangen Begleitschrift einer Epoche, die mit Hitlers Machtergreifung unterging.[443] Das Problem der Schwurgerichte dagegen wird in den letzten *Fackel*-Jahrgängen nicht mehr berührt, obwohl das Fehlurteil im Schattendorf-Prozeß die Angriffe gegen jene »liberale Wahngeburt« (378/2) nicht nur in der österreichischen Öffentlichkeit, sondern auch in der Strafrechtswissenschaft härter und deutlicher werden ließ.[444]

Abgeschafft wurde die Jury schließlich durch das Strafrechtsänderungsgesetz 1934, das – unter der Bezeichnung »Schwurgerichte« – große Schöffengerichte einführte.[445] Karl Kraus kommentierte dies nicht mehr. Er hatte Strafrecht und Strafjustiz, die er ein Menschenalter hindurch beobachtet hatte, schon seit Beginn der dreißiger Jahre weitgehend aus dem Horizont seiner Wahrnehmung und seiner Gegenstände gestrichen.[446] Eine gewichtige Ausnahme allerdings gibt es. Sie kam freilich erst 1952 mit der Erstveröffentlichung der *Dritten Walpurgisnacht* ans Licht. Darin steht über die »Rechtsentwicklung« im nationalsozialistischen Deutschland das folgende:

443 Vgl. 890/261 ff. Kraus war von dem sozialdemokratischen Autor J. W. Brügel in Privatbriefen mit seiner eigenen Haltung nach dem 15. Juli konfrontiert und für seine Dollfuß-Akklamation getadelt worden; er weist den Vorwurf zurück. Dem Problem der Berechtigung von Tadel und Verteidigung kann hier nicht nachgegangen werden. Vgl. im übrigen *J. W. Brügel*, Einige Bemerkungen zur »Fackel« 890/805, in: Kraus-Hefte 14 (1980), S. 7 ff.

444 Vgl. etwa *Ratzenhofer*, Juli-Ereignisse, in: Gerichts-Zeitung 78 (1927), S. 225 ff.; *Bettauer*, Abschaffung der Geschwornengerichte, in: Gerichts-Zeitung 79 (1928), S. 285 f.; *Höpler*, Reform der Geschwornengerichte, in: Gerichts-Zeitung 80 (1929), S. 93 ff.; für Beibehaltung der Schwurgerichte unter Berufung auf ein »Recht« der Jury auf Fehlurteile aber *Beth*, Reform der Laiengerichtsbarkeit, in: Gerichts-Zeitung 79 (1928), S. 102 ff.

445 Vgl. *Liebscher*, Juliereignisse (wie Anm. 426), S. 94 f. Sie wurden am 1. 1. 1951 in Österreich wieder eingeführt; dazu *Rittler* (1956), Das neue österreichische Geschworenengericht, in: Fschr. für Pfenninger, S. 99 ff.

446 Abgesehen von einigen eher beiläufigen Ausnahmen (etwa 838/115; 847/93) und von Strafprozessen, an denen er selbst (meist als Privatkläger, aber auch als Angeklagter wegen Beleidigung) beteiligt war; vgl. 827/70 ff.; 827/112 ff.; 834/17; 847/43 f.

Gewisse Unebenheiten gewinnen [...] gleich ein anderes Aussehen, wenn ihnen die Rechtsprechung angepaßt wird. Nach den in der »Deutschen Juristenzeitung« von einem Landgerichtspräsidenten festgelegten Richtlinien ist eine Reihe von Taten wie Körperverletzung, Freiheitsberaubung und Tötung als »durch den nationalen Zweck bestimmt« anzusehen und darum vom Verdacht einer strafbaren Handlung vorweg befreit, während bisher immer erst Abolition eintreten mußte. Weitwendigkeiten wie bei den Mördern von Potempa, deren Leben an einem Haar hing und deren Beamtenlaufbahn dann durch einige Monate verzögert war, werden sich nicht wiederholen (S12/289 f.).

Im oberschlesischen Potempa hatten am 16. August 1932 fünf Nationalsozialisten einen Kommunisten erschlagen. Sie waren eine Woche später von einem Sondergericht zum Tod verurteilt, nach einem intervenierenden Telegramm Hitlers, der die Täter seine »Kameraden« und ihre Freiheit »eine Frage unserer Ehre« nannte, zu lebenslangem Zuchthaus begnadigt und am 15. März 1933 entlassen worden.[447] Der aus der *Juristenzeitung* zitierte Landgerichtspräsident ist ein Dr. Dietrich aus Hechingen, der 1933 unter dem Titel »Der nationale Zweck« einen so benannten Rechtfertigungsgrund einzuführen vorschlug.[448] Vor allem »Körperverletzungen, Freiheitsberaubungen, Tötungen« seien als »Kampfhandlungen« gegen den innerstaatlichen Feind genauso gerechtfertigt wie gegen den feindlichen Soldaten im Krieg. In seiner Kommentierung dazu zieht der Satiriker von diesem strafrechtlichen Reformvorschlag perspektivisch die Charakteristik des gesamten nationalsozialistischen Umsturzes ab, und zwar mit einer bezeichnenden Wendung:

So würde sich der Sinn der nationalen Erhebung allmählich als der einer Befreiung von überlebten Strafsanktionen herausstellen, bis zu dem Maße, daß nicht Leben, Freiheit, Ehre und Besitz, sondern die Eingriffe in diese Lebensgüter als Rechtsgüter zu gelten haben. (S12/291)

Der Landgerichtsdirektor Dietrich jedenfalls beglaubigt seinen Einfall zum Schluß mit dem (wenn auch ungenau zitierten) Satz

447 Vgl. dazu *Sauer* (1960), Mobilmachung der Gewalt, in: *Bracher/Sauer/Schulz*, Die nationalsozialistische Machtergreifung, Bd. 2, S. 861.

448 *Dietrich*, Der nationale Zweck, in: DJZ 38 (1933), Sp. 718 ff. Dietrich schwankt allerdings terminologisch ständig zwischen »Schuldausschließungs-« und »Rechtfertigungsgrund«, die er, auch dogmatisch unsauber, offenbar nicht unterscheiden kann oder will.

aus Schillers *Jungfrau von Orleans*: »Nichtswürdig ist die Nation, die nicht ihr alles setzt an ihre Ehre«; und es mag am Ende einer tieferen Logik entsprechen, daß das »freudig«, mit dem Schiller sein nationales Postulat adverbiell genauer bestimmt, bei Dietrich weggefallen ist. In der *Dritten Walpurgisnacht* dagegen beschließt ein Goethe-Zitat aus dem zweiten Teil des *Faust* die Darstellung dieses Vorschlags zur Strafrechtsreform: »Ein Richter, der nicht strafen kann, / Gesellt sich endlich zum Verbrecher ...« (S12/299).[449]

Doch im ganzen war die Strafjustiz, 30 Jahre lang eines der wichtigen Themen der *Fackel*, aus deren Repertoire schon nahezu verschwunden. Der Ton des Satirikers wurde in seinen letzten Lebensjahren bitterer, seine Weltsicht hoffnungsloser. Der letzte Brief an die Geliebte Sidonie Nádherný vom 15./16. 5. 1936 schließt mit den Worten: »Die Weltdummheit macht jede Arbeit – außer an Shakespeare – unmöglich.«[450]

Am 12. Juni 1936 ist Karl Kraus an einem Herz- und Gehirnschlag gestorben. Sechs Jahre zuvor war in der *Fackel* das Epigramm »Grabschrift« erschienen. In seiner Trauer und in seinem Hohn macht es noch einmal jene satirische »Schwermut der Vernunft« hörbar, die Johann Georg Hamann 1756 als die Menschlichkeit des Menschenhasses gekennzeichnet hat:

Wie leer ist es hier
an meiner Stelle.
Vertan alles Streben.
Nichts bleibt von mir
als die Quelle,
die sie nicht angegeben.
(834/72 = S9/622)

Leer geblieben ist die literaturgeschichtliche Stelle, die von seinem Werk markiert wird, gewiß nicht. Aber für seine Schriften zum Strafrecht ist die Nachwelt bis heute nahezu blind geblieben. Daß auch sie ein besseres Schicksal verdienen als das des vertanen Strebens, sollte hier belegt und die Quelle dafür angegeben werden.

449 Aus Faust II, Vers 4805 f.
450 *Kraus* (1974), Briefe an Sidonie v. Nádherný I, S. 687.

Literatur

I. *Schriften von Karl Kraus*

1. Die *Fackel*, Jahrgang 1–37, Nr. 1–922, Wien 1899–1936; fotomechanischer Nachdruck München 1968–1976 und Frankfurt am Main 1977; zit. mit Anfangsnummer des jeweiligen Heftes und Seitenzahl.
2. *Schriften*, hg. von Christian Wagenknecht, Frankfurt am Main 1986–1989; zit. mit »S«, Bandnummer und Seitenzahl.
   Bd. 1: Sittlichkeit und Kriminalität
   Bd. 2: Die chinesische Mauer
   Bd. 3: Literatur und Lüge
   Bd. 4: Untergang der Welt durch schwarze Magie
   Bd. 5: Weltgericht I
   Bd. 6: Weltgericht II
   Bd. 7: Die Sprache
   Bd. 8: Aphorismen
   Bd. 9: Gedichte
   Bd. 10: Die letzten Tage der Menschheit
   Bd. 11: Dramen
   Bd. 12: Dritte Walpurgisnacht
3. Frühe Schriften, hg. von Johannes J. Braakenburg, 2 Bde., München 1979.
4. Briefe
   1. Briefe an Sidonie Nádherný von Borutin 1913–1936, hg. von Heinrich Fischer und Michael Lazarus, 2 Bde., München 1974.
   2. Unpublizierte Korrespondenz im Karl-Kraus-Archiv der Wiener Stadt- und Landesbibliothek; zit. »I. N.« und jeweilige Verzeichnisnummer.

II. *Sekundärliteratur zu Karl Kraus sowie literarische und literaturwissenschaftliche Texte*

Adorno, Theodor W., Sittlichkeit und Kriminalität. Zum elften Band der Werke von Karl Kraus, in: ders., Gesammelte Schriften, Bd. II, Noten zur Literatur, Frankfurt am Main 1967, S. 367 ff.

Améry, Jean, Intelligenz, in: Merkur 28 (1974), S. 291 ff.

Arntzen, Helmut, Literatur im Zeitalter der Information, Frankfurt am Main 1971.

–, Karl Kraus und die Presse, München 1975.

–, Karl Kraus als Kritiker des Fin de Siècle, in: Bauer, Roger u. a. (Hg.),

Fin de Siècle. Zu Literatur und Kunst der Jahrhundertwende, Frankfurt am Main 1977, S. 112 ff.
–, Satire in der deutschen Literatur, Bd. 1, Darmstadt 1989.
Athenäum. Eine Zeitschrift von August Wilhelm Schlegel und Friedrich Schlegel, Auswahl, hg. von Gerda Heinrich, Leipzig 1978.
Bahr, Hermann, und Josef Redlich, Dichter und Gelehrter. Briefwechsel 1896–1934, hg. von Fritz Fellner, Salzburg 1980.
Becker, Reinhard, Die Büchse der Pandora ist geöffnet. Vom Umgang mit dem falschen Denken, in: Elke Austermühl, Alfred Kessler und Hartmut Vincon (Hg.), Frank Wedekind. Texte, Interviews, Studien, Darmstadt 1989, S. 129 ff.
Benjamin, Walter, Karl Kraus, in: ders., Ges. Schriften, Bd. II/1: Aufsätze, Essays, Vorträge, Frankfurt am Main 1977, S. 334 ff.
Bergammer, Friedrich, Momentaufnahmen. Gedichte, Wien 1981.
Bilke, Martina, Zeitgenossen der »*Fackel*«, Wien–München 1981.
Binder, Dieter A., Einige Überlegungen zu politischen Positionen von Karl Kraus, in: LuK 22 (1987), S. 55 ff.
Bohn, Volker, Satire und Kritik. Über Karl Kraus, Frankfurt am Main 1974.
Bohn, Klaus, Frank Wedekind und Georg Brandes. Unveröffentlichte Briefe, in: Euphorion. Zeitschr. für Literaturgeschichte 72 (1978), S. 106 ff.
Brecht, Bertolt, Über Karl Kraus, in: ders., Schriften zur Literatur und Kunst, Bd. 2, Berlin und Weimar 1966, S. 206 ff.
Broch, Hermann, Hofmannsthal und seine Zeit, Kap. III: Der Turm zu Babel, in: ders., Kommentierte Werkausgabe, hg. von Paul Michael Lützeler, Bd. 9/1 (Schriften zur Literatur 1), 3. Aufl., Frankfurt am Main 1975, S. 221 ff.
Brügel, Johann Wolfgang, Einige Bemerkungen zur Karl-Kraus-Renaissance, in: Gewerkschaftliche Monatshefte 15 (1964), S. 231 ff.
–, Einige Bemerkungen zur »*Fackel*« 890–905, in: Kraus-Hefte 14 (1980), S. 7 ff.
Brummack, Jürgen, Zu Begriff und Theorie der Satire, in: DVjschrLit 45 (1971), Sonderheft, S. 275 ff.
Busch, Günther, Die fragwürdige Karl-Kraus-Renaissance, in: Forum 6 (Wien) 1959, S. 155 ff.
Canetti, Elias, Die *Fackel* im Ohr, München 1980.
Carr, Gilbert, Karl Kraus and Sigmund Freud, in: ders. und Eda Sagarra (Hg.), Irish Studies in Modern Austrian Literature, Dublin 1982, S. 1 ff.
Doderer, Heimito von, Die Dämonen, München 1985.
Ehrenstein, Albert, Karl Kraus, in: Die Gefährten 3 (1920), 7. H., S. 1 ff.
Elliott, Robert C., The Power of Satire: Magic, Ritual, Art, Princeton, N. J., 1960.

Fabian, Bernhard (Hg.), Satura. Ein Kompendium moderner Studien zur Satire, Hildesheim–New York 1975.
Fischer, Heinrich, Zum Thema »Renaissance«, in: Forum (Wien) 10 (1963), S. 426 f.
Fischer, Jens Malte, Karl Kraus. Studien zum »Theater der Dichtung« und Kulturkonservatismus, Kronberg 1973.
–, Karl Kraus, Stuttgart 1974.
–, Dekadenz und Entartung. Max Nordau als Kritiker des Fin de Siècle, in: Roger Bauer u. a. (Hg.), Fin de Siècle, Zu Literatur und Kunst der Jahrhundertwende, Frankfurt am Main 1977, S. 93 ff.
Frank , Walter, »Apostata« – Maximilian Harden und das wilhelminische Deutschland, in: ders., »Höre Israel«. Studien zur modernen Judenfrage, 2. Aufl., Hamburg 1935, S. 131 ff.
Frei, Norbert, Karl Kraus und das Jahr 1934, in: Klaus Amann und Albert Berger, Österreichische Literatur der dreißiger Jahre, Wien–Köln–Graz 1985, S. 303 ff.
Früh, Eckart, Die »Arbeiter-Zeitung« als Quelle der »Letzten Tage der Menschheit«, in: Sigurd Paul Scheichl und Edward Timms (Hg.), Karl Kraus in neuer Sicht, München 1986.
–, Karl Kraus und der Kommunismus, in: Zeitgeschichte (Wien) 15 (1987/88), S. 315 ff.
Frye, Northrop, Anatomy of Criticism, Princeton 1957.
Fuchs, Albert, Geistige Strömungen in Österreich (1867–1918), Wien 1949 (Reprint Wien 1984).
Gaier, Ulrich, System des Handelns. Eine rekonstruktive Handlungswissenschaft, Stuttgart 1986.
Gauß, Karl Markus, Karl Kraus und seine »kosmischen Schlieferln«. Zur Rehabilitierung von Albert Ehrenstein, Hugo Sonnenschein und Georg Kulka, in: Zeitgeschichte (Wien–Salzburg) 10 (1982/1983), S. 43 ff.
Glettler, Monika, Karl Kraus zwischen Prussophilie und Prussophobie. Bismarck und Wilhelm II. in der *Fackel*, in: ÖGL 23 (1979), S. 148 ff.
Goethe, Johann Wolfgang, Wilhelm Meisters Lehrjahre, in: Werke, Hamburger Ausgabe, hg. von Erich Trunz, 7. Bd., 11. Aufl., München 1982.
Gottsched, Johann Christoph, Versuch einer Critischen Dichtkunst vor die Deutschen, Leipzig 1730.
Grimm, Gunter, Nachwort, in: Satiren der Aufklärung, 2. Aufl., hg. von G. Grimm, Stuttgart 1979, S. 325 ff.
Gsteiger, Manfred, Französische Symbolisten in der deutschen Literatur der Jahrhundertwende (1869–1914), Bern und München 1971.
Hänsel, Ludwig, Karl Kraus, in: Hochland 32 (1934/35), S. 237 ff.
Hahnl, Hans Heinz, Zielscheibe Zeitgenosse. Hermann Bahr und Karl Kraus, in: LuK 22 (1987), S. 141 ff.

Halliday, John D., Karl Kraus, Franz Pfemfert and the First World War, Passau 1986.
Harden, Maximilian, Luise von Koburg, in: Die Zukunft 48 (1904), S. 437 ff.
– Prozesse (Köpfe, III. Teil), Berlin 1913.
Hartl, Edwin, Karl Kraus und die Psychoanalyse, in: Merkur 31 (1977), S. 144 ff.
Haslinger, Josef, »Die Stellung des Herrn Kraus zum Sozialismus«. Bericht über einen Ehrenbeleidigungsprozeß von Karl Kraus gegen Hugo Sonnenschein, in: Austriaca Nr. 22 (1986), Sonderheft Karl Kraus, hg. von Sigurd Paul Scheichl und Gerald Stieg, S. 47 ff.
Heine, Heinrich, Briefe, Bd. 1, hg. von Florian Hirth, Mainz 1950.
–, Ludwig Börne – Eine Denkschrift, in: Sämtliche Schriften, Bd. 7, München–Wien 1976, S. 1 ff.
–, Die Bäder von Lucca (Reisebilder, 3. Teil), in: Sämtliche Schriften, Bd. 3, München–Wien 1976, S. 391 ff.
Highet, Gilbert, The Anatomy of Satire, 4. Aufl., Princeton 1967.
Hohoff, Curt, Glanz und Elend des Karl Kraus, in: Merkur 22 (1968), S. 563 ff.
Horowitz, Michael, Karl Kraus und seine Nachwelt. Ein Buch des Gedenkens, Wien–München 1986.
Jean Paul, Satirische Jugendwerke, in: Sämtliche Werke, historisch-kritische Ausgabe, hg. von Eduard Berend, 1. Abtlg., Bd. 1, Weimar 1927.
–, Vorschule der Ästhetik, in: Sämtliche Werke, historisch-kritische Ausgabe, hg. von Eduard Berend, 1. Abt., Bd. 11, Weimar 1935.
Jenaczek, Friedrich, Zeittafeln zur *Fackel*. Themen – Ziele – Probleme, München 1965.
Juvenalis, D. Junius, Saturae, in: Römische Satiren, hg. und übersetzt von Otto Weinreich, Lausanne–Köln 1970.
Koppen, Erwin, Dekadenter Wagnerismus, Berlin–New York 1973.
Kraft, Werner, Wer war Karl Kraus?, in: Engelmann, Paul (Hg.), Dem Andenken von Karl Kraus, Tel Aviv 1949, S. 16 ff.
–, Karl Kraus. Beiträge zum Verständnis seines Werkes, Salzburg 1956.
–, Es war einmal ein Mann … Über die »Dritte Walpurgisnacht« von Karl Kraus, in: Merkur 22 (1968), S. 926 ff.
–, Das Ja des Neinsagers. Karl Kraus und seine geistige Welt, München 1974.
–, Österreichische Lyriker. Von Trakl zu Lubomirski, Wien 1984.
Kreuzer, Helmut und Döhl, Reinhard, Georg Kulka und Jean Paul, in: DVjschrLit 40 (1966), S. 567 ff.
Krolop, Kurt, Sprachsatire als Zeitsatire bei Karl Kraus, Berlin (Ost) 1987.
–, Genesis und Geltung eines Warnstücks, in: ders., (1987), Karl Kraus, S. 65 ff.

–, Präformation als Konfrontation – »Drittes Reich« und Dritte Walpurgisnacht, in: ders. (1987), Karl Kraus, S. 210 ff.

Kulka, Georg, Der Götze des Lachens, in: Die Gefährten 3 (1920), 7. Heft, Anhang.

La Rochefoucauld, Reflexionen oder Moralische Sentenzen und Maximen, in: Die französischen Moralisten, hg. von Fritz Schalk, 2. Aufl., Bremen 1980, S. 59 ff.

Laugwitz Uwe, Albert Ehrenstein und Karl Kraus. Entwicklung einer literarischen Polemik, Hamburg 1982.

Lazarowicz, Klaus, Verkehrte Welt. Vorstudien zu einer Geschichte der deutschen Satire, Tübingen 1963.

Lensing, Leo A., »Geistige Väter« und »Das Kindweib«. Sigmund Freud, Karl Kraus und Irma Karczewska in der Autobiographie von Fritz Wittels, in: Forum (Wien) 36 (1989), Heft Oktober/November, S. 62 ff.

Le Rider, Jacques, Der Fall Otto Weininger. Wurzeln des Antifeminismus und Antisemitismus, Wien 1985.

Le Rider, Jacques, und Norbert Leser (Hg.), Otto Weininger. Werk und Wirkung, Wien 1984.

Lessing, Gotthold Ephraim, Werke, Bd. II, München 1982.

Lichtenberg, Georg Christoph, Vermischte Schriften. Neue vermehrte, von dessen Söhnen veranstaltete Original-Ausgabe, Bd. 6, Göttingen 1845.

–, Schriften und Briefe, hg. von Wolfgang Promies, 4 Bde. und 2 Kommentarbände, München 1968–1992.

–, Briefwechsel, hg. von Ulrich Joost und Albrecht Schöne, Bd. I, 1765–1779, München 1983.

Liegler, Leopold, Karl Kraus und sein Werk, Wien 1920.

Menges, Karl, Karl Kraus und der Austrofaschismus, in: Colloquia Germanica 14 (1981), S. 313 ff.

Merkel, Reinhard, Karl Kraus, in: Österreichische Porträts. Leben und Werk bedeutender Persönlichkeiten von Maria Theresia bis Ingeborg Bachmann, hg. von Jochen Jung, Bd. 2, Salzburg 1985, S. 177 ff.

–, »Die Welt im Wort erschaffen ...« Karl Kraus als Sprachdenker, in: Berner/Brix/Mantl (Hg.) (1986), Wien um 1900, S. 127 ff.

–, »Wo gegen die Natur sie auf Normen pochten ...« Bemerkungen zum Verhältnis zwischen Strafrecht und Satire im Werk von Karl Kraus, in: Schönert (Hg.) (1991), Erzählte Kriminalität, S. 607 ff.

Meyer, Michael, Theaterzensur in München 1900–1918. Geschichte und Entwicklung der polizeilichen Zensur und des Theaterzensurbeirats unter besonderer Berücksichtigung Frank Wedekinds, München 1982.

Möser, Justus, Patriotische Phantasien I, in: ders., Sämtliche Werke, Bd. 4, Berlin 1943.

Morhof, Daniel Georg, Unterricht von der Teutschen Sprache und Poesie, 2. Aufl. (1700), Reprint, hg. von H. Boetius, Bad Homburg 1969.
Müller-Dietz, Heinz, Grenzüberschreitungen. Beiträge zur Beziehung zwischen Literatur und Recht, Baden-Baden 1990.
–, Alltagsmoral und Alltagskriminalität. Zur skeptischen Weltsicht Johann Nestroys, in: ders. (1990), Grenzüberschreitungen, S. 281 ff.
–, Kriminalität und Kriminalitätsverarbeitung in der *Fackel.* Zur Justiz-, Strafrechts- und Pressekritik von Karl Kraus, in: ders. (1990), Grenzüberschreitungen, S. 370 ff.
Musil, Robert, Der Mann ohne Eigenschaften, 1. Buch, in: ders., Ges. Werke, Bd. 1, 2. Aufl., Reinbek 1981.
Naumann, Michael, Der Abbau einer verkehrten Welt. Satire und politische Wirklichkeit im Werk von Karl Kraus, München 1969.
Nestroy, Johann, Sämtliche Werke, historisch-kritische Gesamtausgabe, hg. von Fritz Brukner und Otto Rommel, Bd. 5, Die politischen Komödien, Wien 1925.
Nordau, Max, Entartung, 2 Bde., 2. Aufl., Berlin 1893.
Pfabigan, Alfred, Karl Kraus und der Sozialismus. Eine politische Biographie, Wien 1976.
–, Karl Kraus als Kritiker des Austromarxismus, in: Scheichl/Timms (Hg.) (1986), Karl Kraus in neuer Sicht, S. 235 ff.
–, »Frauenverehrung« und »Frauenverachtung«, in: LuK 22 (1987), S. 123 ff.
Polgar, Alfred, Nachruf auf Karl Kraus, in: ders., Kleine Schriften, hg. von Marcel Reich-Ranicki und Ulrich Weinzierl, Bd. 4 (Literatur), Reinbek 1984, S. 46 ff.
Preisendanz, Wolfgang, Zur Korrelation zwischen Satirischem und Komischem, in: ders. und Reiner Warning (Hg.), Das Komische (Poetik und Hermeneutik, Bd. 7), München 1976, S. 411 ff.
Quack, Josef, Bemerkungen zum Sprachverständnis von Karl Kraus, Bonn 1976.
Raddatz, Fritz J., Der blinde Seher. Überlegungen zu Karl Kraus, in: Merkur 22 (1968), S. 517 ff.
Ribeiro, António, Karl Kraus und Shakespeare. Die Macht des Epigonen, in: Joseph P. Strelka (Hg.), Karl Kraus. Diener der Sprache – Meister des Ethos, Tübingen 1990, S. 237 ff.
Salvesen, Hugh, Ambivalent Alliance: Frank Wedekind in Karl Kraus's Periodical ›Die Fackel‹, Diss. (masch.), Cambridge 1981.
–, The disappointed Idealist: August Strindberg in Karl Kraus's Periodical ›Die *Fackel*‹, in: New German Studies 9 (1981), S. 157 ff.
–, A pinch of Snuff from Pandora's box. New Light on Karl Kraus and Frank Wedekind, in: Oxford German Studies 12 (1981), S. 122 ff.
Sanoner, Elisabeth, Karl Kraus' Pressekritik in der »*Fackel*« von 1899–1905, Diss. (masch.), Innsbruck 1983.

Seume, Johann Gottfried, Prosaschriften. Mit einer Einleitung von Werner Kraft, Darmstadt 1974.
Swift, Jonathan, The Examiner and Other Pieces Written in 1710–1711, ed. by Herbert Davis, Oxford 1957.
Szasz, Thomas, Karl Kraus and the Soul-Doctors, Baton Rouge (USA) 1976.
Scharang, Michael, Zur Dritten Walpurgisnacht, in: LuK 22 (1987), S. 152 ff.
Scheichl, Sigurd Paul, Karl Kraus und die Politik (1892–1919), Diss. (masch.), 5 Teilbände, Innsbruck 1971.
–, Politik und Ursprung. Über Karl Kraus' Verhältnis zur Politik, in: Wort und Wahrheit 27 (1972), S. 43 ff.
–, »Kultur und Presse«. Ein Archivbericht, in: Kraus-Hefte 2, München 1977, S. 2 ff.
–, Die politischen Polemiken von Karl Kraus, in: Aspetsberger, Friedbert (Hg.), Staat und Gesellschaft in der österreichischen Literatur, Wien 1977, S. 45 ff.
–, Ein anonymer Beitrag von Heinrich Lammasch, Hinweis in: Kraus-Hefte 9 (1979), S. 17.
–, Zur Struktur Kraus'scher Polemiken – am Beispiel »Innsbruck und Anderes« (1920), in: LuK 22 (1987), S. 131 ff.
–, Der Berliner Prozeß Wittels–Kraus (1910/11). Prager Zeitungsberichte, in: Kraus-Hefte 65 (1993), S. 1 ff.
Schick, Paul, Zu den Briefen Karl Kraus' an Alfred von Berger, in: Das Silberboot 5 (1951/52), S. 122 ff.
Schiller, Friedrich, Über naive und sentimentalische Dichtung, in: ders., Werke, Nationalausgabe, Bd. 20, hg. von Lieselotte Blumenthal und Benno von Wiese, Weimar 1962, S. 413 ff.
Schirrmacher, Frank, Wie Worte Taten gebären, in: Frankfurter Allgemeine Zeitung – Literaturbeilage vom 29. 3. 1988, S. 1.
Schneider, Manfred, Die Angst und das Paradies des Nörglers. Versuch über Karl Kraus, Frankfurt 1977.
Schönberg, Arnold, Parsifal und Urheberrecht, in: ders., Stil und Gedanke. Aufsätze zur Musik, Ges. Schriften, Bd. 1, hg. von Ivan Voitech, Frankfurt am Main 1976, S. 174 ff.
Schönert, Jörg, Roman und Satire im 18. Jahrhundert, Stuttgart 1969.
–, »Wir Negativen« – Das Rollenbewußtsein des Satirikers Kurt Tucholsky in der ersten Phase der Weimarer Republik (1918–1924), in: Irmgard Ackermann (Hg.), Kurt Tucholsky, München 1981.
–, *(Hg.),* Literatur und Kriminalität. Die gesellschaftliche Erfahrung von Verbrechen und Strafverfolgung als Gegenstand des Erzählens. Deutschland, England und Frankreich 1850–1880, Tübingen 1983.
–, Erzählte Kriminalität. Zur Typologie und Funktion von narrati-

ven Darstellungen in Strafrechtspflege, Publizistik und Literatur zwischen 1770 und 1920, Tübingen 1991.
Schwind, Klaus, Satire in funktionalen Kontexten, Tübingen 1988.
Stieg, Gerald, Otto Weiningers »Blendung«. Weininger, Karl Kraus und der Brenner-Kreis, in: Le Rider/Leser (Hg.) (1984), Otto Weininger, S. 59 ff.
–, Frucht des Feuers. Canetti, Doderer, Kraus und der Justizpalastbrand, Wien 1990.
Stremmel, Jochen, »Dritte Walpurgisnacht«. Über einen Text von Karl Kraus, Bonn 1982.
Thieme, Karl, Der Apokalyptiker Karl Kraus, in: Die Erfüllung 2 (1936), S. 109 ff.
Timms, Edward, Facade and Function. The Alliance between Karl Kraus and Adolf Loos, in: 9 H. Architectural Magazine (London), No. 6 (1983), S. 9 ff.
–, Karl Kraus. Apocalyptic Satirist, New Haven–London 1986.
Vondung, Klaus, Die Apokalypse in Deutschland, München 1988.
Wagenknecht, Christian, Entstehung und Überlieferung. Anhang zu Karl Kraus, Schriften Bd. 1, Frankfurt am Main 1987, S. 347 f.
Wagner, Cosima, und Chamberlain, Houston Stewart, Briefwechsel 1888–1908, hg. von Paul Pretzsch, Leipzig 1934.
Wagner, Cosima, und Fürst zu Hohenlohe-Langenburg, Ernst, Briefwechsel, Stuttgart 1937.
Wagner, Cosima, Das zweite Leben. Briefe und Aufzeichnungen 1883–1930, hg. von Dietrich Mack, München–Zürich 1980.
Wagner, Nike, Geist und Geschlecht. Karl Kraus und die Erotik der Wiener Moderne, Frankfurt am Main 1982.
Weiss, Wolfgang (Hg.), Die englische Satire, Darmstadt 1982.
Wilhelm, Hans-Heinrich, Houston Stewart Chamberlain und Karl Kraus. Ein Bericht über ihren Briefwechsel, in: Zeitgeschichte (Wien–Salzburg) 10 (1983), S. 405 ff.
Wittels, Fritz, Die *Fackel*-Neurose, in: Hermann Nunberg und Ernst Federn (Hg.), Protokolle der Wiener Psychoanalytischen Vereinigung, Bd. 2 (1908–1911), Frankfurt am Main 1977, S. 346 ff.
Worbs, Michael, Nervenkunst. Literatur und Psychoanalyse im Wien der Jahrhundertwende, Frankfurt am Main 1983.
Young, Harry F., Maximilian Harden – Censor Germaniae, Münster 1971.

III. *Strafrechtliche, straf- und strafprozeßrechtsgeschichtliche sowie philosophische, historische und soziologische Literatur*

Ableitinger, Alfred, Ernst von Koerber und das Verfassungsproblem im Jahre 1900, Wien–Köln–Graz 1973.

Ahrens, Theodor, Der strafrechtliche Schutz des religiösen Gefühls, Breslau 1912.

Alexy, Robert, Theorie der juristischen Argumentation, Frankfurt am Main 1978.

–, Theorie der Grundrechte, Frankfurt am Main 1986.

–, Begriff und Geltung des Rechts, Freiburg/München 1992.

Altmann, Ludwig, Journalistenbestechung, in: Österreichische Richterzeitung 1929, S. 232 ff.

Altmann, Ludwig und Jacob, Siegfried, Kommentar zum österreichischen Strafrecht, 2 Bde., Wien 1928/1930.

Amelung, Knut, Rechtsgüterschutz und Schutz der Gesellschaft, Frankfurt am Main 1972.

Amschl, Alfred, Beiträge zur Anwendung des Strafverfahrens, 3 Hefte (1. Heft in 2. Aufl.), Wien 1911–1915.

–, Das Verbrechen des Kindesmordes nach österreichischem Recht, in: ArchKrimAnthr 30 (1908), S. 71 ff.

Andernach, Norbert, Der Einfluß der Parteien auf das Hochschulwesen in Preußen 1848 – 1918, Göttingen 1972.

Arzt, Gunter, Der strafrechtliche Schutz der Intimsphäre, Tübingen 1970.

–, Zum Zweck und Mittel der Nötigung, in: Fschr. für Hans Welzel, Berlin–New York 1974.

Aschaffenburg, Gustav, Luise von Koburg und die Psychiater, in: MSchrKrimPsych 1 (1904/1905), S. 526 ff.

Attlmayr, Claudia, Camillo Castiglioni, in: Kraus-Hefte 58 (1991), S. 2 ff.

Aufklärungsschriften, hg. von der Sozialdemokratischen Arbeiterpartei Österreichs: Die Feldgerichte und das Volksgericht, Wien 1919.

Austerlitz, Friedrich, Austerlitz spricht. Ausgewählte Reden und Aufsätze von Friedrich Austerlitz, hg. von Julius Braunthal, Wien 1931.

Bachem, Karl, Vorgeschichte, Geschichte und Politik der Deutschen Zentrumspartei, Bd. 6, Köln 1929.

Bachrach, Adolf Österreichisch-ungarisches Eherecht, in: ARWP 6 (1912/1913), S. 198 ff.

–, Österreichisches Ehetrennungs- und Ehescheidungsrecht, in: JW 49 (1920), S. 597 ff.

Bar, Carl Ludwig von, Die Principien der österreichischen Strafprozeßordnung vom 23. Mai 1873, in: Grünhut's Z. 1 (1874), S. 303 ff.

Bauer, Günther, Die Kindesmißhandlung, Lübeck 1969.
Baumeister, Georg, Der Paragraph 193 R.St.G.B., Kaiserslautern 1905.
Baumgardt, Manfred, Die Homosexuellen-Bewegung bis zum Ende des Ersten Weltkrieges, in: Eldorado – Homosexuelle Frauen und Männer in Berlin 1850 – 1950. Geschichte, Alltag und Kultur, München 1984, S. 17 ff.
Baumgarten, Anton, Polizei und Prostitution, in: ArchKrimAnthr 8 (1902), S. 233 ff.
Baumann, Jürgen, Paragraph 175, Neuwied 1968.
Baur, Fritz, Laienrichter – Heute? in: Tübinger Fschr. für Eduard Kern, Tübingen 1968, S. 49 ff.
Baurmann, Michael, Zweckrationalität und Strafrecht, Opladen 1987.
–, Recht und Moral bei Max Weber, in: Jung/Müller-Dietz/Neumann (Hg.) (1991), Recht und Moral, S. 113 ff.
Becker, Winfried, Liberale Kulturkampf-Positionen und politischer Katholizismus, in: Pflanze (Hg.) (1983), Probleme des Bismarck-Reiches, S. 217 ff.
Behm, Ulrich, Anmerkung zum Urteil des BayObLG vom 21. 7. 1988, in: JZ 1989, S. 301 f.
Beling, Ernst, Die Beschimpfung von Religionsgemeinschaften, religiösen Einrichtungen und Gebräuchen und die Reformbedürftigkeit des § 166 StGB, in: Fschr. für Felix Dahn, III. Teil, Breslau 1905, S. 1 ff.
–, Wesen, Strafbarkeit und Beweis der üblen Nachrede, Tübingen 1909.
Bellamy, Richard, Defining Liberalism: Neutralist, Ethical or Political, in: Bellamy (Hg.), Liberalism and Recent Legal and Social Philosophy, ARSP, Beiheft 36 (1989), S. 23 ff.
Benedikt, Edmund, Wochenschau, in: JBl 33 (1904), S. 148 f.
Benedikt, Heinrich, Die Friedensmission der Meinl-Gruppe 1917/18, Graz–Köln 1962.
Ben-Horin, Meir, Max Nordau, Philosopher of Human Solidarity, New York 1956.
Bennecke, Hans / Beling, Ernst, Lehrbuch des deutschen Strafprozessrechts, Breslau 1900.
Bentham, Jeremy, An Introduction to the Principles of Morals and Legislation, London 1789; Reprint London 1970, ed. by J. H. Burns and H. L. A. Hart.
Berding, Helmut u.a. (Hg.), Vom Staat des Ancien Régime zum modernen Parteienstaat. Fschr. für Theodor Schieder, München/Wien 1978.
Bernatzik, Eduard, Die österreichischen Verfassungsgesetze, 2. Aufl., Wien 1911.
Berner, Peter, Emil Brix und Wolfgang Mantl (Hg.), Wien um 1900, Wien 1986.
Bertel, Christian, Grundriß des österreichischen Strafprozeßrechts, 2. Aufl., Wien 1984.

Beth, Marianne, Reform der Laiengerichtsbarkeit, in: Gerichts-Zeitung 79 (1928), S. 102 ff.
Bettauer, Parker, Für die Abschaffung der Geschwornengerichte, in: Gerichts-Zeitung 79 (1928), S. 285 ff.
Biener, Friedrich August, Über die historische Methode und ihre Anwendung auf das Criminalrecht, in: NACR 10 (1828), S. 476 ff., 605 ff.
Binding, Karl, Der Entwurf eines Strafgesetzbuches für den Norddeutschen Bund in seinen Grundsätzen beurteilt, Leipzig 1869.
–, Der Kampf um die Strafgerichtsbank, in: Preuß. Jahrb. 32 (1873), S. 117 ff.
–, Der neue österreichische Entwurf eines Gesetzes über Verbrechen, Vergehen und Übertretungen vom Jahre 1874 in seinen Grundsätzen, in: Grünhut's Z. 2 (1875), S. 661 ff.
–, Die drei Grundfragen der Organisation des Strafgerichts, Leipzig 1876.
–, Strafgesetzgebung, Strafjustiz und Strafrechtswissenschaft in normalem Verhältnis zueinander, in: ZStW 1 (1881), S. 4 ff.; wiederabgedr. in Binding, Karl, Strafrechtliche und strafprozessuale Abhandlungen, Bd. 1, München und Leipzig 1915, S. 27 ff.
–, Die Normen und ihre Übertretung, Bde. I und II, 1. Aufl., Leipzig 1872; 2. Aufl., Leipzig 1890.
–, Handbuch des Strafrechts, Bd. 1, Leipzig 1885.
–, Der Entwurf eines Gesetzes zur Reform des Strafverfahrens, in: National-Zeitung 1895, Nr. 20 ff.
–, Grundriß des gemeinen deutschen Strafrechts, Bd. I. Einleitung und allgemeiner Teil, Leipzig 1897.
–, Lehrbuch des gemeinen deutschen Strafrechts, Besonderer Teil, 1. Bd., 2. Aufl., Leipzig 1902; 2. Bd., 1. Abtlg., Leipzig 1901.
–, Grundriß des Deutschen Strafprozessrechts, 5. Aufl., Leipzig 1904.
–, Die Wirkungen des Eintritts der Staatsanwaltschaft in das Privatklageverfahren, in: Gerichtssaal 72 (1908), S. 1 ff.
–, Der Entwurf einer neuen Strafprozeßordnung, in: Gerichtssaal 74 (1909), S. 1 ff.
Birkmeyer, Karl von, Das richterliche Ermessen im deutschen Entwurf verglichen mit dem österreichischen, in: Gerichtssaal 77 (1911), S. 353 ff.
Birnbaum, J. M. F., Über das Erfordernis einer Rechtsverletzung zum Begriff des Verbrechens mit besonderer Rücksicht auf den Begriff der Ehrenkränkung, in: ACR, NF 15 (1834), S. 149 ff.
Bismarck, Otto Fürst von, Die politischen Reden, 13 Bände, hg. von Horst Kohl, Stuttgart–Berlin 1892–1905.
Blankenburg, Erhard, und Hubert Treiber, Die Einführung der Staatsanwaltschaft in Deutschland. Eine Kritik der These von der »Aktivierung der Rechtsidee im Strafprozeß«, in: Leviathan 2 (1978), S. 161 ff.

Blasius, Dirk, Der Kampf um die Geschworenengerichte im Vormärz, in: Sozialgeschichte heute. Fschr. für Hans Rosenberg, Göttingen 1974, S. 148 ff.
–, Bürgerliche Gesellschaft und Kriminalität. Zur Sozialgeschichte Preußens im Vormärz, Göttingen 1976.
–, Bürgerliches Recht und bürgerliche Identität. Zu einem Problemzusammenhang in der deutschen Geschichte des 19. Jahrhunderts, in: Berding u. a. (Hg.) (1978), Fschr. Schieder, S. 213 ff.
Blum, Hans, Das deutsche Reich zur Zeit Bismarcks, Bd. 1, Leipzig und Wien 1893.
Bockelmann, Paul, Studien zum Täterstrafrecht, 1. Teil, Berlin 1939.
Böckenförde, Ernst-Wolfgang (Hg.), Moderne deutsche Verfassungsgeschichte (1815–1918), Köln 1972.
Böhme, Helmut (Hg.), Probleme der Reichsgründungszeit 1848–1879, 2. Aufl., Köln–Berlin 1972.
Böttges, Walter, Die Laienbeteiligung an der Strafrechtspflege. Ihre Geschichte und heutige Bedeutung, Bonn 1979.
Bohne, Gotthold, Kuppelei, in: Fschr. für Reinhard von Frank, Bd. 2, Tübingen 1930, S. 440 ff.
Bohnert, Joachim, Paul Johann Anselm Feuerbach und der Bestimmtheitsgrundsatz im Strafrecht, Heidelberg 1982.
Born, Karl Erich, Staat und Sozialpolitik seit Bismarcks Sturz, Wiesbaden 1957.
–, Der wirtschaftliche und soziale Strukturwandel in Deutschland am Ende des 19. Jahrhunderts, in: Bockenförde (Hg.) (1972), Verfassungsgeschichte, S. 451 ff.
Botz, Gerhard, Gewalt in der Politik. Attentate, Zusammenstöße, Putschversuche, Unruhen in Österreich 1918 – 1938, München 1983.
Boyer, John, Political Radicalism in Late Imperial Vienna, Chicago/London 1981.
Bracher, Karl Dietrich, Zeit der Ideologien. Eine Geschichte des politischen Denkens im 20. Jahrhundert, München 1985.
Brentano, Franz, Die vier Phasen der Philosophie, hg. von Oskar Kraus, Leipzig 1926.
Brentano, Lujo, Reaktion oder Reform? Gegen die Zuchthausvorlage, Berlin 1899.
–, Mein Leben im Kampf um die soziale Entwicklung Deutschlands, Jena 1931.
Brix, Emil, Der Gleichheitsgedanke in der österreichischen Sprachenpolitik um 1900, in: Berner/Brix/Mantl (Hg.), (1986), Wien um 1900, S. 176 ff.
Brix, Emil, und Patrick Werkner, Die Wiener Moderne, Wien-München 1990.
Bruch, Rüdiger vom, Wissenschaft, Politik und öffentliche Meinung.

Gelehrtenpolitik im Wilhelminischen Deutschland (1890–1914), Husum 1980.
Bruch, Rüdiger vom, Friedrich Wilhelm Graf und Gangolf Hübinger (Hg.), Kultur und Kulturwissenschaften um 1900, Wiesbaden 1989.
Brunner, August, Der österreichische Preßgesetzentwurf, in: ZStW 23 (1903), S. 537 ff.
–, Die Rechtsprechung des k.k. obersten Gerichts- als Kassationshofes in Wien, in: ZStW 23 (1903), S. 795 ff.
Brunner, Otto, Der österreichisch-ungarische Ausgleich von 1867 und seine geschichtlichen Grundlagen, in: Böckenförde (Hg.) (1972), Verfassungsgeschichte, S. 63 ff.
Budzinski, Wilhelm, Der Überzeugungsverbrecher, Leipzig 1931.
Burckhardt, Max, Der Entwurf eines neuen Preßgesetzes, Wien 1902.
–, Die Strafsache Hervay, in: ders., Quer durch das Leben, Wien–Leipzig 1908, S. 200 ff.
Burckhardt, Jacob, Die Kultur der Renaissance in Italien, in: ders., Ges. Werke, Bd. III, Basel 1955.
–, Griechische Kulturgeschichte, 1. Bd., in: ders., Ges. Werke, Bd. V, Basel 1956.
–, Briefe, hg. von Max Burckhardt, 5. Bd., Basel–Stuttgart 1963.
Bußmann, Walter, Zur Geschichte des deutschen Liberalismus im 19. Jahrhundert, in: Böhme (Hg.) (1968), Reichsgründungszeit, S. 85 ff.
Byloff, Fritz, Studien zur österreichischen Preßrechtsreform, in: Ö. Zentr. Bl. JP. 26 (1908), S. 169 ff., 265 ff., 383 ff., 480 ff., 567 ff., 662 ff.
Calker, F. van, Die Zeitung als Objekt der Beleidigung, in: DJZ 7 (1902), S. 277 ff.
Carsten, Ernst, Die Geschichte der Staatsanwaltschaft in Deutschland bis zur Gegenwart, Breslau 1932.
Chamberlain, Houston Stewart, Nachlaß im Nationalarchiv der Richard-Wagner-Stiftung, Bayreuth.
–, Kriegsaufsätze, 9. Aufl., München 1915.
–, Briefe 1882–1924 und Briefwechsel mit Kaiser Wilhelm II., hg. von Paul Pretzsch, Bd. 2, München 1928.
Charmatz, Richard, Die Probleme und die Zukunft Österreich-Ungarns, in: Zeitschrift für Politik 2 (1909), S. 252 ff.
Chorinsky, Carl Graf von, Der Wucher in Österreich, Wien 1877.
Cohn, Manfred, Das Problem der Bestrafung des Ehebruchs, Breslau 1916.
Conrad, Hermann, Zu den geistigen Grundlagen der Strafrechtsreform Josephs II. (1780–1788), in: Fschr. für Hellmuth von Weber, Bonn 1963, S. 56 ff.
Cramer, Peter, Grenzen des Vermögensschutzes im Strafrecht – OLG Hamburg, NJW 1966, 1525, in: JuS 1966, S. 472 ff.

Dahs, Hans, Recht und Unrecht der Untersuchungshaft, in: NJW 12 (1959), S. 505 ff.
Dannenberg, Herbert, Liberalismus und Strafrecht im 19. Jahrhundert, Berlin–Leipzig 1925.
Der erste österreichische Kinderschutz-Kongreß, (anonym), in: Allg. Ö. GerZ. 58 (1907), S. 146 ff.
Der Mord-Prozeß Heinze. Der unfreiwillige Taufpate der »Lex Heinze«, Dokumentation, Berlin 1900.
Der Prozeß Riehl und Konsorten in Wien, in: ArchKrimAnthr 27 (1907), S. 1 ff.
Desput, Joseph, Die politischen Parteien der Doppelmonarchie und ihre Presse, in: ÖGL 20 (1976), S. 316 ff.
Dewey, John, The Future of Liberalism, in: The Journal of Philosophy 32 (1935), S 225 ff.
Dietrich, Der nationale Zweck. Versuch zur Lösung einer zeitgemäßen Frage, in: DJZ 38 (1933), Sp. 718 ff.
Dilcher, Gerhard, und Bernhard Diestelkamp (Hg.), Recht, Gericht, Genossenschaft und Policey, Symposion für Adalbert Erler.
Dolenc, Method, Zur Frage der psychologischen Grundlagen der Geschworenenwahrsprüche, in: Mittermaier/Liepmann (Hg.) (1908), Schwurgerichte und Schöffengerichte Bd. 1, S. 424 ff.
–, Die Verfassung der österreichischen Strafgerichte und das Laienrichtertum, in: Mittermaier/Liepmann (Hg.) (1910), Schwurgerichte und Schöffengerichte, Bd. 2, S. 467 ff.
Dreher, Eduard, Bemühungen um das Recht, München 1972.
Dreier, Ralf, Recht – Moral – Ideologie, Frankfurt am Main 1981.
–, Recht und Moral, in: ders., Recht – Moral – Ideologie, S. 180 ff.
–, Zur Einheit der praktischen Philosophie Kants. Kants Rechtsphilosophie im Kontext seiner Moralphilosophie, in: ders., Recht – Moral – Ideologie, S. 286 ff.
–, Widerstandsrecht im Rechtsstaat? Bemerkungen zum zivilen Ungehorsam, in: ders., Recht – Staat – Vernunft, Frankfurt am Main 1991, S. 39 ff.
Dreier, Ralf (Hg.), Rechtspositivismus und Wertbezug des Rechts, in: ARSP, Beiheft 37, Stuttgart 1990.
Dworkin, Gerald, Acting freely, in: Nous 9 (1970), S. 367 ff.
–, Autonomy and Behavior Control, in: Hastings Center Report 6 (1976), S. 23 ff.
Dworkin, Ronald, Bürgerrechte ernstgenommen, Frankfurt am Main 1984.
Ebert, Udo, Der Überzeugungstäter in der neueren Rechtsentwicklung, Berlin 1975.
Eder, Klaus, Geschichte als Lernprozeß? Zur Pathogenese politischer Modernität in Deutschland, Frankfurt am Main 1985.

Ehrenreich, Max, Zur Auslegung des § 26 Preßgesetz, in: Gerichtszeitung 77 (1926), S. 242 ff.
Eisler, Arnold, Diskussionsbeitrag, in: Verhandlungen des 35. Deutschen Juristentages, 2. Bd., Berlin und Leipzig 1929, S. 642 ff.
Ellenbogen, Wilhelm, Menschen und Prinzipien, bearb. von Friedrich Weissensteiner, Wien–Köln–Graz 1981.
Ellscheid, Günther, und Winfried Hassemer, Strafe ohne Vorwurf, in: Jahrbuch für Sozialwissenschaften 9 (1970), S. 27 ff.
Engel, Josef, Die deutschen Universitäten und die Geschichtswissenschaft, in: HZ 189 (1959), S. 223 ff.
Engelberg, Ernst, Bismarck.
Bd. 1: Urpreuße und Reichsgründer, Berlin 1985.
Bd. 2: Das Reich in der Mitte Europas, Berlin 1990.
Entscheidungen des Bundesgerichtshofs in Strafsachen; zit.: BGHSt (Bandnummer und Seitenzahl).
Entscheidungen des österreichischen Obersten Gerichtshofes in Strafsachen und Disziplinarangelegenheiten, veröffentlicht von seinen Mitgliedern, Wien 1921 ff. (abgekürzt: SSt und Nr. des jeweiligen Bandes und der Entscheidung).
Entscheidungen des Reichsgerichts in Strafsachen; zit.: RGSt (Bandnummer und Seitenzahl).
Erhardt, Elmar, Kunstfreiheit und Strafrecht. Zur Problematik satirischer Ehrverletzungen, Heidelberg 1989.
Erläuternde Bemerkungen zum Entwurf eines österreichischen Strafgesetzbuches, zu 90 der Beilagen zu den stenographischen Protokollen des Herrenhauses – XXI. Session, Wien 1912.
Eser, Albin, Wahrnehmung berechtigter Interessen als allgemeiner Rechtfertigungsgrund, Bad Homburg v. d. H.–Berlin–Zürich 1969.
–, Hundert Jahre deutscher Strafgesetzgebung. Rückblick und Tendenzen, in: Rechtsstaat und Menschenwürde. Fschr. für Werner Maihofer, Frankfurt am Main 1988, S. 109 ff.
Eser, Albin, und George P. Fletcher, Rechtfertigung und Entschuldigung. Rechtsvergleichende Perspektiven, 2 Bde., Freiburg 1987.
Feinberg, Joel, Die Rechte der Tiere und zukünftiger Generationen, in: Dieter Birnbacher (Hg.), Ökologie und Ethik, Stuttgart 1986, S. 140 ff.
Ferber, Walter, Der Weg Martin Spahns. Zur Ideengeschichte des politischen Rechtskatholizismus, in: Hochland 72 (1970), S. 218 ff.
Feuerbach, Paul Johann Anselm von, Anti-Hobbes, Giessen 1797.
–, Lehrbuch des gemeinen in Deutschland gültigen peinlichen Rechts, 14. Aufl., hg. von Karl Joseph Anton Mittermaier, Giessen 1847 (1. Aufl. 1801).
–, Kritik des Kleinschrodischen Entwurfs zu einem peinlichen Gesetzbuche für die churpfalzbayrischen Staaten, Theil I, Giessen 1804.

–, Betrachtungen über das Geschworenen-Gericht, Landshut 1813.
–, Erklärung über meine angeblich geänderte Ueberzeugung in Ansehung der Geschwornen-Gerichte, in. ders., Kleine Schriften vermischten Inhalts, Nürnberg 1833.
Fezer, Gerhard, Richterliche Kontrolle der Ermittlungstätigkeit der Staatsanwaltschaft vor Anklageerhebung?, in: GedSchr. für Horst Schröder, München 1978, S. 407 ff.
Fichte, Johann Gottlieb, Grundlage des Naturrechts nach Principien der Wissenschaftslehre, Jena–Leipzig 1796.
Field, Geoffrey G., Evangelist of Race. The Germanic Vision of Houston Stewart Chamberlain, New York 1981.
Fierlinger, Julius Thomas Matias, Freiherr von, Ueber die Vergehen und Uebertretungen gegen die Sicherheit der Ehre im Allgemeinen und nach österreichischem Strafgesetze, in: GS 6 (1854), 2. Bd., S. 90 ff.
Finger, August, Das Reichsgericht und die staatsanwaltschaftliche Verfolgung von Beleidigungen, in: DJZ 13 (1908), Sp. 665 ff.
–, Das geltende Strafrecht und die Revolverpresse, in: DJZ 14 (1909), Sp. 1348 ff.
–, Das Strafrecht (Compendien des österreichischen Rechts), 2 Bde., 3. Aufl., Berlin 1912/1914 (1. Aufl. 1894/95).
Fischer-Frauendienst, Irene, Bismarcks Pressepolitik, Münster 1963.
Fischl, Otto, Der Einfluß der Aufklärungsphilosophie auf die Entwicklung des Strafrechts in Doktrin, Politik und Gesetzgebung und Vergleichung der damaligen Bewegung mit den heutigen Reformversuchen, Breslau 1913.
Fögen, Marie Theres, Der Kampf um die Gerichtsöffentlichkeit, Berlin 1974.
Foregger, Egmont, Die Grundrechte in der Strafprozeßordnung 1873 und heute, in: Liebscher/Müller (Hg.) (1973), Hundert Jahre österreichische StPO, S. 1 ff.
Foregger, Egmont, und Eugen Serini, Die österreichische Strafprozeßordnung. Kurzkommentar, 3. Aufl., Wien 1982.
Frank, Reinhard, Die Lehre Lombrosos, in: ders., Vergeltungsstrafe und Schutzstrafe. Die Lehre Lombrosos. Zwei Vorträge, Tübingen 1908, S. 26 ff.
–, Das Strafgesetzbuch für das Deutsche Reich. Kommentar, 11.-14. Aufl., Tübingen 1915.
Frese, Die Prinzessin Luise von Sachsen-Coburg und Gotha, geb. Prinzessin von Belgien. Eine forensisch-psychiatrische Studie, Halle 1905.
Freud, Sigmund, Briefe 1873–1939, hg. von Ernst L. Freud, Frankfurt am Main 1960.
Friedmann, Internationale Chronik. Österreich 1890–1893, in: ZStW 14 (1894), S. 732 ff.

Frommel, Monika, Präventionsmodelle in der deutschen Strafzweck-Diskussion, Berlin 1987.
– Strafjustiz und Polizei, in: Akten des 26. Deutschen Rechtshistorikertages, hg. von Dieter Simon, Frankfurt am Main 1987, S. 169 ff.
Fuchs, Albert, Geistige Strömungen in Österreich 1867–1918, Reprint der Ausgabe von 1949, Wien 1984.
Gall, Lothar, Liberalismus und bürgerliche Gesellschaft, in: HZ 220 (1975), S. 324 ff.; wiederabgedruckt in: ders. (Hg.) (1980), Liberalismus, S. 162 ff.
–, Bismarck. Der weiße Revolutionär, Frankfurt am Main–Berlin–Wien 1983.
Gall, Lothar (Hg.), Liberalismus, Königstein 1980.
Gallas, Wilhelm, Gründe und Grenzen der Strafbarkeit, in: ders., Beiträge zur Verbrechenslehre, Berlin 1968, S. 13 ff.
Galling, Kurt (Hg.), Die Religion in Geschichte und Gegenwart. Handwörterbuch für Theologie und Religionswissenschaft, Bd. 6, Tübingen 1962.
Ganz, Peter, Jacob Burckhardts Kultur der Renaissance in Italien. Handwerk und Methode, in: DVjschrLit 62 (1988), S. 24 ff.
Garfinkel, Harold, Bedingungen für den Erfolg von Degradierungszeremonien, in: Klaus Lüderssen und Fritz Sack (Hg.), Seminar: Abweichendes Verhalten III. Die Gesellschaftliche Reaktion auf Kriminalität, Bd. 2, Frankfurt am Main 1976, S. 31 ff.
Garscha, Winfried R., und Barry McLoughlin, Wien 1927 – Menetekel für die Republik, Wien 1987.
Gelinde Strafe der Catherine Dorothee Gerlach, welche bekannte, ihr Kind ins Wasser geworfen zu haben, in: Annalen der Gesetzgebung und Rechtsgelehrsamkeit in den Preußischen Staaten, hg. von Ernst Ferdinand Klein 16 (1798), S. 93 ff.
Geller, Leo, und Josef Peter Geller, Das österreichische Wucherstrafrecht, Wien 1908.
Georgakis, Jannis A., Geistesgeschichtliche Studien zur Kriminalpolitik und Dogmatik Franz von Liszts, Leipzig 1940.
Gewichtige Stimmen über das Unrecht des § 175 unseres Reichsstrafgesetzbuchs, 2. Aufl., in: Jahrbuch für sexuelle Zwischenstufen 14, Leipzig 1914.
Gierke, Otto von, Die soziale Aufgabe des Privatrechts, Berlin 1889.
Glaser, Julius, Die Vernehmung des Angeklagten und der Zeugen in der öffentlichen Hauptverhandlung, in: ACR, NF, 1851, S. 70 ff., S. 191 ff.
–, Ueber die Versetzung in Anklagestand bei schweren Verbrechen, in: ACR, NF 1852, S. 89 ff., 252 ff.
–, Ueber strafbare Drohungen (Abhandlungen aus dem Oesterreichischen Strafrecht, 1. Bd.), Wien 1858.

–, Mündliche Stellungnahme, in: Verhandlungen des 3. Deutschen Juristentages, Bd. 2, Berlin 1862, S. 308 ff.
–, Soll in der Hauptverhandlung des Strafprozesses von dem Angeklagten, welcher sich *nichtschuldig* erklärt, noch eine spezielle Einlassung oder Rechtfertigung auf die Anklage verlangt werden? Gutachten zum 7. Deutschen Juristentag, in: Verhandlungen des Siebenten Deutschen Juristentages, 1. Bd., Berlin 1868, S. 86 ff.
–, Schwurgerichtliche Erörterungen, 2. Aufl., Wien 1875.
–, Handbuch des Strafprozesses, 2 Bde., Leipzig 1883.
–, Gesammelte kleinere juristische Schriften, 1. Theil: Kleinere Schriften über Strafrecht und Strafprozeß, 2. Aufl., Wien 1883.
–, Das österreichische Wuchergesetz von 1866, in: ders. (1883), Gesammelte kleinere Schriften, 1. Theil, S. 207 ff.
–, Zur österreichischen Strafprozeßordnung vom J. 1853 (6 Aufsätze), in: ders. (1883), Gesammelte kleinere Schriften, 1. Theil, S. 653 ff.
Glaser, Grete Beier, in: Der Pitaval der Gegenwart, hg. von R. Frank, G. Roscher und H. Schmidt, V. Bd., Tübingen 1909, S. 209 ff.
Gleispach, Wenzeslaus Graf, Der österreichische Strafgesetzentwurf, Wien 1910.
–, Das österreichische Strafverfahren, 2. Aufl., Wien 1924.
Glettler, Monika, Urbanisierung und Nationalitätenproblem, in: Berner/Brix/Mantl (Hg.) (1986), Wien um 1900, S. 185 ff.
Gneist, Rudolf von, Die Bildung der Geschwornengerichte in Deutschland, Berlin 1849.
Görres, Karl Heinrich, Der Wahrspruch der Geschworenen und seine psychologischen Grundlagen (Juristisch-psychiatrische Grenzfragen, I. Bd., Heft 2/3), Halle a. S. 1903.
Gössel, Karl Heinz, Überlegungen über die Stellung der Staatsanwaltschaft im rechtsstaatlichen Strafverfahren und über ihr Verhältnis zur Polizei, in: GA 1980, S. 325 ff.
Goltdammer, Theodor, Die Materialien zum Straf-Gesetzbuche für die Preußischen Staaten, Theil I, Berlin 1851.
–, Ueber die Stellung des vorsitzenden Richters zu den Geschworenen, insbesondere über seinen Schlußvortrag im Schwurgerichtsprozesse, in: GA 1 (1853), S. 164 ff.
Goldschmidt, Gutachten zum 6. Deutschen Juristentag über die Aufhebung der Wuchergesetze, Berlin 1864, S. 227 ff.
Goldschmidt, James, Die Strafbarkeit der widerrechtlichen Nötigung nach dem Reichsstrafgesetzbuch, Breslau 1897.
–, Der Notstand, ein Schuldproblem, in: ÖZStR 4 (1913), S. 129 ff.
–, Zur Reform des Strafverfahrens, Tübingen 1919.
–, Franz von Liszt, in: ArchKrim 73 (1920), S. 81 ff.
Grassberger, Roland, Zur Strafwürdigkeit der Sittlichkeitsdelikte, in: Fschr. für Eberhard Schmidt, Göttingen 1961, S. 333 ff.

Grathoff, Richard, Milieu und Lebenswelt, Frankfurt am Main 1989.
Grimm, Dieter, Recht und Politik, in: JuS 1969, S. 501 ff.
Groh, Dieter, »Geschichte von unten – Geschichte von innen«. Blick über die Grenzen, in: ders., Anthropologische Dimensionen der Geschichte, Frankfurt am Main 1992, S. 175 ff.
Gross, Hans, Zur Frage der Voruntersuchung, in: ArchKrimAnthr 12 (1903), S. 191 ff.
–, Notwehr und Notstand im österreichischen Strafgesetzentwurf, in: ÖZStR 2 (1911), S. 88 ff.
Grundsätze für organische Einrichtungen in den Kronländern des österreichischen Kaiserstaates, Allerhöchstes Cabinetsschreiben vom 31. Dezember 1851, RGBl 1852, II. Stück, S. 4 ff., Wien 1852.
Günther, Klaus, Der Sinn für Angemessenheit. Anwendungsdiskurse in Moral und Recht, Frankfurt am Main 1988.
Haber, Günther, Probleme der Strafprozeßgeschichte im Vormärz, in: ZStW 91 (1979), S. 590 ff.
Habermas, Jürgen, Theorie des kommunikativen Handelns, 2 Bde., Frankfurt am Main 1981.
–, Strukturwandel der Öffentlichkeit. Neuauflage mit einem Vorwort, Frankfurt am Main 1990.
–, Recht und Moral, in: ders., Faktizität und Geltung, Beiträge zur Diskurstheorie des Rechts und des demokratischen Rechtsstaats, Frankfurt am Main 1992, S. 541 ff.
Haeckel, Ernst, Natürliche Schöpfungsgeschichte, 4. Aufl., Berlin 1873.
Hafter, Ernst, Carl Stooss, in: Hans Schultheß (Hg.), Schweizer Juristen der letzten hundert Jahre, Zürich 1945, S. 361 ff.
Hahn, Carl, Die gesammten Materialien zu den Reichs-Justizgesetzen, I. Bd. (Gerichtsverfassungsgesetz), 1. und 2. Abtheilung, Berlin 1879; III. Bd. (Strafprozeßordnung) 1. und 2. Abtheilung, Berlin 1880 und 1881.
Haller, Johannes, Aus dem Leben des Fürsten Philipp zu Eulenburg-Hertefeld, Berlin 1924.
Hamm, Otto, Der § 175 StrGB, in: DJZ 12 (1907), Sp. 1289 ff.
Hanack, Ernst-Walter, Brennpunkte einer Reform des Sexualstrafrechts, in: Hans Giehse (Hg.), Zur Strafrechtsreform, Stuttgart 1968, S. 25 ff.
–, Zur Revision des Sexualstrafrechts in der Bundesrepublik, Reinbek bei Hamburg 1969.
Hansen, Uwe, Die tatbestandliche Erfassung von Nötigungsunrecht, Baden-Baden 1972.
Harrington-Müller, Diethild, Der Fortschrittsklub im Abgeordnetenhaus des österreichischen Reichsrats 1873–1910, Wien–Köln–Graz 1972.
Hart, Herbert L. A., Der Positivismus und die Trennung von Recht und Moral, in: ders., Recht und Moral, Göttingen 1971, S. 14 ff.

Hassemer, Winfried, Theorie und Soziologie des Verbrechens, Frankfurt am Main 1973.
–, Strafrechtsdogmatik und Kriminalpolitik, Hamburg 1974.
–, Ziviler Ungehorsam – ein Rechtfertigungsgrund?, in: Fschr. für Rudolf Wassermann, Neuwied 1985, S. 325 ff.
–, Grundlinien einer personalen Rechtsgutslehre, in: Lothar Philipps und Heinrich Scholler (Hg.), Jenseits des Funktionalismus. Arthur Kaufmann zum 65. Geburtstag, Heidelberg 1989, S. 86 ff.
–, Einführung in die Grundlagen des Strafrechts, 2. Aufl., München 1990.
Hassemer, Winfried, Klaus Lüderssen und WolfgangNaucke, Hauptprobleme der Generalprävention, Frankfurt am Main 1979.
Hegselmann, Rainer, und Reinhard Merkel (Hg.), Zur Debatte über Euthanasie, Frankfurt am Main 1991.
Heidenreich, Klaus, Der Weg der Strafvorschrift über den Ehebruch, Diss. (masch.), München 1971.
Heidelmeyer, Wolfgang, (Hg.), Der Fall Köpenick. Akten und zeitgenössische Dokumente zur Historie einer politischen Moritat, Frankfurt am Main 1968.
Heindl, Waltraud, Ehebruch und Strafrecht. Zur bürgerlichen Moral in Österreich um 1900, in: Autorinnengruppe der Universität Wien (Hg.), Das ewige Klischee. Zum Rollenbild und Selbstverständnis bei Männern und Frauen, Wien–Köln–Graz 1981.
Heinemann, Hugo, Die Binding'sche Schuldlehre. Ein Beitrag zu ihrer Widerlegung, Freiburg 1889.
–, Die Lehre von der Idealkonkurrenz, Berlin 1893.
–, Der österreichische Strafgesetzentwurf und die arbeitende Klasse, in: Archiv für soziale Gesetzgebung und Statistik 7 (1894), S. 359 ff.
–, Der Schutz der Arbeitswilligen, in: Die Nation 1899, Nr. 23, S. 327 ff.; Nr. 24, S. 338 ff.
–, Zur Behandlung der Streikvergehen in der deutschen Gesetzgebung und Rechtsprechung, in: Fschr. für Wilke, Berlin 1900, S. 137 ff.
–, Die rechtliche Natur des Streiks, in: DJZ 7 (1902), S. 113 ff.
–, Die Reform der Strafprozeßordnung und die Sozialpolitik, in: Soziale Praxis. Zentralblatt für Sozialpolitik 12 (1903), Sp. 410 ff.
–, Gesetzentwurf betreffend die Reform der Voruntersuchung, in: Mitt. JKV 11 (1904), S. 659 ff.
–, Die rechtliche Stellung des Angeklagten nach den Protokollen der Kommission für die Reform des Strafprozesses, in: ZStW 26 (1906), S. 507 ff.
–, Presse und Privatleben, in: DJZ 13 (1908), Sp. 959 f.
Heinze, Carl Friedrich Rudolf, Ein deutsches Geschworenengericht, 2. Aufl., Leipzig 1865.
Henkel, Heinrich, Strafverfahrensrecht, 2. Aufl., Stuttgart u. a. 1968.

Herbst, Eduard, Handbuch des österreichischen Strafrechtes, Bd. 1, Wien 1855.
Hering, Karl-Heinz, Der Weg der Kriminologie zur selbständigen Wissenschaft, Hamburg 1966.
Herlitz, Georg, und Bruno Kirschner, Jüdisches Lexikon, Bd. IV/1, Berlin 1927 (Reprint 1982).
Herrmann, Joachim, Die Reform der deutschen Hauptverhandlung nach dem Vorbild des angloamerikanischen Strafverfahrens, Bonn 1971.
Herrnritt, Rudolf von, Handbuch des österreichischen Verfassungsrechtes, Tübingen 1909.
Hertz, Eduard, Voltaire und die französische Strafrechtspflege im 18. Jahrhundert, Stuttgart 1887.
Hiller, Kurt, Das Recht über sich selbst, Heidelberg 1908.
–, Das Recht über sich selbst und die politischen Parteien, in: MSchr KrimPsych 7 (1911), S. 641 ff.
–, Ethische Aufgaben der Homosexuellen, in: Jahrbuch für sexuelle Zwischenstufen 13 (1913), S. 399 ff.
Hippel, Robert von, Willensfreiheit und Strafrecht, in: ZStW 23 (1903), S. 396 ff.
–, Die Tierquälerei, in VD, BT, 2. Bd., Berlin 1906, S. 241 ff.
Hirschfeld, Magnus, Kritik des § 250 und seiner Motive im Vorentwurf zu einem Deutschen Strafgesetzbuch, in: ArchKrimAnthr 38 (1910), S. 89 ff.
–, Die Homosexualität des Mannes und des Weibes, Berlin 1914.
Höffe, Otfried, Kategorische Rechtsprinzipien. Ein Kontrapunkt der Moderne, Frankfurt am Main 1990.
Hoegel, Hugo, Die »Verkehrtheit« des Geschlechtstriebes im Strafrecht, in: Gerichtssaal 53 (1897), S. 103 ff.
–, Geschichte des österreichischen Strafrechts, Hefte 1 und 2, Wien 1904 und 1905.
–, Geschworene oder Schöffen in: Mittermaier/Liepmann (Hg.), (1908), Schwurgerichte und Schöffengerichte, Bd. 1, S. 49 ff.
–, Vierzig Jahre Strafverfahren, in: ÖZStR 6 (1915), S. 1 ff.
Höpler, Erwein Ritter von, Über Kindermißhandlung, in: ArchKrim 69 (1918), S. 223 ff.
–, Zur Reform der Geschwornengerichte, in: Gerichts-Zeitung 80 (1929), S. 93 ff.
Hoerster, Norbert, Strafwürdigkeit und Moral in der Angelsächsischen Rechtsphilosophie, in: ZStW 82 (1970), S. 538 ff.
–, Zum begrifflichen Verhältnis von Recht und Moral, in: Rüdiger Bubner, Konrad Cramer und Reiner Wiehl (Hg.), Recht und Moral (= Neue Hefte für Philosophie, Heft 17), 1979, S. 77 ff.
–, Abtreibung im säkularen Staat, Frankfurt am Main 1991.

Hofmeister, Herbert, Landesbericht Österreich, in: Köhler/Zacher (Hg.) (1981), Ein Jahrhundert Sozialversicherung, S. 445 ff.
Hohenlohe-Schillingsfürst, Chlodwig, Fürst zu, Denkwürdigkeiten, Bd. 3, Berlin 1931.
Holtmann, Everhard, Zwischen Unterdrückung und Befriedung. Sozialistische Arbeiterbewegung und autoritäres Regime in Österreich 1933–1938, München 1978.
Huber, Ernst Rudolf, Deutsche Verfassungsgeschichte seit 1789, Bd. IV, Struktur und Krisen des Kaiserreichs, Stuttgart–Berlin–Köln–Mainz 1969.
Hübinger, Gangolf, Hochindustrialisierung und die Kulturwerte des deutschen Liberalismus, in: Dieter Langewiesche (Hg.), Liberalismus im 19. Jahrhundert. Deutschland im europäischen Vergleich, Göttingen 1988, S. 193 ff.
Hütt, Wolfgang, Hintergrund. Mit den Unzüchtigkeits- und Gotteslästerungsparagraphen des Strafgesetzbuches gegen Kunst und Künstler, 1900–1913, Berlin 1990.
Humboldt, Wilhelm von, Ideen zu einem Versuch, die Gränzen der Wirksamkeit des Staates zu bestimmen, in: ders., Werke, hg. von Andreas Flitner und Klaus Giehl, Bd. 1, Darmstadt 1960, S. 56 ff.
Hurwicz, Elias, Rudolf von Jhering und die deutsche Rechtswissenschaft. Mit besonderer Berücksichtigung des Strafrechts, Berlin 1911.
Hye von Gluneck, Anton, Das österreichische Strafgesetz über Verbrechen, Vergehen und Übertretungen, Wien 1852.
–, Die leitenden Grundsätze der österreichischen Strafproceßordnung vom 29. Juli 1853, Wien 1854.
–, Vorträge über das Schwurgericht, Wien 1864.
Ingwer, Isidor, Von der kleinen Strafrechtsreform, in: Arbeiter-Zeitung (Wien) Nr. 217 vom 8. 8. 1909.
Isopescul-Grecul, Constantin, Das Wucherstrafrecht, Leipzig 1906.
Jakobsohn, Rebecca, Der gesetzliche Schutz des Kindes gegen körperliche Misshandlung, Breslau 1912.
Jacques, Heinrich, Die Wuchergesetzgebung und das Civil- und Strafrecht, Wien 1867.
Jäger, Herbert, Strafgesetzgebung und Rechtsgüterschutz bei den Sittlichkeitsdelikten, Stuttgart 1957.
Jahoda, Ernst, Die Stellung des Verteidigers, in: ÖJZ 24 (1969), S. 569 ff.
Jakobs, Günther, Nötigung durch Drohung als Freiheitsdelikt, in: Fschr. für Karl Peters, Tübingen 1974, S. 69 ff.
–, Schuld und Prävention, Tübingen 1976.
–, Strafrecht Allgemeiner Teil, Lehrbuch, 2. Aufl., Berlin–New York 1991.
Janik, Allan, und Stephen E. Toulmin, Wittgensteins Wien. Neu bearbeitet und übersetzt von Reinhard Merkel, München 1985.

Jenks, William Alexander, The Austrian Electoral Reform of 1907, New York 1950.
Jescheck, Hans-Heinrich, Der Einfluß des schweizerischen Strafrechts auf das deutsche, in: SchwZ StR 73 (1958), S. 184 ff.
–, Die Entwicklung des Verbrechensbegriffs in Deutschland seit Beling im Vergleich mit der österreichischen Lehre, in: ZStW 73 (1961), S. 179 ff.
–, Rechtsvergleichende Bemerkungen zur strafrechtlichen Behandlung der einfachen Homosexualität, in: Hans Giehse (Hg.), Zur Strafrechtsreform, Stuttgart 1968, S. 45 ff.
Jhering, Rudolf von, Der Zweck im Recht, 1. Bd., 3. Aufl., Leipzig 1893.
Johann, Ernst (Hg.), Reden des Kaisers. Ansprachen, Predigten und Trinksprüche Wilhelms II., 2. Aufl., München 1976.
John, Richard E., Strafproceßordnung für das Deutsche Reich nebst Einführungsgesetz, 1. und 2. Bd., Erlangen 1888.
Joußen, Wolfgang, Massen und Kommunikation. Zur soziologischen Kritik der Wirkungsforschung, Weinheim 1990.
Jung, Heike, Heinz Müller-Dietz und Ulfried Neumann (Hg.), Recht und Moral, Baden-Baden 1991.
Justizministerium (Wien), Erlaß über die Leitung der Schwurgerichtsverhandlungen, in: Gerichtshalle 51 (1907), S. 394.
Kahl, Wilhelm, Religionsvergehen, in: VD, BT, Bd. III, Berlin 1906, S. 1 ff.
Kaniak, Gustav, Die Monarchie in der Republik, in: ÖJZ 25 (1970), S. 309 ff.
Kant, Immanuel, Metaphysik der Sitten, AA, Bd. VI, Berlin 1907.
–, Der Streit der Fakultäten, AA, Bd. VII, Berlin 1907.
–, Die Religion innerhalb der Grenzen der bloßen Vernunft, AA, Bd. VI, Berlin 1907. S. 1 ff.
–, Kritik der praktischen Vernunft, AA, Bd. V, Berlin 1908.
–, Kritik der Urteilskraft, AA, Bd. V, S. 165 ff.
–, Anthropologie in pragmatischer Hinsicht, AA, Bd. VII, Berlin 1907, S. 117 ff.
-, Idee zu einer allgemeinen Geschichte in weltbürgerlicher Absicht, AA, Bd. VIII, Berlin 1912, S. 15 ff.
–, Beantwortung der Frage: Was ist Aufklärung?, AA, Bd. VIII, Berlin 1912, S. 33 ff.
–, Über den Gemeinspruch: Das mag in der Theorie richtig sein, taugt aber nicht für die Praxis, AA, Bd. VIII, Berlin 1912, S. 274 ff.
–, Eine Vorlesung über Ethik, hg. von Gerd Gerhardt, Frankfurt am Main 1990.
Kaserer, Josef, Die Strafproceßordnung vom 23. Mai 1873 und deren Einführungsgesetz mit Materialien, II. Theil, Wien 1873.
Kaufmann, Arthur, Der Alternativ-Entwurf eines Strafgesetzbuches und

das Erbe Radbruchs, in: ders. (Hg.), Gedächtnisschrift für Gustav Radbruch, Göttingen 1968, S. 324 ff.
–, Das Schuldprinzip, 2. Aufl., Heidelberg 1976.
–, Schuldprinzip und Verhältnismäßigkeitsgrundsatz, in: Fschr. für Richard Lange, Berlin 1976, S. 27 ff.
–, Rechtsphilosophie im Wandel, 2. Aufl, Köln-Berlin-Bonn-München 1983.
–, Tendenzen im Rechtsdenken der Gegenwart, in: ders., Beiträge zur juristischen Hermeneutik und weitere rechtsphilosophische Abhandlungen, Köln-Berlin-Bonn-München 1984, S. 127 ff.
–, Paul Johann Anselm von Feuerbach – Jurist des Kritizismus, in: Land und Reich, Stamm und Nation, Festgabe für Max Spindler, Bd. III, München 1984, S. 181 ff.
–, Schuld und Prävention, in: Fschr. für Rudolf Wassermann, Neuwied und Darmstadt 1985, S. 889 ff.
–, Unzeitgemäße Betrachtungen zum Schuldgrundsatz im Strafrecht, in: Jura 1986, S. 225 ff.
–, Vom Ungehorsam gegen die Obrigkeit, Heidelberg 1991.
–, Gedanken zum Widerstandsrecht anläßlich der Ermordung von Martin Luther King, in: ders., Vom Ungehorsam, S. 1 ff.
–, Das Widerstandsrecht in der Luther-Zeit, in: ders., Vom Ungehorsam, S. 19 ff.
–, Das Widerstandsrecht in Geschichte und Grundgesetz, in: ders., Vom Ungehorsam, S. 37 ff.
–, Moderne Rechtsprobleme und die katholische Kirche unter besonderer Berücksichtigung des Strafrechts, in: ders., Vom Ungehorsam, S. 61 ff.
–, Über die Tapferkeit des Herzens. Zum Gedächtnis der »Weißen Rose«, in: ders., Vom Ungehorsam, S. 81 ff.
–, Das Gewissen und das Problem der Rechtsgeltung, in: Lothar Philipps und Roland Wittmann (Hg.), Rechtsentstehung und Rechtskultur. Heinrich Scholler zum 60. Geburtstag, Heidelberg 1991, S. 5 ff.
– Gibt es Rechte der Natur?, in: Fschr. für Günter Spendel, Berlin–New York 1992, S. 59 ff.
Kaufmann, Arthur, und Ludger Backmann (Hg.), Widerstandsrecht, Darmstadt 1972.
Kellermann, Hermann, Krieg der Geister. Deutsche und ausländische Stimmen zum Weltkriege, Weimar 1915.
Kelsen, Hans, Österreichisches Staatsrecht. Ein Grundriß, entwicklungsgeschichtlich dargestellt, Tübingen 1923.
– Vergeltung und Kausalität, Wien–Köln–Graz 1982.
Kempski, Jürgen von, »Voraussetzungslosigkeit«. Eine Studie zur Geschichte eines Wortes, in: ders., Brechungen. Kritische Versuche zur Philosophie der Gegenwart, Frankfurt am Main 1992, S. 174 ff.

Kern, Eduard, Der Rechtsstaatsgedanke im Strafrecht und Strafverfahrensrecht von der Reichsgründung bis zur Gegenwart, Freiburg 1933.
Kimmig, Wolfram, Strafrechtsreform und Abtreibung, in: ArchKrimAnthr 36 (1910), S. 315 ff.
Kinsbrunner, M., Die Formen der Ehrenbeleidigung im österreichischen Strafgesetz, in: Österr. Richter-Zeitung 2 (1905), Sp. 235 ff.
Kleinschrod, Gallus Aloys, Bemerkungen über das Gesetz über Verbrechen und schwere Policeyübertretungen. Wien 1803, in: ACR Bd. 6, 4. Stück (1806), S. 23 ff.
Klug, Ulrich, Rechtsphilosophische und rechtspolitische Probleme des Sexualstrafrechts, in: Bauer, Fritz; Bürger-Prinz, Hans; Giese, Hans; Jäger, Herbert (Hg.), Sexualität und Verbrechen. Beiträge zur Strafrechtsreform, Frankfurt am Main–Hamburg 1963, S. 27 ff.
Knittel, Eberhard, Mitbestimmung in der Strafjustiz, Marburg 1970.
Kober, Heinz, Studien zur Rechtsanschauung Bismarcks, Tübingen 1961.
Köhler, Peter A., und Hans F. Zacher, Ein Jahrhundert Sozialversicherung in der Bundesrepublik Deutschland, Frankreich, Großbritannien, Österreich und der Schweiz, Berlin 1981.
Köhne, Renate, Nationalliberale und Koalitionsrecht. Struktur und Verhalten der nationalliberalen Reichstagsfraktion 1890–1914, Frankfurt am Main–Bern 1977.
Kohl, Horst (Hg.), Bismarck-Regesten, 1. Bd. 1815–1871, Leipzig 1891.
Kohler, Josef, Studien aus dem Strafrecht, Bd. 1, Mannheim 1890.
– Strafrechtlicher Religionsschutz, in: GA 54 (1907), S. 239 ff.
Koselleck, Reinhart, »Fortschritt«, in: Otto Brunner, Werner Conze und Reinhard Koselleck (Hg.), Geschichtliche Grundbegriffe, Historisches Lexikon zur politisch-sozialen Sprache in Deutschland, Bd. 2, Stuttgart 1975, S. 351 ff.
Kraepelin, Emil, Lombrosos Uomo delinquente, in: ZStW 5 (1885), S. 669 ff.
Krafft-Ebing, Richard von, Nachwort zu »Anonymus«, § 175, in: ZStW 12 (1892), S. 52 ff.
–, Psychopathia Sexualis, 14. Aufl., hg. von Alfred Fuchs, Wien 1912 (Reprint München 1984).
Kühl, Kristian, Die Bedeutung der Kantischen Unterscheidung von Legalität und Moralität sowie von Rechtspflichten und Tugendpflichten für das Strafrecht, in: Jung/Müller-Dietz/Neumann (Hg.) (1991), Recht und Moral, S. 139 ff.
Kühne, Hans-Heiner, Prostitution als bürgerlicher Beruf?, in: ZRP 8 (1975), S. 184 ff.
Küper, Wilfried, Die Richteridee der Strafprozeßordnung und ihre geschichtlichen Grundlagen, Berlin 1967.
–, Historische Bemerkungen zur »freien Beweiswürdigung« im Straf-

prozeß, in: Wahrheit und Gerechtigkeit im Strafverfahren. Festgabe für Karl Peters, Heidelberg 1984, S. 23 ff.

–, Differenzierung zwischen Rechtfertigungs- und Entschuldigungsgründen: Sachgerecht und notwendig? Überlegungen am Beispiel von Notstand, »Pflichtenkollision« und »Handeln auf dienstliche Weisung«, in: JuS 1987, S. 81 ff.

Kuhlemann, Walter, Gesetzentwurf betreffend die Abänderung der Strafprozeßordnung, in: Mitt. IKV 11 (1904), S. 716 ff.

Laker, Thomas, Ziviler Ungehorsam. Geschichte – Begriff – Rechtfertigung, Baden-Baden 1986.

Lammasch, Heinrich, Julius Glaser. Eine Charakteristik, in: Grünhut's Z. 14 (1887), S. 675 ff.

–, Über Zwecke und Mittel der Strafe, in: ZStW 9 (1889), S. 423 ff.

–, Besprechung von Hugo Heinemann: Die Binding'sche Schuldlehre, in: Krit.Vjschr. 13 (1890), S. 544 ff.

–, Criminalpolitische Studien, in: Gerichtssaal 44 (1891), S. 147 ff.

–, Diebstahl und Beleidigung, Wien 1893.

–, Das Werk des Strafgesetzausschusses, in: Allg. Ö. GerZ. 44 (1893), Nr. 18–20 und Nr. 41–51.

–, Vorschläge zur Revision des Strafgesetzentwurfes, in: Allg. Ö. GerZ. 45 (1894), Nr. 41 ff., S. 345 ff.

–, Der norwegische Strafgesetzentwurf, in: ZStW 14 (1894), S. 505 ff.

–, Der Entwurf eines schweizerischen Strafgesetzbuches, in: SchwZStR 8 (1895), S. 121 ff.

–, Besprechung von Bindings »Grundriß des Strafrechts« (5. Aufl.), in: SchwZStR 10 (1897), S. 244 f.

–, Offener Brief an Professor von Liszt, Halle a. S., in: DJZ 3 (1898), S. 92 ff.

–, Rede im Herrenhaus zum Justizetat, in: Oesterreichisches Patentblatt 4 (1902), S. 557.

–, Ueber strafrechtliche Bestimmungen im Entwurf eines Gesetzes gegen den unlauteren Wettbewerb, in: Oesterreichisches Patentblatt 4 (1902), S. 960 ff.

- Bericht über strafrechtliche und strafprozessuale Änderungen zum Zwecke eines erhöhten Schutzes der Ehre, in: Franz Klein und Heinrich Lammasch, Die Verbesserung des Ehrenschutzes. Berichte, erstattet der Konstituierenden Generalversammlung der Allgemeinen Anti-Duell-Liga für Österreich, Wien 1903, S. 11 ff.

– Ziele der Strafrechtsreform in Österreich, in: Dem XXVII. Deutschen Juristentage, Sonderheft der Allg. Ö. GerZ., Wien 1904, S. 75 ff.

– Antrag im Herrenhaus zur Verbesserung des Schutzes der Ehre, in: Österreichische Rundschau 1904, Nr. 6, S. 337.

– Schwurgericht oder Schöffengericht?, in: Österr. Richter-Zeitung 2 (1905), Sp. 297 ff.

– Empfiehlt es sich, zum Schutze der Gesundheit sowie der körperlichen und moralischen Integrität von Kindern besondere strafrechtliche Normen aufzustellen? Gutachten, in: Schriften des 1. österreichischen Kinderschutzkongresses, Bd. II, Wien 1907, S. 137 ff.
– Grundriß des Strafrechts (= Grundriß des Österreichischen Rechts, 2. Bd., 4. Abteilung), 4. Aufl., Leipzig 1911.
– Die Todesstrafe, in: DJZ 17 (1912), Festnummer zum 31. Deutschen Juristentage in Wien, Sp. 1088 ff.
– Bericht der Kommission für Justizgegenstände über die Gesetzesvorlagen zur Reform des Strafrechts, in: 167 der Beilagen zu den stenographischen Protokollen des Herrenhauses, XXI. Session 1913, Nr. 58–63, Wien 1913, S. 1 ff.
– Europas elfte Stunde, München 1919.
Lammasch, Heinrich, und Theodor Rittler, Grundriß des österreichischen Strafrechts, 5. Aufl., neu bearbeitet von Th. Rittler, Wien 1926.
Lammasch, Marga, und Hans Sperl (Hg.), Heinrich Lammasch. Seine Aufzeichnungen, sein Wirken und seine Politik, Wien–Leipzig 1922.
Landau, Peter, Die Reichsjustizgesetze von 1879 und die deutsche Rechtseinheit, in: Vom Reichsjustizamt zum Bundesministerium der Justiz, hg. vom Bundesministerium der Justiz, Köln 1977, S. 161 ff.
–, Schwurgerichte und Schöffengerichte in Deutschland im 19. Jahrhundert bis 1870, in: Antonio Padoa Schioppa, The Trial Jury in England, France, Germany 1700 – 1900, Berlin 1987, S. 241 ff.
Landsberg, Ernst, Geschichte der Deutschen Rechtswissenschaft, 3. Abteilung, 2. Halbband, München und Berlin 1910.
–, Die Gutachten der rheinischen Immediat-Justiz-Kommission und der Kampf um die Rheinische Rechts- und Gerichtsverfassung 1814–1819, Bonn 1914.
Lange, Friedrich Albert, Geschichte des Materialismus, Bd. 2, Frankfurt am Main 1974.
Langewiesche, Dieter, Deutscher Liberalismus, Frankfurt am Main 1988.
Laufs, Adolf, Eduard Lasker, Göttingen–Zürich 1983.
Leipziger Kommentar zum Strafgesetzbuch, hg. von Hans-Heinrich Jescheck, Wolfgang Ruß, Günther Willms, 10. Aufl., Berlin–New York 1978 – 1989; zit.: LK (Name des jeweiligen Bearbeiters).
Leist, Anton, Eine Frage des Lebens. Ethik der Abtreibung und künstlichen Befruchtung, Frankfurt am Main–New York 1990.
– *(Hg.),* Um Leben und Tod, Frankfurt am Main 1990.
Lelewer, Georg, Laien als Strafrichter, in: ArchKrimAnthr 12 (1903), S. 41 ff.
Lenckner, Theodor, Der rechtfertigende Notstand, Berlin 1965.
Lenman, R. J. V., Art, Society and the Law in Wilhelmine Germany: the Lex Heinze, in: Oxford German Studies 8 (1973), S. 86 ff.
Lentze, Herbert, Der Ausgleich mit Ungarn und die Dezembergesetze

von 1867, in: Die Entwicklung Österreichs, hg. vom Institut für Österreichkunde, Graz 1963, S. 101 ff.
Leuthner, Karl, Deutsch-Österreich und die Wahlreform, in: März. Halbmonatsschrift für deutsche Kultur 1 (1907), S. 163 ff.
Liebscher, Viktor, Die österreichische Geschworenengerichtsbarkeit und die Juliereignisse 1927, in: Neck/Wandruszka (Hg.) (1979), 15. Juli 1927, S. 60 ff.
– Franz von Liszt – familiengeschichtlich gesehen, in: ZStW 94 (1982), S. 619 ff.
Liebscher, Viktor, und Otto F. Müller (Hg.), Hundert Jahre österreichische Strafprozeßordnung 1873–1973, Wien–New York.
Liepmann, Moritz, Die Reform des deutschen Schwurgerichts, in: Mittermaier/Liepmann (Hg.) (1910), Schwurgerichte und Schöffengerichte, Bd. 2, S. 153 ff.
–, Die Beleidigung, in: VD, BT, Bd. IV, Berlin 1906, S. 227 ff.
–, Die Beleidigung, Berlin 1909.
–, Die Einschränkung des Wahrheitsbeweises bei Beleidigungsklagen, in: ÖZStR 1 (1910), S. 205 ff.
–, Die Reform des deutschen Strafrechts, Hamburg 1922.
Lilienthal, Karl von, Ueber den Entwurf eines Gesetzes zum Schutze des gewerblichen Arbeitsverhältnisses, in: DJZ 4 (1899), S. 425 ff.
–, Die Reform des Schwurgerichts, in: ARWP 5 (1912), S. 455 ff., 629 ff.
Lißbauer Karl, und Hugo Suchomel (Hg.), Die Österreichischen Strafprozeßgesetze, 5. Aufl, Wien 1933.
Liszt, Eduard von (sen.), Die österreichische Strafgesetzgebung seit dem Jahre 1848, in: Gerichtssaal 3, 1. Bd., (1851), S. 13 ff., S. 277 ff.
Liszt, Eduard von (jun.), Weibliche Erwerbsfähigkeit und Prostitution, Rodaun 1907.
–, Wie man Beweise herstellt, in: ArchKrimAnthr 32 (1909), S. 52 ff.
–, Die kriminelle Fruchtabtreibung, Bd. 1, Zürich 1910.
–, Vorlesungen über die allgemeinen Lehren des materiellen Strafrechts, Graz 1925.
–, Franz Liszt – Abstammung, Familie, Begebenheiten, Wien–Leipzig 1937.
Liszt, Franz von, Lehrbuch des österreichischen Preßrechts, Leipzig 1878.
–, Der Begriff des Rechtsgutes im Strafrecht und in der Encyklopädie der Rechtswissenschaft, in: ZStW 8 (1888), S. 133 ff.
–, Der Entwurf eines eidgenössischen Strafgesetzbuchs. Sachliche und persönliche Anmerkungen, in: Die Zukunft, hg. von Maximilian Harden, Bd. 5 (1893), 7. Oktober, S. 12 ff.
–, Der österreichische Strafgesetzentwurf, in: ZStW 14 (1894), S. 221 ff.
–, Die strafrechtliche Zurechnungsfähigkeit, in: ZStW 17 (1897), S. 70 ff. = AuV II, S. 214 ff.

–, Die strafrechtliche Zurechnungsfähigkeit. Eine Replik, in: ZStW 18 (1898), S. 229 ff.
–, Lehrbuch des Deutschen Strafrechts, Berlin (mit jeweiliger Auflage und Erscheinungsjahr).
–, Bericht aus dem Kriminalistischen Seminar in Berlin, in: ZStW 21 (1901), S. 803.
–, Strafrechtliche Aufsätze und Vorträge, 2 Bde., Berlin 1905; zit.: AuV.
–, Der Zweckgedanke im Strafrecht, in: AuV I, S. 126 ff.
–, Rechtsgut und Handlungsbegriff im Binding'schen Handbuche, in: AuV I, S. 212 ff.
–, Kriminalpolitische Aufgaben, in: AuV I, S. 290 ff.
–, Die deterministischen Gegner der Zweckstrafe, in: AuV II, S. 25 ff.
–, Ueber den Einfluß der soziologischen und anthropologischen Forschungen auf die Grundbegriffe des Strafrechts, in: AuV II, S. 75 ff.
–, E. F. Klein und die unbestimmte Verurteilung, in: AuV II, S. 133 ff.
–, Die bedingte Verurteilung in Preußen, in: AuV II, S. 160 ff.
–, Die psychologischen Grundlagen der Kriminalpolitik, in: AuV II, S. 170 ff.
–, Nach welchen Grundsätzen ist die Revision des Strafgesetzbuches in Aussicht zu nehmen, in: AuV II, S. 356 ff.
–, Die gesellschaftlichen Faktoren der Kriminalität. Vortrag auf der Petersburger Tagung der JKV 1902, in: AuV II, S. 433 ff.
–, Der strafrechtliche Schutz gegen Gesundheitsgefährdung durch Geschlechtskranke, in: AuV II, S. 471.
–, Die Reform des Strafverfahrens, Berlin 1906.
–, Birkmeyers »Warnung vor der modernen Richtung im Strafrecht«, in: ZStW 27 (1907), S. 213 ff.
–, Der Entwicklungsgedanke im Strafrecht, in: Mitt. IKV 16 (1909), S. 497 ff.
–, Der Vorentwurf eines Österreichischen Strafgesetzbuches, in: NFP Nr. 16228 vom 24. 10. 1909, S. 1 f.
–, Rede auf der 15. deutschen Landesversammlung der IKV in München, in: Mitt. IKV 19 (1912), S. 377 ff.
–, Von der Nibelungentreue. Rede am 18. November 1914, Berlin 1914.
–, Hugo Heinemann: Die Reform des deutschen Strafrechts, in: JW 48 (1919), S. 283 f.
–, Briefnachlaß in der Sammlung Darmstaedter, Staatsbibliothek preußischer Kulturbesitz Berlin.
Löffler, Alexander, Die Schuldformen des Strafrechts in vergleichend-historischer und dogmatischer Darstellung, Leipzig 1895.
–, Die Reform des österreichischen Strafgesetzes, in: ÖZStR 1 (1910), S. 140 ff.
–, Die vermutlichen Schicksale unserer Justizgesetzentwürfe, in: ÖZStR 3 (1912), S. 264 f.

–, Die Beratungen des österreichischen Herrenhauses über die Gesetzesvorlagen zur Reform des Strafrechtes, in: ÖZStR 4 (1913), S. 232 ff.
–, Das neue österreichische Wucherrecht, in: ÖZStR 5 (1914), S. 290 ff.
–, Die Strafjustiz im neuen Staate, in: Organisation der Justiz und Strafverfahren, Wien 1919, S. 22 ff.
–, Kritik des deutschen Entwurfs, in: Wenzeslaus Graf Gleispach (Hg.), Der Deutsche Strafgesetzentwurf, Wien 1921, S. 27 ff.
Löwe-Rosenberg, Die Strafprozeßordnung und das Gerichtsverfassungsgesetz, Großkommentar, 24. Aufl., Berlin–New–York 1988 ff.; zit.: Löwe-Rosenberg und jeweiliger Bearbeitername.
Loewenfeld, Theodor, Koalitionsrecht und Strafrecht, in: Archiv für soziale Gesetzgebung und Statistik 14 (1899), S. 471 ff.
Löwith, Karl, Jacob Burckhardt, in: ders., Sämtliche Schriften, Bd. 7, Stuttgart 1984.
Lohsing, Ernst, Österreichisches Strafprozeßrecht in systematischer Darstellung, 2. Aufl., Graz–Wien 1920.
Lohsing, Ernst und Serini, Eugen, Österreichisches Strafprozeßrecht, 4. Aufl., Wien 1952.
Lombroso, Cesare, Über den Ursprung, das Wesen und die Bestrebungen der neuen anthropologisch-kriminalistischen Schule in Italien, in: ZStW 1 (1881), S. 108 ff.
–, Der Verbrecher (homo delinquens) in anthropologischer, ärztlicher und juristischer Beziehung, Bd. 1, Hamburg 1897.
–, Genie und Entartung, Leipzig 1910.
Lorenz, Eugen, Kann eine Zeitung Object der Ehrenbeleidigung sein?, in: Allg. Ö. GerZ. 53 (1902), Nr. 19, S. 165 ff.
Lotheissen, Wolfgang, Reform des Vorverfahrens im österreichischen Strafprozess, Bericht über die strafrechtliche Arbeitsgemeinschaft des 1. österreichischen Juristentages, Bd. II, 6. Teil, S. 39 ff.
Lübbe, Hermann, Politische Philosophie in Deutschland, München 1974.
Lübbe, Weyma, Legitimität kraft Legalität. Sinnverstehen und Institutionenanalyse bei Max Weber und seinen Kritikern, Tübingen 1991.
Luhmann, Niklas, Legitimation durch Verfahren, Neuwied 1969.
–, Paradigm lost: Über die ethische Reflexion der Moral, Frankfurt am Main 1990.
Luxemburg, Rosa, Gesammelte Briefe, Bd. 5, Berlin (Ost) 1987.
Maasburg, Friedrich, Zur Entstehungsgeschichte der Theresianischen Halsgerichtsordnung, mit besonderer Rücksicht auf das im Art. 58 derselben behandelte crimen magiae vel sortilegii, Wien 1880.
–, Die Strafe des Schiffziehens in Österreich (1783–1790), Wien 1890.
Malaniuk, Wilhelm, Lehrbuch des Strafrechts, 2. Bd., Besonderer Teil, Wien 1948.
Marx, Michael, Zur Definition des Begriffs »Rechtsgut«, Köln 1972.

Marxen, Klaus, Der Kampf gegen das liberale Strafrecht, Berlin 1975.
Materialien zur Wuchergesetznovelle vom 19. Juni 1893, in: GA 41 (1893), S. 230 ff.
Matis, Herbert, Österreichs Wirtschaft 1848–1913, Berlin 1972.
– Sozioökonomische Aspekte des Liberalismus in Österreich 1848–1918, in: Sozialgeschichte heute. Fschr. für Hans Rosenberg zum 70. Geburtstag, hg. von Hans-Ulrich Wehler, Göttingen 1974, S. 243 ff.
Maucher, Ignaz, Sistematisches Handbuch des österreichischen Strafgesetzes über Verbrechen und der auf dasselbe sich unmittelbar beziehenden Gesetze und Verordnungen, 1. Theil, Wien 1844.
Mayer, Salomon, Das Princip der Individualisierung in der österreichischen Strafproceßordnung vom 23. Mai 1873, in: Grünhut's Z. 2 (1875), s. 411 ff.
– Handbuch des österreichischen Strafproceßrechtes, Bde. I (Entstehungsgeschichte der österreichischen StPO 1873), II und III, 1. u. 2. Theil, (Commentar zu der österreichischen StPO), Wien 1876, 1881, 1884.
Mayr, Georg von, Statistik und Gesellschaftslehre, Freiburg 1897.
Meggle, Georg, und Christoph Fehige, »Mir leuchtet nicht ein, wie man so Werte bewahren will«. Gespräch mit Peter Singer, in: Hegselmann/Merkel (Hg.), Zur Debatte über Euthanasie, Frankfurt am Main 1991, S. 153 ff.
Meinecke, Friedrich, Einige Gedanken über Liberalismus, in: ders., Politische Schriften und Reden (hg. von Georg Kotowski), 3. Aufl., Darmstadt 1968, S. 413 ff.
Meister, J. Fr. Chr., Ueber den criminalistischen Begriff: Dolus indirectus unter der beschränkten Rücksicht auf Homicidien, in: NACR 1 (1817), S. 106 ff.
Menger, Anton, Das bürgerliche Recht und die besitzlosen Volksklassen, 3. Aufl., Tübingen 1904.
–, Die sozialen Aufgaben der Rechtswissenschaft, 2. Aufl., Wien 1905.
Merkel, Adolf, Julius Glaser. Ein Nachruf, in: Krit. Vjschr. 10 (1887), S. 1 ff.
–, Über den Zusammenhang zwischen der Entwicklung des Strafrechts und der Gesamtentwicklung der öffentlichen Zustände und des geistigen Lebens der Völker, 2. Aufl., Straßburg 1890.
–, Gesammelte Abhandlungen aus dem Gebiet der allgemeinen Rechtslehre und des Strafrechts, Bd. 2, 1. und 2. Hälfte, Straßburg 1899.
–, Bemerkungen über den österreichischen Entwurf eines Strafgesetzes über Verbrechen und Vergehen, in: ders. (1899), Ges. Abhandlungen, Bd. 2, 1. Hälfte, S. 15 ff.
–, Zur Reform der Strafgesetze, in: ders. (1899), Ges. Abhandlungen, Bd. 2, 1. Hälfte, S. 130 ff.
Merkel, Reinhard, Wahnbild Nation, in: Die Zeit, 1990, Nr. 11, S. 52.

–, Teilnahme am Suizid – Tötung auf Verlangen – Euthanasie. Fragen an die Strafrechtsdogmatik, in: Hegselmann/Merkel (Hg.) (1991), Zur Debatte über Euthanasie, S. 71 ff.
Mezger, Edmund, Vom Sinn der strafrechtlichen Tatbestände. Fschr. für Ludwig Träger, Tübingen 1926, S. 187 ff.
–, Strafrecht, München 1931, 3. Aufl. 1949.
Mill, John Stuart, Über die Freiheit, Stuttgart 1974.
Mittelstädt, Otto, Die Revisionsbedürftigkeit der deutschen Schwurgerichtsurtheile, in: Gerichtssaal 37 (1885), S. 557 ff.
Mittermaier, Carl Joseph Anton, Der deutsche Strafproceß, verglichen mit dem auf Oeffentlichkeit, Mündlichkeit und Anklageprincip gebauten Verfahren, mit Prüfung der neuesten Ergebnisse der Strafgesetzgebung, in: ACR, NF 1842, S. 61 ff., 259 ff.
–, Über den Zustand der Strafproceßordnung in Deutschland und Prüfung der neuesten Gesetzgebungsarbeiten, insbesondere der österreichischen Strafproceßordnung, der Entwürfe von Strafproceßordnungen für Preußen, Baiern, Hessen-Darmstadt, für die thüringischen Staaten, für das Königreich Sachsen, für Frankfurt und die Strafproceßordnungen für Freiburg, Bern, Thurgau und Zürich, in: ACR, NF (1853), S. 528 ff.
–, Erfahrungen über die Wirksamkeit der Schwurgerichte in Europa und Amerika, über ihre Vorzüge, Mängel und Abhülfe, Erlangen 1865.
Mittermaier, Wolfgang, Die Reform der Voruntersuchung, in: Mitt. IKV 11 (1904), S. 277 ff.
–, Verbrechen und Vergehen wider die Sittlichkeit, in: VD, BT, Bd. IV, Berlin 1906, S. 1 ff.
–, Zur Frage der Schwurgerichte, in: MSchrKrimPsych 2 (1906), S. 1 ff.
–, Die strafbaren Handlungen gegen die Sittlichkeit im Vorentwurf zu einem österreichischen Gesetzbuche von 1909, in: ÖZStR 2 (1911), S. 250 ff.
–, Das österreichische Strafverfahren (= Untersuchungen zur deutsch-österreichischen Rechtsangleichung, Bd. 14), Leipzig 1933.
Mittermaier, Wolfgang, und Moritz Liepmann (Hg.), Schwurgerichte und Schöffengerichte. Beiträge zu ihrer Kenntnis und Beurteilung, Bde. 1 und 2, Heidelberg 1908 und 1910.
Moll, Albert, Untersuchungen über die libido sexualis, Berlin 1898.
Mommsen, Theodor, Reden und Aufsätze, 2. Aufl., Berlin 1905.
Mommsen, Wolfgang J., Das deutsche Kaiserreich als System umgangener Entscheidungen, in: Berding u. a. (Hg.) (1978), Fschr. Schieder, S. 239 ff.
–, Ein Liberaler in der Grenzsituation, in: ders., Max Weber. Gesellschaft, Politik und Geschichte, 2. Aufl., Frankfurt am Main 1982, S. 21 ff.

Montesquieu, Charles de, Vom Geist der Gesetze, hg. von Kurt Weigand, Stuttgart 1980.
Moos, Reinhard, Der Verbrechensbegriff in Österreich im 18. und 19. Jahrhundert, Bonn 1968.
–, Franz von Liszt als Österreicher, in: ZStW 81 (1969), S. 660 ff.
–, Landesbericht Österreich, in: Hans Heinrich Jescheck und Justus Krümpelmann (Hg.), Die Untersuchungshaft im deutschen, ausländischen und internationalen Recht, Bonn 1971, S. 347 ff.
–, Die Parteistellung der Staatsanwaltschaft im österreichischen Strafverfahren, in: Günther Kaiser und Theo Vogler (Hg.), Strafrecht – Strafrechtsvergleichung, Freiburg 1975, S. 37 ff.
–, Zur Reform des Strafprozeßrechts und des Sanktionenrechts für Bagatelldelikte, Wien–New York 1981.
–, Beschuldigtenstatus und Prozeßrechtsverhältnis im österreichischen Strafverfahrensrecht, in: Fschr. für Hans-Heinrich Jescheck, 2. Halbbd., Berlin 1985, S. 725 ff.
–, Grundstrukturen einer neuen Strafprozeßordnung, in: Verhandlungen des 9. Österreichischen Juristentages, Abtl. Strafrecht, Wien 1985, S. 53 ff.
–, Carl Stooss in Österreich, in: 100 Jahre SchwZStR, Festnummer, Bern 1988, S. 35 ff.
–, Grundlinien und Standortbestimmung des österreichischen Strafprozeßrechts, in: Heike Jung (Hg.), Der Strafprozeß im Spiegel ausländischer Verfahrensordnungen, Berlin–New York 1990, S. 47 ff.
–, Die Kontrolle des staatlichen Anklagemonopols in Österreich und in der Schweiz, in: SchwZStR 108 (1991), S. 153 ff.
Müller, Ingo, Rechtsstaat und Strafverfahren, Frankfurt 1980.
Müller, Otto, Die Lex Heinze, Freiburg 1900.
Müller-Dietz, Heinz, Das Leben des Rechtslehrers und Politikers Karl Theodor Welcker, Freiburg 1968.
Münch, Richard, Die Kultur der Moderne 2, Frankfurt am Main 1986.
Nagler, Johannes, Der Tatbestand der sog. widernatürlichen Unzucht unter Männern (§ 175 R.St.G.B.), in: Gerichtssaal 82 (1914), S. 27 ff.
Naucke, Wolfgang, Die Kriminalpolitik des Marburger Programms 1882, in: ZStW 94 (1982), S. 525 ff.
–, Vom Vordringen des Polizeigedankens im Recht, d.i.: vom Ende der Metaphysik im Recht, in: Dilcher/Diestelkamp (Hg.) (1986), Symposion für A. Erler, S. 177 ff.
–, Entwicklungen der allgemeinen Politik und der Zusammenhang dieser Politik mit der Reform des Strafrechts in der Bundesrepublik Deutschland, in: Winfried Hassemer (Hg.), Strafrechtspolitik, Frankfurt–Bern–New York 1987, S. 15 ff.
Naujoks, Eberhard, Bismarck und die Organisation der Regierungspresse, in: HZ 205 (1967), S. 46 ff.

Neck, Rudolf, Wirtschaftliche und soziale Probleme während der Regierungszeit Kaiser Franz Josephs I., in: ÖGL 10 (1966), S. 462 ff.

Neck, Rudolf, und Adam Wandruszka (Hg.), Die Ereignisse des 15. Juli 1927, München 1979.

Nerlich, Paul, Die Bürgermeisterstochter Grete Beier aus Brand, in: ArchKrimAnthr 33 (1909), S. 145 ff.

Neuda, Max, und Leo Schmelz, Berühmte Verteidigungsreden, Wien 1921.

Neumann, Ulfrid, Juristische Argumentationslehre, Darmstadt 1986.

Neumann, Ulfrid, und Ulrich Schroth, Neuere Theorien von Kriminalität und Strafe, Darmstadt 1980.

Niederschriften über die Sitzungen der Großen Strafrechtskommission Bonn 1956–1960.

Nietzsche, Friedrich, Gesammelte Werke. Musarionausgabe, Bd. 21, München 1928.

–, Sämtliche Werke. Kritische Studienausgabe (KSA), 15 Bde., München 1980.

Nippold, Otfried, Heinrich Lammasch als Völkerrechtsgelehrter und Friedenspolitiker, in: M. Lammasch/Sperl (Hg.) (1922), Heinrich Lammasch, S. 118 ff.

Nowakowski, Friedrich, Das österreichische Strafrecht, in: Edmund Mezger, Adolf Schönke und Hans Heinrich Jescheck (Hg.), Das ausländische Strafrecht der Gegenwart, 3. Bd., Berlin 1959, S. 415 ff.

–, Die Grund- und Menschenrechte in Relation zur strafrichterlichen Gewalt, in: ÖJZ 20 (1965), S. 281 ff.

–, Zum Verständnis des Anklageprozesses bei der Ausarbeitung der Strafprozeßordnung 1873, in: Liebscher/Müller (Hg.) (1973), Hundert Jahre österreichische StPO, S. 151 ff.

Nyíri, Josef, Der Mensch im österreichischen Denken. Konservative Theorie von Hofbauer zu Hayek, in: ders., Am Rande Europas. Studien zur österreichisch-ungarischen Philosophiegeschichte, Wien–Köln–Graz 1988, S. 10 ff.

Österreichisches Strafgesetz vom 27. Mai 1852, Manz'sche Taschenausgabe der österreichischen Gesetze 4. Bd., 21. Aufl., Wien 1908; Strafrechtliche Nebengesetze: 4. Bd., 2. Abtlg., 19. Aufl., Wien 1902.

Österreichische Strafprozeßordnung vom 23. Mai 1873, sammt der Vollzugsvorschrift, den Geschäftsordnungen für die Strafgerichte und Staatsanwaltschaften und allen ergänzenden und erläuternden Gesetzen und Verordnungen, Manz'sche Taschenausgabe der österreichischen Gesetze, 5. Bd., 10. Aufl., Wien 1901.

Oetker, Friedrich, Die Reform des Schwurgerichts, in: Gerichtssal 68 (1906), S. 81 ff.

–, Handbuch des Strafprozesses, Bd. 3, Das Verfahren vor den Schwur- und Schöffengerichten, Leipzig 1907.

–, Verfolgungsübernahme durch die Staatsanwaltschaft im Privatklageprozeß, in: Gerichtssaal 71 (1908), S. 299 ff.
Ogris, Werner, Die Rechtsentwicklung in Cisleithanien 1848 – 1918, in: Die Habsburgermonarchie 1848 – 1918, hg. von Adam Wandruszka und Peter Urbanitsch, Bd. II, Verwaltung und Rechtswesen, Wien 1975, S. 538 ff.
Olshausen, Justus, Kommentar zum Strafgesetzbuch für das Deutsche Reich (jeweilige Aufl. und Erscheinungsjahr), Berlin.
Oncken, Hermann, Rudolf von Bennigsen. Ein deutscher liberaler Politiker, 2. Bd.: Von 1867 bis 1902, Stuttgart und Leipzig 1910.
Oppenhoff, Friedrich C., Die Rechtsprechung des Königlichen Ober-Tribunals in Strafsachen, 18. Bd., Berlin 1877.
Otto, Gustav, Die preußische Staatsanwaltschaft, Berlin 1899.
Overbeck, Franz, Christentum und Kultur, Basel 1919.
Paalzow, Christian C., Über deutsche Gesetzbücher und den Inquisitionsprozeß, Berlin 1818.
Passy, J. C., Bemerkungen über die neue Ausgabe des österreichischen Strafgesetzes, in: Haimerl's Magazin für Rechts- und Staatswissenschaft 6 (1852), S. 209 ff., S. 317 ff.
Pester, Martin, Der Schutz des Privatlebens gegen Indiskretion im gegenwärtigen und künftigen Strafrecht, Breslau 1931.
Peters, Karl, Strafprozeß, 4. Aufl., Heidelberg 1985.
Pflanze, Otto (Hg.), Innenpolitische Probleme des Bismarck-Reiches, München–Wien 1983.
Pleister, Wolfgang, Persönlichkeit, Wille und Freiheit im Werke Jherings, Ebelsbach 1982.
Plenarbeschlüsse und Entscheidungen des k.k. Cassationshofes, veröffentlicht von der Redaktion der Allg. Ö. GerZ. 1876–1899; seit 1900 fortgesetzt als: Entscheidungen des k.k. Obersten Gerichts- als Kassationshofes, veröffentlicht von der k.k. Generalprokuratur, Nr. 1–4584, Wien 1876–1919; zit.: KH und Nr. der jeweiligen Entscheidung.
Plöchl, Willibald M., Zur Entwicklung der modernen Völkerrechtswissenschaft an der Wiener Juristenfakultät, in: Fschr. für Alfred Verdross, Wien 1960, S. 31 ff.
Pollmann, Klaus Erich, Der Norddeutsche Bund – ein Modell für die parlamentarische Entwicklung des deutschen Kaiserreichs?, in: Pflanze (Hg.) (1983), Probleme des Bismarck-Reiches, S. 217 ff.
Poschinger, Heinrich von, Bismarck und die Parlamentarier, 2. Bd., Breslau 1895.
Provisorische Strafproceßordnung, gültig für diejenigen Kronländer, in welchen das Strafgesetzbuch vom 3. September 1803 in Wirksamkeit steht, 2. Aufl, Wien 1851.
Radbruch, Gustav, Abtreibung (§§ 218–220 RStGB), in: VD, BT, Bd. V, Berlin 1905, S. 159 ff.

–, Die politische Prognose der Strafrechtsreform, in: MSchrK 4 (1908/1909), S. 1 ff., wieder abgedr. in: ders. (1992), Gesamtausgabe Bd. 9, S. 161 ff.
–, Die Psychologie der Gefangenschaft, in: ZStW 32 (1911), S. 339 ff.
–, Der Überzeugungsverbrecher, in: ZStW 44 (1924), S. 34 ff.
–, Vom individualistischen zum sozialen Recht, in: ders., Der Mensch im Recht, Göttingen, 1957, S. 35 ff.
–, Johann Paul Anselm Feuerbach. Ein Juristenleben, 2. Aufl., hg. von Erik Wolf, Göttingen 1957.
–, Strafrechtsreform und Strafprozeßreform, in: JR 4 (1928), S. 189 f., wieder abgedr. in: ders. (1992), Gesamtausgabe Bd. 9, S. 304 ff.
–, Gesamtausgabe, hg. von Arthur Kaufmann, Heidelberg, 1987 ff.
–, Bd. 1: Rechtsphilosophie I, bearb. von A. Kaufmann, 1987;
–, Bd. 3: Rechsphilosophie III, bearb. von W. Hassemer, 1990;
–, Bd. 9: Strafrechtsreform, bearb. von R. Wassermann, 1992;
–, Bd. 16: Biographische Schriften, bearb. von G. Spendel, 1988.
–, Einführung in die Rechtswissenschaft, 7./8. Aufl., in: ders. (1987), Gesamtausgabe, Bd. 1, Rechtsphilosophie I.
–, Franz von Liszt – Anlage und Umwelt, in: ders. (1988), Gesamtausgabe, Bd. 16, S. 27 ff.
–, Gesetzliches Unrecht und übergesetzliches Recht, in: ders. (1990), Gesamtausgabe, Bd. 3, S. 83 ff.
–, Strafrechtsreform und Nationalsozialismus, in: ders. (1992), Gesamtausgabe, Bd. 9, S. 331 ff.
Radbruch, Gustav, und Heinrich Gwinner, Geschichte des Verbrechens. Versuch einer historischen Kriminologie. Neudruck Frankfurt am Main 1990.
Rassow, Peter, und Karl Erich Born (Hg.), Akten zur staatlichen Sozialpolitik in Deutschland 1890–1914, Wiesbaden 1959.
Ratzenhofer, Gustav, Die Juli-Ereignisse und ihre Lehren, in: Gerichts-Zeitung 78 (1927), S. 225 ff.
Rawls, John, Eine Theorie der Gerechtigkeit, Frankfurt am Main 1975.
Redlich, Josef, Heinrich Lammasch als Ministerpräsident, in: M. Lammasch/Sperl (Hg.) (1922), Heinrich Lammasch, S. 154 ff.
–, Das politische Tagebuch, I. Bd., 1908–1914, hg. von Fritz Fellner, Graz–Köln 1953.
Rieß, Peter, Prozeßmaximen und Ermittlungsverfahren, in: Fschr. für Kurt Rebmann, München 1989, S. 381 ff.
Rittler, Theodor, Fragestellung, Wahrspruch und Urteil nach österreichischem Strafprozeßrecht untersucht, in: Mittermaier/Liepmann (Hg.) (1908), Schwurgerichte und Schöffengerichte, Bd. 1, S. 457 ff.
–, Über die Entwicklung der Nichtigkeitsbeschwerde zur Wahrung des Gesetzes, in: ZStW 32 (1911), S. 436 ff.

–, Lammasch als Strafrechtslehrer, in: M. Lammasch/Sperl (Hg.) (1922), Heinrich Lammasch, S. 106 ff.
–, Das österreichische Strafgesetzbuch von 1852 als Spiegel und Chronik seiner Zeit, in: SchwZStR 40 (1927), S. 83 ff.
–, Der unwiderstehliche Zwang (§ 2 g StG) in der Rechtsprechung des Obersten Gerichtshofes, in: Fschr. zur Hundertjahrfeier des Österreichischen Obersten Gerichtshofes, Wien 1950, S. 221 ff.
–, Die Frage der Todesstrafe in der Frankfurter Nationalversammlung des Jahres 1848, in: JBl 70 (1948), S. 114 ff.
–, Lehrbuch des österreichischen Strafrechts, 2 Bde., 2. Aufl., Wien 1954, 1962.
–, Das neue österreichische Geschworenengericht, in: Fschr. für Pfenninger, Zürich 1956, S. 99 ff.
Roeder, Hermann, Reform des Vorverfahrens im österreichischen Strafprozess, Bericht über die strafrechtliche Arbeitsgemeinschaft des 1. österreichischen Juristentages, Bd. II, 6. Teil, Wien 1961, S. 5 ff.
–, Wahrheitsbeweis und Indiskretionsdelikt nach deutschem und österreichischem Strafgesetzentwurf, in: Fschr. für Reinhart Maurach, Karlsruhe 1972, S. 347 ff.
Röhl, John C. G. (Hg.), Philipp Eulenburgs Politische Korrespondenz, Bd. I (= Deutsche Geschichtsquellen des 19. und 20. Jahrhunderts, Bd. 52/1), Boppard 1976.
–, Graf Philipp zu Eulenburg – des Kaisers bester Freund, in: ders., Kaiser, Hof und Staat. Wilhelm II. und die deutsche Politik, München 1987.
Rogge, Helmut, Holstein und Harden, München 1959.
Rosenberg, Werner, Die Reform der Voruntersuchung, in: Mitt. IKV 11 (1904), S. 755 ff.
–, Zur Reform der Untersuchungshaft, in: JW 54 (1925), S. 1446 ff.
Rosenfeld, Ernst Heinrich, Schuld und Vorsatz im v. Lisztschen Lehrbuch, in: ZStW 32 (1911), S. 466 ff.
Rossmann, Kurt, Wissenschaft, Ethik und Politik, Heidelberg 1949.
Roxin, Claus, Literaturbericht – Allgemeiner Teil, in: ZStW 77 (1965), S. 60 ff.
–, Sinn und Grenzen staatlicher Strafe, in: JuS 6 (1966), S. 377 ff.
–, Die Reform der Hauptverhandlung im deutschen Strafprozeß, in: Hans Lüttger (Hg.), Probleme der Strafprozeßreform, Berlin–New York 1975, S. 52 ff.
– Strafrecht, Allgemeiner Teil, Lehrbuch, Bd. I, München 1992.
– Strafverfahrensrecht, 23. Aufl., München 1993.
– Strafrechtliche Bemerkungen zum zivilen Ungehorsam, in: Fschr. für Schüler-Springorum, Köln u. a. 1993, S. 441 ff.
Rubo, Ernst Traugott, Kommentar über das Strafgesetzbuch für das Deutsche Reich, Berlin 1879.

Rudolphi, Hans Joachim, Die verschiedenen Aspekte des Rechtsgutsbegriffes, in: Festschrift für Richard M. Honig, Göttingen 1970, S. 151 ff.
Rukschcio, Burkhard, und Roland Schachel, Adolf Loos. Leben und Werk, Salzburg 1982.
Rulf, Friedrich, Die österreichische Strafproceßordnung vom 23. Mai 1873, Wien 1873.
Sachse, Arnold, Friedrich Althoff und sein Werk, Berlin 1928.
Sammlung strafrechtlicher Entscheidungen des k.k. obersten Gerichts- und Cassationshofes 1850 – 1871, hg. von Julius Glaser, Wien 1873; abgek.: OGH (Slg. Glaser) + Nr. der Entscheidung.
Sauer, Wolfgang, Die Mobilmachung der Gewalt, in: Karl Dietrich Bracher, Wolfgang Sauer und Gerhard Schulz, Die nationalsozialistische Machtergreifung, Bd. 2, Köln 1960, S. 685 ff.
Saul, Klaus, Staat, Industrie, Arbeiterbewegung im Kaiserreich, Düsseldorf 1974.
Savigny, Friedrich Carl von, Die Prinzipien in Beziehung auf eine neue Strafprozeß-Ordnung, ungedruckte Denkschrift 1846, auszugsweise veröffentlicht in GA 6 (1858), S. 469 ff. (»Ueber Schwurgerichte und Beweistheorie im Strafprozesse«), und GA 7 (1859), S. 577 ff. (»Ueber das Institut der Staatsanwaltschaft«).
Seelmann, Kurt, Sozialismus und soziales Recht bei Gustav Radbruch, Diss. München 1973.
Sheehan, James J., Der deutsche Liberalismus, München 1983.
Siegfrieda, Der Mißbrauch der Untersuchungshaft, in: Gerichtshalle, Wien 1908, S. 253 ff.
Simmel, Georg, Schriften zur Soziologie, hg. von Heinz-Jürgen Dahme und Othein Rammstedt, Frankfurt am Main 1983.
Sina, Peter, Die Dogmengeschichte des strafrechtlichen Begriffs »Rechtsgut«, Basel 1962.
Singer, Peter, Animal Liberation, New York 1975.
–, Praktische Ethik, Stuttgart 1984.
Sinn, Richard, Das Pariser Gutachten über die Prinzessin Luise von Koburg, in: MSchrKrimPsych 2 (1905/1906), S. 324 ff.
Smith, Adam, Eine Untersuchung über das Wesen und die Ursachen des Reichtums der Nationen, hg. von P. Thal, Bd. 2, Berlin 1975.
Sombart, Werner, Die Politik als Beruf, in: Morgen. Wochenschrift für deutsche Kultur, 1 (1907), S. 195 ff.
Sonderausschuß für die Strafrechtsreform, 7. Wahlperiode, Stenographische Protokolle, 79. und 80. Sitzung, Bonn 1976, S. 2467 ff.
Sperl, Hans, Im akademischen Leben, in: M. Lammasch/Sperl (Hg.) (1922), Heinrich Lammasch, S. 204 ff.
Sulloway, Frank J., Freud – Biologe der Seele. Jenseits der psychoanalytischen Legende, Köln-Lövenich 1982.

Swoboda, Ernst, Kommentar zum Preßgesetz und zur Strafgesetznovelle 1929, Graz 1930.
Schaffstein, Friedrich, Politische Strafrechtswissenschaft, Hamburg 1934.
–, Vom crimen vis zur Nötigung. Eine Studie zur Tatbestandsbildung im Gemeinen Strafrecht, in: Fschr. für Richard Lange, Berlin–New York 1976, S. 983 ff.
Schieder, Theodor, Die Krise des bürgerlichen Liberalismus. Ein Beitrag zum Verhältnis von politischer und gesellschaftlicher Verfassung, in: Gall (Hg.) (1980), Liberalismus, S. 187 ff.
Schild, Wolfgang, Berühmte Berliner Kriminalprozesse der zwanziger Jahre, in: Friedrich Ebel und Albrecht Randelzhofer (Hg.), Rechtsentwicklungen in Berlin, Berlin–New York 1988, S. 121 ff.
–, Gedanken zu Klimts »Jurisprudenz«, in: Heinrich Scholler und Lothar Philipps (Hg.), Jenseits des Funktionalismus. Arthur Kaufmann zum 65. Geburtstag, Heidelberg 1989, S. 127 ff.
Schlecht, Anton, Lex Heinze, in: Gerichtssaal 60 (1901), S. 1 ff.
Schluchter, Wolfgang, Religion und Lebensführung. Studien zu Max Webers Kultur- und Werttheorie, 2 Bde., Frankfurt am Main 1988.
Schmidt, Eberhard, Strafrechtsreform und Kulturkrise, Tübingen 1931.
–, Das Problem des übergesetzlichen Notstands, in: Mitt. IKV, N.F., 5. Bd., Berlin–Leipzig 1931, S. 131 ff.
–, Staatsanwalt und Gericht, in: Probleme der Strafrechtserneuerung. Fschr. für Eduard Kohlrausch, Tübingen 1944.
–, Goethe und das Problem der Todesstrafe, in: SchwZStR 63 (1948), S. 444 ff.
–, Die Reform des Strafrechts im Rückblick auf Berliner Impulse in der Geschichte der modernen Kriminalpolitik. Festvortrag auf dem 41. Deutschen Juristentag 1955, Tübingen 1956, B S. 1 ff.
–, Lehrkommentar zur Strafprozeßordnung und zum Gerichtsverfassungsgesetz, Teil I (Grundlagen), 2. Aufl., Göttingen 1964; Teil II (StPO und EGStPO), Göttingen 1957.
–, Einführung in die Geschichte der deutschen Strafrechtspflege, 3. Aufl., Göttingen 1965.
Schmidt, Gerhard, Zur Problematik des Indiskretionsdelikts, in: ZStW 79 (1967), S. 741 ff.
Schmidt, Richard, Wucher und Ausbeutung, in: VD, BT, Bd. VIII, Berlin 1906, S. 161 ff.
–, Die Strafrechtsreform in ihrer staatsrechtlichen und politischen Bedeutung, Leipzig 1912 (Reprint Aalen 1978).
Schmidt-Ernsthausen, R., Die Zuhälterei im deutschen Reichsstrafrecht, in: ZStW 24 (1904), S. 184 ff.
Schmidt-Volksmar, Erich, Der Kulturkampf in Deutschland 1871–1890, Göttingen–Berlin 1962.

Schönke, Adolf, und Horst Schröder, Strafgesetzbuch. Kommentar, 24. Aufl., München 1992; zit.: Sch.-Schr [+ Name des jeweiligen Bearbeiters].
Scholl, C., Das Ärgernis im deutschen Strafrecht überhaupt und in der Strafnorm gegen Tierquälerei insbesondere, in: ZStW 13 (1893), S. 279 ff.
Scholle, Manfred, Die Preußische Strafjustiz im Kulturkampf 1873 bis 1880, Marburg 1974.
Schopenhauer, Arthur, Parerga und Paralipomena, 2. Bd., Sämtliche Werke, hg. von Arthur Hübscher, Bd. 6, Leipzig 1939.
Schorske, Carl E., Wien – Geist und Gesellschaft im Fin de Siècle, Frankfurt am Main 1982.
Schrenck-Notzing, Alexander von, Beiträge zur forensischen Beurtheilung von Sittlichkeitsvergehen mit besonderer Berücksichtigung der Pathogenese psychosexueller Anomalien, in: ArchKrimAnthr 1 (1899), S. 5 ff., S. 137 ff.
Schroeder, Friedrich Christian, Der Schutz von Staat und Verfassung im Strafrecht, München 1970.
Schröder, Rainer, Die Entwicklung des Kartellrechts und des kollektiven Arbeitsrechts durch die Rechtsprechung des Reichsgerichts vor 1914, Ebelsbach 1988.
Schubert, Werner, Die deutsche Gerichtsverfassung (1869–1877) – Entstehung und Quellen, Frankfurt am Main 1981.
Schubert, Werner, und Jürgen Regge, Entstehung und Quellen der Strafprozeßordnung von 1877, Frankfurt am Main 1989.
Schünemann, Bernd, Der strafrechtliche Schutz von Privatgeheimnissen, in: ZStW 90 (1978), S. 11 ff.
–, Reflexionen über die Zukunft des deutschen Strafverfahrens, in: Strafrecht, Unternehmensrecht, Anwaltsrecht. Fschr. für Gerd Pfeiffer, Köln–Berlin–Bonn–München 1988, S. 461 ff.
–, Entwicklungen der Schuldlehre, in: Hirsch/Weigend: Straf- und Kriminalpolitik, Berlin 1989, S. 147 ff.
–, Absprachen im Strafverfahren? Grundlagen, Gegenstände und Grenzen. Gutachten zum 58. Deutschen Juristentag, München 1990.
Schulze, Heinz, Die Presse im Urteil Bismarcks, Gräfenhainichen 1929.
Schumacher, Franz, Lammasch in St. Germain, in: M. Lammasch/Sperl (Hg.) (1922), Heinrich Lammasch, S. 198 ff.
Schumann, Hans-Joachim von, Ein geschichtlicher Irrtum im Entwurf des Strafgesetzbuches 1962, in: MSchrKrimPsych 47 (1964), S. 258 ff.
Schuppich, Walter, Strafverteidigung im Vorverfahren, in: Fschr. für Franz Pallin, Wien 1989, S. 365 ff.
Schwabe, Klaus, Die deutschen Professoren und die politischen Grundfragen des Ersten Weltkrieges, Diss. (masch.), Berlin 1958.
Schwartz, Franz, Der Entwurf eines Bundesgesetzes zur Bekämpfung

von Mißbräuchen im Pressewesen, in: Gerichts-Zeitung 77 (1926), S. 117 ff.
Schwarze, Friedrich Oscar von, Das deutsche Schwurgericht und dessen Reform, Erlangen 1865.
–, Commentar zum Strafgesetzbuch für das Deutsche Reich, 4. Aufl., Leipzig 1879.
–, Das Reichsgesetz betreffend den Wucher vom 24. Mai 1880, Leipzig 1881.
Schwinge, Erich, Der Kampf um die Schwurgerichte bis zur Frankfurter Nationalversammlung, Breslau 1926 (Reprint Aalen 1970).
–, Zur Reform des Beleidigungsrechts, in: GA 1956, S. 306 ff.
Stahl, Friedrich Julius, Die Philosophie des Rechts nach geschichtlicher Ansicht, 2. Bd. (Christliche Rechts- und Staatslehre), Heidelberg 1837; 3. Aufl. (Rechts- und Staatslehre auf der Grundlage christlicher Weltanschauung), Heidelberg 1856.
Steger, Heinrich, Die Verteidigung im österreichischen Strafverfahren, Wien und Leipzig 1926.
Stenglein, Moritz, Lex Heintze rediviva, in: DJZ 4 (1899), S. 137 ff.
– Die polizeiliche Reglementierung der Prostitution, in: Gerichtssaal 62 (1903), S. 161 ff.
Stenographische Protokolle des Abgeordnetenhauses (mit Angabe der »Session« und des jeweiligen Jahrgangs), Wien.
Stenographische Protokolle des Herrenhauses (mit »Session« und Jahrgang), Wien.
Stern, William, Jugendliche Zeugen in Sittlichkeitsprozessen, ihre Behandlung und psychologische Begutachtung, Leipzig 1926.
Störzer, Hans Udo, Sittlichkeitsprozeß und junges Opfer, in: Henner Hess, Hans-Udo Störzer und Franz Streng (Hg.), Sexualität und soziale Kontrolle, Heidelberg 1978.
Stolleis, Michael, Anmerkungen zum Verhältnis von echtem Recht und freiheitsbeschränkendem Polizeirecht, in: Dilcher/Diestelkamp (Hg.) (1986), Symposion für A. Erler, S. 188 ff.
Stooss, Carl, Die Sittlichkeitsverbrechen nach Zürcher Strafrecht, in: SchwZStR 8 (1895), S. 200 ff.
–, Criminalpolitische Gedanken österreichischer Strafgesetzgeber, in: All. Ö. GerZ. 53 (1902), S. 43 ff.
–, Zur Natur des dolus indirectus, in: Grünhut's Z. 31 (1904), S. 1 ff.
–, Zur Reform des Strafprozesses, in: ArchKrimAnthr 14 (1904), S. 118 ff.
–, Strafe und sichernde Maßnahme, in: SchwZStR 18 (1905), S. 1 ff.
–, Lehrbuch des Österreichischen Strafrechts, Bde. 1 und 2, 2. Aufl., Wien und Leipzig, 1912/1913.
–, Selbstbiographie, in: Hans Planitz (Hg.), Die Rechtswissenschaft der Gegenwart in Selbstdarstellungen, Bd. 2, Leipzig 1925, S. 205 ff.

–, Zur Natur der sichernden Maßnahmen, in: SchwZStR 44 (1930), S. 261 ff.
Stooss, Carl, und Eberhard von Künßberg, Allgemeine Bestimmungen österreichischer Strafgesetzbücher 1768–1852, Heidelberg 1909.
Storch, F., Über die Straflosigkeit der parlamentarischen Berichterstattung, in: ÖZStR 7 (1916–18), S. 1 ff.
Stourzh, Gerald, Die österreichische Dezemberverfassung von 1867, in: ÖGL 12 (1968), S. 1 ff.
Tesar, Ottokar, Staatsidee und Strafrecht. Eine historische Untersuchung, 1. Teil, in: Abhandlungen des Kriminalistischen Instituts der Universität Berlin, 3. Folge, 1. Bd., 3. Heft, Berlin 1914.
–, Freiheitsidee und Strafrecht, in: Fschr. für Reinhard Frank, Bd. 1, Tübingen 1930, S. 62 ff.
Thierfelder, Rudolf, Anselm von Feuerbach und die bayrische Strafprozeßgesetzgebung von 1813, in: ZStW 53 (1934), S. 403 ff.
Thoma, Ludwig, Gegen die Staatsanwälte, in: März. Halbmonatsschrift für deutsche Kultur, 1 (1907), S. 236 ff.
Timpe, Gerhard, Die Nötigung, Berlin 1989.
Treitschke, Heinrich von, Deutsche Geschichte im Neunzehnten Jahrhundert, Bde. 2 und 5, Leipzig 1927.
Triffterer, Otto, Soll die Voruntersuchung im österreichischen Strafverfahren beibehalten, reformiert oder abgeschafft werden?, in: Ged.-Schr. für Jürgen Rödig, Berlin–Heidelberg–New York 1978, S. 349 ff.
Tröndle, Herbert, Zur Frage der Berufung in Strafsachen – Rückschau und Ausblick, in: GA 1967, S. 161 ff.
Türkel, Siegfried, Der Lustmörder Christian Voigt, in: ArchKrimAnthr 55 (1913), S. 47 ff.
Unger, Josef, Julius Glaser. Ein Nachruf, Wien 1885.
Valjavec, Fritz, Der Josephinismus. Zur geistigen Entwicklung Österreichs im 18. und 19. Jahrhundert, Brünn–München–Wien, 1944.
Van Hamel, G. A., Die ethische Bedeutung der modernen Richtung im Strafrecht, in: ZStW 32 (1911), S. 25 ff.
Vergleichende Darstellung des Deutschen und Ausländischen Strafrechts, Besonderer Teil, hg. von Birkmeyer u. a., 9 Bde., Berlin 1906.
Verosta, Stephan, Heinrich Lammasch's Verfassungsentwurf für das Kaisertum Österreich vom September 1918, in: Fschr. für Rudolf Neck, Bd. 1, München 1981, S. 364 ff.
V. H., Der Fall Hervay, in: Gerichtshalle 49 (1904), S. 61 f.
Vorentwurf zu einem Deutschen Strafgesetzbuch. Begründung. Besonderer Teil, Berlin 1909.
Wach, Adolf, Schöffen oder Geschworene, in: DJZ 10 (1902), Sp. 81 ff.
Wachenfeld, Friedrich, Homosexualität und Strafgesetz, Leipzig 1901.
–, Zur Frage der Strafwürdigkeit des homosexualen Verkehrs, in: GA 49 (1902), S. 37 ff.

–, Organisation der Strafgerichte. Mitwirkung der Laien bei der Strafrechtspflege. Schöffengerichte, Schwurgerichte, in: F. P. Aschrott (Hg.), Reform des Strafprozesses. Kritische Besprechung der von der Kommission des Reichsjustizamts gemachten Vorschläge, Berlin 1906, S. 18 ff.

Wahlberg, Wilhelm Emil, Das Princip der Individualisierung in der Strafrechtspflege, Wien 1869.

–, Gesammelte kleinere Schriften und Bruchstücke über Strafrecht, Strafprocess, Gefängniskunde, Literatur und Dogmengeschichte der Rechtslehre in Österreich, 3 Bde., Wien 1875, 1877, 1882.

–, Das Gewohnheitsverbrechen, insbes. der Gewohnheitsdiebstahl, in: ders. (1875), Gesammelte kleinere Schriften, 1. Bd., S. 55 ff.

–, Die religiösen Beziehungen in der österreichischen Strafgesetzgebung, in: ders. (1875), Gesammelte kleinere Schriften, 1. Bd., S. 68 ff.

–, Gesichtspunkte der deutschen Rechtsliteratur, insbesondere der Strafrechtsliteratur in Oesterreich, in: ders. (1877), Gesammelte kleinere Schriften, 2. Bd., S. 55 ff.

–, Zur Genesis der Theresiana, in: ders. (1877), Gesammelte kleinere Schriften, 2. Bd., S. 115 ff.

–, Der Rechtscharakter der Selbsthilfe und der Notwehr, in: ders. (1882), Gesammelte kleinere Schriften, 3. Bd., S. 71 ff.

Walter, Ernst, Aufgeklärter Absolutismus und Staat, in: Karl Otmar von Aretin (Hg.), Der aufgeklärte Absolutismus, Köln 1974, S. 123 ff.

Walter, Friedrich, Österreichische Verfassungs- und Verwaltungsgeschichte 1500–1955, Wien–Köln–Graz 1972.

Waser, Joseph von, Zur Anwendung der Strafproceßordnung, in: Allg. Ö. GerZ 28 (1877), Nr. 94, S. 373 ff.; 33 (1882), Nr. 73, S. 289 ff.; 44 (1893), Nr. 11, S. 87 ff.

Weber, Adolph Dietrich, Ueber Injurien und Schmähschriften, Bd. 1, 2. Aufl., Leipzig 1811.

Weber, Christoph, Der ›Fall Spahn‹ (1901). Ein Beitrag zur Wissenschafts- und Kulturdiskussion im ausgehenden 19. Jahrhundert, Bonn 1980.

Weber, Helmuth von, Aufgaben der deutsch-österreichischen Strafrechtsvereinheitlichung (= Untersuchungen zur deutsch-österreichischen Rechtsangleichung Bd. 6), Leipzig 1931.

Weber, Marianne, Max Weber. Ein Lebensbild, 2. Aufl., Tübingen 1984.

Weber, Max, Das System Althoff, in: Frankfurter Zeitung vom 24., 27. und 31. Oktober 1911.

–, Rede auf dem ersten Deutschen Soziologentage in Frankfurt 1910, in: ders., Gesammelte Aufsätze zur Soziologie und Sozialpolitik, hg. von Marianne Weber, Tübingen 1924, S. 431 ff.

–, Fragment über Ethik (aus dem Nachlaß), abgedr. bei Eduard Baumgarten, Max Weber. Werk und Person, Tübingen 1964, S. 399 ff.

–, Gesammelte Politische Schriften, hg. von Johannes Winckelmann, 4. Aufl., Tübingen 1980.
–, Der Nationalstaat und die Volkswirtschaftspolitik, in: ders. (1980), Ges. Pol. Schriften, S. 1 ff.
–, Deutschlands künftige Staatsform, in: ders. (1980), Ges. Pol. Schr., S. 44 ff.
–, Politik als Beruf, in: ders. (1980), Ges. Pol. Schr., S. 505 ff.
–, Wissenschaft als Beruf, in: ders. (1982), Ges. Aufsätze zur Wissenschaftslehre, hg. von Johannes Winckelmann, 5. Aufl, Tübingen 1982, S. 582 ff.
–, Wirtschaft und Gesellschaft. Grundriß der verstehenden Soziologie, 6. Aufl., hg. von Johannes Winckelmann, Tübingen 1989.
Wegscheider, Die Aufgabenverteilung im österreichischen Vorverfahren in der Wirklichkeit und Reformvorschläge, in: Moos, Reinhard und Steininger, Einhard, Probleme der Strafprozeßreform, Linz 1982, S. 150 ff.
Wehler, Hans-Ulrich, Das deutsche Kaiserreich 1871–1918, 5. Aufl., Göttingen 1983.
Wehrenpfenning, Wilhelm, Der Kampf um die Justizgesetze, in: Preuß. Jahrb. 39 (1877), S. 98 ff.
Weingart, Albert, Detektivinstitute, in: ArchKrimAnthr 7 (1901), S. 213 ff.
Weininger, Otto, Geschlecht und Charakter, Wien 1903, Reprint München 1980.
Weis, Kurt, Staatliches Strafen. Markierungen, Degradierungen und Rituale auf einer Reise ohne Wiederkehr, in: Fschr. für Günter Blau, Berlin–New York 1985, S. 405 ff.
Weiser, Max, Die Strafgesetznovelle 1929, Wien 1930.
Welcker, Carl, Strafverfahren, Criminalproceß, in: Carl von Rotteck und Carl Welcker, Staatslexikon oder Encyklopädie der Staatswissenschaften, 15. Bd., Altona 1843.
Welzel, Hans, Naturalismus und Wertphilosophie im Strafrecht, Mannheim–Berlin–Leipzig 1935.
Wessely, Wolfgang, Die Befugnisse des Nothstandes und der Nothwehr nach österreichischem Rechte, Prag 1862.
Wickert, Lothar, Theodor Mommsen. Eine Biographie, Bd. IV: Größe und Grenzen, Frankfurt am Main 1980.
Wieacker, Franz, Privatrechtsgeschichte der Neuzeit, 2. Aufl., Göttingen 1967.
–, Das Sozialmodell der klassischen Privatrechtsgesetzbücher, in: ders., Industriegesellschaft und Privatrechtsordnung, Frankfurt am Main 1974, S. 9 ff.
Wiegand, Klaus Dieter, Die Tierquälerei, Lübeck 1979.
Williams, Richard H., Scheler's Contribution to the Sociology of Affec-

tive Action with Special Attention to the Problem of Shame, in: Philosophy and Phenomenological Research 2 (1942), S. 348 ff.
Winkler, Heinrich August, Vom linken zum rechten Nationalismus. Der deutsche Liberalismus in der Krise von 1878/79, in: Geschichte und Gesellschaft 4 (1978), S. 5 ff.
Wittels, Fritz, Sigmund Freud. Der Mann, die Lehre, die Schule, Leipzig–Wien–Zürich 1924.
Wittgenstein, Ludwig, Über Gewißheit, 13. und 14. Tsd., Frankfurt am Main 1979.
–, Philosophische Untersuchungen, in: ders., Schriften, Bd. 1, 4. Aufl., Frankfurt am Main 1980.
Wolf, Ursula, Das Tier in der Moral, Frankfurt am Main 1990.
Wolff, Kurt, Das Rechtsschutzobjekt und das Problem der Bestrafung des Ehebruchs, Leipzig 1908.
Wolter, Jürgen, Untersuchungshaft, Vorbeugungshaft und vorläufige Sanktionen, in: ZStW 93 (1981), S. 452 ff.
Würtenberger, Thomas, Zur Strafbarkeit der Homosexualität, in: Fschr. für Hellmuth von Weber, Bonn 1963, S. 271 ff.
Würth, Joseph von, Die neue österreichische Strafprozeßordnung, in: Gerichtssaal 2, 2. Bd. (1850), S. 209 ff., S. 289 ff.
–, Die österreichische Strafproceßordnung vom 17. Jänner 1850, erläutert und in Vergleichung mit der Gesetzgebung des Auslandes dargestellt, Wien 1851.
Wurmser, Leon, Die schwere Last von tausend unbarmherzigen Augen, in: Forum der Psychoanalyse 1986, 2, S. 111 ff.
Zachariae, Heinrich Albert, Die Gebrechen und die Reform des deutschen Strafverfahrens, Göttingen 1846.
Zeiler, A., Betrug und Betrugsversuch bei gesetzwidrigen Rechtsgeschäften, in: ZStW 28 (1908), S. 471 ff.
Zeiller, Franz, Edler von, In welcher Art entschuldiget ein Nothfall von der Zurechnung zum Verbrechen?, in: Zeitschrift für österreichische Rechtsgelehrsamkeit und politische Gesetzkunde 1 (1825), Hauptblatt, S. 103 ff.
Zentner, Johann, Das Geschworenengericht mit Oeffentlichkeit und Mündlichkeit im Gerichtsverfahren in besonderer Rücksicht auf den Strafprozeß, Freiburg 1830.
Zilsel, Edgar, Die Geniereligion, hg. von Johann Dvorak, Frankfurt am Main 1990.
Zinßer, Ferdinand, Zum Fall Riehl, in: MSchrKrimPsych 3 (1907), S. 618 ff.
Zöllner, Detlev, Landesbericht Deutschland, in: Köhler/Zacher (Hg.) (1981), Ein Jahrhundert Sozialversicherung, S. 45 ff.
Zucker, Alois, Die Untersuchungshaft vom Standpunkte der oesterreichischen Strafprocessgesetzgebung, II. Abtheilung, Prag 1876.

–, Die Reform der Voruntersuchung, in: Mitt. IKV 11 (1904), S. 311 ff.
–, Ein Wort zur Aufhebung der gerichtlichen Voruntersuchung, Wien 1904.
Zum Fall Riehl, in: MSchrKrimPsych 3 (1907), S. 618 ff.
Zunkel, Friedrich, Der rheinisch-westfälische Unternehmer, Köln–Opladen 1962.
Zycha, Adolf, Die wirtschaftsliberalen Reformen: Grunderwerbsfreiheit, Gewerbe- und Vertragsfreiheit, in: Böckenförde (Hg.) (1972), Verfassungsgeschichte, S. 341 ff.

Namenregister

Die beiden Register wurden angefertigt von Wolfgang Gourgé
unter Mitarbeit von Henrike Korn

Sachregister